매일 매일의 역사

HISTORY DAY BY DAY: 366 Voices From The Past
Copyright © 2019 Peter Furtado

Korean translation copyright © 2022 by REAL BOOKERS
Korean edition is published by arrangement with Thames & Hudson
through Duran Kim Agency, Seoul.

이 책의 한국어판 저작권은 듀란킴 에이전시를 통한
Thames & Hudson와의 독점계약으로
'리얼부커스'에 있습니다.
저작권법에 의하여 한국 내에서 보호를 받는 저작물이므로
무단전재와 무단복제를 금합니다.

매일 매일의 역사

History Day By Day: 366 Voices From The Past

피터 퍼타도 지음
이은경 옮김

서문

역사상 유명한 인용구들은 전래동화와 마찬가지로 여러 사람의 입을 거치면서 실제와는 다르게 각색되기 마련이다. 마르틴 루터Martin Luther는 1521년 보름스 의회에서 "저는 여기서 있습니다. 달리 어찌할 도리가 없습니다."라고 말하지 않았고, 실제로는 이보다 훨씬 구구절절하게 말했다. 마리 앙투아네트Marie Antoinette는 1789년에 "빵이 없으면 케이크를 먹으라고 해요."라고 말하지 않았다(사실 이 말은 장 자크 루소Jean-Jacques Rousseau가 쓴 《고백록Confessions》 속 일화에 등장한다). 1978년에서 1979년에 걸쳐 일어난 영국 '불만의 겨울'winter of discontent, 해당 시기에 영국에서 발생한 대규모 노동조합 파업―옮긴이 사태 때 "위기라니, 무슨 위기?"라고 말한 사람은 당시 영국 총리 제임스 캘러헌James Callaghan이 아니라 영국 타블로이드 신문의 헤드라인을 뽑는 기자였다. 1972년에 중국 총리 저우언라이周恩來는 미국 국무장관 헨리 키신저Henry Kissinger에게 프랑스 혁명의 영향이 무엇인지 "논하기는 너무 이르다."라고 말한 적이 없다. 실제로 저우언라이가 언급한 대상은 1968년 5월 프랑스에서 일어난 '운동'이었다.

틀린 인용문도 진짜 인용문 못지않게 생물학자 리처드 도킨스Richard Dawkins가 말하는 '밈meme' 역할을 할 수 있다. 밈이란 지식의 배경을 압축한 문화 기억 전달 단위로, 각각의 밈은 우리의 주의를 끌기 위해 경쟁한다. 어쩌면 과거에 일어난 주목할 만한 사건을 묘사하거나 반영하는 발췌문을 모으고 그 역사적 맥락에 따라 배치해야 할 타당한 이유는 이렇게 의미의 무게를 견디는 인용문의 수용력 때문일 것이다.

이 책은 1월 1일부터 12월 31일까지 매일 그날 일어난 역사적 사건과 관련된 진짜 인용문을 소개한다. 각 인용문은 실제로 그날 누군가가 말했거나 그날 일어난 사건과 관련된 말이다. 개중에는 6월 5일, 7월 1일, 7월 14일, 9월 11일 등 유명하거나 악명 높은 기념일을 언급하는 인용문도 있고, 그만큼 친숙하지는 않지만 고대 세계부터 21세기에 걸쳐 발생한 중대한 사건들을 담은 인용문도 있다.

이 책은 기원전 49년 카이사르가 루비콘강을 건너면서 외친 "주사위는 던져졌다!"부터 1848년 마르크스와 엥겔스가 《공산당 선언》에서 언급한 "만국의 노동자여, 단결하라!"에 이르기까지 모든 '역사상 인용문' 중 가장 유명한 말들을 담았다. 하지만 이 책에서는 이 인용문을 원래보다 더 큰 맥락에서 제시한다. 역사를 간략하게 줄인 요약문이 기억하기는 쉽겠지만 앞 단락과 다음 단락을 함께 읽고 관련된 역사적 맥락을 완전히 이해할 때 그 의미가 훨씬 더 잘 드러난다.

이 책은 핵심 문건, 목격자 증언, 사건 직후 작성된 보고서 등 원본 자료를 엮은 선집으로 역사의 중심부에 닿는 지름길을 제공한다. 일기, 회고록, 편지, 인터뷰, 명언, 선전 구호, 서술, 기사, 연설, 설교, 공식 보고서, 브리핑 등 선정 항목의 형태는 물론 지리와 시대도 광범위하다. 때로는 같은 사건에 서로 다른 두 가지 설명이 각각 상반되는 실마리를 제시하기도 한다. 이는 사건이나 인용문을 특정한 날짜에 고정해야 하는 경우에 한한다.

 미리 일러두어야 할 사항이 한 가지 있다. 이 책에 실린 모든 항목을 액면 그대로 받아들여서는 안 된다. 여기 실린 발언 중에는 제 잇속만 차리는 말도 있고 터무니 없는 망상도 있다. 그리고 할 수 있는 한 최대한 정확하게 기록했다 하더라도 비교적 최근에 역사학자들이 해당 맥락을 완전하게 이해했다는 판단 하에 재평가한, 부분적인 해석이라고 할 수 있다. 어쨌든 생생하고 중대한 역사 자료이자 흥미진진한 이야기이기도 하다. 예전에 위대한 영국 학자 G. M. 영G. M. Young은 젊은 역사학자들에게 "사람들이 말하는 목소리가 들릴 정도가 될 때까지 읽어라."라고 조언했다. 이 책에 실린 발췌문 366개가 바로 그런 기회를 듬뿍 제공하길 바란다.

2018년 8월 옥스퍼드에서
피터 퍼타도

차례

서문	5
1월	9
2월	45
3월	79
4월	115
5월	153
6월	189
7월	225
8월	261
9월	301
10월	337
11월	377
12월	413

1월

1월 1일	〈타임스〉 창간, 1785년
1월 2일	스페인에서 이슬람교도 항복, 1492년
1월 3일	시드니 스트리트 포위 작전, 1911년
1월 4일	의회 독립 옹호, 1642년
1월 5일	'과묵한 캘' 사망, 1933년
1월 6일	루스벨트의 세 번째 취임사, 1941년
1월 7일	잉글랜드의 칼레 상실, 1558년
1월 8일	애시다운 전투, 871년
1월 9일	수단 문제, 1884년
1월 10일	루비콘강을 건너다, 기원전 49년
1월 11일	사인 확인, 1964년
1월 12일	내셔널 트러스트 설립, 1895년
1월 13일	드레퓌스 사건의 죄인들, 1898년
1월 14일	휴먼 비인, 1967년
1월 15일	엘리자베스 1세 대관식, 1559년
1월 16일	로마 제국의 시작, 기원전 27년
1월 17일	모든 전투의 근원, 1991년
1월 18일	파리 강화 회의에서 나타난 이해 상충, 1919년
1월 19일	최초의 무정부주의자 사망, 1865년
1월 20일	미국 대학살, 2017년
1월 21일	루이 16세 처형, 1793년
1월 22일	영국 노동당 최초 집권, 1924년
1월 23일	로크스 드리프트에서 줄루족이 패배하다, 1879년
1월 24일	스탈린그라드에서 항복 금지, 1943년
1월 25일	스코틀랜드의 국민 시인 탄생, 1759년
1월 26일	오스트레일리아 식민지화, 1788년
1월 27일	아우슈비츠-비르케나우 강제수용소 해방, 1945년
1월 28일	우주왕복선 챌린저호 폭발, 1986년
1월 29일	악의 축, 2002년
1월 30일	찰스 1세 처형, 1649년
1월 31일	구정 대공세, 1968년

1월 1일

〈타임스〉 창간, 1785년

대중 여러분,

　이미 수많은 신문이 자리를 잡고 여론의 지지를 받는 오늘날, 새로운 신문을 세상에 내놓기란 몹시 고된 일입니다. 게다가 저만큼 그 어려움을 절실히 아는 이도 드물 것입니다. 그렇지만 저는 이 신문을 창간하는 바탕이 된 계획의 본질이 적어도 어느 정도는 호평을 받으리라는 아주 낙천적인 희망에 부풀어 있습니다. 하지만 제가 보기에 지지를 얻을 것이라는 자부심이 아무리 강하더라도 일단은 아직에 눈멀지 않은 법정 앞에서 심판을 받아야 합니다. 지금부터 저는 그 법정에 제가 결심한 바에 따라 경의를 표하며 이 자부심을 제출하고자 합니다. 그러면 대중이 그 자부심에 근거가 충분한지 아니면 빈약한지 판단할 것입니다.

　대중은 오랫동안 극단을 피하고 중용을 취하는 … 신문을 … 고대했습니다. 〈유니버설 레지스터〉는 광고 수단으로써 공동체 간, 지역 간 상업 교류를 촉진하고, 이 시대의 주요 사건을 기록하며, 의회가 열리는 동안 토론 내용을 요약하는 중대한 목적을 달성하는 바로 그런 신문이 되고자 합니다.

〈데일리 유니버설 레지스터〉 사설, 1785년 1월 1일

1785년 1월 1일 보험업자였던 존 월터John Walter가 〈데일리 유니버설 레지스터Daily Universal Register〉라는 명칭으로 신문을 창간했다. 정확히 3년 뒤에 월터는 신문명을 〈타임스The Times〉로 바꾸고 사교계 소식을 실으면서 독자층을 넓혔다. 그러다가 영국 왕세자 명예 훼손으로 2년 동안 뉴게이트 교도소에 갇혔다. 19세기에 들어서면서 〈타임스〉는 독자적인 관점과 혁신 기술로 영국 유력 신문사가 됐다. 1832년 이전에는 의회 개혁 운동을 주도했고, 1854년부터 1856년에 걸친 크림 전쟁 중에는 군대 개혁 운동을 펼쳤다. 이 전쟁 중에 〈타임스〉 소속 윌리엄 하워드 러셀William Howard Russell이 종군 기자로 활약했다(10월 25일 참조). 〈타임스〉는 1830년 영국 귀족 그레이브스 경Lord Graves의 사인을 규명하는 판정에 이의를 제기하는 사설에서 "일전에 우리는 고함쳤다We thundered out the other day"라는 표현을 쓴 뒤로 '뇌신Thunderer'이라는 별명을 얻었다.

이날 일어난 다른 사건들
1863년 미국 대통령 링컨이 선언한 노예 해방령 발효
1900년 오스트레일리아 연방 수립
1993년 체코슬로바키아가 체코와 슬로바키아로 분리

1월 2일

스페인에서 이슬람교도 항복, 1492년

그라나다 토후국은 이슬람이 이베리아반도에서 마지막까지 버틴 근거지였지만 결국 1492년 1월 2일에 아라곤의 페르난도 2세와 카스티야의 이사벨 1세 군대에 항복했다. 신혼이었던 이 두 군주는 1491년 봄부터 그라나다에서 무하마드 12세를 압박해 직접 항복을 받아냈고, 교황은 그들의 승리를 인정하며 '가톨릭 군주'라는 칭호를 내렸다.

이슬람교도가 지배하던 스페인을 기독교도가 되찾는 '재정복Reconquista' 운동은 4세기에 걸쳐 일어났지만 그동안에도 상당 기간은 '공존 정책convivencia'이 실행됐다. 1492년 항복 문서 내용은 이전 시대의 관용을 반영한다.

> 신분 고하에 상관없이 그들의 생명, 가족, 재산이 완벽히 안전해야 한다.
> 그들의 법은 예전과 같이 보존되어야 한다.
> 그들의 모스크는 이슬람 시대 그대로 있어야 한다.
> 어떤 기독교도도 이슬람교도 집에 들어가거나 어떤 식으로든 이슬람교도를 모욕해서는 안 된다.
> 이슬람교를 받아들인 기독교도는 이슬람교를 포기하고 이전 신념을 채택하라는 강요를 받지 않아야 한다.
> 기독교도는 이슬람교도 집 벽을 넘어다보거나 집안을 들여다보거나 모스크에 들어가서는 안 된다.
> 기독교도와 더불어 여행하거나 거주하기로 선택한 이슬람교도는 생명과 재산을 완벽히 보장받아야 한다.
>
> **1492년 그라나다 항복 협정**

스페인에서 되살아난 기독교가 한층 공격적인 형태로 떠오르고 있었던 터라 닥쳐올 현실은 협정 내용과 무척 달랐다. 1492년에 발표한 알함브라 칙령은 유대인에게 스페인에서 떠나라고 명하는 추방령이었다. 불과 4년 뒤 그라나다 토후국 출신으로 스페인에 남아있던 이슬람교도들은 기독교로 개종하도록 강요받았고, 1609년에는 기독교로 개종한 이슬람계를 일컫는 '모리스코Moriscos'들이 스페인에서 완전히 추방됐다.

이날 일어난 다른 사건들
서기 366년 게르만족이 라인강을 건너 로마 제국 침공
1905년 러일 전쟁: 뤼순이 일본에 함락
1945년 제2차 세계대전: 연합군이 뉘른베르크 폭격 감행

1월 3일

시드니 스트리트 포위 작전, 1911년

길에서 구경꾼들은 모두 사라졌지만 형사 무리가 적들이 비스듬히 쏘는 총알이 비껴갈 각도를 유지하면서 무정부주의자 본거지쪽 벽을 따라 슬그머니 움직였다. 피터 일당은 명사수인데다가 자동총기로 집중 포격을 계속하고 있어서 형사들은 벽에 바짝 붙어야 했다. 형사든 경찰이든 몸을 노출시키는 날엔 순식간에 저격당할 판이었고, 악당들은 죽이고 싶어 안달이었다.

… 맨 위층 방에서 … 가스버너가 타는 모습이 보였고, 이내 종이를 태운 하얀 재가 굴뚝 꼭대기로 펄펄 날리는 모습이 우리 눈에 띄었다.

… 그들은 집에 불을 붙이고 있었다. … 창문 커튼에 가장 먼저 불이 붙었고, 그다음에는 뭉게뭉게 피어오르는 시커먼 연기가 텅 빈 창틀로 쏟아져 나왔다. 연기 사이로 작은 불길이 날름댔다. 집 전체가 놀랄 만큼 빠르게 타고 있는 걸 보니 … 파라핀을 쓴 모양이었다.

… 잠시 후 손에 권총을 든 남자의 팔이 내 눈에 얼핏 보였다. 그는 총을 쐈고 불꽃이 번뜩였다. 동시에 반대편에 있던 근위병이 일제 사격을 하는 총성이 울렸다. 근위병들이 그 남자를 죽인 게 분명했다. 나중에 근위병들이 두개골에 총알이 관통한 그 사람의 시체를 찾았다. 얼마 지나지 않아 지붕이 무너지면서 불꽃과 연기가 솟아올랐다. 집 내부는 꼭대기부터 바닥까지 용광로였다.

권총을 뽑아든 형사들이 일렬종대로 나아갔다. 그중 한 명이 앞으로 달려가 현관문을 찼다. 문이 안쪽으로 넘어갔다. … 화가 피터와 그 패거리는 그들이 지핀 모닥불에 타서 새까만 숯이 됐다.

필립 깁스, 〈위클리 그래픽WEEKLY GRAPHIC〉, 1911년 1월

1911년 1월 3일 기자였던 필립 깁스Philip Gibbs는 런던 마일엔드 시드니 스트리트의 한 아파트에서 발생한 격렬한 포위 공격을 목격했다. 지난 12월에 경찰관 두 명이 무정부주의자 혁명가로 추정되는 강도들에게 총격을 받은 이후에 벌어진 사건이었다. '화가 피터'로 알려진 라트비아 출신 유대인 이민자가 이끄는 이 일당은 이스트엔드에 있는 테라스 하우스로 몰렸다. 당시 내무장관이었던 윈스턴 처칠Winston Churchill이 현장에 도착했다. 처칠은 근위보병연대를 불렀고 총격전이 벌어졌다. 결국에는 집에 불이 붙었지만 처칠은 소방대가 불길을 진화하도록 허락하지 않았고, 잔해 속에서 불에 탄 시신 2구가 발견됐다.

이날 일어난 다른 사건들

1521년 교황 레오 10세가 마르틴 루터를 파문
1946년 '로드 호호Lord Haw-Haw'라는 별명으로 유명한 나치 부역자 방송인 윌리엄 조이스William Joyce가 반역죄로 교수형
1959년 알래스카가 미국의 49번째 주로 편입

1월 4일

의회 독립 옹호, 1642년

황공하옵게도 폐하, 소신은 이 장소에서 볼 눈도 말할 혀도 없는 몸이지만 하원이 기꺼이 소신을 이끌었기에 하원의 종복인 제가 여기에 섰습니다.

윌리엄 렌설, 1642년 1월 4일

국왕을 향해 하원의 독립을 선언한 이 위엄 있는 진술은 당시 윌리엄 렌설William Lenthall이 맡고 있던 직위인 하원 의장의 권위를 확언하는 말이기도 했다. 이 발언의 계기는 찰스 1세가 직접 군인들을 이끌고 하원 의원 다섯 명(존 핌John Pym, 존 햄던John Hampden, 덴질 홀레스Denzil Holles, 아서 하셀리그 경Sir Arthur Haselrig, 윌리엄 스트로드William Strode)과 상원 의원 한 명(맨더빌 경Lord Mandeville)을 체포하러 나선 일이었다. 찰스 1세는 이들이 자신의 통치에 반대하는 여론을 일으키고 있다고 믿었다. 의사당으로 진군해 의장석에 앉은 찰스 1세는 자신의 노여움을 산 의원들이 한 명도 눈에 띄지 않자 "새들이 날아간 모양이군."이라고 말했다. 찰스 1세가 렌설 의장에게 그들을 잡아오라고 명하자 렌설은 거부했다. 그 시점까지 렌설은 양측 간에 타협점을 모색했고, 6개월 전에는 "국왕에게 평화가 없으면 국민에게 번영도 없다."라고 주장했다. 그러나 이번 왕권 주장 시도는 도를 넘어섰다. 얼마 후 찰스 1세는 법원과 정부를 옥스퍼드로 옮겼고 그곳에서 따로 의회를 소집했는데, 이 조치는 내전으로 치달았다(6월 14일 참조).

윌리엄 렌설은 소위 장기 의회 기간 거의 내내 의장으로 재임했으며, 1648년 프라이드 대령이 찰스 1세 재판 회부에 반대한 의원들을 숙청해서 '잔부의회'로 축소되는 과정에서도 살아남았다. 크롬웰 통치기에 간간이 짧고 어수선하게 의회가 열리던 시기를 지나 1659년에 장기 의회가 다시 소집되자 렌설은 마지못해 다시 의장직을 수락했다. 그리하여 렌설은 1660년 왕정복고에 기여했다. 그는 자신을 기리는 무덤 대신 라틴어로 "나는 벌레다vermis sum"라고 새긴 평범한 명판을 고집했다.

이날 일어난 다른 사건들
1885년 미국에서 처음으로 맹장수술에 성공
1959년 소련 우주선 루나 1호가 달에 근접 비행
1965년 미국계 영국 시인 T. S. 엘리엇T. S. Eliot 사망

1월 5일
'과묵한 캘' 사망, 1933년

어떻게 아셨어요?

도로시 파커, 1933년 1월 5일

시인이자 재담가 도로시 파커Dorothy Parker는 역대 미국 대통령 중 가장 말이 없어서 '과묵한 캘Silent Cal'이라고 불리기도 했던 캘빈 쿨리지Calvin Coolidge가 심근경색을 일으킨 뒤 자택에서 사망했다는 소식을 듣고도 놀라지 않았다. 1923년 8월 부통령이었던 쿨리지는 워런 하딩Warren Harding 대통령 서거 후, 버몬트주에서 가게를 하던 아버지가 집에서 가져온 성경에 손을 얹고 대통령 취임 선서를 했다. 쿨리지는 평생 검소하고 허영을 모르는 성품이었는데, 이는 1920년대 미국 상류 사회 특유의 물질주의식 화려함과 동떨어진 기질이었다. 그렇지만 그는 1924년 대통령 선거에서 민주당 후보였던 존 데이비스John W. Davis를 물리치고 무난히 승리를 거뒀다.

쿨리지의 고문이었던 월터 리프먼Walter Lippmann은 사람들은 쿨리지가 아무것도 하지 않아서 그를 좋아했다고 말했다.

이토록 적극적인 무활동은 이 나라의 분위기와 특정한 요구에 훌륭하게 부합한다. 이 태도는 제발 좀 내버려 두기를 바라는 모든 기업의 이해관계에 부합한다. 또한 이 나라의 정부가 위험할 정도로 복잡해졌고 높은 사람이 너무 많아졌다고 확신하는 모든 사람에게 부합한다.

쿨리지는 사람을 대할 때도 똑같은 원칙을 적용했고 "나는 사람들에게 '예'나 '아니요'라고만 말할 때가 많아요. 그마저도 너무 과합니다. 그러다 보면 사람들이 20분은 더 허비해야 하니까요."라고 설명한 적도 있다. 도로시 파커가 말하기를, 한 번은 만찬 모임에서 쿨리지 옆에 앉은 여성이 자기가 쿨리지에게 최소 세 마디는 말을 이끌어낼 수 있다며 내기를 했다고 말했다. 쿨리지는 조용히 "당신이 졌어요."라고 대답했다.

타고난 보수주의자였던 쿨리지는 농민 원조 사업 시작이든 공공사업 투자든 간에 연방 수준에서 개입하기를 꺼렸다. 역사는 월스트리트 대폭락(10월 29일 참조)에 이어 찾아온 심각하고 길었던 대공황에 미국이 대비하지 못한 책임이 쿨리지에게 있다고 비난했다. 그는 1929년에 퇴임하고 자연스럽게도 조용히 은퇴 생활에 들어갔다.

이날 일어난 다른 사건들

1066년 잉글랜드의 앵글로색슨 왕인 에드워드 참회왕Edward the Confessor 사망

1477년 부르고뉴 공작 용담공 샤를Charles the Bold이 낭시 전투에서 전사

1941년 영국 비행사 에이미 존슨Amy Johnson이 템스강 어귀에서 익사

1월 6일

루스벨트의 세 번째 취임사, 1941년

지금은 우리 중 그 누구도 오늘날 세계를 움직이는 사회 혁명의 근본 원인인 사회 경제 문제에 대한 생각을 멈출 때가 아닙니다. 건전하고 강건한 민주주의의 기반에 의문스러운 점은 전혀 없기 때문입니다.

우리 국민이 정치 경제 체계에 기대하는 기본 원칙은 간단합니다. 바로 다음과 같습니다.

젊은이를 비롯한 모두가 누릴 수 있는 기회의 평등.

일할 수 있는 사람들을 위한 일자리.

안전이 필요한 사람들을 위한 안전.

소수만을 위한 특권 폐지.

모두를 위한 시민 자유 보장.

향유 : 생활 수준이 폭넓게 지속적으로 향상하는 가운데 누리는 과학 진보의 결실.

이는 혼란하고 믿기 힘들 정도로 복잡한 현대 사회 속에서도 절대 놓쳐서는 안 되는 단순한 기본 원칙입니다. 우리 경제 정치 체계에 내재된 변치 않는 힘은 이런 기대를 얼마나 충족하느냐에 달려 있습니다.

… 저는 개인의 희생을 요구했고, 거의 모든 미국인이 그 요구에 기꺼이 응하리라 확신합니다. 그 희생에는 세금 인상도 들어갑니다. 예산 교서에서 저는 이 위대한 국방 사업의 상당 부분을 현재 우리가 내고 있는 세금으로 충당하도록 권고하겠습니다. 그 누구도 국방 사업으로 부를 축적하려고 시도하거나 축적해서는 안 되며, 부담 능력에 따른 세금 납부 원칙이 우리 입법을 인도하도록 계속해서 눈여겨 지켜봐야 합니다.

의회가 이런 원칙을 고수한다면 주머니 사정보다 애국심을 우선시하는 유권자들이 갈채를 보낼 것입니다.

우리가 공고히 하려는 미래에 우리는 꼭 필요한 인간의 자유 네 가지를 토대로 세운 세계를 고대합니다.

첫 번째는 세계 어디서든 보장되는 언론과 표현의 자유입니다.

두 번째는 세계 어디서든 누구나 원하는 방식으로 신을 숭배할 수 있는 자유입니다.

세 번째는 궁핍으로부터의 자유입니다. 쉽게 말해서 세계 어디서든 모든 국가가 국민에게 건강하고 평화로운 삶을 보장할 경제적 이해입니다.

네 번째는 두려움으로부터의 자유입니다. 쉽게 말해서 세계 어디서든 그 어떤 국가도 이웃국가에 물리적 공격 행위를 저지를 수 없는 상태에 이를 때까지 철저하게 전 세계적으로 군비 축소를 추진해야 한다는 뜻입니다.

이는 머나먼 후대에 실현할 미래상이 아닙니다. 우리 시대와 우리 세대가 이룰 수 있는 세계의 확고한 기반입니다. 그런 세계는 독재자들이 폭격으로 이루려는 소위 '신新질서'의 압제와 정반대인 세계입니다.

우리는 그런 신질서에 더 위대한 개념인 도덕 질서로 대항합니다. 바람직한 사회는 세계 지배 책략이든 외국 혁명이든 두려움 없이 맞설 수 있습니다.

… 이 나라는 그 운명을 자유로운 남녀 국민 수백만 명의 손과 머리와 가슴에, 자유에 대한 신념을 신의 인도에 맡겼습니다. 자유란 어디에서든 인권이 최우선이라는 뜻입니다. 우리는 그런 권리를 얻고 지키려고 고군분투하는 사람들을 지지합니다. 우리의 힘은 목표 통일에서 나옵니다.

그 숭고한 관념에 승리 이외의 결말은 있을 수 없습니다.

미국 대통령 프랭클린 루스벨트, 1941년 1월 6일

프랭클린 루스벨트Franklin D. Roosevelt가 세 번째 대통령 취임사에서 밝힌 자유에 대한 선구자적 발언은 무기대여법Lend-Lease Bill을 미국 의회가 통과시키도록 촉구하려는 의도에서 나왔다. 무기대여법은 미국이 히틀러에 대항하는 싸움을 물질적으로 지원하겠다는 의사를 밝히는 법안이었다. 당시 영국은 나치 독일에 맞서는 마지막 남은 국가였으며, 영국의 도시와 공장은 밤시간에 정면으로 기습공격을 받았다. 3선에 성공하기까지 루스벨트는 신중한 행보를 이어나가야 했다. 개인으로는 나치 침략을 물리치는 투쟁을 미국이 상당한 규모로 지원할 마음이 있었지만 고립주의가 널리 인기를 얻는 가운데 그는 대통령에 당선되고자 싸우고 있었다.

하지만 선거에 승리한 루스벨트는 자유롭게 목소리를 낼 수 있었고 취임사에서 자신의 이상과 결의를 명백하게 드러냈다. 그가 '자유'라고 칭한 보편적인 용어들 역시 몇 년 뒤 국제연합 설립United Nations과 헌장에 영향을 미쳤다.

이날 일어난 다른 사건들

1066년 해럴드 2세Harold Godwinson가 잉글랜드 국왕으로 즉위.

1540년 잉글랜드 국왕 헨리 8세가 네 번째 왕비 클리브스의 앤Anne of Cleves과 결혼

1919년 26대 미국 대통령 시어도어 루스벨트Theodore Roosevelt 사망

1월 7일

잉글랜드의 칼레 상실, 1558년

내가 죽어 시신을 연다면 내 심장 속에서 '칼레'를 발견할 것이오.

메리 1세, 유언(추정), 1558년 11월

칼레 항구는 유럽 대륙 본토에 있지만 16세기 중반까지 수백 년 동안 영국이 통치한 전초기지였다. 헨리 8세는 칼레가 군사 작전과 외교 계획을 전개하기에 편리한 발판이라고 판단했다. 그곳에서 프랑스 국왕 프랑수와 1세Francis I of France를 만났고, 1532년에는 미래에 왕비로 맞은 앤 불린Anne Boleyn도 만났다. 1588년 1월 유럽 대륙 최후의 잉글랜드령이었던 칼레는 기즈 공작Duc de Guise에게 넘어갔고 이후 다시는 되찾지 못했다. 가톨릭신도였던 잉글랜드 여왕 메리 1세는 남편인 스페인 국왕 펠리페 2세Philip II of Spain와 프랑스 국왕 앙리 2세가 벌인 전쟁에 잉글랜드를 참전시켰다. 1557년 8월에는 잉글랜드와 스페인이 함께 프랑스 도시 생캉탱을 함락하는 등 성공을 거두기도 했고, 생캉탱 함락 이후 펨브로크 백작Earl of Pembroke은 고향으로 돌아가 겨울을 보냈다. 하지만 칼레 상실은 국민 정서에 엄청난 타격을 입혔다. 한 평범한 런던 시민 헨리 매킨Henry Machyn은 이 일을 가리켜 "지금까지 들어본 … 가장 가혹한 소식"이라고 기록했다.

엘리자베스 시대 역사학자 라파엘 홀린셰드Raphael Holinshed는 열렬한 개신교신도라서 메리 1세에게 호의적인 말을 거의 하지 않는 편이었다. 1588년 11월 메리 1세가 사망했을 때 홀린셰드는 사망 기록을 쓰면서 메리 1세가 남긴 유명한 말을 조심스럽게 목격자에게 들었다고 했다. 그는 '블러디 메리Bloody Mary'가 임종에 이르러 1577년 7월 스페인으로 돌아간 이래 만나지 못한 펠리페 2세와 칼레를 잃은 이중 상실에 속을 태운 사실을 어떻게 인정했는지 설명했다.

칼레를 상실한 이후 메리 1세의 후계자이자 동생이었던 엘리자베스 1세Elizabeth I(1월 15일 참조)는 통치 기간 후반에 가톨릭 국가인 스페인 통치에 대항해 반란을 일으킨 네덜란드 신교도를 돕고자 군사 원정을 지원하기도 했지만, 잉글랜드가 해협 건너 대륙에 영구 주둔을 다시 주장할 수 없다고 인정했다. 그 대신에 엘리자베스 1세는 유럽을 넘어 활발한 무역과 탐사 모험을 장려하면서 잉글랜드의 영향력을 세계적 규모로 확장해 제국의 씨앗을 뿌리고자 했다.

이날 일어난 다른 사건들

1536년 헨리 8세의 첫 번째 왕비 아라곤의 캐서린Catherine of Aragon 사망
1610년 갈릴레오가 목성의 위성 3개 발견
1927년 런던과 뉴욕을 잇는 전화 서비스 개통

1월 8일

애시다운 전투, 871년

레딩에서 겪은 비참한 패배에 노한 기독교도들은 수치심과 분개심에 차서 나흘 안에 모든 병력을 모아 '잿더미'라는 뜻을 지닌 애시둔에서 이교도 군대와 다시 맞닥뜨렸다.

    기독교도들은 이제 에델레드 왕이 부하들과 함께 이교도 왕 두 명을 공격해야 하며, 에델레드 왕의 동생인 알프레드는 군대를 이끌고 전쟁을 틈타 백작 두 명과 맞서야 한다고 결정했다. 이렇게 결정이 난 후에도 에델레드 왕은 오랫동안 기도를 계속했고, 이교도들은 빠르게 다가왔다. 그때 알프레드는 하급 지휘권을 갖고 있었지만 형을 기다리지 않고 후퇴하거나 적을 치지 않으면 더는 적군을 막아낼 수 없는 지경에 이르렀다. 마침내 알프레드는 용맹하게 군사를 이끌고 적군에 맞섰다. …

    … 이교도들은 고지대를 차지했고 기독교도들은 아래에서 올라갔다. 그곳에 성장을 멈춘 가시나무 한 그루가 있었고, 우리는 우리의 눈으로 직접 목격했다. 서로 대치하는 양군이 사방에서 크게 소리를 지르며 이 나무 주변으로 모여들었다. 한 편은 사악한 진로로 나아가고, 다른 한편은 목숨과 소중한 인연, 조국을 지키려고 싸웠다. 양군은 오랫동안 용맹하게 싸웠다. 마침내 신의 판단으로 이교도들이 기독교도들의 공격에 견딜 수 없게 됐고, 군대의 상당 부분을 잃은 채 불명예스럽게 도망갔다. 이교도 왕 두 명 중 한 명과 백작 다섯 명이 전사했고 이교도 수천 명이 사방에서 쓰러져 애시둔 벌판 전체가 시체로 덮였다. … 기독교도들은 어두워질 때까지 손에 닿는 모든 것을 죽이며 뒤를 따랐다.

애서Asser, 《알프레드 대왕의 생애LIFE OF ALFRED》(9세기)

버크셔다운스에서 벌어진 애시다운 전투는 이미 동東앵글리아를 정복한 '이교도' 데인족에 맞서는 앵글로색슨족(애서가 말하는 '기독교도')의 반격 시작을 의미했다. 알프레드 왕자는 그보다 좀 더 신중한 형 에델레드Ethelred 웨섹스 왕과 달리 군사적 열정을 보여줬다. 석 달이 채 지나지 않아 에델레드 왕이 죽고 알프레드가 왕위에 올랐다. 그 이후 데인족과 기나긴 투쟁을 하는 동안 알프레드가 보여준 정치력과 용맹함은 그가 오랫동안 '대왕'이라고 불린 이유를 설명한다.

이날 일어난 다른 사건들
1815년 뉴올리언스 전투에서 미군이 영국군 격파
1886년 잉글랜드 세번 철도 터널Severn Railway 개통
1959년 드골 장군이 프랑스 제5공화국 초대
    대통령으로 취임

1월 9일

수단 문제, 1884년

터키 식민지에 와 본 사람이라면 … 수단 사람들이 케디브(이집트 총독)에 대항해 반란을 일으킨 이유를 듣지 않아도 알 것이다. … 압제는 불만을 불러일으켰고, 불만이 일어나자 당국은 마음대로 이용할 무력을 늘려야 했다. 이렇게 무력을 늘리면서 지출이 증가했고, 이를 다시 징세 증가로 충당하려 했으며, 이로써 불안은 한층 더 증가했다. … 수단 사람들이 반란을 일으키는 것은 당연할 뿐더러 그들이 어떤 취급을 당했는지 아는 사람은 아무도 그 사실을 부정하지 않을 것이다. 카이로에서 그들의 울부짖음은 완전히 무시당했다. … 그들은 자칭 구세주 무함마드 아마드를 중심으로 모였고, 아마드는 터키 지배에 맞서 반란을 일으키라고 촉구했다. 나는 아마드를 어떤 의미로든 종교 지도자로 간주하는 판단은 완전히 실수라고 확신한다. 그는 대중의 불만을 상징한다. … 이 움직임은 종교 운동이 아니라 절망의 폭발이다. …

수단에서 전권을 행사한 3년 동안 나는 주민들에게 존재할 권리가 있다고 가르쳤다. … 나는 그들에게 자유와 정의의 의미를 가르쳤고, 그들이 이전에 알던 정부보다 더 이상적인 정부에 익숙해지도록 이끌었다. 제대로 된 정부가 무엇인지 이해하기 시작했던 그 사람들은 내가 떠나자마자 … 다시 도를 넘는 최악의 터키 지배 행위에 시달리게 됐다

찰스 고든 장군, 〈폴 몰 가제트 Pall Mall Gazette〉, 1884년 1월 9일

찰스 조지 고든Charles George Gordon 장군(1833년-1885년)은 1877년부터 1880년까지 영국 치하 이집트가 지배하던 수단에서 총독을 지냈다. 〈폴 몰 가제트〉 기자 W. T. 스테드W. T. Stead와 나눈 인터뷰에서 고든은 당시 터키 출신 이집트 총독의 미숙한 통치를 받고 있던 수단에 대한 자신의 견해를 제시했다. 그 결과 고든을 수단으로 다시 보내라는 여론이 들끓었고, 영국 정부는 이를 묵인했다. 그 무렵 수단은 '구세주'(무함마드 아마드Muhammad Ahmad)가 이끄는 이슬람 민족주의 세력이 일으킨 반란으로 혼란을 겪었다. 1885년 1월 26일, 고든은 하르툼에서 대피 작전을 세우다가 아마드를 신봉하는 반란 무리에 살해당했다. 이 사건으로 영국 여론은 충격에 빠졌고 '차이니즈 고든Chinese Gordon'이었던 그의 별명은 후대에 '하르툼의 고든Gordon of Khartoum'으로 전해지게 됐다.

이날 일어난 다른 사건들

1799년 영국 총리 윌리엄 피트William Pitt the Younger가 소비세 도입
1873년 전 프랑스 황제 나폴레옹 3세Napoleon III 사망
1969년 영국과 프랑스가 공동 개발한 초음속 여객기 콩코드Concorde가 첫 시험 비행 실시

1월 10일

루비콘강을 건너다, 기원전 49년

그[율리우스 카이사르]에게 호의적이었던 호민관들의 중재가 완전히 거부당했다는 소식을 들은 카이사르는 의심을 피하고자 비밀리에 보병대 몇 개 대대를 파견했다. 또한 체면을 차리기 위해 공개 시합에 참석하고, 자신이 건설을 제안한 검투사 양성소 설계도를 검토했으며, 평소와 다름없이 지인들을 잔뜩 불러 모아 식사도 함께했다.

해가 저문 뒤 카이사르는 소수 정예 수행원만 거느리고 당나귀가 끄는 마차에 올라 은밀하게 출발했다. 날이 어두워져 길을 잃은 카이사르는 안내인을 따라 좁은 길을 걸어서 빠져나간 끝에 다시 도로에 닿았다. 부대와 함께 자기가 다스리는 속주 경계인 루비콘 강둑에 다다른 카이사르는 가던 길을 멈추고 그가 꾀한 발걸음이 얼마나 중대한지 마음속으로 되새겼다. 그는 자기를 따라온 부하들을 돌아보며 "아직은 철수할 수 있다! 하지만 일단 이 작은 다리를 건넌다면 싸울 수밖에 없다."라고 말했다.

카이사르가 망설이자 풍채가 당당하고 품위 있는 한 남자가 가까이 다가와 피리를 불었다. 목동들이 피리 소리를 들으러 왔고 나팔수를 비롯한 병사들도 왔다. 그 남자는 나팔을 낚아채 강으로 달려갔다. 그러더니 진군 나팔을 불며 반대편으로 건넜다. 카이사르는 "신들의 예언과 적들의 외침이 우리를 부르는 곳으로 가자! 주사위는 던져졌다!"라고 외쳤다.

카이사르는 군대를 이끌고 강을 건넜다. 그러고는 로마에서 카이사르를 만나러 온 호민관들을 부대에게 보여주고, 그들이 지켜보는 가운데 군사들에게 자신에게 충성을 맹세하라고 했다.

수에토니우스 Suetonius, 《12인의 로마 황제 THE TWELVE CAESARS》, 서기 121년

기원전 49년 갈리아 키살피나(현재 이탈리아 북부) 총독으로 성공 가도를 달리던 율리우스 카이사르 Julius Caesar는 그때까지 정치적 협력자였던 폼페이우스 및 로마 원로원과 갈등을 겪게 됐다. 그들은 카이사르에게 사임하고 로마로 돌아와 재판을 받으라고 명령했다. 1월 10일 무렵에 이 소식을 들은 카이사르는 자기 군대를 이끌고 아드리아해로 흘러드는 작은 강인 루비콘강을 건넜다. 루비콘강은 갈리아 키살피나의 남방한계선으로, 이 강을 건너는 행위는 선전 포고나 다름없었다. 이어서 발생한 내전에서 폼페이우스가 사망하고 카이사르가 승리했으며, 결국 이 전쟁은 로마 공화국의 몰락으로 이어졌다.

이날 일어난 다른 사건들
1840년 영국에서 1페니 우편제도 도입
1863년 런던 지하철 1호선 개통
1946년 제1회 국제연합총회 개최

1월 11일

사인 확인, 1964년

궐련 흡연은 남성 폐암과 인과관계가 있다. 궐련 흡연이 미치는 영향의 정도는 다른 모든 요인보다 훨씬 더 크다. 여성 대상 데이터는 그 범위가 좁지만 같은 방향을 가리킨다. 폐암 발생 위험은 흡연 기간 및 일일 흡연량에 따라 증가하며 금연하면 감소한다. 비흡연자와 비교할 때 평균적인 남성 궐련 흡연자는 폐암 발생 위험도가 약 9배에서 10배 정도 증가하며 골초는 최소 20배 증가한다. 파이프 흡연자, 시가 흡연자, 파이프와 시가 흡연자 집단의 폐암 발생 위험도는 비흡연자보다 높지만 궐련 흡연자보다는 훨씬 낮다. 궐련 흡연은 일반인 대상 폐암 인과관계에서 직업상 노출보다 훨씬 더 중대한 요인이다.

장기간에 걸친 연구와 다양한 수렴 증거 평가를 바탕으로 위원회는 다음과 같이 판단한다.

미국에서 궐련 흡연은 적절한 개선책이 필요하다고 보기에 충분히 중대한 건강상 위험 요인이다.

흡연과 건강: 자문 위원회가 미국 보건 총감에게 보내는 보고서, 1964년

의학 전문가 10명으로 구성된 위원회가 몇 달에 걸쳐 회의를 한 후인 1964년 1월 11일 미국 보건 총감실은 대단히 유명한 보고서를 내놓았다. 이는 지난 수십 년 동안 흡연이 건강에 해롭다는 사실을 뒷받침하는 수많은 증거를 종합한 결론이었다. 지난 세기 동안 폐암 발병이 우려할 만큼 증가한 사실이 특별한 자극제가 됐고, 해당 보고서는 그 원인을 흡연으로 꼭 집어 지적했다. 이와 더불어 전문가들은 만성 기관지염 및 폐기종 발병과 관상 동맥성 심장 질환 증가율뿐만 아니라 흡연과 연관된 다양한 암 질환도 지적했다.

그 자체가 논란의 끝은 아니었다. 위원회는 흡연을 중독으로 분류할 수 있는지 여부를 두고 여전히 엇갈린 견해를 내놓았고, 수십 년이 지난 후에도 담배 회사들은 여전히 건강상 논쟁이 입증되지 않았다고 주장했다. 그러나 1960년대 말에 이르러서는 담배가 온갖 매력과 긴장을 완화하는 효과가 있음에도 불구하고 건강에 치명적이라는 사실이 널리 알려졌다.

이날 일어난 다른 사건들
1569년 잉글랜드 최초로 정부 복권 발행
1923년 프랑스와 벨기에 군대가 루르 지역 점령
1928년 영국 소설가이자 시인 토머스 하디Thomas Hardy 사망

1월 12일

내셔널 트러스트 설립, 1895년

고요함, 공기, 운동, 하늘과 세상 만물이 자라는 풍경은 모든 사람에게 공통으로 필요한 인간의 욕구인 듯하다.

옥타비아 힐, 1895년

1895년 1월 선각자 세 사람이 영국 내셔널 트러스트를 설립했다. 바로 주거 개선 운동가 옥타비아 힐Octavia Hill(1838년-1912년)과 로버트 헌터 경Sir Robert Hunter(1844년-1913년, 공유지 보존 협회 사무 변호사이기도 했다), 목사 하드윅 론즐리Hardwicke Rawnsley(1851년-1920년, 한때 힐을 위해 임대료를 모으기도 했다)였다. 세 사람 모두 자연이 치유력을 지녔으며 최빈층을 포함한 모든 이의 복지에 기여한다고 믿었다. 미술평론가이자 철학자 존 러스킨John Ruskin의 제자였던 힐은 도시 빈민가가 삶의 질을 저하한다고 생각한 러스킨의 우려에 공감했다. 힐은 주민들의 생활환경을 개선하기 위해 런던 마리본 빈민가를 매입해 개조했다. 러스킨의 영향을 받은 이상적 사회주의자 윌리엄 모리스William Morris는 18년 전에 고대 건축물이 "일부는 건물을 지은 이들에게 속하고, 일부는 우리 뒤에 올 모든 인류 세대에 속한다."라고 주장하면서 고대건축보존협회Society for the Preservation of Ancient Buildings를 설립했다.

설립 이래 내셔널 트러스트는 한 세기에 걸쳐 수많은 시대의 주택과 해안 지대를 비롯해 자연경관이 아름다운 지대를 관리하게 됐다. 그러면서 유복한 중산층이 대리 만족을 얻을 수 있도록 부유층 주택을 보존한다는 평판을 얻고, 그런 인상과 더불어 도시 빈민가 거주자들이 이 단체가 원래 제공해야 하는 아름다움에 관심을 가지도록 이끄는 데는 점점 어려움을 겪게 됐다. 그렇지만 이제 '영원히, 모두를 위해For ever, for everyone'를 표방하는 내셔널 트러스트는 2010년을 기준으로 350만 명이 넘는 회원을 보유한 영국 최대 회원 기구가 됐다. 그 소관 범위 또한 버밍엄의 '백투백' 건물 앞면에만 문과 창문이 있고 벽면 4면 중 3면을 이웃집과 공유하는 주택―옮긴이 주택 같은 일반 주택 양식과 비틀스 멤버 존 레넌과 폴 매카트니의 유년 시절 집까지 확대됐다.

이날 일어난 다른 사건들

1915년 미국 하원이 여성 참정권 거부
1976년 영국 추리소설가 애거사 크리스티Agatha Christie 사망
2010년 아이티 대지진으로 23만 명 사망

1월 13일

드레퓌스 사건의 죄인들, 1898년

나는 고발한다…!

　… 저는 뒤 파티 드 클랑 중령을 고발합니다. 그는 몰랐다고는 하나(그렇게 믿고 싶습니다) 오심을 내려 악마에게 부역했고 삼 년 동안 가장 악랄하고 부조리한 권모술수로 자신의 사악한 행동을 감쌌습니다.

　저는 메르시에 장군을 고발합니다. 정신이 나약한 탓일 뿐이라고는 하나 그는 이번 세기 최악의 불법 행위에 가담한 공범입니다.

　저는 비요 장군을 고발합니다. 그는 드레퓌스가 무죄라는 명백한 증거를 손에 쥐고서도 이를 은폐했고, 정치적 목적을 가지고 위기에 처한 최고 사령관을 보호한다는 명목으로 인간애와 정의를 저버리는 이 범죄를 스스로 저질렀습니다.

　저는 드 부아데프르 장군과 공스 장군을 고발합니다. 한 명은 확실히 종교적 열의로, 다른 한 명은 아마도 국방부를 난공불락의 우상으로 만드는 단결심으로 같은 범죄에 공범자 역할을 했습니다.

　저는 드 펠리외 장군과 라바리 지휘관을 고발합니다. 이 두 사람은 날조 조사를 실시했습니다. 불후의 후안무치 기념비와 같은 보고서에서 증명됐듯이 가공할 만큼 편파적인 조사였습니다.

　나는 필적 전문가인 벨롬 씨, 바리나르 씨, 쿠아르 씨 세 사람을 고발합니다. 건강 진단을 받아 시력과 판단력에 이상이 있다는 소견이 나오지 않는 한, 이들은 허위 사기 보고서를 제출했습니다.

　저는 국방부를 고발합니다. 국방부는 여론을 오도하고 잘못을 은폐하고자 특히 〈레클레르L'Eclair〉와 〈레코 드 파리L'Echo de Paris〉를 동원해 가증스러운 언론플레이를 벌였습니다.

　마지막으로 나는 첫 번째 군사 법정을 고발합니다. 비공개 증거를 근거로 피고에게 유죄를 선고함으로써 법을 위반했습니다. 저는 두 번째 군사 법정을 고발합니다. 두 번째 군사 법정은 명령을 받고 첫 번째 군사 법정의 불법 행위를 은폐함으로써 알면서도 죄인에게 무죄 판결을 내리는 범죄를 저질렀습니다.

　이렇게 고발을 선언하면서 저는 명예훼손을 처벌 가능한 범죄 행위로 규정한 1881년 7월 29일 자 언론법 제30항과 제31항에 따라 기소될 수 있다는 사실을 알고 있습니다. 저는 자진해서 그 위험을 무릅썼습니다.

　제가 고발한 사람들에 관한 한, 저는 그들을 알지 못하고, 한 번도 본 적이 없으며, 그들에게 원한이나 증오를 품고 있지도 않습니다. 그들은 제게 사회악의 실체이자 망령일 뿐입니다. 제가 지금 하는 행동은 진실과 정의 구현을 앞당기려는 급진적인 수단에 불과합니다.

　저는 극심한 고통을 겪었고 행복할 권리가 있는 인류의 이름으로 단 하나의 열정, 즉 깨우침의 열정을 간직하고 있습니다. 제 열띤 항의는 진심 어린 호소일 뿐입니다. 부디 저를 법정으로 소환해 환한 대낮에 조사가 이루어지도록 해 주십시오!

　　기다리고 있습니다.

에밀 졸라, 〈로로르〉, 1898년 1월 13일

프랑스 소설가 에밀 졸라Émile Zola가 펠릭스 포르Félix Faure 대통령(2월 16일도 참조)에게 보낸 신문 일면 공개서한은 '역대 최고 신문 기사'로 불린다. 이 서한은 파리 지역 신문 〈로로르 L'Aurore〉에 실렸다. 이 서한에서 졸라는 알프레드 드레퓌스Alfred Dreyfus 대위(1859년-1935년)가 포병대 기밀을 독일에 넘긴 혐의로 기소되고 1894년에 악마의 섬으로 유배되는 종신형을 선고받은 이래 프랑스를 집어삼킨 스캔들을 상세하게 분석했다. 유대인인 드레퓌스가 군대와 프랑스 상류 사회 내부에서 나온 보수적이고 반유대적인 음모에 희생됐다고 확신한 졸라는 죄인을 한 명, 한 명 지목한 다음 이렇게 덧붙였다.

진실은 나아가는 중이고 그 무엇도 진실을 막을 수 없습니다. 오늘은 사건의 시작일 뿐입니다. 오늘에야 각자의 입장이 명확히 드러났기 때문입니다. 한쪽에는 빛이 비치기를 바라지 않는 죄인들이 있고, 다른 한쪽에는 정의를 추구하고 그 빛이 비치는 때를 보고자 목숨을 바칠 사람들이 있습니다. 진실이 땅속에 묻히면 그 진실은 점점 커져서 모든 것을 함께 날려버릴 폭발력을 얻게 됩니다.

결국 프랑스 정계를 몇 년 동안 비튼 논쟁 끝에 드레퓌스는 1906년에 무죄 판결을 받았다. 그러나 졸라는 그보다 4년 일찍 집안 화재로 질식사했다. 적들의 공작에 의한 결과라는 견해도 있다. 졸라의 장례식에서 작가 아나톨 프랑스Anatole France는 "그는 인류 양심의 정수였습니다."라고 선언했다.

이날 일어난 다른 사건들
1893년 영국 독립노동당 창당
1941년 아일랜드 소설가 제임스 조이스James Joyce 사망
1964년 미국에서 비틀스 첫 번째 싱글 발매

1월 14일

휴먼 비인, 1967년

인류의 반체제 문화 밑에서부터 새로운 개념의 축제가 등장해야 한다. 의식을 깨우고 모든 것을 공유해야 한다. 그래야만 공감, 성찰, 사랑, 모든 인류를 위한 단합이 드러나는 르네상스를 이끄는 혁명을 일으킬 수 있다.

〈샌프란시스코 오라클〉, 1967년 1월

'취하고, 어울리고, 이탈하라turn on, tune in, drop out'라는 구호는 1966년 9월에 뉴욕에서 열린 한 기자 회견에서 티모시 리어리Timothy Leary(1920년-1996년)가 처음 공개적으로 언급한 말이었다. 이 말은 1960년대 반문화를 정의하는 구호가 됐고, 그 운동이 최초이자 아마도 가장 급진적으로 벌어진 '행사'의 주제를 제공했다. 그 행사란 1967년 1월 14일 3만 명이 참석한, 샌프란시스코 골든게이트 공원에서 열린 '휴먼 비인 집단 회합Gathering of the Tribes for a Human Be-In'이었다. 주로 '지하' 신문인 〈샌프란시스코 오라클San Francisco Oracle〉을 통해 홍보한 이 행사에는 샌프란시스코 헤이트 애시베리 지역의 뉴에이지 히피와 버클리대학교 급진주의자, 베트남전 반대 운동가들이 함께 모였다.

그레이트풀 데드The Grateful Dead와 제퍼슨 에어플레인Jefferson Airplane, 시인 앨런 긴스버그Allen Ginsberg(1926년-1997년), 활동가 제리 루벤Jerry Ruben(1938년-1994년), 환각제인 리세그르산다이에틸아미드lysergic acid diethylamide(줄여서 '애시드, 혹은 LSD)를 자유롭게 사용해서 개인 해방을 달성하자고 외친 주창자 티모시 리어리까지 미국 반문화 운동가와 선동자들이 많이 참석했다. LSD는 1947년에 치료용으로 개발됐으나 1966년 10월 캘리포니아주에서 사용이 금지됐다.

〈샌프란시스코 오라클〉 삽화 편집자인 마이클 보웬Michael Bowen이 공연 예술 작품 겸 무한하게 복제할 수 있는 방식으로 휴먼 비인 행사를 구상했다. 보웬의 계획은 엄청난 성공을 거뒀다. 엄청난 양의 '애시드'가 떨어졌고 언론은 일어난 모든 일을 덥석 받아들였으며, 나중에 샌프란시스코 사랑의 여름으로 알려지게 된 1967년은 일찌감치 시작됐다.

이날 일어난 다른 사건들

1129년 트루아 공의회가 성전 기사단 지지

1898년 영국 작가 루이스 캐럴Lewis Carroll(본명 찰스 럿위지 도지슨Charles Lutwidge Dodgson) 사망

1943년 제2차 세계대전: 카사블랑카 회담에서 연합군 전쟁 전략 논의

1월 15일

엘리자베스 1세 대관식, 1559년

엘리자베스 여왕은 웨스트민스터 사원에서 통상 의식에 따라 왕위에 올랐다. 이날 처음으로 웨스트민스터 홀에 온 것이었다. 앞에는 호화로운 의상을 갖춰 입은 나팔수, 기사, 영주, 전령관이 있었고, 진홍색 의상을 입은 귀족과 진홍색 예복을 입은 주교들이 있었다. 여왕과 여왕을 기다리던 모든 하인들이 홀로 들어섰다. 그곳에서 여왕의 의상으로 갈아입었다. 홀에서 그들은 예식을 거행할 칼라일 주교와 십자가 세 개를 짊어지고 예복을 입은 성가대를 만났다. 칼라일 주교가 주교관을 썼다. 그들이 지나갈 때 '즐겁도다 이날Salve Festa Dies'[그레고리오 성가]을 불렀다. 모든 길에 자갈과 푸른 천을 새로 깔고 양측에 난간을 쳤다. 그렇게 사원으로 미사를 드리러 갔다. 그곳에서 여왕이 즉위하였다. 그렇게 예식이 끝났고 여왕과 수행원은 웨스트민스터 홀로 가서 식사를 했다. 모든 공직자가 자기 땅에서 근무를 시작했고 런던 시장과 부시장도 취임했다.

존 스트라이프John Strype, 《엘리자베스 여왕 태평치세 중 종교 개혁 연보ANNALS OF THE REFORMATION ··· DURING QUEEN ELIZABETH'S HAPPY REIGN》, 1709년-1725년

잉글랜드의 처녀 여왕은 이복 언니이자 전임자인 가톨릭교도 메리 1세가 사망(1월 7일 참조)한 지 대략 3개월이 지난 1559년 1월 15일에 왕권의 상징인 보주와 홀, 왕관을 부여받았다.

대관식 준비는 이틀 전에 시작됐다. 군주의 실질적인 권력 장악을 강조하고자 먼저 런던탑을 상징적으로 '소유'하고, 이튿날은 가장행렬, 대중의 환호, 다양한 연설 속에서 시티 오브 웨스트민스터를 통과하는 행렬이 이어졌다.

공식 예식에는 캔터베리 대주교가 참석하지 않았다. 아주 적절한 역사상 우연으로 메리 1세가 임명한 가톨릭 대주교 레지널드 폴Reginald Pole이 메리 1세가 사망한 지 24시간이 채 지나지 않아 사망했고, 후임자는 임명 전이었다. 가톨릭 주교들이 긴장하고 불신하는 가운데 예식 거행은 칼라일 주교가 맡게 됐다. 예식 절차는 본질적으로 가톨릭 예식이었지만 엘리자베스 1세는 라틴 미사에 참석하지 않음으로써 두 가지 방법을 모두 취할 수 있었고, 개인 신앙 권리와 형식상 행동 의무를 구별한 귀감이 됐다. 엘리자베스 1세 치세 동안 거둔 성공의 상당 부분을 설명할 정치적 통찰력이 진작 드러난 셈이다.

이날 일어난 다른 사건들

1535년 잉글랜드에서 헨리 8세가 '교회 최고 수장'으로 등극
1759년 대영박물관 개관
1929년 미국 인권 지도자 마틴 루서 킹 탄생

1월 16일

로마 제국의 시작, 기원전 27년

아우구스투스, 프린켑스 에트 임페라토르 카이사르 디비 필리우스[존엄한 자, 제1시민, 최고 지휘자 카이사르, 신의 아들]

옥타비아누스의 새로운 직함을 선언한 원로원 칙령, 기원전 27년 1월 16일

로마 원로원이 이 직함을 수여하면서 율리우스 카이사르의 양자 옥타비아누스Octavian는 로마 최고 통치자이자 로마 군단 최고 사령관이 됐다. 옥타비아누스가 아우구스투스로 바뀌면서 로마는 공화국에서 제국으로 바뀌었다. 그러나 아우구스투스는 옛 제도 안에서 일하면서 자신은 단지 '동등한 사람들 중 일인자'에 불과하다고 주장했다.

아우구스투스(기원전 63년-서기 14년)는 율리우스 카이사르가 기원전 44년 살해(3월 15일 참조)당한 뒤 발발한 전쟁에서 먼저 기원전 42년에 공화정을 지지한 공모자 브루투스와 카시우스를, 이후 기원전 31년에는 마르쿠스 안토니우스와 클레오파트라를 물리치면서 승리를 거뒀다. 그는 겉으로는 로마 원로원과 귀족 가문의 권리를 존중하는 듯 행동하면서 자기 안에 힘을 축적하고자 했다.

아우구스투스는 율리우스 카이사르가 지니고 있던 '독재관'이라는 논란 많은 직함을 받아들이지 않았지만, 이미 영구 집정관이었던 그는 기원전 27년 1월 16일에 위와 같은 긴 직함을 새로 받았다. 이 직함은 그가 지닌 권력 범위와 자비로운 통치를 역설했고, 원로원 지도자이자 군대 수장, 이제 신격화된 율리우스 카이사르의 후손으로서 지위를 확고히 했다. 이 직함의 마지막 부분으로 카이사르라는 성은 사실상 황제 권력 소유자를 의미하는 동의어로 쓰이게 됐다. 이 의미는 20세기까지 러시아(차르)와 독일(카이저)에서 통용됐다.

아우구스투스가 직접 집필한 내용이라 불가피하게 대단히 편파적인 1인칭 설명이기는 하지만 《아우구스투스 업적록Res Gestae Divi Augusti》에 따르면 그는 자신의 목표를 절대적으로 확신하면서도 겸손한 사람이었다. 가끔은 무자비할 때도 있었지만 그는 은 시대Silver Age라고 불리기도 하는 아우구스투스 치세의 평화, 번영, 문화적 영광에 자부심이 있었다. 역사학자 수에토니우스는 "그는 벽돌로 쌓은 도시 로마를 물려받아 대리석으로 쌓은 로마를 남겼다고 자부할 수 있었다."라고 표현했다.(8월 19일도 참조)

이날 일어난 다른 사건들

1547년 폭군 이반Ivan the Terrible이 러시아 최초 차르로 즉위

1605년 세르반테스Cervantes의 산문 작품 《돈키호테Don Quixote》가 마드리드에서 출판

1970년 카다피Gaddafi 대령이 군사 쿠데타로 리비아 장악

1월 17일

모든 전투의 근원, 1991년

위대한 전투, 모든 전투의 근원이 드러났습니다. 이 위대한 대결이 시작되면서 승리의 여명이 다가오고 있습니다! … 백악관의 악랄하고 사악한 의도는 으스러지고 신성을 모독하는 압제 세력 역시 박살날 것입니다.

이라크 대통령 사담 후세인, 연설, 1991년 1월 17일

이라크 독재자이자 바트당 지도자 사담 후세인 Saddam Hussein은 미국이 주도한 연합군이 사막의 폭풍 작전을 개시한 날 국민들에게 연설을 했다. 이 작전의 목적은 이라크가 쿠웨이트를 합병한 이후 쿠웨이트에서 이라크군을 추방하는 것이었다. 사담 후세인은 1980년대 내내 길게 이어진 피비린내 나는 이란-이라크 전쟁 중에 미국과 유럽에게 금전과 물자를 지원받았으나 1990년 8월에 쿠웨이트를 침공하면서 국제적으로 모든 지지를 잃었다. 후세인은 쿠웨이트가 이라크에 속한 일부였으며 양차 세계대전을 겪는 동안 영국의 책략으로 독립했을 뿐이라는 역사적 주장을 이용하고자 했다. 쿠웨이트가 순식간에 제압당한 가운데 이라크가 쿠웨이트에서 자행한 잔학 행위 이야기에 전 세계가 혐오감을 드러냈다. 국제연합 결의안의 지지를 받은 조지 부시 미국 대통령은 쿠웨이트 독립을 회복하고 취약한 사우디아라비아를 보호하고자 연합군을 이끌었다. 1991년 1월 16일에 공격을 개시하자 사담 후세인은 도전적인 말로 맞받아쳤으나, 쿠웨이트 유정에 불을 지르는 방법 외에 효과적인 군사적 대응은 거의 없었다.

이라크군을 쿠웨이트에서 추방한 연합군은 이라크에서 철수하기 전에 후세인의 퇴각 부대를 바그다드에서 240킬로미터 떨어진 곳까지 추격했다. 2월 28일 부시 대통령이 휴전을 선언한 뒤 미국 연합군 사령관 노먼 슈워츠코프 Norman Schwarzkopf는 패배한 적을 가차 없이 비난했다. "사담 후세인이 위대한 군사 전략가인지를 논하자면 그는 전략가도 아니고 작전술을 익히지도 못했으며, 전술가도 아니고 장군도 아니며 병사도 아니다. 그것만 빼면 그는 훌륭한 군인이다."

이날 일어난 다른 사건들

1706년 미국 대학자 벤저민 프랭클린 Benjamin Franklin 탄생
1912년 로버트 팰컨 스콧이 남극에 도달
1945년 제2차 세계대전: 소련군이 폴란드 수도 바르샤바를 독일군에게서 해방

1월 18일

파리 강화 회의에서 나타난 이해 상충, 1919년

대표단 할당은 민감한 작업이었다. 브라질은 독일과 얽힌 이해관계가 많아서 세 자리를 얻었다. 프랑스 대표단은 브라질이 회의에 적극적으로 참여하도록 이끌어서 강압적 수단을 취하도록 꼬드기려고 한다. 미국 원칙에는 거의 적합하지 않은 듯하다.

포르투갈 대표단은 무척 슬퍼했다. 프랑스 대표단은 장관에게 가서 대표자가 불충분해서 대단히 유감이지만 영국 측은 상당히 단호하다고 말했다. 포르투갈 대표단은 슬픔보다는 분노에 차서 우리에게 다가와 항의했다. 에어 크로우 경Sir Eyre Crowe[영국 외무부 차관보]은 프랑스에서 추가 대표단에 대한 항의가 들어왔음을 알 수 있도록 공식 절차에서 발췌문을 잘라내 비밀리에 보내야했다.

벨푸어 씨[영국 외무부 장관]는 첫 번째 회기에서 헤자즈[서부 아라비아] 대표단을 까맣게 잊었다. 나는 말렛Mallet과 티렐[윌리엄 티렐William Tyrrell, 전권 공사], 세실[로버트 세실 경Lord Robert Cecil]을 보내 항의하도록 했다. 그런 다음에 에릭 드러먼드Eric Drummond[장래 국제연맹 사무총장]를 찾아가서 직접 힘차게 설명했다. 드러먼드는 처음에 우리가 설 자리가 없다고 나를 설득하려 했지만 나중에 돌아와서 최선을 다하겠다고 약속했다. 나는 벨푸어 씨와 식사하면서 같은 취지의 약속을 받았고 그에게 정보를 잔뜩 제공했다. 필립 커Philip Kerr는 라이오넬 커티스Lionel Curtis[작가이자 공무원]의 조언에 따라 로이드 조지Lloyd George[영국 총리]에게 똑같이 했다. 한편 나는 파이살Feisal[아랍 대표단 지도자]에게 그의 질의는 배제당한 것이 아니라 필요한 서류를 작성하느라 하루 연기됐을 뿐이라고 말했다. 이튿날 벨푸어는 헤자즈를 지명했다. 피숑Pichon[프랑스 외무장관]이 항의했다. 클레망소[프랑스 총리]는 대표 한 명을 받아들였고, 피숑은 그들이 독립국이 아니라 신생 국적이라 더 이상 가질 수 없다고 말했다. 벨푸어와 로이드 조지는 그들과 프랑스가 독립을 인정했다는 성명으로 날카롭게 반박했고, 주장(대표 두 명)을 관철했다.

한편 파이살을 찾아온 구트는 파이살의 탈락은 고의였고 영국인들은 그저 그를 가지고 놀고 있을 뿐이라고 말했다. 구트는 프랑스가 강대국이며, 파이살이 프랑스에 맞서고 있는 메소포타미아와 시리아 이간질꾼들 말을 최대한 빨리 그만 들을수록 더 유리할 것이라고 말했다. 그들은 시리아에 아랍 군대가 없다는 사실을 알아챘으며, 만약 앨런비Allenby[시리아 주재 영국 사령관]가 그렇게 말했다면 그것은 거짓말이라고 말했다. 그렇게 해서 파이살은 대표단으로서 자신이 힘이 없다는 사실을 알고 비참한 기분으로 밤을 보냈다. 나는 그가 새벽 2시에 호텔 주변을 돌아다니는 모습을 발견했다. 우리가 이겼을 때 그는 이를 향후 일어날 모든 전투에 대한 좋은 전조로 받아들이고 무척 기뻐했다.

첫 회동에서 파이살은 클레망소가 임시 의장으로서 비준을 대표단 표결에 부쳤을 때 기뻐했다. 파이살은 다른 사람들과 같이 그에게 투표했다. 로이드 조지는 제안에 찬성하면서 자기가 학교에 다니던 시절 클레망소는 재임 중이었다고 말했다.

미국의 이상을 확실히 실현하고자 동양에서 협력하는 미국을 지지하는 운동은 잘 진행됐다. 그날 밤 잉글랜드에서는 키플링의 열정이 더블데이를 뒤집었다. 엘리스Ellis는 '헤럴드' 여섯 번째 기사에서 전부 그런 식으로 다루고 있다. 이건Egan 부인이 고수했고 매클루어McClure 역시 마찬가지였다. 나는 책임의 크기로 미국을 겁주고 싶다. 그런 다음 미국이 우리를 지휘하길 바랐다. 미국인들은 프랑스에 진저리를 쳤다. '제2제국의 추억'은 그들 취향에 너무 저속했다. 윌슨Wilson[미국 대통령]은 바이츠만Weizmann[시온주의 지도자]에게 영국인들과 사이가 어떤지 물었다. 그는 사이가 무척 좋아서 영국을 수탁자로 삼고 싶다고 말했다. 그런 다음 윌슨은 프랑스인들과 사이가 어떤지 물었다. 바이츠만은 자신이 프랑스어를 완벽하게 구사하지만 어떻게 해야 프랑스 정치인들을 이해하고 프랑스인들에게 자신을 이해시킬 수 있는지 모르겠다고 말했다. 윌슨은 "저도 딱 그렇습니다."라고 답했다.

T. E. 로렌스, 파리 강화 회의 일기, 1919년

제1차 세계대전 여파로 세계 지도를 다시 그리고자 연합군이 소집한 파리 강화 회의가 1919년 1월 18일에 열렸다. 개회식에서 프랑스 대통령 레몽 푸앵카레Raymond Poincaré는 "여러분은 지금까지 발생한 악행을 고치고 그 재발을 방지하고자 이 자리에 모였습니다. 여러분의 손에 세계의 미래가 달려 있습니다."라고 말했다. 그 결과는 그다지 이상적이지 않았다. 수많은 이해관계가 엇갈리는 가운데 주요 연합국들, 특히 조르주 클레망소 총리가 이끄는 프랑스 대표단이 결과를 좌지우지하면서 상당한 정치적 내분이 발생했다. 독일은 대표단을 파견하지 못했지만 1919년 6월 파리 강화 회의의 결과인 베르사유 조약에 서명해야 했다.

파리 강화 회의가 복잡했던 원인 중 하나는 모든 참전국 대표뿐만 아니라 비국가 대표단도 많이 참석했다는 사실이었다. 그들은 1918년 초 미국 대통령 우드로 윌슨이 1918년 초에 밝힌 '14개조 원칙' 중 하나였던 민족자결주의 원칙에 따라 새로운 민족 국가를 모색하고 있었다. 오스만 제국에서 독립하고자 투쟁하는 아랍인들을 대표해 협상에 나선 사람은 아랍인을 교육하고 이끌었으며 그들의 대의에 크게 관여했던 인물인 T. E. 로렌스T. E. Lawrence(1888년-1935년)였다. 그는 회의가 열린 이후 막후 이야기를 생생하게 전달했다.

이날 일어난 다른 사건들
1778년 제임스 쿡 선장이 '샌드위치제도'(하와이)에 도착
1871년 프로이센의 빌헬름Wilhelm of Prussia이 독일 제국의 카이저(황제)로 공표
1967년 '보스턴 교살자' 알베르토 데살보Alberto DeSalvo가 살인 13건을 저지른 혐의로 무기징역 선고

1월 19일

최초의 무정부주의자 사망, 1865년

피에르 조제프 프루동Pierre-Joseph Proudhon은 1809년에 태어나 1865년 1월 19일에 파리 교외 파시에서 사망했다. 그는 초기 이상주의 사회주의자였으며 최초로 자기 자신을 가리켜 무정부주의자라고 칭한 사람이었다. 프랑스 동부 브장송 출신으로 독학으로 공부한 프루동은 줄곧 노동자들에게 재산을 공동 소유하고 협동해서 일하며, 자본주의와 국가 권력 모두에 대항해야 한다고 주장했다. '소유는 절도'(1840년)라는 구절로 기억에 남는 문구를 고안한 프루동은 그 구절의 짝이라고 할 수 있는 '무정부 상태는 질서'라는 말로 그 경계를 좀 더 넓혔다.

지배받는다는 것은 그럴 권리도 지혜도 미덕도 없는 생명체에게 감시받고, 사찰받고, 지시받고, 법에 강제되고, 번호가 매겨지고, 규제받고, 등록되고, 세뇌받고, 설교당하고, 통제받고, 점검받고, 평가받고, 가치가 매겨지고, 명령받는다는 뜻이다. 지배받는다는 것은 어떤 활동이나 거래를 할 때마다 기록되고, 등록되고, 계산되고, 세금이 부과되고, 도장이 찍히고, 측정되고, 번호가 매겨지고, 평가받고, 허가받고, 인증받고, 훈계받고, 금지되고, 교화받고, 교정받고, 처벌받는다는 뜻이다. 공익이라는 핑계와 일반 이익이라는 명목으로 개인 분담금을 강요받고, 주입받고, 바가지를 쓰고, 착취당하고, 독점에 시달리고, 갈취당하고, 쥐어짜이고, 속고, 털린다. 그러다가 조금이라도 저항하려고 불평 한마디만 해도 탄압받고, 벌금 고지를 받고, 비난받고, 괴롭힘 당하고, 쫓기고, 학대받고, 두들겨 맞고, 무기를 뺏기고, 묶이고, 목 졸리고, 감금되고, 재판받고, 모욕당하고, 총에 맞고, 강제 추방당하고, 희생되고, 팔리고, 배신당한다. 그리고 마지막에는 결국 놀림받고, 조롱받고, 우롱당하고, 유린당하고, 망신당한다. 그것이 정부다. 그것이 정부의 정의이고, 그것이 정부의 도덕이다.

피에르 조제프 프루동,《19세기 혁명의 일반 이념GENERAL IDEA OF THE REVOLUTION IN THE NINETEENTH CENTURY》, 1845년

소위 '행위에 따른 프로파간다propaganda by the deed'(폭탄과 암살 시도를 통한 혁명의 혜택을 보도록 남들을 부추기는 방침)를 채택한 19세기 후반 무정부주의자들과 달리 프루동은 프랑스 제2공화국을 탄생시킨 1848년 파리 혁명 동안에도 폭력을 삼갔다. '무정부주의' 창시자였던 그는 자신의 대의를 추진하는 수단으로 펜을 선호했고, 정부의 폐해를 강력하게 요약한 위 글에서 볼 수 있듯이 그 효과가 유력하게 발휘하도록 사용했다.

이날 일어난 다른 사건들

1419년 백년전쟁: 루앙이 잉글랜드의 헨리 5세에 항복

1915년 제1차 세계대전: 독일의 체펠린 비행선이 처음으로 영국 폭격

1966년 자와할랄 네루의 딸 인디라 간디Indira Gandhi가 인도 총리로 선출

1월 20일
미국 대학살, 2017년

2017년 1월 20일은 국민이 다시 이 국가의 통치자가 된 날로 기억될 것입니다. 우리나라의 잊힌 국민들이 더는 잊히지 않을 것입니다.

모두가 지금 여러분의 말에 귀 기울이고 있습니다. 여러분은 수천만이 함께 여태껏 세계가 본 적 없는 역사적 순간의 일부가 됐습니다.

이 움직임의 중심에는 중대한 확신이 있습니다. 바로 국가는 국민에게 봉사하기 위해 존재한다는 신념입니다. 미국인들은 자녀가 다닐 훌륭한 학교, 가족이 거주할 안전한 동네, 자기 자신이 종사할 좋은 일자리를 원합니다. 이는 정직한 국민이 할 수 있는 정당하고 합리적인 요구입니다.

그러나 이와 다른 현실에 살고 있는 우리 국민이 너무 많습니다. 도심 지역에 거주하는 어머니와 아이들은 빈곤에 갇혀있습니다. 녹슨 공장은 이 나라 땅 곳곳에 묘비처럼 흩어져 있습니다. 교육 제도에는 현금이 넘쳐나지만 어리고 멋진 우리 학생들은 지식을 빼앗겼습니다. 게다가 범죄와 폭력단과 마약이 너무 많은 목숨을 빼앗고 실현되지 않은 우리나라의 잠재력을 강탈했습니다.

이 같은 미국 대학살은 여기에서 지금 당장 끝내야 합니다.

우리는 한 국가입니다. 그리고 그들의 고통은 우리의 고통입니다. 그들의 꿈은 우리의 꿈입니다. 그들의 성공은 우리의 성공이 될 것입니다. 우리는 한 마음, 한 가정, 영광스러운 하나의 운명을 함께합니다.

미국 대통령 도널드 트럼프 취임 연설, 2017년 1월 17일

2016년 11월 정치 신인 도널드 트럼프Donald Trump가 반체제, 고립주의를 공약으로 미국 대통령에 당선되자 전문가 대부분은 깜짝 놀랐다. 트럼프는 취임식에서 수십 년에 걸쳐 이뤄진 자유주의 합의, 무절제한 이민, 미국 노동자 이익에 반하는 국제 무역 협약으로 망가진 사회라는 암울한 시각을 제시할 기회를 얻었다.

트럼프는 연방수사국, 사법부, 언론('주류 매체') 같은 기관에 대한 지속적이고 거침없는 공격을 트위터를 통해 거르지 않고 전달하면서 미국 사회 대부분과 전쟁 중인 대통령의 모습을 보여줬다. 한편 철강을 비롯해 죽어가는 산업을 되살리고 (그의 말에 따르면) '미국을 다시 위대하게 만들기' 위해 끊임없는 보호무역주의 계획을 밀어붙였다.

이날 일어난 다른 사건들
1265년 잉글랜드 첫 번째 의회 개회
1841년 중국이 홍콩을 영국에 할양
1942년 제2차 세계대전: 나치 지도자들이 '유대인 문제 최종 해결책' 논의

1월 21일

루이 16세 처형, 1793년

열여덟 살쯤 되어 보이는 경비대 막내가 즉시 머리를 움켜쥐더니 처형대 주위를 돌아다니며 사람들에게 손에 쥔 것을 보여줬다. 그는 대단히 극악무도하고 저속한 몸짓으로 이 기괴한 의식을 거행했다. 처음에는 무시무시한 침묵이 흘렀다. 마침내 "공화국 만세!"라는 외침이 들렸다. 서서히 목소리가 커졌다. 10분도 채 되지 않아 이 외침은 천 번 넘게 반복되면서 군중이 함께 외치는 함성이 됐고, 모두가 모자를 공중에 던졌다.

헨리 에섹스 에지워스, 《회고록MEMOIRS》, 1815년

1792년 9월에 프랑스 왕정이 폐지되면서 왕위를 상실하고 루이 부르봉이 된 루이 16세는 1793년 1월 21일 처형대에 올라 차분하게 단두대 아래에 머리를 놓았다. 3년 넘게 프랑스를 들끓게 한 혁명이 정점에 달하는 순간이었다.

루이 16세는 재판에서 강력하게 변호했지만 아무 소용이 없었다. 재판이 열리기 이틀 전인 1792년 12월 9일 자코뱅당 주축이었던 막시밀리앙 로베스피에르Maximilien Robespierre는 "치명적인 진실을 선언하게 되어 유감입니다. 이 나라가 살려면 루이가 죽어야 합니다."라는 견해를 이미 분명히 밝혔다. 1792년 9월에 신설된 입법 회의인 국민공회는 근소한 표 차이로 사형을 결정했다. 1월 20일에 평결이 내려지고 이튿날 아침에 처형을 집행했다.

루이는 마지막 가는 길에 아일랜드 태생 신부 헨리 에섹스 에지워스Henry Essex Edgeworth와 동행했다. 처형대 위에서 경비대가 루이의 팔을 묶으려 하자 그는 "나를 묶겠다고? 안 돼! 결코 동의할 수 없소. 명령받은 대로 하게. 하지만 날 묶을 수는 없네."라고 고집했다.

이 처형으로 유럽 전역의 군주제 지지자들이 충격을 받았고, 프랑스는 곧 스페인, 영국, 네덜란드, 오스트리아, 프로이센과 전쟁에 휘말렸다. 이런 위협이 새로 생긴 '공안위원회'에서 로베스피에르가 권력을 장악하는 데 기여했고, 로베스피에르는 공안위원회에서 혁명을 보호하고자 공포 정치를 시작했다(2월 5일 참조).

이날 일어난 다른 사건들

1919년 영국 의회 신페인Sinn Féin 의원들이 아일랜드 공화국 선포

1924년 소비에트 연방을 창설한 지도자 블라디미르 레닌 사망

1950년 영국 언론인 겸 방송인이자 소설가 조지 오웰 사망

1월 22일

영국 노동당 최초 집권, 1924년

23년 전 오늘 사랑하는 할머니가 돌아가셨다. 할머니가 노동당 정부를 어떻게 생각하실지 궁금하다.

조지 5세, 일기, 1924년 1월 22일

빅토리아 여왕의 손자인 조지 5세George V는 1924년 1월 22일 일기에서 영국 사상 최초 노동당 정부를 언급했다. 1923년 12월 총선은 결정적이지 않았지만 보수당 다수파 지도자 스탠리 볼드윈Stanley Baldwin은 연립 정부를 꾸리지 못했고 1924년 1월 의회가 재개되자마자 불신임 투표에서 패배했다. 볼드윈이 사임하면서 스코틀랜드 북동부에서 농장 노동자의 사생아로 태어난 램지 맥도널드Ramsay MacDonald가 소수당 정권 수반으로 총리직에 오른 최초의 노동당 당수가 됐다.

노동당은 불과 30년 전에 독립노동당Independent Labour Party(ILP)으로 창당한 정당이었다. 1906년에 이름을 노동당으로 바꾸고 맥도널드가 처음 의회에 입성하면서 혁명적 마르크스주의 이념을 국회 정치 헌신으로 대체했다. 하지만 정계는 여전히 염려했고 맥도널드 총리가 전통인 손등 키스 의례를 하기 위해 버킹엄 궁에 도착했을 때 조지 5세는 며칠 전 노동당 집회 참가자들이 '적기가Red Flag'영국 노동당 당가—옮긴이와 '마르세예즈Marseillaise' 프랑스 국가—옮긴이를 승리에 도취해 불렀다고 불평했다. 맥도널드는 볼드윈 불신임 투표 이후 하원에서 '적기가'를 부르는 지지자들을 만류하기가 어려웠다고 대답했다.

왕은 걱정할 필요가 없었다. 맥도널드는 실권이 거의 없었고, 노동당 정부는 부유층을 심각하게 위협하는 일 없이 9개월 만에 해산했다.

이날 일어난 다른 사건들

1788년 낭만주의 시인 바이런Lord Byron 탄생
1901년 영국 여왕이자 인도 여제 빅토리아 여왕 와이트섬 오스본 하우스에서 사망
1905년 러시아 근위대가 '피의 일요일'에 시위대 사살

1월 23일

로크스 드리프트에서 줄루족이 패배하다, 1879년

이산들와나에서 일어난 참사 소식을 들은 때는 오후 3시 30분경이었다. … 브롬헤드가 내게 집 꼭대기로 올라가라고 했다. … 나는 줄루족이 우리 눈에 띄지 않는 범위 내에서 최대한 가까이 다가왔다는 것을 알 수 있었다. 브롬헤드 씨는 그들이 몇 명이나 된다고 생각하는지 물었다. 나는 그들이 4,000명에서 6,000명 정도 된다고 말했다. … 몇 분 뒤 산꼭대기에 한 명이 나타났다. … 그러더니 그는 계속해서 오른쪽으로 움직이며 팔로 신호를 보냈다. 즉시 본대가 진군하기 시작했고 … 몇 분 뒤에 우리 주위를 둘러쌌다. …

… 총검을 자유롭게 사용하고 나서야 그들이 조금이나마 움찔했다. 줄루족이 총알을 가져갔듯이 총검도 자유롭게 가져갔더라면 우리는 15분도 버티지 못했을 것이다. 그들은 바로 위로 밀고 올라와 … 우리에게 다가왔지만 총검을 몹시 두려워하는 듯했다. …

덩치가 좋은 줄루족 한 명이 내가 그의 동료를 쏴서 넘어뜨리는 광경을 봤다. 그는 … 왼손으로 내 소총의 총구를 움켜쥐고 오른손으로 총검을 잡은 채 앞으로 뛰쳐나왔다. … 그가 잡아당겼지만 … 나는 왼손으로 소총의 개머리판 일부를 단단히 움켜쥐었다.

내 탄약통이 옥수수 봉지 위에 있었던 덕분에 나는 소총을 장전하고 그에게 붙들린 채로 그 불쌍한 녀석을 쏠 수 있었다. 잠시 동안 그들은 훌륭한 방어물 역할을 하는 정원으로 물러났다. … 그들의 다음 목표는 병원 탈취였고, 불을 질러서 목표를 달성했다.

… 브롬헤드와 나, 다른 다섯 명은 두 번째 방어선 오른쪽에 자리를 잡았고, 그곳에서 우리는 십자 포화를 세 차례 맞았다. 브롬헤드가 중간을 맡았고 유일하게 다치지 않았다. 네 명이 죽고 두 명이 부상당했다. 브롬헤드와 나는 1시간 30분 정도 그 사실을 둘이서만 알고 있었다.

이즈음 우리는 엄청난 압박을 받고 있었다. … 우리는 너무 바빠서 한 놈이 안으로 들어와 브롬헤드를 투창으로 찌르려고 하는데도 그가 들어온 줄도 모를 정도였다. 나는 그놈에게 소총을 들이대는 동시에 총이 비었다는 사실을 깨달았다. … 그는 재빨리 몸을 낮춰 방어 진지 밖으로 다시 뛰어내렸다. … 내가 보기에 그들은 이 기세를 몰아 로크스 드리프트를 차지하려고 마음을 먹은 듯했다. 그들은 이미 상당한 타격을 입었는데도 미친 듯이 달려들었다.

이 싸움에서 내가 총에 맞았다. … 나는 상대방이 총을 내게 겨누고 있다는 사실을 알았지만 … 나는 당장 눈앞의 사태에 맞서기에 바빴고 … 그가 내 오른쪽 어깨뼈를 쐈고 총알은 어깨는 관통했다. … 나는 똑바로 서 있으려고 했지만 그럴 수 없었다. 브롬헤드가 권총으로 그를 쏘지 않았다면 그는 투창으로 나를 찌를 수 있었을 것이다. … 나는 셔츠를 벗고 잠시 쓰러져 있다가 … 부상당한 팔을 허리띠 밑에 밀어 넣었다. 브롬헤드의 권총을 들고 좀 더 버틸 수 있었다. … 이때 브롬헤드는 탄약을 철저히 감시하면서 탄약이 부족하니 한 발도 낭비하지 말라고 부하들에게 말했다. 직접 탄약을 채우던 나는 목이 말라 기절했다. … 너무 목이 말라서 할 수 있는 일이 별로 없었다. …

내가 비스킷 상자에 몸을 기댈 때 디콘이 "프레드, 막판에 몰리면 내가 널 쏠까?"라고 물었다. 나는 거절했다. "아니, 그들은 이미 날 거의 끝냈고 막판에 가면 나를 금방 끝장낼 수 있어." 그 이후로는 별로 기억이 나지 않는다. 다시 정신이 들었을 때는 첼름스퍼드 경이 우리 임무를 해임했다. 브롬헤드는 각하를 내게 모셔왔고 각하는 내게 아주 친절하게 말했으며 의사가 내 상처를 치료했다. 내가 로크스 드리프트에 있는 동안 브롬헤드가 가장 자주 찾아와 나를 간호했다.

프레데릭 히치 이병, 사담

1879년 1월 23일 영국 식민지 나탈과 줄루왕국 국경 지대 파견지인 로크스드리프트에 주둔하던 영국 병사 152명으로 이뤄진 소규모 병력이 전날 근처 이산들와나에서 극적인 승리를 거둔 줄루족 4,000여 명을 물리쳤다. 영국은 줄루족이 최소 350명 전사한 로크스드리프트 전투 승리를 널리 축하했고, 수비병들에게 전례 없이 빅토리아 십자 훈장 11개를 수여했다. 수여자 중에 존 차드 중위와 곤빌 브롬헤드 중위, 22세였던 히치 이병도 있었다. 히치는 나중에 자신의 기억을 기록했고 1913년에 사망했다. 1879년에 영국-줄루 전쟁이 끝나면서 남아프리카에서 영국의 포부를 위협하려는 줄루족의 시도는 사실상 무력화됐다.

이날 일어난 다른 사건들
1556년 중국에서 발생한 지진으로 83만 명 사망
1806년 영국 총리 윌리엄 피트 사망
1989년 초현실주의 화가이자 영화 제작자 살바도르 달리Salvador Dalí 사망

1월 24일

스탈린그라드에서 항복 금지, 1943년

항복은 금지다. 제6군은 마지막 한 사람, 마지막 순간까지 제 위치를 지킬 것이며 그러한 영웅적인 인내는 방어전선 구축과 서양 세계 구원에 잊지 못할 공헌을 할 것이다.

아돌프 히틀러 Adolf Hitler, **1943년 1월 24일에 하달한 명령**

독일 제6군 사령관 프리드리히 파울루스 Friedrich Paulus가 소련 스탈린그라드 주변에서 몇 달에 걸쳐 필사적으로 싸운 끝에 철수할 수 있도록 허락을 구했을 때, 그 싸움이 동부 전선을 좌우할 결정적인 전투라고 본 아돌프 히틀러는 철수를 허락하지 않았다. 소련으로 진출한 전진 축은 1942년 여름 볼가강 연안에 있는 스탈린그라드에 도달했지만 소련 지도자 스탈린은 기필코 스탈린그라드를 방어하겠다고 결심했다. 스탈린그라드는 남부 러시아 통신 중심지였으며, 1925년 이래 스탈린의 이름을 딴 이 도시는 소련의 자존심을 상징했다. 스탈린은 "한 발자국도 물러나지 말라."라고 명령했다(7월 28일 참조).

1942년 10월 말 무렵 독일군은 스탈린그라드를 포위했고, 소련 수비군은 강으로 밀려났다. 그러나 대규모 반격과 혹독한 겨울로 제6군이 쇠약해졌다. 싸움은 끈질긴 길거리 전투로 변질됐다. 11월 들어 대규모로 증원한 소련의 붉은 군대가 독일군을 포위할 수 있었다. 1월 24일에는 마지막 독일 비행장이 짓밟혔다. 파울루스가 히틀러에게 항복 허락을 구했을 때 그는 단호한 답변을 들었고 육군 원수로 승진했다. 이 조치에 숨은 의미는 명확했다. 역사상 독일 육군 원수는 그 누구도 항복한 적이 없었고 모든 방법이 실패한 경우 자살을 택했다.

그러나 파울루스(1890년-1957년)는 달랐다. 그는 "그 오스트리아 상병을 위해 자살할 의사"가 없다고 주장했다. 그는 1월 31일에 항복했고 소련 포로로 잡혔다. 남은 독일군 9만 명이 포로가 됐고, 그중 상당수가 포로 생활 중에 사망했다. 스탈린그라드 전투 중에 목숨을 잃은 사람은 전부 200만 명에 달한다. 항복 소식을 들은 히틀러는 파울루스의 계급을 박탈하고 "전쟁의 신이 상대편으로 넘어갔다."라고 평했다. 그가 맞았다. 한때 천하를 정복했던 독일 국방군은 사상 최악의 패배를 경험했다.

스탈린 시대가 끝난 뒤 스탈린그라드라는 도시명은 볼고그라드로 바뀌었다. 하지만 그 도시가 목격한 장대한 전투는 이전 명칭이 지닌 역사적 울림을 보증했다.

이날 일어난 다른 사건들
서기 41년 로마 황제 칼리굴라 암살
1965년 영국 정치인이자 전시 총리 윈스턴 처칠 사망
1984년 최초의 애플 매킨토시 컴퓨터 판매 개시

1월 25일

스코틀랜드의 국민 시인 탄생, 1759년

스코틀랜드의 비공식 국민 시인 로버트 번스Robert Burns가 1759년 에어셔주 앨러웨이에서 탄생한 1월 25일은 전 세계에서 축하하는 날이다. 해기스 양이나 송아지 내장을 주재료로 만드는 일종의 소시지—옮긴이 와 위스키를 즐기는 축하 만찬에서 번스의 8연시 '해기스에 바치는 연설Address to a Haggis'를 낭독한다. 전통적으로 세 번째 연을 낭송할 때 해기스를 자른다.

    열심히 갈아 날카로운 칼로
    능숙하게 너를 가르면
    속이 콸콸 쏟아지며 드러나는구나
    마치 도랑처럼
    이 얼마나 찬란한 광경인가,
    따뜻한 김이 피어오르고 풍부하네!

번스 나이트Burns Night 행사는 17세기까지 거슬러 올라가고 셀커크 백작Earl of Selkirk이 마련한 만찬에서 번스가 직접 암송했던 셀커크 그레이스Selkirk Grace로 시작한다.

    어떤 이는 고기가 있어도 먹을 수 없고
    어떤 이는 먹고 싶어도 고기가 없죠
    하지만 우리는 고기가 있고 먹을 수 있으니
    주님께 감사드려야죠

빈곤한 환경에서 자란 로버트 번스는 서정시로 엄청난 찬사를 받았으며, 그 대부분을 스코틀랜드어로 썼다. 그의 첫 책은 1786년에 나왔다. 번스는 자기 아이를 임신한 소녀의 아버지에게 당할 보복을 피하려고 그 책으로 자메이카로 이주하는 데 필요한 돈을 벌 수 있기를 바랐다. 그러나 책이 성공을 거두면서 번스는 대신 에든버러로 이주했고, 그곳에서 문단의 찬사를 받았다. 또한 번스는 전국을 돌아다니며 민요를 수집했다.

첫 번째 번스 나이트 만찬은 번스가 37세로 사망한 지 4년 뒤인 1802년 앨러웨이에서 번스의 친구들이 열었다. 하지만 이때를 포함해 이후 10년 동안은 번스의 생일을 착각해 1월 29일에 열렸다.

이날 일어난 다른 사건들

1947년 미국 폭력배 알 카포네Al Capone 사망
1971년 캘리포니아주에서 히피 교주 찰스 맨슨Charles Manson이 살인 혐의 5건으로 유죄 판결
2011년 이집트에서 시위가 시작되면서 결국 호스니 무바라크Hosni Mubarak 정권 몰락

1월 26일
오스트레일리아 식민지화, 1788년

우리는 세계에서 가장 훌륭한 항구를 찾아 만족스럽습니다. 아무리 배가 많아도 아주 안전하게 항해할 수 있는 항구입니다.

아서 필립 선장, 내무장관 시드니 경에게 보낸 첫 번째 공문, 1788년

1787년 5월 오스트레일리아로 유배 보낼 죄수 792명과 그들을 감시할 해병 160명을 태운 수인 선단 11척으로 이뤄진 '제1함대 First Fleet'가 잉글랜드를 떠났다. 이 함대는 1788년 1월에 보타니 베이에 도착했다. 18년 전 이곳을 방문한 제임스 쿡 James Cook 선장은 이 장소가 정착하기에 이상적인 장소라고 언급했다. 처음에 쿡은 "이곳에서 이런 어류가 엄청나게 많이 눈에 띄어서 이름을 스팅레이 하버 가오리 항구라는 뜻-옮긴이라고 지었다."라고 했다. 나중에 그는 그곳에서 "아주 많은 식물"이 채집된다고 설명하면서 '보타니 베이' 식물 만이라는 뜻-옮긴이라는 이름이 더 낫겠다고 말했고, 결국 보타니 베이라는 이름이 살아남았다.

제1함대를 이끈 지휘관 아서 필립 Arthur Phillip 선장은 영국이 새로 정복한 유형수 식민지의 총독이 될 예정이었다. 보타니 베이 자체가 상륙하기에 적당한 장소가 아니라는 사실을 알게 된 필립은 북쪽으로 조금 더 이동해서 포트 잭슨(오늘날 시드니 항구)을 선택하고 1788년 1월 26일 그곳에 하선하기 시작했다. 필립은 하선 지점에 이 원정을 계획한 영국 내무장관이자 그가 정기적으로 경과보고 공문을 보내는 상대인 토머스 타운센드 Thomas Townshend 시드니 경 이름을 따서 시드니 코브라는 이름을 붙였다. 그는 이미 시드니가 세계 최고 항구 중 하나가 될 잠재력을 지니고 있으며 영국이 제국으로 성장하는 데 미칠 영향을 알아차렸다. 이런 선견지명을 지녔던 필립은 어쩔 수 없이 그곳에 온 주민들이 서로 힘을 모아 두 번째 기회를 얻을 사회를 만들어나갈 준비를 할 수 있는 식민지를 만들었다.

이날 일어난 다른 사건들
1885년 고든 장군이 수단 하르툼에서 아마드를 신봉하는 반군에 살해당함
1939년 프랑코 장군이 이끄는 스페인 국민 진영이 바르셀로나 점령
1950년 인도가 영연방 안에서 공화국 수립

1월 27일

아우슈비츠-비르케나우 강제수용소 해방, 1945년

저는 엄청난 기적으로 살아남았습니다. 모든 막사 앞에는 작은 오두막이 있었고, 그 안에 빵을 넣어두는 빵 상자가 있었죠. 빵 상자 경첩이 떨어져 있어서 나는 그 상자 안에 거꾸로 숨었어요. 수색하러 온 누군가가 상자를 찾는데, 내가 너무 말랐던 덕분에 상자가 넘어갔죠. 그렇게 해서 내가 살아남았어요.

독일군이 떠났을 때 나는 막사로 돌아가고 싶었지만 폴란드군과 우크라이나군이 들여보내주지 않았어요. 그래서 나는 시체 더미 속에 숨었죠. 그 전 주에 화장터가 제대로 작동하지 않아서 시체가 점점 더 높게 쌓여갔거든요. 독일군이 돌아올까 봐 두려웠던 나는 시체들 사이에 숨었어요. 밤에는 그곳에 있었죠. 낮이 되면 수용소 안을 돌아다녔어요. 1월 27일, 나는 최초로 해방된 사람들 중 한 명이었고, 아우슈비츠는 최초로 해방된 수용소 중 하나였습니다.

바르트 스턴Bart Stern, 1992년 인터뷰, 미국 홀로코스트 기념관

헝가리에서 태어난 바르트 스턴은 1945년 1월 27일 소련 붉은 군대가 폴란드 남부에 있는 아우슈비츠-비르케나우 나치 절멸 수용소에 들어갔을 때 발견한 생존자 중 한 명이다. 그때까지 100만 명이 훨씬 넘는 사람들이 살해된 이 수용소에는 수감자가 7,000명 정도 남아 있었다. 수감자 6만 명은 나치가 2주 전에 명령한 살인적인 대피 행렬에 강제로 나서야 했지만 남아 있던 이들은 대부분이 너무 나이가 많거나 아파서 여기에 합류하지 못했다.

이날 풀려난 수감자 중에는 네덜란드에 살면서 일기를 썼던 어린 홀로코스트 희생자 안네 프랑크(6월 12일 참조)의 아버지 오토 프랑크Otto Frank(1889년-1980년)와 성홍열로 너무 아파서 대피할 수 없었던 이탈리아 화학자 프리모 레비Primo Levi(1919년-1987년)도 있었다. 이탈리아로 돌아온 레비는 수용소 경험을 기록하는 데 여생 대부분을 보냈고 이는 특히 《이것이 인간인가If This is a Man》(1947)에 잘 나타난다. 하지만 그조차도 실상을 완전히 증언하기에는 자격이 부족하다고 느꼈다. 이후 한 인터뷰에서 레비는 "수용소에서 살아남은 우리는 진정한 목격자가 아닙니다. 발뺌이었든 요령이었든 운이 좋았든 간에 우리는 바닥을 치지 않은 사람들이죠. 바닥을 친 사람들, 고르곤의 얼굴 본 사람들은 돌아오지 않았거나 돌아와도 말이 없었죠."라고 말했다.

이날 일어난 다른 사건들
1756년 오스트리아 잘츠부르크에서 작곡가 볼프강 아마데우스 모차르트Wolfgang Amadeus Mozart 탄생
1944년 제2차 세계대전: 독일군의 레닌그라드 포위망 해제
1973년 파리평화협정으로 베트남 전쟁 종결

1월 28일
우주왕복선 챌린저호 폭발, 1986년

우주왕복선 챌린저호 승무원은 일생을 살아간 방식으로 우리에게 영광을 안겨줬습니다. 우리는 그들을 결코 잊지 않을 것입니다. 또한 우리가 그들을 마지막으로 본 순간, 오늘 아침 그들이 여정을 준비하면서 손을 흔들며 작별 인사를 하고 '신의 얼굴을 만지려 지상의 굴레에서 벗어난' 때를 잊지 않을 것입니다.

미국 대통령 로널드 레이건Ronald Reagan, 집무실 연설, 1986년 1월 28일

로널드 레이건 대통령은 이날 오전 텔레비전 생중계로 방영된 우주왕복선 챌린저호 폭발 참사 이후 대국민 연설을 했다. 미국이 달을 탐사한 이후 미국 항공우주국NASA은 우주왕복 프로젝트 즉, 지구 궤도에 진입할 수 있는 재사용 가능한 우주선에 집중했고, 1981년 첫 번째 궤도 발사가 이뤄졌다. 하지만 실험을 수행하고 인공위성을 발사하고 유지하는 우주왕복선의 기능의 '일상적' 본질에 대중의 관심은 점점 줄어들었다.

대중을 끌어들이고자 새롭게 시도한 결과 1986년 1월 28일 세계 최초로 민간인이 챌린저호에 탑승해 우주로 가는 광경을 전 세계가 지켜보게 됐다. 뉴햄프셔주 출신 37세 교사 크리스타 매콜리프Christa McAuliffe는 1만 1,000명이 넘는 지원자를 제치고 이 특별한 기회를 잡았다. 매콜리프는 다가오는 모험을 '궁극의 현장 학습'이라고 표현했다. 안타깝게도 연료 누출로 우주왕복선을 실은 로켓이 새파란 하늘에 새겨진 듯 보이는 하얀 연기 줄기로 분해되면서 현장 학습은 단 73초 만에 끝났다. 매콜리프와 다른 승무원 6명은 즉사했다.

미국 전역에서 이 참사를 깊이 애도했다. 그날 밤 '위대한 소통인' 레이건 대통령은 집무실에서 국민들을 위로했다. 그는 1941년 잉글랜드 상공에서 공중 충돌로 사망한 비행사 존 길레스피 마지John Gillespie Magee가 쓴 시 〈고공비행High Flight〉을 인용했다. 또한 어떤 우연을 지적했다.

> 390년 전 오늘, 위대한 탐험가 프랜시스 드레이크 경이 파나마 해변 근처 배 위에서 사망했습니다. 평생 그에게 바다는 광활한 미개척 영역이었습니다. 훗날 한 역사학자는 "그는 바닷가에 살았고, 바다 위에서 죽었으며, 바다에 묻혔다."라고 말했습니다. 오늘 우리는 챌린저 대원들에 대해 이렇게 말할 수 있을 듯합니다. 드레이크가 그랬듯이 그들도 헌신을 다했습니다.

2011년 미국 항공우주국의 우주왕복선 프로그램은 막을 내렸다.

이날 일어난 다른 사건들
814년 프랑크 황제 카롤루스 대제 사망
1547년 잉글랜드 튜터 왕조 두 번째 군주 헨리 8세 사망
1807년 런던이 가스등으로 어둠을 밝히는 첫 번째 도시가 되다

1월 29일

악의 축, 2002년

우리의 … 목표는 테러를 후원하는 정권이 미국이나 미국 우방국을 대량 살상 무기로 위협하지 못하도록 막는 것입니다. 지난 9월 11일 이후로 이런 정권들은 꽤 잠잠했습니다. 하지만 우리는 그들의 본성을 압니다. 북한은 국민이 굶어 죽어가는 와중에 미사일과 대량 살상 무기로 무장한 정권입니다.

이란은 공격적으로 이런 무기들을 손에 넣고자 애쓰고 테러를 수출하는 한편, 선출되지 않은 소수가 자유를 바라는 이란 국민의 바람을 억압합니다.

이라크는 계속해서 미국에 대한 적대감을 과시하고 테러를 지원합니다. 이라크 정권은 10년 넘게 탄저균, 신경가스, 핵무기 개발을 계획해 왔습니다. …

세계 평화를 위협하려고 무장하는 이런 국가들과 테러리스트 동맹국들은 악의 축을 이룹니다. 이런 정권들이 대량 살상 무기를 얻으려고 하면서 중대한 위험이 점점 커지고 있습니다. 그들은 이런 무기를 테러리스트에게 제공해 그들의 증오에 걸맞은 수단을 제공할 수 있습니다. 그들은 우리 동맹국을 공격하거나 미국을 협박하려 할 수 있습니다. 이런 경우 무심했던 대가는 상상을 초월할 수 있습니다. …

우리는 멈출 수 없습니다. … 만약 우리가 지금 멈추고 테러 국가들을 방치한다면 우리의 안보 의식은 불성실하고 덧없다고 할 것입니다. 역사는 미국과 우리 동맹국에게 행동하라고 촉구했습니다. 자유의 싸움을 벌이는 것은 우리의 책임이자 특권입니다.

미국 대통령 조지 W. 부시, 국정연설, 2002년 1월 29일

조지 부시 대통령의 두 번째 국정연설 내용은 전년도 9월 11일에 알카에다al-Qaeda가 자행한 공격(9월 11일 참조)에 대한 대응과 테러 이후 알카에다 기지를 박탈하고 지도부를 파괴하고자 일으킨 아프가니스탄 전쟁이 주를 이뤘다. 이 연설은 알카에다 같은 테러리스트들이 특히 세 국가와 상호 유리한 관계를 맺을 수 있다는 두려움을 나타냈다. 그렇게 해서 사담 후세인이 지배하는 이라크가 미국의 정당한 표적이라는 관념을 제시했고, 14개월 뒤에 이라크를 침공함으로써 이를 실현했다.

이날 일어난 다른 사건들
1820년 종종 '정신착란'을 일으키던 영국 조지 3세 사망
1886년 카를 벤츠Karl Benz가 만든 가솔린 자동차가 특허 취득
1916년 독일 체펠린 비행선이 처음으로 파리 공중 폭격 실시

1월 30일

찰스 1세 처형, 1649년

나는 처형대를 세운 화이트홀 문 앞 길거리에 모인 군중 틈에 서서 무슨 일이 벌어지는지 봤지만 그렇게 가깝지는 않아서 아무 소리도 들리지 않았다. 내가 본 충격으로 미뤄볼 때, 그리고 그로 인해 잘 기억하는 그 순간 슬펐던 마음으로 진실하게 말하건대, 그때 모인 수천 명이 엄청난 신음소리를 냈다. 그 이전에 들어본 적 없는 소리였고 다시는 듣지 않기를 바란다.

필립 헨리, 일기, 1649년

나중에 유력한 비국교도 성직자가 된 17세 필립 헨리Philip Henry는 1649년 1월 30일 런던 화이트홀 연회장 밖에서 거행된 '찰스 스튜어트' 처형을 지켜보는 군중 틈에 서 있었다. 찰스 1세 처형은 올리버 크롬웰Oliver Cromwell과 군대가 조작한 1648년 12월 재판에 이어 이뤄졌고 국회에 남아 있던 고분고분한 '잔부의회' 의원들은 이를 묵인했다. 법원의 사법권을 인정하지 않았던 찰스 1세는 자기 행동을 적절하게 방어하지 않았다.

찰스 1세 참수는 전례 없는 국왕 시해를 의미했다. 이를 지지한 소수조차도 불안한 마음으로 지켜봤고, 확고한 왕당파들은 공포에 떨면서 봤으며, 나머지 사람들 대부분은 그저 충격 속에서 지켜봤다. 최근 내전을 치른 양편 모두 쌀쌀했던 그날 아침 풍경을 생생하게 그리면서 그 사건은 순식간에 선전으로 바뀌었다. 하지만 모든 면에서 찰스 1세는 그가 살면서 맞이했던 다른 수많은 중요 순간보다 더 위엄있게 처신했다. 1694년 2월 중순에 출간된 통칭 영혼 자서전 《에이콘 바실리케Eikon Basilike》 ('왕의 성상'을 뜻하는 그리스어)가 즉시 베스트셀러가 되면서 그는 금세 '순교자 찰스'로 바뀌었다. 아직도 밝혀지지 않은 저자는 찰스 1세의 입을 빌려 강력한 단어를 쏟아냈다.

"하지만 저들의 왕이나 죄인이기도 한 내 피가 평화를 추구하는 순결한 구원자의 피로 씻기게 하소서. 그렇게 함으로써 주님의 정의는 한동안 보상을 받을 뿐만 아니라 영원히 완전한 만족을 얻을 것입니다. 저의 죄와 제 백성의 죄에 대해 여전히 주님의 종을 거느리신 주님께 간청합니다. 제 죽음으로 주님의 분노가 누그러질 때, 제 백성들에게 자비를 내려주시고, 그들을 용서해 주소서. 하느님 아버지, 저들은 자기가 하는 일을 알지 못하옵니다."

이날 일어난 다른 사건들
1933년 아돌프 히틀러가 독일 총리로 임명
1965년 윈스턴 처칠 국장 거행
1972년 북아일랜드 데리에서 '피의 일요일' 사건 중 시위자 13명 사망

1월 31일
구정 대공세, 1968년

하늘을 가르고, 땅을 흔들어라.

보응우옌잡, 북베트남 인민군에 보낸 메시지, 1968년 1월

오늘 우리가 승리에 다가섰다고 말한다면 과거에 거짓으로 판명된 낙관주의자들을 증거에 역행해서 믿는 것입니다. 우리가 패배하기 직전이라고 주장한다면 불합리한 염세주의를 따르는 것입니다. 우리가 교착상태에 빠져있다는 견해가 만족스럽지는 않지만 유일하게 현실적인 결론입니다. 혹시라도 군사 및 정치 분석가들이 옳다면 이것이 정말로 협상 전 마지막 발악일지도 모르니 우리는 앞으로 몇 달 안에 적의 의도를 시험해 봐야 할 것입니다. 하지만 이 기자가 보기에 이 전쟁에서 나가는 유일한 방법은 승리자로서가 아니라 민주주의를 수호하겠다는 맹세를 지키고자 최선을 다한 명예로운 국민으로서 협상하는 길뿐입니다.

월터 크롱카이트 Walter Cronkite, CBS 텔레비전 뉴스, 1968년 2월 27일

1월 31일 뗏 응웬 단 Tet Nguyen Dan(베트남어로 첫 아침 축제라는 의미)은 베트남 달력 첫날이다. 1968년 이날에는 북베트남 인민군이 남베트남 표적과 이를 지원하는 미군을 상대로 대대적인 공세를 시작했다. 북베트남 국방장관 보응우옌잡 Vo Nguyen Giap 장군이 사이공과 후에를 비롯한 베트남 전역 마을, 도시, 비행장 100곳에 병력 8만을 동원해 동시 기습 공격을 감행했다. 대부분의 지역에서 그들은 금방 패배했지만 대규모 전투가 뒤따르기도 했다. 특히 케산에서는 미군 사상자가 증가했고 인민군은 엄청난 손실을 입었다. 군사 측면에서 볼 때 '구정 대공세'는 실패였고 인명 피해도 많았다. 그러나 인민군이 사이공 중심부를 공격하는 장면이 방송을 타면서 미국 내에서는 남베트남이 사면초가에 몰렸다는 인상이 생겼다. 전쟁에 반대하는 '좌파'가 아닌 존경받는 기자 월터 크롱카이트가 미국이 '교착상태에 빠졌다'라는 의견을 내놓으면서 그는 국가에 이런 새로운 의구심을 표명했다. 2월에 미국 국방장관 로버트 맥나마라 Robert McNamara가 사임했다. 6월에는 존슨 대통령이 베트남 전쟁을 지휘한 미군 사령관 윌리엄 웨스트모얼랜드 William Westmoreland를 교체했다. 베트콩 지휘관들은 군사적 패배가 중대한 선전 승리로 바뀐 상황에 깜짝 놀랐다.

이날 일어난 다른 사건들
1747년 런던 최초 성병 전문 병원 개원
1876년 미국 원주민이 의회 명령으로 보호구역에 수용됨
2000년 영국 연쇄살인범 의사 해럴드 시프먼에 종신형 선고

2월

2월 1일	아야톨라의 혁명, 1979년
2월 2일	현실판 로빈슨 크루소, 1709년
2월 3일	아프리카 전역에 부는 변화의 바람, 1960년
2월 4일	발디비아 함락, 1820년
2월 5일	혁명 프랑스의 공포, 1794년
2월 6일	영국이 뉴질랜드를 점령하다, 1840년
2월 7일	비틀스 열기가 뉴욕을 강타하다, 1964년
2월 8일	스코틀랜드 여왕 메리 처형, 1587년
2월 9일	공산주의자 마녀사냥 시작, 1950년
2월 10일	프랑스가 영국에 캐나다 할양, 1763년
2월 11일	넬슨 만델라의 자유를 향한 긴 여정, 1990년
2월 12일	도널드 럼즈펠드가 말하는 기지수와 미지수, 2002년
2월 13일	글렌코 학살, 1692년
2월 14일	쿡 선장의 죽음, 1779년
2월 15일	스페인-미국 전쟁 발발, 1898년
2월 16일	프랑스 대통령 의문사, 1899년
2월 17일	조르다노 브루노 화형, 1600년
2월 18일	클래런스의 죽음, 1478년
2월 19일	이름 없는 문제, 1963년
2월 20일	미래주의 선언, 1909년
2월 21일	공산당 선언, 1848년
2월 22일	조피 숄 처형, 1943년
2월 23일	예언자 무함마드가 작별을 고하다, 632년
2월 24일	기독교 대박해, 서기 303년
2월 25일	흐루쇼프 스탈린 격하, 1956년
2월 26일	콩고 수탈, 1885년
2월 27일	제국의회 의사당 화재, 1933년
2월 28일	미국에 철도 상륙, 1827년
2월 29일	세일럼 마녀 재판, 1692년

2월 1일
아야톨라의 혁명, 1979년

이 사람들[이란 과도 정부]은 왕을 복귀시키려고 합니다. 나는 그들의 이빨을 때려 부술 것입니다. 지금부터 내가 정부를 임명할 것입니다. 나는 국가 전체의 지지를 받아 그 일을 할 것입니다.

아야톨라 루홀라 호메이니
테헤란 공항 기자 회견, 1979년 2월 1일

1979년 시아파 종교 지도자 아야톨라 호메이니Ayatollah Khomeini는 이란의 모하마드 레자 샤 팔라비Mohammed Reza Shah Pahlavi 정권을 피해 15년째 망명 생활 중이었다. 팔라비의 통치는 부패하고 억압적이었지만 냉전 맥락에서 친서구 정권이라서 미국과 그 동맹국의 지지를 받았다. 1977년 시아파 종교 지도자들이 주도하는 팔라비 왕조 반대 시위가 시작됐고, 1978년 12월에는 대규모 시위로 번져 극에 달했다. 샤푸르 바크티아르Shapour Bakhtiar가 과도 정부를 세웠다. 1979년 1월 16일 샤 팔라비는 이란을 떠났고 바크티아르는 호메이니에게 파리 망명에서 돌아오라고 초청했다. 바로 그 전주에 호메이니는 "나는 대통령이 되지도 않을 것이고 다른 지도자 역할을 받아들이지도 않을 것입니다. 이전과 똑같이 나는 오직 사람들을 인도하고 지도하는 활동만 할 것입니다."라는 의견을 밝힌 터였다.

테헤란으로 돌아오는 비행기에서 호메이니는 돌아오는 느낌이 어떤가라는 질문을 받았다. 이에 대한 "아무 느낌도 없습니다."라는 대답은 그가 애국에는 별다른 관심이 없고 오직 이슬람에만 신경 쓴다는 뜻으로 받아들여졌다. 나중에 호메이니는 "우리는 이란을 숭배하지 않고, 알라는 숭배합니다. 애국심이란 우상숭배의 다른 이름이기 때문입니다. 이슬람이 전 세계 나머지 지역에서 번창한다면 이 땅은 연기처럼 사라져도 괜찮습니다."라고 좀 더 자세히 설명했다. 2월 1일 공항에서는 100만 명이 넘는 사람들이 호메이니를 기다리고 있었고, 그곳에서 그들은 호메이니가 바크티아르를 격렬하게 거부한다는 말을 들었다. 과도 정부는 열흘 뒤 무너졌고, 호메이니는 이슬람 율법의 지배를 받는 이슬람 공화국을 세우겠다는 국민투표에서 98.2퍼센트 찬성표를 얻으며 승리했다.

1979년 12월 호메이니는 '혁명 최고 지도자'로 공식 임명받았고, 뮬라이슬람교 율법학자—옮긴이 통치가 확립되면서 전문직 계급과 지식인들에 대한 무자비한 숙청이 이어졌다.

이날 일어난 다른 사건들
1327년 에드워드 3세가 잉글랜드 왕으로 즉위
1587년 존 화이트John White가 미국 로어노크에 두 번째로 2차 식민지를 건설했으나 단명
1884년 옥스퍼드 영어 사전 제1권 출판

2월 2일

현실판 로빈슨 크루소, 1709년

우리 함재정함선에 싣는 작은 보트—옮긴이은 금방 해안에서 돌아오면서 가재를 많이 가져왔고, 염소 가죽 옷을 입은 남자도 데려왔다. 그는 염소 가죽을 원래 소유했던 주인들보다 거칠어 보였다. 그는 싱크포츠호 선장이던 스트래들링Stradling에게 버림받아 그곳에 남았고 4년 4개월 동안 그 섬에 있었다. 스코틀랜드 출신인 그의 이름은 알렉산더 셀커크로 싱크포츠호 선원이었다. 싱크포츠호는 지난번에 댐피어 선장과 함께 이곳에 왔던 배였는데 댐피어 선장은 셀커크가 싱크포츠호 최고의 선원이라고 말했다. 그래서 나는 그를 항해사로 우리 배에 태웠다. … 처음 그가 우리 배에 탔을 때는 오랫동안 말을 사용하지 않은 탓에 모국어를 너무 많이 잊은 상태였고, 말을 어중간하게 하는 바람에 뭐라고 하는지 이해하기 어려웠다. … 그는 옷과 침구, 화승총, 화약 약간, 총알, 담배, 도끼, 칼, 주전자, 성경, 몇몇 실용품, 수학 도구와 책을 가지고 있었다.

우즈 로저스, 《세계 유람선 일주A CRUISING VOYAGE ROUND THE WORLD》, 1712년

1709년 2월 2일 해적 우즈 로저스Woodes Rogers는 칠레 해안에서 800킬로미터 떨어진 후안페르난데스 섬을 찾아갔다가 19세 때 바다로 도망쳐서 사라졌던 스코틀랜드 젊은이 알렉산더 셀커크Alexander Selkirk를 구조했다. 로저스 일기에 따르면 셀커크는 자기가 타고 있던 사나포선교전국 선박을 공격할 수 있는 허가를 국가에게 받은 민간 소유 무장 선박—옮긴이이 항해하기에 부적합하다고 생각해서 자발적으로 배를 버리고 그곳에 4년 반 넘게 무인도에 있었다고 한다. 이후로 셀커크는 내내 혼자서 자급자족했다. 1711년 마침내 영국으로 돌아온 셀커크는 로저스의 설명 덕분에 유명인사가 됐다.

셀커크는 섬에 체류하는 동안 '지독하게 황량한 곳에 혼자 남겨진 공포'와 맞서야 했다. 그는 살아남기 위해 염소를 쏘고 뒤쫓아서 가죽으로 옷을 만들고 찬송가를 불렀다. 1719년 대니얼 디포Daniel Defoe는 셀커크의 모험을 바탕으로 쓴 《로빈슨 크루소The Life and Strange Surprising Adventures of Robinson Crusoe of York, Mariner》를 발표했다. 하지만 현실에 하인 프라이데이《로빈슨 크루소》에서 무인도에 살던 로빈슨 크루소의 하인이 되는 등장인물—옮긴이는 없었다.

이날 일어난 다른 사건들
1901년 빅토리아 여왕 장례식 거행 및 촬영
1913년 뉴욕시 그랜드 센트럴 터미널 개장
1970년 철학자이자 평화주의자 버트런드 러셀Bertrand Russell 사망

2월 3일
아프리카 전역에 부는 변화의 바람, 1960년

한 달 전 런던을 떠난 이래 내가 느낀 가장 두드러진 인상은 이 아프리카 민족의식의 힘입니다. 곳곳마다 서로 다른 형태를 띠고 있지만 어디에서나 나타나고 있습니다. 이 대륙에 변화의 바람이 불고 있고, 좋든 싫든 이 같은 민족의식의 성장은 정치적 사실입니다.

해럴드 맥밀런, 남아프리카 공화국 의회 연설, 1960년 2월 3일

영국 보수당 총리 해럴드 맥밀런Harold Macmillan은 1960년 아프리카 순방이 끝날 무렵 점점 성장하고 있는 아프리카 민족주의의 추진력을 인정했다. 1957년 가나가 독립을 쟁취했고, 이후 6년에 걸쳐 아프리카에 있던 다른 영국 식민지도 대부분 독립했다. 맥밀런이 남아프리카 공화국 케이프타운에서 열린 의회에서 전한 발언 역시 남아프리카 공화국의 아파르트헤이트 정책을 겨냥한 것이었다. 그는 대단히 직설적으로 비판했고 그로 인해 자기편인 영국 보수당 동지들을 잃기도 했다. 맥밀런은 "개인의 권리를 존중하는 사회, 개인의 실력만이 출세 판단 기준이 되는 사회"를 원한다고 말했다. 그가 말하는 동안 장내는 조용했고, 남아프리카 공화국 총리 헨드릭 페르부르트Hendrik Verwoerd는 다음과 같이 응수했다.

… 모두에게 정의를 행한다는 말은 아프리카 흑인에게만 정의롭다는 의미가 아니라 아프리카 백인에게도 정의롭다는 뜻입니다. 우리는 맨손으로 나라를 세웠고, 반투 족이 이 나라에 와서 스스로 일부 구역에 정착했습니다. … 우리는 이 모든 것을 일군 백인들에게 이와 똑같이 온전한 기회를 허용해야 한다고 생각합니다.

6주 뒤 정권이 실행한 악명 높은 '신분증 소지법' 흑인에게 신분증 소지를 의무화한 법—옮긴이에 반대한 흑인 시위자 69명이 샤프빌에서 경찰이 쏜 총에 맞아 사망했다. 맥밀런이 말한 '변화의 바람'이 남아프리카 공화국에서 실현되기까지는 30년이 걸렸다(2월 11일 참조).

이날 일어난 다른 사건들
서기 313년 밀라노 칙령으로 로마 제국의 기독교 박해 종식
1488년 탐험가 바르톨로메우 디아스Bartolomeu Dias가 희망봉을 돌아 남아프리카에 상륙
1959년 로큰롤 가수 버디 홀리Buddy Holly가 비행기 추락사고로 사망

2월 4일

발디비아 함락, 1820년

날이 어두워지자마자 선발대는 요새 밖에서 적과 마주치게 되리라 예상하고 조용히 공격에 나섰지만 우리 군대는 아무런 저항도 받지 않았다. 본대는 스페인 군대에게 그들의 주력 무기가 총검이라고 넌지시 알리고자 환호성을 지르고 공중에 발포하면서 앞으로 나아갔다. 적군은 함성이 울리는 방향으로 쉴 새 없이 사격을 계속했지만 어두워서 조준할 수 없었던 탓에 아무런 효과가 없었다. 독립군이 이렇게 요란하게 진격하는 동안 용감한 젊은 장교 엔사인 비달Ensign Vidal은 요새 측면 밑으로 들어갔다. …

비달 부대가 일제사격을 벌이자 스페인 군대는 측면을 공격당했다고 확신했다. 그들은 즉시 달아났다. 칠레 독립군은 스페인 군인 수십 명을 총검으로 공격했다. 많은 적군이 배를 타고 발디비아로 탈출했고, 상당수는 숲 속으로 숨어들었으며, 장교들을 비롯해 100명이 넘는 군사가 우리 손에 잡혔다. 이는 이튿날 아침 총검에 찔린 채 발견된 숫자와 비슷했다. 우리 측 손실은 사망자 7명과 부상자 19명이었다.

스페인 군대는 자기편 진지가 난공불락이라고 철썩 같이 믿고 있었다. 사실 그 진지는 천연 요새였으므로 당연히 그래야만 했다. 예상치 못한 공격은 거의 언제나 성공으로 끝난다.

토머스 코크레인, 《군대 이야기NARRATIVE》, 1859년

1820년 2월 4일, 칠레 독립군은 10년에 걸쳐 스페인 및 친왕당파 군대와 맞서 싸운 끝에 발디비아를 함락함으로써 독립 투쟁을 끝내려는 움직임에 나섰다. 그들은 대담한 지상 공격으로 발디비아의 철벽 같은 방어를 뚫었다. 칠레가 식민 지배에서 벗어나는 중요한 순간이었다.

이 공격은 스코틀랜드 출신인 제10대 던도널드 백작 토머스 코크레인Thomas Cochrane 제독이 이끌었다. 그는 모험을 즐기는 영국 해군 사령관 출신으로 증권 거래소 사기 사건으로 유죄 판결을 받고 불명예 제대했다. 이후 코크레인은 남아메리카 민족주의 운동과 독립운동에 몸담으며 인상적인 해군 경력을 새롭게 쌓았다. 스페인-아일랜드계 출신으로 1817년부터 1823년까지 칠레 초대 대통령 역임한 '칠레 해방자' 베르나르도 오이긴스Bernardo O'Higgins가 코크레인을 영입했다. 오이긴스는 '남쪽의 시몬 볼리바르'라고 불린 아르헨티나 장군 호세 데 산 마르틴José de San Martín과 함께 독립 투쟁 태세를 갖췄다.

이날 일어난 다른 사건들
1789년 조지 워싱턴이 미국 초대 대통령으로 당선
1945년 제2차 세계대전: 얄타회담에서 유럽 전후 조직 논의
1948년 실론(지금의 스리랑카)이 영국으로부터 독립

2월 5일

혁명 프랑스의 공포, 1794년

프랑스는 강력한 투쟁이 벌어지는 무대입니다. 무대 밖에서는 온갖 폭군이 여러분을 둘러쌉니다. 무대 안에서는 온갖 폭정의 친구들이 음모를 꾸밉니다. 그들은 범죄가 희망을 앗아갈 때까지 음모를 꾸밀 것입니다. 우리가 공화국 내부와 외부의 적을 제압하지 않는다면 그들과 함께 멸망할 것입니다. 이런 상황에서 여러분은 정책을 세울 때 국민은 이성으로 이끌고 국민의 적은 공포로 움직여야 한다는 첫 번째 일반 원칙에 따라야 합니다.

평화로운 시기에 인민 정부를 움직이는 주요 동인이 미덕이라면 혁명이 한창일 때는 미덕과 공포가 동시에 작동합니다. 미덕이 없는 공포는 죽음을 초래하고 공포가 없는 미덕은 무력합니다. 공포란 오직 신속하고 엄중하고 완강한 정의입니다. 따라서 공포는 미덕의 발산입니다. 공포는 국가의 가장 절실한 요구에 적용되는 민주주의 일반 원칙의 결과일 뿐 특별한 원칙이 아닙니다.

공포는 독재 정부를 움직이는 주요 동인이라고 하는 사람들도 있습니다. 그렇다면 여러분의 정부는 독재 정부와 닮았습니까? 그렇습니다. 자유 영웅 손에서 반짝이는 검이 폭군 수하가 무장한 검과 닮은 것과 같은 이치입니다. 그 폭군이 야수가 된 백성을 공포로 다스리도록 합시다. 그는 폭군으로서 그렇게 할 권리가 있습니다. 자유의 적을 공포로 제압합시다. 공화국 창설자로서 여러분은 그럴 권리가 있습니다. 혁명 정부는 폭정에 대항하는 자유 전제주의입니다. 무력은 범죄를 예방하려고 기르는 것이 아닙니까? 번개가 내리칠 곳은 오만한 자들의 머리가 아닙니까?

막시밀리앙 로베스피에르, 《공공 도덕 원칙 보고 REPORT OF THE PRINCIPLES OF PUBLIC MORALITY》, 1794년 2월

막시밀리앙 로베스피에르는 프랑스 급진 자코뱅파 지도자로, 루이 16세가 처형(1월 21일 참조)당한 지 7개월 뒤인 1973년 7월 소위 공안위원회에서 두각을 드러냈다. 그는 프랑스를 침략하려고 위협하는 프로이센과 오스트리아를 비롯한 친군주제 세력에 프랑스 혁명이 치명적인 위협을 받고 있다고 봤고, 이런 세력이 프랑스 내에서 많은 지지자를 확보하고 있다고 믿었다. 1794년 2월 로베스피에르는 국민공회에 중대한 보고를 했다. 이 보고에서 그는 '공포' 정치를 바람직한 목표를 달성하는 수단으로 해석했다. 양측의 온건파가 단두대로 위협받았다. 1,200명이 넘는 사람이 단두대에서 목숨을 잃은 뒤 1794년 7월 28일에 로베스피에르 자신도 단두대에서 처형당했다.

이날 일어난 다른 사건들

1818년 장 바티스트 쥘 베르나도트 Jean-Baptiste Jules Bernadotte가 노르웨이와 스웨덴 국왕으로 즉위

1919년 찰리 채플린 Charlie Chaplin, D. W. 그리피스 D. W. Griffith, 메리 픽포드 Mary Pickford, 더글러스 페어뱅스 Douglas Fairbanks가 유나이티드 아티스츠 United Artists 설립

1953년 영국 사탕 배급제 종료

2월 6일

영국이 뉴질랜드를 점령하다, 1840년

1. 뉴질랜드 연합 부족장들은 각 족장이 개별 영토의 단독 주권자로서 행사 또는 보유, 혹은 행사 또는 보유한다고 여길 수 있는 주권의 모든 권리와 권력을 전적으로 조건 없이 영국 여왕에게 양도한다. … 각 족장은 개별 영토의 단독 주권자로서 권력을 행사하거나 행사할 수 있다.

    2. 영국 여왕은 뉴질랜드 족장과 부족 및 그 가족과 개인이 소유물을 똑같이 유지하고자 소망한다면 그들이 집단 혹은 개인으로 토지와 부동산, 삼림, 어업권을 완전 독점으로 누구의 간섭도 받지 않고 소유할 수 있다고 확인하고 보증한다. 그러나 족장은 개별 소유자와 영국 여왕이 해당 업무에 지명한 사람이 합의한 가격으로 양도할 수 있도록 영국 여왕에게 토지 우선매수 독점권을 양도한다.

    3. 영국 여왕은 이를 고려하여 뉴질랜드 원주민에게까지 왕실의 보호가 미치도록 하고 영국 백성들이 누리는 모든 권리와 특권을 원주민에게 부여한다.

와이탕이 조약, 1840년 2월 6일

1840년 영국 대표 윌리엄 홉슨William Hobson 선장과 마오리 족장들이 서명한 와이탕이 조약의 이 짧은 세 조항은 마오리어 버전과 다소 달랐다. 하지만 마오리 족장들이 뉴질랜드에 대한 통치권을 영국에 준 것만은 확실했고, 이제 뉴질랜드는 분리된 식민지가 됐다. 마오리 족장들은 밤새 토론을 벌인 끝에 이 조약에 서명했다. 이후 한 족장은 "이 땅의 그림자는 여왕이 가졌지만 실체는 우리에게 남아있다고 믿었다."라고 말했다. 1840년대부터 1860년대까지 토지는 마오리족과 정착민들 사이에 논쟁과 격렬한 갈등을 부르는 대상이었다.

와이탕이 조약은 실제로 비준된 적이 없지만 뉴질랜드는 이 조약 체결일을 근대 국가 건국일로 여긴다. 최근 수십 년 동안, 이 조약의 일부 내용을 정착민 점령 이래 마오리족이 당한 부당함에 이의를 제기하는 근거로 사용하기도 했다.

이날 일어난 다른 사건들

1817년 토머스 래플스 경Sir Thomas Stamford Raffles이 싱가포르 건국

1958년 뮌헨 비행기 참사로 맨체스터 유나이티드 축구선수 8명을 포함한 20명이 사망

1994년 사라예보 시장 광장에서 세르비아 박격포탄으로 많은 민간인이 사망

2월 7일
비틀스 열기가 뉴욕을 강타하다, 1964년

"그곳에는 뭐든 있잖아. 대체 왜 우리를 원하는 거지?"

조지 해리슨, 1964년 2월 7일

1963년 미국 로큰롤과 리듬앤블루스 음악을 독자적으로 해석해 영국 팝계를 단번에 사로잡은 비틀스Beatles는 이듬해 미국에서도 비슷한 반응을 일으키자 놀라고 충격을 받았다. 1964년 2월 초 미국 차트에서 비틀스가 1위를 차지했다는 소식을 들었을 때 멤버들은 폴 매카트니Paul McCartney의 말을 빌리자면 "천장을 뚫을 기세"였다.

언뜻 보기에 로큰롤을 그 본고장인 미국에 수출한다는 생각은 터무니없는 소리였고, 그 전례도 없었다. 나중에 존 레넌John Lennon은 "사실 미국에서 일어난 일은 그냥 어이가 없었어요. 그러니까 미국에서 우리 음반이 히트를 친다는 생각 말이에요. 절대 할 수 없는 일이었거든요."라고 말했다. 하지만 며칠 뒤 그들은 뉴욕행 비행기에 올랐다. 대서양을 건너면서도 조지 해리슨George Harrison은 여전히 불신감을 드러냈고 뉴욕에 도착한 그들은 환영 인파 규모에 충격을 받았다.

도착 기자회견에서 그들은 일반적인 연예계 행동 양식과 상당히 다른 불손한 재치를 미국인들에게 선보였다.

기자: "사람들이 왜 그렇게 비틀스 음악에 열광할까요?" …

존 레넌: "이유를 알았다면 우리는 다른 그룹을 만들어서 매니저를 했을 겁니다." …

기자: "베토벤을 어떻게 생각하세요?"

링고 스타Ringo Starr: "훌륭하죠. 특히 시가요."

2월 9일 황금 시간대 프로그램인 〈에드 설리번 쇼Ed Sullivan Show〉에 비틀스가 출연했을 때 이를 본 미국 텔레비전 시청자는 7,500만 명이 넘었다. 잡지 〈뉴스위크Newsweek〉는 "그들의 외모는 악몽이다. 잔뜩 멋 부린 딱 붙는 에드워디안 비트족 정장에 바가지 머리다. 음악은 거의 재앙이다. 기타와 드럼을 사정없이 두들겨대는 통에 부가 리듬과 하모니, 멜로디가 들리지 않는다."라며 비틀스를 높이 평가하지 않았다. 하지만 나머지 미국인들은 확실히 이에 동의하지 않았다.

이날 일어난 다른 사건들
1497년 피렌체에서 '허영의 소각' 사건 발생
1812년 영국 소설가 찰스 디킨스Charles Dickens 출생
1992년 마스트리흐트 조약 체결로 현대 유럽 연합 탄생

2월 8일

스코틀랜드 여왕 메리 처형, 1587년

여왕이 기도를 마치자 집행인들은 무릎을 꿇고 여왕 폐하에게 형을 집행하는 그들을 용서해 달라고 빌었다. 여왕은 "나는 그대들을 진심으로 용서하노라. 이제 그대들이 내 모든 고통을 끝내주기를 바란다."라고 대답했다. 집행인들은 여왕의 시녀 두 명과 함께 여왕을 일으켜 여왕의 예복을 벗기기 시작했다. 여왕이 십자가상을 의자에 놓자, 집행인 중 한 명이 여왕의 목에서 하느님의 어린양 장식을 벗겨냈다. 여왕은 손을 떼라고 하고 장식을 시녀 한 명에게 주더니 집행인에게는 돈을 받으라고 말했다. 그러고는 집행인들이 시녀 두 명과 함께 향료 구슬 목걸이를 비롯한 다른 의복을 모두 벗기도록 묵묵히 몸을 맡겼다. 흔쾌히 응하는 모습이 슬프기보다는 기뻐 보였고, 옷을 벗기도록 도운 여왕은 마치 빨리 떠나고 싶었다는 듯 다소 서두르며 그들이 준비한 옷의 소매에 손수 두 손을 끼웠다.

예복을 벗기는 내내 여왕은 얼굴 표정 하나 바꾸지 않았고 환하게 웃으며 이렇게 말했다. "이렇게 옷을 벗기는 신랑이 있었던 적도 없고, 이렇게 많은 일행 앞에서 옷을 벗어본 적도 없구나."

… 한 시녀가 성체聖體 보자기 세 모서리를 모아 접어서 입을 맞춘 뒤 스코틀랜드 여왕 얼굴에 이를 씌우고 핀으로 목덜미에 빨리 고정했다. … 지극히 결연하게 방석 위에 무릎을 꿇고 죽음을 두려워하는 기색을 조금도 보이지 않은 채 여왕은 라틴어로 찬송가를 불렀다. "주여, 당신 안에서 우리가 믿습니다. 우리의 믿음은 영원히 흔들리지 않을 것입니다." 그런 다음 손을 더듬어 받침을 찾은 뒤 양손으로 턱을 쥔 채 받침에 머리를 올렸다. 사람들 눈에 띄지 않았다면 양손까지 잘릴 뻔했다. 받침 위에 쥐 죽은 듯 고요하게 엎드려 있던 여왕은 양팔을 뻗으며 "주여, 당신 손에"라고 서너 번 외쳤다. 집행인 한 명이 한 손으로 받침 위에 가만히 엎드려 있는 동안 여왕을 살짝 잡았고, 다른 집행인이 도끼를 두 차례 내리쳤다. 여왕은 소리를 거의 혹은 아예 내지 않았고 엎드린 곳에서 몸의 어떤 부위도 움직이지 않은 채 견뎠다. 그렇게 해서 집행인은 여왕의 머리를 잘랐다. 하나 남았던 물렁뼈까지 잘리자 집행인은 여왕의 머리를 그 자리에 모인 모든 이에게 보여준 다음 "하느님, 여왕님을 보우하소서."라고 말했다. 그때 여왕의 머리에 씌웠던 천이 떨어지면서 70세 노인만큼 하얗게 세고 짧게 잘린 머리카락이 드러났다. 그 얼굴은 살아 있을 때 모습과 너무 달라져서 죽은 얼굴만 보고는 원래 얼굴을 기억해내기 어려울 정도였다. 입술은 머리가 잘린 지 15분 후까지 아래위로 꿈틀거렸다.

그러자 주임 사제가 큰 목소리로 "여왕의 모든 적들이 그렇게 사라졌노라!"라고 말했다. 나중에는 켄트 백작이 시신에 다가가 자세히 보면서 큰 목소리로 "여왕과 복음의 모든 적들에게 이런 최후가 있으리."라고 말했다.

집행인 한 명이 여왕의 양말대님을 풀면서 옷 아래를 기어가던 강아지를 발견하고 힘으로 떼어냈다. 하지만 나중에도 시신 곁을 떠나려고 하지 않고 돌아와 머리와 어깨 사이에 눕는 바람에 여왕의 피로 물든 강아지를 데려가 씻겨야 했다. …

로버트 윙크필드 Robert Wynkefield, **윌리엄 세실 경에 보낸 편지, 1587년**

스코틀랜드 여왕 메리의 파란만장한 인생은 1587년 2월 7일 노샘프턴셔 포더링헤이성에서 끝났다. 그날 메리는 엘리자베스 1세를 암살하려는 배빙턴 음모에 가담했다는 구실로 반역죄로 처형당했다. 1568년 이래 메리는 스코틀랜드 반대파를 피해 가택 연금 상태였다. 하지만 엘리자베스 측에 메리의 존재는 여전히 눈엣가시였다. 메리의 할머니 마거릿은 헨리 8세의 누나였으므로 메리는 혈통 상 잉글랜드 왕위 계승권자였다. 메리는 가톨릭교도였으므로 구교를 갈망하는 잉글랜드인은 물론 엘리자베스 개신교 정권을 끝내려는 외국 가톨릭 세력의 지지도 받았다.

엘리자베스 1세는 같은 군주이자 친척을 처형한다는 사실에 많이 망설였고 당연하게도 내키지 않았지만 결국 1587년에 처형을 허락했다. 메리가 처형당하면서 스페인의 펠리페 2세가 기존에 갖고 있던 잉글랜드에 대한 적대심이 한층 커졌고 엘리자베스 1세를 제거하겠다는 결의가 굳어졌다. 이런 적대심은 1588년 거대한 아르마다 출항으로 이어졌지만 결국 허사로 끝났다(8월 9일 참조).

이날 일어난 다른 사건들
1265년 몽골 지도자 훌라구 칸Hulagu Khan 사망
1575년 네덜란드 레이던대학교 설립
1924년 미국 최초 가스실 사형 집행

2월 9일

공산주의자 마녀사냥 시작, 1950년

국무부에는 공산주의자가 들끓고 있습니다. 여기 제 손에 205명의 명단이 있습니다. 그들이 공산당원이라는 사실을 국무장관이 알고 있는데도 그들은 여전히 국방부에 근무하면서 정책을 입안하고 있습니다.

우리가 무력한 위치에 몰린 이유는 적군이 우리 해안에 침투하도록 사람을 보냈기 때문이 아니라 최고급 주택, 우수한 대학 교육, 정부 고위직 등 지구 상에서 가장 부유한 국가가 제공하는 모든 혜택을 누리는 자들이 반역 행위를 했기 때문입니다. … 오늘날 우리는 공산주의 무신론과 기독교가 벌이는 최종 전면전에 참전하고 있습니다. 현대 공산주의 투사들은 지금을 실행 시기로 골랐습니다. 신사 숙녀 여러분, 급박한 상황입니다. 정말로 급박합니다.

상원 의원 조지프 매카시, 연설, 휠링, 웨스트버지니아주, 1950년 2월 9일

미국의 적색 공포는 1950년 2월 9일 웨스트버지니아주 휠링에서 열린 공화당 여성클럽 모임에서 위스콘신주 상원 의원 조지프 매카시Joseph McCarthy가 연설을 하면서 시작됐다. 매카시는 국방부 직원들이 소련을 위해 일하고 있다고 주장했고, 2주 뒤 상원에서 상세 사항을 제시한 연설로 자신의 주장을 뒷받침했다. 하지만 그때는 명단에 오른 사람이 앞서 언급한 205명이 아니라 57명이라고 주장했다.

매카시는 미국 대통령을 필두로 한 다양한 표적을 대상으로 근거 없는 모욕과 비난을 쏟을 수 있었다. 1953년부터 매카시는 상임조사분과위원회를 포함하는 상원정부운영위원회 의장을 맡았다. 이로써 그는 미국 기관에서 공산주의자 용의자를 '몰아낸다'는 안건을 추구할 발판을 마련했다.

마침내 1954년에 매카시는 미국 육군과 대결하면서 맞수를 만났다. 텔레비전으로 중계된 청문회에서 매카시의 거친 위협 스타일과 증거 부족이 자주 드러났다. 부정직하고 술에 취한 불량배로 드러난 그는 상원의 비난을 받았고, 정치적 영향력은 빠르게 줄어들었다. 그 자신도 1957년에 알코올 관련 간질환으로 금방 세상을 떠났다.

이날 일어난 다른 사건들

1737년 급진적 자유주의자 토머스 페인Thomas Paine 탄생
1967년 보잉 747 여객기가 최초의 시험 비행 실시
1996년 아일랜드 공화국군IRA 폭탄이 영국 카나리 워프 금융 지구 공격

2월 10일

프랑스가 영국에 캐나다 할양, 1763년

제4항 기독교 군주는 노바스코샤를 비롯한 아카디아에 대해 지금까지 형성했거나 형성했을 모든 권리를 포기하고 그 전체와 그에 딸린 보호령 전체를 영국 왕에 넘긴다. 또한 기독교 군주는 앞서 언급한 영국 국왕에게 캐나다와 그에 딸린 보호령, 케이프브레턴섬을 비롯해 세인트로렌스만과 세인트로렌스강에 있는 모든 섬과 해안을 할양하고 넘긴다. … 영국 국왕은 캐나다 거주민에게 가톨릭 종교를 믿을 자유를 부여하는 데 동의한다. 그 결과로 영국 국왕은 새롭게 영국 백성이 된 로마 가톨릭 신자들이 영국 법률이 허락하는 한 로마 가톨릭 교회 의식에 따라 종교 신앙심을 고백할 수 있도록 가장 정확하고 효과적인 명령을 내릴 것이다. 나아가 영국 국왕은 프랑스 거주민 혹은 캐나다 내에서 기독교 군주의 백성이었던 사람들이 적당하다고 생각하는 때에 안전하고 자유롭게 이 땅을 떠날 수 있고, 상대가 영국 국왕의 백성이라면 사유지를 판매할 수 있으며, 빚진 물건이거나 형사 고발을 당한 자가 아니라면 어떤 이유에서든 이주에 제약을 받지 않고 소지품과 고용인을 동반할 수 있다는 데 동의한다.

파리 조약, 1763년

'기독교 군주'(프랑스 루이 15세Louis XV)와 '영국 국왕'(조지 3세George III)이 맺은 파리 조약으로 7년 전쟁이 끝났다. 7년 전쟁은 광범위한 영향을 미친 분쟁으로, 같은 시기에 북아메리카를 무대로 일어난 전쟁은 프렌치-인디언 전쟁이라고 한다. 그 결과로 북아메리카 대륙에서 대규모 영토 조정이 이루어졌고 '뉴 프랑스New France'북아메리카에 있던 프랑스 식민지—옮긴이는 그 끝을 맞이했다. 영국이 퀘벡 및 케이프브레턴섬 지배(1759년 울프 장군이 정복. 9월 13일 참조)를 공식화했고, 한참 더 남쪽에서는 프랑스가 뉴올리언스를 제외한 미시시피강 동부 지역에서 이권을 포기했다.

'뉴 프랑스'가 끝나면서 많은 프랑스계 캐나다인이 이민 기회를 잡았다. 하지만 나중에 현대 캐나다에서 어수선한 지역이 된 퀘벡주는 지금도 여전히 언어, 문화, 정치 부문에서 주로 프랑스어를 사용한다.

이날 일어난 다른 사건들
1258년 몽골의 바그다드 함락으로 아바스 왕조 멸망
1355년 옥스퍼드에서 일어난 성녀 스콜라스티카 축일 폭동으로 학자 및 주민 93명 사망
1840년 빅토리아 여왕이 색스코버그고타 앨버트 공Prince Albert of Saxe-Coburg-Gotha과 결혼

2월 11일

넬슨 만델라의 자유를 향한 긴 여정, 1990년

벗과 동지들, 남아프리카 공화국 동포 여러분. 모두를 위한 평화와 민주주의, 자유의 이름으로 여러분께 인사드립니다. 나는 선각자가 아닌 국민 여러분의 보잘것없는 종으로 여기 여러분 앞에 섰습니다. 여러분이 지칠 줄 모르고 용감무쌍하게 희생해 주신 덕분에 제가 오늘 이 자리에 설 수 있었습니다. 그러니 제 남은 인생을 여러분의 손에 맡깁니다. …

오늘날 남아프리카 공화국 국민 대부분은 흑인이건 백인이건 아파르트헤이트에 미래가 없다는 사실을 알고 있습니다. 평화와 안보를 구축하려면 우리 스스로 결의에 찬 집단행동으로 아파르트헤이트를 끝내야 합니다.

우리 조직과 국민이 집단저항운동을 비롯한 행동에 나서야만 민주주의 확립으로 끝맺을 수 있습니다.

아파르트헤이트가 우리 아대륙에 끼친 파멸은 이루 헤아릴 수 없습니다. 우리 국민 수백만의 가족생활 뼈대가 산산이 부서졌습니다. 수백만 명이 집과 직장을 잃었습니다. 우리 경제는 파탄에 이르렀고 우리 국민은 정치 분쟁에 휘말렸습니다.

1960년대에 우리가 아프리카민족회의 군사 부문, 움코토웨시즈웨Umkhonto We Sizwe(국민의 창)를 조직해 무장 투쟁에 의지한 사례는 아파르트헤이트의 폭력에 맞서려는 순전히 방어적인 행동이었습니다. 무장 투쟁이 필요한 요인은 오늘날에도 여전히 있습니다. 우리는 계속할 수밖에 없습니다. 협상에 의한 타결에 유리한 분위기가 곧 형성되어서 무장 투쟁을 할 필요가 사라지면 좋겠습니다. …

아파르트헤이트로 인한 불평등 문제를 해결하고 우리 사회가 철두철미한 민주 사회가 되려면 백인의 정치권력 독점을 끝내고 정치 및 경제 체제를 근본부터 재구축해야 합니다.

데클레르크 대통령은 공인이 약속을 지키지 않는 경우 얼마나 위험한지 절실하게 인식하고 있는 청렴한 분이라는 말을 꼭 덧붙이고 싶습니다.

하지만 조직으로서 우리가 직면하고 있는 가혹한 현실을 바탕으로 정책과 전략을 세워야 하며, 우리는 여전히 국수주의 정부 정책 하에서 고통받고 있는 실정입니다.

우리의 투쟁은 결정적 순간에 이르렀습니다. 우리는 민주주의로 나아가는 과정이 빠르고 중단 없이 진행되도록 이 기회를 잡으라고 국민 여러분께 촉구합니다.

우리는 자유를 너무나 오래 기다렸습니다. 더는 기다릴 수 없습니다. 지금이 모든 영역에서 투쟁을 강화할 때입니다. 지금 노력의 고삐를 늦춘다면 미래 세대가 용서하지 못할 실수를 저지르는 셈입니다.

지평선에 어렴풋이 보이는 자유의 광경에 힘을 얻어 한층 더 노력해야 할 때입니다. 일사불란한 단체 행동을 통해서만 승리를 보장할 수 있습니다.

우리는 새로운 남아프리카 공화국 창건에 백인 동포들의 참여를 호소합니다. 자유 운동은 여러분에게도 정치적 고향입니다.

우리는 국제 사회에 아파르트헤이트 정권을 고립시키는 운동을 계속해 달라고 호소합니다. 지금 제재를 풀면 아파르트헤이트를 완전히 근절하는 과정이 중단될 위험을 무릅써야 합니다.

자유를 향한 우리의 여정은 되돌릴 수 없습니다. 우리가 가는 길을 두려움이 막아서도록 두고 봐서는 안 됩니다. 인종 차별 없는 연합 민주 남아프리카 공화국에서 보통선거를 실시하는 것만이 평화와 인종간의 조화로 나아가는 유일한 길입니다.

넬슨 만델라, 연설, 1990년 2월 11일

1990년 2월 11일 아침, 71세 넬슨 만델라는 아내인 위니와 손을 잡고 남아프리카 공화국 웨스턴케이프에 있는 빅터 버스터 교도소에서 나와 기나긴 길을 걸었다. 만델라는 27년 동안 갇혀있었지만(수감 기간 대부분을 로벤섬 연안 교도소에 있었다) 용기와 위엄으로 아프리카민족회의African National Congress(ANC)를 비롯한 광범위한 아파르트헤이트 반대 운동을 이끄는 도덕적 권위자 지위를 유지했다. 지난해 9월 신임 대통령 데클레르크F. W. de Klerk는 아파르트헤이트 정책 해체를 발표하고 아프리카민족회의를 해금하고 백인 소수자 지배에서 다인종 국가로 이행하는 협상에 들어갔다.

만델라는 석방일 저녁에 난생처음으로 대중 앞에서 말했다. 그의 연설에는 특유의 신중한 수사법과 앞으로 다가올 팽팽한 협상에서 아프리카민족회의가 직면할 선택에 대한 분석이 함께 담겼다. 나라 안팎에서 나온 많은 사람의 예상과 달리 그 이행은 대체로 평화롭게 이뤄졌다. 만델라와 데클레르크는 1993년 노벨 평화상을 공동 수상했다. 1994년 4월 27일에는 다당제 선거를 치렀고 만델라는 남아프리카 공화국 최초의 흑인 대통령이자 보통 선거로 선출된 최초의 남아프리카 공화국 지도자가 됐다.

이날 일어난 다른 사건들
1826년 유니버시티 칼리지 런던 설립
1847년 미국 발명가 토머스 에디슨Thomas Edison 탄생
1929년 파시스트 이탈리아와 바티칸이 라테란 조약 체결

2월 12일

도널드 럼즈펠드가 말하는 기지수와 미지수, 2002년

미국 기자: 이라크 대량 살상 무기 및 테러리스트와 관련해 이라크가 테러리스트에게 대량 살상 무기를 제공하려고 했거나 제공할 의향이 있음을 나타내는 증거가 있습니까? 이라크 정부와 테러리스트 조직들 간에 직접적 연관성이 있다는 증거가 없다는 보고가 있습니다.

   도널드 럼즈펠드: 증거가 없다고 해서 없다는 증거가 되지 않고 그 반대도 마찬가지입니다. … 알려진 기지수가 있습니다. 이는 우리가 안다는 사실을 알고 있는 대상입니다. 알려진 미지수도 있습니다. 다시 말해 우리가 모른다는 사실을 알고 있는 대상입니다. 동시에 알려지지 않은 미지수도 있습니다. 이는 우리가 모른다는 사실을 모르고 있는 대상입니다.

미국 국방부 장관 도널드 럼즈펠드, 기자 회견, 2002년 2월 12일

미국 국방부 장관 도널드 럼즈펠드Donald Rumsfeld는 아프가니스탄 전쟁을 주로 다룬 불편한 기자 회견 도중에 이처럼 언뜻 이해하기 어려운 논평을 냈다. 이 일은 탈레반 정권을 무너뜨린 이후 새로운 아프가니스탄 대통령으로 모하메드 카르자이Mohammed Karzai가 취임한 지 며칠 뒤에 일어났다. 하지만 알카에다와 탈레반 지도부 추적이 교착상태에 빠지고 민간인 사상자가 증가하던 때라 럼즈펠드와 조지 부시 대통령이 바랐던 환희의 순간은 아니었다. 게다가 미국이 선포한 테러와의 전쟁이 이라크로 번질 수 있다는 불안한 소문도 돌았다(1월 29일 참조).

   이듬해 미국이 주도한 이라크 침공에서 대량 살상 무기를 숨기고 있다는 증거가 나오지 않으면서 이 기자의 질문과 그 대답은 럼즈펠드는 물론 부시 대통령과 그의 영국 협력자 토니 블레어Tony Blair까지도 계속해서 괴롭혔다. 럼즈펠드가 급조한 궤변은 오만과 은폐의 낌새를 풍겼고, 이는 부당하든 그렇지 않든 간에 이런 인상이 럼즈펠드에게 박히면서 정치적으로 취약해지는 결과를 낳았다. 그렇지만 이 표현은 럼즈펠드의 유행어가 됐고, 2011년 그가 회고록을 냈을 때 그 제목은 《기지수와 미지수 Known and Unknown》였다.

이날 일어난 다른 사건들

1554년 잉글랜드의 '9일 여왕' 레이디 제인 그레이Lady Jane Grey 참수
1804년 독일 철학자 임마누엘 칸트Immanuel Kant 사망
1809년 켄터키주 시골에서 장래 미국 대통령 에이브러햄 링컨 탄생

2월 13일

글렌코 학살, 1692년

귀관은 반역자 글렌코의 맥도널드가를 습격하고 70세 미만인 자는 모두 칼로 베어야 한다, 특히 늙은 여우와 그의 아들들이 절대 도망가지 못하도록 주의하라. 아무도 도망가지 못하도록 모든 길을 차단하라. 이 일은 새벽 5시 정각에 정확히 실행해야 한다. 이는 왕의 특별 명령이며, 이 나라를 위해 악당들의 뿌리와 가지를 잘라야 한다.

존 달림플이 존 캠벨에게 내린 명령, 1692년

1692년 스코틀랜드 하일랜드 글렌코에서 맥도널드 가문 사람들이 죽임 당한 악명 높은 학살은 1688년 영국 명예혁명의 여파로 갑자기 발생한 사건이었다. 명예혁명으로 가톨릭교도였던 스튜어트 왕조의 제임스 2세(스코틀랜드의 제임스 7세)는 망명하고 그의 딸인 개신교도 메리와 네덜란드인 남편 윌리엄 3세가 즉위했다. 스코틀랜드 의회는 윌리엄 3세를 받아들였지만 가톨릭교도와 스코틀랜드 하일랜더 교회는 계속 제임스 2세를 지지했고 반란이 뒤따랐다. 처음에 성공을 거두다가 패배하면서(게다가 제임스 2세의 대의명분이 아일랜드 보인 전투에서 큰 타격을 입었다. 7월 12일 참조.) 1691년 말 맥도널드 가문은 충성 맹세를 하는 사람을 사면해 주겠다는 윌리엄 3세의 제안을 받아들이려고 했다. 맥도널드 가문의 우두머리였던 앨러스데어 매클레인Alasdair Maclain은 기한인 1월 1일을 넘기고 마지못해 충성 맹세를 했지만, 맹세한 사람 중에 중요한 인물이었다.

하지만 윌리엄 3세가 지명한 스코틀랜드 국무장관 존 달림플 경Sir John Dalrymple(로우랜더이자 개신교도)이 보기에 매클레인이 기한을 맞추지 못한 일은 새로운 통치자에게 자신의 충성심을 증명하고 본보기 처벌을 요구할 기회였다. 달림플은 "글렌코가 맹세를 하지 않았다니 이렇게 기쁠 데가! 그 도둑 무리를 제거한다면 공공의 정의를 바로 세우게 되겠지. 조용하게 처리해야 해. 비밀스럽고 급작스럽게 진행하게."라고 말했다. 달림플은 글렌코에 로버트 캠벨이 이끄는 병력을 보냈다. 캠벨 무리는 맥도널드 집에 숙박하면서 하일랜드 전통에 따른 접대를 받았다. 그러나 2월 13일 이른 아침 손님들은 집주인을 급습했고 매클레인을 비롯한 80여 명이 집에서 학살당하거나 집이 파괴된 이후 체온 저하로 사망했다.

이날 일어난 다른 사건들

1542년 헨리 8세의 다섯 번째 왕비 캐서린 하워드Catherine Howard가 간통죄로 처형

1931년 뉴델리가 인도 수도로 선정

1945년 제2차 세계대전: 독일의 역사 도시 드레스덴이 연합군 공습으로 소실

2월 14일

쿡 선장의 죽음, 1779년

옛 기지로 돌아왔을 때 상황은 확실히 달라 보였다. 우리를 찾아오는 사람이 거의 없었고 공급이 예전처럼 원활하지 않았다. 사람들은 의심할 여지없이 우리 탓인 여러 이유로 수줍어하고 속마음을 드러내지 않았다. 이곳을 떠난 이후 레졸루션호 앞돛대 윗부분이 너무 많이 망가졌던 터라 우리는 이를 수리하기 위해 떼어내서 해안으로 보냈고 수리 작업은 적절히 진행됐다. 우리 목수들이 레졸루션호 기록인 및 해병대 경비요원과 함께 돕도록 했다. 14일에 작은 부표에 묶어둔 대형 커터군함에 딸린 보트─옮긴이가 사라졌다. 쿡 선장은 무장 군사를 태운 보트를 만灣 입구에 배치해 통로를 지키도록 하고 그 누구도 드나들지 못하도록 했다. 그러는 동안 쿡 선장은 직접 자기 보트 세 개에 무장 병력을 태우고 섬 전체의 족장을 거주지에 가두고자 항구 북서쪽 마을로 갔다. 쿡 선장은 해병대 장교와 함께 배에서 내려 족장의 집을 방문했으나 족장 티레오부에게 한 요구는 거부당한 후 해안가로 돌아왔다. 해안가로 돌아가자 쿡의 대담한 행동에 깜짝 놀라고 그가 보트로 돌아온 이유를 알 수 없었던 어마어마한 군중(동기가 무엇이든 그중 상당수는 무장하고 있었다)이 쿡과 경비대를 둘러쌌다. 동시에 어떤 이들은 쿡에게 선물을 마구 들이댔고, 쿡은 크게 화를 내며 선물을 뿌리쳤다. 그 뒤에 쿡은 다소 무례한 태도를 보였고 아무런 피해를 입히지는 않았지만 공격자를 향해 위협사격을 했다. 아마도 이는 작은 충돌이 뒤따르고 보트와 해병들이 전면 총격을 시작했을 때 상황이었을 것이다. 하지만 내가 아는 한 총격은 그 어떤 명령도 없이 실행됐다. 배로 향한 쿡 선장이 사격 이유를 물어봤고 그들에게 총격을 중지하라고 명령했기 때문이다. 이때 한 족장이 뒤에서 다가와 단검 비슷한 철제 도구로 쿡 선장의 어깨 사이를 찔렀다. 그 도구는 쿡 선장이 원주민 설명에 따라 많이 만든 칼이었다. 공격을 받은 쿡 선장은 즉시 쓰러져서 얼굴이 물에 잠기게 됐지만 몸의 여러 부위에 다른 상처를 입고 나서야 사망했다. 모든 것이 혼란스러웠고 원주민들은 공격 성공에 들뜨기 시작했다. 상등병 한 명과 해병대 세 명은 다른 대원들이 배에 타기 전에 지휘관이 운명한 소식을 전했다. 해병대 대위는 어깨를 찔렸고 다른 대원들은 수많은 군중에게서 우박처럼 날아든 돌에 맞아 심하게 다쳤다.

존 리크먼 John Rickman **대위,**
《쿡 선상의 마지막 태평양 항해 일지JOURNAL OF CAPTAIN COOK'S LAST VOYAGE TO THE PACIFIC OCEAN**》,**
1781년

제임스 쿡 선장(1728년-1779년)은 30년 넘게 항해, 해도 작성, 발견을 거듭하면서 태평양과 오스트랄라시아에 관한 지식을 송두리째 바꿔 놓았다. 그는 오스트레일리아, 뉴질랜드, 뉴펀들랜드 해안, 여러 태평양 섬은 물론 태평양을 남쪽 끝에서 북쪽 끝까지 누볐다. 또한 줄곧 자신이 접한 사람들에 대한 관용과 이해를 호소했고 선원들의 복지를 눈에 띄게 신경 썼다.

1779년 세 번째 대규모 항해에 나선 쿡은 캐나다 북쪽을 가로질러 태평양과 대서양을 잇는 북서항로가 있는지 여부를 증명하고자 시도했다. 하지만 도저히 뚫고 지나갈 수 없는 얼음에 가로막혀 지난해에 처음으로 발견했던 하와이제도로 돌아올 수밖에 없었다. 이때 발생한 하와이 원주민과 의견 충돌이 교전으로 번지면서 1779년 2월 14일 이 위대한 탐험가는 하와이 해변에서 최후를 맞이했다.

선원이었던 조지 길버트George Gilbert는 쿡 선장의 죽음 직후 레졸루션호 선원들이 느꼈던 감정을 다음과 같이 설명했다.

배가 돌아와 선장의 죽음을 알렸을 때 30분 가까이 함선 전체에 침묵이 이어졌다. 이는 마치 우리가 한동안 받아들일 수 없는 꿈같은 얘기처럼 느껴졌다. 모두의 얼굴에 비탄이 비쳤다.

이날 일어난 다른 사건들

1797년 세인트빈센트 곶 전투에서 영국군이 스페인 함대 격파

1929년 시카고에서 폭력단 내부 폭력 사건으로 밸런타인데이 학살 발생

1989년 《악마의 시The Satanic Verses》 작가 살만 루슈디Salman Rushdie에 이란 파트와 이슬람 법률에 따른 명령—옮긴이 발령

2월 15일

스페인-미국 전쟁 발발, 1898년

"메인호를 기억하고, 스페인은 지옥에나 떨어져!"

미국 애국 슬로건

1898년 미국과 스페인이 전쟁(미국 언론이 심하게 부추긴 전쟁이었다)을 벌인 이유는 미국 동부 해안과 카리브해 지역에서 작전 중이던 미국 해군 전함 메인호 침몰이었다. 1898년 2월 15일 저녁, 메인호는 쿠바를 지배하던 스페인 당국이 보기에 도발적이었던 임무를 띠고 아바나 항구에 있었다. 대규모 폭발로 배가 완전히 파괴되고 침몰했으며 선원 268명이 목숨을 잃었다. 그 원인은 끝내 밝혀지지 않았지만 스페인 혹은 쿠바 반군 소행이라는 의혹이 제기됐다. 스페인 식민지 장관은 쿠바 총독에게 "메인호 참사 원인이 우리에게 있을 수 없다는 사실을 증명하도록 가능한 모든 사실을 수집"하라고 말했다. 미국 공식 조사서는 "조사 위원회 의견에 따르면 메인호는 앞쪽 탄약고 두 개 이상에 부분 폭발을 유발한 잠수함 기뢰 폭발로 파괴됐다. 조사위원회는 메인호 파괴 책임을 어떤 개인이나 단체에 지울 증거를 획득할 수 없었다."라고 명시했다.

그러나 미국 여론은 거의 의심하지 않고 그 책임을 스페인에 돌렸다. 신문들은 전쟁 열기를 부채질했다. 출처는 불분명하지만 그 실상을 잘 보여주는 일화에 따르면 윌리엄 랜돌프 허스트William Randolph Hearst가 쿠바에 있던 〈뉴욕 모닝 저널New York Morning Journal〉 삽화가(그는 전보로 '전쟁은 일어나지 않을 것입니다'라는 내용을 보냈다)에게 그대로 있으라고 말하고는 "제발 남아 있으세요. 당신이 그림을 제공하면 내가 전쟁을 제공하겠습니다."라고 말했다고 전한다. 5월에는 스페인에 전쟁을 선포했고, 1898년 12월에는 스페인 식민지였던 푸에르토리코와 필리핀이 미국으로 넘어갔고 쿠바는 미국 행정부 지배하에 독립했다.

이날 일어난 다른 사건들
1944년 제2차 세계대전: 연합군이 이탈리아 몬테카시노의 독일 근거지 공격 개시
1971년 영국 화폐 단위 십진법 채택
1989년 1979년 침공 이래 마지막 소련 군대가 아프가니스탄에서 철수

2월 16일

프랑스 대통령 의문사, 1899년

자정 무렵(나는 한동안 침대에 누워 있었다) 나는 내 방에서 울리는 전화벨 소리에 잠에서 깼다. 내 오랜 친구이자 우편 전보부 국장인 보르델롱그 씨였다.

나는 "무슨 일이에요?"라고 물었다.

그때 나는 그 소식, 그 끔찍한 소식을 들었다. "대통령께서 돌아가셨습니다."

나는 내 귀를 믿을 수 없었다. 나는 "말도 안 돼요."라고 소리쳤다. "오늘 그분을 만났어요. 피곤하고 지쳐있고 기분이 좋지 않아 보였지만 건강에 특별한 문제는 없어 보였어요." 나는 보르델롱그 씨에게 질문을 퍼부었지만 그는 "아무것도 몰라요. 사람들 말로는 뇌졸중 발작으로 사망하셨대요."라고만 답했다.

이튿날 새벽 6시에 내 충실한 요원이 '중요한 용건으로 나를 만나고 싶어' 한다는 말을 들었다. 이 '요원'은 ⋯ 내가 어디를 가든지 나를 호위하고 내게 아무런 위험도 닥치지 않도록 지켜보라고 펠릭스 포르 대통령이 특별히 선발하고 지명한 사설탐정이었다. ⋯

무슨 용건인지 짐작한 나는 급하게 옷을 갈아입고 그를 만났다.

"오! 부인, 소식 들으셨죠. ⋯ 대통령의 죽음에는 불가사의한 부분이 있어요. 뇌졸중이라고는 하는데, 대통령이 몇 시간 동안 고통스러워하셨다고 들었어요. ⋯ 저는 지금 미행당하고 있어서 다시는 제가 전화드리지 않는 편이 좋을 거예요. ⋯ 하지만 제 주소를 알고 계시니까 제 도움이 필요하다면 부디 언제라도 제게 연락해 주세요."

마르그리트 스테네이, 《회고록MY MEMOIRS》, 1912년

드레퓌스 사건(1월 13일) 당시 프랑스 대통령이었던 펠릭스 포르의 죽음은 마르그리트 스테네이Marguerite Steinheil가 정제해서 쓴 회고록 내용보다 훨씬 덜 불가사의한 사건으로 여겨졌다. 포르는 자신의 정부였던 유부녀 스테네이 부인과 마지막 성관계를 하다가 절정의 순간에 심하게 흥분하는 바람에 치명적인 순간을 맞이했다. 이후로도 스테네이는 세간의 이목을 끄는 불륜 관계를 즐겼다. 1908년 스테네이는 정말로 불가사의한 범죄에 휘말렸다. 자신은 손발이 묶이고 입에 재갈이 물린 채 발견되고 남편과 계모는 질식사했다.

이날 일어난 다른 사건들

1923년 고고학자 하워드 카터Howard Carter가 투탕카멘 묘실 발굴

1936년 스페인에서 인민 전선이 집권하면서 좌파 공화주의 통치 시행

1959년 쿠바에서 피델 카스트로Fidel Castro 집권

2월 17일
조르다노 브루노 화형, 1600년

아마도 이 판결을 내리는 그대가 판결을 받는 나보다 더 큰 두려움을 느낄 것이요.

조르다노 브루노, 1600년 2월 17일

나폴리 출신 철학자이자 천문학자 조르다노 브루노Giordano Bruno(1548년-1600년)의 처형은 가톨릭교회가 근대 과학의 흐름을 막으려 한 시도로 여겨졌으나 이는 아마 오해였던 듯하다. 어쩌면 브루노는 별과 태양이 비슷한 천체인 무한한 우주를 상상한 최초의 인물이었다. 그런 믿음으로 그는 니콜라우스 코페르니쿠스Nicolaus Copernicus가 제시한 태양 중심 관측을 훌쩍 뛰어넘었다. 또한 용인된 '진실'을 회의적 태도로 대하는 것이 중요하다는 확신으로 수학과 연금술, 그리고 당대 사이비 과학의 비밀스러운 신념을 비롯한 다양한 분야를 탐구했다. 브루노는 "사람이 아무리 확실하고 명백하다고 여기더라도 무엇이든 논의하다 보면 요란하고 터무니없는 믿음만큼이나 의심스럽다는 사실이 드러난다."라고 생각했다. 브루노는 《원인과 원칙과 일자On Cause, Principle and Unity》에서 자신이 가톨릭교회의 메시지를 의심하게 된 계기인 급진적 상대주의를 지지했다.

이 지구 전체, 이 별은 죽지 않으며 자연 어디에서도 해체와 소멸이 불가능하고, 때때로 모든 구성 요소를 바꾸고 고쳐서 스스로 갱신한다. 아리스토텔레스가 가르쳤듯 이 절대적인 위나 아래는 없다. 우주에 절대적인 위치는 없다. 하지만 천체의 위치는 다른 천체의 위치에 따라 상대적이다. 우주 전역에서 상대적인 위치 변화가 끊임없이 일어나고 있으며 관찰자는 언제나 사물의 중심에 있다.

브루노는 1593년 베네치아에서 잡혀 로마로 보내졌고, 그곳에서 로마 종교 재판에 회부돼 7년 동안 감옥에 갇혀서 기나긴 재판을 받았다. 그는 이단 신앙 몇 가지를 철회하지 않겠다고 거부했고(무엇인지는 알려져 있지 않다), 결국 교황이 그에게 유죄 판결을 내리고 세속 당국에 넘겼다. 세속 당국은 1600년 2월 17일 로마 캄포 데 피오리에서 브루노를 화형에 처했다.

이날 일어난 다른 사건들

1673년 프랑스 극작가 몰리에르Molière가 《상상병 환자The Hypochondriac》를 상연한 뒤 사망

1871년 프랑스-프로이센 전쟁에서 승리한 프로이센 군대가 파리에서 가두행진

1904년 푸치니Puccini 오페라 〈나비부인Madame Butterfly〉 밀라노 초연

2월 18일

클래런스의 죽음, 1478년

클래런스: 정말이지 음울하고 험악하게 말하는구나!
눈빛이 나를 제대로 위협하는군. 그런데 낯빛은 왜 그리도 창백한가?
누가 너를 여기로 보냈느냐? 무슨 이유로 왔느냐?
자객 2: 당신, 당신을 —
클래런스: 나를 죽이려고?
자객들: 그래, 그렇소….
클래런스: 죄 없는 자를 죽이는 게 너희 일인가?
내 죄가 무엇인가?
내 혐의를 뒷받침하는 증거는 어디 있는가?
어떤 법률단이 눈살을 찌푸리는 재판관에게 평결을 건넸는가?
아니면 누가 불쌍한 클래런스에게 지독한 사형을 언도했는가?
법원이 내게 유죄 선고를 내리기도 전에?
나를 죽이겠다는 협박은 그야말로 불법이네.
내가 댁들을 고소하겠네.
그리스도가 우리의 대죄를 사하기 위해 흘리신 피로 용서받고 싶다면
내게 손을 대지 말고 떠나게.
너희가 저지르려는 일은 저주받을 짓이야.
자객 1: 우리가 할 일은 명령에 따르는 것이다.
자객 2: 그리고 명령을 내린 분은 우리 왕이다. …

윌리엄 셰익스피어, 《리처드 3세 KING RICHARD III》, 1막 4장,
1597년과 퍼스트 폴리오 FIRST FOLIO(1613년)

실제 조지 플랜태저넷 George Plantagenet 1대 클래런스 공작은 형 에드워드 4세에 대한 반역죄로 런던탑에서 수감 생활을 하던 중 1478년 2월 18일 비밀리에 살해당했다. 하지만 더 기억에 남는 것은 셰익스피어가 클래런스의 동생 리처드 3세 치세에 이 사건을 투영했고, 리처드의 악행을 강조하고자 클래런스의 어리숙한 순수함을 이용했다는 사실이다. 하지만 맘지 와인 통에 익사시킨다는 독특한 살해 방식만은 그대로 따랐다.

이날 일어난 다른 사건들
1294년 몽골 황제 쿠빌라이 칸 Kublai Khan 사망
1861년 사르데냐-피에몬테 왕국의 비토리오 에마누엘레 2세 Victor Emmanuel II가 이탈리아 왕국 왕으로 즉위
1965년 서아프리카 감비아가 영국으로부터 독립 쟁취

2월 19일

이름 없는 문제, 1963년

한동안 명확히 보지 못했지만 나는 오늘날 미국 여성들이 삶을 살아가려는 방식에 뭔가 아주 잘못된 점이 있다는 사실을 서서히 깨닫게 됐다. 나는 아내이자 세 명의 어린 자녀를 둔 어머니로서 반쯤은 죄책감에, 반쯤은 건성으로 살고 있었고, 나도 모르게 내 능력과 지식을 집 밖으로 벗어나는 일에 사용한다는 것을 알아차렸을 때 처음으로 내 인생의 물음표를 감지했다.

이 문제는 오랜 세월 미국 여성의 마음속에 암암리에 묻혀 있었다. 이는 낯선 동요이자 불만감이고 20세기 중반 미국 여성들이 겪은 갈망이었다. 평범한 가정주부들은 제각각 혼자서 이 문제로 괴로워했다. 침대를 정리하고 시장을 보면서 … 주부들은 스스로에게조차 "과연 이게 전부일까?"라고 조용히 묻기가 두려웠다.

베티 프리단, 《여성성의 신화 The Feminine Mystique》, 1963년

1950년대에 대단히 만연했던 미국 중산층 가정의 꿈은 언론인 베티 프리단Betty Friedan이 1942년 명문대학 스미스 칼리지에 다녔던 동문 대부분이 어떤 종류의 임금 근로에도 종사하지 않고 조용히 자포자기한 인생을 살고 있다는 사실을 발견하면서 산산조각 났다. 1963년 2월 19일에 출판된 프리단의 책 《여성성의 신화》에서는 이를 '이름 없는 문제'로 논의했고 미국 여성의 불만이 얼마나 광범위하게 퍼져있는지 폭로했다.

15년 넘게 미국 여성들은 섹스보다 이 문제를 이야기하기가 어렵다는 사실을 발견했다. 정신분석 전문의조차도 이 문제에 이름을 붙이지 못했다. 많은 여성이 그랬듯이 정신과 의사에게 도움을 청하러 간 한 여성은 "너무 부끄러워요."라거나 "가망이 없을 정도로 신경질이 나요."라고 말했다. 교외 지역의 한 정신과 의사는 걱정스러운 듯이 "요즘 여자들은 뭐가 문제인지 모르겠어요."라고 말했다. "뭔가 잘못됐다는 건 알겠어요. 공교롭게도 환자 대부분이 여성이거든요. 성적인 문제는 아니에요." 하지만 이런 문제를 겪는 여성 대부분이 정신분석 전문의를 찾지 않았다. 그들은 계속해서 "정말이지 아무런 이상도 없어. 그 어떤 문제도 없다고."라고 되뇌었다.

프리단의 책은 특히 미국에서 1960년대에 여성 운동이 등장하기 위한 주요 자극제 역할을 했다. 1966년 프리단은 전미 여성 기구 National Organization for Women를 설립하면서 초대 회장으로 취임했고, 1970년에 퇴임한 후 계속해서 다른 기구들을 설립했다. 프리단은 2006년에 사망했다.

이날 일어난 다른 사건들

1473년 천문학자 니콜라우스 코페르니쿠스 탄생
1878년 토머스 에디슨이 축음기 특허 등록
1915년 제1차 세계대전: 영국-프랑스 연합군이 다르다넬스 해협의 오스만 제국 요새 공격

2월 20일

미래주의 선언, 1909년

1. 우리는 활기차고 대담무쌍한 습성인 위험 선호를 노래하고자 한다. …

9. 우리는 세상 유일의 위생학인 전쟁, 군국주의, 애국심, 자유를 가져오는 이들의 파괴적 행위, 목숨을 바칠 가치가 있는 아름다운 신념, 여성에 대한 조롱을 찬미한다.

10. 우리는 모든 종류의 박물관, 도서관, 학회를 파괴하고 도덕주의, 페미니즘, 모든 기회주의적 혹은 실용주의적 비겁함에 맞서 싸울 것이다.

11. 우리는 노동, 쾌락, 폭동에 들뜬 군중을 노래할 것이다. 우리는 현대 중심지에서 일어나는 다채롭고 영롱하게 퍼지는 혁명의 물결을 노래할 것이다. 우리는 밤을 활기차게 밝히는 무기 공장의 열기와 맹렬한 전등으로 이글거리는 조선소를, 연기 뿜는 뱀들을 집어삼키는 탐욕스러운 기차역을, 구불구불 내뿜은 연기구름을 걸친 공장들을, 거인 체조선수처럼 강을 성큼성큼 걷는 다리가 칼날의 섬광처럼 태양 아래 반짝이는 모습을, 수평선 냄새를 맡는 모험심 강한 증기선들을, 배관으로 굴레를 씌운 거대한 철마의 발굽처럼 바퀴로 선로를 달리는 듬직한 기관차들을, 프로펠러가 현수막처럼 바람에 부딪혀 소리 내고 열광하는 군중처럼 환호하는 듯한 날렵한 항공기의 비행을 노래할 것이다.

필리포 마리네티, 《**미래주의 선언**THE FUTURIST MANIFESTO》**, 1909년**

1909년 2월 20일 속도와 현대성, 젊음을 거리낌 없이 찬양한 이탈리아 아방가르드 예술 운동 선언문이 프랑스 신문 〈르 피가로Le Figaro〉 1면에 실렸다. 그 도발적인 내용은 발표 직후부터 논란을 일으켰고, 이를 작성한 이탈리아 시인이자 극작가 필리포 마리네티Filippo Marinetti(1876년-1944년)는 상당한 악명을 얻었다. 제1차 세계대전 이후 1920년에 마리네티는 이 선언문을 4권짜리 책으로 출판했다. 또한 그는 파시스트 당수 베니토 무솔리니Benito Mussolini를 적극적으로 지지했고 미래주의를 이탈리아 국가 예술 이념으로 채택하라고 무솔리니를 설득하고자 했다. 무솔리니는 온갖 잘못을 저질렀지만 그나마 이 개념은 거부했다.

이날 일어난 다른 사건들

1626년 영국 작곡가 존 다울런드John Dowland 사망
1872년 뉴욕 메트로폴리탄 미술관 개관
1877년 차이콥스키Tchaikovsky 발레 〈백조의 호수Swan Lake〉 모스크바 초연

2월 21일

공산당 선언, 1848년

하나의 유령이 유럽을 떠돌고 있다. 공산주의라는 유령이다. 교황과 황제, 메테르니히Metternich와 기조Guizot[오스트리아와 프랑스의 주요 보수 정치가], 프랑스 급진파와 독일 경찰 첩자에 이르기까지 옛 유럽의 모든 세력이 이 유령을 몰아내려 성스러운 동맹을 맺었다.

지금까지 존재한 모든 사회 역사는 계급투쟁의 역사다.

자유인과 노예, 귀족과 평민, 영주와 농노, 동업조합 장인과 직인, 한마디로 말해 억압자와 피억압자는 서로 한결같이 대립했으며, 때로는 은밀하게 때로는 드러내놓고 끊임없이 싸움을 벌였다. 이 싸움은 언제나 혁명으로 사회 전체가 재구성되거나 맞붙은 계급들이 함께 멸망하는 결과로 끝났다.

… 공산주의자는 어디에서든 기존 사회 정치 질서에 대항하는 모든 혁명 운동을 지지한다.

공산주의자는 견해와 의도를 숨기려 하지 않는다. 그들은 기존 사회 상황을 전부 물리력으로 타도해야만 그들의 목적을 달성할 수 있다고 공공연하게 선언한다. 지배 계급이 공산주의 혁명 앞에서 벌벌 떨게 하라. 프롤레타리아가 잃을 것은 족쇄뿐이다. 그들이 얻을 것은 세계다.

만국의 노동자여, 단결하라!

카를 마르크스와 프리드리히 엥겔스, 《공산당 선언》, 1848년

1847년 맨체스터에서 활동하던 기업가 프리드리히 엥겔스Friedrich Engels(1820년-1895년)는 급진주의 언론인 카를 마르크스Karl Marx(1818년-1883년)에게 영국에서 망명 생활을 하던 이상주의 독일 사회주의자들을 소개했다. 마르크스는 공산주의자 연맹을 설립하고 노동자들이 행동하도록 일깨울 가슴 벅찬 선언문을 만들어야 한다고 주장했다. 몇 주 뒤에 23쪽 분량의 《공산당 선언Communist Manifesto》을 완성했다. 이는 세계 최초의 위대한 정치 선언문이었으며, 이후 지식인들이 단호한 말로 현실을 바꾸려고 시도할 때마다 청사진의 역할을 했다.

《공산당 선언》은 1848년 2월 21일 독일어로 처음 출간됐다. 우연히도 그해에는 유럽 대륙 전역에서 민족주의와 공화주의 혁명이 들끓고 있었다. 1850년에는 헬렌 맥팔레인Helen MacFarlane이 옮긴 첫 번째 영어 번역본이 나왔다. 유감스럽게도 번역본 첫 줄은 "끔찍한 도깨비가 유럽 전역을 활보찬다"였다.

이날 일어난 다른 사건들
1677년 네덜란드 철학자 바뤼흐 스피노자Baruch Spinoza 사망
1916년 제1차 세계대전 중 서부전선에서 베르됭 전투 개시
1972년 미국 대통령 닉슨의 역사적인 중국 방문

2월 22일

조피 숄 처형, 1943년

이토록 화창하고 찬란한 날, 나는 가야 하지만 우리를 통해 수많은 사람이 깨어나 행동에 나선다면 내 죽음이 무슨 대수겠어요?

조피 숄, 감방 동료 엘제 게벨이 전달, 1943년 2월 22일

1943년 2월 22일 게슈타포는 뮌헨에서 생물학을 공부하던 대학생 조피 숄Sophie Scholl(21세)과 조피의 오빠이자 의대생이었던 한스 숄Hans Scholl(24세)을 처형했다. 남매는 며칠 전 창문으로 전단지를 뿌린 혐의로 체포됐다. 두 사람은 같은 날 단두대로 처형됐다. 그들과 함께 나치에 반대하는 반체제 집단 활동을 하던 나머지 단원들도 이후 몇 달에 걸쳐 잡혀서 역시 처형됐다.

1941년 숄 남매는 나치 정권과 나치 전쟁 시도에 대항하는 소극적 저항을 장려하는 백장미단The White Rose society을 결성했다. 1942년부터 그들은 〈백장미〉라는 표제로 익명의 전단지를 몇 차례에 걸쳐 만들었다. 그들은 이 전단을 독일 남부 전역에 퍼트렸고 그중 한 전단에서 다음과 같이 주장했다.

우리는 모두가 이 체제를 타도하는 데 기여해야 한다는 사실을 보여주고 싶습니다. 이는 투철하고 활기찬 많은 사람들, 그들이 사용해야 하는 수단에 동의하는 사람들이 협력할 때만 이룰 수 있습니다. 우리가 선택할 수 있는 수단은 많지 않습니다. 소극적 저항의 의미와 목표는 나치주의 타파이며, 이 투쟁에서 우리는 그 본질이 무엇이든 우리 방침이나 행동을 굽혀서는 안 됩니다. 이 전쟁에서 나치 독일이 승리한다면 헤아릴 수 없을 정도로 끔찍한 결과를 초래할 것입니다.

또 한 전단에서 숄 남매는 "독일 청년들이 마침내 일어서 복수하고 그들을 괴롭히는 자들을 격파하지 않는다면 독일이란 이름은 영영 치욕을 받을 것입니다. 학우들이여! 독일 국민이 우리에게 기대를 걸고 있습니다."라고 주장했다. 오늘날 뮌헨을 비롯한 독일 전역에서 백장미단을 기린다.

이날 일어난 다른 사건들

1732년 장래 미국의 장군이자 대통령 조지 워싱턴George Washington 탄생

1987년 미국 팝 아티스트이자 사교계 명사 앤디 워홀Andy Warhol 사망

1997년 스코틀랜드 과학자들이 체세포 복제 양 돌리 탄생 발표

2월 23일

예언자 무함마드가 작별을 고하다, 632년

오 사람들이여, 귀담아 들어주십시오. 올해가 지나면 내가 다시 여러분과 함께할 수 있을지 모르겠습니다. 그러니 내가 여러분에게 하는 말을 귀 기울여 듣고 오늘 이 자리에 함께하지 못한 이들에게 내 말을 전해주세요.

오 사람들이여, 여러분이 이달, 이날, 이 도시[메카]를 성스럽게 여기듯이 모든 무슬림의 생명과 재산을 성스러운 신탁물로 여기세요. 여러분이 맡은 물건을 정당한 소유자에게 돌려주십시오. 아무도 여러분을 해치지 않도록 여러분 역시 누구도 해치지 마세요. 기억하십시오. 여러분은 반드시 주님을 만날 것이요, 주님은 반드시 여러분의 행위를 평가하실 것입니다. 신은 고리대금업을 금하셨으니 이제부터 이자를 받을 권리는 포기해야 할 것입니다. 하지만 여러분의 재산은 여러분이 지켜야 할 몫입니다. 여러분은 불공평한 행동을 하지 않는 동시에 불공평한 처우를 받지 않을 것입니다. 신은 이자가 없어야 한다고 판단하셨고 이제부터 압바스 이븐 압드알 무탈립[무함마드의 숙부]이 받을 모든 이자는 면제될 것입니다. …

여러분이 믿는 종교가 안전하도록 사탄을 경계하십시오. 사탄은 중대한 일에서 여러분을 나쁜 길로 이끌 수 있다는 희망을 완전히 잃었습니다. 그러니 사소한 일에서 사탄의 유혹에 넘어가지 않도록 조심하십시오.

오 사람들이여, 여러분이 여러분 아내에 대한 권리를 갖듯이 아내도 여러분에 대한 권리를 갖습니다. 여러분은 신의 신임과 허락을 받아 비로소 아내를 맞이하였다는 사실을 기억하십시오. 아내가 여러분의 권리에 따라야 한다면 남편은 다정하게 먹이고 입힐 의무를 집니다. 아내는 여러분의 동반자이자 헌신적인 조력자이므로 아내에게 잘해주고 상냥하게 대하십시오. 또한 여러분은 아내가 여러분이 동의하지 않는 그 누구와도 친하게 지내지 않아야 하고 결코 나쁜 행실을 하지 않을 권리를 갖습니다.

오 사람들이여, 진심을 다해 내 말을 듣고, 신을 경배하고, 하루에 다섯 번씩 기도를 올리고[살라트], 라마단 기간에는 단식하고, 자선을 베푸십시오. 형편이 허락한다면 하즈[메카 순례]를 하십시오.

모든 인류는 아담과 이브에서 나왔습니다. 아랍인은 비아랍인보다 우월하지 않고 비아랍인 역시 아랍인보다 조금도 우월하지 않습니다. 백인은 흑인보다 우월하지 않고 흑인 역시 백인보다 조금도 우월하지 않습니다. 우열은 신앙심과 선행으로만 정해집니다. 모든 무슬림은 서로 형제이며 무슬림 전체가 한 가족을 이룬다는 사실을 명심하십시오. 자유 의지로 기꺼이 내어놓지 않는 한, 어떤 무슬림에게 속한 그 무엇도 다른 무슬림이 정당하게 가질 수 없습니다. 그러니 여러분 자기 자신에게 불의를 행하지 마십시오.

언젠가는 여러분이 신 앞에 나아가 자기 행위를 해명해야 한다는 사실을 기억하십시오.

그러니 내가 간 뒤에 올바른 길에서 벗어나지 않도록 주의하십시오.

오 사람들이여, 내가 간 뒤에는 그 어떤 예언자도 주창자도 오지 않을 것이며 새로운 신앙이 생기는 일도 없을 것입니다. 그러니 오 사람들이여, 잘 판단하고 내가 여러분에게 옮기는 말을 이해하십시오. 나는 두 가지를 남기고 떠납니다. 바로 쿠란과 내 언행 순나입니다. 이것만 잘 따른다면 여러분은 절대 길을 헤매지 않을 것입니다.

내 말을 들은 모든 이는 다른 사람들에게 내 말을 전하고, 그들이 또 다른 사람들에게 전하도록 하십시오. 또한 내 말을 직접 들은 사람들보다 마지막에 들을 사람이 더 잘 이해하도록 하십시오. 신이시여, 내가 당신의 말씀을 당신의 백성에게 전했음을 증명하는 증인이 되어주십시오.

예언자 무함마드, 고별 연설, 서기 632년

예언자 무함마드는 632년 메카 순례로 일생을 마쳤다. 632년은 무함마드가 메디나로 이주('히즈라'라고 하는 사건)한 지 10년째 되던 해였으므로 이슬람력으로 10년이 되던 해였다. 그는 그렇게 무슬림이라면 어디에 살든 일생에 적어도 한 번은 시도해야 하는 메카 순례를 시작했다.

수만 명의 지지자와 함께 나선 순례길에서 무함마드는 2월 23일에 마지막 연설을 했고 이슬람 계시록인 쿠란Qur'an을 완성했다. 이슬람 시아파 설명에 따르면 무함마드는 사촌이자 사위인 알리를 후계자로 선택한다고 말했다고 한다. 이 주장으로 이후 이슬람은 시아파와 수니파로 나뉘고, 수니파는 무함마드의 측근이자 최초 칼리파인 아부 바크르Abu Bakr까지 거슬러 올라가는 지도부 노선을 따른다. 연설 내용 자체는 논란이 있고 여러 가지 판본이 존재한다. 시아파 판본은 수니파 판본보다 2배로 길며 여기에 그 판본 전체를 소개했다.

무함마드는 632년 6월 8일 메디나에 있는 아내 아이샤의 집에서 63세로 사망했다.

이날 일어난 다른 사건들
1455년 가동 활자로 인쇄된 서양 최초 서적인 구텐베르크 성경 등장
1820년 영국 내각을 암살하려는 소위 카토스트리트 음모 발각
1836년 미국 민병대가 텍사스 알라모 전투에서 용감무쌍한 저항 시작

2월 24일

기독교 대박해, 서기 303년

디오클레티아누스 황제 재위 19년째 되던 해였다. 구세주 수난절이 가까이 다가왔을 때 사방에 황제 칙령이 발표됐다. 교회를 완전히 쑥대밭으로 만들고, 성서는 모두 불태우고, 명예로운 지위를 가진 자는 강등하고, 가정 하인이 기독교 신앙을 고집한다면 자유를 박탈하라는 명령이었다.

그것이 우리를 탄압하는 첫 번째 칙령이었다. 얼마 지나지 않아 황제는 다른 칙령들을 발표하여 온 나라에서 성직자를 투옥하고, 갖은 수단을 동원해 제물을 바치도록 강요해야 한다고 명령했다.

이렇게 초반 칙령이 발표된 이후 투옥된 자가 제물을 바치면 풀어주고, 거부하는 자는 무수한 고문으로 학대해야 한다고 명령하는 칙령이 따랐다. 그때 다시 각 지역, 특히 아프리카 전역과 무어인들 사이, 테바이스와 이집트 전역, 이미 다른 시와 지역으로 번지기 시작한 곳에서 수많은 순교자가 나왔고, 그들은 순교로 유명해졌다.

에우세비우스, 《교회사HISTORIA ECCLESIAE》, 서기 325년경

4세기 카이사레아의 주교이자 '교회사의 아버지' 에우세비우스Eusebius는 서기 303년 2월 24일에 로마 황제 디오클레티아누스가 델포이 아폴로 신탁에서 조언을 구한 뒤에 시작한 기독교 '대박해'를 직접 경험하고 설명했다. 디오클레티아누스는 305년에 퇴위했으나 대박해로 3,000명이 넘는 사람들이 목숨을 잃었다고 추정된다. 또한 콘스탄티누스 황제가 서기 313년 마침내 밀라노 칙령으로 로마 제국 전역에 신앙의 자유를 인정할 때까지 수많은 사람이 10년 넘게 옥살이를 했다.

이날 일어난 다른 사건들
1500년 장래 합스부르크 왕가 황제 카를 5세 탄생
1607년 최초의 진정한 오페라 클라우디오 몬테베르디Claudio Monteverdi 〈오르페오L'Orfeo〉 초연
1981년 찰스 왕세자와 다이애나 스펜서 결혼 발표

2월 25일

흐루쇼프 스탈린 격하, 1956년

스탈린은 인민의 적이라는 개념을 만들어냈습니다. 이 용어를 쓰면 자동으로 논쟁에 참여한 사람의 이념적 오류를 증명할 필요가 없어졌죠. 이 용어를 대면 어떤 식으로든 스탈린에게 동의하지 않은 사람, 스탈린에게 악의적인 의도가 있는지 의심을 품은 사람, 평판이 안 좋은 사람들을 대상으로 혁명의 적법성을 확보하는 모든 규범을 위반하면서 더없이 잔혹한 탄압을 가할 수 있었습니다. 인민의 적이라는 이 개념은 어떤 식으로든 이념 논쟁을 벌일 가능성을 사실상 없애고 이런저런 문제, 심지어 실질적 성격의 문제에 관해서도 견해를 밝힐 수 없게 했습니다. 게다가 현행 법과학의 모든 규범에 반하여 피고인 자신의 '자백'을, 유죄를 입증하는 유일한 증거로 사용했습니다. 후속 조사에서 밝혀졌듯이 자백마저도 피고인에게 물리적 강압을 가해서 얻어냈습니다.

이로 인해 혁명의 적법성은 심하게 훼손됐고, 과거 당 노선을 지지했던 수많은 결백한 사람들이 희생되기에 이르렀습니다.

니키타 흐루쇼프, 연설, 1956년 2월 25일

사망한 지 3년이 지난 1956년에도 스탈린은 여전히 국가를 구한 구세주로 여겨졌다. 이런 상황에서 제20회 공산당 전당대회에서 새로 취임한 서기장 니키타 흐루쇼프Nikita Khrushchev가 비공개로 4시간에 걸친 연설을 했다. 이 연설에서 흐루쇼프는 개인숭배를 맹비난하고 스탈린 시대에 있었던 학대, 특히 1937년부터 1938년에 걸쳐 발생한 대숙청 내용을 자세히 언급했다. 흐루쇼프는 스탈린의 부상과 통치의 다양한 측면을 두루 언급했다. 흐루쇼프가 '우리 당의 광폭한 적'이라고 부른 비밀경찰국장 라브렌티 베리야Lavrenti Beria가 구체적인 학대의 대다수를 저질렀다. 많은 청중이 소련의 토대를 이룬 광범위한 허위와 이전 당원들이 실제로 어떤 운명을 맞이했는지 알고 나서 충격을 받았다. 일부 대의원들은 심장마비를 일으켰고 나중에 자살한 사람도 있었다고 한다.

이 연설은 단 한마디도 공식적으로 공개되지 않았지만 그 내용은 곧 서방으로 유출됐고, 서구 국가들은 연설의 내용을 흥미진진하게 들여다봤다. 소련의 '해빙' 분위기를 알린 이 연설은 스탈린주의의 학대와 과대망상에서 벗어나 레닌주의를 비롯해 러시아 혁명의 가치를 되찾는 시도로 향하는 결정적인 분기점으로 여겨진다.

이날 일어난 다른 사건들

1723년 영국 건축가 크리스토퍼 렌 경Sir Christopher Wren 사망

1901년 JP모건이 US스틸 합병

1964년 캐시어스 클레이Cassius Clay가 소니 리스턴Sonny Liston을 꺾고 권투 세계 헤비급 챔피언으로 등극

2월 26일

콩고 수탈, 1885년

내가 간절하게 반복하고 싶은 우리의 유일한 계획은 도덕과 물질 재건 작업입니다. 우리는 타고난 상태에서 그 퇴보를 측정하기 어려운 사람들 사이에서 이 작업을 해야 합니다. 인류를 욕되게 하는 수많은 참상과 잔혹행위가 우리 개입에 앞서 조금씩 무너지고 있습니다.

레오폴 2세, 벨기에 국왕, 아서 코난 도일이 인용, 1909년

1884년 11월 유럽 열강들이 모인 베를린회의에서는 1885년 2월 16일에 내린 결론에 따라 아프리카 대륙 쟁탈(이른바 아프리카 분할 Scramble for Africa) 조건에 합의했다. 그 결과로 '콩고 자유국'(현 콩고 민주공화국)으로 지정된 중앙아프리카의 광활한 지대가 벨기에 왕 레오폴 2세의 개인 재산으로 정해졌다. 이 지역은 관세 없이 국제 무역상에 개방되고 정치적으로 중립이라는 점에서 '자유'였다. 알고 보니 원주민은 '자유'를 누릴 수 없었다. 레오폴 2세는 원주민에게 했던 약속을 추악하게 배신했다.

이후 20년 동안 콩고에서 나는 고무를 비롯한 여러 원자재는 레오폴 2세가 부를 축적하는 거대한 원천을 제공하는 한편 그의 정권은 강제 노역과 신체 훼손을 비롯한 온갖 잔학행위의 대명사가 됐다. 한 벨기에 군인은 "그들은 우리에게 남자들의 머리를 잘라 마을 울타리에 매달고, 여성과 아이들을 십자가 모양으로 울타리에 매달라고 명령했습니다."라고 말했다. 한 덴마크 선교사는 원주민이 살해당하는 광경을 본 다음 연루된 군인의 변명을 전했다. "우리가 고무를 가져오지 않으면 그들이 우리를 죽여요. 우리가 손을 많이 가져가면 판무관이 우리 복무 기간을 줄여줍니다."

1904년 아일랜드 언론인 로저 케이스먼트 Roger Casement가 콩고에서 벌어진 악행을 다룬 영향력 있는 보고서를 썼고, 미국 작가 마크 트웨인 Mark Twain은 레오폴 2세를 '게걸스럽고 욕심 많고 탐욕스러우며 냉소적이고 피에 굶주린 늙은 호색한'으로 묘사했다. 1905년 벨기에 의회는 자체 조사를 시작했고 1908년에 콩고 자유국을 벨기에령 콩고로 합병했다. 현재 레오폴 2세는 최대 1,000만 명을 살해한 대규모 살해범으로 비난받는다. 영국 작가 아서 코난 도일 Arthur Conan Doyle은 레오폴 2세가 "1909년 현대 유럽 역사상 그 어떤 사람도 감당할 수 없었던 끔찍하고 직접적인 개인적 책임을 떠안고 서 있다."라고 평했다.

이날 일어난 다른 사건들
1802년 프랑스 시인이자 소설가 빅토르 위고Victor Hugo 탄생
1815년 나폴레옹이 유배지 엘바섬에서 탈출
1993년 이슬람교도가 뉴욕 세계무역센터에 폭탄 공격을 가해 6명 사망

2월 27일

제국의회 의사당 화재, 1933년

"이건 신이 보내신 계시입니다! 만약 이 화재가 내가 생각하듯이 공산주의자의 소행으로 밝혀진다면, 그 무엇도 우리가 이 살인 벌레를 철권으로 으깨버리는 걸 막을 수 없습니다."

독일 파시스트 총리 아돌프 히틀러는 오늘 밤 불타는 제국의회 의사당 홀에서 이렇게 인상적인 선언을 했다.

화재는 오늘 밤 9시 45분 제국의회 의사당에서 발생했다.

모퉁이 다섯 군데에서 불이 났고 그것이 방화범의 소행임은 의심할 여지가 없다.

방화범 중 한 명인 30세 남성이 서둘러 건물에서 나오다가 경찰에 체포됐다. 그는 이렇게 추운 베를린의 밤 날씨에도 불구하고 셔츠나 외투를 입지 않은 채 신발과 바지만 착용하고 있었다. …

히틀러가 그렇게 엄숙하고 단호한 표정을 지은 모습을 본 적이 없다. 언제나 조금 튀어 나온 듯 보이는 그의 눈이 거의 얼굴에서 불거져 나올 기세였다.

히틀러의 오른팔이자 모든 경찰 업무를 관장하는 프로이센 내무부 장관 괴링 대위가 로비로 와서 우리와 합류했다. 무척 상기되고 흥분한 얼굴이었다.

그는 "총리 각하, 이는 의심할 여지없이 공산주의자 소행입니다."라고 말했다.

세프턴 델머D. Sefton Delmer, 〈**데일리 익스프레스**DAILY EXPRESS〉**, 1933년 2월 27일**

히틀러가 독일 총리로 임명된 지 한 달 만인 1933년 2월 27일 저녁, 베를린 소재 의회 건물 제국의회 의사당에 끔찍한 화재가 발생했다. 네덜란드인 공산주의자 마리누스 반 데르 루베Marinus van der Lubbe가 방화를 개시한 혐의로 유죄 판결을 받았다. 이 사건으로 나치 정권은 공산당에 반대하는 비상 법령을 통과시킬 수 있었다. 많은 공산당 소속 의원들이 체포되면서 나치는 사상 최초로 의회 과반수를 차지했다. 이듬해에 제국의회의 모든 권력이 히틀러에게 넘어갔다.

현재도 반 데르 루베가 실제로 불을 지른 방화범이었다고 보지만 공산당 음모의 일환이었는지 여부는 여전히 논란의 대상이다. 부정할 수 없는 사실은 제국의회 의사당 파괴가 나치의 권력 장악 강화와 독일 국가의 모든 측면을 나치화하는 토대를 마련했다는 점이다.

이날 일어난 다른 사건들
서기 272년 장래 로마 황제 콘스탄티누스 탄생
1594년 앙리 4세가 프랑스 국왕으로 즉위
1844년 도미니카공화국이 아이티로부터 독립 쟁취

2월 28일

미국에 철도 상륙, 1827년

지난 2월 12일 볼티모어에서 열린 회의에서 볼티모어에서 오하이오주까지 철도를 연장하는 비용 견적과 그 경로를 이용할 것으로 추정되는 교역량에 대한 다양한 저자들의 논리를 수용해 보고서를 … 발표했습니다. 이후 메릴랜드주와 버지니아주로부터 설립 허가를 받았습니다. … 자본금 300만 달러와 이를 500만 달러까지 확장할 권리를 가진 볼티모어-오하이오 철도회사라는 기업입니다. …

미국에는 철도가 거의 알려져 있지 않으며 영국에서도 확장 사용 가능성이 아직 완전히 증명되지 않은 상황에서 길이 400킬로미터 이상, 고도 915미터에 달하는 이런 철도를 건설한다는 계획은 분명히 대담하다고 할 수 있습니다. …

철도로 운하를 대체하는 안은 영국에서 일반적으로 고려하는 계획으로 기후 상황에 따라 좌우되지만, 대체로 영국보다 이 나라에서 더 유리합니다. 겨울이 혹독한 이곳은 몇 주, 때로는 몇 달 동안 운하가 얼음으로 막힙니다. 게다가 여름은 열대 기후 같아서 건강상 문제로 운하 사용에 심각한 거부감이 생깁니다. 따라서 볼티모어가 이 나라에 더 적합할 뿐만 아니라 속도, 건설 경제성, 운반비용 측면에서 다른 수단을 훨씬 능가하는 운송 수단을 완성할 수단을 확보한 것은 행운이라 할 것입니다.

볼티모어와 서부 주들 간의 교류를 개선할 가장 효과적인 수단을 고안하고자 하는 목적으로 모인 볼티모어 시민 회의록, 1827년

이렇게 해서 볼티모어 시민들은 공격적인 서부 확장 정신으로 미국 최초 '철도' 건설에 착수했다. 1827년 2월 28일에 구체화하고 1830년에 개통한 미국 최초 철도는 영국 리버풀-맨체스터 철도(9월 15일 참조)에 견줄 만큼 선견지명이 있는 프로젝트였다. 독립선언서 서명자 중 마지막 생존자였던 찰스 캐럴Charles Carroll은 첫 삽을 뜨면서 "방금 내가 한 일은 내 인생에서 가장 중요한 행위 중 하나라고 생각합니다. 독립선언서 서명 다음으로 중요합니다. 어쩌면 독립선언서 서명이 두 번째일지도 모르겠습니다."라고 말했다.

이날 일어난 다른 사건들
1916년 고국을 떠난 미국 소설가 헨리 제임스Henry James 사망
1975년 런던 무어게이트 역 지하철 충돌 사고로 통근자 43명 사망
1986년 스웨덴에서 올로프 팔메Olof Palme 총리가 암살당함

2월 29일

세일럼 마녀 재판, 1692년

"세라 굿, 당신은 어떤 악령과 친합니까?"
"아무와도 친하지 않아요."
"악마와 계약한 적 없습니까?"
굿은 없다고 답했다.
"왜 이 아이들을 해칩니까?"
"나는 해치지 않았습니다. 그런 행위를 경멸해요."
"그러면 누구를 고용해서 시켰습니까?"
"아무도 고용하지 않았습니다."
"그렇다면 어떤 존재를 고용합니까?"
"어떤 존재도 고용하지 않았어요. 전 무고합니다."

치안판사 존 호손John Hathorne이 실시한 세라 굿 심문 내용, 세일럼, 매사추세츠, 1692년

식민지 북아메리카에서 열린 세일럼 마녀재판은 첫 번째 남편의 빚으로 가난에 찌들어 살다가 두 번째 결혼을 해서 임신한 세라 굿Sarah Good을 체포하면서 시작됐다. 매사추세츠 세일럼 청교도 공동체에서 굿은 불결하고 공격적인 여성이며 거지나 다름없다고 알려져 있었다. 1692년 2월 29일, 굿과 다른 여성 두 명이 아이 두 명을 물고 꼬집고 들볶는 등 '괴롭힌' 혐의로 고발당했다. 사람들이 나서서 굿이 악마와 어울리고 빗자루를 타고 나는 등 기괴한 행동을 했다고 비난하며 그녀에게 불리한 증언을 했다. 굿 역시 체포된 다른 여성에 대해 혐의를 제기했고 이로 인해 세일럼에서 대대적인 마녀사냥이 일어났다.

굿은 출산 직후인 1692년 7월에 다른 4명과 함께 교수형에 처해졌다. 아기는 태어나자마자 죽었다. 세일럼과 주변 마을에서 15개월에 걸쳐 마녀 사냥이 벌어진 가운데 총 150명이 고발당했고 29명이 사술 시행으로 유죄 판결을 받았으며 19명이 처형됐다. 이 사건은 아서 밀러Arthur Miller의 고전 희곡 《시련The Crucible》(1953)에서 풍부한 상상력으로 탈바꿈하면서 매카시즘 시대를 휩쓴 반공 피해망상을 해부하는 수단으로써 새 생명을 얻었다(2월 9일 참조).

이날 일어난 다른 사건들

1792년 이탈리아 작곡가 조아키노 로시니Gioachino Rossini 탄생
1960년 모로코 대지진으로 3,000명 사망
1996년 보스니아 전쟁: 사라예보 포위망 해제

3월

3월 1일	세계 최초 국립공원, 1872년
3월 2일	승리에 이은 에티오피아의 복수, 1896년
3월 3일	러시아 농노 해방, 1861년
3월 4일	짐바브웨 흑인 다수 지배 실현, 1980년
3월 5일	처칠의 철의 장막 연설, 1946년
3월 6일	신의 계시를 받은 잔 다르크, 1429년
3월 7일	방글라데시 탄생, 1971년
3월 8일	로널드 레이건 '악의 제국', 1983년
3월 9일	스탈린에 대한 레닌의 의견, 1923년
3월 10일	세계 최초 전화 통화, 1876년
3월 11일	소련 개혁가 출현, 1985년
3월 12일	오스트리아 합병, 1938년
3월 13일	곡물법의 부당성, 1845년
3월 14일	빙 제독 처형, 1757년
3월 15일	율리우스 카이사르 암살, 기원전 44년
3월 16일	한 영국 신사의 마지막 노정, 1912년
3월 17일	아일랜드의 꿈, 1943년
3월 18일	톨퍼들 순교자 처벌, 1834년
3월 19일	카타리파 비난, 1179년
3월 20일	필리핀에 약속, 1942년
3월 21일	토머스 크랜머 순교, 1556년
3월 22일	괴테 사망, 1832년
3월 23일	미국인들에게 무장봉기 호소, 1775년
3월 24일	왕조 교체, 1603년
3월 25일	투표권 쟁취 투쟁, 1965년
3월 26일	이집트-이스라엘 평화 협정, 1979년
3월 27일	소로가 봄이 오는 모습을 관찰하다, 1859년
3월 28일	영국 크림 전쟁 참전, 1854년
3월 29일	로젠버그 스파이 처벌, 1953년
3월 30일	시칠리아 만종 반란, 1282년
3월 31일	유대의 왕 헤롯 사망, 기원전 4년

3월 1일

세계 최초 국립공원, 1872년

옐로스톤강 상류 주변 특정 지대를 공원으로 지정하는 법률. 이에 미합중국 의회 상하원은 합동으로 몬태나와 와이오밍 준주 지대를 미국 법률에 따라 거주, 점유, 판매 대상에서 보류 및 철회하고, 공원 혹은 국민의 이익과 즐거움을 위한 유원지로 분리 및 지정할 것을 법률로 정한다. 이하에서 규정하는 경우를 제외하고 위 지역 혹은 위 지역의 일부를 점거, 정착, 점유하려는 모든 사람은 무단출입으로 간주해 퇴거시킨다.

미국 대통령 율리시스 그랜트, 옐로스톤 국립공원 설립 법률, 1872년

세계 최초 국립공원인 옐로스톤은 현재 미국 북서부 와이오밍주와 주변 주들에 걸친 9,000여 제곱킬로미터에 달하는 지역으로, 탐험가와 지질학자들이 해당 지역의 주목할 만한 지열地熱 특색과 독특한 동식물상을 보호하고 보존해야 한다는 캠페인을 벌인 끝에 1872년 설립됐다. 토머스 모란Thomas Moran은 수채화로 그 지역의 아름다움을 드러냈다. 옐로스톤의 아름다움은 1871년에 그곳을 여행하면서 기록한 모란의 일기에도 잘 나타난다.

돛대만큼 곧고 빽빽하게 자란 울창한 소나무와 전나무 숲을 가로질러 난 그 길은 대규모 산사태 잔해 위를 지나간다. 언젠가 산의 전면이 무너져 내려 150여 미터에 달하는 거대 절벽이 드러나 있었다. 다가가면서 본 호수 풍경이 무척 아름다웠다. 호수를 둘러싼 산들은 그 높이가 약 3,350미터에 이르렀고 호수 수면 위로 900여 미터 높이에는 아직 눈이 쌓여 있었다. 호숫가로 내려온 뒤로 일행 중 몇몇은 호수에서 낚시를 했고 내가 지금까지 본 중에 가장 훌륭한 송어를 몇 마리 잡았다.

1886년 군대가 도착하기까지는 사냥꾼, 밀렵꾼, 정착민으로부터 그 지역을 보호하기가 어려웠다. 미국 원주민들 역시 공원 밖으로 쫓겨났다.

이날 일어난 다른 사건들
1867년 네브래스카가 미국의 37번째 주로 편입
1950년 영국 과학자 클라우스 푹스Klaus Fuchs가 소련에 핵폭탄 기밀을 넘긴 죄로 수감
1981년 수감된 아일랜드 공화국군 조직원 보비 샌즈Bobby Sands가 단식 투쟁 시작(사망)

3월 2일

승리에 이은 에티오피아의 복수, 1896년

이렇게 해서 나라 전역으로 퍼진 후 모든 상황이 이 나라 수비군 전술에 유리해지며, 결국 이탈리아에게 처참한 최후를 안긴 그날의 전투가 끝났다. … 전투 이튿날 메넬리크 에티오피아 왕은 승리의 비용과 그로 인해 그가 얻은 것을 계산할 수 있었다. 그는 적을 완전히 무찔렀고 포로 약 4,000명을 잡아들였다. 이탈리아인과 원주민이 거의 반반이었다. … 대포 약 65문, 소총 약 1만 1,000정 등 이탈리아 무기도 싹쓸이했다. …

이탈리아군 소속 군인으로 아비시니아인[에티오피아인]에 대항해 싸운 이탈리아 원주민 포로들은 아비시니안 최고 지도자 전원으로 구성된 작전 회의에서 재판을 받았고, 수족절단이라는 끔찍한 형을 선고받았다. 나중에 메넬리크가 이를 승인했다. 전하는 말에 따르면 메넬리크 왕은 가혹한 수단 사용에 크게 반감을 가지고 있었던 터라 엄청난 압력이 그에게 가해졌다고 한다. 수족절단형이란 오른손과 왼발을 자르는 형벌로 관습상 절도, 신성모독, 반역죄에 내리는 벌이다. … 800여 명이 같은 곳에서 형을 받았고 … 잘린 손과 발이 무더기로 쌓였다. 나는 아두와를 방문했을 때 섬뜩한 잔해가 썩어가는 더미를 봤다. 손목과 발목을 자른 후 남은 부분은 끓는 기름에 담가 출혈을 막았다. 그렇게 상처가 아물고 나면 끓는 기름에 닿아서 파괴된 뼛조각이 떨어져 나간다.

오거스터스 와일드, 《**현대 아비시니아**MODERN ABYSSINIA》, 1901년

1896년 에티오피아(아비시니아)를 침략해 '아프리카 분할'에 뒤늦게 뛰어들려던 이탈리아는 1896년 3월 1일 아도와에서 에티오피아 황제 메넬리크 2세Menelek II에게 치욕스러운 패배를 당한다. 에티오피아 통치자가 이탈리아 편을 들었던 자국 주민들에게 조치를 취하면서 영국 언론인 오거스터스 와일드Augustus Wylde는 그 소름 끼치는 후폭풍을 목격했다.

1896년 10월 이탈리아는 아비시니아의 독립을 인정했다. 40년 뒤 다시 제국을 건설하겠다는 야심으로 가득 찬 베니토 무솔리니는 아비시니아에 탱크, 항공기 독가스로 공격을 개시하며 국가 차원에서 아도와 전투에 대한 복수를 했다.

이날 일어난 다른 사건들
1797년 잉글랜드 은행이 첫 번째 1파운드 지폐 발행
1956년 모로코가 프랑스로부터 독립 쟁취
1962년 버마 네 윈Ne Win 장군이 쿠데타로 집권

3월 3일

러시아 농노 해방, 1861년

머지않아 농노들은 자유 농민으로서 모든 권리를 누리게 될 것이다.

이 개혁에 따르는 피할 수 없는 어려움을 아는 우리는 이 계획 실현에 사심 없는 지지를 보낸 우리 귀족계층의 열렬한 헌신에 의지하고 있습니다. 러시아는 인간의 존엄을 존중하고 이웃에 대한 기독교적 사랑으로 움직인 귀족계층이 자발적으로 농노제 폐지를 선언했고 농민들을 위한 새로운 경제적 미래 기반을 마련했다는 사실을 잊지 않을 것입니다. 또한 우리는 귀족계층이 평화와 박애 정신으로 이 새로운 협의를 실현하기 위해 앞으로도 계속 관심을 기울이고, 각 귀족이 자신의 사유지에서 농민과 고용인들의 생활을 서로에게 이익이 되는 조건으로 준비함으로써 집단 전체의 위대한 시민 행동을 실현할 것으로 기대합니다.

이제 우리는 해방된 농노들이 그들 앞에 열린 새로운 미래를 앞두고 귀족계층이 그들을 위해서 감수한 상당한 희생을 고마워하고 인정할 것이라고 기대해 마지않습니다.

차르 알렉산드르 2세, 해방 선포문, 1861년 3월 3일

차르 알렉산드르 2세Alexander II는 1861년 러시아 사유지에 속한 농노 2,300만 명(전체 인구 중 3분의 1)을 해방하면서 사업체를 소유하고 운영할 수 있는 권리와 승낙 없이 결혼할 수 있는 권리 등을 부여했다. 그러나 그들이 받은 토지 구획은 '상환' 요금 형식으로 그 값을 치러야 하는 땅이었다. 농민들은 엄청난 빚을 떠안은 데다가 부지는 이전에 일했던 땅보다 작기 일쑤였고 지금껏 누리던 방목권과 장작 사용권리도 누릴 수 없게 됐다.

농노제를 둘러싼 긴장은 수백 년 동안 존재했고, 19세기 중반에 이르러서는 러시아의 실질 경제 필요에 부응한다는 이유로도 시대에 뒤떨어진 농노제를 정당화할 수 없었다. 알렉산드르 2세는 농노제 폐지를 전면적인 개혁을 일으킬 수단으로 여겼고 미국 에이브러햄 링컨의 노예 해방 선언(9월 22일 참조)보다 앞선 자신의 업적을 자랑스러워했다. 그러나 알렉산드르 2세는 기대했던 보상을 얻지 못했고, 1881년 획기적인 토지 개혁 등을 추구하던 좌익 단체 '인민의 의지People's Will' 회원이 그의 마차에 던진 폭탄 공격으로 암살됐다.

이날 일어난 다른 사건들

1792년 스코틀랜드 신고전주의 건축가 로버트 애덤Robert Adam 사망

1918년 러시아가 브레스트리토프스크 조약으로 제1차 세계대전에서 이탈

1931년 '성조기여 영원하라Star-Spangled Banner'를 미국 국가로 지정

3월 4일

짐바브웨 흑인 다수 지배 실현, 1980년

무장 투쟁 상태로 돌아가는 일은 결코 있을 수 없습니다. 확실히 지금은 우리 경제와 우리 사회를 개발하는 문제에 온 힘을 다할 수 있도록 전쟁을 끝내고 평화를 찾을 때입니다.

우리 당은 정부를 구성함에 있어 당리당략에 집착하기보다는 국익에 따라야 한다는 기본 원칙을 인식하고 있습니다. 저는 의회 대표권을 부여받았다는 이유로 헌법에 의해 우리 후보로 나설 권리를 거부당한 다른 공동체 일원을 포함하는 연정을 마음속에 그리고 있습니다. 우리는 민족 전선을 이루기 위해 반드시 노력해야 합니다.

내가 어떤 정부를 만드는 데 성공하든 그 정부는 우리 헌법의 조문과 그 정신을 충실히 지킬 것입니다. 흑인이든 백인이든 간에 암울했던 우리 과거를 잊고, 남을 용서하고, 새로운 우호 관계 속에서 손을 잡고 다 같이 짐바브웨인으로서 인종주의, 부족주의, 지역주의를 타파하고 우리 사회를 재건하고 재활하기 위해 힘써주시기를 촉구합니다.

짐바브웨 총리 로버트 무가베, 연설, 1980년 3월 4일

로버트 무가베Robert Mugabe는 갓 독립한 짐바브웨(전 로디지아) 초대 총리 선거에서 승리한 이후 연설에서 평화와 화해를 제안했다. 자누 짐바브웨아프리카민족동맹 당대표였던 무가베는 이언 스미스Ian Smith가 이끌던 불법 백인 소수 정권이 타결 필요성을 인식할 때까지 오랫동안 게릴라 투쟁을 벌였다. 1979년 12월 합법적인 식민지 국가 영국이 협상을 중재하면서 마침내 합의가 이뤄졌다.

무가베 통치 초창기에는 높은 이상과 입헌주의를 내세웠지만 점점 당파적이고 독단적인 양상을 띠었다. 뒤늦게 토지 개혁을 시도하면서 '참전용사'가 백인 소유 농장을 장악할 수 있도록 허용한 정책으로 수많은 백인 짐바브웨인이 이주하게 됐고, 한때 풍요로운 농업 국가였던 짐바브웨는 식량 원조에 의존하는 처지에 내몰렸다. 동시에 하이퍼인플레이션이 엄청난 수준에 도달했다. 2008년 제1야당인 민주변화운동당과 허술한 권력 분담에 합의하면서 극한의 위기는 피했다.

이날 일어난 다른 사건들

1152년 프리드리히 1세Frederick I(붉은 수염왕)가 독일 국왕으로 즉위
1789년 뉴욕에서 열린 첫 번째 의회에서 미국 헌법 제정
1817년 제임스 먼로James Monroe가 미국 5대 대통령으로 취임

3월 5일
처칠의 철의 장막 연설, 1946년

저는 용맹한 러시아 국민과 제 전우인 스탈린 원수를 무척 존경합니다. 영국 국민은 모든 러시아 국민에게 깊은 지지와 호의를 보내고 있으며 지속적인 우호 관계를 확립하기 위해 수많은 차이와 방해를 견뎌내겠다고 다짐하고 있습니다. 여기 미국 국민 여러분도 같은 마음일 것으로 믿어 의심치 않습니다.

하지만 유럽의 현재 국면에 대한 사실을 여러분께 알려드리는 것이 제 의무겠지요.

발트해 슈체친부터 아드리아해 트리에스테까지 유럽 대륙을 가로질러 철의 장막이 드리워져 있습니다. 그 장막 뒤로 오랜 역사를 자랑하는 중동부 유럽 국가의 수도들이 전부 자리 잡고 있습니다. 바르샤바, 베를린, 프라하, 빈, 부다페스트, 베오그라드, 부쿠레슈티, 소피아에 이르기까지 이 모든 유명 도시와 그 도시에 사는 시민들이 소련 위성국이라고 불러야 하는 영역에 속합니다. 또한 이 모두가 어떤 형태로든 소련의 영향권에 들어 있을 뿐만 아니라, 아주 높고 경우에 따라서는 점점 증가하는 러시아 정부 통제 수단에 휘둘리고 있습니다.

윈스턴 처칠, 웨스트민스터 칼리지 연설, 풀턴, 미주리주, 1946년 3월 5일

전시에는 영국 총리였지만 1946년 당시 국왕 폐하의 충실한 야당 지도자였던 윈스턴 처칠은 미주리주 풀턴의 웨스트민스터 칼리지를 방문했다. 3월 5일 미국 대통령 해리 트루먼Harry S. Truman이 참석한 자리에서 처칠은 명예 학위를 수여받고 그 화답으로 긴 연설을 했다. 그는 전후 세계 상황을 조망하고 공산주의의 위협뿐만 아니라 '핵전쟁과 독재라는 두 약탈자'에도 관심을 집중시켰다. 또한 '새로운 평화의 신전'인 국제연합의 책임을 언급하고 향후 세계 곳곳의 자유를 보존하기 위해 대영제국과 영연방이 담당할 역할을 주장했다. 이 연설은 소련의 위협을 솔직하게 언급해 상당한 비판을 받았으나, 유럽 전역에 드리워진 '철의 장막'이라는 오랫동안 가장 기억에 남는 문구가 등장한 연설이 되었다.

이날 일어난 다른 사건들
1770년 영국 군인들이 미국 식민지 주민 5명을 살해한 '보스턴 학살' 발생
1933년 나치당이 독일 연방 선거에서 승리
1953년 소련 지도자 이오시프 스탈린 사망

3월 6일

신의 계시를 받은 잔 다르크, 1429년

내가 루아르에 있는 시농 성에 있을 때 잔이 도착했다. 나는 잔이 아주 겸손하고 소박한 모습으로 왕세자 앞에 출두하는 장면을 지켜봤다. 가엾은 어린 양치기였다! 나는 잔이 "가장 고결하신 왕세자이시여, 저는 하느님의 계시를 받고 왕국과 폐하를 돕고자 여기에 왔습니다."라고 하는 말을 들었다.

잔이 말하는 모습을 지켜본 왕은 아주 독실한 아내를 둔 기욤 벨리에에게 잔을 보호하도록 했다. 그런 다음 성직자, 의사, 고위 성직자들을 잔에게 보내 자신이 그녀를 믿어도 괜찮을지 알아보도록 했다. 3주에 걸쳐 잔의 언행을 조사했다. 검토가 끝났고, 성직자들은 잔의 언행에 어떠한 사악함도 없다고 결론 내렸다. 수많은 심문 끝에 그들은 마지막으로 잔에게 그녀의 말을 믿어도 된다는 어떤 징표를 제공할 수 있는지 물었다. 잔은 "제가 보여줘야 하는 징표는 오를레앙 포위망을 해제하는 것"이라고 대답했다.

라울 드 고쿠르 경 Lord Raoul de Gaucourt**, 재판 증거, 1429년**

장래 프랑스 대총장프랑스 왕실 중신 우두머리—옮긴이이 된 라울 드 고쿠르 경은 1429년 프랑스 동부 동레미에서 온 10대 소작농 소녀인 잔이 어떻게 왕궁에 도착하고, 프랑스에서 잉글랜드 세력을 몰아내 왕세자를 왕위에 오르도록 격려했는지 설명했다. 잔은 '음성'으로 신의 계시를 받았다고 주장했고, 이 접견에서 왕세자에게 깊은 인상을 남긴(왕세자가 변장하고 있었는데도 잔은 정확하게 왕세자를 알아봤다) 덕분에 왕실과 교회의 신뢰를 얻어 무기를 들 수 있게 됐다.

잔은 블루아에서 갑옷(당연히 남성용)을 받았다. 두 달 뒤에 오를레앙을 포위하고 있던 잉글랜드 군대에 대한 공격을 성공적으로 이끌었으며 마침내 5월 7일에 포위망을 해제했다. 7월 중순에는 프랑스군을 이끌고 랭스로 향했고, 그곳 성당에서 왕세자가 샤를 7세Charles VII로 즉위하는 모습을 지켜봤다. 이때가 놀라운 잔 다르크 이야기의 절정이었다. 파리를 탈환하려는 야심은 잔이 붙잡히고 영국군에 팔려가면서 꺾였다. 이단으로 몰려 재판을 받은 잔은 1431년 화형에 처해졌다. 그로부터 거의 500년 후에 동레미 출신 소작농 소녀 잔은 성인 반열에 올랐다.

이날 일어난 다른 사건들

1475년 이탈리아 화가이자 조각가 미켈란젤로Michelangelo 탄생

1888년 《작은 아씨들Little Women》의 작가 루이자 메이 올컷Louisa May Alcott 사망

1957년 영국의 아프리카 식민지 중 가나가 최초로 독립 쟁취

3월 7일
방글라데시 탄생, 1971년

야히야 칸, 당신은 이 나라의 대통령입니다. 다카로 오십시오. 와서 우리 불쌍한 벵골인들이 당신 총알을 맞고 어떻게 쓰러졌는지, 우리 어머니와 자매들의 쉴 곳이 어떻게 털리고 약탈당했는지, 내 힘없는 사람들이 어떻게 살해당했는지 보십시오.

우리는 지금까지 피를 흘렸듯 앞으로도 더 많은 피를 흘릴 것입니다. 신의 뜻에 따라 이 나라의 국민들은 해방될 것입니다. … 모든 집을 그들의 맹습에 맞설 요새로 바꿉시다. 무엇이든 손에 닿는 것으로 적에게 맞섭시다. 마지막 길은 전부 막아야 합니다.

지금 하는 투쟁은 해방을 쟁취하려는 투쟁입니다. 지금 하는 투쟁은 독립을 쟁취하려는 투쟁입니다. 벵골에 승리를!

무지부르 라만, 연설, 1971년 3월 7일

1947년 인도 아대륙 분할 당시 건국한 파키스탄은 우세 지역인 서파키스탄과 동부 벵골 대부분으로 이뤄진 동파키스탄을 차지했다. 동파키스탄인이 억압받고 소외받는다고 느끼는 긴장 관계가 서서히 커져갔다.

1971년 3월 7일 벵골 정치인 무지부르 라만Mujibur Rahman이 다카에 모인 많은 군중에게 '벵골에 승리를'을 외친 연설은 사실상 독립 선언으로 여겨졌다. 이날 이후 서파키스탄 지배에 반대하는 시위와 특히 야히아 칸Yahya Khan 대통령의 압제에 반대하는 시위가 이어졌다. 서파키스탄은 무력으로 반대를 진압하려는 시도로 대응했고, 3월 26일 셰이크 무집(무지부르 라만의 별칭)은 방글라데시('자유 벵골'이라는 의미)라는 국호로 독립을 공식 선언했다.

"어쩌면 이것이 제 마지막 메시지가 될지도 모르겠습니다. 오늘부터 방글라데시는 독립합니다. 방글라데시 국민 여러분, 여러분이 어디에 있든 무엇을 가지고 있든 간에 점령군에 저항할 것을 촉구합니다. 파키스탄 점령군 마지막 병사가 독립 방글라데시 영토에서 추방될 때까지 우리 싸움은 계속될 것입니다. 최후 승리는 우리 것입니다. 벵골에 승리를!"

몇 분 뒤에 라만은 체포되고 수감됐다. 인도의 중재로 방글라데시 독립이 국제 사회의 인정을 받을 때까지 파키스탄군은 갖은 만행을 저질렀다. 라만은 신생 공화국 방글라데시의 총리를 거쳐 대통령이 되었고 1975년 육군 장교들에게 암살당했다.

이날 일어난 다른 사건들
1274년 이탈리아 신학자이자 성직자 토마스 아퀴나스Thomas Aquinas 사망
1936년 독일군이 라인란트 재군비화 시작
1945년 제2차 세계대전: 연합군이 마침내 레마겐에서 라인강을 건너 독일 포위

3월 8일
로널드 레이건 '악의 제국', 1983년

C. S. 루이스C. S. Lewis는 "지금 현재 최대 악은 디킨스가 즐겨 묘사했던 그 추잡한 '범죄 소굴'에서 행해지지 않는다. 강제수용소와 노동수용소에서 행해지는 것도 아니다. 그런 곳에서 일어난 최종 결과는 이미 알고 있다. 최대 악은 굳이 언성을 높일 필요 없는 조용한 남자들이 하얀 셔츠를 입고 손톱을 깔끔하게 자르고 매끈하게 면도한 채 깨끗하고 카펫이 깔리고 따뜻하고 채광이 좋은 사무실에서 착안하고 명령한다(이에 누군가는 감동받고 지지하고 전달하고 기록한다)."라고 썼습니다.

이런 '조용한 남자들'은 '언성을 높이지' 않으므로, 때로는 달래는 듯한 어조로 형제애와 평화를 이야기하므로, 언제나 '최종 영토 요구'를 하고 있으므로 어떤 이들은 그들이 하는 말을 곧이곧대로 받아들이라고 합니다. 하지만 우리가 역사에서 배운 점이 있다면 바로 우리의 적에 대해 아둔한 유화 정책을 펼치거나 희망 사항을 기대하는 것은 어리석은 행동이라는 사실입니다. 이는 우리의 과거에 대한 배신이자 자유를 탕진하는 짓입니다.

그러니 여러분, 미국을 군사 및 도덕적으로 열세에 놓는 사람들에게 반대 목소리를 내십시오. 핵동결 제안을 논의할 때 자만심의 유혹을 경계할 것을 촉구합니다. 경솔하게 여러분 자신이 남들보다 낫다고 선언하고, 양측이 똑같이 잘못했다고 판단하고, 역사적 사실과 악의 제국의 침략 충동을 무시하고, 군비경쟁을 그저 거대한 착오로 치부함으로써 옳고 그름, 선악의 싸움에서 물러나려는 유혹을 경계해야 합니다.

미국 대통령 로널드 레이건, 복음주의협회 연설, 1983년 3월 8일

이 연설에서 로널드 레이건은 서유럽에 퍼싱 II호 핵미사일을 배치하는 문제를 변론하고자 했다. 하지만 이 연설은 외교 문제를 고려하지 않고 소련을 '악의 제국'으로 묘사한 것으로 더 유명세를 탔다. 첫 번째 임기 중 레이건이 취한 강경 노선은 이길 수 없는 군비 경쟁으로 소련을 파산상태에 빠뜨리고 1989년 혁명과 냉전 종식의 싹을 틔웠다고 평가받는다. 하지만 소련의 고위 정치인과 군인들은 서방이 전쟁을 의도했다는 데 진정으로 경악했고, 나중에 레이건은 표현 수위를 현저하게 낮췄다.

이날 일어난 다른 사건들
1702년 앤 여왕이 스튜어트 왕조의 마지막 군주로 영국 왕위 계승
1817년 뉴욕 증권거래소 창설
1917년 '2월' 혁명(구력)으로 러시아 차르 통치 종식

3월 9일

스탈린에 대한 레닌의 의견, 1923년

스탈린은 너무 무례하고 이 결점은 우리 가운데서나 우리 공산주의자들 사이에서는 그럭저럭 참을 만하지만 서기장이 되기에는 용납할 수 없다. 그래서 나는 동지들이 스탈린을 그 자리에서 해임하고 대신에 오직 그 측면에서 스탈린 동지와 다른 인물, 즉 동지들에게 좀 더 관대하고 좀 더 충실하고 좀 더 겸손하며 좀 더 신중하며 덜 변덕스러운 사람을 지명할 방법을 생각해 보라고 권한다. 이런 사정은 무시해도 괜찮은 사소한 문제로 보일 수도 있다. 하지만 분열에 대비하는 안전장치 관점과 스탈린과 트로츠키 관계에 대해서 쓴 위 내용 관점에서 볼 때 이는 사소한 문제가 아니라 결정적인 중요성을 띨 수 있는 사항이라고 생각한다.

V. I. 레닌, '유서', 1923년

러시아 혁명의 아버지 블라디미르 일리치 레닌 Vladimir Ilyich Lenin은 1922년에서 1923년으로 이어지는 겨울, 아내 나데즈다 크룹스카야 Nadezhda Krupskaya에게 유언을 받아쓰게 했다. 당시 레닌의 건강은 뇌졸중을 두 차례 겪으면서 심각한 악화 일로였다. 1923년 3월 9일에 세 번째 뇌졸중을 일으켰을 때는 이제 아무것도 할 수 없었다.

유서에서 레닌은 소련 통치 기구의 정치 구조 변경을 제안했고 후계자 후보를 언급했다. 레닌은 1923년 4월에 열릴 공산당 대회에서 자신이 남기는 말이 읽히기를 바랐다. 하지만 세 번째 뇌졸중으로 그는 움직이지도 못하고 말도 할 수 없게 됐고 이듬해 1월에 사망했다. 레닌이 사망한 후 크룹스카야는 레닌의 유서를 공산당중앙위원회에 보냈고, 위원회는 일부에게만 회람을 허락했다. 스탈린은 서기장이라는 요직을 유지했고 1926년 레닌의 유언이 영어로 발표되기 전에 이미 권력을 단단히 장악했다.

이날 일어난 다른 사건들
1661년 프랑스의 막강한 고위 성직자 쥘 마자랭 Jules Mazarin 추기경 사망
1796년 나폴레옹이 향기로운 정부 조세핀과 결혼
1959년 미국 회사 마텔에서 바비 인형 출시

3월 10일

세계 최초 전화 통화, 1876년

오늘 아침에 개량한 기기를 조립해서 저녁에 시험해 봤다. … 왓슨 씨는 수신용 기기를 가지고 방에 들어갔다. 그는 한쪽 귀를 S[전기자]에 가까이 대고 반대쪽 귀를 손으로 막았다. 송신용 기기는 다른 방에 있었고 양쪽 방문은 모두 닫혀 있었다.

나는 M[송화구]에 다음과 같은 말을 외쳤다. "왓슨 씨, 여기로 오세요. 와주셨으면 해요." 기쁘게도 왓슨 씨가 왔고 내가 한 말을 알아들었다고 말했다. 나는 들은 말을 그대로 얘기해 달라고 했다. 그런 다음 우리는 자리를 바꿨고 왓슨 씨가 송화구에 대고 어떤 책의 몇 구절을 읽는 동안에 나는 S에 귀를 기울였다. 분명히 S에서 크고 또렷한 소리가 나왔다. 마지막으로 "벨 씨, 제가 한 말을 알아들었나요? 벨-씨-제가-한-말을-알아들었나요?"라는 문장이 제법 선명하고 알기 쉽게 흘러나왔다. 전기자 S를 떼어내자 아무런 소리도 들리지 않았다.

— 알렉산더 그레이엄 벨, 일기, 1876년 3월 10일

스코틀랜드에서 태어난 알렉산더 그레이엄 벨 Alexander Graham Bell은 1876년 3월 10일 보스턴 사무실 옆방에 있던 그의 조수 전기 설계자 토머스 왓슨 Thomas A. Watson에게 세계 최초로 전화를 걸었다. 이 기념비적인 통화는 벨이 전화 발명으로 특허를 받은 지 사흘 뒤이자 특허를 출원한 지 3주일 뒤이며 경쟁 상대였던 발명가 엘리샤 그레이 Elisha Gray가 비슷한 기기로 특허를 출원한 바로 그날에 이뤄졌다. 벨이 일기장에 통화 내용과 함께 그렸던 그의 첫 번째 업무용 전화기는 그레이가 특허 출원서에 첨부한 그림과 흡사한 송신기를 사용했다.

어머니와 다른 가족들이 심각한 청각 장애를 앓았던 벨은 오랫동안 발성 능력과 음성 재생에 관심을 가졌다. 그해 여름 벨은 필라델피아 100주년 전시회에 전화기를 출품했고 이듬해 벨 전화회사를 세웠다. 1878년 코네티컷주 뉴헤이븐에 벨 전화회사의 첫 번째 전화 교환소가 생겼고 전화번호 딱 50개가 실린 최초의 전화번호부가 발행됐다.

이날 일어난 다른 사건들
1762년 위그노 장 칼라스Jean Calas 고문치사 사건 관련 볼테르가 종교적 관용 주창 운동 시작
1864년 율리시스 그랜트 장군이 링컨 연합군 지휘
1906년 프랑스 쿠리에르 광산 폭발 대참사로 1,099명 사망

3월 11일

소련 개혁가 출현, 1985년

조심스럽지만 낙관하고 있습니다. 저는 고르바초프 씨를 좋아해요. 우리는 함께 일할 수 있습니다. 우리 두 사람은 각자 자국의 정치 체제를 믿습니다. 그는 소련의 체제를 굳게 믿고, 저는 영국의 체제를 굳게 믿죠. 우리는 결코 서로를 바꾸지 못할 겁니다. 그 점은 의심할 여지가 없지만 우리 둘 사이에는 중대한 공통 관심사가 두 가지 있죠. 먼저 다시는 전쟁이 일어나지 않도록 우리가 할 수 있는 모든 일을 해야 하고, 따라서 군축 회담을 성공으로 이끌겠다는 결의에 차서 군축 회담에 임한다는 점입니다. 두 번째로 우리 두 사람 모두 서로에 대한 신뢰를 쌓고 상대방의 접근법을 믿을 수 있다면 군축 회담이 성공할 가능성이 커진다고 믿습니다. 따라서 무역 사안, 문화 사안, 대립하는 양측 정치인들 간 접촉에 관해서 협력해야 한다고 생각합니다.

영국 총리 마거릿 대처, BBC 인터뷰, 1984년 12월.

마거릿 대처Margaret Thatcher는 1984년 12월 소련 서기장 콘스탄틴 체르넨코Konstantin Chernenko가 위독한 상황에서 영국을 방문한 떠오르는 소련 정치인 미하일 고르바초프Mikhail Gorbachev에 대해 언급했다. 체르넨코는 1985년 3월 10일에 사망했고 고르바초프(1931년생)는 3시간 만에 정치국원 위원회에서 역대 최연소 서기장으로 선출됐다.

소련 체제를 교체하기보다는 개혁해야 한다고 믿었던 고르바초프는 페레스트로이카(개혁)와 글라스노스트(개방)라는 양대 원칙을 도입했다. 하지만 기세는 막을 수 없었고, 이런 새로운 원칙은 급락하는 경제 상황, 냉전 군비 경쟁의 압박, 아프가니스탄 전쟁 패배, 이제 자산이라기보다는 짐이 되어버린 여러 위성국가들과 같은 요인들과 맞물려 6년 안에 소련 위성국은 물론 소련 자체까지 붕괴와 해체 수순을 밟았다. 서방 세계에서는 고르바초프가 선견지명과 현대성, 상식을 갖췄다고 찬사를 보냈으나 러시아 국내에서는 그가 제국을 내던졌다며 비난을 퍼부었다.

이날 일어난 다른 사건들

1941년 제2차 세계대전: 미국이 무기대여법안으로 영국에 전쟁물자 지원

1966년 프랑스 북대서양조약기구NATO 탈퇴

2011년 동일본 대지진으로 1만 5,000명 사망

3월 12일

오스트리아 합병, 1938년

어젯밤 환호하는 나치 집단이 독일과 오스트리아 국경을 따라 설치된 국경 초소를 허물어 이제부터 이 두 나라가 한 나라가 됐다고 알렸습니다. 피곤한 하루를 보낸 아돌프 히틀러는 오래전 자신을 학생으로 받아주지 않았던 미술학교에서 한 구역 떨어진 곳에 있는 임페리얼 호텔에 머물렀습니다. 히틀러는 마지막 날 저녁을 호텔에서 나치 지도자들과 의논하면서 보냈지만 종종 자신이 머무르던 스위트룸 발코니로 불려 나가 환호하는 군중을 마주했습니다. 그는 몇 차례 공표를 하려고 했지만 군중이 너무 열광하는 바람에 목소리가 묻히고 말았습니다. 한편 전 오스트리아 총리 쿠르트 슈슈니크는 가고 싶은 곳으로 가도 좋지만 섣부른 짓을 하지 않겠다는 표시로 11살짜리 아들 쿠르트를 인질로 잡혀야 한다는 말을 듣고 오스트리아를 떠나지 않겠다고 했습니다. 슈슈니크는 양심에 거리낌이 없으며 어떤 경우에도 아들을 버리지 않고 어떤 운명이 닥치더라도 의연하게 직면하겠다고 말했습니다. 히틀러 총리는 오늘 밤이나 수요일 오전에 빈을 떠나 베를린으로 향할 것이라고 발표했습니다.

히틀러는 오늘 아침 동부 표준시로 오전 2시 30분에 일어났습니다. 아침식사로는 우유 두 잔, 초콜릿 한 컵, 자두 두 개, 롤 한 개를 먹었습니다. 밤이 깊을 무렵 히틀러는 외무부 장관 폰 리벤트로프von Ribbentrop를 비롯한 독일 고위 공직자들과 대화를 나누었습니다. 히틀러가 그들과 이야기를 하고 있을 때 정체불명의 남성이 창문으로 나치 돌격대원들에게 발포한 뒤 권총으로 자살했습니다. 이후 시내 한 카페에서 한 남성이 테이블 위에 올라가 히틀러 만세를 외치고 칼로 자결했습니다.

오늘 히틀러 총리가 차를 타고 빈 영웅 광장을 천천히 가로지를 때 광란의 환호성이 그를 반겼습니다. 지금까지 오스트리아 수도에 모였던 군중 규모 중 가장 컸다고 합니다. 히틀러는 오늘 빈에서 가장 유명한 거리 링슈트라세에서 오스트리아-독일 부대 및 나치 부대 2만 명을 사열했습니다. 사열은 황궁에서 오스트리아 전몰 군인 추도식이 열린 다음에 시작됐습니다. 행진하는 군대 광경은 [제1차] 세계대전 이래 오스트리아에서 보는 가장 인상 깊은 모습이었습니다. 전 오스트리아 총리 아르투어 자이스잉크바르트 박사는 히틀러를 만나려는 링슈드라세 대중 집회에서 히틀러 총리에 앞서 마이크 앞에 섰습니다. 자이스잉크바르트 총리가 간략한 소개 인사말을 마친 뒤 동부 표준시로 오전 5시 정각을 조금 넘긴 시각에 히틀러 총리가 100만 명이 넘는 오스트리아-독일인에게 연설을 하기 시작했습니다. 자이스잉크바르트는 오스트리아에 군대를 보내고 오스트리아와 독일을 재결합한 히틀러에게 감사를 전한다고만 발언했습니다. 히틀러가 마이크 앞에 서는 것은 '만세'를 외치라는 신호였습니다. 히틀러 총리는 오스트리아가 가장 최근에 독일 제국에 속하게 된 가장 위대한 합병지라고 칭했습니다. 그는 제국에 대한 오스트리아의 충성은 그 누구에게도 뒤

지지 않는다고 전 세계 8,000만 독일인들에게 장담한다고 말했습니다. 그는 "독일! 새로운 독일! 나치 독일! 우리 군! 승리 기원!"이라고 외치며 짧은 연설을 마쳤습니다.

미국 뮤추얼방송Mutual Broadcasting System, 1938년 3월 13일

신원이 알려지지 않은 미국 기자가 빈에서 히틀러가 중유럽과 동유럽으로 세력을 확장하는 첫 단계인 오스트리아 병합Anschluss, 즉 나치가 오스트리아를 침략해 독일로 편입하는 엄청난 사건을 목격했다. 히틀러는 1938년 2월 오스트리아 총리 쿠르트 슈슈니크Kurt Schuschnigg(1897년-1977년)에게 오스트리아 나치에 권력을 넘기라는 사실상 최후통첩을 했으나, 슈슈니크는 오스트리아 독립 유지 여부를 묻는 국민투표를 실시하고자 했다. 그러다가 히틀러 부대가 국경을 넘어 행군하고자 집결하고 있다는 정보를 입수하고 3월 11일에 사임했다. 후임으로 나치를 지지하는 아르투어 자이스잉크바르트Arthur Seyss-Inquart(1892년-1946년)가 임명됐고, 그는 즉시 독일군을 초청했다. 빈에서 받은 열렬한 환영에 감동한 히틀러는 오스트리아를 독일 제국과 통합하기로 결정했다.

체포된 슈슈니크는 1945년까지 구금됐으며, 전쟁이 끝난 뒤 미국에서 교수로 재직했다. 자이스잉크바르트는 나치가 점령한 폴란드와 네덜란드를 통치했으며, 그 대가로 뉘른베르크 재판에서 사형을 선고받고 1946년에 교수형에 처해졌다.

이날 일어난 다른 사건들
1925년 중국 혁명가 쑨원孫文 사망
1940년 겨울전쟁에서 핀란드가 마침내 소련에 항복
1999년 체코, 헝가리, 폴란드가 북대서양 조약기구에 가입

3월 13일

곡물법의 부당성, 1845년

지난 선거에서 보호주의 구호가 자치주들을 사로잡았고, 그 덕분에 정치인들은 명예와 소득, 지위를 얻었습니다. 하지만 정치인들의 이득을 보장하기 위해 이미 흐려지고 찢겨 낡을 대로 낡은 누더기 보호주의 깃발을 아직도 자치주에 계속 게양해야 할까요? 저는 잉글랜드 상류층이 총리가 시키는 대로 무의미하고 공허한 소리만 울리면서 자기 자신의 견해를 분명하게 밝히지 않는 현실을 믿을 수가 없습니다. 그래서는 안 됩니다! … 여러분은 잉글랜드 귀족입니다. 여러분의 아버지들이 우리의 아버지들을 이끌었습니다. 여러분이 옳은 길로 간다면 우리를 이끌 수 있습니다. …

지금은 새로운 시대입니다. 발전의 시대이자 사회 진보의 시대이지, 전쟁이나 봉건 경기 시대가 아닙니다. 여러분은 세계의 부가 전부 여러분의 품 안에 쏟아지는 상업 시대를 살아가고 있습니다. … 여러분 계급에 속하지 않은 저는 이 나라에 여러분에게 유리한 뿌리 깊은, 감히 말하건대 세습되는 편견이 있다고 주저 없이 말합니다. 하지만 여러분은 시대정신을 가로막음으로써 그것을 누리지 못했고, 유지하지 못할 것입니다. 여러분이 자기 소유 소작농에게 일자리를 찾아주는 계몽 수단에 무관심하다면, 여러분이 국가들이 상업 교류로 평화 연대 속에서 밀접하게 결합하도록 고안된 진보가 방해물이라고 느낀다면, 여러분이 물질적 자연에 숨과 생명을 불어넣다시피 한 발견에 맞서 싸우고, 운명이 나아가라고 명한 바를 방해하는 존재가 된다면, 여러분은 앞으로 영국의 상류층이 아닐 것이며, 다른 사람들이 여러분의 자리를 차지할 것입니다.

리처드 코브던, 의회 의사록, 1845년 3월 13일

영국의 자유 무역 옹호자 리처드 코브던Richard Cobden(1804년-1865년)은 1845년 3월 하원에서 열린 곡물법 반대 논쟁에서 단호하게 승리했다. 기존 규정, 특히 1815년에 통과된 법률은 귀족 지주의 이익을 보호하기 위해 곡물 가격을 높게 유지하고자 수입 곡물에 높은 관세를 부과함으로써 농촌 노동자와 도시 노동 계층을 모두 빈곤에 빠뜨렸다. 로버트 필Robert Peel 총리는 급진당원 코브던의 비판에 "대답할 수 있는 사람은 대답하시오."라는 말로 답변을 피했다. 이듬해 필 총리는 곡물법을 철폐했고, 그 과정에서 필이 이끌던 토리당은 분열했다.

이날 일어난 다른 사건들

1781년 영국 천문학자 윌리엄 허셜 경Sir William Herschel이 천왕성 발견

1881년 혁명 단체 '인민의 의지'가 차르 알렉산드르 2세 암살

1933년 요제프 괴벨스Joseph Goebbels가 나치 공보장관으로 취임

3월 14일

빙 제독 처형, 1757년

항구 양쪽 해변에는 수많은 군중이 늘어서 있었다. 그들은 군함 위 갑판에 눈을 가린 채 무릎을 꿇고 있는 건장한 남자에게 계속 시선을 고정하고 있었다. 그 인물 맞은편에는 병사 네 사람이 서서 각자 그 사람의 두개골에 더할 나위 없이 침착하게 세 발씩 총알을 쏘았다. 일이 끝나자 그 자리에 모였던 사람들은 모두 아주 흡족해하면서 발길을 돌렸다. 캉디드는 "도대체 이게 다 무슨 일입니까? 어떤 악마가, 인류의 적이 세계 곳곳에 횡포를 부리고 있단 말입니까?"라고 말했다. 그런 다음 캉디드는 방금 전에 그토록 요란한 의식으로 저 세상으로 떠난 건장한 남자가 누구인지 물었다. 사람들이 답하기를 해군 제독이라고 했다. "왜 해군 제독을 죽였나요?" "그가 사람을 충분히 죽이지 못했기 때문이죠. 그가 프랑스 제독과 교전을 벌였는데 적군에게 가까이 다가가지도 못했다고 하네요." 캉디드는 "프랑스 제독이 아주 멀리 있었겠죠."라고 대꾸했다. "물론 그렇죠. 하지만 이 나라에서 다른 이들의 전의를 북돋우려면 이따금 제독을 한 명쯤은 죽일 필요가 있어요."

볼테르, 《캉디드》, 1759년

해군 제독 존 빙John Byng(1704년-1757년)은 해군이었던 아버지의 뒤를 따라 14세 때 영국 해군에 입대했다. 하지만 제독으로 진급하던 해에 몰락을 맞이했다. 영국과 프랑스는 7년 전쟁에 몰두하고 있었고, 1756년 빙은 발레아레스제도에 속한 미노르카섬에 있는 영국군 기지를 둘러싸고 있던 프랑스 포위망을 해체하라는 명령을 받았다. 더 큰 프랑스 함대를 뒤쫓는 대신 아군 함대를 지키기로 선택하면서 기지를 잃었고 빙은 비겁했다는 혐의로 기소됐다. 그는 비겁보다는 약한 혐의인 직무태만으로 유죄 판결을 받았지만 평결은 여전히 사형이었다. 당시 총리는 국왕 조지 2세에게 자비를 베풀어야 한다고 간언했지만 소용이 없었다. 그리하여 1757년 3월 14일, 포츠머스 항에 정박한 모나크호 선상에서 총살형 집행대가 빙 제독을 처형했다.

프랑스 작가 볼테르Voltaire의 풍자 본능은 이 믿음직하고 용감한 영국 해군이 극형을 받아야 했던 상황에 저항할 수 없었다. 그는 《캉디드Candide》에서 이 사건을 '다른 이들을 북돋우는' 유별난 영국식 방법으로 묘사했다.

이날 일어난 다른 사건들
1879년 독일 물리학자 알베르트 아인슈타인 탄생
1883년 독일 정치 철학자 카를 마르크스 사망
1900년 미국이 금본위제 채택

3월 15일

율리우스 카이사르 암살, 기원전 44년

틀림없는 전조들이 다가올 카이사르 살해를 예고했다. 카푸아 식민지에 배정된 정착민들이 농가를 짓기 위해 아주 오래된 무덤들을 헐고 있을 때 카푸아 창건자인 카피스 무덤이라고 전해지는 한 무덤 속에서 "카피스의 유골을 옮길 때마다 일리움의 아들이 그의 동족 손에 살해당하고 이내 그 복수로 이탈리아에 큰 손해를 입힐 것"이라고 새겨진 동판이 나왔다. 카이사르는 루비콘강을 건널 때 루비콘강에 말 떼를 바치고 사육사 없이 풀어뒀다. 카이사르가 죽기 직전 이 말들은 한사코 풀을 뜯지 않고 펑펑 울었다. 카이사르가 다시 제물을 바쳤을 때 점쟁이 스푸린나가 위험을 조심하라고 경고하면서 그 위험은 3월 가운데 날 이전에 올 것이라고 말했다. 그 달 가운데 날 전날 딱새라는 작은 새가 월계수 잔가지를 물고 폼페이우스 의사당으로 날아들자, 주변 숲에서 온갖 새들이 딱새를 쫓아와 의사당 안에서 딱새를 발기발기 찢어놓았다. 살해되기 전날 밤 카이사르는 구름 위를 날다가 유피테르 신의 손을 꼭 쥐는 꿈을 꿨다. 아내 칼푸르니아도 지붕이 무너지고 남편이 자신의 품 안에서 찔리는 꿈을 꿨다. 갑자기 방문이 저절로 열렸다.

이런 이유도 있고 건강도 좋지 않아서 카이사르는 집에 있어야 할지 망설였다. 하지만 데키무스 브루투스Decimus Brutus가 카이사르를 기다리고 있는 의원들을 실망시키지 말라고 충고하는 바람에 그는 집을 나섰다. 가는 길에 누군가가 음모를 폭로하는 쪽지를 카이사르에게 건넸지만 그는 나중에 읽을 생각으로 왼손에 들고 있던 다른 서류와 함께 쥐었다. 그 때 몇몇 제물을 바치고도 길조를 얻지 못한 카이사르는 3월 15일이 왔지만 자신에게는 아무런 위험도 닥치지 않았다며 스푸린나를 비웃고 그를 가짜 예언자라고 부르며 전조를 무릅쓰고 원로원에 들어갔다. 스푸린나는 진실이 찾아왔고 아직 지나가지 않았다고 대답했다.

카이사르가 자리에 앉자 공모자들이 마치 경의를 표하듯이 그를 둘러싸며 모였고, 앞장서기로 했던 틸리우스 킴베르Tillius Cimber가 곧장 뭔가 물을 것처럼 가까이 다가섰다. 카이사르가 다음번으로 미루겠다는 몸짓을 하자 킴베르는 토가를 입은 카이사르 양어깨를 붙잡았다. 카이사르가 "왜 이러시오, 이는 폭력이오!"라고 외치자 카스카 형제 중 한 명이 한쪽에서 카이사르 목 바로 아래를 칼로 찔렀다. 카이사르는 카스카의 팔을 잡고 철필로 깊게 찔렀다. 벌떡 일어서려던 카이사르는 다시 칼에 찔려 주저앉았다. 사방에서 빼든 단검이 자신을 노리는 모습을 본 카이사르는 머리를 관복으로 감싸는 동시에 왼손으로 옷자락을 발까지 끌어내렸다. 하반신을 가려 좀 더 품위 있게 쓰러지고 싶었기 때문이었다. 이렇게 해서 그는 23군데나 찔렸지만 첫 번째 찔릴 때 신음소리를 약하게 냈을 뿐 한마디도 하지 않았다. 다만 일부 기록에 따르면 마르쿠스 브루투스Marcus Brutus가 덮쳤을 때 카이사르는 그리스어로 "너마저, 내 아들아?"라고 말했다고 한다. 공모자들이 모두 급히 자리를 뜬 뒤 카이사르는 한동안 죽은 채로 그곳에 누워있었다. 마침내 노예 세 명이 그의 몸을 가마에 눕혀 한쪽 팔을 늘어뜨린 채 집으로 데려갔다.

수에토니우스, 《12인의 로마 황제》, 서기 121년.

로마 지배권을 놓고 경쟁자 폼페이우스의 군대 및 동맹과 5년 동안 투쟁한 끝에 기원전 44년 율리우스 카이사르는 조각상부터 동전에 이르기까지 자신의 모습을 사방에 새기며 '종신 독재관'으로서 놀라운 명성을 확립했다. 그것만으로는 부족했는지 자신을 신격화하기에 이르렀다. 하지만 그의 경우 3월 '중간 날짜'(15일)에 일어난다고 예언된 사건이 결국 일어났듯이 신격화가 영생을 가져오지는 않았다. 그날 귀족 및 공화정 전통을 위협하는 카이사르 지배를 두려워한 브루투스와 카시우스가 이끄는 동료 무리가 카이사르를 암살했다. 하지만 그 결과는 공화정 이상의 회복이 아니라 내전이었고, 그 내전은 카이사르의 조카인 옥타비아누스가 아우구스투스라는 새로운 모습으로 로마 제국을 건설하면서 끝났다(1월 16일 참조).

수에토니우스(서기 69년 혹은 75년-서기 130년 이후)가 기록한 바와 같이 3월 15일 사건은 셰익스피어 희곡 《줄리어스 시저Julius Caesar》의 토대를 이뤘다. 《줄리어스 시저》는 카이사르에 대한 음모, 그의 암살과 후폭풍을 그렸으며 "3월 가운데 날을 경계하라"라는 경고를 널리 알렸다.

이날 일어난 다른 사건들
1493년 크리스토퍼 콜럼버스가 첫 번째 아메리카 대륙
    항해를 마치고 스페인으로 귀환
1917년 러시아 마지막 차르 니콜라이 2세Nicholas II 퇴위
1956년 뮤지컬 〈마이 페어 레이디My Fair Lady〉
    브로드웨이 초연

3월 16일
한 영국 신사의 마지막 노정, 1912년

그는 불평 한마디 하지 않고 몇 주 동안 극심한 고통을 참았고 마지막 순간까지 유능했으며 기꺼이 외부 화제를 의논하고자 했다. 그는 최후까지 희망을 버리지 않았고, 버리지 않으려고 했다. 그는 용감한 영혼이었다. 마지막은 이러했다. 그는 깨어나지 않기를 바라며 밤새 쭉 잤지만 아침에 잠에서 깼다. 어제는 눈보라가 불었다. 그는 밖에 잠깐 나간다며 시간이 좀 걸릴 거라고 말했다. 그는 밖으로 나가 눈보라 속으로 들어갔고 이후로 우리는 그를 보지 못했다. 이 기회를 빌려 우리는 아픈 동료들을 끝까지 지켰다고 말하고 싶다.

우리는 불쌍한 오츠가 죽음을 향해 걸어가고 있다는 사실을 알았다. 우리는 그를 만류하려고 했지만 그것은 용감한 영국 신사의 행동이었다. 우리는 모두 그와 같은 정신으로 최후를 맞이하기를 바랐고 틀림없이 그 끝은 멀지 않았다.

로버트 팰컨 스콧 선장, 1912년 3월 16일-17일

몇 달 동안의 고생과 극심한 저온에 시달린 끝에 로버트 팰컨 스콧Robert Falcon Scott이 이끈 영국 '테라노바호'의 남극 탐험은 결국 1912년 3월 모든 대원이 사망하면서 막을 내렸다. 그들은 남극에 도달했지만 노르웨이인 로알 아문센 Roald Amundsen 원정대가 이미 극점을 정복한 후였고, 돌아가는 길에는 지독한 기상 악화에 직면했다. 마지막까지 살아남았던 대원들은 원정대 경로 내 식품 저장소 중 하나로부터 거우 16킬로미터 떨어진 곳에서 사망했다. 그곳에 도착했더라면 살았을지도 모른다.

스콧은 동료였던 32세 대위 로렌스 오츠 Lawrence Oates의 죽음을 일기에 기록했다. 조랑말 전문 조련사로 뽑혔던 오츠는 몇 주 동안 동상에 시달렸다. 일기 내용은 탐험대의 실패를 영국 영웅주의와 결단의 승리로 바꿨고, 오츠의 자신을 돌보지 않는 행위를 절제된 자기희생의 극치로 바꿔놓았다. 오츠의 시신은 발견되지 않았지만 1912년 11월 수색대가 "여기 극점에서 아주 용감한 신사 이니스킬링 드래군스 기병 연대 소속 오츠 대위가 잠들다. 1912년 3월 극점에서 귀환하던 길에 그는 고난에 시달린 동지들을 구하고자 기꺼이 죽음을 향해 눈보라 속으로 걸어 들어갔다."라고 새긴 비석을 세웠다.

이날 일어난 다른 사건들
1660년 영국 장기 의회가 20년 만에 공식 해산
1872년 제1회 FA컵 결승에서 원더러스가 로얄 엔지니어스를 꺾고 우승
1968년 미군이 베트남 밀라이 마을에서 민간인 학살

3월 17일

아일랜드의 꿈, 1943년

우리가 가져야 할 이상적인 아일랜드, 우리가 꿈꿨던 아일랜드는 물질적 부를 올바른 삶의 기초로만 여기는 민족, 검소한 편안함에 만족하고 여가 시간을 정신적인 일에 쏟는 민족의 고국일 것입니다. 전원은 아늑한 농가들로 반짝이고 들판과 마을에는 산업의 기운, 기운차게 뛰노는 아이들, 강건한 젊은이들의 경쟁, 행복한 아가씨들의 웃음소리로 기쁨이 넘치고, 난롯가는 고요한 노년의 지혜가 모이는 토론의 장인 땅일 것입니다. 한마디로 말해 하느님이 바라는 대로 삶을 살아가는 민족의 고국입니다. 1,500년 전, 그런 아일랜드가 실현된다는 소식과 함께 성 패트릭은 우리 조상들을 찾아와 이곳에서 내세 못지않은 행복을 약속했습니다. 그런 아일랜드를 추구한 덕분에 우리나라가 성자와 학자의 섬이라고 불릴 수 있게 됐습니다. 행복하고 활기차고 영적인 아일랜드라는 발상이 우리 시인들의 상상력을 자극했습니다. 대대손손 애국자들이 신앙의 자유와 정치적 자유를 쟁취하고자 목숨을 바친 동력이기도 했습니다. 이런 자유를 지키기 위해 필요하다면 우리 세대와 미래 세대 역시 목숨을 내놓을 것입니다.

아일랜드 총리 에이먼 데 벌레라, 연설, 1943년 3월 17일

아일랜드 공화국 건국의 아버지인 에이먼 데 벌레라Eamon de Valera(1882년-1975년)는 1916년 영국 지배에 대항한 부활절 봉기(4월 24일 참조) 생존자였다. 그는 성인이 된 이후 평생을 정치 운동가, 선동가, 기금 모금가로 활동했다. 그는 아일랜드 남북 분할에 반대했지만 결국에는 타협했고 1932년 피어너 팔Fianna Fáil 정당 지도자로서 아일랜드 자유국 정부 수장이 됐다. 그는 1932년에서 1948년, 1951년에서 1954년, 1957년에서 1959년까지 총 21년간 아일랜드 총리로 재임했다.

영국과 대조적으로 자급자족할 수 있는 아일랜드라는 미래상을 그렸던 벌레라는 제2차 세계대전에서 아일랜드의 중립을 고수했다. 1943년 선거운동 중이던 성 패트릭의 날에 라디오 방송에 출연해 자신이 건설하고자 했던 전통주의, 가톨릭, 애국 사회의 가치를 다시 한번 강조했다.

이날 일어난 다른 사건들

서기 180년 로마 황제이자 《명상록Meditations》 작가 마르쿠스 아우렐리우스Marcus Aurelius 사망

1938년 러시아 발레 무용수 루돌프 누레예프Rudolf Nureyev 탄생

1968년 런던에서 대규모 베트남 전쟁 반대 시위 개최

3월 18일

톨퍼들 순교자 처벌, 1834년

그[재판관 윌리엄스 남작]는 [배심원단에게] 만약 그런 협회가 존속할 수 있도록 허용한다면 고용주들을 파산시키고 사업 부진을 초래하며 재산을 파괴할 것이라고 말했다. 또한 만약 배심원단이 우리에게 유죄를 선고하지 않는다면 대배심의 권위를 무너뜨릴 것이 확실하다고 말했다. 나는 우리에게 가장 적대적인 사람들, 즉 대배심, 토지소유자, 소배심, 토지임대자 중에서 특별 배심원을 선택한 정황상 유죄 판결을 받게 될 것임에 틀림없다고 생각했다. 그런 구역에서 그런 혐의를 받았으니 그들은 사리사욕만을 근거로 '유죄'라고 판결할 것이다.

조지 러블리스, 《휘그주의 피해자》, 1837년

1834년 3월 감리교 평신도 설교자인 조지 러블리스George Loveless와 도싯주 톨퍼들 출신 농업 노동자 다섯 명은 농촌 노동자 공제회에 비밀리에 선서한 혐의로 재판을 받았다. 이 초창기 노동조합은 경제가 불황 국면이고 농촌 지역에서 불만이 증가하는 시기에 농업 임금 삭감에 맞서 싸우고 있었다. 해당 사건은 토지 소유자 제임스 프램튼James Frampton이 내무상관 멜버른 경Lord Melbourne의 추천을 받아 제기했으며, 멜버른 경의 처남인 윌리엄 폰슨비William Ponsonby 하원 의원이 대배심원 대표를 맡았다. 조지 러블리스가 보기에 어떤 평결이 나올지는 뻔했다.

7년 동안 오스트레일리아 유배라는 처벌은 누가 봐도 탄압이라고 할 정도로 가혹했고 20만 명이 서명한 청원을 비롯해 광범위한 항의가 잇따라 그들은 1836년에 영국으로 돌아올 수 있었다. 러블리스는 19세기 노동조합주의 역사의 획기적 사건인 이 일을 《휘그주의 피해자Victims of Whiggery》라는 소책자로 기록했고, 이 책을 팔아 공제회원들의 가족을 부양할 기금을 마련했다. 결국 러블리스와 '톨퍼들 순교자' 몇몇은 캐나다로 이민을 갔다.

이날 일어난 다른 사건들
1766년 영국이 아메리카 식민지들이 반발하던 인지조례 폐지
1871년 파리 코뮌 급진파가 도시 장악
1925년 기록상 사상 최악의 미국 토네이도로 700명 가까이 사망

3월 19일

카타리파 비난, 1179년

율령 27조: 성 레오는 교회 규율은 사제의 판단을 뒷받침하고 피를 흘리게 해서는 안 되지만 사람들이 육체적 형벌을 받게 될까 봐 두려워할 때 종종 유익한 치유를 모색하게 되므로 가톨릭 군주의 법률에 도움을 받는다고 말한다. 가스코뉴와 알비 및 툴루즈 지역을 비롯한 여러 곳에서 카타리파라고도 불리는 혐오스러운 이단이 … 그 세력을 키워서 이제는 남들처럼 사악한 교리를 비밀리에 행하지 않고 오히려 오류를 공공연하게 선포하면서 어리숙하고 나약한 자들을 끌어들이고 있다. 이에 우리는 그들과 그들을 옹호하는 자와 그들을 받아주는 자를 파문한다고 선언한다. 그 누구도 자기 집이나 땅에 그들은 숨겨주거나 부양하거나 그들과 거래를 해서는 안 되며 이를 어긴 자를 파문에 처한다. 이 죄를 짓고 죽은 자에게는 … 미사를 거행하지 않으며 기독교도인과 함께 묻힐 수 없다. … 모든 신자들에게 죄를 사하기 위해 온 힘을 다해 이 재앙에 대항하고 무력으로 기독교인을 이단으로부터 지키라고 명한다. 그들의 재산은 몰수해야 하고 군주들은 자유롭게 그들을 노예로 부릴 수 있다.

제3차 라테란 공의회 율령, 납회, 1179년 3월 19일

1179년 교황 알렉산데르 3세Alexander III는 제11회 세계 공의회(로마 라테란 궁전에서 열린 세 번째 공의회라서 제3회 라테란 공의회라고도 부른다)를 소집했다. 세 차례에 걸친 회의에서 다양한 교회 규율 문제를 다뤘다. 또한 당시 프랑스 남서부와 피레네(이 지역에서는 알비라는 마을 이름을 따서 알비파라고 부르기도 했다)에서 인기를 얻었던 카타리파를 비롯한 이단 문제도 다뤘다.

3세기 페르시아 설교자 마니Mani에게 영향을 받은 카타리파는 물질적인 악과 싸우는 영적인 선이라는 철저한 이원론 관점으로 세상을 바라봤다. 이런 시각은 금욕적인 반反세속적 입장으로 이어졌고 기독교 신앙 및 교회 가르침과 근본적으로 의견 충돌을 나타내기에 이르렀다. 이후 교회가 신자들에게 카타리파를 근절하라고 명령하면서 점점 더 격렬한 운동으로 이어졌고 1209년에는 전면적이고 폭력적인 십자군 전쟁으로 번졌다.

이날 일어난 다른 사건들
1859년 구노Gounod의 오페라 〈파우스트Faust〉 파리 초연
1918년 미국이 전국에 시간대 설정
1982년 아르헨티나가 사우스조지아섬을 점령하면서
  영국과 포클랜드 전쟁 시작

3월 20일
필리핀에 약속, 1942년

미국 대통령은 일본 전선을 돌파하고 코레히도르에서 오스트레일리아로 이동하라고 명령했습니다. 내가 이해한 바에 따르면 그 목적은 일본에 대한 미국의 군사적 공격을 조직하는 것이며, 주요 목표는 필리핀 해방입니다. 나는 살아남았고 반드시 돌아갈 것입니다.

미국 장군 더글러스 맥아더, 기자 회견, 1942년 3월 20일

1942년 미국 장군 더글러스 맥아더Douglas MacArthur는 은퇴 생활을 접고 진주만 공격(1941년 12월 7일) 이후 거세게 진격하는 일본군에 맞서 필리핀 방어에 나섰다. 루스벨트 대통령은 맥아더에게 오스트레일리아로 후퇴하라고 명령했고, 맥아더는 1942년 3월 11일에 마지못해 퇴각했다. 그는 남서태평양에서 연합군 사령관에 새로 임명됐지만, 상당한 병력 지원이 있을 예정이라서 곧 필리핀으로 복귀할 수 있을 것이라고 오해하고 있었다. 오스트레일리아에 도착한 맥아더는 실상이 그렇지 않다는 사실을 알았지만 그가 1942년 3월 20일에 자신의 의도를 강조하기 위해 사용했던 문구인 "나는 반드시 돌아갈 것이다"는 침략자 일본에 대한 필리핀 사람들의 저항을 나타내는 표어가 됐다.

1944년 10월 20일 맥아더는 마침내 약속을 지킬 수 있었다. 미군을 이끌고 레이테만에 상륙한 그는 "필리핀 국민 여러분, 내가 돌아왔습니다. 전지전능하신 하나님의 은총으로 우리 군은 다시 필리핀 땅, 우리 두 국민들의 피로 축성한 이 땅에 다시 섰습니다. 우리는 여러분의 일상생활에 대한 적의 통제를 흔적 없이 쳐부수는 임무와 파괴할 수 없는 힘의 토대, 즉 필리핀 국민의 자유를 복구하는 임무에 헌신하고 전념할 것입니다."라고 발표했다. 같은 해 12월 맥아더는 레이테섬을 완전히 장악하고 본격적인 '귀환'을 시작할 수 있었다.

1945년 9월 맥아더는 일본의 공식적이고 무조건적인 항복을 목격했다.

이날 일어난 다른 사건들
1727년 영국 수학자이자 자연 철학자 아이작 뉴턴 사망
1852년 해리엇 비처 스토Harriet Beecher Stowe의 노예제 반대 소설 《톰 아저씨의 오두막》 출간
2003년 미국과 영국을 포함한 연합군이 이라크 침공 시작

3월 21일

토머스 크랜머 순교, 1556년

"이제 나는 내 평생을 통틀어 내가 말했거나 행한 그 무엇보다도 크게 내 양심을 괴롭혔던 중대한 문제를 말하고자 합니다. 그것은 진리에 반하는 글을 세상에 퍼뜨린 일입니다. 지금 이 자리에서 나는 그 글을 부인하고 거부합니다. 비록 내 손으로 쓴 글이기는 하나 이는 내가 마음속으로 생각하던 진리에 반하고 죽음이 두려워, 내 목숨을 건지려고 쓴 내용이기 때문입니다. 즉 내가 좌천된 이후로 내가 내 손으로 썼거나 서명한 모든 문서에 진실이 아닌 내용을 수없이 저어 넣었습니다. 그러므로 내 마음에 반하는 글을 쓰는 죄를 저지른 내 손이 가장 먼저 처벌을 받을 것입니다. 내가 화형을 받게 되면 손이 가장 먼저 불탈 것입니다. 또한 나는 그리스도의 적이자 적그리스도인 교황을 그가 내린 모든 거짓 교리와 함께 거부하는 바입니다."

불을 붙이려고 하자 그는 오른손을 뻗어 불속에 찔러 넣더니 불길이 몸의 다른 부위를 덮칠 때까지 손이 잘 타도록 들고 있었다. 모두가 그의 손이 타는 모습을 똑똑히 보는 와중에 그는 큰 목소리로 "이 손은 벌을 받았다."라고 외쳤다. 불길이 치솟자 그는 곧 숨을 거뒀고 그동안 울부짖지도 몸을 움직이지도 않았다.

존 폭스, 《폭스의 순교사》, 1563년

헨리 8세와 에드워드 6세 통치기에 캔터베리 대주교로 재임했던 토머스 크랜머Thomas Cranmer(1489년-1556년)는 메리 1세가 추진했던 가톨릭 복고 과정에서 이단으로 유죄 판결을 받았다. 크랜머는 사형 선고를 받았으나 개신교 신앙을 철회하고 부인했다. 1556년 3월 21일 옥스퍼드대학교 교회에서 공개적으로 두 번째 신앙 철회를 강요받았을 때 그는 지독한 굴욕감에 결국 견디지 못했다. 그는 신앙 철회 내용을 말하다 말고 철회 자체를 그만뒀다. 그는 설교단에서 끌려 내려와 브로드스트리트로 끌려갔고, 그곳에는 장작더미가 그를 기다리고 있었다. 신앙 철회서에 서명한 손을 불속에 찔러 넣는 그의 마지막 행위는 메리 1세의 종교 박해에 저항한 개신교 신화의 핵심으로 자리 잡았다.

존 폭스John Foxe는 크랜머를 비롯한 여러 순교자들의 생생한 이야기를 수집해 《위험한 나날의 활동과 기념비Actes and Monuments of These Latter and Perilous Days》라는 제목으로 출판했다. 《폭스의 순교사Book of Martyrs》라는 제목으로 더 잘 알려진 이 책은 엄청난 인기를 얻었고 잉글랜드에서 반反가톨릭 감정을 강하게 지속시켰다.

이날 일어난 다른 사건들
1413년 플랜태저넷 왕조 헨리 5세가 잉글랜드 왕으로 즉위
1960년 샤프빌 학살에서 경찰이 남아프리카 공화국 흑인 69명 살해
1963년 샌프란시스코만 소재 알카트라즈섬 교도소 폐쇄

3월 22일

괴테 사망, 1832년

괴테가 죽은 이튿날 아침, 나는 그의 육신을 한 번 더 보고 싶다는 깊은 열망에 사로잡혔다. 괴테의 충실한 하인 프리드리히가 그를 안치한 방을 열어줬다. 등을 대고 반듯하게 누운 모습이 마치 잠든 것 같았다. 숭고하고 고결한 얼굴에 심오한 평화와 안도감이 깃들어 있었다. 나는 그의 머리카락을 몇 올 갖고 싶었지만 경외심에 차마 잘라내지 못했다. 몸은 하얀 천으로만 감싸여 있었다. 시신이 최대한 상하지 않도록 주변에는 커다란 얼음 조각들이 놓여 있었다. 프리드리히는 천을 걷었고, 나는 신성할 만큼 기품 있는 사지에 깜짝 놀랐다. 가슴은 건장하고 넓은 아치 모양이었다. 팔과 허벅지는 우아하고 그 형태가 아주 완벽했다. 몸 전체 그 어디에서도 군살이라든지 여위었거나 노쇠한 흔적을 찾아볼 수 없었다. 내 앞에는 완벽한 사람이 대단히 아름답게 누워 있었다. 그 광경이 너무 황홀해서 불멸의 영혼이 살던 집을 떠났다는 사실을 한순간 잊었다. 나는 그의 심장에 손을 댔다. 깊은 고요만 있었다. 나는 몸을 돌려 억눌렀던 눈물이 마음껏 터져 나오도록 두었다.

요한 페터 에커만, 《괴테와의 대화》, 1832년

요한 페터 에커만Johann Peter Eckermann은 위대한 독일 문학가 요한 볼프강 폰 괴테Johann Wolfgang von Goethe(1749년-1832년)의 인생과 기억에서 제임스 보즈웰James Boswell이 새뮤얼 존슨Samuel Johnson에게 한 것과 비슷한 역할을 했다. 경이에 찬 에커만이 괴테의 훌륭한 육체 형태를 다소 관능적으로 묘사한 부분은 괴테에 대한 깊은 경외심을 보여준다. 에커만은 괴테가 1832년 3월 22일 바이마르에서 사망한 지 4년 뒤인 1836년 《괴테와의 대화Conversations with Goethe》라는 책으로 자신의 기억을 출판했다.

괴테 사후에 정정할 부분이 있었기 때문은 아니었다. 생전에 시, 희곡(걸작 《파우스트》 포함, 1부 1808년 출간, 2부 1832년 출간), 소설, 동화, 철학 및 과학 작품에 걸쳐 90권이 넘는 책을 출판하고 수많은 편지를 발표했던 괴테는 세계적인 유명 인사였다. 독일 연극계에서 괴테는 셰익스피어의 가르침을 통해 희곡을 신고전주의의 제한에서 해방시켰다. 서간체 소설로 베스트셀러가 된 《젊은 베르테르의 슬픔The Sorrows of Young Werther》(1774)에서 그는 소설 제목과 같은 이름의 주인공 베르테르를 통해 낭만주의 인물의 모습을 세상에 내놓았다. 예민한 청년 베르테르는 짝사랑에 시달리다가 결국 자살을 택한다.

이날 일어난 다른 사건들

1622년 아메리카 원주민이 제임스타운 식민지 개척자 수백 명을 살해

1888년 잉글랜드에서 풋볼 리그 창설

1963년 영국 국방장관 존 프러퓨모John Profumo가 크리스틴 킬러Christine Keeler와의 관계에 대해 국회에 거짓 증언

3월 23일

미국인들에게 무장봉기 호소, 1775년

자유롭고 싶다면, 그토록 오랫동안 싸워서 지켜온 헤아릴 수 없는 불가침의 특권을 보존하고 싶다면, 우리가 그토록 오랫동안 수행했고, 항쟁의 영광스러운 목적을 달성할 때까지 결코 포기하지 않겠다고 맹세했던 고귀한 투쟁을 비열하게 포기할 생각이 없다면, 우리는 싸워야 합니다! 다시 한번 말씀드리겠습니다. 여러분, 우리는 싸워야 합니다! 무력에 호소하고 만군의 주에게 호소하는 길만이 우리에게 남은 유일한 방법입니다!

여러분, 사태를 얕보아서는 안 됩니다. 신사 여러분은 "평화, 평화!"를 외칠지도 모르지만 평화는 없습니다. 전쟁은 이미 시작됐습니다! 이내 북쪽에서 휘몰아칠 강풍이 맞부딪치는 무기들의 날카로운 소리를 우리 귓가에 들려줄 것입니다! 우리 형제들이 이미 전장에 있습니다! 왜 우리는 여기에서 빈둥거리고 있습니까? 신사 분들은 대체 무엇을 원합니까? 대체 무엇을 얻게 된답니까? 쇠사슬에 묶여 노예로 사는 대가로 받은 삶이 그토록 소중하고, 평화가 그토록 달콤합니까? 전능하신 하나님, 제발 막으소서! 다른 사람들이 어떤 길을 선택할지는 모릅니다. 하지만 나에게는 자유가 아니면 죽음을 주십시오!

패트릭 헨리, 연설, 리치먼드, 버지니아, 1775년 3월 23일

1775년 3월 리치먼드에 모인 버지니아 버지스 의회에서 패트릭 헨리가 했던 이 선동적인 연설은 1773년 보스턴 차 사건(12월 16일 참조) 이후 보스턴으로 파견된 영국군에 저항하기 위한 결집 호소였으며 이는 양측의 전쟁 준비로 이어졌다. 변호사였던 헨리는 10년 전에도 이와 비슷한 단호한 어조로 인지 조례 반대를 주장했다. 인지 조례는 아메리카 식민지에 세금을 부과한 법률로 이때 "대표 없이 과세 없다!"라는 구호가 나왔다. 이번에도 헨리는 아주 큰 인상을 남겼다. 녹취록은 남아있지 않지만 헨리의 연설은 나중에 재구성됐고, 이 연설을 들은 다른 대의원들이 벌떡 일어서 "전투 준비! 전투 준비!"라고 외쳤다는 기록이 남아 있다.

미국 독립 혁명으로 번진 첫 번째 교전은 이로부터 한 달이 채 지나지 않아 매사추세츠 렉싱턴에서 일어났다.

이날 일어난 다른 사건들

1743년 헨델의 〈메시아Messiah〉 런던 초연
1815년 영국이 곡물법으로 값싼 외국 곡물 수입 제한
1984년 레이건 미국 대통령이 전략 방위 구상 '스타워즈' 발표

3월 24일

왕조 교체, 1603년

전능하신 하느님이 자비를 베푸시어 기꺼이 이 덧없는 삶에서 우리 여왕, 고귀하고 위대하신 군주, 잉글랜드, 프랑스, 아일랜드의 여왕 고故 엘리자베스를 부르셨으니, 그의 죽음과 소멸로 상술한 왕국의 왕관은 이제 전적으로 완전하고 유일하게 고귀하고 위대하신 군주, 스코틀랜드 국왕 제임스 6세에게 계승됩니다. 그는 잉글랜드, 프랑스, 아일랜드의 국왕인 고귀하고 명성 높은 헨리 7세의 딸 마거릿의 핏줄을 이어받은 정당한 직계 후손으로, 헨리 7세는 제임스 6세의 증조부에 해당합니다. 앞서 말한 마거릿은 에드워드 4세의 딸 엘리자베스의 몸에서 정당하게 잉태됐습니다. 또한 이 마거릿은 상술한 바와 같이 명성을 떨친 잉글랜드 국왕 헨리 8세의 맏누이이기도 합니다.

선언문, 화이트홀에서 낭독, 런던, 1603년

엘리자베스 튜더가 69세를 일기로 사망하고 스코틀랜드 스튜어트 왕조의 제임스 6세가 잉글랜드 국왕 제임스 1세James I로 즉위하면서 1603년 3월 24일 잉글랜드 역사상 최초로 평화로운 왕조 교체가 일어났다. 제임스는 엘리자베스 1세의 고모이자 헨리 8세의 누나인 마거릿 튜더의 손자였다. 그는 어머니인 메리 스코틀랜드 여왕이 추문에 휩쓸려 퇴위한 이후 그 뒤를 이어 젖먹이 때부터 스코틀랜드 왕위에 올랐다.

독신에 자녀도 없었던 엘리자베스 1세는 1587년 스코틀랜드 여왕 메리를 음모에 가담한 혐의로 처형했다(2월 8일 참조). 또한 후계자 지명을 거부했다. 하지만 엘리자베스 1세가 죽기 몇 년 전 수석 대신 로버트 세실Robert Cecil이 비밀리에 제임스와 협상을 벌였고, 엘리자베스가 사망하자 화이트홀에서 제임스 1세의 통치 선언문을 낭독했다. 그 사본은 즉시 전국에 배포됐고 기다리고 있던 제임스는 에든버러에서 런던으로 초대받았다. 스코틀랜드 왕위와 잉글랜드 왕위가 통합된 지 104년 뒤인 1707년에 웨스트민스터에서 양국 의회가 합동법을 통과시키면서 좀 더 완전하게 통합됐다.

이날 일어난 다른 사건들

809년 아바스 왕조 5대 칼리프 하룬 알-라시드Haroun al-Rashid 사망

1980년 엘살바도르의 소신 있는 대주교 오스카르 로메로Oscar Romero가 암살당함

1989년 유조선 엑손밸디즈호가 알래스카주 앞바다에 원유를 유출하는 환경 재해를 일으킴

3월 25일

투표권 쟁취 투쟁, 1965년

지난 일요일 8,000명이 넘는 동지들이 앨라배마주 셀마에서 장대한 행진에 나섰습니다. 우리는 황량한 골짜기를 통과하고 힘겨운 언덕을 가로질러 걸었습니다. 우리는 구불구불한 고속도로 위를 걷고 바위투성이 샛길에 몸을 뉘었습니다. 작열하는 태양의 열기에 얼굴을 덴 사람도 있습니다. 말 그대로 진흙탕에서 잔 사람도 있습니다. 비에 흠뻑 젖기도 했습니다. 우리 몸은 지쳤고 발도 쓰립니다.

여러분은 오늘 "얼마나 걸릴까요?"라고 물었습니다. 누군가는 "편견은 얼마나 오래 인간의 시야를 가리고, 이해력을 흐리게 하며, 눈을 반짝이는 지혜를 신성한 왕좌에서 몰아낼까요?"라고 묻습니다. 누군가는 "언제쯤이면 셀마와 버밍엄의 거리와 남부 전역에 엎드린 상처 입은 정의가 수치스러운 먼지를 털고 일어나 우리 후손들 사이에서 대세를 장악할 수 있을까요?"라고 묻습니다. "반짝이는 희망의 별이 이 외로운 밤의 어두컴컴한 가슴에 떨어져 두려움의 속박과 죽음의 족쇄에 지친 영혼들을 구할까요? 앞으로 얼마나 정의가 십자가에 못 박히고 진실이 견뎌야 할까요?"라고 묻는 사람도 있습니다. 오늘 오후 저는 여러분께 아무리 이 순간이 힘들어도, 아무리 이 시간이 절망적이어도 그리 오래가지 않을 것이라고 말씀드리겠습니다. "진실은 짓밟혀도 다시 일어설 것"이기 때문입니다. 얼마나 오래 걸리겠느냐고요? 그리 오래 걸리지 않을 것입니다. "어떤 거짓도 영원할 수 없기" 때문입니다. 얼마나 오래 걸리겠느냐고요? 그리 오래 걸리지 않을 것입니다. "뿌린 대로 거둘 것"이기 때문입니다. 얼마나 오래 걸리겠느냐고요? 그리 오래 걸리지 않을 것입니다. 도덕적 우주의 포물선은 길지만 정의를 향해 굽어 있기 때문입니다.

마틴 루서 킹, 몽고메리 연설, 앨라배마주, 1965년 3월 25일

1965년 3월 25일 마틴 루서 킹Martin Luther King Jr.이 시민권 시위대에게 했던 연설은 아프리카계 미국인이 합법적인 투표권을 행사할 수 있도록 요구하며 앨라배마주 셀마에서 앨라배마주의 주도인 몽고메리까지 행진하던 수천 명에게 들렸다. 3주 동안 시위를 시도했지만 앨라배마주 당국의 방해에 부딪혔다. 3월 7일 첫 번째 행진에서 주립 경찰은 곤봉과 최루탄으로 시위대를 공격했다. 며칠 뒤에 열린 두 번째 행진은 법원 명령으로 중단됐다. 하지만 그로부터 일주일 뒤 연방법원 판사가 시위 권리를 확인했고, 3월 21일부터 25일에 거쳐 시위대는 실제로 행진을 시작할 수 있었다. 1965년 린든 존슨Lyndon B. Johnson 대통령이 피부색에 관계없이 국가 선거인단에 등록할 수 있도록 보장하는 투표권법에 서명했다.

이날 일어난 다른 사건들

서기 421년 구전에 따르면 이날 정오에 베네치아 탄생
1807년 영국 의회가 대영제국 내 노예무역 금지
1975년 사우디아라비아 국왕 파이살이 조카에게 암살당함

3월 26일

이집트-이스라엘 평화 협정, 1979년

지난 30년 동안 이스라엘과 이집트는 전쟁을 벌였습니다. 하지만 지난 16개월 동안 이 두 위대한 국가는 평화를 일구었습니다. 오늘 우리는 승리를 축하합니다. 피비린내 나는 군사 작전 승리가 아니라 기운을 불어넣는 평화 협상의 승리입니다. 양국 역사에 길이 남을 두 지도자, 안와르 사다트 대통령과 메나헴 베긴 총리는 군사와 무기를 전장으로 이끈 장군들의 용기와 집념, 슬기, 영감을 모두 모아 이 협상을 진행했습니다.

이 협상이 끝나면 두 나라의 땅은 젊은 피로 젖지 않을 것입니다. 두 나라의 전원에서 헛된 전쟁의 찌꺼기와 대학살이 사라질 것입니다. 이제 무의미한 전쟁에서 자식들이 쓰러져 이집트와 이스라엘의 어머니들이 우는 일은 없을 것입니다. 이 두 정치인의 헌신과 결단이 결실을 맺었습니다. 이스라엘과 이집트에 평화가 찾아왔습니다.

나는 방금 우리가 서명한 이 평화 협정을 성사시킨 양국 지도자와 관료들에게 경의를 표합니다. 무엇보다도 평화를 열망하는 마음으로 협상의 불씨를 살려 오늘 이 영광스러운 협정을 맺게 한 양국 국민들께 경의를 표합니다.

… 이제 전쟁은 접어둡시다. 중동 전역에 평화가 찾아오기를 갈망한 아브라함의 모든 후손들에게 보답합시다. 이제 온전한 인간, 온전한 이웃, 나아가 형제자매가 되는 모험을 누립시다. 이 꿈이 실현되기를 하나님께 다 같이 기도합시다. 꼭 실현될 것이라 믿습니다.

미국 대통령 지미 카터 Jimmy Carter, 연설, 1979년 3월 26일

오늘 과거의 암흑에서 새로운 새벽이 떠오르고 있습니다. 일찍이 인류는 이토록 감정이 북받치는 복잡한 분쟁을 겪은 적이 없었습니다. 단 하나의 도전에 맞서기 위해 그토록 많은 용기와 상상력이 필요했던 적도 없었습니다. 지구촌 구석구석에서 이렇게 큰 관심을 불러일으킨 문제도 없었습니다.

… 아랍인과 이스라엘인 사이에 더는 전쟁이나 유혈사태가 일어나지 않도록 합시다. 더는 괴로워하거나 권리를 부정하는 일이 없도록 합시다. 더는 절망하거나 믿음을 잃는 일이 없도록 합시다. 더는 아이를 잃고 슬퍼하는 어머니가 없도록 합시다. 더는 그 누구도 이득을 얻지 못하는 갈등에 휘말려 생명을 잃는 젊은이가 없도록 합시다. 칼을 녹여 쟁기를 만들고 창을 녹여 낫을 만드는 날이 올 때까지 함께 노력합시다. 신은 분명히 평화의 집으로 부르십니다. 신은 마음에 드는 사람을 그의 길로 인도하십니다.

이집트 대통령 안와르 사다트, 응답 연설, 1979년 3월 26일

오늘은 제 인생에서 세 번째로 위대한 날입니다. 첫 번째는 우리 깃발을 게양한 1948년 5월 14일입니다. 1,878년 동안의 이산離散과 박해, 굴욕, 결국 물리적 파괴까지 겪은 끝에 우리 선

조들의 땅에서 독립을 선언했습니다.

　두 번째는 예루살렘이 하나의 도시가 된 날입니다. 우리 용감한 병사, 아마도 가장 단련된 병사일 낙하산 부대가 눈물을 흘리며 얼싸안고, 신의 영광을 기리도록 선택된 장소를 방어할 운명인 성벽 잔해로 남은 고대의 돌에 입을 맞추었습니다. 우리의 마음은 이를 기념하며 그들과 함께 울었습니다.

　오늘이 바로 세 번째 날입니다. 저는 우리이 위대한 이웃 이집트와 평화 협정을 맺었습니다. 가슴이 뿌듯하고 벅찹니다. 신은 제게 인내하고, 참혹한 나치즘과 스탈린 강제 수용소에서 살아남고, 내 의무를 저버리거나 피하지 않고 견디며, 외국인은 물론 더 고통스러운 동족, 나아가 친구의 독설도 받아들일 힘을 주셨습니다.

이스라엘 총리 메나헴 베긴, 응답 연설, 1979년 3월 26일

이집트-이스라엘 평화 협정을 체결하기 위한 실질적인 협상은 1977년 11월 이집트 대통령 안와르 사다트 Anwar Sadat가 예루살렘으로 날아가 이스라엘 크네세트 Knesset, 이스라엘 입법부—옮긴이에서 연설하면서 평화 의지를 표명한 이후 1978년 9월 미국 대통령 별장 캠프 데이비드에서 열렸다. 이 협상으로 사다트 이집트 대통령과 메나헴 베긴 Menachem Begin 이스라엘 총리는 1978년 노벨 평화상을 공동 수상했다.

　1979년 양국 간 합의로 두 나라는 상호 인정하고 1967년 6일 전쟁 이후로 이스라엘이 점령했던 시나이 반도에서 이스라엘군이 철수했다. 이 협정으로 이스라엘의 점령지, 팔레스타인 문제는 해결하지 못했으며, 이후로도 이스라엘은 이 지역에서 적으로 여겨졌다. 하지만 1979년 이후로 이스라엘과 이웃 아랍 국가 간에 전면전은 일어나지 않았다. 안타깝게도 사다트는 1981년 퍼레이드 도중 불만을 품은 군 장교들에게 암살당했다.

　베긴이 연설 중에 언급한 '1,878년 동안의 이산'은 서기 70년 장래 로마 황제 자리에 오른 티투스 군대가 예루살렘 성전을 파괴한 때 시작됐다(8월 10일 참조).

이날 일어난 다른 사건들

1892년 미국 시인 월트 휘트먼 Walt Whitman 사망
1971년 방글라데시가 파키스탄으로부터 독립 쟁취
1973년 런던 증권거래소에서 처음으로 여성 근무 시작

3월 27일

소로가 봄이 오는 모습을 관찰하다, 1859년

3월에 꽃을 피우기 시작하는 자생종 나무 일곱 그루 중에서 네 그루, 그러니까 오리나무 두 그루, 사시나무, 개암나무는 대개 그리 일찍 눈에 띄지 않으며, 대부분이 다섯 번째인 은단풍의 꽃을 알아보지 못한다. 처음에 말한 네 그루의 꽃은 조금 떨어진 곳에서 봤을 때 봄비에 젖은 둑과 풀밭처럼 누르스름하거나 불그스름한 갈색을 띤다. 시든 풀과 사초, 땅의 표면, 시든 잎, 이런 갈색 꽃에 이르기까지 아직은 갈색이 가장 눈에 많이 띄는 색이다.

언덕 꼭대기에서 바라보면 하루 이틀 전에 물이 빠진 파란 초원 윗부분 중에서 직경 5미터 정도 연둣빛을 띠는 부분들이 보인다. 그곳에 가보니 옹달샘이 아주 힘차게 솟아나고 있었다. 대기 깊은 곳에서 따뜻한 물이 솟아나서 풀과 황새냉이를 비롯한 잡초 몇 가지가 이렇게 일찍부터 무성하게 자란 모양이다. 며칠 동안 그 자리가 물에 잠겼던 덕분이기도 할 것이다. 시든 풀과 잎사귀로 갈색이 만연한 가운데 여기만 밝고 싱그러운 초록빛이다. 여기가 지금 풀이 가장 푸르른 곳이다.

헨리 데이비드 소로, 일기, 1859년 3월 27일

미국 작가이자 환경운동가 헨리 데이비드 소로 Henry David Thoreau(1817년-1862년)는 1845년부터 1847년까지 매사추세츠주 콩코드 외곽에 있는 월든 호숫가 오두막에서 2년간 살면서 자연을 벗 삼아 살아가는 단순한 생활방식이 주는 즐거움을 탐구했다. 그때 쓴 일기를 《월든 Walden》(1854년)으로 출판했다. 그는 이후 평생 그 지역에서 토지 측량사로 일하면서 자연 일기를 기록하고 다양한 주제에 관한 글을 쓰고 노예제 폐지 운동을 벌이면서 보냈다. 소로는 "가장 적게 통치하는 정부가 최선"이라고 쓴 에세이 《시민 불복종 On Civil Disobedience》(1849년)에서 개인은 정부가 개인의 양심을 무시하도록 허용해서는 안 된다고 주장했다. 소로는 이를 통해 19세기 무정부주의자들, 마하트마 간디와 마틴 루서 킹을 비롯한 20세기 인권 운동가 등 많은 후대 사상가들에게 영향을 미쳤다.

이날 일어난 다른 사건들

1306년 로버트 1세 Robert I 브루스가 스콘에서 스코틀랜드 국왕으로 즉위

1613년 찰스 1세가 잉글랜드, 스코틀랜드, 아일랜드 국왕으로 즉위

1989년 소련 총선거에서 최초로 비공산당원 입후보 허용

3월 28일

영국 크림 전쟁 참전, 1854년

여왕 폐하는 영국 국민과 유럽에 평화의 축복을 보존하고자 오랫동안 간절히 노력했으나 결국 실패로 돌아갔다는 사실을 알리며 깊은 유감을 전합니다.

러시아 황제는 오스만의 문[오스만 정부]을 정당한 이유 없이 침략한 이래 결과를 무시하고 공격을 지속해왔습니다. 우리 여왕 폐하는 물론 오스트리아 황제, 프랑스 황제, 프로이센 국왕께서 정당하고 공정하다고 생각한 조건을 러시아 황제가 거부한 이후, 여왕 폐하는 영토를 침략당하고 그 존엄과 독립을 공격받은 동맹국을 옹호하기 위해 나서지 않을 수 없습니다.

… 이제 때가 왔습니다. 러시아 황제가 오스만 제국 멸망으로 이어질 정책 노선에 들어섰음이 너무나 분명합니다.

이런 국면에서 여왕 폐하는 동맹국을 존중하고, 그 제국의 온전함과 독립이 유럽 평화에 반드시 필요하다고 인식하며, 불의에 맞서는 정의에 공감하는 국민과 영국 영토가 최악의 결과에 처하는 사태를 피하려는 열망에 따라서, 조약의 신의를 저버리고 문명 세계의 의견을 무시한 한 강대국의 우세에서 유럽을 구하기 위해 술탄을 옹호하여 프랑스 황제와 함께 개전이 필요하다고 느끼는 바입니다.

러시아에 대한 영국의 선전 포고, 런던, 1854년 3월 28일

러시아가 발칸반도와 흑해 지역을 침략한 이후 1853년 10월 오스만 제국 술탄은 러시아에 전쟁을 선포했다. 러시아 팽창주의를 우려하고 오스만 제국이 이를 막지 못할 것이라고 우려한 영국과 프랑스가 연합해서 철군을 요구하는 최후통첩을 했다. 그 기한이 1854년 3월에 만료되면서 결국 영국은 전쟁을 선포했다.

그 결과 흑해 반도를 주요 무대로 벌어진 크림 전쟁에는 예상보다 많은 비용이 들었고, 영국군의 준비태세와 조직에서도 많은 약점이 드러났다(10월 25일도 참조).

이날 일어난 다른 사건들

1881년 러시아 작곡가 모데스트 무소륵스키Modest Mussorgsky 사망

1939년 마드리드 함락으로 스페인 내전이 국민 진영에 유리하게 종결

1979년 미국 스리마일섬 원자력 발전소에 심각한 사고 발생

3월 29일
로젠버그 스파이 처벌, 1953년

나는 피고들이 저지른 범죄가 살인보다 악질이라고 본다. … 미국 최고의 과학자들이 러시아가 원자 폭탄을 완성했다고 예측하기 여러 해 전에 러시아 손에 원자폭탄을 넘긴 피고들의 행위는 내가 보기에, 이미 공산당의 한국 침략을 야기했고 결과적으로 5만 명이 넘는 사상자가 발생했다. 어쩌면 무고한 사람 수백만 명이, 피고들이 반역을 저지른 대가를 치르게 될지도 모른다. 실제로 피고들이 저지른 배신으로 역사의 흐름이 미국에 불리하게 바뀐 것은 틀림없다. 우리가 끊임없는 긴장 상태에서 살아가고 있지 않다고는 그 누구도 말할 수 없다. 원자폭탄 공격에 대비하기 위해 전국에서 민방위 활동을 벌이고 있다는 사실은 피고들의 반역행위가 우리 모두의 일상에 영향을 미쳤다는 증거다.

미국 판사 어빙 카우프만US Judge Irving Kaufman, 로젠버그 스파이 사건 선고문, 1953년 3월 29일

1953년 뉴욕 출신 공산주의자 줄리어스 로젠버그Julius Rosenberg와 에셀 로젠버그Ethel Rosenberg는 1944년과 1945년 소련에 핵 기밀을 넘겨 소련의 원자 폭탄 보유를 앞당겼다는 혐의로 유죄 판결을 받았다. 로스앨러모스에 있는 미국 비밀 핵 연구소 문서를 두 사람에게 제공한 에셀의 남동생 데이비드 그린글래스David Greenglass는 징역 15년형을 선고받았다. 하지만 로젠버그 부부는 모두 1953년 6월에 사형당했다.

로젠버그 부부가 입수한 정보가 비교적 중요도가 낮았고 반역죄로 기소당하지 않았다는 점을 고려할 때 사형은 가혹하다고 여기는 사람이 많았다. 로젠버그 부부가 반유대주의의 피해자라고 주장하는 사람들도 있었다. 교황 비오 12세Pope Pius XII, 알베르트 아인슈타인Albert Einstein, 장 폴 사르트르Jean-Paul Sartre, 파블로 피카소Pablo Picasso 등이 이 판결에 반대하는 목소리를 냈다. 하지만 그런 반대의 목소리는 한국전쟁이 계속되고 미국 정치 문화계를 '적색 공포'가 휩쓸던 시기를 반영한 그 사건에 별다른 영향을 미칠 수 없었다(2월 9일도 참조).

이날 일어난 다른 사건들

1461년 잉글랜드 타우턴 전투에서 요크가가 랭커스터가 격파
1867년 4개 주로 구성된 캐나다 자치령 탄생
1941년 제2차 세계대전: 마타판곶 해전에서 영국과 오스트레일리아 전함이 이탈리아 해군 무력화

3월 30일

시칠리아 만종 반란, 1282년

시칠리아인들이여! … 우리의 앞날과 영광과 해방을 추구합시다. 우리의 힘은 메시나에 이르기까지 온 나라를 일으켜 세우기에 충분합니다. 메시나는 절대 적들의 수중에 들어가서는 안 됩니다. 우리는 같은 혈통, 같은 언어, 같은 과거의 영광과 현재의 수치, 예속과 고통이 분열의 결과라는 같은 경험을 공유하고 있습니다. 시칠리아 전체가 이방인의 피로 물들어 있습니다. 용맹한 아들, 험준한 산과 바다로 둘러싸인 시칠리아는 강합니다. 그렇다면 입을 떡 벌리고 기다리는 무덤 속으로 들어갈 자가 아니라면 감히 누가 이 땅에 발을 들이겠습니까? 여러분이 스스로를 지키기 위해 행동에 나서기만 한다면, 인류에게 자유를 설교하시고 여러분에게 이 복된 해방을 이루도록 기운을 불어넣어주신 주님이 지금 여러분에게 그 전능한 손을 뻗으실 겁니다. 시민 여러분, 지도자들이여, 모든 이웃 마을로 전령을 보내 공화국을 유지하기 위해 우리와 연합하도록 요청하고, 무력과 대담함, 재빠른 행동으로 약한 자를 돕고 의심하는 자에게 확신을 심어주고 고집부리는 자를 물리쳐야 한다고 조언하는 바입니다. 이를 위해 섬 전체를 동시에 횡단할 수 있도록 세 무리로 흩어집시다. 그다음에는 일반 의회가 우리 계획을 완성하고, 우리 관점을 통합하고, 정부 형태를 규제하도록 합시다. 하느님께 증언을 청하노니, 팔레르모는 지배를 열망하지 말고, 오직 모두를 위한 자유를 추구하며, 가장 위험에 처한 영광을 추구하십시오.

로제르 마스트란젤로Roger Mastrangelo, 사바 말라스피나가 쓴 연대기 중, 1285년경

당대 역사가이자 작가였던 사바 말라스피나Saba Malaspina에 따르면 13세기 후반 시칠리아 사람들은 이렇게 저항을 선언하면서 앙주 왕조 샤를 1세의 프랑스 지배에 대항해 반란을 일으켰고, 프랑스와 교황, 아라곤 동맹 간에 지역 통제권을 다투는 대규모 전쟁이 시작됐다. 이 사건은 1282년 3월 30일 "프랑스인에게 죽음을"이라는 선언과 함께 팔레르모에서 폭동이 일어나 폭력이 폭발적으로 번지면서 시작됐다. 교회 밖에서 저녁 기도를 하는 때를 시간과 장소로 정했다는 이유로 이 반란에는 '시칠리아 만종'이라는 이름이 붙었다. 이 반란은 이 지역에 거주하는 프랑스인을 몰살하려는 광란의 도가니로 번졌다. 하지만 시칠리아가 진정으로 해방을 달성하기까지는 600여 년을 더 기다려야 했다(10월 26일 참조).

이날 일어난 다른 사건들
1856년 크림 전쟁이 파리 조약으로 종결
1867년 미국이 700만 달러가 조금 넘는 금액으로 알래스카를 러시아로부터 구입
2002년 엘리자베스 2세의 어머니가 향년 101세로 사망

3월 31일

유대의 왕 헤롯 사망, 기원전 4년

하지만 이제 헤롯의 병세가 갈수록 나빠졌다. 속에서 열이 끓어올랐다. 겉으로는 티가 많이 나지 않았지만 속으로는 고통이 커져서 엄청난 식욕에 시달렸다. 내장, 특히 결장에 궤양이 생겼다. 발에는 물집이 잡혔다. 음경이 곪아서 벌레가 생겼다. 게다가 똑바로 앉으면 숨쉬기가 힘들었다. 입냄새가 심하게 나고 온몸에 경련이 일어났다. 앞날을 내다본다고 주장하는 자들은 불경한 헤롯에게 하느님이 이 같은 벌을 내렸다고 주장했다.

더는 회복될 기미가 보이지 않자 헤롯은 모든 병사에게 50드라크마씩 나눠줬고 지휘관들과 친구들에게도 많은 돈을 줬다. 예리코로 간 헤롯은 사납게 날뛰기 시작하더니 미치광이처럼 행동했다. 그는 전 유대국의 유력 인사들에게 자기를 알현하라고 명령했다. 헤롯왕은 미워할 이유가 있는 사람뿐만 아니라 아무 죄가 없는 사람들까지 모두에게 격노했다. 사람들이 오자 그는 사람들을 모두 경마장에 가두고는 여동생 살로메를 불러 이렇게 말했다. "나는 곧 죽음을 맞이할 것이다. 인간이라면 기쁘게 맞이하고 달갑게 받아들여야 할 죽음이지. 하지만 문제가 있다. 내가 죽어도 누구도 슬퍼하지 않을 것이야. 왕이라면 응당 기대할 애도가 따르지 않을 것이란 말이지."

그러면서 자기가 죽으면 죽은 사실을 비밀로 하고 경마장에 병사들을 배치하라고 요청했다. 그런 다음에 안에 있는 모든 사람에게 화살을 쏘라고 명령하라고 했다. 이 학살은 이중으로 기쁨을 불러올 것이었다. 첫 번째는 죽어가는 사람의 소원을 들어주기 때문이고 두 번째는 헤롯의 장례식에 잊지 못할 애도가 넘치는 영광을 누리게 될 것이기 때문이었다.

헤롯이 이런 명령을 내리고 있을 때 로마 황제[아우구스투스 황제]에게 파견한 대사가 보낸 서신이 도착했다. 서신은 로마 황제가 안티파테르[헤롯의 아들]의 악행을 도운 아크메[로마 황제 아내 리비아의 유대인 하녀]에게 분개해 그녀를 죽였고, 안티파테르는 추방하든지 처형하든지 그 처분을 헤롯에게 맡겼다는 내용이었다.

아버지가 죽었다고 생각한 안티파테르는 대담하게도 자기가 즉시 풀려날 것이며 왕국을 차지할 수 있다고 생각했다. 그는 간수에게 자신을 풀어주면 큰 보상을 내리겠다고 약속했다. 하지만 간수는 헤롯에게 안티파테르의 의도를 고했다. 이에 헤롯은 죽음의 문턱에 서 있있음에도 사기 머리를 때리며 경비병 몇 명을 불러 안티파테르를 즉시 죽이라고 명했다.

헤롯은 안티파테르를 죽인 지 닷새 만에 죽었다. 그는 안티고누스[하스모니안 왕조]를 살해한 때로부터 34년, 로마제국이 그를 왕으로 선포한 이후부터 37년 동안 통치했다. 그는 모든 사람을 지독하게 야만스럽게 대했고 격정의 노예였다. 하지만 일개 평민에서 출세해 왕위에 올랐고, 수많은 위험에 직면했지만 모두 물리쳤으며, 아주 오래 살았다는 점에서 무척 운이 좋았다.

요세푸스, 《유대 고대사 THE ANTIQUITIES OF THE JEWS》, 17권, 서기 1세기

유대의 왕이자 기원전 40년 그를 '유대인의 왕'으로 임명한 로마제국의 예속 평민이었던 헤롯 '대왕'은 예루살렘 주변에 거대한 건축물을 짓게 한 야심차고 무자비한 폭군이었다. 성서에서는 예수 탄생 이야기에 '무고한 어린아이 학살'을 저지르는 사람으로 인상 깊게 등장한다. 서기 1세기 로마 시대 유대인 역사학자 요세푸스Josephus가 서술한 바에 따르면 헤롯은 자기를 죽이려는 음모에 연루된 아들 안티파테르를 죽이라고 명령한 직후인 기원전 4년(추정) 3월 말일에 괴기스럽게 죽었다. 이후 헤롯의 왕국은 남은 아들 세 명이 나눠가졌지만 서기 6년 유대에 로마 속주가 세워졌다. 시리아의 하위 속주에 속하게 됐고 속주 총독의 지배를 받았다.

이날 일어난 다른 사건들
1631년 영국 형이상학파 시인 존 던John Donne 사망
1959년 달라이 라마Dalai Lama가 중국이 지배 중이던 티베트에서 인도로 탈출
1990년 런던에서 정부의 인두세(지방세)에 반대하는 시위대 폭동 발생

4월

4월 1일	영국 부인이 터키 목욕탕에 가다, 1717년
4월 2일	넬슨 제독의 명령 불복종, 1801년
4월 3일	제시 제임스 살해, 1882년
4월 4일	잉글랜드 내전의 상처 치유, 1660년
4월 5일	"권력은 부패하기 쉽습니다", 1887년
4월 6일	간디가 소금 행진을 마치다, 1930년
4월 7일	도미노 이론 발표, 1954년
4월 8일	조모 케냐타 유죄 선고, 1953년
4월 9일	로버트 리 장군의 항복, 1865년
4월 10일	성 금요일 협정, 1998년
4월 11일	집단 학살에 직면한 무력감, 1994년
4월 12일	비잔티움 콘스탄티노폴리스가 십자군 원정대에 함락, 1204년
4월 13일	암리차르 학살, 1919년
4월 14일	에이브러햄 링컨 암살, 1865년
4월 15일	타이타닉호 침몰, 1912년
4월 16일	컬로든 습지에서 자코바이트 패배, 1746년
4월 17일	샌프란시스코 대지진, 1906년
4월 18일	마르틴 루터, 주장을 고수하다, 1521년
4월 19일	미국 독립 혁명을 알리는 첫 총성, 1775년
4월 20일	넬슨 만델라, 자신의 행동을 변호하다, 1964년
4월 21일	로마 건국, 기원전 753년
4월 22일	오클라호마 정착, 1889년
4월 23일	대관식 후 기념행사, 1661년
4월 24일	부활절 봉기, 1916년
4월 25일	갈리폴리 상륙 작선 내실패, 1915년
4월 26일	게르니카 파괴, 1937년
4월 27일	탐험가 마젤란, 죽음과 마주하다, 1521년
4월 28일	존슨식 대화, 1779년
4월 29일	아돌프 히틀러의 유언, 1945년
4월 30일	헨리 8세, 르네상스 군주, 1515년

4월 1일

영국 부인이 터키 목욕탕에 가다, 1717년

10시쯤에 대중목욕탕에 갔어요. 이미 여자들로 가득 차 있더라고요. 나는 여행복을 입고 있었고 그들 눈에는 분명 아주 특이해 보였을 거예요. 하지만 놀라거나 무례한 호기심을 보이는 사람은 아무도 없고 더할 나위 없이 친절한 호기심으로 저를 대했어요. 제가 아는 한 유럽 궁중에서 부인들이 낯선 사람에게 그토록 정중하게 행동하는 곳은 없어요.

소파 첫 번째 줄에는 쿠션과 두툼한 양탄자가 깔려 있고 그 위에 귀부인들이 앉아 있었어요. 그 뒤로 두 번째 줄에는 노예들이 앉아 있었죠. 하지만 옷차림에는 신분 차이가 드러나지 않았어요. 모두가 자연 상태, 다시 말하자면 그 어떤 아름다움이나 결함도 감추지 않은 알몸이었거든요. 하지만 그 누구도 음탕하게 웃거나 천박한 몸짓을 하지 않았어요.

결국 저는 치마를 들쳐 그들에게 코르셋을 보여줬어요. 코르셋을 보더니 납득하더라고요. 그들은 내가 그 기계에 갇혀 있어서 내 힘으로는 열 수 없고 내 남편이 그 장치를 잠궜다고 생각하는 것 같았어요.

메리 워틀리 몬태규 부인, 편지, 1717년

문학가이자 안주인, 동양학자였던 메리 워틀리 몬태규 부인Lady Mary Wortley Montagu(1689년-1762년, 결혼 전 성은 피어포인트Pierrepoint였는데, 1712년 에드워드 워틀리 몬태규Edward Wortley Montagu와 눈이 맞아 도망을 쳤다)은 4년 뒤 몬태규 부인은 남편과 함께 육로를 이용해 오스만 제국 수도인 콘스탄티노폴리스(현 이스탄불)로 떠났다. 남편은 대사 자격으로 2년 동안 그곳에 머무를 예정이었다.

가는 도중에 몬태규 부부는 베오그라드와 소피아에 머무르면서 이슬람과 터키 문화를 접할 수 있었고, 1717년 4월 1일 소피아에서 몬태규 부인은 난생처음 터키 목욕탕을 방문했다. 몬태규 부인은 근동 지역에 1년 남짓 머물렀을 뿐이지만 그 경험은 훗날 서간체 여행기의 고전이 된 《대사관 편지Embassy Letters》를 쓰는 데 풍부한 소재를 제공했다. 또한 이 여행은 특히 천연두 예방 접종을 비롯한 터키 풍습을 서양에 소개하는 데도 중요한 역할을 했다.

이날 일어난 다른 사건들

1204년 '사자왕' 리처드 1세의 모친 아키텐의 엘레오노르Eleanor of Aquitaine 사망
1918년 영국 왕립 공군 탄생
1945년 제2차 세계대전: 미군이 일본 오키나와섬 침공

4월 2일
넬슨 제독의 명령 불복종, 1801년

이때 넬슨은 선미 갑판을 서성이고 있었다. 총알이 큰 돛대를 관통하면서 파편이 흩어졌다. 넬슨은 미소를 지으며 장교 한 명에게 "격전이다. 어쩌면 오늘이 우리 모두에게 마지막 순간이 될 수도 있다."라고 말하더니 통로에서 갑자기 멈춰 서서 벅찬 듯이 "하지만 귀관들은 기억하라! 나는 천금을 준다 해도 다른 곳에 가지 않을 것이다."라고 덧붙였다. 이즈음에 통신 장교가 총사령관이 39번[전투를 중단하라는 신호]을 발령했다고 외쳤다. 넬슨은 계속해서 갑판 위를 걸었고 전혀 눈치 채지 못한 듯 보였다. 이내 신호 장교가 넬슨에게 다가가 다시 한번 보고해야 할지 물었다. 넬슨은 "아니, 알아들었네."라고 대답했다. 이제 그는 부상으로 절단하고 남은 팔을 언제나처럼 벅차오르는 감정을 실어 움직이며 갑판을 서성거리다가 퍼거슨 씨에게 "총사령관이 탄 함대에 무엇이 보이는지 아는가? 숫자 39야!"라고 말했다. 퍼거슨 씨는 그 숫자가 무슨 뜻인지 물었다. "아, 전투를 중단하라는 뜻!" 넬슨은 어깨를 으쓱하더니 "전투를 중단하라고? 난 절대 전투를 중단하지 않아!"라는 말을 반복했다. 그는 신호 장교를 보며 "이봐, 폴리, 나는 눈이 하나뿐이야. 가끔은 보지 못할 권리가 있다고."라고 말했다. 그런 다음 안 보이는 쪽 눈에 망원경을 갖다 대고 쓸쓸함을 꾸며내는 듯한 분위기로 "진짜로 신호가 안 보여!"라고 외쳤다.

로버트 사우디 Robert Southey, 《**허레이쇼 넬슨 경의 생애**LIFE OF HORATIO LORD NELSON》, **1813년**

1801년 4월 2일 코펜하겐 전투에서 영국 함대 한 척이 러시아-스웨덴-덴마크 '중립' 동맹을 와해하고자 했다. 이 동맹은 영국 선박이 발트해를 통과하지 못하도록 차단함으로써 사실상 나폴레옹 세력을 강화하고 있었다. 적절하게 군사력을 과시하면 러시아가 지배하는 해당 동맹에서 덴마크를 떼어낼 수 있을 것 같았다.

제독 하이드 파커 경Sir Hyde Parker에 이어 부사령관이었던 허레이쇼 넬슨Horatio Nelson은 널리 알려진 대로 파커의 명령에 따르지 않았고, 한 시간 안에 덴마크군을 격파했다. 파커는 넬슨에게 상당한 행동 자유권을 줬고, 나중에는 넬슨에게 퇴각 명령을 내렸을 때 "만약 그가 작전을 성공적으로 계속 수행할 수 있는 상황이었다면 그는 명령을 무시할 것입니다. 만약 그런 상황이 아니었다면 퇴각 명령은 그가 후퇴한 구실이 되어 그 누구도 그를 탓할 수 없을 것입니다."라고 말했다고 주장했다. 하지만 이 일화로 파커의 평판에는 금이 갔고 전투 후 한 달 만에 파커는 넬슨에게 지휘권을 빼앗겼다.

이날 일어난 다른 사건들
1792년 미국 의회가 조폐국 설립
1982년 아르헨티나군이 포클랜드제도 침공
2005년 폴란드인 교황 요한 바오로 2세 사망

4월 3일

제시 제임스 살해, 1882년

오늘 아침, 악명 높은 무법자이자 열차 강도 제시 제임스가 총에 맞아 살해당했다는 소식에 큰 반향이 일었다. … 제시 제임스는 지난 11월 언젠가부터 도시 남동부 지역 작은 판잣집에서 아내와 함께 살았다. 제임스의 일당이었던 로버트 포드와 찰스 포드 역시 같은 집에 본부를 차렸다. … 세 사람은 오늘 밤에 실행에 옮길 예정이었던 강도 원정을 준비하고 있었다.

오늘 아침 9시 제임스와 포드 형제는 거실에 함께 있었다. 제임스는 허리띠를 풀고 권총을 침대 위에 올려놓은 뒤 씻을 준비를 했다. 그때 로버트 포드가 제임스의 뒤에서 벌떡 일어나 뇌를 관통하도록 총을 쐈다. 총알은 제임스 뒤통수 우뇌 아랫부분으로 들어가 눈 위로 나왔다. 포드 형제는 즉시 자신들이 한 짓을 알리고 자수했다. …

시체를 보니 제임스는 40세 정도로 보이는 이마가 넓고 준수한 외모의 남성이었고, 얼굴은 지적이면서도 단호하고 대담한 관상이었다. 제임스가 살던 집의 외관은 무기고 같았다. 평소 제임스는 아주 좋은 권총 두 자루와 탄약통 여분 스물다섯 개를 매단 허리띠 두 개를 겹쳐서 찼다.

〈뉴욕 타임스〉, 1882년 4월 4일

미국 남북 전쟁 중에 남부 연합군 게릴라로 싸웠던 무법자 제시 제임스Jesse James는 이후 10년 동안 은행 강도단과 열차 강도단을 이끌었고 1882년 무렵에는 악명을 떨치게 됐다. 1876년 미네소타주 노스필드에서 은행 습격에 실패한 뒤 강도단은 세력을 잃었고 제임스는 고향인 미주리주 세인트조지프로 돌아갔다. 그의 새로운 동료였던 포드 형제는 주지사와 짜고 제임스를 죽일 음모를 꾸몄다. 포드 형제는 제임스를 쏜 뒤 살인죄로 재판을 받고 사형을 선고받지만 곧 사면을 받고 현상금도 일부 받았다. 제임스가 저지른 수많은 위법 행위와 무자비함은 그가 죽은 뒤에도 오랫동안 사람들을 매료했고 수많은 영화 연출에 영감을 제공했다.

이날 일어난 다른 사건들
1860년 조랑말 속달 우편 운영 개시
1865년 미국 남북 전쟁: 남부 연합 수도인 버지니아주 리치먼드 함락
1948년 미국 대통령 트루먼이 마셜 플랜에 서명

4월 4일

잉글랜드 내전의 상처 치유, 1660년

왕국 전체가 이토록 산만하고 혼란스러운데도 모든 백성들이 그토록 오랫동안 계속해서 피를 흘려온 그 상처를 봉합할 수 있다는 욕망과 갈망을 느끼지 않는다면 짐이 하려는 말이 아무런 소용도 없을 것이다. 그러나 이 긴 침묵을 지나 짐이 그것에 얼마나 기여하고 싶은지 선언하는 것이 의무라고 생각하게 됐다. 또한 신과 자연이 짐에게 부여한 권리의 소유권을 획득하겠다는 희망을 결코 단념할 수 없으므로, 그토록 오랜 고통과 고난에 시달린 짐과 짐의 백성을 신이 불쌍히 여기시어 죄를 사하시고, 짐의 백성이 가능한 한 적은 희생과 대가를 치르면서 조용하고 평화롭게 짐의 권리를 소유할 수 있도록 해 주시기를 매일 신의 섭리에 간청한다. 또한 짐은 백성들이 법에 따라 소유물을 즐기는 그 이상으로 짐의 소유물을 즐기려고 하지 않을 것이다. …

또한 처벌에 대한 두려움으로 조국의 평온과 행복에 반대해 왕과 귀족, 백성들에게 예로부터 내려오는 정당하고 기본적인 권리를 복구할 때 과거에 저지른 짓을 의식하고 미래에 대한 죄책감에 시달리는 일이 없도록, 짐은 이 문서에 따라 그 정도나 죄질에 관계없이 이 문서를 발행한 이후 40일 안에 짐의 은총과 호의를 받고, 공개 행동으로 이를 선언하며, 선한 백성으로 충성과 복종을 다하겠다고 맹세하는 모든 짐의 백성에게 특별히 일반 사면을 베풀 것이다. 짐은 국새를 찍어 준비를 마쳤다. 앞으로 의회가 배제하는 자만 제외한다. 그들만이 제외될 것이다. 모든 짐의 백성은 아무리 흠이 있다고 하더라도 왕의 말에 의지하도록 하라. 이 글로 엄숙히 선언하건대 이 글을 발표하기 이전에 짐 혹은 짐의 아버지에게 저지른 범죄는 그 무엇도 재판에 회부되거나 심문받지 않을 것이며, 죄를 저지른 백성의 생명, 자유, 재산에 조금도 흠집을 입히지 않는 것은 물론, 짐의 힘이 닿는 한 그들을 비난하거나 다른 선한 백성들과 차별함으로써 그들의 평판에 대한 편견이 생기는 일도 없도록 할 것이다. …

수난과 냉혹함의 시대가 여러 종교적 견해를 낳았으니. … 짐은 양심에 호소할 자유를 인정하고, 왕국의 평화를 깨뜨리지 않는 한 종교 문제에 관한 의견 차이로 불안에 시달리거나 의심을 받는 일은 없을 것이라고 선언한다. 또한 짐은 종교에 대한 관용을 완전히 보장하는 의회 법률이 충분한 심의를 거쳐 짐에게 제시된다면 기꺼이 이에 동의할 것이다.

오랜 세월 동안 혼란이 이어지고 수많은 대규모 혁명이 일어나면서 많은 관료와 군인 등이 땅을 양도받고 구입했으므로, 앞으로도 그들은 지금과 같이 소유할 것이며, 그 권리에 대해서는 법에 따라 행동할 책임을 질 것이다. 마찬가지로 짐은 그런 차이를 기꺼이 인정할 것이며, 그런 양도 및 매매와 관련된 제반 사항은 모든 관련자들이 공정하게 만족할 방안을 제공할 수 있는 의회가 결정할 것이다.

나아가 짐은 앞서 말한 목적을 달성하고자 제정하는 모든 의회 법률에 기꺼이 동의할 것이며, 몽크 장군이 지휘하는 부대 사병들에게 밀린 급료를 전부 지급하고 앞으로도 현재 누리고 있는 충분한 보수와 조건에 따라 짐을 섬기게 될 것임을 선언한다.

찰스 2세, 브레다 선언, 1660년 4월 4일

1660년 잉글랜드 왕위에 복귀하기 몇 달 전, 찰스 2세는 앞으로 다스릴 백성들에게 자신의 의도를 미리 밝혀 기반을 닦았다. 찰스 2세는 네덜란드 망명지에서 발표한 이른바 브레다 선언에서 앞으로 자신에게 충성할 사람들에게는 내전과 공위 기간 중에 저지른 행위에 대해 일반 사면을 베풀겠다고 제안했다. 또한 종교상 '양심에 호소할 자유'를 주겠다고 확언했다. 그는 상실된 사유지 권리는 의회가 결정한다고 약속하고 군대에 급여를 지불하겠다고 확약했다.

일반 사면 약속은 지켰지만 공격적인 성공회 종교 정책은 브레다 선언 제안만큼 너그럽지 않았다. 찰스 1세 사형 집행 영장에 서명한 국왕 시해자들(1월 30일 참조) 역시 용서받지 못했다. 일부는 체포되어 처형당하거나 투옥됐고, 유배당한 자들도 있었다. 올리버 크롬웰을 비롯해 이미 죽은 세 사람은 무덤을 파내 유골을 훼손했다.

이날 일어난 다른 사건들
1581년 잉글랜드 탐험가 프랜시스 드레이크에게 기사 작위 수여
1721년 로버트 월폴Robert Walpole이 영국 최초 총리로 취임
1968년 테네시주 멤피스에서 마틴 루서 킹이 암살당함

4월 5일

"권력은 부패하기 쉽습니다", 1887년

만약 그것이 범죄라면, 예를 들어 간통이 음란죄라면 그 행위를 허가한 사람은 간통을 저지른 사람의 죄를 공유합니다. …

교황과 왕의 경우 그들은 아무런 잘못을 하지 않았다는 유리한 가정 하에 다른 사람들과 다르게 판단해야 한다는 당신의 율령을 받아들일 수 없습니다. 만약 어떤 추정을 한다면 그와 반대로 권력을 가진 자에게 불리하게, 권력이 커질수록 더 불리하게 추정해야 할 것입니다. 역사적 책임은 법적 책임의 부재를 메꿔야 합니다. 권력은 부패하기 쉽고, 절대 권력은 절대 부패합니다. 위인들은 권위가 아니라 영향력을 행사할 때도 거의 예외 없이 악인이었고, 권위에 의한 부패 경향이나 필연성을 더하면 더욱 악해집니다. 권위를 가진 자를 신성시한다면 이보다 더한 이단은 없습니다.

여기에 대죄를 범한 위인들의 이름이 있습니다. 당신은 알 수 없는 이유로 그런 범죄자들을 벌하지 않을 테지요. 저라면 그들을 하만보다 더 높이 매달 것입니다. 아주 명백한 정의 실현이라는 이유로, 나아가 역사를 바로 세우고자 더욱 높이 매달 것입니다.

솔직히 나는 이보다 더 큰 과실은 없다고 생각합니다. 도덕률을 굽히지 않고 보전하는 것이야말로 권위의 비결이자 존엄이고 역사의 효용성입니다.

액턴 경, 맨델 크레이턴 주교에게 보낸 편지, 1887년 4월 5일

귀족 출신 역사학자 액턴 경Lord Acton(1834년-1902년)은 길지 않은 이 편지에서 역사상, 역사에 관한 가장 유명한 격언 중 하나인 "권력은 부패하기 쉽고, 절대 권력은 절대 부패한다."라는 문장을 썼다. 그는 최근 《교황직의 역사History of the Papacy》를 출판한 케임브리지대학교 교회사 교수(후일 영국성공회 런던 교구 주교) 맨델 크레이턴Mandell Creighton에게 이 편지를 썼다. 《고대 자유의 역사A History of Freedom in Antiquity》와 《기독교 자유의 역사A History of Freedom in Christianity》라는 소론으로 알려진 진보적인 가톨릭 신자였던 액턴은 크레이턴의 책이 중세 시대 교황들, 르네상스 시대 교황 식스토 4세Sixtus IV와 스페인 종교 재판에 너무 관대했다고 비판했다.

액턴이 언급한 '하만Haman'은 기원전 5세기 페르시아 귀족으로 고대 페르시아에 살던 유대인들을 죽이려는 음모를 부추겼다가 페르시아 왕의 유대인 아내 에스더에게 저지당하고, 이후 교수형에 처해졌다.

이날 일어난 다른 사건들

1792년 조지 워싱턴이 최초로 미국 대통령의 거부권 행사
1955년 윈스턴 처칠 경이 영국 총리직 사임
1964년 미국 장군 더글러스 맥아더 사망

4월 6일

간디가 소금 행진을 마치다, 1930년

이로써 나는 영국 제국의 근간을 흔들고 있습니다.

모한다스 간디, 1930년

존경의 뜻이 담긴 '마하트마'라고 불렸던 모한다스 간디Mohandas K. Gandhi(1869년-1947년)는 1930년 소금 생산과 판매에 부과하는 소금세에 반대하는 대대적인 운동을 통해 인도를 지배하던 영국 정부에 대한 폭넓은 도전을 계속했다. 소금세는 인도인이 자국 영토의 자원을 강탈당했음을 보여주는 강력한 상징이었다. 인도의 힌두교도와 이슬람교도를 통합할 명분을 모색하던 간디와 그의 지지자 수십 명은 3월 12일 구자라트주에서 간디가 머무르던 아쉬람힌두교 수행자들이 거주하는 암자—옮긴이에서 바다까지 도보로 긴 여정에 나섰다. 간디가 390여 킬로미터를 걸어 4월 5일 단디 해변에 도착했을 때는 6만여 명이 그의 뒤를 따랐다. 그날 저녁 간디는 인터뷰를 했다.

나는 행진 내내 완전한 불간섭 정책을 채택한 영국 정부에 찬사를 금할 수 없습니다. 나는 이 불간섭이 진정한 심경의 변화나 정책의 변화로 인한 결과였다고 믿을 수 있기를 바랍니다. 나는 이 불간섭을 영국 정부가 강력하기는 하지만 의심할 여지없는 시민 불복종인 극단적 정치 운동의 탄압을 용납하지 않을 세계 여론에 민감하기 때문이라고 해석할 수밖에 없습니다. 불복종 주체가 일반 시민에 국한되고 필연적으로 비폭력 상태를 유지하는 한 그럴 것입니다.

이튿날 이른 아침 간디는 바다로 가서 소금기를 머금은 갯벌을 한 움큼 가져와 바닷물과 함께 끓여서 소금을 만들었고, 모두에게 똑같이 해 보라고 권했다. 간디는 5월에 체포됐지만 수천 명이 간디를 따라 하면서 그달 안에 소금법을 위반한 혐의로 60만 명에 가까운 사람들이 체포됐고 6만 명이 투옥됐다. 이후 영국 제품 불매 운동이 뒤따랐고 수라트에 있는 다라사나 소금 공장으로 간 평화 행진은 군인들이 평화 시위대 수천 명을 냉혹하게 공격해 수백 명을 다치게 하고 최소 두 명을 살해한 사건을 전 세계에 알리는 계기가 됐다.

이날 일어난 다른 사건들
1199년 잉글랜드 국왕 '사자왕' 리처드 1세 사망
1917년 미국이 독일제국에 선전 포고
1971년 러시아 작곡가 이고르 스트라빈스키Igor Stravinsky 사망

4월 7일

도미노 이론 발표, 1954년

먼저 그 지역은 전 세계에 필요한 원자재를 생산한다는 고유한 가치를 지니고 있습니다. 두 번째로 수많은 사람이 자유세계를 위협하는 독재 정부 지배하에 놓일 가능성이 있습니다. 마지막으로 '쓰러지는 도미노' 원칙에 따라서 좀 더 폭넓은 사항을 고려해야 합니다. 도미노를 일렬로 세워놓고 첫 번째 도미노를 쓰러뜨리면 순식간에 마지막 도미노까지 확실히 쓰러집니다. 따라서 엄청나게 거대한 영향력을 미칠 붕괴의 시작이 될 수도 있습니다.

미국 대통령 드와이트 아이젠하워, 기자 회견, 1954년 4월 7일

냉전이 한창일 무렵, 미국 대통령 드와이트 아이젠하워Dwight D. Eisenhower는 한 국가가 공산주의로 넘어가면 이웃 국가들도 힘이 빠지면서 같이 무너질 수 있다고 주장하면서 쓰러지는 도미노에 비유했다. 이른바 '도미노 이론'은 인도차이나반도에 관한 기자 회견 중에 언급됐다. 당시 민족주의자와 공산주의자에게 지지받던 베트민은 디엔비엔푸의 프랑스 근거지를 포위하고 프랑스를 식민지 베트남에서 몰아내는 중이었다. 아이젠하워는 인도차이나가 자유세계에 어떤 전략적 중요성을 지니는지 설명해 달라는 질문을 받았다. 질문자는 미국 국민이 그 중요성을 완전히 인식하고 있지 않다고 지적했다. 이 당시 인도네시아, 말레이반도, 버마를 비롯한 여러 인도차이나반도 국가들은 공산주의자들이 뒷받침하는 반란을 겪고 있었고, 이를 제지하는 것은 냉전의 중대한 측면으로 여겨졌다.

프랑스가 인도차이나에서 철수하면서 미국은 서서히 그 지역 내 개입을 강화했고, 1960년대와 1970년대 초 미국이 베트남, 라오스, 캄보디아에 간섭할 명분으로 다시 '도미노 이론'이 거론됐다.

이날 일어난 다른 사건들

1862년 미국 남북 전쟁: 연방군이 샤일로 전투에서 연합군 격파
1947년 자동차 기업가 헨리 포드 사망
1948년 세계보건기구World Health Organization 창설

4월 8일

조모 케냐타 유죄 선고, 1953년

피고는 많은 아프리카인을 다시 인간성을 잃은 상태로 되돌렸다. 피고는 그들에게 오랫동안 잊히지 않을 살인을 저지르고 불을 지르고 만행을 저지르도록 비밀리에 설득했다. 장담컨대 마우마우단은 패배할 것이다.

판사 랜슬리 새커Ransley Thacker, 선고 중 발언, 1953년 4월 8일

케냐 마우마우 봉기는 양차 세계대전 사이에 원주민들이 토지 권리를 상실하면서 발생했다. 1950년대부터 긴장이 고조됐고 1956년까지 케냐인 수만 명이 사망했다. 사망자 다수가 마우마우단 내 지배 세력인 동시에 주요 희생자가 된 키쿠유족이었고 일부 유럽인들도 섞여 있었다. 영국 식민지 당국은 이 반란에 강력하고 때로는 잔인하게 대응했고, 병력 소집, 폭격기, 집단 투옥 같은 방법을 동원했다.

카펭구리아 6인으로 알려진 민족주의 지도자 여섯 명 역시 금지 단체를 관리하고 케냐에 거주하는 모든 백인을 살해하려는 음모를 꾸민 혐의로 감옥에 갇혔다. 조모 케냐타Jomo Kenyatta(1894년경-1978년)는 마우마우단의 폭력에 반대하는 목소리를 냈지만 이 여섯 명에 속하게 됐다. 케냐 총독 에벌린 베어링Evelyn Baring 측근이었던 판사는 재판 내내 피고인들에게 적대적이었다. 나중에 이 사건의 주요 증인들이 뇌물을 받고 협박을 받았다는 증거가 드러났다. 인도 총리 자와할랄 네루Jawaharlal Nehru는 피고를 도울 변호사를 보냈지만 결국 그들은 유죄 판결을 받고 3년에서 7년에 이르는 중노동을 선고받았다.

그에 반해 몇 달 후 젊은 영국 장교가 아프리카 부대에 마우마우단 용의자들 목에 가죽끈을 묶고 그들의 발바닥을 채찍질하고 귀를 불붙인 담배로 지지라고 명령한 혐의가 유죄로 밝혀졌을 때 같은 판사는 "이런 위법 행위를 접하면 공포 상태에 빠지기 쉽지만, 그 배경에 비추어 고려해야 한다. 피고인들은 모두 비인간적인 괴물과 가장 저급한 야만인들을 찾아내는 일에 종사했다."라고 발언했다.

1962년 케냐타는 총리가 되어 케냐를 독립으로 이끌었고, 훗날 케냐 대통령이 됐다.

이날 일어난 다른 사건들
1587년 개신교 순교학자 존 폭스 사망
1904년 영국과 프랑스가 영프 협상 체결
1973년 화가 파블로 피카소 사망

4월 9일

로버트 리 장군의 항복, 1865년

4시 정각이 되기 조금 전에 리 장군이 그랜트 장군과 악수를 하고 다른 장교들에게 고개를 숙인 뒤에 마셜 대령과 함께 방을 나갔다. 우리는 차례로 뒤따라 현관으로 나갔다. 리는 잡역병에게 말을 꺼내오라는 신호를 보냈고, 말에 굴레를 씌우는 동안 계단 맨 아래에 서서 이제 포로가 된 자기 군대가 있는 골짜기 너머를 슬프게 응시했다. 리는 멍하니 양손을 여러 차례 세게 마주쳤다. 그가 다가오자 마당에 있던 북군 장교들이 깍듯하게 일어섰지만 보지 못한 듯했고 자기 자신이 어떤 상태인지 전혀 의식하지 못한 듯 보였다. 모두가 그를 휩싼 슬픔을 알아차렸고, 이 중요한 순간에 그를 본 모든 사람이 그에게 개인적인 연민을 느꼈다. 말이 다가오는 모습을 본 그는 정신을 차린 듯 즉시 말에 올랐다. 그랜트 장군이 현관에서 내려와 리 장군에게 다가가면서 모자를 들어 경의를 표했다. 그 자리에 있던 모든 장교가 이 정중한 행동을 따라 했다. 리는 정중하게 모자를 들어 보였고, 오랫동안 지휘한 용감한 동료들에게 슬픈 소식을 전하러 말을 달렸다.

호레이스 포터 장군, 《남북 전쟁의 전투와 지도자들BATTLES AND LEADERS OF THE CIVIL WAR**》, 1887년**

버지니아주 애퍼매턱스 코트하우스 전투를 마지막으로 남북 전쟁이 막을 내렸다. 북버지니아 연합군 장군 로버트 리Robert E. Lee는 우월한 병력에 포위당했고 테네시주군과 단절됐다. 오전 나절, 진퇴양난에 처했음을 깨달은 리는 "수치를 무릅쓰고 그랜트 장군을 만나는 것 외에는 아무런 방법이 없다."라는 결론을 내렸다. 두 사람은 윌머 매클래인Wilmer Maclean 소유의 농가에서 만났고 4월 9일 오후 4시경에는 항복 조건에 합의했고, 율리시스 그랜트Ulysses S. Grant 장군은 패배한 남부 연합군과 그 장군의 존엄을 지켜주도록 배려했다. 다음 날 리 장군은 부하들에게 무기를 넘기라고 명령하기 전에 고별 연설을 했다.

타의 추종을 불허하는 용기와 불굴의 정신으로 4년 간 고된 전투를 벌인 끝에 북버지니아군은 감당할 수 없는 병력과 자원에 부득이하게 항복하게 됐습니다.

수많은 힘겨운 전투에서 끝까지 꿋꿋하게 살아남은 생존자들에게 내가 그들을 불신해서 이 결과를 받아들인 것이 아니라는 사실을 굳이 말할 필요는 없을 것입니다. 하지만 계속해서 이 전쟁에 참여할 때 발생할 손실을 보상할 수 있는 어떤 것도 용기와 헌신으로 달성할 수 없다는 느낌에 지난 복무로 동포들에게 사랑받은 여러분이 불필요하게 희생하는 사태를 피하기로 결심했습니다. 합의 조건에 따라 장교와 사병들은 기지로 돌아가 교환할 때까지 머무를 수 있습니다.

여러분은 맡은 바 임무를 충실히 수행했다

는 자각에서 비롯되는 만족감을 가져도 좋습니다. 자비로운 하나님이 여러분을 축복하고 보호하기를 간절히 기도합니다.
국가에 대한 여러분의 충성과 헌신에 끝없이 감탄하고 나에 대한 여러분의 친절하고 관대한 배려를 감사히 기억하면서 여러분 모두에게 애정 어린 작별을 고합니다.

1865년 4월 12일 공식 기념식을 끝으로 군대를 해산하고 마침내 남북 전쟁이 끝났다.
전쟁 이후 로버트 리는 1870년에 사망할 때까지 버지니아주 렉싱턴 소재 워싱턴 칼리지 (현 워싱턴 앤 리 대학교)에서 존경받는 총장으로 재직했다. 그는 여전히 미국 남부와 북부 양쪽에서 존경받는 인물이다. 율리시스 그랜트는 공화당 소속 18대 미국 대통령(1869년-1877년)으로 스캔들로 얼룩진 임기를 두 번 연임했다. 그는 1885년에 사망했다.

이날 일어난 다른 사건들
1917년 제1차 세계대전: 아라스 전투 시작
1940년 제2차 세계대전: 독일이 노르웨이와 덴마크 침공
2003년 이라크 전쟁: 바그다드에서 사담 후세인 동상 철거

4월 10일

성 금요일 협정, 1998년

1. 다자간 협상 당사자인 우리는 우리가 협상한 본 협정이 새로운 시작으로 향하는 진정한 역사적 기회를 제공한다고 믿는다.

2. 과거의 비극은 깊고 뼈저리게 후회스러운 고통의 유산을 남겼다. 우리는 사망자와 부상자, 그들의 가족을 결코 잊어서는 안 된다. 우리는 새롭게 출발함으로써 그들을 가장 명예롭게 기릴 수 있다. 그 과정에서 우리는 화해, 관용, 상호 신뢰를 달성하고 모두의 인권을 보호하고 옹호하기 위해 굳게 헌신할 것이다.

3. 우리는 북아일랜드 내, 남북 간, 이 섬들 사이의 관계를 뒷받침하기 위해 동반자 관계, 평등, 상호 존중에 전념한다.

4. 우리는 정치 쟁점에 대한 이견을 해결하기 위해 오로지 민주적이고 평화적인 수단에만 전적이고 절대적으로 매진한다고 재차 확인한다. …

5. 우리는 지금 우리가 진행 중인 동시에 정당한 정치적 열망들 사이에 상당한 차이가 있다는 사실을 인정한다. 그러나 우리는 화해와 관계 회복을 … 향해 노력할 것이다. … 모든 제도적, 헌법적 협의가 서로 맞물려 상호의존적인 상태이며 특히 의회와 남북 공의회의 기능은 아주 밀접한 상호 연관 관계를 맺고 있으므로 각각의 성공 여부는 상대에게 달려 있다.

전문, 성 금요일 협정, 1998년 4월 10일

거의 30년 가까이 북아일랜드 지방을 괴롭힌 북아일랜드 분쟁은 마침내 신페인, 얼스터 연합당, 영국 정부가 맺은 협정으로 끝났다. 영국 총리 토니 블레어Tony Blair("오늘은 선전 구호나 만들 때가 아닙니다만, 이번 일에 있어서는 역사가 내 어깨 위에 손을 얹은 듯한 기분이 듭니다.")와 미국 대통령 빌 클린턴Bill Clinton의 개입에 힘입어 1998년 4월 10일 협정이 체결됐다. 공화당 비주류파가 위협을 계속하고 있기는 했지만 국민 투표로 과거 적대 세력들 사이에서 권력 분담이 실현되고 북아일랜드 지방에 변혁이 시작됐다.

이날 일어난 다른 사건들
1606년 버지니아 회사가 미국 식민지 건설 인가 획득
1912년 타이타닉호 사우샘프턴에서 출항
1966년 영국 소설가이자 언론인 에벌린 워Evelyn Waugh 사망

4월 11일

집단 학살에 직면한 무력감, 1994년

4월 11일, 학살 5일째다. 안전보장이사회와 사무총장실은 어쩔 줄 모르는 것이 분명했다. 그들은 계속해서 내게 정보를 더 제공하라고 요구했다. … 내가 차마 전하지 못한 그 끔찍한 참상 중 무엇을 더 말할 수 있겠는가? 뜨거운 태양 아래서 풍기는 죽음의 냄새. 시체를 파먹으려고 달려든 파리, 구더기, 쥐, 개떼. 가끔은 그 냄새가 내 모공으로 흡수되는 느낌이 든다. 성인이 된 이래 기독교 신앙은 나를 인도하는 도덕 체계였다. 이 끔찍한 일이 일어나는 동안 하나님은 어디에 계셨을까? 세상이 반응할 때 하나님은 어니에 계셨을까?

벨기에 철군의 직접적인 결과로 그날 르완다인 2,000명이 목숨을 잃었다. 그들은 4월 7일 이후 돔 보스코 학교에 설치된 벨기에 막사로 피신했고, 국외 체류자 몇몇도 합류했다. 그날 아침 프랑스 군대가 그 학교로 와서 외국인들을 대피시켰고, 그들이 떠난 후에 중대장 르메르 대위가 지휘관인 드웨즈 중령에게 전화를 걸어 자기 중대가 공항에 집결하도록 허가해 달라고 요청했다. 르메르는 자기 중대가 학교에서 보호하고 있는 르완다인 2,000명을 언급하지 않았다. 드웨즈가 공항 집결을 허가하고 부대가 철수하자, 인레타함웨Interahamwe, 후투족 강경파 민병대—옮긴이가 쳐들어와 르완다인을 거의 몰살했다.

… 나는 4월 12일을 전 세계가 르완다에 대한 무관심으로 르완다인을 포기해 그 운명으로 몰아넣은 날로 기록한다. 재외 국민의 신속한 대피는 집단 학살범들에게 파멸로 향해 나아가라는 신호였다. 그날 밤 나는 죄책감으로 한숨도 잠을 이루지 못했다.

중장 로메오 달레어르, 《악마와 악수하다SHAKE HANDS WITH THE DEVIL》, 2003년

로메오 달레어르Roméo Dallaire는 1993년부터 1994년에 걸쳐 르완다에서 UN 평화유지군을 지휘했지만 후투족 극단주의자들이 소수 민족인 투치족을 상대로 자행한 집단 학살을 막기에는 무력했다. 1994년 초여름, 정부의 지원을 받은 무장 병력이 마체테를 휘두르며 최소 80만 명을 살해하는 대학살이 발생했다. 4월 6일 후투족 출신인 르완다 대통령 전용기 격추 사건이 그 빌미였다. 결국에는 투치족이 이끄는 르완다 애국 전선이 반란을 일으켜 정권을 무너뜨리고 집단 학살을 끝냈지만, 앙갚음이 뒤따랐고 더불어 르완다 국경을 물밀듯 넘어가는 난민이 발생했다.

이날 일어난 다른 사건들
1689년 윌리엄 3세와 메리 2세가 영국 군주로 즉위
1713년 위트레흐트 조약 체결로 스페인 왕위 계승 전쟁 종결
1945년 제2차 세계대전: 미군이 부헨발트 강제수용소 해방

4월 12일

비잔티움 콘스탄티노폴리스가 십자군 원정대에 함락, 1204년

그렇게 해서 콘스탄티누스의 아름다운 도시, 모든 국가가 공유하는 기쁨이자 자랑이 불에 타 황폐해지고 검댕으로 그을리고, 공공 재화와 사유 재산은 물론 신에게 봉헌한 재물까지도 서구의 흩어진 국가들에 빼앗기고 털렸다. 나약하고 입에 담기도 싫은 이들은 해적 항해에 착수하고자 모였고, 색칠한 가면으로 진정한 동기를 가리듯이 우리를 공격하는 핑계로 [비잔티움 황제] 이사키오스 앙겔로스의 원수를 갚는다는 명분을 댔다. … 게으르고 집에 틀어박혀 있는 로마 제국 공사들은 해적들을 재판관으로 맞아들여 우리를 규탄하고 처벌했다.

도시가 함락된 날 약탈자들은 사방으로 널린 집들에 들어가 안에 있는 모든 것을 약탈품으로 빼앗고, 집주인들을 때리기도 하고 어르기도 하고 협박하면서 숨겨놓은 보물이 어디에 있는지 심문했다. 그들은 아무것도 아끼지 않았고 재산을 주인들과 나누지 않았을 뿐더러 식량과 집도 주인들과 함께 쓰려고 하지 않았다. 그들은 집주인들을 심하게 경멸하면서 포로로 잡아 욕설을 퍼부었으므로 지도자들은 도시를 떠나려는 사람들에게 허락해주기로 결정했다.

니케타스 코니아테스Niketas Choniates, 《비잔티움 연대기ANNALS OF BYZANTIUM》, 1204년

80세 맹인 베네치아 도제 베네치아 공화국을 통치하던 최고 지도자—옮긴이 엔리코 단돌로Enrico Dandolo가 이끄는 제4차 십자군 참가자들은 폐위된 황제 이사키오스 2세 앙겔로스Isaakios II Angelos 복위에 전념함으로써 부유한 비잔티움 제국의 정치적 내분에 휩쓸리게 됐다. 그리하여 십자군은 1187년 이슬람 쿠르드 지도자 살라딘에게 함락당한 예루살렘을 탈환하겠다는 원래 목적에서 벗어나 비잔티움의 수도 콘스탄티노폴리스(현 이스탄불)를 포위했다. 1204년 4월 12일 콘스탄티노폴리스가 함락된 후 도시의 보물들은 약탈당해 대규모로 서구에 보내졌고, 새로운 '라틴 제국' 콘스탄티노폴리스, 십자군 원정대의 국가가 수립됐으며 이는 1261년까지 존속했다. 예루살렘까지 계속 발걸음을 옮긴 십자군 원정대는 거의 없었다.

1453년 콘스탄티노폴리스는 영구히 오스만튀르크에 함락됐다(5월 29일 참조).

이날 일어난 다른 사건들

1861년 남부 연합군이 사우스캐롤라이나주 섬터 요새를 공격하면서 미국 남북 전쟁 발발

1945년 미국 대통령 프랭클린 루스벨트 사망

1961년 소련 우주비행사 유리 가가린Yuri Gagarin이 최초로 우주 비행 성공

4월 13일
암리차르 학살, 1919년

그들은 사람들이 뛰쳐나오는 출구를 향해 총을 쏘았습니다. 작은 출구 총 서너 개를 통해 사람들이 빠져나오고 있었고 그곳으로 총알이 비 오듯 쏟아졌어요. … 달려가는 군중의 발에 깔려서 목숨을 잃은 사람도 많았습니다. … 바닥에 바짝 엎드린 사람들도 총격을 당했습니다.

기르다리 랄 Girdhari Lal, 학살 목격자, 1919년 4월 13일

1919년 4월 13일 펀자브주 암리차르에서 현지 영국 사령관 다이어 준장의 명령으로 무장하지 않은 인도인 379명(공식 추정치)에서 1,000명(인도측 추정치)을 학살하는 사건이 발생했다. 이 학살은 잘리안왈라바그 광장에 군중 2만 명이 모여 징병과 중과세에 반대하는 시위를 벌인 끝에 발생했다. 다이어는 아무런 경고도 하지 않고 군중에게 실탄을 발사하라고 명령했다. 많은 사람이 총알을 피해 우물로 뛰어들었다가 사망했다. 이튿날 다이어는 암리차르 사람들에게 소름 끼치는 도전장을 던졌다.

전쟁을 원하는가, 평화를 원하는가? 전쟁을 원한다면 영국 정부는 이에 대비하고, 평화를 원한다면 내 명령에 복종하고 모든 가게를 열어라. 그렇지 않으면 발포하겠다. 나에게 프랑스나 암리차르나 전쟁터는 똑같다. … 너희는 정부에 반대하고 독일과 벵골에서 교육받은 사람은 폭동을 선동한다. 나는 이 모든 것을 보고할 것이다. 내 명령에 복종하라. 다른 그 무엇도 원하지 않는다. 나는 30년 넘게 군 복무를 했다. 나는 인도 병사와 시크교도들을 아주 잘 안다. 내 명령에 복종하고 평화를 지켜야 할 것이다. 그렇지 않으면 무력과 총으로 가는 문을 열 것이다. … 내 명령에 복종하라.

다이어는 인도 총독의 지지를 받았다. 윈스턴 처칠은 7월 하원에서 다이어의 행동을 비난했지만 웨스트민스터에서 열린 심문에 소환됐을 때 다이어는 뉘우치기는커녕 군중에게 기관총을 쏠 수 있었다면 사용했을 것이라고 말했다.

이날 일어난 다른 사건들
1598년 앙리 4세의 낭트칙령 공포로 프랑스 개신교도에 신앙의 자유 인정
1970년 기술 문제로 아폴로 13호 우주 비행사들이 위험에 빠짐
1975년 베이루트에서 발생한 팔레스타인-기독교 간 시가전으로 레바논 내전 촉발

4월 14일

에이브러햄 링컨 암살, 1865년

섬터 요새 함락 4주년 기념일에 사랑받는 대통령, 평화로운 생각과 모두를 향한 사랑으로 가득 찬 그의 고결한 심장이 그를 맞이하기 위해 모인 열렬한 지지자들의 갈채를 받으며 포드 극장으로 들어섰다. 링컨 대통령은 지정 박스석에서 관중석에 가장 가까운 모서리에 있는 등받이가 높고 폭신한 의자에 앉았고, 관중 대부분은 그의 옆얼굴만 볼 수 있었다. 하지만 내가 앉은 자리, 박스석 거의 바로 아래에 있는 오케스트라 의자 맨 앞줄에서는 그의 모습이 선명하게 보였다. 영부인은 손을 거의 내내 대통령의 무릎 위에 올려놓고 있었고, 무대 위에서 우스운 상황이 벌어지면 종종 대통령의 주의를 환기하곤 했다. 영부인은 대통령이 즐기는 모습을 보면서 큰 기쁨을 느끼는 듯했다.

10시 반을 지날 무렵까지는 모든 일이 순조로웠다. 그때 3막 2장에서 날카로운 권총 소리가 극장에 울려 퍼졌다. 총성은 무대 오른쪽 막후이자 대통령이 앉은 박스석 뒤편에서 들리는 듯했다. 그 소리에 관중 모두가 놀랐지만 다들 극 중에서 새로운 상황이 벌어지기에 앞서 등장한 도입 효과로 여기는 듯했다. … 잠시 후 모자를 쓰지 않은 안색이 창백한 남성이 대통령 박스석에서 3.7미터 정도 아래인 무대 위로 뛰어내렸다. 뛰어내리면서 그가 신은 승마용 장화에 부착된 박차가 앞에 드리운 깃발 주름에 걸리는 바람에 손과 무릎을 짚으면서 무대에 떨어졌다. 운동선수 같은 유연함으로 재빨리 일어선 그는 잠시 관중을 마주 보면서 오른손에 든 긴 칼을 휘두르며 라틴어로 "언제나 독재자는 끝이 좋지 않다."라고 외쳤다. 그러고는 빠르게 무대를 성큼성큼 가로질러 시야에서 사라졌다. 대통령 박스석에서 날카로운 비명 소리가 들리고 "물! 물!"과 "외과의사!"를 빠른 속도로 연신 거듭하는 소리가 거의 마비된 관중에게 진실을 전했다. 가장 끔찍한 소동 장면이 뒤따랐다. 관중 일부가 "저놈을 죽여라!"라고 큰 소리로 외치며 입구 쪽으로 우르르 몰려와 무대 위로 올라갔다.

나는 내 앞에 있던 오케스트라 난간 위에서 뛰어 무대 위로 올라갔고, 내가 군의관이라고 말하자 아래에 모인 몇몇 신사들이 즉시 나를 대통령 박스석으로 들어 올려줬다. …

박스석에 들어갔을 때 대통령은 바닥에 누워 있었고, 흐느끼는 영부인과 전용 계단과 특별석에서 들어온 몇몇 신사분이 주변을 둘러싸고 있었다. 미국 의용병단 외과의 찰스 릴이 박스석에 있었고 상처를 찾기 위해 코트와 조끼를 자른 상태였다. 워싱턴에서 온 의사 킹 역시 그 자리에서 검진을 도왔다. … 대통령은 극장 맞은편 집의 침실로 옮겨졌다. … 극장 맞은편에 있는 작지만 깔끔하게 꾸민 방 침대에 죽어가는 대통령을 눕히는데 어찌나 키가 큰지 대각선으로 눕혀야 했다. …

방 안에는 눈물이 마른 사람이 없었고, 내가 지금껏 본 중에 가장 슬프고 애처로운 임종 장면이었다. 그랜트 장군 참모였던 로버트 링컨Robert Lincoln 대위는 방으로 들어와 침대 머리맡에 서서 죽어가는 아버지 위로 몸을 숙였다. 처음에는 지독한 슬픔에 어찌할 바를 몰랐지만 곧 정신을 가다듬고 찰스 섬너 상원 의원 어깨에 머리를 기댄 채 길고 끔찍한 밤 내내 고요한 비탄에 잠겨 있었다.

… 고결한 심장이 박동을 멈췄다는 발표가 난 뒤, 스탠턴 씨는 엄숙하게 "이제 그는 전설이 되었습니다."라고 말했다. 사망 직후 대통령의 눈이 완전히 감기지 않은 것을 발견한 젊은 외과 의사가 경건하게 50센트짜리 은화를 눈 위에 올렸다. 아래턱이 살짝 벌어지자 의료진 한 명이 손수건을 감았다. 스탠턴 장관이 창문의 블라인드를 내리고 경비원이 문 밖을 지키는 가운데 순교한 대통령은 홀로 남았다.

의사 찰스 세이빈 태프트 Charles Sabin Taft, 〈**센추리 매거진**CENTURY MAGAZINE〉**에 실린 회고록, 1893년 2월**

1865년 4월 14일 존 윌크스 부스John Wilkes Booth가 에이브러햄 링컨 대통령Abraham Lincoln(1809년-1865년)을 암살했다. 링컨이 남북 전쟁에서 승리를 거둔 지 불과 며칠 만이었다(4월 9일 참조). 대통령 암살자는 배우였다. 동시에 그는 완강한 연방군 지지자이자 노예 해방 반대자였다. 부스는 링컨의 뒤통수를 근거리에서 쏘았고, 대통령은 이튿날 숨졌다. 부통령 앤드루 존슨Andrew Johnson과 윌리엄 수어드William Seward 국무부 장관 역시 부스 공모자가 노린 대상이었으나 두 사람 모두 살아남았다.

부스는 같은 달 말에 버지니아주의 한 농장으로 도주했다가 추격조가 쏜 총에 맞아 역시 최후를 맞이했다.

이날 일어난 다른 사건들
1471년 장미 전쟁: '킹메이커' 워릭 백작Earl of Warwick이 바넷 전투에서 전사
1759년 작곡가 게오르크 프리드리히 헨델George Frideric Handel 사망
1931년 스페인 공화국 선포

4월 15일

타이타닉호 침몰, 1912년

나는 갑판에서 접이식 보트를 봤던 곳으로 갔다. 놀랍게도 보트가 있었고 사람들이 여전히 보트를 밀어서 물에 띄우려 애쓰고 있었다. 하지만 할 수 없었다. 내가 그들에게 다가가 막 힘을 보태려는데 거대한 파도가 갑판을 덮쳤다. 그 큰 파도에 보트가 휩쓸려갔다. 노걸이를 붙잡고 있던 나는 보트와 함께 떠내려갔다. 정신을 차려보니 보트 안이었다. 문제는 내가 보트 안에 있긴 했지만 그 보트가 뒤집혀 있었고 내가 그 밑에 있다는 사실이었다. … 보트 밑에서 어떻게 빠져나왔는지는 모르겠지만 마침내 신선한 공기가 느껴졌다. …

주변에 온통 사람들이 있었다. 수백 명이었다. 모두가 구명 튜브에 몸을 맡긴 채 바다 위에 점점이 떠 있었다. 나는 그저 배에서 멀어져야겠다고 느꼈다. 그때 배는 참 아름다웠다.

연기와 불꽃이 배 굴뚝에서 뿜어져 나오고 있었다. 분명히 폭발이 있었던 모양이지만 아무런 소리도 들리지 않았다. 그저 커다란 불꽃이 흘러나오는 모습만 보였다. 마치 자맥질을 하는 오리처럼 뱃머리가 서서히 아래를 향했다. 머릿속에 한 가지 생각밖에 없었다. 같이 빨려 들어가지 않도록 벗어나야 했다. 악단은 여전히 연주하고 있었다. 아마도 악단은 다 물속으로 가라앉았을 것이다. 그때 그들은 '가을'을 연주하고 있었다. 나는 있는 힘껏 헤엄쳤다. 내가 45미터 정도 떨어진 곳에 있었을 때 타이타닉호는 뱃머리부터 기울어서 뱃고물 4분의 1정도가 똑바로 공중에 불쑥 튀어나온 상태로 서서히 가라앉기 시작했다.

마침내 파도가 타이타닉의 키 위로 밀려왔지만 나는 빨려 들어가는 느낌을 조금도 받을 수 없었다. 타이타닉호는 늘 그랬듯이 아주 천천히 계속 움직였을 것이다.

해럴드 브라이드, 〈뉴욕 타임스〉, 1912년 4월 19일

1912년 4월 14일 밤 12시를 향하던 때 화이트스타 소유의 호화 여객선 타이타닉호가 북대서양해에서 빙산에 부딪혔다. 무선통신사 해럴드 브라이드Harold Bride는 탈출하기 전 마지막 순간까지 조난 신호를 계속해서 보냈다. 가라앉지 않는 배라고 여겨졌던 타이타닉호는 사우샘프턴을 떠나 뉴욕을 향해 첫 항해를 떠났지만 충돌한 지 세 시간도 채 지나지 않아 침몰하고 말았다. 카르파티아호에 구조된 브라이드는 이 배에서도 무선통신 업무를 도와 생존자 가족들에게 메시지를 보냈다. 그는 육지에 도착하자마자 〈뉴욕 타임스〉에 생존기를 털어놓았다. 타이타닉호 침몰 사고로 사망한 사람은 1,500명이 넘었고 구조된 사람은 713명이었다.

이날 일어난 다른 사건들
1450년 백년전쟁: 포르미니 전투에서 영국군 패배
1755년 새뮤얼 존슨 《영어사전》 출간
1980년 프랑스 철학자 장 폴 사르트르 사망

4월 16일

컬로든 습지에서 자코바이트 패배, 1746년

그날 아침은 춥고 폭풍우가 몰아쳤다. 눈비가 불어 닥쳤다. 얼마 지나지 않아 우리 눈앞에 붉은 병사들이 나타났고 병사들의 붉은 외투와 캠벨 가문의 푸른 타탄 문장이 보였다. 전투가 시작됐고 탄알이 마치 우박처럼 우리에게 쏟아졌다. 거포가 우레 같은 소리를 냈고 우리를 끔찍하게 갈라놓았지 우리는 앞으로 달려 나갔다. 이런, 세상에! 이런 세상에! 칼질이 난무했고 게일 사람들은 용감하게 싸웠다. 이언 모르 맥길리오사는 옥수수를 자르듯 잉글랜드군을 베었고 이언 브레악 시오실라이크는 그들을 파리처럼 죽였다. 하지만 잉글랜드군은 많고 우리는 적었던 탓에 아군이 많이 쓰러졌다. 사방에 시신이 즐비했고 부상자들이 고통으로 울부짖는 소리가 귓가에 울렸다. 사람을 태우지 않은 말이 미친 듯이 날뛰는 모습을 볼 수 있었다.

도널드 매케이, 목격자 회고록, 1746년

1746년 4월 16일 인버네스 근처 컬로든 습지에서 벌어진 전투에서 자코바이트Jacobite, 제임스 2세와 그 후손을 영국 군주로 지지한 세력—옮긴이 왕위 요구자 '보니 프린스 찰리' 찰스 에드워드 스튜어트Charles Edward Stuart를 지지하는 스코틀랜드 하일랜더들이 참패했다. 이로써 1745년에 발발한 자코바이트 봉기가 끝나고 하노버 왕가를 왕위에서 몰아내려는 스튜어트가의 야망도 끝났다. 자코바이트의 적수로 정부군을 지휘한 사람은 컴벌랜드 공작이었다. 그의 별명인 '도살자 컴벌랜드'는 정적들이 붙인 이름이었지만 그가 나중에 하일랜더들을 추격하면서 보였던 흉포한 행동에 딱 맞는 묘사였다.

컬로든 전투는 영국에서 벌어진 마지막 총력전이었다. 싸움은 한 시간 동안 이어졌다. 하일랜드 지휘관이 두려움을 불어넣는 연설을 했지만 화력에서 밀리고 지친 하일랜더들은 정부군 편대를 무너뜨리지 못했다. 자코바이트 전사자는 2,000명에 달했다. 이를 목격한 도널드 매케이Donald Mackay는 인버네스로 도망쳤지만 봉기에 가담한 죄로 서인도제도로 유배를 갔다가 나중에 하일랜드로 돌아왔다. 잘 알려진 대로 보니 프린스 찰리는 그의 슬픔을 위로한 플로라 맥도널드의 도움을 받아 유럽 대륙으로 도망쳤다.

이날 일어난 다른 사건들

1850년 런던 밀랍인형 박물관 설립자 마담 투소Mme Tussaud 사망
1917년 블라디미르 레닌이 망명지에서 러시아로 귀환
1964년 영국 대열차 강도 사건 선고

4월 17일

샌프란시스코 대지진, 1906년

침대가 흔들리는 느낌에 5시쯤 잠에서 깼다. 한동안 내가 바다를 건너는 꿈을 꾸고 있다고 생각했다. 창가로 가서 밖을 내다봤다. 눈앞에 펼쳐진 광경을 보고 두려움에 떨었다. 건물들이 무너지고 커다란 석조물 조각들이 떨어졌다. 아래쪽 길에서는 남녀노소 할 것 없이 사람들이 질러대는 비명이 들렸다.

끔찍한 악몽을 꾸고 있다고 생각하며 아무 말도 하지 못했다. 그곳에 서 있는 40초 동안 건물들이 무너지고 내 방이 마치 보트처럼 흔들렸다.

하인이 내게 빨리 옷을 입고 옥외로 나가라고 충고했다. 이때쯤 천장 석고보드가 소나기처럼 후드득 떨어져 침대와 카펫, 가구 위를 뒤덮었다. 우리는 계단을 뛰어 내려가 거리로 나갔고, 용감한 내 하인은 돌아가서 내 물건을 전부 옷가방에 담아 6층 계단 아래로 끌고 내려가 하나씩 옥외로 들고 나왔다.

유니온스퀘어로 향한 나는 그곳에서 친구들을 만났다. 친구들은 아직 무너지지 않은 집으로 오라고 말했다. 하지만 나는 파묻힐 위험이 없는 곳에 있고 싶었다. 그래서 나는 하인이 짐을 살피는 동안 유니온스퀘어에 드러누워 있었다. 곧 도시 전체가 불타는 듯 보였다.

엔리코 카루소, 잡지 〈시어터〉, 1906년 7월

1906년 4월 17일과 18일에 걸친 밤에 발생한 샌프란시스코 대지진은 가스 공급 본관을 파괴하고 나흘간 맹위를 떨친 화재를 유발해 젊은 미국 도시를 완전히 휩쓸었다. 최대 2만여 명이 사망했고, 수십 만 명이 집을 잃었다. 생존자 중 한 명이 전날 저녁 위풍당당하게 비제 오페라 〈카르멘〉 공연을 마친 33세 이탈리아인 테너 엔리코 카루소Enrico Caruso였다. 카루소의 유능한 하인이 마차를 가진 남자를 발견한 덕분에 카루소는 신속하게 탈출했고, 그는 잡지 〈시어터Theatre〉에 '끔찍한 악몽'을 전할 수 있었다.

이날 일어난 다른 사건들

1790년 미국 대학자 벤저민 프랭클린 사망

1961년 피그스만 침공: 쿠바 망명자들이 카스트로의 쿠바 침공

1984년 리비아 대사관 저격수가 런던 경찰 이본 플레처Yvonne Fletcher 살해

4월 18일

마르틴 루터, 주장을 고수하다, 1521년

성서의 증언이나 명백한 이성에 수긍하지 않는 한(교황도 공의회도 실수를 범하고 모순을 저지른다는 사실이 밝혀진 지금 저는 교황도 공의회도 믿지 않으므로) 저는 제가 제시한 성서를 준수하고자 합니다. 제 양심은 하나님의 말씀에 사로잡혀 있습니다. 양심에 어긋나는 행동은 안전하지도 올바르지도 않으므로 저는 철회할 수도 없고 철회할 생각도 없습니다. 하나님, 저를 도우소서. 아멘.

마르틴 루터, 보름스 의회 발언, 1521년 4월 18일

황제 카를 5세가 주재한 신성 로마 제국 의회(총회)에서 마르틴 루터는 가톨릭교회의 지시보다 성서의 권위가 더 위에 있다고 단언했다. 마지막 구절은 보통 "저는 여기 서 있습니다, 달리 어찌할 도리가 없습니다. 그러니 저를 도우소서, 하나님. 아멘."이었다고 하지만 그 출처는 불분명하다.

의회에 출두하라는 소환에 따라 성 아우구스티노 수도회 수사 루터는 라인강 근처에 있는 도시 보름스에 이틀 전에 도착했으며, 자기가 쓴 저작물 내용을 번복하라는 요구를 받았다. 루터는 교회 내 개인들에게 불공정했던 경우가 아니라면 그렇게 하지 않겠다고 거절했다. 그는 자신의 견해를 강력하게 방어함으로써 교회의 탄압에 대항하는 시위를 교회의 정신적, 정치적 권위에 대한 전면적인 도전으로 탈바꿈했다.

루터는 공식적으로 이단 판결을 받기 전에 보름스를 떠났고, 스스로를 보호하고자 작센공 프리드리히가 꾸민 가짜 습격에 일부러 붙들렸다. 프리드리히는 루터를 바르트부르크성에 9개월 동안 숨겨줬다. 루터는 은둔 기간을 허비하지 않고 신약성서를 독일어로 번역했다. 독일어판 신약성서는 출판과 동시에 베스트셀러가 됐고 교황, 황제, 권위에 대한 도전은 막을 수 없게 됐다.

이날 일어난 다른 사건들

1506년 현재의 로마 성 베드로 대성당 건축 시작
1949년 아일랜드 공화국 탄생
1954년 이집트에서 나세르Nasser 대령이 군사 쿠데타로 집권

4월 19일

미국 독립 혁명을 알리는 첫 총성, 1775년

존 파커 대위가 지휘하는 중대는 (때로는 해가 뜨기도 전에) 잔디나 목초지에 도열했고 나는 맨 앞줄에 있었다. 그때 갑자기 영국군이 우르르 나타났다. 1,000명 정도 되어 보이는 부대가 우리 쪽에서 55미터에서 65미터 정도 떨어진 곳에서 환호성을 지르며 빠른 속도로 다가왔다. 앞 열에 말을 탄 장교 세 명이 있었고 전속력으로 우리를 향해 달려왔다. 선두에서 "무기를 버려라, 이 악당들, 이 반역자들아."라고 소리쳤다. 중대 해산이라고 말하는 가운데 세 장교 중 제1인자가 "발사하라, 신의 이름으로 발사하라."라고 말하면서 부하들에게 명령했다. 그 순간 우리는 그들에게서 집중 근접 포화를 받았다. 나는 부상을 입고 넘어졌고, 일제 사격에 우리군 몇몇이 총을 맞고 죽었다. 내가 알기로는 그때 파커 대위의 부하들은 아직 총을 쏘지 않았다.

존 로빈스John Robbins, 렉싱턴 민병대원, 1775년

미국 독립 전쟁의 첫 교전은 700명에 달하는 영국군 정규 부대가 반란을 일으킨 식민지 주민들이 군수품을 확보했다는 제보를 받고 보스턴에서 콩코드까지 내륙으로 이동하면서 발생했다. 은세공업자 폴 리비어Paul Revere가 '한밤중 승마'로 경고해 준 덕분에(자주 인용되는 문구인 "영국군이 오고 있다!"라는 말로 알려주지는 않았을 가능성이 크지만) 식민지 주민들은 영국군과 대면할 준비를 했고, 동틀 녘에 렉싱턴 민병대 77명이 영국 정규군을 만났다.

누가 처음으로 총을 쏘았는가라는 문제를 포함해 사건 발생 과정은 여전히 분명치 않다. 하지만 민병대 대위 존 파커John Parker는 나중에 "진지를 고수하라. 선제공격이 있기 전까지는 발포하지 말라. 하지만 상대편이 전쟁을 하려고 한다면 여기에서 시작하도록 하라."라고 말했다고 한다. 매사추세츠 민병대는 8명이 전사하고 10명이 부상을 입은 뒤에 철수했다. 그날 오후 콩코드에서 벌어진 두 번째 전투에서는 영국 정규군이 후퇴했다. 훗날 시인 랠프 월도 에머슨Ralph Waldo Emerson은 콩코드 전투를 "온 세상에 울려 퍼진 총성"이라고 묘사했다.

이날 일어난 다른 사건들

1587년 프랜시스 드레이크가 스페인 항구 카디스를 습격해 '스페인 왕의 수염을 그슬림'

1943년 바르샤바 유대인 게토 봉기 시작

2005년 독일 추기경 라칭거Ratzinger가 교황 베네딕토 16세로 선출

4월 20일

넬슨 만델라, 자신의 행동을 변호하다, 1964년

무엇보다도 우리는 동등한 정치적 권리를 원합니다. 그 권리가 없다면 우리는 영원히 무력할 것이기 때문입니다. 이 나라에 사는 백인들이 듣기에 이는 혁명적으로 들릴 것입니다. 유권자 대다수가 흑인이 될 것이니까요. 이런 이유로 백인들은 민주주의를 두려워합니다.

하지만 이러한 두려움이 모두를 위한 인종 간 화합과 자유를 보장할 유일한 해결책을 가로막도록 용인해서는 안 됩니다. 모두에게 선거권을 부여하면 인종주의 지배를 유발할 것이라는 생각은 사실이 아닙니다. ANC는 반세기 동안 인종주의에 맞서 싸웠습니다. ANC가 승리하는 날에도 그 정책은 바뀌지 않을 것입니다.

이것이 바로 ANC의 싸움입니다. ANC의 투쟁은 진정으로 전 국민을 위한 투쟁입니다. 직접 겪은 고통과 경험에서 우러나온, 아프리카 동포들의 투쟁입니다. 생존권을 확보하려는 투쟁입니다.

나는 평생 아프리카 동포들의 투쟁에 헌신했습니다. 나는 백인 지배에 맞서 싸웠고 흑인 지배에 맞서 싸웠습니다. 나는 모든 사람이 조화롭고 동등한 기회를 보장받아서 함께 살아가는 민주적이고 자유로운 사회라는 이상을 소중히 여깁니다. 이는 내가 살아가고 싶고 실현되는 날을 보고 싶은 이상입니다. 하지만 필요하다면 기꺼이 내 목숨을 바칠 이상이기도 합니다.

넬슨 만델라, 변론, 1964년 4월 20일

1963년 아프리카민족회의ANC 지도자들이 체포됐다. 그들은 대부분 요하네스버그 인근 리보니아에 있었다. 여덟 명이 기소됐고 '폭력 혁명 조성'을 목적으로 설계한 사보타주 행위 221건을 실행한 혐의로 사형 선고에 직면했다. 이른바 리보니아 재판에서 가장 눈에 띄는 인물은 ANC의 무장 세력 움콘토웨시즈웨(국민의 창)의 지도자 넬슨 만델라였다. 법률 교육을 받은 만델라는 4시간 30분에 걸쳐 직접 변론하면서 사보타주를 조직한 혐의는 인정했으나 그 이유를 설명했다. 그는 ANC의 투쟁, 아파르트헤이트의 부당성, 남아프리카 공화국에서 대의 민주주의를 실현하겠다는 열망에 이르기까지 다양한 근거를 자세히 설명했다.

1964년 6월 피고들은 종신형을 선고받았고 만델라는 1990년까지 감금됐다. 1990년 석방된 만델라는 자신의 삶과 조국의 운명을 뒤바꿀 길을 닦았다(2월 11일 참조).

이날 일어난 다른 사건들

1792년 프랑스 혁명 전쟁: 프랑스가 오스트리아에 선전 포고
1885년 오스트리아에서 아돌프 히틀러 탄생
1902년 프랑스 화학자 마리 퀴리와 피에르 퀴리가 염화 라듐 분리

4월 21일

로마 건국, 기원전 753년

운명의 여신은 이미 이 위대한 도시의 기원과 하늘 아래 가장 강대한 제국의 기초를 결정했다. 베스타 신전의 신녀는 강간 당해 쌍둥이를 낳았다. 그녀는 아이들의 아버지가 마르스라고 했다. 실제로 그렇게 믿었기 때문일 수도 있고, 신으로 인한 임신이라고 하면 자신의 죄가 덜 괘씸하게 여겨질까봐 그렇게 말했을 수도 있다. 어쨌든 그녀는 감옥에 갇혔고 두 아들은 강에 버리라는 명령이 내려졌다. 마침 티베르강은 범람으로 강둑까지 물이 넘친 상태였고 둑이 잠기는 바람에 하천 중심까지 접근할 수 없었다. 아이들은 범람지역에서 가장 가까운, 황량하고 사람이 살지 않는 곳에 버려졌다. 주변 언덕에 사는 목마른 암늑대 한 마리가 어린아이들의 울음소리를 듣고 다가가 젖을 물려 빨게 했고 아이들을 아주 조심스럽게 보살폈다. 왕의 양치기가 아이들을 핥는 늑대를 발견했다. 아이들은 자라서 숲을 누비며 사냥을 즐겼다. 힘이 세어지고 담력이 커지면서 아이들은 누워서 맹수를 기다리기도 했고, 심지어 약탈품을 잔뜩 가지고 나타나는 산적떼를 공격하기도 했다.

로물루스와 레무스는 그들이 버려진 장소 근처에 도시를 세우기로 했다. 하지만 조상 대대로 내려오는 저주인 야심 때문에 사소한 일로 다툼을 벌였다. 쌍둥이인 형제는 둘 다 자신이 손위라고 주장할 수 없으므로 새로운 도시에 누구의 이름을 붙이고 누가 통치해야 할지 그곳의 신에게 물어보기로 했다. 로물루스는 팔라티노 언덕을, 레무스는 아벤티노 언덕을 관측 장소로 선택했다.

레무스가 먼저 계시를 받았다. 독수리 여섯 마리가 그에게 나타났다. 로물루스에게 전조가 나타났을 때는 그 두 배가 나타났다. 두 사람의 지지자 무리들은 각각을 왕으로 모셨다. 논쟁이 시작됐다. 격동이 유혈 사태로 이어졌다. 소란 속에서 레무스는 새로 세운 성벽을 거만하게 뛰어넘었고 이에 격분한 로물루스는 레무스를 죽이고 "앞으로 내 성벽을 뛰어넘는 자는 누구든 이렇게 될 것이다."라고 외쳤다.

리비우스, 《로마사》, 1권, 기원전 27년-25년

로마 건국은 전설에 따라 1,000년 넘게 매년 4월 21일에 기념한다. 일련의 사건들이 일어난 지 700여 년이 지난 기원전 1세기에 역사학자 리비우스Livy가 건국 신화를 기록했다.

이탈리아 중부에는 에트루리아인이 세운 도시국가 몇 개가 번성했고, 라틴 민족으로 알려진 이탈리아 부족들은 지금 로마가 있는 곳 근처 티베르강 유역에서 알바롱가를 중심으로 모여 살았다. 알바롱가 왕 누미토르의 딸 레아 실비아는 여신 베스타에게 몸을 바쳐 순결을 서약한 베스타 처녀였다. 레아 실비아가 낳은 쌍둥이 아들은 전통적으로 팔라티노 언덕 근처

벨라브로였다고 예측되는 장소에 버려졌다. 소년들을 발견한 양치기가 그들을 키웠다. 자신들의 출생 신분을 알게 된 소년들은 누미토르가 왕좌를 되찾을 수 있도록 도운 뒤 스스로 도시를 세우기로 결심했다.

고고학 연구 결과에 따르면 현재 로마가 있는 지역에는 신석기시대부터 사람이 살았지만 기원전 8세기에 실제로 새로운 정착지가 생긴 것은 분명하다.

리비우스(기원전 59년-서기 17년)의 《로마사Ab Urbe Condita Libri》(직역하면 '도시 건설 이래 기록')는 로마 역사를 그 기원인 전설적인 건국부터 아우구스투스 황제 시대까지 기록했다. 전통적으로 로마를 가리키는 별칭인 '영원한 도시'는 오비디우스, 티불루스를 비롯한 여러 고전 작가들의 작품에 등장한다.

이날 일어난 다른 사건들
1910년 미국 작가 마크 트웨인 사망
1918년 독일 전투기 명수 '붉은 남작' 만프레트 폰 리히트호펜Manfred von Richthofen 전사
1967년 그리스 군사 쿠데타로 정권 전복

4월 22일
오클라호마 정착, 1889년

로마와 달리 거스리시는 하루아침에 이뤄졌다. 아주 정확하게 말하자면 한나절에 이뤄졌다고도 할 수 있다. 4월 22일 월요일 정오 거스리 거주 인구는 0명이었지만 해가 지기 전에는 적어도 1만 명이었다. 그때 길을 깔고 마을 부지를 나누고 시 정부를 형성하는 조치들을 취했다.

〈하퍼스 위클리HARPER'S WEEKLY〉, 1889년 5월 18일

현재 오클라호마주가 된 인디언 준주에 속한 미할당 토지에 백인이 정착하기 시작하면서 32킬로미터 떨어진 도시 두 개가 순식간에 생기는 놀라운 사건이 벌어졌다. 미국 연방정부는 1889년 4월 22일 정오에 사람들이 아칸소주나 텍사스주 경계를 넘어서 주인 없는 땅 8,100제곱킬로미터 중 구획을 정해 소유권을 요구할 수 있도록 허가하기로 결정했다 5만여 명이 미친 듯이 몰려들었고 그날이 저물 무렵, 원래는 철길 급수장에 불과했던 오클라호마시티와 거스리가 이른바 '부머boomer' 수천 명이 진을 치고 머무르는 거주지가 됐다.

1889년 8월, 거스리 시 안내책자에는 은행 6곳, 이발사 16명, 대장장이 16명, 목수 17명, 시가 제조소 2곳, 신문사 5곳, 철물점 7곳, 호텔 15곳, 약사 19명, 목재회사 22곳, 의사 39명, 음식점 40곳, 변호사 81명 이상이 실렸다. 이 많은 변호사들은 허가일 이전에 이 영역에 들어와 토지 권리를 주장했다고 하는 '선점 이주민sooner'과 관련해서 발생한 수많은 법적 분쟁을 맡았다. 이후 10년 동안 이와 비슷한 토지 획득이 6차례에 걸쳐 이루어졌다.

이날 일어난 다른 사건들
1509년 헨리 8세가 잉글랜드 국왕으로 즉위
1529년 스페인과 포르투갈이 사라고사 조약으로 동반구 분할
1994년 전 미국 대통령 리처드 닉슨 사망

4월 23일
대관식 후 기념행사, 1661년

아내와 프랭클린 부인(프랭클린 부인에게는 오늘 밤 아내와 함께 묵으라고 헌트 부인 댁에 권했다)을 액스야드로 데리고 갔다. 액스야드 끝에는 커다란 모닥불 세 개가 타오르고 있었고 수많은 멋진 청년과 남녀가 있었다. 그들은 우리 손을 덥석 잡더니 장작 위에 무릎을 꿇고 왕이 건강하기를 기원하며 축배를 들자고 있다. 우리는 모두 그렇게 했고, 그들은 차례로 돌아가면서 술을 마셨다. 우리는 이상한 연회라고 생각했다. 하지만 이 청년들은 오랫동안 계속 그렇게 했다. 나는 부인들이 어떻게 술을 마셨는지 궁금했다. 마침내 아내와 일행들을 잠자리에 들게 한 뒤 나와 헌트 씨는 손베리 씨(왕의 와인 창고 시종인 그는 일행에게 와인을 전부 제공했다)와 함께 그의 집으로 갔다. 그곳에서 손베리 부인과 손베리 씨 누이 두 명, 그곳에 있던 멋진 청년들 몇 명과 함께 우리는 남자들 중 한 명이 만취해 쓰러져 누워서 토할 때까지 왕의 건강만을 기원하며 마셨다. 나는 주인님 댁으로 잘 찾아갔다. 하지만 셔플리 씨와 함께 잠자리에 들자마자 머리가 윙윙거렸고 토하기 시작했다. 내가 뭔가에 홀린 적이 있다면 바로 이때였을 것이다. 하지만 다시 잠들어서 이튿날 아침까지 잤던 터라 확실히 말할 수는 없다. 잠자리에서 깨어나서야 토사물에 젖은 나를 발견했다.

새뮤얼 피프스, 일기, 1661년 4월 23일

일기 작가이자 장차 해군 행정관이 된 새뮤얼 피프스Samuel Pepys(1633년-1703년)는 찰스 2세 대관식이 열린 날 먼저 웨스트민스터 사원에서 대관식을 보고 나중에는 대관식 피로연이 열린 웨스트민스터 홀에서 보냈다. 그다음에는 가족, 친구들과 함께 허울 없이 축하하는 자리를 가졌다. 평소에 건강한 체질을 자랑한 그에게도 이 일정은 힘에 부쳤던 듯하다.

1660년부터 1669년까지 피프스가 직접 만든 암호로 쓴 일기는 19세기에 이르러서야 해독이 끝났고 무삭제판이 나오기까지는 더 오래 기다려야 했다. 하지만 피프스의 인생과 시대를 생생하게 열거한 그의 일기는 왕정복고 시대에 대한 현대적 인식에 깊은 영향을 미쳤다(9월 2일도 참조).

이날 일어난 다른 사건들
1014년 클론타프에서 아일랜드 왕 브라이언 보루Brian Boru가 바이킹 군대 격파
1616년 스페인 작가 세르반테스Cervantes 사망
1616년 영국 극작가 윌리엄 셰익스피어 사망

4월 24일
부활절 봉기, 1916년

아일랜드 동포들이여, 조국 아일랜드는 하느님과 민족 전통을 이어받은 선조의 이름으로 자유를 위한 깃발과 투쟁으로 그대들을 부른다. … 우리는 아일랜드인에게 아일랜드를 소유할 권리와 아일랜드의 운명을 좌우할 자유로운 지배권이 있고 이 권리는 최고의 권력을 지니며 파기할 수 없음을 선언한다. 외국인과 외국 정부가 오랫동안 그 권리를 침해했음에도 불구하고 그 권리는 소멸하지 않았으며 아일랜드인이 파기하지 않는 한 영원히 소멸될 수 없을 것이다. … 그 기본권에 의거해 다시 한번 무력으로 세계에 주장하건대, 이에 우리는 아일랜드 공화국이 주권 독립 국가임을 선언하고 우리 생명과 전우들의 생명을 걸고 아일랜드의 자유, 안녕, 국가로서 승격이라는 대의를 달성하겠노라 맹세한다.

아일랜드 공화국은 모든 아일랜드 동포의 충성을 받을 자격이 있으며 이로써 충성을 요구하는 바다. 아일랜드 공화국은 모든 국민에게 종교의 자유와 시민의 자유, 동등한 권리와 동등한 기회를 보장한다. 또한 국가 전체와 모든 구성원의 행복과 번영을 추구한다는 결의를 선포한다. 이 나라의 모든 아이들을 똑같이 아낄 것이며, 과거 다수와 소수를 구별했던 외국 정부가 철저하게 조장한 차별을 무시할 것이다.

패트릭 피어스 외, 독립선언문, 1916년 4월 24일

1916년 4월 24일 무장단체 아일랜드 의용군Irish Volunteers과 아일랜드 시민군Irish Citizens' Army 일원들이 더블린 중앙우체국을 점거한 뒤 웅변 재능이 뛰어났던 패트릭 피어스Padraig(Patrick) Pearse는 건물 계단에서 이 아일랜드 독립선언문을 읽었다. 피어스는 이 선언을 통해 아일랜드 내 영국 통치에 반대하는 부활절 봉기를 알렸다. 피어스 외에 토머스 클라크Thomas J. Clarke, 션 막 디어르마다Seán Mac Diarmada, 토머스 맥도나Thomas MacDonagh, 에이먼 칸트Éamonn Ceannt, 제임스 코놀리James Connolly, 조지프 플런켓Joseph Plunkett이 서명했다. 피비린내 나는 일주일이 지나고 영국 육군 부대가 우체국을 재탈환했고, 이후 서명자 7명과 그 외 8명이 함께 반란죄로 처형됐다.

1921년 마침내 북아일랜드 카운티 6곳을 제외한 아일랜드 독립에 합의했으나 그 과정에서 공화주의 운동 분열이라는 대가를 치러야 했다(12월 6일 참조).

이날 일어난 다른 사건들
1731년 영국 소설가 대니얼 디포 사망
1877년 러시아-튀르크 전쟁 개시
1915년 오스만 당국이 아르메니아인을 검거하고 살해하기 시작

4월 25일

갈리폴리 상륙 작전 대실패, 1915년

보트들이 해변에 거의 다다랐을 때 해안에 자리 잡고 있던 터키군이 소총과 맥심 속사포로 맹렬한 연속 사격을 시작했다. … 오스트레일리아군은 바다로 뛰어들어 … 적의 참호로 돌진했다. 그들의 탄창은 비어 있었으므로 차가운 강철을 들고 뛰어든 셈이었다. 전투는 순식간에 끝났다. …

그때 오스트레일리아군은 잘 부스러지는 사암에 빽빽하게 관목이 덮인 깎아지른 듯한 절벽과 마주쳤다. 절벽을 빈쯤 올라간 곳에 적군이 두 번째 참호를 튼튼하게 파놓았고, 그곳에서 아래에 있는 부대와 두 번째 상륙 부대를 싣고자 구축함으로 돌아가던 보트에 맹렬한 사격을 퍼부었다. 어둠 속에서 씨름해야 할 난제가 기다리고 있었지만 오스트레일리아군은 … 실용적인 방법으로 문제를 풀기 시작했다. 그들은 적의 사격에 반응하지 않고 절벽을 올랐다. … 15분도 채 지나지 않아 터키군은 총검에 맞거나 도망쳐서 두 번째 진지를 이탈했다.

날이 밝자 절벽이 매우 가파르게 솟은 지점에 상륙했다는 사실을 알 수 있었다. 바다 쪽으로 수많은 산등성이, 절벽, 계곡, 모래밭으로 갈린 가파른 해안이 펼쳐져 있다. 몇 백 미터 높이로 올라가 보니 노출된 표면은 잘 바스러지는 사암이고 높이 1.8미터 정도 되는 빽빽한 관목 숲이 있어 저격수들이 숨기에 최적이었다. 오스트레일리아 연합군은 곧 저격수들에게 희생됐다.

어둠 속 기습 상륙과 고지 습격, 증강 병력이 상륙하는 동안 버티기에 이르기까지 이 전쟁에서 이보다 더 훌륭한 위업은 없었다. 이렇게 필사적인 시간을 겪은 이 미숙한 오스트레일리아군은 몽스, 엔, 이에페르, 뇌브샤펠의 영웅들과 어깨를 나란히 하기에 손색이 없었다.

엘리스 아시메드 바틀릿 Ellis Ashmead-Bartlett, 〈시드니 모닝 헤럴드SYDNEY MORNING HERALD〉,
1915년 5월 8일

1915년 4월 25일 제1차 세계대전에서 터키군으로부터 갈리폴리 반도를 빼앗으려던 오스트레일리아와 뉴질랜드 연합군(앤잭ANZAC 군단)은 예상보다 더 험난한 상황에 직면했다. 연합군은 몇 달 동안 해변과 절벽에 갇혀 꼼짝달싹 못하는 상태로 전투와 질병으로 엄청난 손실을 입은 뒤 12월에야 철수했다. 양국은 지금도 '앤잭만'이라고 불리는 곳에서 펼쳤던 상륙 작전을 기념한다.

이날 일어난 다른 사건들
1792년 프랑스에서 노상강도를 최초로 단두대로 처형
1898년 미국이 스페인에 선전 포고
1945년 제2차 세계대전: 미군과 소련군이 마침내 독일에서 만남

4월 26일

게르니카 파괴, 1937년

바스크에서 가장 오래된 마을이자 문화 전통의 중심지 게르니카가 어제 오후 반군 공습으로 완전히 파괴됐다. 전선에서 한참 떨어진 이 비무장 도시를 폭격하는 데는 정확히 3시간 15분이 걸렸고, 그동안 융커와 하인켈 폭격기 등 독일 폭격기 세 종류로 이뤄진 강력한 비행대가 무게 약 450킬로그램 이상인 폭탄들을 쉴 새 없이 아래로 퍼부었다. 이는 1킬로그램짜리 알루미늄 소이탄 발사체 3,000개 이상을 터트린 것과 맞먹는다. 한편 전투기들은 마을 중심 위를 낮게 날면서 들판으로 피신한 민간인들에게 기관총을 발사했다.

한때 고대 바스크 의회가 있었고 바스크 민족에 관한 풍부한 자료를 보관하고 있는 역사 유물 바스크 의사당을 제외한 게르니카 전체가 곧 불길에 휩싸였다. 게르니카의 나무로 잘 알려진 600년 묵은 나무 그루터기와 이번 세기에 새로 돋은 새순 역시 훼손되지 않았다. …

내가 이곳에 도착한 오늘 새벽 2시경 마을은 전체가 불타오르고 있는 끔찍한 광경이었다. 16킬로미터 떨어진 산 위로 생긴 연기의 구름에 불꽃이 비쳐 보일 정도였다. 길거리가 뚫고 들어갈 수 없는 붉은 잔해로 긴 더미를 이룰 때까지 밤새 집들이 무너져 내렸다. …

게르니카 공습은 실행 형태와 파괴 규모에 못지않게 표적 선택에 있어서도 군사 역사상 견줄 데가 없다. 게르니카는 군사 표적물이 아니었다. 군수품을 생산하는 공장은 마을 외곽에 있었고 이는 건드리지도 않았다. 마을에서 약간 떨어진 곳에 있는 막사 두 개도 마찬가지였다. 게르니카는 전선에서 멀리 떨어진 마을이다. 공습 목표는 마을 사람들의 사기를 떨어뜨리고 바스크 민족의 발상지를 파괴하는 것으로 보인다. 그 행위를 한 날을 시작으로 모든 사실이 이 의견을 뒷받침한다.

월요일은 게르니카에 전통 장이 서는 날이었다. 시장이 북적이고 농민들이 여전히 몰려오는 오후 4시 30분경, 교회 종소리가 비행기가 다가온다는 경보를 알렸고, 사람들은 3월 31일 북부에서 몰라 장군이 공격을 개시한 두란고 민간인 폭격 이후 마련한 지하실과 방공호로 피난했다. 사람들은 침착한 모습을 보여줬다고 한다. 가톨릭 신부가 통솔했고 질서를 완벽하게 유지했다.

5분 뒤에 독일 폭격기 한 대가 나타나 원을 그리며 마을 상공을 낮은 고도로 날다가 확실하게 역을 겨냥해서 대형 폭탄 6개를 투하했다. 수류탄이 빗발치듯 터지는 폭탄들이 옛 회관과 이를 둘러싼 집과 거리에 떨어졌다. 그러더니 비행기가 떠났다. 다시 5분이 흐른 뒤에 두 번째 폭격기가 나타나 같은 수의 폭탄을 마을 중심에 투하했다. 약 15분 뒤 융커 세 대가 나타나 폭격을 계속했고 이후 폭격 강도가 점점 세어졌다. 그렇게 계속되던 폭격은 해 질 녘인 7시 45분에야 겨우 멈췄다. 마을 전체 주민 7,000명과 피난민 3,000명은 천천히 체계적으로 산산조각 났다. 주변 반경 8킬로미터에 걸쳐 침입자들은 정교한 기술로 농가들을 낱낱이 폭격했다. 밤새 이 집들이 언덕에서 마치 촛불처럼 타올랐다. 주변 촌락들 역시 게르니카와 똑같은 강도로 폭격을 받았고, 게르니카 초입에 모여 있는 주택가 무지카에서는 주민들이 15분 동안 기관총 세례를 받았다.

조지 스티어, 〈타임스〉, 1937년 4월 28일

스페인 내전(1936년-1939년) 중이던 1937년 4월 26일 프랑코 Fancisco Franco 장군이 이끄는 국민 진영 반란을 지지한 독일 콘도르 군단이 게르니카를 폭격해 마을이 파괴된 지 몇 시간 뒤에 영국 언론인이자 공화당 동조자 조지 스티어 George Steer 가 그곳에 도착했다. 스티어가 근무했던 아비시니아(에티오피아)에서 비슷한 사건이 몇 차례 일어났고 1937년 이후로 일본군이 중국 도시들을 공격한 적은 있지만, 유럽에서 이토록 끔찍한 대규모 공습이 발생한 것은 처음이었다. 스티어는 1,600명이 사망했다고 발표된 이 공격에 독일이 개입한 사실을 증명할 수 있었다. 사망자 수는 여전히 명확하지 않지만, 전 세계가 이 폭격에 분노했고 파블로 피카소는 그 참상을 걸작으로 생생하게 담아냈다.

그러나 스페인 내전의 군사적 교훈은 폭격기의 성능에 국한되지 않았다. 공화파를 지원하던 소련 전투기가 폭격기 요격에 성공하면서 "폭격기는 언제나 임무를 완수"한다는 당시의 운명론적 믿음에 의문이 생겼다.

이날 일어난 다른 사건들
1865년 에이브러햄 링컨 암살자 존 윌크스 부스가 총에 맞아 사망
1964년 탕가니카와 잔지바르가 연합해 탄자니아 탄생
1986년 우크라이나 체르노빌에서 심각한 원자력 발전 사고 발생

4월 27일

탐험가 마젤란, 죽음과 마주하다, 1521년

총사령관[마젤란]은 겁을 주기 위해 부하 몇 명을 보내 집에 불을 지르도록 시켰다. 이 모습을 본 원주민들은 격분했다. 집을 20채에서 30채 태우는 동안 우리 편 두 명이 살해됐다. 원주민들이 떼로 달려들어서 선장의 오른쪽 다리에 독화살을 쐈다. 그런 이유로 선장은 우리에게 천천히 후퇴하라고 명했다.

    원주민들은 계속해서 우리를 추격했고 같은 창을 집어 들어 몇 번이고 반복해서 우리에게 던졌다. 선장을 알아본 그들은 선장의 머리에서 투구를 두 차례 벗겨냈지만 그는 훌륭한 기사처럼 굳게 서 있었다. 한 원주민이 죽창을 그의 얼굴에 던졌지만 선장은 즉시 자기 창으로 그를 죽였고, 창을 찌른 채 내버려 두었다. 그런 다음 손으로 검을 쥐고 빼들려고 했지만 팔에 부상을 입었던 터라 끝까지 뺄 수 없었다. 그 모습을 본 원주민들이 선장에게 달려들었다. 한 명은 커다란 언월도처럼 생긴 단검으로 선장의 왼쪽 다리를 찔렀다. 부상을 입은 선장은 얼굴을 바닥으로 향한 채 쓰러졌다. 원주민들은 칼, 죽창, 단검을 들고 선장에게 달려들어 우리의 거울이자 빛이자 위안이며 진정한 인도자인 그를 죽였다. 그렇게 선장의 죽음을 목격한 우리는 부상을 입은 채 이미 해안을 벗어나고 있는 보트로 최선을 다해 후퇴했다.

안토니오 피가페타 Antonio Pigafetta**(승무원),**
《사상최초 세계일주 보고서REPORT ON THE FIRST VOYAGE AROUND THE WORLD**》, 1521년**

남아메리카 대륙을 돌아 항해하고 태평양(마젤란이 이 이름을 지었다)을 횡단한 최초의 유럽인이 된 포르투갈 항해사 페르디난드 마젤란Ferdinand Magellan(1480년경-1521년)은 현재 필리핀에 속한 작은 섬 막탄의 추장을 기독교로 개종하려다가 살해당했다. 항해에 나선 지 3년 만인 1522년 9월, 처음 항해에 나섰던 5척 선단 중 단 한 척만이 귀환했다. 나머지는 난파하거나 나포되거나 승무원 감소로 인해 사용할 수 없게 됐다. 그러나 스페인의 후안 세바스티안 델 카노Juan Sebastian del Cano가 선장을 맡아 통솔한 마젤란의 빅토리아호의 기간 선원은 세계일주항해를 완료한 최초의 유럽인이 됐다. 처음에 탐험을 떠났던 선원들 중 10퍼센트에 못 미치는 이들만 귀환했지만, 그들은 마젤란의 항로, 위업, 발견을 증명할 수 있었다.

이날 일어난 다른 사건들
1296년 던바 전투에서 스코틀랜드군이 에드워드 1세에 패배
1882년 미국 시인 랠프 월도 에머슨 사망
1994년 남아프리카 공화국에서 아파르트헤이트 폐지 후 첫 선거 실시

4월 28일

존슨식 대화, 1779년

파올리 장군 집에 조슈아 레이놀즈 경, 랭턴 씨, 롬바르디아의 게라르디 후작, 법무관 스포티스우드의 아들 존 스포티스우드 씨가 모였다. 당시 침공이 있을 것이라는 소문이 돌았다. 스포티스우드 씨는 최근 됭케르크에서 온 엔지니어 프레이저 씨가 프랑스인들도 우리와 똑같은 두려움에 떨고 있다고 말했다며 소문을 일축했다.

존슨: "그러니까 상호 소심함이 평화를 지켜주는 거라네. 인류 절반이 용감하고 인류 절반이 겁쟁이였다면 용감한 자들이 항상 겁쟁이들에게 이겼을 거야. 모두가 용감했더라면 아주 불안하게 살았겠지. 모두가 끊임없이 싸웠을 테니까. 하지만 모두가 겁쟁이라서 잘 지내는 걸세."

우리는 와인을 마시자고 말했다.

존슨: "나는 혼자 있을 때만 와인이 필요하네. 혼자 있을 때는 종종 마시고 싶고, 자주 마시지."

스포티스우드: "동행이라는 느낌으로 드시나요, 선생님?"

존슨: "나 자신을 없애고 나를 멀리 보내려고 마신다네. 와인을 마시면 무척 즐거워. 모든 즐거움은 그 자체로 선이라네. 악으로 상쇄되지 않는 한 선이지. 와인을 마시지 않을 강력한 이유가 있는 사람도 있을 수 있어. 그 이유가 즐거움보다 클 수 있지. 와인을 마시면 자기 자신에게 좀 더 만족하게 돼. 와인을 마신다고 해서 남들에게 상냥해진다고는 말할 수는 없겠네. 가끔은 그렇지. 하지만 자기 자신에게 만족하다 보면 남들에게는 덜 상냥해질 위험이 있다네. 와인은 사람에게 아무것도 주지 않아. 지식도 재치도 주지 않지. 그저 활기를 불어넣고 일행이 억눌렀던 두려움을 드러내게 할 뿐이야. 얼음 속에 갇혀 있던 것을 움직이게 할 뿐이지. 하지만 이것은 좋을 수도 있고 나쁠 수도 있겠네."

제임스 보즈웰, 《존슨전》, 3권, 1791년

스코틀랜드 출신 변호사 제임스 보즈웰이 대단히 상세하게 기록한 《존슨전Life of Johnson》은 보즈웰의 친구이자 사전 편찬자 새뮤얼 존슨(1709년-1784년)의 폭넓은 의견과 기지를 잘 보여줬다. 또한 조지 왕조 중반 사회상을 친밀하게 그려냈다. 위 대화를 나눴던 1779년 4월 28일 당시 프랑스는 미국 혁명가들을 지지하고자 영국에 전쟁을 선포한 상황이었지만 침공 소문은 흐지부지됐다.

이날 일어난 다른 사건들
1192년 예루살렘 국왕 콘라드 1세Conrad I가 '암살교단'에게 살해당함
1789년 바운티호 선원들이 블라이 선장에 대항해 반란 감행
1945년 유격대가 이탈리아 파시스트 지도자 베니토 무솔리니 처형

4월 29일

아돌프 히틀러의 유언, 1945년

1914년 독일 제국이 참전할 수밖에 없었던 제1차 세계대전에 자원입대해서 미약하나마 힘을 보탠 지 어느덧 30년이 넘는 세월이 흘렀다.

이 30년 동안 내 생각과 행동, 인생은 우리 민족에 대한 애정과 충성심만으로 움직였다. 그들이 내게 지금껏 한낱 인간이 직면했던 가장 어려운 결정을 내리는 힘을 주었다. 나는 이 30년 동안 내 시간, 일할 기운, 건강을 모두 썼다.

독일에서 나 혹은 다른 누군가가 1939년에 전쟁을 원했다는 주장은 사실이 아니다. 그 전쟁은 오로지 유대계거나 유대인의 이익을 위해 일하는 국제 정치가들이 원했고 부추긴 일이었다. 나는 군비 통제와 제한을 수없이 제안했고, 후대가 그런 제안을 영원히 무시하면서 이 전쟁이 발발한 책임을 나에게 돌릴 수는 없을 것이다. 나아가 끔찍했던 제1차 세계대전이 끝난 뒤 영국, 혹은 심지어 미국을 상대로도 다시 전쟁이 일어나기를 바랐던 적은 결코 없었다. 아무리 세월이 흘러도 모든 일에 대해 최종 책임을 져야 할 자들, 국제 유대인과 협력자들에 대한 증오가 우리 도시와 기념물이 파괴된 폐허에서 자라날 것이다.

독일-폴란드 전쟁이 발발하기 사흘 전 나는 독일-폴란드 문제에 대한 해결책을 베를린 주재 영국 대사에게 다시 한번 제안했다. 자르 지역 사례처럼 국제 관리 하에 두는 해결책이었다. 이 제안 역시 거부당할 제안이 아니었다. 오로지 영국 정계 주축이 전쟁을 원했기 때문에 거부당했다. 그 이유는 경제적인 문제이기도 하고, 국제 유대인들이 조직한 선전의 영향 때문이기도 하다.

또한 나는 만약 유럽 국가들이 또다시 이 국제 공모자들이 돈과 금융으로 사고파는 주식처럼 여겨진다면 이 흉악한 싸움을 일으킨 진범인 종족, 즉 유대인은 그 책임을 짊어지게 될 것이라고 분명하게 밝혔다. 이번 전쟁에서 유럽 아리아 민족 어린이 수백 만 명이 굶어 죽고, 성인 남성 수백 만 명이 죽고, 여성과 아이들 수십 만 명이 마을에서 화재나 폭격으로 숨졌음에도 불구하고 진짜 범죄자들이 한층 더 인도적 수단으로도 이 죄를 속죄하지 않았다는 사실을 똑똑히 밝혔다.

갖은 좌절을 겪으면서도 6년 동안 치른 이 전쟁은 언젠가 한 국가의 목적을 가장 영광스럽고 용맹하게 보여준 증거로 역사에 기록될 것이다. 하지만 나는 이 제국의 수도인 이 도시를 저버릴 수 없다. 이곳에서 적의 공격을 버텨내기에 우리 힘은 너무 미약하고 우리 저항은 주도권을 잃은 만큼 착각도 커져가는 인간들로 점점 약화되고 있으므로 나는 자진해서 남은 다른 수백 만 명과 함께 이 도시에 남아 내 운명을 함께하고자 한다. 또한 나는 광란 상태의 대중에게 오락을 제공하려는 유대인들이 준비한 새로운 구경거리가 되고 싶지 않다.

따라서 나는 베를린에 남아 총통과 총리 지위를 유지할 수 없다고 생각한 순간 내 자유

의지로 죽음을 선택하기로 결심했다.

나는 전선을 지킨 우리 병사들과 가정을 지킨 우리 여성들의 헤아릴 수 없는 공적과 성취, 우리 농민과 노동자의 업적, 역사상 유례없는 업적, 내 이름을 지닌 젊은이들을 기억하며 기쁜 마음으로 죽는다.

아돌프 히틀러, 1945년

1945년 소련 붉은 군대가 1.6킬로미터 안으로 다가왔을 때 베를린 벙커에 숨어 있던 아돌프 히틀러는 4월 28일에서 29일로 넘어가는 밤중에 비서 트라우들 융게Traudl Junge에게 마지막 유언을 받아 적게 했다. 유언에서 히틀러는 유대인을 대상으로 저지른 나치 집단 학살 정책을 '인도적' 보상이라고 정당화하면서 제2차 세계대전의 책임을 유대 민족에 떠넘겼다. 그날 밤 히틀러는 정부 에바 브라운Eva Braun과 결혼했다. 4월 30일 히틀러는 참모들에게 작별 인사를 하고 자기 개를 죽였다. 그 후 브라운이 청산가리를 먹자 히틀러는 자기 관자놀이를 쏘았다. 두 사람의 시체는 화장한 뒤 벙커 밖 구덩이에 묻혔다.

이날 일어난 다른 사건들
1429년 잔 다르크가 오를레앙을 둘러싼 영국군 포위망 해제
1945년 제2차 세계대전: 이탈리아 전선의 독일군 항복
2006년 미국 경제학자 존 케네스 갤브레이스John Kenneth Galbraith 사망

4월 30일

헨리 8세, 르네상스 군주, 1515년

국왕 폐하는 내가 지금껏 뵈었던 통치자 중 가장 잘 생기셨습니다. 평균보다 큰 키에 종아리가 아주 멋집니다. 안색은 무척 희고 밝으며 적갈색 머리칼은 프랑스식으로 짧고 반듯하게 빗어 넘겼습니다. 둥근 얼굴은 너무 아름다워서 어여쁜 여성으로 보일 수도 있을 듯합니다. 목은 길고 굵은 편입니다. 폐하는 프랑스어, 영어, 라틴어 외에 이탈리아어를 조금 구사하십니다. 류트와 하프시코드를 잘 연주하시고 처음 본 악보도 노래하실 수 있습니다. 그 어떤 잉글랜드 남자보다도 더 강하게 활을 당기고 마상 창 시합 솜씨가 아주 훌륭합니다. 장담하건대, 그분은 모든 측면에서 대단히 뛰어난 군주십니다.

피에로 파스콸리고, 편지, 1515년 4월 30일

16세기 유럽 대사들은 그들이 근무했던 국가와 군주들을 자세하게 서술한 편지를 자국으로 보냈고, 이런 편지들은 왕실 생활을 가장 생생하게 보고했다. 베네치아 대사 피에로 파스콸리고Piero Pasqualigo는 성 조지 축일인 1515년 4월 23일 롬바르디아에서 베네치아가 벌인 전쟁에 헨리 8세의 지지를 얻으려는 임무를 띠고 헨리 8세의 궁전에 도착했다.

20대 시절 헨리 8세는 말년의 배가 터질 듯이 뚱뚱한 폭군 모습과는 완전히 다른 교양 있고 스포츠를 즐기는 모범적인 르네상스 군주상으로 유럽 무대에서 눈에 띄는 인물이었다. 그는 1515년 1월 1일에 왕위에 올랐고 9월에는 마리냐노에서 베네치아와 스위스를 상대로 극적인 승리를 거두고 북부 이탈리아를 장악한 프랑스 권력자 프랑수아 1세와 자주 비교됐다. 이후 10년 동안 유럽 정치는 이 두 젊은 군주와 1519년 신성 로마 제국 카를 5세로 선출되고 헨리 8세의 첫 번째 왕비 아라곤의 캐서린의 조카이기도 한 스페인의 카를로스 1세(1516년 즉위)를 둘러싼 동맹 관계 변화를 중심으로 돌아간다(6월 7일도 참조).

이날 일어난 다른 사건들
1812년 루이지애나가 미국의 18번째 주로 편입
1945년 아돌프 히틀러와 에바 브라운이 베를린 벙커에서 자살
1975년 북 베트남 공산군에 사이공 함락

5월

5월 1일   만국 박람회 개막, 1851년
5월 2일   킹 제임스 성경 출간, 1611년
5월 3일   플랑드르 들판에서, 1915년
5월 4일   대중 신문 영국 강타, 1896년
5월 5일   나폴레옹 사망 100주년, 1921년
5월 6일   힌덴부르크호 폭발, 1937년
5월 7일   총파업을 바라보는 블룸즈버리 그룹의 시선, 1926년
5월 8일   '유럽 전승' 기념일, 1945년
5월 9일   왕관 보석 절도 미수, 1671년
5월 10일   인도 군인 폭동 발발, 1857년
5월 11일   총리 암살, 1812년
5월 12일   맥아더 미 육군사관학교 연설, 1962년
5월 13일   윈스턴 처칠 취임, 1940년
5월 14일   제임스타운 거주지 탄생, 1607년
5월 15일   그리스, 스미르나 점령, 1919년
5월 16일   바르샤바 게토 절멸, 1943년
5월 17일   마페킹 구조, 1900년
5월 18일   안티오키아 학살, 1268년
5월 19일   앤 불린 처형, 1536년
5월 20일   총상을 입은 조지 오웰, 1937년
5월 21일   대서양 횡단 비행, 1927년
5월 22일   '강철 조약', 1939년
5월 23일   사보나롤라 화형, 1498년
5월 24일   존 웨슬리의 회심, 1738년
5월 25일   쓸모없는 역사, 1916년
5월 26일   찰스 2세의 밀약, 1670년
5월 27일   파리 '사태', 1968년
5월 28일   파리 코뮌 패배, 1871년
5월 29일   콘스탄티노폴리스 함락, 1453년
5월 30일   쾰른 공습, 1942년
5월 31일   개혁 정신, 1823년

5월 1일

만국 박람회 개막, 1851년

어제는 두 번째로 수정궁을 방문했어요. 세 시간 정도 머물렀는데, 처음으로 갔을 때보다 이번에 더 깊은 감명을 받았어요. 정말 멋진 곳이에요. 넓고 특이하고 새롭고 말로 다할 수가 없어요. 그 웅대함이 '한' 가지로 이뤄진 것이 아니라 '온갖' 물건들이 독특하게 어우러진 가운데 뿜어져요. 기차 엔진과 보일러가 들어찬 커다란 구획과 열심히 작동 중인 제분기가 있는 칸, 각종 훌륭한 마차와 갖가지 마구를 진열한 칸부터 벨벳을 깐 장식장에 유리 덮개를 씌워 진열한 더없이 아름다운 금은세공품, 임중히 경비를 세운 장식함에 가득 채운, 그 값어치가 수십만 파운드에 이르는 진짜 다이아몬드와 진주에 이르기까지 인류의 노력으로 만든 물건이라면 무엇이든 찾아볼 수 있어요. 바자회나 전시회라고도 할 수 있겠지만 동방의 요정들이 만들어냈을 법한 바자회 혹은 전시회예요. 오로지 마술만이 지구 구석구석에서 이 모든 재물을 모아 올 수 있을 것 같거든요. 오직 초자연적인 힘만이 그토록 눈부시고 뚜렷한 색채와 감탄스러운 효과로 이 모든 물건을 진열할 수 있을 것 같아요. 눈에 보이지 않는 영향력이 넓은 통로를 가득 채운 인파를 지배하고 다스리는 듯했어요. 그날 수정궁에 3만 명이 모여들었는데도 큰 소리 한 번 들리지 않았고 무질서한 움직임 한 번 보이지 않았어요. 사람들의 물결이 고요하게, 마치 멀리서 바다가 깊은 콧노래를 흥얼거리듯이 움직였어요.

샬럿 브론테, 아버지에게 보낸 편지, 1851년 6월 7일

1881년 런던에서 열린 만국 박람회는 디자인, 산업, 상업의 발전을 보여주기 위한 영국 제국주의 세력이 최고조에 달했을 무렵 기획된 최초의 '세계 전시회'였다. 이 박람회를 시작으로 향후 100년에 걸쳐 세계 박람회가 몇 차례 열렸다.

빅토리아 여왕의 배우자 앨버트 공이 헨리 콜Henry Cole과 함께 영국 산업의 독창성을 보여주는 데 초점을 맞춰 런던 만국 박람회를 기획했다. 박람회는 하이드파크에 철과 유리로 만든 거대한 수정궁에서 열렸으며 그 혁신적인 설계는 조지프 팩스턴Joseph Paxton이 고안했다. 1851년 5월 1일 빅토리아 여왕이 개막식에 참석했고 그날 하루에만 입장권 약 2,500장이 팔렸다. 《제인 에어Jane Eyre》를 쓴 작가 샬럿 브론테Charlotte Brontë도 이곳에 일찍 다녀간 사람들 중 한 명이었다. 이후 6개월 동안 최소 300만 명이 이 전시회에 몰려들었다.

이날 일어난 다른 사건들

1707년 연합 조약으로 그레이트 브리튼 왕국 탄생
1873년 스코틀랜드 선교사 데이비드 리빙스턴David Livingstone 사망
1960년 게리 파워스Gary Powers가 조종하던 미국 정찰기가 소련 영공에서 격추당함

5월 2일

킹 제임스 성경 출간, 1611년

이제 우리가 무엇을 기획했고, 성경을 정독하고 조사하면서 어떤 과정을 거쳤는지 보여주기에 적당한 때이다. 참으로 (선한 기독교 독자들이여) 우리는 처음부터 새로운 번역을 해야 한다거나 나쁜 번역을 좋은 번역으로 만들어야 한다는 생각은 해 본 적이 없다. 좋은 번역을 더 좋게 만들거나, 많은 좋은 번역 중에서 주된 좋은 번역을 만들겠다고 생각했고, 당연히 반대에 부딪칠 것이라고 생각하지 않았다. 그것이 우리 노력이고 목표였다. 그 목표를 달성하고자 많은 사람을 선택했다. 스스로의 눈이 아니라 다른 사람들이 보기에 더 훌륭하고, 칭송받기보다는 진실을 추구하는 사람들이었다. 또한 그들은 배우려고 온 사람이 아니라 배운 자로서 임무에 응했거나 그렇다고 여겨졌다. 국왕 폐하[제임스 1세]의 명을 받은 지혜로운 최고 감독자는 먼저 가르치고 나중에 배우는 순서는 터무니없으며, 일꾼이 함께 배우고 익히는 것은 칭찬할 만한 일이 아닐뿐더러 작업에도 바람직하지 않다는 사실을 알고 있었다.

서문, 킹 제임스 성경, 1611년

20세기 이후로도 가장 친숙하고 사랑받는 영어 번역본이 될 흠정역 성경을 의뢰한 사람은 1604년 국왕 제임스 1세(스코틀랜드의 제임스 6세)였다. 킹 제임스 흠정역 성경은 7년 뒤에 완성됐으며 이를 만드는 데 사용한 절차의 타당성을 보여주고 번역을 맡은 사람들의 학문 자격을 강조하는 기나긴 서문을 포함했다. 캔터베리 대주교로서 이 과정을 감독한 리처드 밴크로프트Richard Bancroft와 학구적인 성직자 랜슬럿 앤드루스Lancelot Andrewes를 비롯해 거의 50명에 가까운 번역자들이 참여했다. 그들은 이전 번역본을 바탕으로 작업했으며, 이전 번역본이었던 1568년판 주교 성경에 대해 청교도들이 제기한 이의를 해결한다는 정치적인 목적도 일부 있었다. 이후 수백 년 동안 킹 제임스 성경의 어법은 영어권 세계의 종교 생활뿐만 아니라 영어 그 자체에도 깊숙이 퍼져나갔다.

일단 출판된 뒤에도 킹 제임스 성경은 여러 해에 걸쳐 검토와 수정을 거쳤다. 오류를 고치는 과정에서 새로운 오류가 생기기도 했는데 그중에서 가장 유명한 오류는 아마도 1631년판에 나타난 "간음할지어다."일 것이다.

이날 일어난 다른 사건들

1519년 레오나르도 다빈치Leonardo da Vinci 사망
1945년 제2차 세계대전: 베를린에 소련 적기 게양
2011년 파키스탄에서 알카에다 지도자 오사마 빈 라덴Osama bin Laden이 사살당함

5월 3일

플랑드르 들판에서, 1915년

플랑드르 들판에 양귀비 피네
줄줄이 서 있는 십자가 사이로,
우리 자리를 나타내는 십자가
하늘에는 종달새가 여전히 용감히 노래하며 나네
아래에서 들리는 총소리에 잘 들리지 않네

우리는 죽은 자들, 며칠 전만 해도
우리는 살아서 새벽을 느끼고 불타는 석양을 봤지
사랑하고 사랑받은 우리는 지금
플랑드르 들판에 누워 있네

적과의 싸움을 이어받아라
힘이 빠지는 손으로 그대에게 던지는 횃불
이제 그대의 것이니 높이 들어라
그대가 죽은 우리의 믿음을 저버린다면
우리는 잠들지 못하리,
플랑드르 들판에 양귀비 자란다 하여도

존 매크레이, 1915년 5월 3일

제1차 세계대전 초기에 발표된 가슴에 사무치는 시 〈플랑드르 들판에서 In Flanders Fields〉는 캐나다 제1여단 야전포병연대 소속 군의관 존 매크레이 John McCrae가 1915년 5월 2일 저녁에 쓰기 시작해 5월 3일에 완성했다. 매크레이는 덧없는 인생을 서정적으로 성찰한 이 시를 같은 날 제2차 이프르 전투 중 전사한 친구 알렉시스 헬머 Alexis Helmer의 장례식을 치른 뒤에 썼다. 이 시는 잡지 〈펀치 Punch〉로 보내져 1915년 12월에 발표됐으며, 세계대전이 끝난 이후로 영령 기념일 행사에서는 이 시를 낭송한다. 매크레이는 1918년 1월 프랑스에서 폐렴으로 사망했다.

이날 일어난 다른 사건들
1916년 부활절 봉기 지도자 패트릭 피어스가 더블린에서 처형당함
1937년 《바람과 함께 사라지다 Gone With the Wind》 퓰리처상 소설 부문 수상
1951년 조지 6세 영국제 개최

5월 4일

대중 신문 영국 강타, 1896년

신문사 데일리 메일의 '기치'는 저렴한 가격이 아니라 간결함과 작은 판형입니다. 본질적으로 바쁜 사람의 신문이라 하겠습니다. 우리는 하루 반 페니가 아쉬운 사람들이 아닙니다.

… 우리는 활자를 기계로 맞추므로 시간당 훨씬 많은 신문을 찍어내서 접을 수 있고, 필요하다면 지면을 서로 붙일 수도 있습니다. 영국 신문사에서 전례를 찾아볼 수 없는 규모로 이런 새로운 발명품을 사용한 덕분에 〈데일리 메일〉은 비용을 30퍼센트에서 50퍼센트까지 절감할 수 있었고, 동시대 신문의 반값에 판매할 수 있습니다. 그것이 불가사의하게 느껴질 정도로 〈데일리 메일〉이 저렴한 이유입니다.

〈데일리 메일〉 창간호, 1896년 5월 4일

1896년 5월 4일 30세 알프레드 함스워스 Alfred Harmsworth는 미국식 신문 〈데일리 메일 Daily Mail〉을 창간하면서 고루한 빅토리아 말기 영국 신문 업계에 혁명을 일으켰다. 새로운 기술 도입과 짧고 산뜻한 글쓰기라는 새로운 개념에 독자들의 재구매를 촉진하는 연재물 혁신 덕분에 경쟁사 신문의 절반 가격으로 신문을 판매할 수 있었다. 창간호는 출간 전에 1면에 대형 만화를 싣는 실험을 하는 등 65차례에 걸쳐 시험 인쇄를 거쳤지만 실제로 발행된 창간호 1면에는 광고만 실었다. 그런 점에 있어서는 다른 신문들과 결을 같이 했다. 10만부 정도 팔릴 것으로 예상했던 '바쁜 사람의 일간지' 창간호는 예상치의 거의 네 배에 가까운 판매부수를 기록했고, 80대 원로 글래드스턴 W. E. Gladstone 전 총리가 격려 메시지를 보내기도 했다.

몇 년 뒤 일어난 제2차 영국-보어 전쟁 중 함스워스의 앞뒤 재지 않는 애국심이 독자들의 심금을 울리면서 〈데일리 메일〉은 판매부수 100만 부를 넘기며 세계에서 가장 인기 있는 신문이 되었다.

이날 일어난 다른 사건들

1471년 장미 전쟁: 튜크스베리 전투에서 에드워드 4세가 랭커스터 군대 격파

1927년 미국 영화예술과학아카데미 설립

1970년 미국 주방위군이 켄트 주립대학교 반전 시위대 4명 사살

5월 5일

나폴레옹 사망 100주년, 1921년

무덤에서도 부단히 프랑스를 위해 애쓰시는 폐하, 편히 잠드십시오. 나라에 위험이 닥칠 때마다 우리 깃발은 독수리가 지나는 길을 향해 전율합니다. 우리 군단이 승리하고 돌아와 폐하가 세우신 개선문을 통과한다면 이는 아우스터리츠의 검이 나아갈 방향을 가리켜 군대를 어떻게 통합하고 이끌어야 승리를 거둘 수 있을지 보여주었기 때문입니다. 당신이 보여주신 거장의 교훈과 결연한 노고는 여전히 타의 추종을 불허하는 모범입니다. 이를 연구하고 성찰하면서 전쟁 기법이 날로 발전합니다. 당신이 남긴 불멸의 영광을 경건하고 조심스럽게 모을 때 비로소 이 나라를 지키는 성스러운 대의를 달성하는 데 필요한 전투 과학과 군대 관리법을 먼 미래 세대가 깨달을 수 있을 것입니다.

페르디낭 포슈 원수, 연설, 1921년 5월 5일

파리 앵발리드에서 열린 기념식에서 제1차 세계대전 당시 연합군 최고사령관이자 프랑스 원수였던 페르디낭 포슈Ferdinand Foch는 1821년에 사망한 나폴레옹의 기일을 맞아 그를 추도했다. 포슈는 나폴레옹이 러시아-오스트리아 연합군을 상대로 혁혁한 군사적 성과를 거둔 1805년 아우스터리츠 전투를 특별히 언급했다. 비교적 최근에 독일 공격을 맞아 방어하는 과정에서 100만 명을 잃었음에도 이를 프랑스의 승리로 포장하고 싶었던 포흐는 자신이 깊이 연구했던 뛰어난 전임자의 정신을 환기했다.

사망 후 나폴레옹(나폴레옹의 사인은 위암이라고 전하나 수행원에게 독살당했을 가능성도 있다)은 유배지였던 외딴섬 세인트헬레나에 묻혔으나 1840년 영국 당국이 그의 유해를 프랑스로 돌려보내는 데 합의했다. 그리하여 나폴레옹의 유골은 과거 군사적 영광의 상징인 앵발리드에 위풍당당하게 안치됐다.

이날 일어난 다른 사건들

1818년 독일 철학자 카를 마르크스 탄생
1955년 독일 연방 공화국(서독) 주권 회복
1981년 단식 투쟁 중이던 아일랜드 공화국군 조직원 보비 샌즈 사망

5월 6일

힌덴부르크호 폭발, 1937년

지금 힌덴부르크호는 거의 움직이지 않습니다. 비행선 앞코 밖으로 밧줄을 늘어뜨렸고, 몇몇 사람이 밧줄을 들판으로 끌어내리고 있습니다. 다시 비가 내리기 시작했습니다. 비가 조금 잦아들었습니다. 후방 모터가 겨우 추락을 막을 정도로 간신히 지탱하고 있습니다. … 불꽃에 휩싸이고 있습니다! 비켜요! 비켜요! 이거 받아요, 찰리! 이거 받아요, 찰리! 불이 나서 추락하고 있습니다! 끔찍하게 추락하고 있어요! 오 이런! 비켜요, 제발! 타오르고 있습니다. 불길이 솟구치고 계류탑에 떨어지고 있어요. 누가 봐도 끔찍한 광경입니다. 사상 최악 중에서도 최악의 참사입니다! 추락하고 있습니다. … 400피트, 500피트 상공에서 추락하고 있어요. 신사 숙녀 여러분, 끔찍한 추락입니다. 연기가 나고 불꽃이 타오릅니다. 이제 불꽃이 계류탑이 아니라 땅으로 떨어지고 있습니다. … 오, 인류여, 여기에서 소리치는 모든 승객이여!

허버트 모리슨, WLS 라디오 보도, 1937년

1937년 5월 독일 기업 체펠린이 제조한 힌덴부르크호는 세계 최대 최신식 비행선이었다. 5월 6일 97명을 태우고 대서양을 횡단하는 첫 비행을 거의 완료하고 뉴저지주 레이크허스트 500피트 상공에서 착륙을 시도할 무렵, 수소를 가득 채운 비행선이 폭발했다. 영화 제작진, 기자, 유명인들이 깜짝 놀라서 사태를 지켜봤다. 시카고 WLS 라디오 방송국 기자 허버트 모리슨Herbert Morrison이 사고를 접하고 곧바로 터져 나오듯이 설명한 잊지 못할 실황은 이튿날 아침에 방송됐다.

힌덴부르크호에 탑승했던 승객 중 35명이 사망했다. 사고 원인은 끝내 완전히 밝혀지지 않았으나 이로써 이런 형태의 여객 운송 수단은 사라지게 됐다. 비행선 개발은 군사, 과학, 관광 목적으로 이어졌고, 다만 양력을 얻는 방법으로 좀 더 안전한 헬륨 가스와 뜨거운 공기를 사용하기 시작했다.

이날 일어난 다른 사건들

1881년 더블린에서 무장 민족주의자들이 피닉스 공원 살인 사건 자행

1915년 야구계 전설 베이브 루스Babe Ruth가 메이저리그 첫 홈런 기록

1954년 영국 육상선수 로저 배니스터Roger Bannister가 1.6킬로미터를 4분 안에 주파

5월 7일

총파업을 바라보는 블룸즈버리 그룹의 시선, 1926년

아무런 변화도 없다. … 뉴스라고는 대주교들이 상의하고 있고 그들이 바른 길로 나아갈 수 있도록 기도해 달라는 말뿐이었다. 이것이 행동을 의미하는지 모르겠다. 우리는 아무것도 모른다. 카트라이트 부인이 햄스테드에서 걸어왔다. 카트라이트 부인과 레너드[울프]는 격렬한 논쟁을 벌였다. 그녀는 노동자 측에 반대했다. 그들을 지지해야 할 이유도 모르겠고 남자들이 일하는 대신 길거리에서 빈둥거린다고 말했다. … 레너드는 사무실로 갔고 나는 대영박물관에 갔다. … 집에 돌아오니 레너드와 휴버트[헨더슨]가 사무실에서 돌아와 있었다. 휴버트는 요즘 말로 '차 한 잔 들기'를 하고 있었는데 이는 1시간 30분 동안 파업에 대해 이야기하는 것이었다. 그는 파업이 월요일에 해결되지 않거나 계속 진행된다면 5주 동안 계속될 것이라고 예측했다. 오늘은 임금을 지급하지 않는다. 레너드는 전쟁보다 파업이 더 신경 쓰인다고 말했고, 휴버트는 1912년에 어쩌다가 독일에 갔고, 그들이 얼마나 잔인했는지 얘기했다. 그는 이제 가스와 전기가 파업을 할 것이라고 생각했다. 언론인 회의에 갔었는데 그 자리에 모인 모두가 노동자들에게 적대적(즉 총파업에 반대)이었고 정부가 승리할 것으로 예상했다고 한다. 레너드는 만약 국가가 이기고 노동조합을 박살 낸다면 그는 평생을 노동에 헌신할 것이라고 말한다. 만약 대주교가 성공한다면 세례를 받을 것이라고 했다. 이제 코메르시오에서 클라이브[벨]를 만나 식사를 할 것이다.

버지니아 울프, 일기, 1926년 5월 7일

소설가 버지니아 울프Virginia Woolf(1882년-1941년)는 상위 중산층 출신이었지만 1926년 광산 소유주들이 임금을 낮추려고 했던 계획에 맞서 노동조합의회Trades Union Congress(TUC)가 소집했던 영국 총파업 당시 파업 참가자들을 지지했다. 1926년 5월 3일 시작된 총파업은 전반적으로 평화로웠다. 파업은 열흘 뒤 노동조합의회가 물러서면서 끝났고 광부 조합만 남아 몇 달 동안 계속 투쟁했다.

울프 부부는 문예 집단 블룸즈버리 그룹 Bloomsbury Group의 주축이었으며, 버지니아 울프의 형부인 예술 평론가 클라이브 벨Clive Bell도 함께 활동했다.

이날 일어난 다른 사건들
1915년 영국 여객선 루시타니아호가 독일군 어뢰에 격침당함
1945년 제2차 세계대전: 독일이 무조건 항복에 서명
1954년 인도차이나반도 디엔비엔푸에서 프랑스군 패배

5월 8일

'유럽 전승' 기념일, 1945년

여느 때와 다른 누구나 기억할 수 있을 만한 날이었다. 그날만의 고유한 정취가 있었다. 나무, 풀밭, 꽃, 물이 있는 여름을 배경으로 사람들이 돌아다니고 앉고 노래하고 잠자는 탁 트이고 행복한 마을 축제 분위기를 내는 즉흥성이 있었다. … 종이 울려 퍼지기 시작하고 밤사이 폭풍우가 지나간 뒤 런던은 완벽하고 더운 영국의 여름날이었다. 서정 시인들의 상상 속에서나 찾을 수 있다고 느낄 법한 날이었다.

점심 무렵 피커딜리 서커스에서는 빽빽하게 모여들어 웃고 있는 사람들을 헤치고 지나가느라 버스가 엉금엉금 기어가야 했다. 전쟁 초기에 에로스 동상을 안전한 곳으로 옮긴 다음 그 받침대를 보호하고자 발판과 모래주머니를 앙코르 와트 형태로 쌓은 작은 뾰족탑 위로 탱크 군단의 검은 베레모를 쓴 청년이 가장 먼저 올라갔다. 청년이 꼭대기로 기어올라 발끝으로 서서 활을 겨누는 흉내를 내며 에로스 포즈를 취하자 사람들은 함성을 질렀다. 그의 뒤를 이어 고동색 베레모를 쓴 낙하산 부대원이 올라왔고, 꼭대기에 오른 그는 손을 아래로 뻗어 딱 붙는 녹색 바지를 입은 금발의 젊은 여성을 끌어올렸다. 여성이 꼭대기로 올라오자마자 탱크 군단 병사가 피커딜리 서커스에 모인 모든 사람이 보내는 열광적인 휜호에 힘입어 그녀를 품에 안았다. 마치 그 기념물 위에서 에로스의 전형적인 역할을 연기하려는 듯했다. 하지만 잠시 후 미군 병사 두 명이 합류했고 곧이어 소년 소녀들이 몰려드는 바람에 아무런 일도 일어나지 않았다. 그들은 다정하게 서로 꼭 붙어 앉아서 다리를 흔들고 서로의 제복 모자를 써보면서 군중에게 농담을 던졌다. 누군가가 "맙소사, 이 위로 폭탄이 날아든다고 생각해 봐!"라고 말했다. 폭죽이 터졌을 때 몬티_{노르망디 상륙작전 영국군 총사령관으로 활약한 버나드 로 몽고메리의 애칭 - 옮긴이}의 얼굴 모양으로 된 주석 브로치를 파는 행상인이 발랄하게 "괜찮아, 친구들, 우리 편이야!"라고 외쳤다. 이는 마음이 놓이는 말이었지만 때때로 공습이 있던 밤이면 틀린 말이기도 했다.

그날은 의심할 여지없이 처칠의 날이었다. 조지 6세의 백성 수천 명이 온종일 궁전 앞에서 진을 치고 모여 끊임없이 "우리는 왕이 보고 싶다"라고 외쳤다. 왕과 왕비, 공주들이 나타나자 군중은 목이 쉬도록 환호했지만, 처칠이 나타나자 깊은 곳에서 끓어올라 목이 터질 듯하고 경건하기까지 한 함성이 터져 나왔다. 의회 의원 행렬 선두에 선 처칠은 성 마거릿 감사 예배 의식에 참석했다가 하원으로 돌아가는 길이었다. 처칠은 금세 사람들에게 둘러싸였다. 사람들은 뛰어오고, 까치발로 서고, 나중에 처칠을 본 적이 있다고 이야기할 수 있도록 아기들을 들어 올렸다. 그러면서 어울리지 않는 보모 이름 같은 애칭 "위니, 위니!"를 외쳤다. 믿기 힘들게 지저분한 런던내기 노인 두 명이 기분 좋게 취해서 셰익스피어 희곡에 나오는 광대 커플처럼 발을 끌며 느릿느릿 춤추던 중에 한 사람이 "그분이야, 그분의 자그맣고 사랑스러운 대머리야!"라고 고함쳤다.

… 미국 선원들과 명랑한 소녀들이 피커딜리 한가운데 길게 늘어서서 콩가 춤을 췄고 런던내기들은 팔짱을 끼고 램버스 워크를 췄다. 정해진 계획도, 잘 짜인 놀 거리도 없는 낮과 밤이었다. 저마다 추고 싶은 춤을 추고, 부르고 싶은 노래를 부르고, 마음 내키는 대로 제 갈 길을 걸었다. 유럽 전승 기념일 런던에서 가장 관대하고 나서지 않는 사람은 경찰이었다. 군인들이 가로등 기둥에 팔을 감고 빙글빙글 돌고 사람들이 웃으면서 울타리를 뜯어 모닥불을 지피는 동안에 경찰은 그냥 인사하게 웃으며 서있기만 했다. … 길거리마다 팔짱을 끼고 노래를 부르며 성급하게 밖으로 나온 몇몇 자동차에 몰려드는 군인들은 휴가를 맞이한 엄청난 행복감에 그저 즐거워 보였다. 그날 밤 각 나라의 수도에서 종전을 축하한 사람들과 마찬가지로 그들은 과거를 뒤로 하고 온전한 미래를 기대할 수 있을 만큼 젊은, 해방된 사람들이었다. 흥에 겨운 그들의 모습은 무척 감동적이었다.

몰리 팬터-다운스, 〈뉴요커〉, 1945년 5월 19일

몰리 팬터-다운스Mollie Panter-Downes는 1939년부터 1980년대까지 잡지 〈뉴요커New Yorker〉에 격주로 발표한 '런던에서 온 편지' 칼럼에서 1945년 5월 8일 유럽에서 전쟁이 끝난 뒤에 즉흥적으로 열린 이 대규모 파티 풍경을 전했다. 전쟁 시절을 묘사한 그녀의 글은 공습과 배급이 이어지는 생활의 암울한 현실을 미국인들에게 알리는 데 큰 역할을 했다.

그날 윈스턴 처칠 총리는 하원에서 일본이 아직 '진압되기 전'이라고 지적했지만 나중에 는 버킹엄 궁 발코니로 나와(이는 왕족이 아닌 이에게 흔치 않은 영예다) 기뻐하는 군중의 환호를 받았다.

이날 일어난 다른 사건들
1450년 잉글랜드 켄트에서 케이드의 반란 발발
1794년 프랑스 화학자 앙투안 라부아지에Antoine Lavoisier 처형
1970년 비틀스의 마지막 앨범 〈렛 잇 비Let It Be〉 발매

5월 9일

왕관 보석 절도 미수, 1671년

의사[토머스 블러드]가 [왕가 표상 관리자 에드워드 씨에게] 왕가 표상을 보고 싶어 하는 친구들이 집에 와 있다고 말했다. 그렇게 해서 의사와 다른 두 명이 아침 8시쯤에 왔다. 가방과 나무망치 외에 다른 장비는 없었다.

노인이 문을 열자마자 의사가 나무망치로 그 사람을 때려눕혀 입을 닫게 했다. 휴대하기 편하도록 왕관 장식을 납작하게 누르고 비둘기 장식이 달린 홀을 집어 가방에 넣은 뒤 도망칠 준비를 하고 있었다. 바로 그 순간 바다에서 돌아온 노인의 아들이 왕관과 홀을 가지고 서둘러 밖으로 나오던 블러드 패거리와 마주쳤다. 도개교에서 감시하던 교도관이 상황을 멈추려는 자세를 잡았다. 블러드는 교도관에게 총을 쐈고, 교도관은 겁에 질려 바닥에 쓰러졌다. 블러드 일당은 작은 수용소 문까지 안전하게 도착했지만 그곳에 올리버 크롬웰 휘하 군인이었던 자가 보초를 서고 있었다. 그는 블러드 일당을 전혀 제지하지 않았고, 블러드는 부두로 통하는 가장 바깥문을 통과했다.

이 지점에서 벡맨 데위가 블러드 일당을 앞질렀다. 블러드는 벡맨의 머리에 권총을 쏘았지만 총알은 빗나갔고 벡맨이 블러드를 붙잡았다. 블러드는 장물을 지키려고 몸부림쳤다. 장물을 빼앗기자 그는 "대실패로 끝났지만 용감한 시도였지. 왕관을 훔치려 했으니까!"라고 말했다.

《뉴게이트 캘린더》, 1770년

아일랜드 출신 사기꾼이자 모험가, 스파이인 토머스 블러드Thomas Blood(1617년경-1680년)는 1671년 런던 타워에서 잉글랜드 왕권의 상징인 보석을 탈취하려 시도했고, 거의 성공할 뻔했다. 그는 가혹한 처벌을 받는 대신 찰스 2세 앞으로 불려갔다. 찰스 2세는 블러드를 사면하고 아일랜드에 땅을 하사했다. 그 이유는 밝혀지지 않았으나 블러드에게는 강력한 후원자들이 있었다. 또한 블러드는 완고한 개신교 비국교도인 데다가 찰스 정권을 못 미더워했으나 정부 첩보원으로 활약했을 가능성도 다분하다.

런던의 악명 높은 뉴게이트 교도소에서 제목을 따온 《뉴게이트 캘린더Newgate Calendar》는 1770년부터 1820년대까지 인기리에 발간된 범죄 '실화' 모음집이었다.

이날 일어난 다른 사건들
1874년 영국 고고학자 하워드 카터Howard Carter 탄생
1887년 런던에서 버펄로 빌 코디Buffalo Bill Cody의 와일드 웨스트 쇼 개막
1974년 미국 대통령 리처드 닉슨에 대한 탄핵 심리 시작

5월 10일

인도 군인 폭동 발발, 1857년

정부[영국 당국]는 새로운 소총 사용법을 가르치고자 각 연대에서 병사들을 다른 주둔지로 보냈다. 이 병사들이 한동안 새로운 훈련을 실시하고 있었을 때 어떤 통로로 이 새로운 소총에 사용된 탄창을 쇠기름과 돼지기름으로 칠했다는 소식이 퍼졌다. 우리 연대 병사가 다른 연대 병사들에게 글을 써서 이 사실을 알렸고, 머지않아 모든 연대에서 동요가 일어났다. 일부 병사들은 40년 동안 복무하면서 정부가 종교를 모욕한 적은 한 번도 없었다고 지적했지만 세포이의 마음은 [아우드주] 섭령으로 격분한 상태였다. 이해 딩사자들은 재빨리 영국이 궁극적으로 달성하려는 목표가 우리 모두를 기독교도로 바꾸는 것이라고 지적했다. 마호메트교도[이슬람교도]와 힌두교도 모두 그 탄창을 사용함으로써 더럽혀질 것이므로 그 목적을 달성하고자 그런 탄창을 도입했다는 뜻이었다.

시타 램, 인도 군인 세포이, 공식 회상록, 1857년

1857년부터 1858년에 걸쳐 이른바 인도 군인 폭동(반란, 봉기, 독립 전쟁 등 다양한 명칭으로 불린다)이 일어나는 동안 계속 영국에 충성을 다했던 시타 램Sita Ram은 이 사건을 기록으로 남긴 몇 안 되는 인도 군인 중 한 명이었다. 영국 동인도회사가 부유한 아우드주를 탐욕스럽게 합병한 이후인 1857년 5월 10일 메루트에 주둔하던 인도인 사병 '세포이'가 인도 문화에 대한 무신경에 분노해 반란을 일으켰다. 세포이들은 그들이 사용해야 했던 총알이 힌두교와 이슬람교를 모두 모욕했다고 느꼈다.

폭동은 북부 전역으로 빠르게 퍼졌고 영국군은 칸푸르와 러크나우에서 포위당했다. 그러나 같은 해 여름에 걸쳐 분쟁은 진압됐고, 가혹한 경우가 많았다. 영국 정부는 동인도회사에서 인도를 직접 운영할 권리를 양도받기로 결정했다. 이 권리 이양으로 디즈레일리Disraeli 총리는 1877년 빅토리아 여왕에게 인도 여제 호칭을 부여하는 법안 통과를 강행했다.

이날 일어난 다른 사건들

1869년 미국에서 최초의 대륙횡단 철도 완성
1924년 존 에드거 후버J. Edgar Hoover 미국 연방수사국 임기 개시
1941 제2차 세계대전: 나치 간부 루돌프 헤스Rudolf Hess가 낙하산으로 스코틀랜드에 착륙

5월 11일

총리 암살, 1812년

수감자[존 벨링엄]는 "나는 사실을 인정하지만 허락을 구하고, 내 행동을 뒷받침하는 타당한 이유를 말하고 싶습니다. 정부는 내 고충 사항에 대한 보상을 거부했습니다. 나는 잘못된 처우를 받았습니다. 그들은 내가 자주 연락을 취했던 국무 장관과 베커 씨를 통해 내가 누구이고 어떤 사람인지 전부 알고 있습니다. 러시아에서 총독이 아르항겔크스에서 리가로 보낸 편지로 내게 지독하게 억울한 죄를 뒤집어씌웠습니다. 나는 그 보상을 요구했지만 받지 못했죠. 나는 너무나 운 없는 사람이고 여기(가슴에 손을 얹으며)에서 내가 그런 행동을 한 데는 충분한 이유가 있었다고 느낍니다."라고 반복했다. 그의 말은 암살에 관한 부분을 제외하면 전혀 앞뒤가 맞지 않았다. 암살 행위에 대해서 그는 재판에 회부돼 정의의 심판을 받게 될 것으로 기대하며, 풀려나서 결국에서 요구사항을 관철할 수 있을 것으로 기대한다고 말했다.

〈타임스〉, 1812년 5월 13일

스펜서 퍼시벌Spencer Perceval(1762년-1812년)은 역사상 유일하게 암살당한 영국 총리라는 불명예를 안고 있다. 신실하고 보수적인 변호사였던 퍼시벌은 1812년 5월 11일 하원 의사당 입구에서 근거리 총격을 당했다. 암살자 존 벨링엄John Bellingham은 빚 문제로 러시아에서 옥살이를 했고 자기가 겪은 고통에 대한 보상을 정부에 청구했으나 받지 못했다. 퍼시벌은 총격을 받은 직후 사망했다.

뉴게이트 교도소에 잠시 수감됐던 벨링엄은 5월 15일에 재판을 받았다. 피고인은 1809년 이래 나약한 토리당 정부 수반으로 총리직을 수행한 퍼시벌이 자신의 자유를 짓밟았고 그(벨링엄)는 장래 정치인들에게 본보기를 보였다고 주장했다. 혁명 이후 나폴레옹 치하 프랑스를 견제하고자 한창 몸부림치던 당시 과열된 정치 분위기 속에서 벨링엄의 행동은 그 실체, 즉 사사로운 고충 사항에 극단적으로 반응한 사건이라기보다 공공질서에 대한 위협을 상징하는 듯 보였다. 그는 5월 18일에 사형 선고를 받고 교수형에 처해졌다.

이날 일어난 다른 사건들

1502년 크리스토퍼 콜럼버스가 카리브해로 마지막 항해 출항

1971년 영국 최초 타블로이드 신문 〈데일리 스케치Daily Sketch〉 폐간

1998년 프랑스에서 최초의 유로화 동전 주조

5월 12일

맥아더 미 육군사관학교 연설, 1962년

'의무', '명예', '조국' 이 숭고한 세 단어는 여러분이 무엇이 되어야 하는지, 무엇이 될 수 있는지, 무엇이 될 것인지를 경건하게 지시합니다. 이 세 단어는 용기가 꺾일 것 같을 때 용기를 북돋우고, 믿어야 할 이유가 없는 것 같을 때 신념을 되찾고, 절망적일 때 희망을 되살리는 재집결지입니다. …

이 단어들이 이룩한 결과가 있습니다. 이 단어들은 여러분의 기본 자질을 형성합니다. 이 나라를 수호할 관리인이라는 여러분의 장래 역할을 다할 수 있도록 틀을 만듭니다. 여러분이 약할 때를 알 만큼 강하고, 두려움을 느끼는 자기 자신과 직면할 만큼 강하게 만듭니다.

이 세 단어는 정당하게 실패했을 때 떳떳하고 굽히지 않되, 성공했을 때 겸손하고 정중하라고 가르칩니다. 말로 행동을 대신하지 않고 안락의 길을 추구하지 않으며 역경과 고난에 따르는 압박과 박차에 직면하라고 가르칩니다. 폭풍이 몰아칠 때 일어서되 넘어진 사람들에게 연민을 느끼는 법을 배우라고 합니다. 다른 사람을 지배하려고 하기 전에 스스로 수양하고 깨끗한 마음과 고귀한 목표를 품으며 웃는 법을 배우되 우는 법을 결코 잊지 말라고 합니다. 미래를 향하되 결코 과거를 소홀히 하지 않으며 진지하되 지나친 자의식은 삼가며 진정한 위대함은 소박함임을 기억하도록 겸손하라고 가르칩니다. 진정한 지혜는 열린 마음에서, 진정한 힘은 온화함에서 비롯됩니다.

이 세 단어는 여러분에게 절제된 의지, 뛰어난 상상력, 넘치는 감성, 깊은 생명의 샘에서 솟아나는 생기, 소심함을 누르고 용기가 드러나는 기질, 편안함을 추구하는 대신 모험을 추구하는 욕구를 선사합니다. 여러분 마음속에 경이로움, 다가올 미래에 대한 지치지 않는 희망, 삶의 기쁨과 감동을 심어줍니다. 이 세 단어는 한 사람의 장교이자 신사가 되는 법을 가르쳐줍니다.

더글러스 맥아더, 연설, 미국 육군사관학교, 뉴욕, 1962년 5월 12일

1962년 82세 군인 더글러스 맥아더는 보기 드문 경력을 되돌아볼 수 있었다. 제2차 세계대전 당시 연합군 최고 사령관, 전후 일본 총독, 대통령과 의견 불일치로 해임되기까지 한국 전쟁 당시 유엔군 사령관을 지냈다. 5월 12일 맥아더는 미국 육군사관학교 생도들에게 마지막으로 훈계했다. (3월 20일도 참조)

이날 일어난 다른 사건들
1700년 영국 시인이자 극작가 존 드라이든John Dryden 사망
1932년 비행사 찰스 린드버그의 납치된 아들이 숨진 채 발견
1949년 소련의 (서)베를린 봉쇄 종료

5월 13일

윈스턴 처칠 취임, 1940년

지난 금요일 저녁 저는 새로운 국왕 폐하께 새로운 내각 구성을 위임받았습니다. 새로운 내각은 최대한 폭넓은 기반을 바탕으로 세워야 하며 지난 정부를 지지했던 정당은 물론 반대편에 섰던 정당들까지 모든 정당을 포함해야 한다는 것이 의회와 국민의 명백한 바람이자 의지였습니다. 저는 이 임무에서 가장 중요한 부분을 완수했습니다. 전시 내각 구성원은 다섯 명으로 야당인 자유당이 참여해 국가가 단결을 이뤘습니다. 삼당 지도자들이 전시 내각이나 행정부 고위직을 맡기로 합의했습니다. 육해공군 지휘관도 임명했습니다. 사태가 대단히 긴급하고 엄중한 관계로 이번 내각 구성은 단 하루 만에 실행해야 했습니다. 다른 여러 직책, 요직들은 어제 임명했으며 오늘 밤 국왕 폐하께 후속 명단을 제출할 것입니다. 내일 중에 주요 장관 임명을 완료할 수 있기를 바랍니다. …

저는 공익을 고려해 오늘 의회를 소집해야 한다고 건의했습니다. 의장님이 동의하셨고 의회 결의안으로 부여받은 권한에 따라 필요한 조치를 취하셨습니다. … 이제 저는 의회가 제 이름으로 낸 발의에 따라 지금까지 취한 조치들을 승인하고 새 정부에 대한 신임을 선언해 주시기를 바랍니다.

이 정도로 크고 복잡한 행정부를 구성한다는 그 자체가 중대한 임무이지만 우리가 지금 사상 최대의 전투에 들어서는 준비 단계에 있다는 사실을 반드시 기억해야 합니다. 우리는 노르웨이와 네덜란드 여러 지점에서 격전을 벌이고 있으며, 지중해에서도 준비 태세를 갖춰야 합니다. 공중전이 이어지고 있으며 존경하는 의원님이 지적하셨듯이 여기 국내에서도 많은 준비를 해야 합니다. 이 같은 위기 상황이기에 오늘 의회에서 길게 말씀드리지 못하는 점을 양해해 주시기 바랍니다. 이번 개각으로 영향을 받을 동지와 동료 혹은 전 동료분들께 합당하게 갖춰야 할 격식을 다하지 못한 부분에 대해 너그러이 아량을 베풀어주시기를 바랍니다. 이번 정부에 합류하신 분들에게 말씀드렸듯이 의원 여러분들께도 말씀드리고 싶습니다. 제가 드릴 것은 피와 수고, 눈물, 땀밖에 없습니다.

지금 우리 앞에는 대단히 가혹한 시련이 기다리고 있습니다. 기나긴 투쟁과 고난이 기다리고 있습니다. 의원 여러분들은 우리의 정책이 무엇인지 물으실 겁니다. 저는 신이 우리에게 주실 모든 힘과 끈기를 다해 바다, 육지, 하늘에서 전쟁을 수행하는 것이라고 답할 겁니다. 그 어떤 사악하고 개탄할 인간 범죄보다도 더한 극악무도한 압제에 맞서 전쟁을 수행할 것입니다. 그것이 우리 정책입니다. 그다음에는 우리의 목표가 무엇이냐고 물으실 겁니다. 저는 한 마디로 대답할 수 있습니다. 바로 승리, 무슨 수를 쓰더라도 승리, 아무리 두렵더라도 승리, 제아무리 길고 험난한 길을 가야 하더라도 승리입니다. 승리가 없다면 생존도 없습니다. 그 사실을 깨달아야 합니다. 대영제국도, 대영제국이 지지했던 모든 대의명분도, 인류가 목표를 향해 나아갈 이 시대의 욕구와 충동도 생존할 수 없습니다. 그러나 저는 낙관과 희망을 안고 제 소임을 맡았습니다. 우리의 대의가 실패하는 일은 없을 것이라고 확신합니다. 지금은 모두의 도움을 요청할 때입니다. "이제 모두 힘을 합쳐 함께 앞으로 나아갑시다."

윈스턴 처칠, 연설, 하원 의사당, 1940년

1940년 5월 10일 네빌 체임벌린Neville Chamberlain 총리가 사임하고 몹시 어수선한 상황에서 해군 장관 윈스턴 처칠이 영국 총리로 임명됐다. 영국군은 독일군의 노르웨이 침공(결과적으로 성공)에 맞서 휘청거리고 있었고, 히틀러가 벨기에와 네덜란드에 기습 공격을 감행하는 중이었다. 어느 쪽도 다른 쪽을 크게 자극하지 않아 부자연스럽게 고요했던 이른바 '가짜 전쟁'은 끝났다.

신임 총리 처칠은 즉시 초당적 내각을 구성했다. 5월 13일 새 내각이 처음 모인 자리에서 처칠은 그가 줄 것은 '피, 수고, 땀, 눈물'밖에 없다고 말했다. 이는 시어도어 루스벨트에게서 빌린 말이었을 것이다. 처칠은 같은 날 하원에서도 똑같이 말했다. 히틀러의 위협에 대한 처칠의 도전은 영국의 힘을 북돋우었다. 그러나 몇 주 뒤 프랑스가 함락당하고 영국 원정군이 됭케르크에서 철수하는 수모를 겪으면서 영국은 더욱 힘겨운 상황에 직면했다(6월 1일 참조).

이날 일어난 다른 사건들

1373년 신비주의자 노리치의 줄리안Julian of Norwich이 종교적 환영 체험

1787년 영국 제1함대가 죄수 유형지를 설립하고자 오스트레일리아로 출발

1981년 메흐메트 알리 아자Mehmet Ali Ağca가 로마에서 교황 요한 바오로 2세 암살 시도

5월 14일

제임스타운 거주지 탄생, 1607년

이제 모든 사람이 일을 시작하고, 대책회의는 요새를 건설하고, 나머지는 나무를 베어 천막을 칠 자리를 마련한다. 몇몇은 배를 수리하는 데 쓸 물막이 판자를 만들고, 몇몇은 정원을 꾸미고, 몇몇은 그물을 만드는 등 제각각 할 일을 한다. 친절하게도 원주민들이 자주 우리를 찾아온다. … 켄달 대위, 뉴포트, 스미스 외 스무 명이 강의 발원지를 찾아 나섰다. 잠수해서 작은 부락을 통과한 그들은 엿새 만에 포우하탄이라는 마을에 도착했다. 열두 채쯤 되는 집들이 언덕에 쾌적하게 자리 잡고 있었다. 그 앞에는 비옥한 섬이 세 개 있었는데 대부분 옥수수밭이다. 살기 좋은 자연 요새인 이곳의 통치자는 포우하탄이고, 그의 백성도 포우하탄이다. 이곳까지 강을 따라 배를 타고 올 수 있다. 하지만 1.6킬로미터만 더 올라가도 바위와 섬들이 있어서 작은 배도 통과할 수 없다. 그들은 여기를 폭포라고 한다. 원주민들은 여러모로 그들에게 친절하게 대했다. 32킬로미터 떨어진 제임스타운으로 돌아온 그들은 의심하는 정당한 이유를 댔다. 하지만 하나님이 요새에 있는 이들 대신 발견자들을 축복하지 않으셨더라면 그 식민지는 끝이었을 것이다. 이튿날 요새에 도착한 그들은 부상자 17명과 야만인에게 살해당한 소년 한 명을 발견했다. 배에서 쏜 십자 포탄이 그들이 있던 나뭇가지를 쓰러뜨려서 그들이 후퇴하지 않았더라면, 우리 편은 일하다가 꼼짝없이 모두 살해당했고 그들의 팔은 바구니에 담겼을 것이다.

존 스미스 대위, 《**버지니아 역사**THE GENERAL HISTORIE OF VIRGINIA》**, 1624년**

1580년대에 버지니아 로어노크(현재는 노스캐롤라이나에 속한다)에서 북아메리카 식민지를 건설하려던 잉글랜드의 시도는 지금까지도 풀리지 않는 수수께끼만 남긴 채 실패로 끝났다. 1590년에 이르러 정착지는 버려졌고 식민지 개척자들은 흔적도 없이 사라진 것이었다. 하지만 1607년 5월 14일에 세운 버지니아 제임스타운 잉글랜드 거주지는 지속됐다. 그 지역 원주민과 좋은 관계를 맺는 역할을 맡았던 존 스미스John Smith의 열정과 결단이 제임스타운 지속에 적지 않게 기여했다. 존 스미스가 쓴 식민지 이야기(다분히 자기 위주)는 제임스 1세 시대 잉글랜드에서 베스트셀러가 됐다.

이날 일어난 다른 사건들
1610년 프랑스에서 가톨릭 광신도가 앙리 6세 암살
1940년 제2차 세계대전: 네덜란드가 나치 독일에 항복
1955년 소련과 위성국들이 바르샤바 조약 동맹 체결

5월 15일

그리스, 스미르나 점령, 1919년

스미르나 빌라예트[지구]도 온갖 공포와 범죄를 수반하는 그리스 점령군 손아귀에 들어갔다. … 500년 동안 그 어떤 전투도 없었던 보기 드문 오스만 지역 중 하나가 이제 흉악한 침략이 벌어지는 무대가 됐다. … 그리스 점령군은 이 멋진 마을을 광활한 사막으로 바꿔놓았다. 극악무도한 고문으로 5만 명에 가까운 터키인이 목숨을 잃었고, 30만 명에 이르는 탈주자들은 약품도, 피신처도, 자원도 없이 그리스 점령지 곳곳을 떠돌았다.

분개한 외국인들이 바로 지켜보는 에게해에 위치한 훌륭한 항구인 스미르니에서 그 어떤 악행도 터키인을 피해 가지 않았다. … 메네멘에 거주하는 터키 사람 거의 전부가 아무런 이유도 없이, 심지어 소란 발생을 정당화할 그 어떤 동기도 없이 학살당했다. 아이딘에서 일어난 비극은 상상할 수 있는 수준을 뛰어넘을 정도로 무시무시했다.

로마에 불을 지른 네로도 주민들이 자기 거주지에서 산 채로 불타게 하지는 않았다. 그리스인은 아이딘에서 그렇게 했다. 스미르나부터 나질리에 이르기까지 모든 도시, 마을, 촌락이 폐허와 잿더미가 됐다. 그 대부분에서 여전히 연기가 피어오르는 잔해, 다 타버린 시체, 그리스 대군의 악행에 희생된 아무런 죄 없는 불쌍한 터키인 수천 명, 여인, 아이, 노인의 핏자국이 적나라하게 드러나 있다. 원래 가장 번영한 곳이었던 이 황폐한 지역에서 지금 끔찍한 고통의 외침이 들려온다.

로잔에서 터키 의회, 〈스미르나에서 벌인 그리스의 잔학행위GREEK ATROCITIES IN THE VILAYET OF SMYRNA〉**, 1919년**

제1차 세계대전 중에 연합군은 오스만튀르크에 대항해 그리스 지원을 받는 대가로 그리스에 영토를 약속했다. 전쟁이 끝난 뒤 1919년 5월 15일 그리스군은 그리스 사람이 많이 사는 터키 도시 스미르나(이즈미르)를 점령했다. 그 결과로 발생한 잔학행위가 특히 오스만 왕조를 몰아내려고 하던 무스타파 케말Mustafa Kemal이 이끄는 터키 민족주의자 젊은이들에게 맹렬한 반발을 불러일으켰다. 1922년 9월 터키군이 화재로 파괴된 스미르나를 재탈환했고, 소아시아에서 그리스인 수십만 명이 탈출했다. 오랫동안 앙숙이었던 그리스-터키 양국 역사에서 잔혹한 시기였다.

이날 일어난 다른 사건들
1885년 미국 시인 에밀리 디킨슨Emily Dickinson 사망
1948년 최초의 아랍-이스라엘 전쟁인 이스라엘 독립 전쟁 발발
1957년 크리스마스섬에서 영국 최초 수소폭탄 실험 실시

5월 16일
바르샤바 게토 절멸, 1943년

이 얼마나 멋진 광경인가! 나는 "히틀러 만세!"를 외치고 버튼을 눌렀다. 엄청난 폭발이 일어나면서 불꽃이 구름 위로 치솟았다. 믿을 수 없는 색감이었다. 유대인을 물리친 승리를 나타내는 잊지 못할 상징이었다.

무장친위대 지휘관 위르겐 슈트로프, 공식 보고서, 1943년

우리는 우리가 이길 가능성이 없다는 사실을 아주 잘 알고 있었다. 우리는 그저 독일군이 제멋대로 우리가 죽을 시간과 장소를 고르지 못하게 하려고 싸웠다. 우리는 우리가 죽을 것을 알고 있었다. 트레블린카로 보내진 다른 사람들처럼. … 그들의 죽음은 훨씬 더 영웅다웠다. 우리는 언제 총에 맞을지 몰랐다. 벌거벗긴 채 가스실로 들어가거나 공동묘지 가장자리에 서서 뒤통수에 총알이 박히기를 기다리든가, 죽음에 대처해야 했다. … 가스실에서 죽느니 싸우면서 죽는 편이 쉬웠다.

유대인 저항 지도자 마레크 에델만, 《홀로코스트에 저항하다 RESISTING THE HOLOCAUST》, 2004년

새로운 유대인 이송 물결에 이어 1943년 1월에 시작된 반(反)나치 바르샤바 게토 유대인 봉기는 1만 명이 넘는 유대인이 목숨을 잃고서 5월 16일 마침내 그 끝에 이르렀다. 저항군은 수가 적고 무기도 부족했으며 외부로 지원도 거의 받지 못했다. 하지만 독일이 이 지역을 한 구역씩 태우는 전술을 썼음에도 불구하고 유대인들은 몇 달 동안 저항할 수 있었다. 마레크 에델만Marek Edelman을 비롯한 몇몇 유대인은 숲으로 도망칠 수 있었다. 대부분은 게토에서 죽었다.

4월에 게토 파괴 완료 임무를 띠고 바르샤바로 온 위르겐 슈트로프Jürgen Stroop는 많은 사진을 첨부해 실행 과정을 자세하게 설명하는 보고서를 썼다. 그 사진들 중 몇 장은 나치 박해를 상징하는 이미지가 됐다. 슈트로프는 게토에 남아 있던 주민 5만 명을 강제 수용소나 절멸 수용소로 보냈고 한때 유럽에서 가장 큰 게토였던 바르샤바 게토 자체는 완전히 파괴됐다.

에델만은 전쟁에서 살아남았고, 공인으로서 지위와 심장전문의로서 경력을 잘 아우르며 전후 공산주의 폴란드에서 계속 살았다. 슈트로프도 전쟁이 끝날 때까지 살아남았으나 1945년 미군에 잡혀 폴란드로 인도된 후 재판을 받고 1951년에 처형됐다.

이날 일어난 다른 사건들
1568년 스코틀랜드 여왕 메리가 스코틀랜드에서 잉글랜드로 피신
1975년 다베이 준코가 여성 등반가로서 에베레스트 최초 정복
1997년 자이르(콩고) 대통령 모부투Mobutu 실각

5월 17일
마페킹 구조, 1900년

보어군이 한두 차례 특이한 방식으로 우리에게 편지를 보냈다. 포탄에 매달아 마을로 발사하는 방식이었다. 편지에는 우리 마을에 있는 보어 가족들에게 알리는 친구들 소식이 담겨 있었다. 한 번은 포탄을 발사한 사수가 자기는 우리의 건강을 빌어줄 음료가 있었으면 좋겠다고 바랄 뿐이라고 말했다. 그 말에 감동한 나는 백기 아래로 위스키를 한 병 보냈다. 최근에 다시 남아프리카에 갔을 때 데아르에서 한 남자가 내게 다가와 오랫동안 나를 만나서 훌륭한 위스키를 보내준 감사 인사를 하고 싶었다고 말했다. 이 사람이 내 친구, 바로 그 사수였다.

어느 날 보어군 사령관 사렐 엘로프Sarel Eloff에게 편지를 받았는데, 그 내용은 엘로프와 그의 친구들이 우리와 함께 크리켓을 치러 마페킹에 잠깐 들르겠다는 제안이었다. 그 편지에 나는 "우리 편은 지금 여기 안에 있고 당신들은 필드에 있습니다. 당신 편이 들어오려면 그전에 우리를 아웃시켜야 합니다."라고 답했다. 얼마 후 그는 들어오려고 시도했지만 그 시도는 실패했고 엘로프 사령관과 장병 100여 명이 우리에게 붙잡혔다. 엘로프의 공격을 격퇴한 지 일주일 만인 5월 17일 마혼과 플러머 부대의 합동 작전으로 마페킹은 마침내 구조됐다.

그때 우리는 여왕 폐하가 내게 보내신 감동적인 전보를 받았다. "지난 몇 달 동안 귀관이 훌륭하게 방어한 끝에 마페킹이 구조된 것에 나와 내 제국 전체가 크게 기뻐한다. 나는 귀관과 휘하 군인과 민간인, 영국인과 원주민 모두가 보여준 영웅 정신과 헌신에 진심으로 감사한다. 빅토리아 여왕."

로버트 베이든-파월, 《인생 교훈Lessons from the Varsity of Life》, 1933년

로버트 베이든-파월Robert Baden-Powell이 지휘하고 유럽인 약 2,000명과 아프리카인 약 500명이 주둔하던 마페킹 영국 수비대는 제2차 보어 전쟁(1899년-1902년) 초기에 7개월 동안 보어군 8,000여 명에 포위당해 포격을 받았다. 5월 12일 마지막 공격을 물리쳤고 5월 17일 구조대가 도착하면서 보어군은 후퇴했다. 보어 비정규군은 영국 제국군에 근래 수십 년 간 가장 심각한 도전을 제기했고, 2월 레이디스미스 포위 해제에 이어 5월 마페킹 포위가 풀리면서 런던에서는 열광적인 축하 행사가 벌어졌다.

이날 일어난 다른 사건들
1510년 화가 산드로 보티첼리Sandro Botticelli 사망
1943년 영국 공군이 루르 계곡에 '댐버스터' 공습 감행
1954년 미국 연방대법원 인종 분리 학교 위헌 판결

5월 18일

안티오키아 학살, 1268년

사방이 온통 죽음이오. 우리는 당신이 이 도시를 지키라고 했거나 접근하는 것을 막으라고 명령한 모든 사람을 죽였소. 당신의 기사들이 말발굽 아래 뒹굴고, 당신의 땅이 약탈당하고, 당신의 귀중품이 털리고, 당신 신하의 아내들이 사람들 앞에서 팔리는 모습을 보았는가? 설교단과 십자가가 뒤집히는 광경, 복음서가 찢겨 바람에 날리는 모습, 당신 선조들의 무덤이 더럽혀지는 장면을 보았다면, 당신의 적인 이슬람교도가 예배당을 짓밟고, 성당에서 승려, 사제, 집사들을 죽이는 모습을 보았다면, 당신의 궁전이 불타고, 죽은 자가 불길에 휩싸이고, 성 바울 성당과 성 베드로 성당이 무참히 파괴되는 광경을 보았다면, 분명 당신은 차라리 태어나지 않았기를 바랐을 것이오.

맘루크 술탄 바이바르스, 안티오키아 보에몽 6세에게 보낸 편지, 1268년

이집트 군사 계급 출신인 맘루크 지도자 바이바르스Baybars는 1260년 아인잘루트에서 아무도 꺾을 수 없다던 몽골군을 격파한 뒤 중동을 지배했다. 스스로 이집트 술탄이 된 바이바르스는 시리아에서 십자군 국가들을 공격했다. 아크레(현 이스라엘 영토) 점령에는 실패했지만 군주인 보에몽이 몽골과 동맹을 맺은 안티오키아(현 터키 남부) 수비대를 파괴했다.

안티오키아는 안전을 보장받는 대가로 항복했다. 그러나 바이바르스가 안티오키아에 들어가자마자 그의 군대는 학살을 시작했다. 1만 5,000여 명이 죽고 훨씬 더 많은 사람이 노예로 끌려갔다. 보에몽 6세Bohemund VI가 안티오키아에 없다는 사실을 발견한 바이바르스는 그에게 자신의 승리를 생생하게 그린 의기양양한 편지를 썼다.

트리폴리에 있는 근거지로 피난한 보에몽은 바이바르스에 강박관념을 갖게 됐다. 1271년에 트리폴리를 공격한 바이바르스는 보에몽에게 "우리의 노란 깃발이 당신의 붉은 깃발을 격퇴했고, 종소리는 '알라는 위대하다!'라는 외침으로 대체했다. … 당신의 성벽과 교회에 경고하라. 곧 우리 공성 무기가 그것들을 처치할 것이니. 당신의 기사들에게 경고하라. 곧 우리 검들이 그들의 집으로 쳐들어갈 것이니."라는 편지를 보냈다. 보에몽은 아크레에 도착한 9차 십자군에 구조됐다.

이날 일어난 다른 사건들
1756년 7년 전쟁 발발
1804년 나폴레옹이 프랑스 황제로 즉위
1911년 오스트리아 작곡가 구스타프 말러Gustav Mahler 사망

5월 19일

앤 불린 처형, 1536년

아침 8시 왕비 앤 불린은 런던탑 화이트 타워 옆 잔디밭에서 잉글랜드 대법관, 리치먼드 공작, 서포크 공작, 국왕 자문들, 왕국의 백작, 영주, 귀족들이 한자리에서 지켜보는 가운데 처형됐다. 런던 시장, 부시장, 주 장관, 런던 최고 전문가들도 그 자리에 있었다. 앤 왕비는 이번 사형 집행을 위해 만든 처형대 위에서 "여러분, 저는 법이 저를 판단한 대로 겸허하게 복종합니다. 또한 제 죄에 대해 그 누구도 비난하지 않겠습니다. 하나님이 아실 것입니다. 저는 하나님께 제 죄를 고하며 세 영혼에 사비를 베풀어 주시기를 간청합니다. 또한 예수님께 제 군주이자 주인이신 국왕, 그 누구보다 경건하고 고귀하고 온화한 폐하를 지켜주시고 폐하가 오래오래 이 나라를 통치하도록 해 주시기를 간청합니다."라고 말했다. 이 말을 하는 왕비의 얼굴은 웃음을 띠고 있었다. 말을 마친 왕비는 무릎을 꿇고 "주 예수 그리스도께 내 영혼을 맡깁니다."라고 말했고 사형집행인은 순식간에 칼로 왕비의 목을 내리쳤다.

라이어슬리 연대기, 16세기 중반

1536년 헨리 8세의 왕비이자 엘리자베스 1세의 어머니 앤 불린이 음악가 마크 스미턴Mark Smeaton, 궁내관 헨리 노리스Henry Norris와 간통한 혐의와 남동생 로치포드 자작 조지와 근친상간한 혐의로 재판에 회부돼 유죄 판결을 받았다. 재판 과정에서 간통 상대 목록에 새로운 이름들이 추가됐다. 앤은 5월 15일 외숙부인 노퍽 공작 토머스 하워드Thomas Howard가 주재한 재판에서 유죄 판결을 받았다. 이틀 뒤 앤과 간통했다는 혐의를 받은 남성들은 처형됐다. 앤의 혼인 관계는 무효가 됐고 5월 19일 앤은 헨리 8세가 칼레에서 데려온 사형집행인에게 특별한 검으로 처형됐다. 왕비의 간통은 반역죄로 간주됐고, 여성 반역자는 화형에 처하는 것이 관례였다는 사실을 미뤄볼 때 이런 개입은 헨리 8세가 자비를 베푼 결과였다.

이렇게 해서 헨리 8세와 로마 교회 결별을 초래했던 결혼이 끝났다. 헨리 8세는 이튿날 아침 앤의 시녀였던 제인 시모어Jane Seymour(10월 24일 참조)와 약혼했다. 앤 불린의 시신은 묘비도 없는 무덤에 묻혔다.

찰스 라이어슬리Charles Wriothesley의 동시대 연대기는 1485년부터 1559년까지 발생한 사건들을 다뤘다.

이날 일어난 다른 사건들

1898년 영국 정치인 W. E. 글래드스턴W. E. Gladstone 사망
1935년 '아라비아의 로렌스'가 오토바이 사고로 사망
1980년 워싱턴주에서 세인트 헬렌 화산 폭발

5월 20일

총상을 입은 조지 오웰, 1937년

전선에 머무른 지 열흘쯤 됐을 때 일이었다. 총알에 맞는다는 경험 전체가 무척 흥미로운 일이며 자세히 설명할 가치가 있다고 생각한다.

새벽 5시 담장 모퉁이에서였다. 이즈음은 항상 위험한 시간대이다. 등 뒤로 해가 뜰 때 머리를 담장 위로 내밀면 하늘을 배경으로 윤곽이 또렷하게 드러나기 때문이었다. 나는 교대 준비를 하고 있는 보초병들과 이야기를 하고 있었다. 한창 말을 하고 있던 중에 갑자기 무엇인가를 느꼈다. 정말이지 생생하게 기억하고 있지만 그때 느낀 기분을 표현하기는 무척 어렵다.

대충 말하자면 폭발의 한가운데 있는 감각이었다. 탕하는 소리가 크게 나고 눈부신 섬광이 나를 온통 감싸는 와중에 엄청난 충격을 느꼈다. 마치 전기 단자에 닿은 듯 통증은 없고 격렬한 충격만 있었다. 그와 동시에 힘이 완전히 빠지는 감각, 뭔가에 얻어맞아서 오그라들어 없어지는 듯한 느낌이었다. 내 앞에 있는 모래주머니가 저 멀리로 사라졌다. 번개에 맞으면 이런 기분이 들지 않을까 싶다. 총에 맞았다는 사실은 즉시 알았지만 소리와 섬광이 너무 생생해서 옆에 있던 소총이 오발 사고를 일으켜 내가 맞았다고 생각했다. 이 모든 느낌과 생각이 1초보다 훨씬 짧은 시간에 스치고 지나갔다. 다음 순간 무릎이 꺾이면서 쓰러졌고 굉음이 날 정도로 바닥에 머리를 찧었지만 다행히도 다치지 않았다. 마비가 온 듯 멍한 느낌이 들었다. 아주 심하게 다쳤다는 의식은 있었지만 일반적인 감각으로 느끼는 통증은 없었다.

나와 이야기를 나누던 미국인 보초병이 앞으로 다가왔다. "이런, 총에 맞은 거예요?" 사람들이 몰려들었다. 아니나 다를까 한바탕 소란이 일었다. "일으켜 세워! 어디를 맞은 거야? 셔츠를 찢어!" 등등. 미국인 보초병이 셔츠를 자를 칼을 가져오라고 했다. 내 주머니에 칼이 있어서 꺼내려고 했지만 오른팔이 말을 듣지 않았다. 통증을 느끼지 않는다는 사실이 막연히 만족스러웠다. 내가 총에 맞은 걸 알면 아내가 좋아하겠다고 생각했다. 아내는 늘 내가 부상당하기를 바랐다. 그러면 큰 전투가 일어났을 때 내가 죽음을 피할 수 있다고 생각했다. 그제야 어디를 맞았는지, 얼마나 심한 부상인지 궁금하기 시작했다. 아무것도 느낄 수 없었지만 몸 앞쪽 어딘가에 총알을 맞았다는 의식은 있었다. 말을 하려고 했지만 목소리가 나오지 않았고 끽끽거리는 소리만 희미하게 났다. 두 번째 시도한 끝에 어디에 맞았는지 물어볼 수 있었다. 사람들이 목에 맞았다고 했다. …

총알이 목을 관통했다는 사실을 알고 나는 당연히 죽은 목숨이라고 생각했다. … 총알이 목 중간을 관통하고도 살아남았다는 사람이나 동물 이야기는 들어본 적이 없었다. 입꼬리에서 피가 뚝뚝 흘렀다. 나는 "동맥이 잘렸군."이라고 생각했다. 경동맥이 잘리면 얼마나 오래 버틸 수 있는지 궁금했다. 아마도 몇 분 못 버티겠지. 눈앞이 아주 흐릿해졌다. 2분 정도 내가 죽었다고 생각한 듯하다. 그것 역시 흥미로웠다. 그러니까 그런 상황에서 어떤 생각이 떠오르는지 알게 됐다는 점이 흥미로웠다. 처음으로 든 생각은 너무 뻔하지만 아내 생각이었다. 두 번째로 든 생각은 이러니 저러니 해도 내게 꽤 잘 어울렸던 이 세상을 떠나야 한다는 격한 억울함이었다.

조지 오웰, 《카탈로니아 찬가HOMAGE TO CATALONIA》, 1938년

영국 언론인 조지 오웰George Orwell(1903년-1950년)은 1936년 프랑코 장군이 일으킨 국민 진영 반란에 대항하는 공화파 대의를 대표해 싸우고자 스페인으로 갔다. 그러나 공화파 내부 파벌 분쟁에 휘말리면서 처음에 계획했던 국제 여단이 아닌 트로츠키주의 마르크스주의통일노동자당(POUM)에 참여했다. 아라곤 지방 우에스카에서 국민 진영에 맞서 싸우던 오웰은 목에 총상을 입었다. 오웰이 몸조리를 하는 동안 공산당은 마르크스주의통일노동자당을 파시스트라고 비난했고, 많은 당원이 체포됐다. 오웰과 아내 에일린은 가까스로 탈출해 1937년 6월에 영국으로 돌아왔다.

이후 10년 동안 오웰의 정치사상은 경직된 이념 속에서 관찰했던 권위주의에 점점 적대적인 모습을 보였고, 이는 스탈린주의 풍자 소설 《동물농장》(1945)과 디스토피아 소설 《1984》(1949)에 잘 나타난다.

이날 일어난 다른 사건들
1609년 셰익스피어 소네트 최초 출판
1861년 버지니아주 리치먼드가 남부 연합 수도로 지정
1932년 아멜리아 에어하트Amelia Earhart가 뉴펀들랜드에서 단독 대서양 횡단 비행 시작

5월 21일

대서양 횡단 비행, 1927년

셰르부르를 지나자 곧 해가 기울었고 파리-런던 정기 항공로를 따라 무선 표지가 보였다. 파리 불빛을 처음으로 본 시각은 파리 현지 시각으로 오후 10시, 뉴욕 시간으로 오후 5시 직전이었고, 몇 분 뒤에는 약 4,000피트 상공에서 에펠탑 주위를 돌고 있었다.

르부르제 불빛은 분명하게 보였고 파리에서 아주 가깝게 느껴졌다. 나는 착륙장이 파리에서 더 멀리 있다고 알고 있었으므로 르부르제일 가능성이 있는 착륙장이 없는지 확인하고자 북동쪽으로 6킬로미터에서 8킬로미터 정도 더 비행했다. 그런 다음에 다시 돌아와 불빛을 향해 나선상으로 강하했다. 이내 길게 늘어선 격납고가 보였고 도로에는 차들이 꽉 들어차 있었다.

나는 착륙장 위를 낮게 한 번 날고는 바람을 거슬러 선회하며 착륙했다. 프로펠러에 사람이 부딪혀 죽을 위험이 있다는 사실을 떠올리고 재빨리 멈췄다.

찰스 린드버그, 《우리We》, 1927년

비행사 찰스 린드버그Charles Lindbergh(1902년-1974년)는 1927년 5월 20일 오전 일찍 단엽 비행기 '세인트루이스의 정신The Spirit of St Louis'을 타고 뉴욕주 롱아일랜드에서 이륙해 유럽으로 떠났다. 그는 33시간 30분 뒤에 파리 르부르제 공항에 도착해 영웅 대접을 받았다. 말 그대로 하룻밤 만에 유명인사가 된 린드버그는 세계 최초로 대서양을 혼자서 무착륙으로 건넜으며, 이 비행은 신흥 항공 산업에 커다란 활력을 불어넣었다.

이후로도 찰스 린드버그는 평생 유명 인사로 살았지만 나중에는 어두운 사건과 문제적인 논란이 그에게 수식어처럼 따라다녔다. 그의 어린 아들이 납치되면서 대대적인 공개수사가 벌어졌다. 1932년 아들은 무참히 살해당한 채 발견됐다. 1930년대 후반 린드버그는 히틀러에게 지지를 보내며 미국 고립주의 주창자가 됐다. 전쟁이 끝난 뒤 그는 환경주의 초기 지지자가 되었고, 필리핀에서 많은 시간을 보냈다.

이날 일어난 다른 사건들
1881년 미국 적십자 설립
1917년 영연방 전쟁묘지위원회 설립
1991년 인도 정치인 라지브 간디Rajiv Gandhi 암살

5월 22일

'강철 조약', 1939년

독일 제국 총리와 이탈리아 및 알바니아의 국왕폐하 겸 에티오피아 황제는 국가 사회주의 독일과 파시스트 이탈리아 사이에 존재하는 친밀한 우호 관계와 공감대를 엄숙한 조약으로 확인할 때가 왔다고 생각한다.

독일과 이탈리아 간 공통 경계를 통해 상호 협력과 원조를 주고받을 든든한 다리가 영구히 구축됐으므로 양국 정부는 이전에 합의한 정책의 원칙과 목표를 새롭게 인정하는 바이다. 그 정책은 이미 양국의 이익을 더욱 증진하고 유럽의 평화를 보장하는 데 성공했다.

이념의 내적 통합과 포괄적인 이해관계 결속으로 단단하게 뭉친 독일과 이탈리아 국민은 향후에도 나란히 서서 생활권을 확보하고 평화를 유지하기 위해 공동의 노력을 기울이기로 결의한다. 이렇게 하여 역사가 명령한 바에 따라 독일과 이탈리아는 불안하고 분열된 세계에서 유럽 문화의 기반을 보존하는 임무를 수행하고자 한다.

이탈리아 독일 동맹 전문, 1939년 5월 22일

1939년 5월 22일 베를린에서 나치 독일과 파시스트 이탈리아가 '유럽 문화 기반을 보존'하는 조약에 양국 외무부 장관 요아힘 폰 리벤트로프Joachim von Ribbentrop와 치아노 백작Count Ciano이 서명했다. 그 당시에도 치아노는 이 조약이 이탈리아에게 재앙이 될 수 있다고 생각했다. 이탈리아 지도자 무솔리니 수령은 향후 10년 동안 양국이 경제, 군사, 선전 협력을 맺는다는 내용의 이 협정에 '강철 조약'이라는 별명을 붙였다.

이듬해 9월 독일, 이탈리아, 일본은 추축 조약이라고도 부르는 삼국 동맹 조약을 체결했다. 제2차 세계대전 중 이 삼국은 추축 열강으로 불리게 된다.

이날 일어난 다른 사건들
1377년 영국 종교개혁자 존 위클리프John Wyclif 사상에 반대하는 교황 칙서 발표
1868년 인디애나주 마시필드 근처에서 미국 '대열차 강도' 사건 발생
1942년 제2차 세계대전: 멕시코가 독일과 일본에 선전 포고

5월 23일

사보나롤라 화형, 1498년

1498년 5월 23일 수요일 아침, 수사 세 명[지롤라모 사보나롤라, 실베스트로 마루피Fra Silvestro Maruffi, 도메니코 다 페시아Domenico da Pescia]의 사형이 집행됐다. 집행인들은 세 사람을 시뇨리아 궁에서 데리고 나와 발코니 근처에 설치된 처형대 위로 걷게 했다. 8인 치안위원회[피렌체 치안판사]와 군중들은 물론, 교황 특사, 장군, 성직자, 사제, 수도사들을 비롯해 수사 세 명을 강등시키는 임무를 맡았던 주교 파가노티도 그 자리에 있었다. 사형 집행 문구를 읊는 동안 수사들이 걸친 제의를 모두 벗겼다. 그 절차를 진행하는 동안 강등 의식이 으레 그렇듯 수사들의 머리와 손을 면도했다. 그러면서 지롤라모 수사는 이단이고 교회 분리론자이기 때문에 화형을 선고받았다고 주장했다.

    강등 의식이 끝나자 집행인들은 수사들을 8인 치안위원회로 넘겼고, 8인 치안위원회는 수사들의 목을 맨 뒤 불태우라고 명했다. 그들은 처형대 맨 뒤에 있는 십자가로 끌려갔다. 십자가 가로대 중 하나에 가장 먼저 매달린 사람은 실베스트로 수사였다. 밧줄이 제대로 감기지 않아서 그가 세상을 떠나기까지 시간이 좀 걸렸다. 십자가에 매달려 있는 동안 그가 '오, 예수님'이라고 계속 중얼거리는 소리가 들렸다. 두 번째로 매달린 사람은 도메니코 수사였고, 그 역시 '오, 예수님'을 거듭 말했다. 세 번째는 이단 판정을 받은 지롤라모 [사보나롤라] 수사였다. 그는 큰 목소리로 말하지 않고 부드럽게 말했다. 세 사람 중 그 누구도 군중에게 연설하지 않았다. 다들 하느님의 계시를 보게 될 것이라고 기대했고 이런 상황에서 지롤라모 수사가 어떻게든 진실을 밝힐 것이라고 생각했던 터라 놀라는 눈치였다. 하느님의 영광, 고결한 삶의 시작, 교회 개혁, 이교도의 개종을 열렬하게 기다렸던 올바른 사람들일수록 더욱더 이런 기대를 품었다. 그래서 그들은 사보나롤라나 다른 두 수사가 아무런 연설도 하지 않은 데 실망했다. 그 결과 많은 이들이 믿음을 잃었다.

    지롤라모 수사를 가운데에 매달고 세 사람의 얼굴이 시뇨리아 궁을 향한 채 일단 교수형에 처한 뒤, 처형대를 발코니에서 옮겼고 처형대의 둥근 끝 부분 아래로 불을 지필 준비를 했다. 처형대 아래에 화약을 놓고 불을 붙였다. 장작더미가 탁탁 튀는 소리와 폭발음을 내면서 타올랐다. 몇 시간이 지나자 그들의 몸이 완전히 타서 팔다리가 조각조각 떨어져 내렸다. 사슬에 몸통 일부가 묻어 있는 모습을 본 사람들은 돌을 던져 떨어뜨렸다. 시체 일부를 누가 가져갈까 걱정한 사형집행인과 의식 담당자들이 십자가를 땅으로 끌어내려 엄청난 양의 장작과 함께 태웠다. 그들은 시체에 불을 붙였고 아무런 흔적도 남지 않을 때까지 지켜봤다. 그런 다음에 우마차를 불러 먼지 한 톨까지도 아르노강으로 가져갔다. 경비대가 베키오 다리까지 호송했고, 다리 위에서 재를 강에 뿌려 마지막 남은 흔적까지 사라지도록 했다. 그렇지만 여러 신자들이 물에 떠다니는 재를 건지려고 했다. 하지만 그렇게 한 사람들도 두려움에 떨면서 몰래 했다. 사보나롤라의 적들이 그와 관련된 모든 기억을 말살하려

했으므로 실제로 그 누구도 목숨을 걸지 않고는 어떤 일이 일어났는지 언급하거나 그 일에 대해 말할 수 없었다.

루카 란두치, 일기, 1498년

루카 란두치Luca Landucci는 1494년 메디치 정권이 몰락한 후 피렌체에 '기독교도의 신실한 공화국'을 세우려는 사명을 띤 열렬한 전도사 지롤라모 사보나롤라Girolamo Savonarola를 지지했던 약제상이었다. 피렌체에서 커다란 영향력을 발휘했던 사보나롤라는 동성애를 사형으로 처벌할 수 있도록 하고 도박을 금지했으며, 1497년에는 예술품, 고급 의복, 악기를 비롯해 비도덕적이라고 판결한 물품을 공개적으로 불태우는 '허영의 소각'을 실행했다. 사보나롤라는 교회의 사치와 보르자 가문 출신 교황 알렉산데르 6세를 맹비난하여 처음에는 설교 금지령을 받았고(그는 무시했다) 이후 1497년 5월에 파문 처분을 받았다.

마침내 피렌체 정계 개편이 이뤄지면서 정부는 조치를 취할 수 있는 힘을 받았다. 사보나롤라와 동료들은 체포되어 고문을 받은 뒤 이단 선고를 받아 1498년 5월 23일 엄청난 군중이 모인 가운데 화형에 처해졌다. 사보나롤라는 죽기 전에 자신의 신랄한 견해를 철회해서 그를 진정으로 따랐던 사람들의 믿음을 산산조각 냈다.

이날 일어난 다른 사건들

1701년 런던에서 해적 선장 윌리엄 키드William Kidd 교수형 집행

1707년 스페인 왕위 계승 전쟁: 라미이에서 말버러 공작이 프랑스군 격파

1934년 미국 무법자 보니 파커Bonnie Parker와 클라이드 배로Clyde Barrow를 잠복 경찰이 사살

5월 24일

존 웨슬리의 회심, 1738년

나는 정말 마지못해 올더스게이트 거리에서 열리는 집회에 참석했다. 가보니 어떤 사람이 루터의 로마서 서문을 읽고 있었다. 9시가 되기 15분 전쯤에 하나님이 그리스도에 대한 믿음으로 마음에 행하시는 변화를 묘사하는 구절을 들으면서 나는 이상하게 마음이 뜨거워지는 것을 느꼈다. 나는 진심으로 그리스도께서, 그리스도만이 구원해 주실 것이라는 믿음을 느꼈다. 또한 그리스도께서 내 죄를 사하시고 죄와 죽음의 법에서 구원받았다는 확신이 들었다.

나는 특히 악랄하게 나를 이용하고 박해했던 사람들을 위해 온 힘을 다해 기도하기 시작했다. 그런 다음 내가 내 마음속에서 처음으로 느꼈던 기분을 그곳에 있는 모두에게 공개적으로 증언했다. 머지않아 내게 반대하는 자가 "이것은 신앙이 될 수 없습니다. 대체 당신의 기쁨은 어디에 있소?"라고 말했다. 그래서 나는 죄악을 극복한 평화와 승리가 구세주에 대한 믿음에 꼭 필요하다는 것을 깨달았다. 또한 주로 그 시작에 수반하는 황홀한 기쁨에 관해서 말하자면, 특히 깊이 애도한 자들의 경우 하나님께서 그분의 의지가 권하는 바에 따라 때로는 주시고 때로는 주지 않으신다.

집으로 돌아온 뒤 나는 유혹에 심하게 시달렸지만, 크게 부르짖자 전부 달아났다. 유혹은 계속해서 돌아왔다. 나는 종종 눈을 부릅떴고 하나님은 '성지에서 도우라고 나를 보내셨다'. 나는 여기에서 지금과 이전의 내 상태가 어떻게 크게 다른지 발견했다. 나는 법은 물론 은총 아래에서 온 힘을 다해 몸부림치고 싸웠다. 예전에는 자주는 아니었지만 가끔씩 정복당했다. 이제 나는 언제나 정복한다.

존 웨슬리, 일기, 1738년

영국 성직자 존 웨슬리 John Wesley(1703년-1791년)는 나중에 올더스게이트 데이 Aldersgate Day로 알려지게 된 1738년 5월 24일 강력하고 감동적이며 카리스마 넘치는 기독교 정신을 발견한다. 그는 남은 평생 잉글랜드 곳곳을 돌아다니며 자신이 경험한 복음주의 신앙인 감리교를 영국 국교회 안에서 설교하고 전도했다. 1795년에 웨슬리가 사망한 후 감리교는 독립된 교파로 분리된다. 감리교의 사회적 교리는 영국 진보주의 정치에 영향을 미쳤고 영국 일부 지역, 특히 남서부 지방에서 노동자들의 정체성을 형성하는 핵심 요소가 됐다.

이날 일어난 다른 사건들

1487년 영국 왕위를 노렸던 램버트 심넬 Lambert Simnel이 더블린에서 왕위를 노림

1798년 아일랜드인 연맹 반란 발발

1976년 초음속 여객기 콩코드가 상업 운항 개시

5월 25일

쓸모없는 역사, 1916년

나는 나폴레옹이 영국으로 건너가려고 했는지 하지 않았는지 모르고 관심도 없습니다. 나는 역사를 잘 모르고, 세계 역사에 한 푼도 투자하지 않을 겁니다. 나에게 아무런 의미도 없어요. 역사는 대개 허풍이에요. 그냥 전통이죠. 우리는 전통을 원하지 않아요. 우리는 현재를 살아가고자 하고 한 푼어치라도 가치 있는 유일한 역사는 지금 우리가 만드는 역사입니다.

헨리 포드, 〈시카고 트리뷴CHICAGO TRIBUNE〉, 1916년

1908년 디트로이트에서 'T형' 조립 라인으로 자동차 생산을 혁신적으로 바꾼 자동차 제조업자 헨리 포드Henry Ford(1863년-1947년)는 당시 통설과 자주 충돌하는 정치적 견해를 펼쳤다. 제1차 세계대전 중 앞장서서 평화주의를 옹호했던 포드는 평화 회담을 소집하고자 1915년에서 1916년에 걸쳐 노르웨이와 스웨덴을 방문했으나 진지한 호응을 얻지 못했고 교전국 대표단을 끌어들이지 못했다.

전통적 역사의 한계를 언급한 자신의 발언이 자주 언급되자 나중에 포드는 다음과 같이 설명했다.

> 학교에서 가르치는 역사는 주로 전쟁, 주요 정치 논쟁, 영토 확장 같은 내용을 다룹니다. 우리 선조들이 이 땅을 어떻게 일구었는지 알아보려고 미국 역사책을 뒤져봤을 때 역사학자들이 써레[농기구]에 대해 조금도 모른다는 사실을 발견했죠. 하지만 우리 미국은 총이나 위대한 연설보다 써레에 더 많이 의지했습니다. 써레를 비롯한 일상생활을 모두 배제한 역사는 허풍이라고 생각했고 지금도 그렇게 생각합니다.

포드는 '일상생활'을 중요하게 여긴다고 말했지만 그의 사상이 정치적으로 항상 올바르지는 않았다. 반유대주의자였던 포드는 악명 높은 〈시온 장로 의정서Protocols of the Elders of Zion〉를 발표하고 퍼트렸다. 세상을 지배하려는 유대인의 계획이 담긴 이 의정서는 날조 문서였다. 1927년 결국 포드는 마지못해 그 일을 사과했다. 이후 1929년에 그는 자신의 상업 제국을 스탈린 치하의 소련으로 확장하려 했다.

이날 일어난 다른 사건들

1895년 작가 오스카 와일드Oscar Wilde가 '중대 외설' 죄로 수감
1935년 야구 스타 베이브 루스가 마지막(714번째) 홈런 기록
1961년 미국 대통령 케네디가 달에 사람을 보내겠다는 목표 발표

5월 26일
찰스 2세의 밀약, 1670년

잉글랜드 국왕은 가톨릭 신앙을 공언할 것이며, 이 계획을 돕는 대가로 기독교 군주[루이 14세]에게 향후 6개월에 걸쳐 총 200만 크라운을 받을 것이다. 선언일은 전적으로 잉글랜드 국왕의 의향에 맡긴다. 프랑스 국왕은 스페인과 관련하여 엑스라샤펠 조약을 성실하게 준수할 것이며, 잉글랜드 국왕 역시 마찬가지로 삼국 동맹 조약을 유지할 것이다. 스페인 왕정에 대한 새로운 권리가 프랑스 국왕에게 반환된다면 잉글랜드 국왕은 이 권리를 유지할 수 있도록 프랑스 국왕을 도울 것이다. 양국 국왕은 연합 공화국[네덜란드]에 선전 포고할 것이다. 프랑스 국왕은 육로로 공격할 것이고 잉글랜드에 원군 6,000명을 받을 것이다. 잉글랜드 국왕은 군함 50척을 바다로 보낼 것이고 프랑스 국왕은 30척을 보낼 것이다. 요크 공작이 연합 함대를 지휘할 것이다. 영국 국왕 폐하는 정복 지역 중 스헬더강 어귀에 위치한 발헤렌섬과 카드잔트섬을 자기 몫으로 받을 것이다. 오라녜 공의 이권에 관해서는 별도 조항으로 규정할 것이다. 이미 개시된 통상 조약은 최대한 신속하게 체결해야 한다.

잉글랜드-프랑스 도버 조약, 1670년 5월 26일

이른바 도버 밀약(1670년 5월 26일)으로 궁핍한 잉글랜드 국왕 찰스 2세는 프랑스 국왕 루이 14세에게 얽매이게 됐다. 루이 14세는 찰스 2세에게 200만 크라운을 주는 대가로 가톨릭으로 공개 개종하겠다는 약속을 받아냈다. 이렇게 하면 잉글랜드 국민 대부분이 격분할 것이라는 사실은 두 사람 모두 알고 있었다. 또한 찰스 2세는 루이 14세의 외교 정책 목표도 지지하기로 했다. 사납게 날뛰는 의회 의원과 개신교 광신도들에게 발목을 잡힌 찰스 2세에게 한때 자신이 망명자로 살았고, 문화를 동경하며, 국왕을 부러워하는 국가 프랑스와 맺은 이 조약은 현실적인 합의였다.

조약을 맺은 후에도 약삭빠른 찰스 2세는 15년 뒤 임종할 때까지 개종을 미뤘다. 형인 찰스보다 영민함이 모자랐던 동생 요크 공작은 1685년 형의 뒤를 이어 제임스 2세로 즉위했으나 자신이 가톨릭 신자임을 숨기려 한 적이 없었고 왕위에 오른 뒤로는 적극적으로 잉글랜드에 가톨릭 신앙을 심으려고 했다. 그는 3년 만에 왕좌에서 쫓겨났다.

이날 일어난 다른 사건들
1897년 브램 스토커Bram Stoker의 《드라큘라Dracula》 양장본 출간
1908년 중동 이란에서 대규모 유전 발견
1940년 제2차 세계대전: 영국군과 프랑스군이 됭케르크에서 철수 작전 개시

5월 27일

파리 '사태', 1968년

Liberté! Egalité! Sexualité!
L'ennui est contre-révolutionnaire.
Le masochisme aujourd'hui prend la forme du réformisme.
Je suis marxiste tendance Groucho.
Ne changeons pas d'employeurs, changeons l'emploi de la vie.
Travailleurs de tous les pays, amusez-vous.
Plus je fais l'amour, plus j'ai envie de faire la révolution. Plus je fais la révolution, plus j'ai envie de

faire l'amour.
Soyez réalistes, demandez l'impossible.

자유! 평등! 성!
따분함은 혁명에 반한다.
오늘날 마조히즘은 개혁주의 모습으로 나타난다.
나는 마르크스주의자, 다만 그루초 마르크스 쪽이지.
고용주를 바꾸지 말고 인생을 바꾸자.
만국의 노동자여, 즐겨라!
더 많이 사랑할수록, 더 많이 혁명을 일으킨다.
더 많이 혁명을 일으킬수록,

더 많이 사랑하고 싶다.
현실을 직시하고, 불가능을 요구하라.

파리에 걸린 혁명 슬로건, 1968년

프랑스 정부와 부르주아 사회의 모든 규범에 반기를 든 학생 주도 1968년 5월 혁명 당시에는 마오주의자, 무정부주의자, 초현실주의자, 전위주의자를 비롯한 노동조합과 공산당이 뒤얽혀 불안한 동맹을 이뤘다. 그들은 함께 힘을 모아 샤를 드골 대통령 정권을 무너뜨리는 데 거의 성공했다.

소르본대학교를 근거지로 몇 주 동안 정신없이 시위를 계속한 끝에 5월 27일 대규모 폭력 시위가 일어나면서 이틀 뒤 드골은 피신하기에 이르렀다. 그는 독일에 체류하면서 프랑스 군대와 주요 당국의 지원을 확인한 다음 며칠 후에 다시 모습을 드러냈다. 프랑스로 돌아온 드골은 하원을 해산했다. 혁명의 추진력은 이후 여름을 지나면서 사그라졌다. 드골은 6월에 실시한 선거에서 낙승했으나 1969년 사임하고 1970년에 사망했다.

이날 일어난 다른 사건들
1647년 미국 식민지 최초로 사술을 시행한 죄로 사형 집행
1703년 러시아 표트르 대제가 상트페테르부르크 건설
1964년 인도 초대 총리 자와할랄 네루 사망

5월 28일

파리 코뮌 패배, 1871년

택시를 타고 샹젤리제를 따라 달리던 중 멀리 사람들의 다리가 대로를 향해 달려가는 모습이 보였다. 길 전체에 2열로 늘어선 군인들 사이로 거대한 군중이 가득 들어차 있었다. 나는 택시에서 내려 무슨 일이 일어났는지 보려고 뛰는 사람들에 합류했다. 뷔트쇼몽에서 붙잡힌 죄수들이 5명씩 짝지어 걷고 있었고 그중에는 여성도 몇 명 있었다. 호송하던 군인이 "전부 6,000명입니다."라고 말했다. "500명은 현장에서 총에 맞았어요." 이 초췌한 무리의 선두에서 90대 노인이 다리를 후들거리며 걷고 있었다.

어떤 사람은 이들을 보면서 겁을 집어먹고, 어떤 사람은 이 우울한 행렬을 보며 연민을 느끼는 가운데 행렬에서 군인들이 보였다. 탈영병들이었다. 군복 상의를 뒤집어 입고 있어서 주머니 안감인 회색 천이 옆으로 늘어져 있었다. 총살형 집행대로 가기 위해 벌써 반쯤 벗겨진 듯 보였다.

나는 국민군이 파리를 얼마나 불태웠는지 보러 갔다. 팔레 루아얄이 불탔다. 튈르리 궁도 다시 지어야 했다.

마지막으로 시청에 갔다. 장엄한 폐허였다. 온통 분홍색과 잿빛 녹색이었고, 백열 상태가 된 강철의 색이 푸른 하늘을 배경으로 들쭉날쭉한 윤곽을 드러내는 모습이 그림처럼 경이로웠다. 건물이 완전히 파괴된 가운데 금테를 새로 두른 대리석 명판은 온전하게 남아 있었다. 그 명판에서 '자유, 평등, 박애'라는 가식적인 글자가 반짝였다.

에드몽 드 공쿠르, 《일기 JOURNAL》, 1871년 5월 28일

에드몽 드 공쿠르Edmond de Goncourt는 파리 생활을 기록한 유명한 일기(1870년 남동생 쥘이 사망할 때까지는 공동 집필)에 프로이센-프랑스 전쟁으로 파리가 포위되는 사태까지 맞으며 프랑스가 충격적으로 굴복한 이후 수립한 혁명정부 파리 코뮌이 패배한 여파를 그렸다. 정부군이 일주일 동안 3만 명에 이르는 '코뮈나르'를 사살하는 유혈전을 벌인 끝에 정부군 지휘관 마크-마옹Mac-Mahon 원수는 "파리 주민 여러분. 프랑스군이 여러분을 구하러 왔습니다. 파리는 해방됐습니다! 4시 정각 우리 병사들이 반란군의 마지막 진지를 확보했습니다. 오늘로 싸움은 끝입니다. 질서, 일, 안보가 거듭날 것입니다."라는 선언문을 발표했다.

이날 일어난 다른 사건들

1905년 쓰시마 해전에서 러시아 함대가 일본군에 패배
1937년 F. D. 루스벨트 대통령이 샌프란시스코 골든게이트교 개통
1982년 포클랜드 전쟁: 구스 그린 전투에서 영국 승리

5월 29일

콘스탄티노폴리스 함락, 1453년

튀르크군이 도시에 들어왔다는 소식을 들은 사람들은 모두 초소를 버리고 배나 갤리선을 타고 탈출할 수 있기를 바라며 항구 쪽으로 돌진했다. 이렇게 혼란한 순간 우리 전지전능하신 하나님은 가장 쓰라린 결정을 내리시고 모든 예언을 이루기로 결심하셨다. 동이 틀 무렵 튀르크군은 산로마노 근처에서 성벽을 대포로 쳐부순 다음 도시로 들어왔다. … 그들은 남녀노소를 가리지 않고 눈에 띄는 모든 사람을 언월도로 죽였다. 학살은 정오까지 이어졌다. … 튀르크군은 산로마노에서 진입한 지점에서 8킬로미터 떨어진 광장까지 열심히 이동했고, 도착하자마자 몇몇이 산마르코 깃발베네치아 공화국 국기—옮긴이과 가장 고귀한 황제 깃발이 휘날리는 탑으로 올라갔다. 그들은 산마르코 깃발을 칼로 베고 가장 고귀한 황제 깃발을 내린 뒤 술탄 깃발을 게양했다. … 그들의 깃발이 올라가고 우리 깃발이 베이는 모습을 보면서 우리는 도시가 전부 함락됐고, 회복될 희망은 없다는 사실을 깨달았다.

니콜로 바르바로 Niccolo Barbaro,
《**콘스탄티노폴리스 공성전 일기**DIARY OF THE SIEGE OF CONSTANTINOPLE》, 1453년

1453년 5월 29일 오스만 제국 술탄 메흐메트 2세Mehmet II가 콘스탄티노폴리스를 점령하고 황제 콘스탄티누스 11세Constantine XI를 죽이면서 동로마 제국의 후손인 비잔티움 제국은 사실상 종말을 고했다. 오스만튀르크는 13세기 이래 계속해서 비잔티움 영토를 침략했고 1450년대에 이르러서는 콘스탄티노폴리스에 배후 지역이 거의 남지 않았을 정도였으므로 예상하지 못했던 사태는 아니었다. 또한 이 사태로 지중해 지역이나 발칸반도 세력 균형이 달라지지도 않았다. 하지만 이는 대단히 중요하고 상징적인 사건이었다. 그리스 연구 학자들이 서유럽으로 이주하는 한편, 오스만 제국은 지중해 지역 최강국으로서 그 지위를 굳혔다.

교황 니콜라오 5세는 콘스탄티노폴리스를 다시 기독교 영향권 아래에 놓고자 십자군 원정을 독려했으나 아무런 소용이 없었다. 콘스탄티노폴리스에 머무르던 교황 특사는 성직자 예복을 버리고 가까스로 탈출해 목숨을 건졌다. 베네치아에 도착한 특사는 술탄이 "카이사르나 알렉산드로스보다 더 강력"했다고 보고했다.

한때 강국이었던 비잔티움 제국의 마지막 자취인 흑해 연안 도시 트레비존드도 1461년에 함락됐다.

이날 일어난 다른 사건들
1848년 위스콘신이 미국의 30번째 주로 편입
1953년 에드먼드 힐러리Edmund Hillary와 셰르파족 텐징Tenzing이 에베레스트산 세계 최초 등정
1984년 영국 광부 파업 중 '오그리브 전투' 발생

5월 30일

쾰른 공습, 1942년

나치는 자기들은 모두를 폭격할 것이고 다른 누구도 자기들에게 폭격하지 않을 것이라는 다소 유치한 망상으로 이 전쟁에 뛰어들었다. 로테르담, 런던, 바르샤바를 비롯한 50여 군데에서 그들은 이 순진한 이론을 작전으로 옮겼다. 그들은 바람을 심었고 이제 회오리바람을 거둘 것이다.

'폭격기' 아서 해리스 공군 대장, 1942년

1942년 5월 30일에서 31일로 넘어가는 밤 쾰른에서 수행한 영국 공군 폭격 사령부의 작전 밀레니엄은 제1차 '1,000 폭격기 습격'으로도 알려져 있으며, 독일 도시에 지역 폭격을 실시한다는 새로운 영국 정책을 처음 대규모로 실행한 작전이었다. 이 작전은 4월에 윈스턴 처칠 총리가 과학 자문관 프레더릭 린더만 Frederick Lindemann의 추천을 받아 결정했다. 공장 노동자들이 거주하는 지역을 파괴해 독일 산업 역량을 교란하겠다는 의도였다.

공군 대장 아서 해리스 Arthur Harris(1892년-1984년)가 정책 수행을 맡았으며, 이로써 전년도 야간 폭격 작전이 대체로 실패한 이후 추락한 폭격 사령부의 평판을 회복하고자 했다. 습격대는 항공기 1,047대로 이뤄졌고, 거의 1,500톤에 달하는 폭탄을 투하했다. 폭탄은 대부분 고성능 폭약이 아니라 소이탄이었다. 해리스가 런던 공습에서 배웠듯이 소이탄이 더욱 치명적인 결과를 유발했기 때문이었다. 쾰른 인구 대부분이 대피해 공습으로 사망한 사람은 500명 미만이었지만 건물 1만 2,000채가 파손됐다.

하지만 이후로 실시한 공습은 그 범위와 파괴 규모에서 밀레니엄 작전을 넘어섰다. 이는 특히 1945년 2월 영국-미국 폭격기가 수행한 드레스덴 폭격(도시 인구 약 2만 5,000명 사망)에서 가장 두드러지게 나타났다. 해리스는 적국 민간인 죽음에 유감스러운 태도를 보이지 않아 전후 오랫동안 논란이 됐다. 하지만 당시에는 신중한 조지 오웰조차도 1942년 방송에서 "이 나라 국민들은 앙심을 품고 있지 않지만, 2년 전 자신들에게 어떤 일이 일어났는지 기억하고, 독일인들이 자신은 보복을 받지 않을 것이라고 생각하며 어떤 식으로 말했는지 기억합니다."라고 말했다.

이날 일어난 다른 사건들

1431년 노르망디 루앙에서 잔다르크 화형 집행
1922년 워싱턴 DC 링컨 기념관 헌정
1967년 나이지리아 남동부 분리 독립 선언으로 비아프라 전쟁 발발

5월 31일

개혁 정신, 1823년

좋은 정부와 나쁜 정부는 이 확실한 시험으로 구분할 수 있다. 좋은 정부 아래에서는 노동자들이 호의호식하고, 나쁜 정부 아래서는 노동자들이 악의악식한다.

윌리엄 코빗, 《폴리티컬 레지스터》, 1823년 5월 31일

영국 개혁가 윌리엄 코빗William Cobbett(1763년-1835년)은 나폴레옹 전쟁이 끝난 뒤 영국의 상태에 대한 논평을 정기적으로 썼으며 이를 직접 발간하는 신문 〈폴리티컬 레지스터 Political Register〉에 발표했다. 논평은 금세 노동자들 사이에서 인기를 얻었다. 1820년대에 코빗은 영국 농촌을 돌면서 "신사, 농부, 상인, 여행자, 노동자, 여인, 소녀, 소년 외 모든 이들이 하고 싶은 말"을 들었다. 그러면서 "어떤 때는 설득하고, 어떤 때는 함께 웃고, 지나가는 모든 것을 관찰"했다. 이렇게 여행하면서 기록한 내용을 모아 《농촌 여행Rural Rides》(1830)으로 발표했다.

이 책에서 코빗은 산업 혁명 초기에 많은 사람, 특히 농촌 빈민이 처한 생활 및 노동 환경의 부당함을 여실하게 드러냈다. 처음에는 혁명 정서를 두려워하는 골수 토리당 지지자였던 그는 점점 선거 개혁과 로마 가톨릭교도가 의회에 진출할 권리를 지지하는 방향으로 노선을 바꿨다. 로마 가톨릭교도 의회 진출은 1829년에 마침내 이뤄졌다. 코빗은 자신이 목격한 농촌 빈곤의 위험성을 정부에 경고했다. 이 경고는 1830년대 초 잉글랜드 남부 전역에 걸쳐 '캡틴 스윙' 폭동이 발발하면서 사실로 드러났다.

1831년 코빗은 불만을 조장했다는 혐의로 재판을 받았으나 무죄 판결을 받았다. 그의 선거 개혁 주장이 1832년 대대적인 선거법 개정으로 마침내 결실을 맺으면서 코빗은 올덤 대표로 의회에 입성했다.

이날 일어난 다른 사건들

1594년 이탈리아 화가 틴토레토Tintoretto 사망
1902년 베르니이헝 조약으로 제2차 영국-보어 전쟁 종결
1916년 제1차 세계대전: 북해에서 영국-독일 간 유틀란트 해전 발발

6월

6월 1일	됭케르크의 기적, 1940년
6월 2일	폴란드 출신 교황 고국 방문, 1979년
6월 3일	제1차 십자군이 안티오키아 함락, 1098년
6월 4일	천안문 광장 시위대 사망, 1989년
6월 5일	로버트 케네디 암살, 1968년
6월 6일	D데이 상륙작전, 1944년
6월 7일	황금 천 들판, 1520년
6월 8일	바이킹의 린디스판 공격, 793년
6월 9일	네로 자살, 서기 68년
6월 10일	알렉산드로스 대왕 사망, 기원전 323년
6월 11일	북극 탐험가의 임종, 1847년
6월 12일	안네 프랑크가 일기를 쓰기 시작, 1942년
6월 13일	미주리강 대폭포 발견, 1805년
6월 14일	네이즈비에서 왕당파 패배, 1645년
6월 15일	리처드 2세가 농민 반란 진압, 1381년
6월 16일	에이브러햄 링컨 상원 도전, 1858년
6월 17일	프랜시스 드레이크, 노바 앨비언 차지, 1579년
6월 18일	워털루 전투, 1815년
6월 19일	런던광역경찰청 창설, 1829년
6월 20일	빅토리아 여왕 즉위, 1837년
6월 21일	캘커타 블랙홀, 1756년
6월 22일	콩피에뉴에서 프랑스 항복, 1940년
6월 23일	올림픽 대회 재개, 1894년
6월 24일	배넉번 전투, 1314년
6월 25일	커스터의 마지막 보루, 1876년
6월 26일	베를린에서 보여준 케네디의 저항, 1963년
6월 27일	단독 세계 일주 항해, 1898년
6월 28일	사라예보 암살, 1914년
6월 29일	셰익스피어 극장 전소, 1613년
6월 30일	홍콩 반환, 1997년

6월 1일

됭케르크의 기적, 1940년

귀환 경로는 멋진 광경이었다. 갖가지 작은 배들 수백 척이 됭케르크를 향했다. 독일 폭격기들은 사방에 바쁘게 폭탄을 떨어뜨렸다. 70대가 넘는 적기가 투하하는 폭탄이 마치 우박처럼 온통 우리에게 떨어졌지만 다행히 우리는 운이 좋았다. 덕분에 무사히 탈출했다. 포병이 대활약을 펼쳐서 적기 세 대를 맞혔고 그중 두 대가 추락했다. 내가 포크스톤 부두를 따라가고 있던 8시 30분, 격렬한 폭발이 일어났다. 또 한 번 운 좋게 탈출했다. 지뢰가 우리 뒤에서 터졌다. 우리는 병사 504명을 귀환시켰고 그중에서 70명은 프랑스군이었다.

어떤 선장, 존 메이스필드,《9일간의 기적 THE NINE DAYS WONDER》중 인용, 1941년

1940년 5월 독일군 공격에 맞서 프랑스와 벨기에를 지원하던 영국 원정군은 독일군 기습 공격을 감당할 수 없는 지경에 이르렀다. 빠르게 후퇴하던 영국 원정군은 5월 20일부터 퇴로를 차단한 채 됭케르크에서 포위되어 영국 해협에서 옴짝달싹할 수 없는 처지에 놓였다. 이에 대응해 5월 26일 대담한 즉흥 긴급 철수 작전을 개시했다.

독일군 진격 속도가 너무 빨라서 보급선이 늘어난 기갑 부대가 잠시 멈춰 섰고, 덕분에 연합군은 숨통이 트였다. 서둘러 지연작전을 벌이던 연합군 후위 부대는 됭케르크 방어선을 엄호했고 버려야 했던 군수물자는 파괴됐다.

루프트바페 항공기의 폭격과 기총소사를 받으면서 많은 연합군 병사들이 몇 시간 동안 어깨까지 물에 잠긴 채 줄지어 기다리다가 마침내 해변에서 배에 올랐다. 공개 호소한 끝에 민간 소유의 '작은 배', 범선, 심지어 유람선까지도 계속되는 공중 공격 위협을 무릅쓰고 해협을 건너와 힘을 보탰다. 존 메이스필드가 인용한 선장은 6월 1일 구조 작업에 대한 자부심과 안도감을 잘 압축해서 드러냈다.

6월 3일까지 영국군 거의 20만 명과 프랑스군 14만 명을 구출한 '기적'은, 패배를 영국인의 결의를 보여주는 사기 진작 과시 작전으로 바꿨다. 6월 4일 윈스턴 처칠 총리는 작전 종료를 발표하면서 "우리는 어떤 대가를 치르더라도 우리 영토를 지킬 것입니다. 우리는 해변에서 싸울 것입니다. 우리는 착륙장에서 싸울 것입니다. 우리는 들판과 거리에서 싸울 것입니다. 우리는 언덕에서 싸울 것입니다. 우리는 결코 항복하지 않을 것입니다."라고 덧붙였다.

이날 일어난 다른 사건들

1215년 칭기즈 칸 Genghis Khan이 베이징 함락
1533년 앤 불린이 헨리 8세의 왕비로 즉위
1792년 켄터키가 미국의 15번째 주로 편입

6월 2일

폴란드 출신 교황 고국 방문, 1979년

이 나라의 역사는 사람을 통해, 이 나라의 한 사람 한 사람을 통해 이해해야 합니다. 동시에 사람은 국가가 구성하는 이 공동체와 별개로 이해할 수 없습니다. … 그리스도 없이는 폴란드, 이 위대한 천 년 공동체의 역사를 이해할 수 없습니다. … 그리스도 없이는 찬란함과 끔찍한 고난으로 가득 찬 과거를 지닌 이 나라를 이해할 수 없습니다. 1944년 침략자에 맞서 감당할 수 없는 전투, 연합국에 버림받은 전투, 그 폐허 밑에 묻힌 전투를 수행한 이 도시 바르샤바를 이해할 수 없습니다. 바로 그 폐허 밑에 크라코프스키에 프쉐드미에시치에에 있는 성당 앞에 있는 구세주 그리스도 십자가상이 있었다는 사실을 기억하지 않는다면 불가능합니다. 스칼카의 스타니슬라오Stanislaus 주교부터 오시비엥침의 막시밀리아노 콜베Maximilian Kolbe에 이르기까지 순교자들에게 예수 그리스도라는 동일한 단 하나의 본질적인 기준을 적용하지 않는다면 폴란드의 역사는 이해할 수 없습니다.

… 우리는 무명용사의 무덤 앞에 있습니다. 폴란드 고대 역사와 현대 역사에서 이 무덤에는 특별한 근거, 특별한 존재 이유가 있습니다. 우리 고국 땅에서 병사들이 쓰러져 간 곳이 얼마나 많습니까! 유럽과 세계 곳곳에서 무명용사는 폴란드의 독립이 지도에 새겨지지 않은 그냥 유럽은 있을 수 없다며 죽음으로 울부짖었습니다! 얼마나 많은 전장에서 무명용사가 인간의 권리를 증명하고 '우리의 자유와 여러분의 자유'를 위해 민족의 신성한 권리를 영원히 새겨놨겠습니까!

교황 요한 바오로 2세, 연설, 1979년 6월 2일

1979년 바르샤바 빅토리 광장에서 열린 미사에 25만 명이 참석한 가운데, 새로 선출된 폴란드 출신 교황 요한 바오로 2세가 폴란드 역사에서 가톨릭이 수행한 구심점 역할을 이야기했다. 본명이 카롤 보이티와Karol Wojtyla인 그는 나치 점령기에 몰래 종교 공부를 시작했다. 많은 폴란드인에게 교회는 공산주의 이념에 맞서는 유일한 제도적 평형추를 의미했다. 따라서 1978년 보이티와 교황 선출은 대단히 많은 상징적 의미를 지니는 일이었다. 1979년 요한 바오로 2세의 시의적절한 고국 방문은 정권에 반대하는 목소리가 높아지는 중요한 계기가 됐으며, 1980년에 발생한 연대자유노조 운동에 영향을 미쳤다.

이날 일어난 다른 사건들
서기 455년 반달족이 로마 함락
1946년 이탈리아 왕정 폐지
1953년 엘리자베스 2세 영국 국왕으로 즉위

6월 3일

제1차 십자군이 안티오키아 함락, 1098년

풀거라는 이름의 프랑크인이 맨 처음 성벽을 과감하게 오르기 시작했다. 이어서 플랑드르 백작이 보에몽과 공작에게 올라가라는 전갈을 보냈다. 모두가 서두르며 서로를 앞지르려다 보니 사다리가 망가졌다. 하지만 끝까지 올라간 사람들이 성 안으로 들어가 작은 뒷문을 열었다. 그렇게 해서 우리 군사가 들어갔고, 상대편은 그들이 발견한 그 누구도 포로로 잡지 않았다. 날이 밝아올 무렵 그들은 소리쳤다. 이 소리에 도시 전체가 들썩였고 여자와 어린아이들이 울기 시작했다. 백작 성에 있던 사람들은 이런 소란에 흥분해서 서로에게 "원군이 도착했어!"라고 말하기 시작했다. 이에 어떤 이들은 "기뻐하는 소리 같지 않아."라고 대답했다. 날이 환해지자 우리 깃발이 도시 남쪽 언덕에 나타났다. 동요한 시민들은 언덕 위에 우리 군이 있는 모습을 보고 성문 밖으로 달아나기도 하고 서둘러 뛰다가 곤두박질치기도 했다. 아무도 저항하지 않았다. 실은 주님이 그들을 물리치셨다. 오랜 기다림 끝에 즐거운 광경이 우리 앞에 펼쳐졌다. 오랫동안 우리에게 맞서 안티오키아를 지키던 자들이 이제 안티오키아에서 도망칠 수 없게 됐다. 감히 도망치려고 한 자들은 죽음을 면할 수 없었다. …

안티오키아에서 손에 넣은 전리품이 얼마나 대단했는지는 말로 다할 수 없다. 그저 원하는 대로 상상하고 조금 더 보태면 된다. 게다가 그때 얼마나 많은 튀르크인과 사라센인이 죽었는지도 말할 수 없다. 얼마나 가지각색으로 죽었는지 설명하자면 너무 잔인할 것이다.

레몽 다길레르, 《프랑크 역사 HISTORIA FRANCORUM》

1095년 교황 우르바노 2세 Urban II가 소집한 제1차 십자군(11월 27일 참조)은 타란토의 보에몽이 6개월 동안 공성전을 벌인 끝에 셀주크 왕조의 요새 안티오키아(터키 남부) 공격에 성공하면서 첫 번째 목표를 달성했다. 이듬해 보에몽은 안티오키아 군주 칭호를 얻었다. 기독교도의 승리 양식은 이듬해에 일어난 예루살렘 함락에서 보여줬듯이 수비대를 학살하는 향후 십자군의 풍조를 확립했다. 레몽 다길레르 Raymond d'Aguilers는 툴루즈 백작 레몽 4세 군대와 함께 성지로 향했으며 제1차 십자군 당시 발생한 사건 다수를 직접 목격했다.

이날 일어난 다른 사건들
1924년 체코 소설가 프란츠 카프카 Franz Kafka 사망
1937년 윈저 공작(전 에드워드 8세)과 윌리스 심프슨 Wallis Simpson 결혼
1989년 이란 지도자 아야톨라 호메이니 사망

6월 4일

천안문 광장 시위대 사망, 1989년

그 학생은 새벽 2시경 인민대회당 동쪽 끝의 북쪽에 있는 창안가에 자리 잡고 있다고 말했다. 학생들은 군대가 광장을 점령하러 들어올 때 고무탄을 쏠 것이라고 믿었다. 따라서 시위대 선두에 선 많은 학생이 고무탄을 막는 보호구를 착용했다. 하지만 군대가 발포하자 선두에 선 학생이 쓰러졌다. 그 학생은 고무탄을 사용할 것이라고 확신했다고 말했다. 자기 발치 보도에 실탄이 박히며 불꽃이 튀는 모습을 본 그는 속이 울렁거렸다. 그는 이어지는 한 시간 동안 수많은 학생이 쓰러지는 모습을 목격했다고 말했다. 그는 동료들의 죽음에 격분했고, 상대가 안 된다는 사실을 알면서도 복수심과 군대가 하는 행동에 대한 증오로 다가오는 군대에 벽돌을 던졌다고 말했다. 그는 "전투할 때는 생각을 멈추고 그냥 싸워요."라고 말했다.

아마도 오전 4시경 저항해봐야 아무런 소용이 없다는 사실이 분명해졌을 때 시위 지도부는 방송으로 광장에 계속 머무를지 비울지를 목소리 투표에 붙이겠다고 발표했다고 그 학생이 말했다. 학생이 말하길, 실제로는 '머무르겠다'라고 외친 사람이 '떠나겠다'라고 외친 사람만큼 많았지만, 지도부는 다수결에 따라 '떠나겠다'라고 발표했다. 그 학생은 머무르는 쪽에 투표한 사람은 대부분 시위에 참여하려고 와서 달리 갈 곳이 없는 외지인이었다고 말했다. 시위대 해산 임무를 맡은 부대 지휘관과 논의한 학생 지도부는 중앙 기념물에서 남동쪽 통로를 따라 광장을 비우기로 합의했다. 5,000명이 실제로 그 통로를 따라 빠져나갔다.

광장을 빠져나간 많은 학생은 켄터키프라이드치킨과 베이징 덕 식당들을 지나 첸먼대가에서 서쪽으로 돌았다. 학생들은 대부분 학교별로 모여서 베이징대학교 학생들이 선두에 서고 칭화대학교 학생들이 뒤를 이었다. 학생들은 창안가 모퉁이 문을 돌면서 서 있는 탱크 네 대에서 여섯 대를 향해 군인들은 짐승이고 파시스트라고 소리쳤다.

그 학생은 탱크들이 경고도 하지 않고 그들을 향해 움직이기 시작했다고 말했다. 길의 북쪽에서는 154번 탱크가 학생들을 비롯한 많은 사람들이 피신한 통신 건물 입구 근처에서 갑자기 유턴을 했다.

그 학생은 통신 건물에만 길 양쪽 금속 울타리 사이로 틈이 있어서 다행히 북적이는 입구 통로로 들어갈 수 있었다고 말했다. 154번 탱크는 뒤로 돌진("시내버스가 평소 운행하는 속도보다 빨리")해서 서쪽으로 걸어가던 다른 학생들을 덮쳤다. 학생은 동료 중 한 명이 남쪽 울타리를 뛰어넘으려고 했지만 울타리에 겨우 매달릴 수만 있었다고 말했다. 그 동료는 양다리가 잘렸다.

한 탱크에서 정체 모를 가스를 투척하고 모든 탱크가 지나간 다음, 그 학생은 나중에 학살을 증언할 믿을 만한 목격자가 적어도 한 명은 있을 수 있도록 통신 건물 입구에서 걸어

나와 시체가 몇 구인지 셌다고 말했다. 그는 시체 총 11구가 마치 도널드 덕 만화처럼 전부 납작하게 뭉개져 있었다고 말했다. 한 가지 다른 점이 있다면 납작하게 뭉개진 머리 옆으로 뇌가 으깨져 나왔다는 것이었다. 자전거 몇 대가 그림처럼 납작하게 눌려있었다. 그는 그 광경이 결코 머릿속을 떠나지 않을 것이며, 이를 알림으로써 언젠가 마침내 그들의 죽음을 갚아줄 정의가 실현되기를 바란다고 말했다.

베이징 주재 미국 대사관이 국무부로 보낸 전보, 1989년 6월 22일

1989년 중국 공산당국과 인민군이 베이징에서 민주주의 개혁을 요구하는 학생 시위대에 결국 강경 대응한 사태는 전 세계적으로 보도됐으나 중국 내에서는 은폐됐다. 시위는 4월 15일 반부패 친민주주의 관료 후야오방胡耀邦이 사망한 이후 베이징 천안문 광장에 10만 명이 모여 언론 자유 및 당국과 학생 대표 간 대화를 요구하며 시작됐다. 시위는 5월 30일 '민주주의 여신' 동상을 세우면서 진영으로 바뀌었다. 시위대는 전반적으로 질서 정연했고 베이징을 비롯한 여러 곳에서 지지를 모았다. 시위대 해산 당시 2,000명에서 3,000명 정도가 사망한 것으로 추정되며 대부분이 천안문 광장 주변 길에서 사망했다.

지배 엘리트층은 이번 시위에 어떻게 대응할 것인지를 두고 분열했고 초기에 우유부단한 모습을 나타냈다. 그러나 결국 무자비한 방법으로 해결하면서 중국 공산당은 동유럽 및 중앙유럽의 공산주의 정권과 같은 길을 가거나 소련의 정치 자유화 전철을 따르지 않겠다는 의지를 세계에 보여줬다.

이날 일어난 다른 사건들
1913년 여성 참정권 운동가 에밀리 데이비슨Emily Davison이 엡섬 더비 경기 중 왕실 소유 말 앞으로 돌진
1944년 제2차 세계대전: 미국군의 로마 해방 작전 개시
1971년 헝가리 마르크스주의 철학자 죄르지 루카치György Lukács 사망

6월 5일

로버트 케네디 암살, 1968년

케네디는 악수를 하고 미소를 지으며 기자, 사진사, 참모, 호기심에 찬 사람들, 방송국 사람들을 이끌고 천천히 그 구역으로 이동했다. 나는 케네디 앞에서 뒷걸음질을 치고 있었다. 나는 그가 왼쪽으로 돌아 몸집이 자그마한 멕시코 요리사와 악수하는 모습을 봤다. 연회장에서는 "우리는 보비를 원한다!"는 구호가 계속 들렸다. 요리사는 미소를 지으며 기뻐했다.

그때 미국의 비밀스럽고 추악한 심장으로부터 여드름투성이 심부름꾼이 도착했다. 그는 곱슬머리에 연파랑 운동복 상의와 청바지 차림이었고 오른발을 앞으로 내밀고 오른팔을 쭉 뻗으며 총을 쐈다.

사람들은 제정신을 잃고 분노하고 이리저리 뛰어다니며 비명을 질렀고, 소란을 피우며 돌진했고, 피가 튀었다. 총을 쏘는 소리가 멀리서 들리는 총격전 같이 작고 날카로운 소음 또는 뒤뜰에서 터지는 폭죽 소리처럼 들렸다. 로스앤젤레스 램스 풋볼 팀의 로지 그리어Rosey Grier가 갑자기 나타나 커다란 몸으로 총잡이를 덮쳐서 서빙 테이블에 밀어붙였다. 조지 플림턴George Plimpton이 괴한의 팔을 잡았고 레이퍼 존슨Rafer Johnson이 케네디 친구이자 보안 책임자 빌 베리Bill Barry 바로 뒤에서 괴한에게 다가갔다. 그들은 모두 동물 같이 낮은 소리를 냈고 여전히 총알이 날아왔다.

피트 해밀 Pete Hamill, 〈**빌리지 보이스**THE VILLAGE VOICE〉, 제13권, 제35호

1968년 6월 5일 미국 상원 의원이자 법무부 장관이며 암살된 대통령 존 F. 케네디의 동생인 로버트(보비) 케네디Robert (Bobby) Kennedy(1925년-1968년)가 갑작스러운 공격에 목숨을 잃었다. 그날 밤늦게 로스앤젤레스 앰배서더 호텔 조리장을 걷던 로버트 케네디는 근거리에서 총격을 당했다. 민주당 대선 후보로 지명 받기 위한 캘리포니아주 예비선거에서 승리를 거둔 직후였다. 그는 다음 날 사망했다.

총을 쏜 사람은 팔레스타인 출신인 시르한 시르한Sirhan Sirhan이었다. 암살 동기는 확실히 밝혀지지 않았으나 음모론이 들끓었고, 그 중 상당수는 마피아를 비롯해 오랜 세월에 걸쳐 반감을 샀던 기득권층과 얽혀 있었다. 케네디의 사망은 의전을 재고하는 계기가 됐고, 이후 미국 대통령 선거 후보들은 비밀 경호국의 보호를 받게 됐다.

민주당 대선 후보 경선에서는 휴버트 험프리Hubert Humphrey가 이겼으나 이후 치러진 대통령 선거에서는 공화당 후보 리처드 닉슨Richard Nixon에게 패했다.

이날 일어난 다른 사건들
1851년 해리엇 비처 스토의 《톰 아저씨의 오두막》 연재 시작
1862년 사이공 조약으로 사이공을 프랑스에 할양
1967년 중동에서 6일 전쟁 시작

6월 6일

D데이 상륙작전, 1944년

서유럽인 여러분, 오늘 오전 연합 원정군 부대가 프랑스 해변에 상륙했습니다. 이번 상륙은 유럽 해방을 달성하기 위한 국제 연합의 협동 계획의 일환이며 위대한 러시아 동맹과 함께 이뤄냈습니다.

여러분 모두에게 전하고 싶은 메시지가 있습니다. 최초의 공격이 여러분의 조국에서 일어나지 않았을지라도 해방의 시간은 다가오고 있습니다.

남녀노소 할 것 없이 모든 애국자들이 최후의 승리를 달성하기까지 거들어야 할 몫이 있습니다. 저항 운동원들에게는 "여러분이 받은 지시에 따르십시오."라고 말하겠습니다. 조직된 저항 단체 일원이 아닌 애국자들에게는 "소극적인 저항을 계속하되, 제가 일어나서 적을 치라는 신호를 보낼 때까지 불필요하게 생명을 위태롭게 하지 마십시오. 여러분들의 단결된 힘이 필요한 날이 올 것입니다."라고 말하겠습니다. 그날이 올 때까지 단련하고 자제하는 힘든 과업을 수행하라고 여러분에게 요청하겠습니다.

… 이번 상륙은 서유럽에서 군사 작전을 시작하는 단계에 불과합니다. 힘든 전투가 기다리고 있습니다. 자유를 사랑하는 모든 이들에게 우리 편에 서 달라고 요청합니다. 믿음을 굳건히 지키십시오. 우리 군사는 단호합니다. 함께 우리는 승리를 이룩할 것입니다.

연합군 최고 사령관 드와이트 아이젠하워, 방송 연설, 1944년 6월 6일

1944년 6월 연합군의 노르망디 상륙작전은 역사상 최대 규모 육해군 공동 침공이었다. 작전을 지휘한 연합군 최고 사령관 아이젠하워는 상륙 예정일이었던 6월 6일 'D데이'를 앞두고 며칠간 악천후가 이어져서 작전을 거의 중지할 뻔했다. 하지만 점령당한 유럽의 사기를 유지할 필요 (및 1년 동안 서부에 제2전선 형성을 요구한 소련 스탈린의 지원)가 있었으므로 더는 미룰 수가 없었다.

오마하 해변에서 미군이 당한 공격을 비롯해 끔찍한 대학살을 겪은 상륙작전도 있었지만 전반적으로 볼 때 연합군에 운이 따랐다. 그들은 작전 규모를 감안했을 때 보기 드물 정도로 기습 공격에 성공했고 초기 사상자도 처칠이 우려했던 것보다 훨씬 적었다. 그렇게 해서 그들은 프랑스에서 꼭 필요했던 발판을 확보했다.

이날 일어난 다른 사건들
1889년 시애틀이 화재로 파괴
1961년 스위스 심리학자 카를 융·Carl Jung 사망
1982년 이스라엘군이 레바논 남부 침공

6월 7일

황금 천 들판, 1520년

프랑스 국왕과 잉글랜드 국왕의 회담이 6월 7일에 열릴 예정이었다. 잉글랜드 국왕이 옆자리에 울시 추기경을 대동하고 긴느를 떠난 지 21시간째였다. 그 뒤로 교황 사절과 캔터베리 대주교, 스페인 대사와 버킹엄 공작, 서포크 공작과 베네치아 대사가 동행했다. 나머지 영주와 신사들 약 500명이 모두 금과 비단으로 화려하게 차려입고 수행했다. 왕은 은색 양단으로 만들고 은색 끈으로 연결한 시마르[어깨 망토가 달린 예복]를 입었다. 끈에는 아름다운 보석들이 매달려 있었고 목을 감싼 깃도 값비싼 보석으로 장식되어 있었다. 이 수행단 500명은 둘씩 짝을 지어 일부는 왕보다 앞서고 일부는 뒤따랐다. 왕의 왼편에는 가슴에 왕실 장미 문양을 수놓은 흰색과 녹색 체크무늬 벨벳 더블릿을 입고 손에는 미늘창을 든 경비대 500명이 있었다. 그들 뒤로 병사 4,000명에 이르는 중대가 따랐다. 너무 눈길을 끄는 병력이라 프랑스측의 의심을 샀다. 프랑스는 관리들을 보내 무리의 수를 파악하고 무장했는지 확인하도록 했다. 기록에 따르면 병사들은 무장하지 않았다. 영국측 역시 비슷하게 프랑스측을 시찰했다.

확인을 마친 영국과 프랑스 양측은 마침내 언덕을 향해 행진했다. 아래쪽에는 '발리스 아우레아'라고 하는 상쾌한 골짜기가 있었다. 이 언덕에서 잉글랜드 국왕이 멈췄고 전체 수행단은 고리 모양으로 정렬했다. 기독교 국왕[프랑스] 역시 골짜기가 내려다보이는 반대편 언덕에 올랐다. 오목한 부분에 천막을 치고 황금 천과 차양을 덮었다. 대사들이 언덕에 멈추자 영국 국왕은 도싯 후작이 찬 검을 뽑게 했다. 국왕 폐하는 울시 추기경만 말에 태우고 황금 천으로 만든 더블릿을 입은 거마 관리관은 도보로 동행해 골짜기로 내려갔다. 그때 프랑스 국왕의 영국 대사 리처드 윙필드 경이 기독교 국왕 폐하가 하사한 브로카텔[무늬가 도드라진 두툼한 자수] 시마르를 입고 도착했다. 이들이 골짜기로 내려오자 기독교 군주 역시 반대 방향에서 내려왔다. 왕은 혼자 말을 타고 있었고, 무관장은 칼을 빼들고 걸어왔고, 해군 사령 장관이 휘장과 호각을 들었으며, 거마 관리관은 걸어왔다.

아래 골짜기에 도착한 왕들은 가까이 다가와 서로 모자를 들어 인사한 다음 말을 탄 채 무척 다정하게 포옹했다. 그런 다음 말에서 내려 다시 포옹하고 울시 추기경을 대동하고 천막으로 들어갔다. 천막 안에서 그들끼리 30분 동안 머무른 다음 밖으로 나와 거듭해서 서로 포옹하고 말에 올라 다정하게 작별을 고했다. 그런 다음 풍악을 울리며 크게 기뻐하면서 각자 자기가 온 방향, 즉 기독교 군주는 아르드로, 영국 국왕은 긴느로 향했다. 그들은 해가 지기 전에 숙소에 도착했다.

만토바 대사 소아르디노 Soardino**, 편지, 1520년**

1520년 6월 프랑스 북부에서 '기독교 군주' 프랑스 국왕 프랑수와 1세와 잉글랜드 국왕 헨리 8세가 가진 외교 정상 회담은 '황금 천 들판'을 화려한 의상과 보석으로 수놓는 장관을 연출했다. 헨리 8세의 수석 고문인 울시 추기경에게 이 회담은 군주의 지위를 높이고 외교적 성취를 뽐내는 행사였다.

그 웅장한 의식은 젊은 권력자 두 사람 모두가 전파하고 싶었던 야심차고 호사스러운 르네상스 군주라는 자아상을 북돋았다. 행사 중에 두 국왕이 직접 맞붙는 레슬링 시합(프랑수아 1세 승), 궁술, 향연, 마상 창 시합이 열렸고, 6월 24일까지 이어졌다. 이 제전에서 영감을 얻어 이를 기념하는 수많은 기록과 미술품이 탄생했다.

이 외교 회담은 헨리 8세와 프랑수아 1세, 신성 로마 황제 카를 5세 사이에 삼자 우호 관계를 약속한 1518년 런던 조약에 따라 열렸다. 그러나 1520년 말에는 헨리 8세가 카를 5세와 동맹을 맺고 프랑스와 전쟁을 벌였다. 르네상스 군주들이 습관적으로 선언한 영구한 평화는 한때에 불과했다.

이날 일어난 다른 사건들
1329년 스코틀랜드 왕 로버트 1세 사망
1942년 제2차 세계대전: 미드웨이 해전에서 일본 해군 참패
1975년 소니 베타맥스 비디오카세트 녹화기 출시

6월 8일

바이킹의 린디스판 공격, 793년

올해는 노섬브리아 땅에 험악하고 불길한 조짐이 밀려왔다. 회오리바람이 심하게 불고 천둥번개를 동반한 폭풍이 몰아치고 불을 내뿜는 용들이 하늘을 날아다니는 모습이 보였다. 이런 징조가 나타난 후에 극심한 기근이 발생했고, 1월 8일에는 이교도가 쳐들어와 린디스판에서 하느님의 교회를 파괴했다.

《앵글로색슨 연대기》, 793년

더없이 아름다운 이 땅에서 우리와 우리 선조들이 살아온 지 350년 가까이 흘렀지만 지금 우리가 이교도 종족에게 시달리는 것처럼 끔찍한 일이 브리튼에서 일어난 적도 없고, 바다로 그렇게 침투할 수 있으리라고는 생각지도 못했습니다. 보십시오, 성 커스버트 교회에 하느님을 모시는 사제의 피가 튀었고, 장식품을 모두 빼앗겼습니다. 브리튼에서 가장 덕망 있는 장소가 이교도의 먹잇감으로 전락했습니다.

알퀸, 노섬브리아 국왕 에델레드에게 보낸 편지, 793년

나는 비록 그곳에 없지만 주교님이 겪고 있는 끔찍한 고난에 매일 무척 슬픕니다. 이교도들이 하느님의 성소를 모독하고, 성인의 피를 제단 주변에 쏟아붓고, 우리 희망의 집을 파괴하고, 신전에서 성인들의 시신을 길거리에 널린 똥처럼 짓밟을 때 … 수많은 성인을 거느린 성 커스버트가 자신의 교회를 지키지 않는다면 영국의 다른 교회들은 무엇을 장담할 수 있겠습니까?

알퀸, 린디스판 주교에게 보낸 편지, 793년

노섬브리아 출신이지만 유럽 대륙 카롤루스 대제 궁정에서 일했던 학자 알퀸Alcuin은 793년 바이킹 야탈자들이 앵글로색슨족이 지배하는 잉글랜드에서 가장 부유한 수도원 중 하나이자 성 커스버트의 중요한 유물을 모신 린디스판 수도원을 처음으로 습격한 충격을 기록했다. 《앵글로색슨 연대기Anglo-Saxon Chronicle》 역시 비슷하게 격앙된 언어로 습격을 그리면서 이 사건을 그해에 발생한 가장 주목할 만한 사건이라고 설명했다. 하지만 1월은 북해를 건너기 어려운 달이므로 6월을 1월로 잘못 기록한 듯하다.

이날 일어난 다른 사건들
632년 예언자 무함마드 사망
1949년 조지 오웰의 《1984》 출간
1972년 닉 우트Nick Ut가 남베트남에서 네이팜에 화상을 입은 아이 촬영

6월 9일

네로 자살, 서기 68년

수행원들이 그를 위협하는 불명예스러운 일에서 벗어나야 한다고 독촉했지만 그는 자기 몸집에 맞는 무덤을 파놓고 시신 처리에 필요한 물과 장작을 가져오라고 명령했다. 명령한 일이 완수되자 그는 울면서 "이렇게 훌륭한 예술가를 이 세상이 잃는구나!"라고 계속 말했다.

그가 망설이는 사이에 편지가 도착했다. 편지를 잡아채 읽은 네로는 원로원이 자신을 공공의 적으로 선언했고, 그들이 자신을 고대 방식으로 처벌하고자 수색하고 있다는 사실을 알게 됐다. 네로는 고대 방식이 무엇인지 물었다. 죄인을 발가벗겨서 목에 칼을 채우고 죽을 때까지 매를 치는 방식이라는 답을 들은 네로는 죽을 듯한 공포에 질려 단도 두 개를 쥐고 양쪽 칼끝을 겨눠보다가 아직 최후의 시간이 오지 않았다고 애원하며 다시 집어넣었다. 결국 네로를 산 채로 잡아오라는 명령을 받은 기마병들이 도착했다. 기마병이 오는 소리를 들은 네로는 단검으로 목을 찔렀고 보좌관이 이를 거들었다. 숨이 끊어지기 직전에 백인대장이 뛰어 들어와서 도우러 온 척하며 망토를 상처에 갖다 대자 네로는 가까스로 "너무 늦었어!" 그리고 "이게 충성이지!"라고 말했다.

수에토니우스, 《12인의 로마 황제》, 서기 120년경

네로Nero(서기 37년-68년)는 서기 54년 근위병단을 등에 업고 로마 황제가 됐다. 14년 뒤 그가 사망할 무렵 그는 로마 시민은 물론 무거운 과세를 부과한 귀족에게도 크게 명망을 잃은 상태였다. 재위 기간 동안 그는 의붓동생 브리타니쿠스를 독살하고 어머니 아그리피나를 살해했으며 아내 두 명을 죽였다. 두 번째 아내가 임신했을 때 발로 찼다는 얘기도 전한다. 또한 네로는 서기 64년에 발생해 로마 절반을 태운 대화재가 기독교도 탓이라고 선전했으나 그에게 책임이 있다고 보는 견해도 있다.

진짜 네로와 초기 기록에 나타나는 방탕한 과대망상환자를 구분하기란 어려울 것이다. 하지만 근위병단 지휘관이 네로에게 등을 돌려 네로의 경쟁자인 갈바 편에 선 서기 68년에는 확실히 그의 통치에 대한 도전이 정점에 달했다. 네로는 파르티아 전선에서 성공을 거둬 아직 인기가 남아 있었던 동쪽으로 이주를 고려했지만 처형될 위험에 몰리면서 전통적인 로마 방식으로 몰락과 죽음을 받아들이기로 했다.

이날 일어난 다른 사건들
1672년 러시아 차르 표트르 대제 탄생
1815년 빈 회의 종료
1870년 영국 소설가 찰스 디킨스 사망

6월 10일

알렉산드로스 대왕 사망, 기원전 323년

알렉산드로스는 친구들과 함께 저녁식사를 하며 밤이 깊을 때까지 술을 마셨다. 그전에 성공을 거둔 데 감사하며 늘 드리던 제사를 지냈고 예언자들의 조언에 따라 추가 의례도 지냈다. 또한 군대 여러 부대와 분대에 술과 제물로 바친 희생물을 나눠줬다. 일설에 따르면 그가 친구들보다 먼저 술자리를 뜨고 침실로 들어가려 했을 때 메디우스Medius와 마주쳤다고 한다. 당시 알렉산드로스가 가장 믿는 벗이라고 여겼던 메디우스는 자기 자리에서 술을 계속 마시자고 권하며 즐거운 파티가 될 것이라고 덧붙였다고 한다.

왕실 일지에도 알렉산드로스가 1차로 술을 마신 뒤에 메디우스와 함께 술자리를 가졌다고 나온다. 두 번째 술자리를 뜬 알렉산드로스는 목욕을 하고 잠자리에 들었다. 이후 그는 메디우스와 저녁식사를 하고 다시 술을 마시기 시작해서 밤늦은 시간까지 계속 마셨다. 그다음에 다시 한번 목욕을 하고 가볍게 식사를 한 다음에 곧바로 잠자리에 들었는데, 그때 이미 열이 있었다.

이튿날 알렉산드로스는 침대에 누운 채 이동해 일과인 종교 의식을 수행했고, 의식이 끝난 뒤에는 어두워질 때까지 사병 숙소에 누워있었다. 그는 계속해서 부하들에게 명령을 내리면서 육로로 행군할 군인들은 사흘 뒤에 출발하도록 준비하고 그와 함께 해로로 갈 사람들은 그보다 하루 뒤에 출항할 준비를 하라고 일렀다. 그는 자리에 누운 채 유프라테스강으로 이동했고 맞은편 공원으로 건너가 다시 목욕을 하고 휴식했다.

이튿날 그는 방에 누워 메디우스와 담소를 나눴다. 밤새 열이 나서 누워있었다.

이튿날 아침 네아르쿠스Nearchus를 비롯한 부하들에게 이틀 뒤에 출발할 항해에 관해 상세한 지시를 내렸다.

이튿날 그는 당시 목욕을 하고 종교 의례를 마쳤다. 그 후에도 계속해서 열이 났다. 그렇지만 참모들을 불러 또다시 지시를 내렸다. 저녁에 다시 목욕을 한 알렉산드로스는 상태가 심상치 않았고, 이튿날 아침에는 수영장 근처 건물로 옮겼다.

그 이튿날 그는 간신히 기도를 올리는 곳으로 몸을 옮겼고 의례를 마친 뒤에 몸에 힘이 없었지만 계속해서 참모들에게 지시를 내렸다.

다시 하루가 지나갔다. 이제 아주 위중한 상태에 빠졌지만 알렉산드로스는 여전히 종교 의례를 거르려고 하지 않았다. 하지만 이제 그는 고위 장교들에게 궁중에서 기다리고 대대장과 중대장들은 문밖에서 대기하라고 명령했다. 그때 이미 상태가 절망적이었던 그는 궁으로 돌아갔다. 부하들이 방으로 들어왔을 때 알렉산드로스는 그들을 알아보기는 했지만 더는 말을 할 수 없었다. 그때부터 임종하는 순간까지 그는 한마디도 하지 않았다. 그날 밤과 이튿날, 이후 24시간 동안 그는 고열에 시달렸다.

병사들은 간절히 알렉산드로스를 뵙고 싶어 했다. 그가 살아 있는 동안에 한 번이라도 뵙고 싶다는 병사들도 있었고, 그가 이미 죽었다는 소문이 돈 탓에 그의 시신이라도 보고 싶다는 병사들도 있었다. 호위대가 알렉산드로스의 죽음을 은폐하고 있다고 의심했던 듯하다. 그 무엇도 그들이 알렉산드로스를 보지 못하도록 막을 수는 없었다. 거의 모두가 비탄에 빠졌고 왕을 잃는다는 생각에 무기력한 혼란을 느꼈다. 알렉산드로스는 부하들이 줄지어 지나가는 동안 말없이 누워 있으면서도 여전히 고개를 들어 올리려고 애썼고, 그의 눈빛에는 지나가는 부하 한 사람, 한 사람을 알아보는 기색이 비쳤다.

아리아노스Arrian of Nicomedia, 《**알렉산드로스 원정기**ANABASIS》, **서기 140년경**

기원전 323년 6월 10일 마케도니아의 걸출한 '대왕' 알렉산드로스 3세가 인도에서 육로와 해로로 군대를 귀환하는 일정을 짜던 가운데 바빌론에서 사망했다. 그의 사인은 여전히 불확실하다. 술에 독을 탔다고 의심하는 사람도 있지만 자연 요인으로 사망했을 가능성도 있다. 가장 그럴듯한 시나리오는 무심코 섭취한 약초에 중독됐을 가능성이다.

사망한 알렉산드로스의 시신은 이집트 알렉산드리아로 옮겨 매장했다. 휘하 장군들은 서쪽으로는 그리스와 발칸반도부터 동쪽으로는 현재 인도에 이르는 광활한 제국을 나눠 가지고자 기나긴 전쟁을 시작했다. 정복, 제국 건설, 도시 건설에 이르기까지 엄청난 행동력이 요구되는 이 모든 업적을 33세 이전에 이룩한 알렉산드로스는 지금까지도 출중한 영웅으로 남아있다.

이날 일어난 다른 사건들

1692년 매사추세츠 세일럼에서 브리짓 비숍Bridget Bishop이 사술을 행한 죄로 교수형

1793년 프랑스 혁명: 자코뱅이 혁명 독재 정권 수립

1977년 애플이 애플 II 컴퓨터 출시

6월 11일

북극 탐험가의 임종, 1847년

1848년 4월 25일 : 1846년 9월 12일 이후 문제가 있던 영국 해군 소속 군함 '테러호'와 '에레버스호'를 4월 22일 이 지점에서 북북서 방향으로 28킬로미터 떨어진 지점에 버렸다. 장교와 승무원 105명은 F. R. M. 크로지어 대위의 지휘 하에 이곳 북위 69도 37분 42초, 서경 98도 41분 지점에 상륙했다. 존 프랭클린 경은 1847년 6월 11일에 사망했다. 오늘까지 탐험대 중 사망자는 총 장교 9명과 병사 15명이다.

대위 프랜시스 크로지어 Francis Crozier**와 제임스 피츠제임스**James Fitzjames, **메모, 1848년**

영국 탐험가 존 프랭클린John Franklin(1786년-1847년)은 1805년 트라팔가르 해전에 참전했고 이후 10년 동안 반 디멘스 랜드(현 태즈메이니아)를 통치했다. 또한 캐나다와 캐나다 북부 해상 탐험에도 많은 힘을 쏟았다.

1845년 프랭클린은 북극 캐나다를 거쳐 태평양으로 가는 북서 항로를 찾는 탐험대를 이끌었다. 테러호와 에레버스호 및 선원 128명으로 구성된 탐험대 전체가 사라졌다. 프랭클린의 아내와 영국 내 여론이 강하게 압박하는 가운데 선원들을 찾거나 적어도 그들이 어떤 운명에 처했는지 알아내고자 몇 차례에 걸쳐 탐험대가 나섰고, 1850년에는 비치섬에서 일부 잔해를 발견했다. 그 지역에 사는 이누이트족에게 생존자들이 식인을 했다는 이야기도 들었다. 최근 수십 년 동안 발견된 고고학적 증거가 이런 추측을 뒷받침한다.

마침내 1859년 프랜시스 매클린턱Francis McLintock이 킹 윌리엄 섬에서 해군 자격증 테두리에 기록한 위 메모를 발견했고, 그 내용에서 프랭클린이 1847년 6월 11일에 사망했음을 추정할 수 있었다. 또한 1848년 봄에는 살아남은 사람들이 안전한 장소로 걸어가려고 시도했다는 사실도 알 수 있었다. 하지만 그 이상 그들이 운명을 알 수는 없었다.

이날 일어난 다른 사건들
1509년 헨리 8세와 아라곤의 캐서린 결혼
1955년 르망 24시 경주 참사로 84명 사망
2001년 오클라호마 폭탄 테러범 티모시 맥베이Timothy McVeigh 사형 집행

6월 12일

안네 프랑크가 일기를 쓰기 시작, 1942년

지금까지 그 누구에게도 비밀을 털어놓지 못했지만 너에게는 뭐든지 털어놓을 수 있으면 좋겠어. 그리고 네가 나를 많이 위로하고 지지해주면 좋겠어.

안네 프랑크, 일기, 1942년 6월 12일

안네 프랑크Anne Frank는 열세 번째 생일 선물로 받은 일기장에 이런 말을 쓰면서 평범한 학교 생활은 물론 독일이 네덜란드를 점령하면서 자신의 가족과 같은 유대인 가정에 일어난 광범위한 영향까지 모두 기록하기 시작했다. 며칠 뒤 안네는 "나 같은 사람에게 일기를 쓴다는 건 어색한 습관이야. 써 본 적도 없을뿐더러 나중에는 나뿐만 아니라 다른 그 누구도 열세 살짜리 여학생이 쏟아낸 말에 관심을 가지지 않을 것 같아."라고 덧붙였다.

안네가 일기를 쓰기 시작한 지 3주일이 지난 뒤인 1942년 7월 6일, 언니 마르고트가 독일군 친위대의 호출장을 받았고, 안네 가족은 즉시 아버지가 근무하는 회사 사무실에 딸린 은신처로 피신했다. 그들은 이후 25개월 동안 그곳에 머물렀고 안네는 이 갑갑하고 비밀스러운 생활에서 비롯되는 경험과 희망, 두려움을 계속 기록했다. 하지만 1944년 8월 배신당한 안네 가족은 아우슈비츠 수용소로 가게 되고, 그곳에서 안네의 어머니가 사망한다. 안네는 가스실로 가지는 않았지만 베르겐벨젠 강제수용소로 보내졌다. 그곳에서 수용소가 해방되기 몇 주 전인 1945년 3월 언니 마르고트와 함께 티푸스에 걸려 사망했다.

하지만 안네의 일기는 전쟁이 끝난 이후로 새로운 생명을 얻게 되었고, 세계 곳곳에서 수많은 독자들이 열세 살짜리 여학생이 쏟아낸 말에 엄청난 관심을 쏟기에 이르렀다(8월 1일도 참조).

이날 일어난 다른 사건들
1776년 버지니아 권리 선언 채택
1798년 발리나인치에서 영국군이 아일랜드 연합군 격파
1964년 남아프리카 공화국에서 넬슨 만델라에 종신형 선고

6월 13일

미주리강 대폭포 발견, 1805년

나는 엄청나게 웅장한 이 광경을 보려고 서둘러 언덕을 내려갔다. … 폭포에서 강의 폭은 약 275미터다. 80여 미터에서 90여 미터 정도 되는 매끄럽고 평탄한 물길이 최소 24미터에 이르는 깎아지른 절벽 위로 떨어진다. 나머지 180여 미터 정도가 내 오른편에서 내가 지금껏 본 중에서 가장 웅장한 광경을 자아내고 있다. … 울퉁불퉁하고 다소 튀어나온 아래 바위로 떨어진 폭포수는 새하얀 거품으로 부서졌다. 때로는 5미터에서 6미터 높이까지 탄산 거품 줄기처럼 날아오르기도 하고 가끔은 똑같이 휘저어서 거품이 된 거대한 폭포수가 덮쳐 이전 거품을 감추기도 하면서 갖가지 형태를 만들어낸다. 간단히 말해서 바위들이 길이 180여 미터, 수직으로 24미터에 이르는 하얗디 하얀 거품 판을 펼쳐 보이고자 아주 행복하게 박혀있는 듯 보인다. … 이 당당하고 장엄한 광경에 자못 아름다움을 더하는 멋진 무지개가 걸려 있다. 이렇게 미흡한 묘사를 쓴 다음 나는 폭포를 다시 바라보고서는 그 장면을 제대로 전달하지 못하는 이 부족한 설명에 넌더리가 나서 펜으로 죽죽 그어버리고 다시 쓰기 시작했다. … 태초부터 문명인의 시야에서 숨어 있었던 정말이지 장엄하고 엄청나게 웅장한 이 물체를 조금이나마 제대로 세상에 알릴 수 있도록 살바토르 로사의 그림 솜씨나 톰슨의 글 솜씨가 있다면 좋겠다고 생각했다.

메리웨더 루이스, 일기, 1805년

메리웨더 루이스Meriwether Lewis(1774년-1809년)와 윌리엄 클라크William Clark(1770년-1838년)는 토머스 제퍼슨Thomas Jefferson 대통령의 명령으로 대륙을 횡단하는 대탐험을 수행했다.

탐험대는 세인트루이스를 떠나 미주리강을 따라 북서쪽으로 이동하면서 1805년 11월 북태평양 연안의 컬럼비아강 하구에 이를 때까지 계속 나아갔다가 1806년 9월 세인트루이스로 돌아왔다. 탐험대는 지리, 지질, 동식물상을 대단히 상세하게 기록했으며, 6월 13일에는 현재 몬태나주에 속한 미주리강 대폭포를 발견했다.

이날 일어난 다른 사건들
1917년 제1차 세계대전: 독일군의 런던 공습으로 162명 사망
1971년 〈뉴욕 타임스〉가 유출된 펜타곤 문서 게재 시작
1983년 파이어니어 10호 탐사선이 태양계 이탈

6월 14일

네이즈비에서 왕당파 패배, 1645년

전장은 폭이 약 1.6킬로미터였고 우측 가장 바깥쪽에서 좌익까지 땅 전체를 차지했다. 시체들은 약 6.4킬로미터에 걸쳐 널브러져 있었는데 왕의 부하들이 서 있는 언덕 쪽이 가장 두꺼웠다. 죽은 사람이 400명보다 적다고는 생각할 수 없고, 아주 더 많지는 않아도 말 300여 마리는 죽은 것 같다. 우리는 네이즈비와 하버러 사이에서 포로 최소 4,000명과 운반차 300대 가까이를 확보했는데, 그중 12대는 포차였다. 약탈품이 가득 실린 마차가 많았고, 무기와 탄약을 실은 마차도 있었다.

'노샘프턴의 신사', 1645년

1645년 6월 14일 노샘프턴셔에서 벌어진 네이즈비 전투는 잉글랜드 내전 중 왕당파 명분에 큰 타격을 입혔고 왕당파는 이후로도 이 타격에서 헤어나지 못했다.

이 전투는 수도 옥스퍼드를 둘러싼 의회 포위망을 풀고 레스터를 차지함으로써 이스트 미들랜드에서 의회 지배를 무너뜨리려고 했던 국왕 찰스 1세 계략의 결과로 일어났다. 며칠 전 낙관적이었던 찰스 1세는 "이 반란이 일어난 이후로 상황이 이만큼 희망적이었던 적은 없었다."라고 썼다. 이런 자신감에서 찰스 1세는 수적으로 무척 열세였음에도 전투를 개시했다. 국왕 기병대 사령관 루퍼트 경Prince Rupert이 중대한 순간에 부대가 무질서하게 전장을 비우도록 방치하는 심각한 실수를 저지르는 바람에 왕당파 군대는 포위당했다. 1,000명이 넘게 사망하고 5,000명이 포로로 붙잡혔다.

찰스 1세는 운반차와 대포 대부분을 잃었고 이후로 다시는 비슷한 규모와 능력을 갖춘 군대를 양성할 수 없었다. 반면 토머스 페어팩스 경Sir Thomas Fairfax과 올리버 크롬웰이 이끄는 의회파 '신모범군'이 채택한 환경 개혁과 전술은 성과를 거둔 듯했다.

이날 일어난 다른 사건들

1940년 제2차 세계대전: 아우슈비츠 강제 수용소에 수감자가 처음으로 도착
1940년 제2차 세계대전: 독일군이 파리 점령
1982년 아르헨티나군의 항복으로 포클랜드 전쟁 종결

6월 15일

리처드 2세가 농민 반란 진압, 1381년

왕은 아직까지 런던에 있는 모든 농민은 스미스필드로 와서 그를 만나야 한다고 선포했다. …

    왕은 런던 시장에게 명해 농민 반란 우두머리가 그에게 오도록 했다. 메이드스톤의 와트 타일러는 조랑말을 타고 자신만만하게 왕에게 다가갔다. 그러고는 손에 단검을 들고 말에서 내렸다. 말에서 내린 그는 무릎을 반쯤 굽힌 다음 왕의 손을 잡고 힘차고 거칠게 흔들면서 "형제님, 평안하고 즐겁게 지내십시오. 앞으로 보름이 지나면 평민들에게 지금보다 더 많은 칭송을 받을 것이며, 우리는 좋은 동반자가 될 것입니다."라고 말했다. 그러자 왕이 월터에게 "왜 시골로 돌아가지 않는 것이오?"라고 물었다. 월터는 굳게 다짐하며 그는 물론 그의 동료들도 원하는 증서를 손에 넣지 않는 한 떠나지 않을 것이라고 대답했다. 그러면서 그는 더는 잉글랜드에 농노[자유가 없는 소작인], 농노 신분이나 농노제가 없어야 하며, 모든 사람은 자유롭고 같은 조건을 누려야 한다고 요구했다.

    이에 왕은 선뜻 대답하면서 자기가 온당하게 들어줄 수 있는 모든 요구를 들어주고 자신은 왕권만 보유하겠다고 말했다. 그러면서 더는 지체하지 말고 집으로 돌아가라고 명령했다.

    이내 와트 타일러가 왕이 지켜보는 가운데 입을 헹구고 싶으니 물을 달라고 청했고, 물을 가져오자 왕의 면전에서 아주 무례하고 역겹게 입을 헹궜다. 그런 다음 맥주를 가져오라고 해서 죽 들이키더니 왕이 보는 앞에서 말에 다시 올라탔다. 이때 왕을 수행하던 시종이 와트를 보고서 큰 소리로 저 월터라는 사람이 켄트에서 가장 유명한 도둑이자 강도라고 말했다. 이 말을 들은 와트는 단검으로 시종을 공격하려고 했고 왕 앞에서 그를 죽이려고 했다.

    그러나 폭력 행위를 본 런던 시장 윌리엄 월워스William Walworth가 와트를 체포했다. 와트는 몹시 노해서 단검으로 시장의 배를 찔렀다. 하지만 시장은 갑옷을 입고 있어서 아무런 부상을 입지 않았고, 오히려 자기 단검을 뽑아 와트의 목을 깊게 벤 다음 머리까지 크게 베었다. 이렇게 난투극이 벌어지는 가운데 왕실 사람이 칼을 뽑아 와트의 몸을 두세 차례 찔렀다. 와트가 쓰러지는 모습을 본 농민들은 활시위를 당겨 화살을 쏘기 시작했고, 무슨 이유인지 왕이 직접 말에 박차를 가해 그들에게 달려가더니 클러큰웰 들판으로 오라고 명령했다.

    시장은 와트의 머리를 장대에 꽂아 들고 왕 앞에 나섰다. 이를 본 왕은 농민들이 당황하도록 머리를 가까이 가져오라고 명했고, 시장이 한 행동을 크게 치하했다. 우두머리인 와트 타일러가 그렇게 죽은 것을 본 농민들은 두들겨 맞은 사람처럼 밀밭에 납작하게 엎드려 잘못을 용서해달라고 왕에게 애원했다. 왕은 인자하게 자비를 베풀었고, 농민들은 대부분 도망쳤다. 왕은 기사 두 명에게 켄트 농민들을 해치지 말고 그들이 런던 다리를 건너 런던을 빠져나가서 각자 집으로 돌아갈 수 있도록 통솔하라고 명령했다.

그 후로 왕은 각지로 전령들을 보내 악한들을 붙잡아 죽이도록 했다. 런던에서 많은 사람이 붙잡혀 교수형에 처해졌다. 런던 주변을 비롯해 남부 시골 도시와 마을에서도 교수대를 많이 세웠다.

작자 미상 연대기, 1301년

농민 반란은 인두세를 시행하려는 당시 정부의 시도에 자극을 받아 남동부 잉글랜드에서 발생한 폭력 봉기였다. 인두세란 한 사람당 고정 금액을 부과하는 세금 형태로 빈민을 차별하는 세제였다. 반란은 에섹스에서 시작했지만 금세 번져나갔고, 런던으로 모여들면서 반란군 요구의 종류 및 개수도 급속하게 늘어났다.

켄트주 출신인 와트 타일러Wat Tyler와 급진적인 성직자 존 볼John Ball이 이끈 농민 봉기는 며칠 동안 수도를 뒤흔들었다. 반란군은 런던탑을 점령하고 세금 기록을 파기했다. 그런데도 14세였던 국왕 리처드 2세는 6월 14일 마일엔드에서 반란군을 만나 요구를 들어주기로 약속했다. 하지만 반란군은 캔터베리 대주교와 왕실 재무장관을 죽였다. 이튿날 두 번째 회의를 하는 도중 타일러는 대치하다가 살해당했고, 농민들은 해산했으며 그들의 요구는 하나도 들어주지 않았다. 존 볼은 교수형에 처해진 다음 거열형을 당했다.

앵글로 노르만 프랑스어로 작성한 14세기 작자 미상 연대기에 실린 이 기록은 직접 목격한 사람의 진술로 간주할 수 있을 만큼 자세한 수준이다.

이날 일어난 다른 사건들
1215년 마그나 카르타로 영국 왕권 제한
1919년 존 앨콕John Alcock과 아서 브라운Arthur Brown이 세계 최초로 무착륙 대서양 횡단 비행에 성공
1996년 아일랜드 공화국군 폭탄 테러로 맨체스터 중심부 파괴

6월 16일
에이브러햄 링컨 상원 도전, 1858년

"내분하는 집안은 오래갈 수 없습니다."* 저는 이 정부가 절반은 노예이고 절반은 자유민인 상태로 영원히 존속할 수 없다고 믿습니다. 나는 연방이 해체할 것이라고 기대하지 않고, 집안이 무너질 것이라고 기대하지 않습니다. 하지만 연방이 분열을 끝낼 것이라 기대합니다. 어느 쪽이든 우리는 모두 하나가 될 것입니다.

　노예제 반대자가 노예제 확산을 막고 노예제가 완전히 사라지는 중이라고 믿는 여론을 만들어내든가, 노예제 옹호자가 새로운 주와 오래된 주, 남부와 북부 모든 주에서 전부 합법이 될 때까지 밀어붙이든가 둘 중 하나가 될 것입니다.

에이브러햄 링컨, 연설, 1858년 6월 16일
마태복음 12장 25절

에이브러햄 링컨이 일리노이주 상원 의원 후보로 지명받았을 때 한 연설은 그의 경력을 통틀어 가장 유명한 연설 중 하나로 자리 잡았지만 당시 그는 의석을 차지하지 못했다. 이 연설에서 링컨은 새로운 주들이 연방에 가입하는 가운데 노예제 및 노예제가 연방의 미래에 미치는 함의를 선거 운동의 핵심 쟁점으로 삼았다. 노예제는 경쟁 상대였던 민주당 후보 스티븐 더글러스Stephen A. Douglas와 일곱 차례에 걸쳐 벌인 논쟁의 핵심이기도 했다.

　이 논쟁이 엄청난 관심을 모으면서 링컨은 전국적인 유명인사가 됐고, 1860년에는 공화당 대통령 후보 경선에서 쉽게 승리를 거뒀다. 이번 선거 역시 노예제와 주의 권리 쟁점이 토론을 지배했고, 링컨이 결국 승리를 거두면서 반대파는 노예를 소유한 남부의 분리 독립과 남북 전쟁 개시를 서두르게 됐다

이날 일어난 다른 사건들
1904년 제임스 조이스James Joyce가 쓴 《율리시스Ulysses》의 시간적 배경이 된 날
1963년 발렌티나 테렌시코바Valentina Tereshkova가 여성 최초로 우주비행
1976년 남아프리카 공화국에서 소웨토 항쟁 개시

6월 17일

프랜시스 드레이크, 노바 앨비언 차지, 1579년

우리 장군은 시골로 이동했고 그곳에서 1,000마리에 이르는 사슴 떼를 발견했다. 그 지역 전체가 특이한 종류의 토끼가 무리를 지어 사는 곳이었다. 몸통은 바르바리Barbary, 이집트를 제외한 북아프리카를 이르는 옛 지명-옮긴이 토끼만큼 크고, 머리는 사람 머리만 했으며, 발은 두더지 같고, 꼬리는 들쥐처럼 엄청 길었다. 턱 아래 양쪽에는 주머니가 있어서 배가 가득 차면 그곳에 먹이를 저장했다. 그곳 사람들은 그 동물의 고기를 먹고 가죽을 귀하게 여겼다. 그 가죽으로 왕의 외투를 만들었기 때문이다. 우리 장군은 이 지역에 노바 앨비언이라는 이름을 붙였다. 그 이유는 두 가지였다. 첫 번째는 바다 쪽으로 난 하얀 비탈과 절벽 때문이었고, 두 번째는 우리 조국과 다소 비슷했기 때문이었다. 이곳 땅 중에 금이나 은이 나올 가능성이 없는 곳은 없었다.

우리 장군은 우리가 그곳에 다녀간 사실과 여왕 폐하의 권리와 칭호를 새긴 기념비를 세웠다. 크고 튼튼한 기둥에 명패를 못으로 고정하고, 여왕 폐하의 존함, 우리가 그곳에 도착한 날짜와 함께 그곳 땅과 백성을 자유의사로 여왕 폐하에게 넘긴다는 의사를 새겼다. 명패 아래에는 여왕 폐하의 초상화와 무기, 현재 잉글랜드에서 쓰는 6펜스 화폐를 놓았으며, 우리 장군의 이름도 적었다.

프랜시스 프리티,
《프랜시스 드레이크 경의 유명한 세계 일주SIR FRANCIS DRAKE'S FAMOUS VOYAGE ROUND THE WORLD》,
1580년

잉글랜드 탐험가 프랜시스 드레이크Francis Drake의 세계 일주 항해(1577년-1580년)를 기록한 선원 프랜시스 프리티Francis Pretty는 1579년 6월에 방문한 노바 앨비언을 상세하게 묘사했다. 노바 앨비언의 위치가 정확히 어디인지는 캘리포니아주 북부라는 의견부터 더 북쪽인 오리건주라는 의견까지 오랫동안 논란이 분분했다. 1936년 샌프란시스코 북부에서 1579년 6월 17일이라는 날짜가 새겨진 명판이 발견되면서 프리티가 묘사한 명판이라는 주장이 제기됐으나, 2003년 가짜로 밝혀졌다. 그렇지만 오늘날 캘리포니아주는 샌프란시스코 북서쪽으로 몇 킬로미터 떨어진 국립공원의 일부를 '드레이크스만'으로 정해 드레이크가 상륙한 곳으로 홍보하고 있다.

이날 일어난 다른 사건들

1775년 미국 독립 전쟁: 벙커 힐에서 영국군이 많은 대가를 치르고 승리
1885년 자유의 여신상이 프랑스에서 뉴욕 항구에 도착
1940년 제2차 세계대전: 프랑스 생나제르 연안에서 영국 여객선 랭카스트리아호 침몰로 4,000명 사망

6월 18일

워틀루 전투, 1815년

오후 4시경 우리 앞에 있던 적군 포병대가 갑자기 사격을 중지했고, 대규모 기병대가 전진하는 모습이 보였다. 그 자리에 살아남아 있던 사람들은 죽어서도 그 돌격대의 무서운 위용을 잊을 수 없을 것이다. 햇빛을 받은 격렬한 파도가 반짝이듯이 다가오는 기나긴 행렬이 저 멀리서 압도하듯 다가왔다. 그들이 가까이 다가오는 동안 우레같이 울리는 기병대 말발굽 아래서 땅이 울리는 듯했다. 이 무시무시한 움직이는 군단의 충격에 아무도 저항할 수 없을 것만 같았다. 그들은 유명한 흉갑기병으로 거의 모두가 온갖 유럽 전장에서 두각을 드러낸 노련한 군인들이었다. 믿기 어려울 만큼 짧은 시간에 그들은 18미터 안으로 다가와 "황제 만세!"라고 외쳤다. "기병을 맞을 준비를 하라."라는 명령이 내려왔고 선두에 선 모든 병사들이 무릎을 꿇고 강철 방어벽을 단단히 쥔 채 포악한 흉갑기병 부대에 맞섰다.

그로노 대위, 《회상록 REMINISCENCES AND RECOLLECTIONS》, 1862년~1866년

21세의 근위 보병 연대 소속 대위 그로노 J. H. Gronow는 브뤼셀 근처에서 온종일 이어진 워털루 전투 중 한 순간을 기록했다. 1815년 6월 18일 결국 영국군과 프로이센이 승리하면서 마침내 나폴레옹이 부활한 후, 1815년 3월 유배지 엘바섬을 탈출해서 프랑스로 돌아와 유럽을 다시 한번 위협한 이른바 '백일천하'가 끝났다. 하지만 평소 동요가 없기로 유명한 연합군 사령관 웰링턴 공작 Duke of Wellington은 친구 토머스 크리베이 Thomas Creevey에게 "정말이지 만만찮은 전투였네. … 블뤼허와 나는 부하 3만 명을 잃었어. 대접전이었지. 살면서 본 중에 가장 아슬아슬한 승리였어. … 맙소사! 내가 그 자리에 없었다면 이길 수 없을 걸세."라고 말했다. 웰링턴 공작은 프로이센 육군 원수 폰 블뤼허 von Blücher 군대가 도착한 덕분에 승리할 수 있었다. 프로이센군은 이틀 전 리그니 전투에서 나폴레옹에 패한 데다가 그 이후 고된 행군으로 지쳐있었으나 워털루 전투에 합류해 결정적인 도움을 줬다.

워털루 전투에서 패하면서 나폴레옹은 결정적으로 좌절했다(7월 15일 참조).

이날 일어난 다른 사건들

1812년 미국이 영국에 선전 포고
1940년 제2차 세계대전: 윈스턴 처칠이 '가장 좋은 시절' 연설
1940년 제2차 세계대전: 드골 장군이 런던에서 방송으로 프랑스 국민에게 독일 점령에 맞설 것을 호소

6월 19일

런던광역경찰청 창설, 1829년

1. 군대의 폭압 및 가혹한 법적 처벌이 이루어지지 않도록 범죄와 무질서를 예방한다.
2. 경찰 기능 및 임무 수행에 필요한 힘은 경찰 존재와 행동 및 행위에 대한 시민의 승인과 시민의 존중을 확보하고 유지하는 능력에 달려 있다는 사실을 항상 명심한다.
3. 시민의 존중과 승인을 확보하고 유지한다는 말은 법률 준수를 확보하는 임무를 수행할 때 시민의 자발적인 협력을 확보한다는 의미이기도 하다는 사실을 항상 명심한다.
4. 시민의 협력을 확보하는 정도에 비례해 경찰 목적을 달성하기 위한 물리력과 강제력 사용 필요성이 줄어든다는 사실을 항상 명심한다.
5. 여론에 영합하기보다는 결코 치우치지 않는 법 집행을 꾸준히 보여줌으로써 시민에게 호평을 구하고 유지한다. …
6. 경찰이 곧 시민이고 시민이 곧 경찰이라는 역사적 전통을 실현하는 경찰-시민 관계를 항상 유지한다. …

리처드 메인 경 Sir Richard Mayne, **공동광역경찰청장, 1829년 7월**

1829년 6월 19일 잉글랜드 최초의 근대 경찰인 광역경찰청을 창설하는 의회 법령이 통과됐다. 그때까지 법과 치안을 담당했던 여러 지역 및 아마추어 경찰 지구대를 새롭게 뽑은 경찰 인력 3,000명으로 대체했다. 광역경찰청을 제시한 사람은 내무부 장관 로버트 필 경이었다. 그는 현재 전 세계 경찰에 영향을 미치는 '필의 원칙' 기준을 이루는 여러 '강력한 예방 치안' 원칙을 제안했다. 초대 경찰청장들이 이 내용을 '경찰관 일반 주의사항'에 명확히 반영했다.

이날 일어난 다른 사건들
1953년 뉴욕주에서 스파이 줄리어스 로젠버그와 에설 로젠버그 부부 처형
1964년 미국 상원이 민권법 승인
1970년 에드워드 히스가 이끄는 보수당이 영국 총선 승리

6월 20일

빅토리아 여왕 즉위, 1837년

엄마가 아침 6시에 나를 깨우더니 캔터베리 주교와 커닝햄 경Lord Conyngham이 찾아와서 나를 만나고 싶어 한다고 말했다. 나는 침대에서 나와 실내복만 입은 채 거실로 갔고 혼자서 그들을 만났다. 그때 커닝햄 경(궁내부 장관)이 내 숙부이신 국왕께서 더는 이 세상에 존재하지 않으시고 오늘 새벽 2시 12분에 임종하셨으며 그에 따라 내가 여왕이 됐다고 알렸다. 커닝햄 경은 무릎을 꿇고 내 손에 입을 맞추는 동시에 선대왕의 붕어를 전했다. … 그 후 나는 내 방으로 가서 옷을 갈아입었다.

신의 섭리에 따라 내가 이 자리에 앉게 됐으므로 나는 내 조국에 대한 의무를 다하고자 최선을 다할 것이다. 나는 무척 어리고 전부는 아니더라도 많은 부분에서 경험이 부족하겠지만 그 누구보다도 적절하고 올바른 일을 하려는 진정한 선의와 진실한 갈망을 지니고 있다고 확신한다.

… 9시에 멜버른 경[총리]이 찾아왔다. 앞으로 모든 장관들을 만날 때 그러해야 하듯이 당연히 혼자 내 방에서 그를 만났다. 그가 내 손에 입을 맞춘 다음 나는 그를 비롯한 현 내각이 그대로 국정을 맡아 주기를 오랫동안 바랐으며 그보다 더 적임은 있을 수 없다고 전했다. … 그는 의관을 갖추고 있었다. 나는 그를 무척 좋아하고 신뢰한다. 그는 아주 올곧고 정직하며 똑똑하고 좋은 사람이다. … 11시 30분경 나는 아래층으로 내려가 붉은 회의실에서 의회를 열었다.

빅토리아 여왕, 일기, 1837년

18세였던 빅토리아 공주는 숙부인 윌리엄 4세(1765년-1837년)가 사망한 뒤 그 뒤를 이어 왕위에 올랐다.

빅토리아는 간섭이 심한 미망인 어머니 작센코부르크잘펠트 공녀 빅토리아의 손에서 은신하듯이 자랐다. 어머니 빅토리아 공녀는 윌리엄 4세의 남동생 켄트와 스트래선 공작 에드워드 왕자(1767년-1820년)와 재혼했다. 어린 여왕이 '혼자'라는 말을 자주 언급한 데서 어머니의 영향에서 벗어나 자유를 얻고자 새로 얻은 지위를 어떻게 사용했을지 엿볼 수 있다. 통치 초기에 멜버른 경과 가깝게 지낸 탓에 정적들로부터 악평을 모으기도 했다.

이날 일어난 다른 사건들

1863년 웨스트버지니아가 미국의 35번째 주로 편입

1944년 제2차 세계대전: 미국 제5함대가 필리핀해 해전에서 일본군 격파

1975년 스티븐 스필버그Steven Spielberg 감독의 영화 〈죠스Jaws〉 미국에서 개봉

6월 21일

캘커타 블랙홀, 1756년

친구여, 가능하다면 끊임없는 피로와 전투에 지친 불쌍한 사람 146명이 벵골의 후텁지근한 밤에 가로 세로 5.5미터인 방에 밤새 빽빽하게 갇힌 상황을 상상해 보게. 동쪽과 남쪽(공기가 들어올 수 있는 방향)은 창문 없는 벽으로 막혀 있고, 북쪽 벽의 문은 닫혀 있었지. 서쪽 벽에 있는 창문 두 개는 열려 있었지만 쇠창살로 가로막혀서 신선한 공기가 충분히 들어오지 않았네.

고개를 돌려 방의 크기와 상황을 본 순간 앞으로 일어날 일이 생생하고 끔찍하게 떠올랐다네.

아침 6시 15분경 불쌍한 146명 중 블랙홀 밖으로 살아 나온 사람은 23명을 넘지 않았지. 하지만 그들 역시 다음 날 아침을 맞을 수 있을지 무척 의심스러운 상태였네. 병사들은 방에서 시체들을 끌어내서 만들다 만 반월형 보루[토루]의 배수로에 아무렇게나 던지더니 나중에 흙으로 덮더군.

존 제퍼나이아 홀웰John Zephaniah Holwell, 《진짜 이야기A GENUINE NARRATIVE》, 1758년

동인도회사 직원이 쓴 이 유일한 목격자 진술은 캘커타 윌리엄 요새의 비좁은 감옥에 물도 주지 않고 공기도 희박한 상황에서 하룻밤 동안 갇혀 있었던 영국인 및 영국계 인도인 포로들의 운명을 그렸다. 동인도회사가 이권을 보호하고자(특히 프랑스로부터) 캘커타 방비를 강화하기 시작했을 때 캘커타를 점령한 벵골 통치자 시라지 우드 다울라Siraj ud-Daula의 심기를 건드리면서 갈등이 일어났다. '캘커타 블랙홀'이 얼마나 잔혹했는지 떠드는 소문이 금세 대영제국에 퍼졌다. 하지만 특히 희생자 수와 관련해 그 설명이 얼마나 정확한지는 의문이다.

1757년 로버트 클라이브Robert Clive는 플라시 전투에서 승리를 거둬 시라지 우드 다울라의 통치를 끝내면서 보복했다. 이후로 영국은 꼭두각시 지배자를 내세워 190년 동안 인도를 통치했다.

이날 일어난 다른 사건들

1798년 비니거 힐 전투에서 아일랜드 연합 반란군 패배
1945년 제2차 세계대전: 미군 오키나와 함락
1964년 미시시피주에서 큐클럭스클랜Ku Klux Klan이 인권운동가 세 명을 살해

6월 22일
콩피에뉴에서 프랑스 항복, 1940년

중앙에는 거대한 화강암 덩어리가 있다. 히틀러가 천천히 그 위로 올라가 밟고 서서는 그 받침에 크고 깊게 새긴 글자를 읽는다.

1918년 11월 11일 독일 제국의 터무니없는 자부심은 굴복했다. … 독일 제국이 노예로 만들려고 했던 자유인들이 격파했다.

히틀러가 읽고 괴링이 읽는다. 6월의 태양 아래 조용히 서서 모두가 그 글귀를 읽는다. 나는 히틀러의 얼굴에서 표정을 찾는다. … 나는 히틀러 생애 최고의 순간에 여러 차례 그 얼굴을 봤다. 하지만 오늘! 그 얼굴은 경멸, 분노, 증오, 복수심, 승리로 타오른다. 그는 기념물에서 내려서며 이 몸짓마저도 경멸을 표현하는 업적으로 삼으려 한다. 그는 기념물을 업신여기고 분노하며 흘끗 돌아본다. 마치 자신의 고급 프로이센 부츠가 한 번 스친 정도로는 그 끔찍하고 짜증스러운 글자를 지울 수 없어서 화난 듯 보인다. … 그는 재빨리 손을 엉덩이에 대고 어깨를 구부리고 양발을 넓게 벌린다. 이는 22년 전 독일 제국의 초라함이 드러난 이 장소에 대한 반항과 타오르는 경멸을 드러내는 당당한 몸짓이다.

… 프랑스 측은 아직 나타나지 않았다. … 오후 3시 30분 정각 그들이 차에서 내린다. … 엄숙하고 일그러진 얼굴이다. 비장한 위엄을 보여주는 모습이다. …

프랑스 측이 도착한 지 12분이 지난 오후 3시 42분 히틀러가 일어나 뻣뻣하게 경례하고 객실에서 걸어 나오는 모습이 보인다. … 독일 군악대가 국가 〈독일, 무엇보다도 독일〉과 〈호르스트 베셀의 노래〉 두 곡을 연주한다. 히틀러가 유성과 같은 인생에서 새로운 정점에 이르고 1918년 패배를 앙갚음한 의식은 15분 만에 모두 끝난다.

윌리엄 샤이러 William Shirer, 《**베를린 일기**BERLIN DIARY》, **1941년**

1940년 6월 프랑스가 독일에 항복한 절차는 1918년 휴전 협정을 체결한 콩피에뉴 열차 객차 복제품 안에서 열렸다. 1940년 항복 조건에 따라 프랑스 상당 부분이 점령당했고, 나머지는 전 프랑스 군사 영웅인 페탱 원수가 이끄는 부역자 비시 정권이 지배했다.

이날 일어난 다른 사건들
1633년 바티칸이 갈릴레오에게 태양중심설을 철회하도록 강요
1941년 제2차 세계대전: 독일이 소련 침공 시작
1948년 엠파이어윈드러시호가 최초로 서인도 이민자를 영국으로 이송

6월 23일

올림픽 대회 재개, 1894년

1894년 이곳 파리에서 우리는 국제 운동 경기 대표를 모을 수 있었고, 그들은 아직도 인류의 심장을 빨리 뛰게 하는 2,000년 묵은 발상을 복원하는 데 만장일치로 찬성했습니다. 그리고 저녁에는 고대 그리스 올림픽 정신이 부활한다는 뉴스가 전해졌습니다.

그리스의 유산은 너무나 광대해서 온갖 다양한 측면 중 하나로 신체 활동을 구상한 사람이라면 누구나 그리스를 참조할 수 있었습니다. 나라를 지키는 훈련 수단으로 여기는 사람도 있고 몸과 마음이 바람직한 균형을 이뤄 신체적 아름다움과 건강을 추구하는 수단으로 여기는 사람도 있습니다. 또한 그 어느 때보다도 신체 운동을 할 때 강렬하고 격렬한 피에 건전하게 취해 있는 사람도 있습니다.

올림피아에서는 이 모두를 찾아볼 수 있었지만 그와 더불어 누구도 감히 입에 담지 못했던 생각이 있었습니다. 중세 이래로 몸의 가치를 불신하는 분위기가 감돌았고 몸의 가치와 정신의 가치를 별개로 봤기 때문입니다. 최근에는 몸이 정신을 뒷받침한다는 사실은 인정받고 있지만 여전히 몸을 노예로 취급하면서 매일 같이 의존성과 열등감을 느끼도록 합니다. 이는 그 결과를 헤아리기 어려운 실수입니다. 몸과 영혼만이 인간을 이루는 요소가 아닙니다. 몸과 마음, 성격, 이 세 가지가 인간을 이룹니다. 성격은 마음이 아니라 주로 몸이 형성합니다. 고대 사람들은 이 사실을 알고 있었고, 지금 우리는 이 사실을 힘겹게 다시 배우고 있습니다. 구닥다리를 고수하는 사람들은 우리를 보면서 한숨을 내쉴 것입니다. 그들은 우리가 반역자이며 우리가 끝내 그들의 낡아빠진 철학 체계를 무너뜨릴 것이라는 사실을 깨달았습니다.

피에르 드 쿠베르탱, 소르본대학교 연설, 1894년

프랑스 귀족 쿠베르탱Pierre de Coubertin 남작(1863년-1937년)은 고전적 교육 전통 쇄신에 관심이 많았다. 고대 그리스에 매료된 쿠베르탱은 기원전 8세기부터 서기 4세기 사이에 그리스 국가들 사이에서 흥했던 올림픽 대회를 되살리기에 이르렀다. 1893년 국제올림픽위원회International Olympic Committee를 설립한 쿠베르탱은 1896년 최초의 근대 올림픽 개최를 준비했으며 첫 개최지는 당연하게도 아테네였다.

이날 일어난 다른 사건들
1757년 영국 동인도회사가 플라시에서 벵골군과 프랑스군 격파
1812년 나폴레옹이 러시아 침공 착수
1985년 대서양 상공에서 폭발물 테러로 에어인디아 비행기에 타고 있던 329명 사망

6월 24일

배넉번 전투, 1314년

스코틀랜드군은 싸우기로 결심했고, 동이 트자 보병 사단 3개가 숲에서 빠져나왔다. 그들은 과감하게 밤새 무장하고 말에 재갈을 물려 놓은 잉글랜드군을 향해 진로를 정했다. 잉글랜드군은 보병 전투에 익숙하지 않았으므로 서둘러 말에 올랐다. 반면에 스코틀랜드군은 코르트레이크에서 보병 전투로 싸워 프랑스군을 물리친 플랑드르군에게서 교훈을 얻었다. 앞서 언급한 스코틀랜드군은 실트론[파이크 대형]으로 접근해 잉글랜드군 종대를 공격했다. 밀집해 있던 잉글랜드군 말들이 파이크에 찔렸다. 잉글랜드 후방 부대는 서로 부딪쳐 굴러 떨어지면서 배넉번 배수로까지 후퇴했다.

말이 파이크에 찔려 혼란에 빠진 잉글랜드군 편대는 달아나기 시작했다. 왕[에드워드 2세]을 수행하던 군사들은 고삐를 당겨 왕을 성 쪽 들판으로 이끌었다. 보병 전투 중이던 스코틀랜드 기사들이 잉글랜드 왕 군마의 안장 방석을 붙잡아 멈췄다. 잉글랜드 왕이 철퇴를 맹렬하게 휘두르는 바람에 전부 피해서 아무도 건드리지 않았고 그는 땅에 떨어지지 않았다.

왕의 고삐를 쥔 사람들이 그를 앞으로 당길 때 자일스 데 아젠틴Giles de Argentin이라는 자가 "전하, 이제 전하의 고삐는 제가 맡았습니다. 전하는 이제 안전하십니다. 전하의 사람이 안전하게 있을 수 있는 성이 있습니다. 저는 도망치는 데 익숙하지 않고 지금 도망치지도 않을 것입니다. 전하께 신의 가호가 있기를!"라고 말했다. 그는 말에 박차를 가해 싸움터로 돌아갔고 그곳에서 전사했다.

토머스 그레이 경, 《스칼라크로니카SCALACRONICA》, 1362년

에드워드 2세가 이끄는 잉글랜드군이 스코틀랜드왕 로버트 브루스가 이끄는 훨씬 열세의 군대에 참패했다는 토머스 그레이Thomas Gray의 설명은 그와 이름이 같은 아버지의 업적을 쓴 책에 나온다.

양군은 잉글랜드 요새인 스털링 남쪽에서 만났다. 이미 에든버러를 차지한 스코틀랜드군은 스털링을 포위하고 있었고 전투는 이틀간 이어졌다. 에드워드 1세 치하에서 확보했던 스코틀랜드에 대한 잉글랜드의 지배는 이제 뒤집혔다. 1320년 교황은 스코틀랜드의 아브로스 선언을 받아들였다. 이 선언으로 로버트 브루스(1306년-1329년 재위)는 교황과 화해했을 뿐만 아니라 스코틀랜드 독립도 확고히 다졌다.

이날 일어난 다른 사건들
1497년 존 캐벗John Cabot이 뉴펀들랜드에 상륙
1509년 헨리 8세가 잉글랜드 국왕으로 즉위
1901년 파블로 피카소가 처음으로 파리에서 작품 전시

6월 25일

커스터의 마지막 보루, 1876년

수족은 언덕 위 병사들이 뒤에서 공격할 것이라고 생각했다. 하지만 실제로 그들이 공격하지 않자 수족은 언덕 위 병사들의 탄창이 떨어졌다고 생각했다. … 수족이 모두 병사들이 있는 언덕을 지켜보고 있던 와중에 수족 전사 한 명이 와서 걷는 병사[보병] 다수가 가까이 다가오고 있다고 말했다. 다가오는 걷는 병사들은 언덕 위 병사들을 도울 원군이었다. 수족은 걷는 병사들을 두려워해서 싸울 수 없으므로 서둘러 떠났다.

병사들은 성오 무렵 수족 신영에 돌격했다. 병사들은 나뉘었고, 한 부대가 수족 진영으로 곧바로 돌진했다. 수족은 이 병사들을 강 건너로 몰아간 다음 아래쪽에 있는 다른 병사들[커스터 부대]을 공격해서 혼란에 빠뜨렸다. 이 병사들은 어리석어졌고 많은 이가 총을 버리고 손을 들면서 "수족, 우리를 불쌍히 여겨 포로로 잡으시오."라고 말했다. 수족은 단 한 명도 포로로 잡지 않고 전부 죽였다. 그 누구도, 단 몇 분도 살려두지 않았다. 다른 병사들이 총을 쏘았지만 많이 쏘지는 않았다. 나는 죽은 병사 두 명에게 총 한 자루와 탄띠 두 개를 빼앗았다. 탄띠 중 하나는 탄창 두 개가 없었고, 다른 하나는 다섯 개가 없었다.

수족은 죽은 병사들에게서 총과 탄창을 빼앗아 병사들이 있었던 언덕으로 간 다음, 언덕을 둘러싸고 죽은 병사들의 총과 탄창으로 언덕 위 병사들과 싸웠다. 병사들이 나뉘지 않았더라면 수족을 많이 죽였을 것이라고 생각한다. 수족이 죽인 다른 병사들[커스터 부대]은 다섯 차례에 걸쳐 용감히 저항했다. 수족은 일단 다른 병사들 가운데로 돌진해 그들을 모두 흩어지게 한 다음 병사들 사이에서 육박전을 벌였다.

라코타족 추장 레드 호스Red Horse, 그림문자와 문자로 기록, 1881년

수족 전쟁으로 알려진 인디언 전쟁 중에 1876년 6월 25일, 26일 이틀 동안 몬태나 동부에서 리틀 빅혼 전투가 벌어졌다. 라코타족, 북 샤이엔족, 아라파호족으로 이뤄진 아메리카 원주민 연합이 조지 커스터Geroge Custer 중령이 이끄는 미국 제7기병연대와 싸웠다. 그 결과 미국 기병이 대패했다. 전체 병력 절반 이상이 사망했고, 커스터가 이끈 전투 구역에서 싸운 병력은 지휘관을 포함해 전멸했다. 하지만 1877년 인디언 전쟁은 예상한 대로 아메리카 원주민이 미국 정부에 항복하면서 끝났다.

이날 일어난 다른 사건들
1788년 버지니아가 미국의 10번째 주로 편입
1950년 한국 전쟁 발발
2009년 가수 마이클 잭슨 사망

6월 26일
베를린에서 보여준 케네디의 저항, 1963년

2,000년 전 가장 위풍당당한 자랑은 "시비스 로마누스 숨"(civis Romanus sum, 나는 로마 시민입니다)이었습니다. 오늘날 자유 진영에서 가장 위풍당당한 자랑은 "이히 빈 아인 베를리너"(Ich bin ein Berliner, 나는 베를린 시민입니다)입니다.

세상에는 자유 진영과 공산 진영 간의 중대한 쟁점이 무엇인지 제대로 이해하지 못하거나 잘 이해하지 못하겠다고 말하는 사람들이 많습니다. 그런 사람들에게 베를린으로 오라고 합시다. 공산주의가 미래의 물결이라고 말하는 사람들이 있습니다. 그런 사람들에게 베를린으로 오라고 합시다. 유럽을 비롯한 곳곳에서 공산주의자와 협력할 수 있다고 말하는 사람들이 있습니다. 그런 사람들에게 베를린으로 오라고 합시다. 심지어 공산주의는 사악한 체계이지만 경제 발전에 기여한다고 말하는 사람도 일부 있습니다. 라스 지 나흐 베를린 코먼(Lass' sie nach Berlin kommen). 그런 사람들에게 베를린으로 오라고 합시다.

자유는 나눌 수 없습니다. 한 사람이 예속된 상태라면 모두가 자유롭지 못한 것입니다. 모두가 자유로울 때 우리는 이 도시가 하나가 되고 이 나라와 이 위대한 대륙 유럽이 평화롭고 희망이 넘치는 세상이 되는 그날을 기대할 수 있습니다. 반드시 오고야 말 그날이 마침내 오면 서베를린 시민들은 20년 가까이 최전선에 있었다는 사실에 온당하게 만족하실 수 있을 겁니다.

어디에 살든 모든 자유인은 베를린 시민입니다. 따라서 자유인 중 한 사람으로서 자부심을 갖고 말하겠습니다. "이히 빈 아인 베를리너."

미국 대통령 존 F. 케네디, 연설, 1963년 6월 26일

쿠바 미사일 위기로 전 세계가 미국-소련 전면전에 휘말릴 사태를 가까스로 넘긴 지 8개월 뒤인 1963년 6월 26일, 미국 대통령 케네디는 베를린 라타우스 밖에서 많은 군중에게 연대를 강조하는 이 저항적인 연설을 했다. 케네디는 1961년 소련과 동독이 베를린 장벽을 쌓아서 생긴 도시 분할에 이의를 제기하고자 했다. 처칠이 언급한 '철의 장막'(3월 5일 참조)이라는 물리적 표현은 베를린이 세계 냉전의 최전선이라는 생각을 한층 더 굳혔다.

나중에 '아인 베를리너'라는 말은 일반적으로 베를린에 사는 주민보다 도넛의 일종을 가리킨다고 주장하면서 문법적으로 정확하게 말하려면 부정관사인 '아인'을 뺐어야 했다고 지적하는 사람들이 케네디의 문구를 조롱하기도 했다. 하지만 그 어떤 모호함도 그 연설이 그때 발휘한 설득력을 크게 깎아내리지 않았다.

이날 일어난 다른 사건들
서기 363년 로마 황제 배교자 율리아누스Julian the Apostate 사망
1917년 제1차 세계대전: 미군이 최초로 프랑스에 도착
1945년 50개국이 국제연합 헌장에 서명

6월 27일

단독 세계 일주 항해, 1898년

항해하던 스프레이호에 넘겨야 할 위험이 하나 더 나타났다. 뉴포트 항구에 설치된 지뢰였다. 스프레이호는 물에 깊이 잠기는 배라면 아군도 적군도 지나갈 수 없는 항로를 따라 해협에서 경비선을 방해하지 않도록 암초에 바짝 붙어 항해했다. … 마침내 스프레이호는 3년 2개월 2일에 걸쳐 전 세계를 7만 4,000여 킬로미터를 항해한 뒤에 1898년 6월 27일 새벽 1시 항구에 안전하게 도착해 닻을 내렸다.

신원은 건강한가? 나는 아닌가? 나는 이 항해를 하면서 여러모로 이득을 봤다. 심지어 살도 쪄서 실제로 보스턴에서 출발할 때보다 0.5킬로그램이 더 많이 나갔다. 나이 역시 친구들이 입을 모아 "슬로컴이 다시 젊어졌어."라고 말할 정도로 인생의 시계를 되돌렸다. 나 역시 스프레이호를 만들 첫 번째 나무를 베었던 날보다 적어도 10년은 젊어진 기분이었다.

… 스프레이호는 좀 더 멀리 나아가 자기가 태어난 매사추세츠주 페어헤이븐으로 항해할 때까지 만족하지 않았다. … 그리하여 7월 3일 순풍이 부는 날, 스프레이호는 왈츠를 추는 듯 멋지게 해안을 돌아 애커시넷강으로 올라가 페어헤이븐에 닿았다. 나는 스프레이호를 처음으로 물에 띄웠을 때 매었던 제방에 박은 삼나무 쐐기못[말뚝]에 다시 묶었다. 스프레이호가 태어난 곳에 그보다 더 가까이 데려갈 수는 없었다.

조슈아 슬로컴, 《나 홀로 세계 항해SAILING ALONE AROUND THE WORLD》, 1900년

1898년 6월 27일 매사추세츠 뱃사람 조슈아 슬로컴Joshua Slocum(1844년-1909년)은 길이 11.3미터짜리 범선 스프레이호를 타고 3년 동안 바다를 항해한 끝에 로드아일랜드 뉴포트에 도착했다. 그가 마지막으로 겪은 위험은 당시 미국과 스페인이 전쟁(2월 15일 참조)을 벌이고 있던 통이라 뉴포트 항구를 보호하려고 설치해 놓은 수중 지뢰였다. 원래 슬로컴은 동쪽으로 항해해 지중해를 통과할 계획이었으나 모로코 해적을 만나면서 이 계획을 바꿔 남아메리카를 돌아 태평양으로 나아가면서 서쪽으로 항해해 단독 세계 일주 항해를 완주했다. 언론은 슬로컴의 세계 일주 항해에 엄청난 관심을 나타냈고 2년 뒤에 발표한 책은 전 세계에서 베스트셀러에 올랐다. 슬로컴과 스프레이호는 1909년 11월 바다에서 사라졌다.

이날 일어난 다른 사건들
1941년 제2차 세계대전: 루마니아 이아시 대학살 시작으로 유대인 1만 3,000명이 살해당함
1977년 지부티가 프랑스로부터 독립 쟁취
2007년 고든 브라운Gordon Brown이 토니 블레어 뒤를 이어 영국 총리 취임

6월 28일

사라예보 암살, 1914년

크로아티아 수도 자그레브 소재 비밀 테러 집단이 신문에서 오려낸 작디작은 조각 하나를 아무런 설명도 없이 베오그라드에 있는 동지들에게 보낸 일이 1914년 세계 전쟁에 불을 지른 횃불이었다. 그 신문 조각이 오래되고 오만한 제국들을 무너뜨렸다. 자유 신생국을 탄생시켰다.

나는 신문 조각을 받은 베오그라드 테러 조직 일원이었다.

오려낸 신문 기사는 오스트리아 대공 프란츠 페르디난트가 6월 28일 보스니아 수도 사라예보를 방문해 근교 산에서 군대 사열을 받을 것이라는 내용이었다.

… 그 작은 신문 조각이 우리에게 얼마나 엄청난 흥분을 일으켰는지, 우리 심장에 얼마나 크게 불을 질렀는지 이해하려면 나로드나 오드브라나[흑수단]가 존재하는 이유, 이 집단의 일원, 6월 28일이라는 날짜의 의미를 설명해야 한다.

… 압제자 대표일 뿐만 아니라 그 자신도 거만한 폭군인 프란츠 페르디난트가 감히 그날 사라예보에 발을 들인다고? 그날 온다는 자체가 고의적인 모욕이다. 6월 28일은 세르비아인 모두가 가슴에 깊이 새긴 날이다. … 1389년 그날 암셀펠데 전투[코소보 전투]에서 오스만 튀르크가 옛 세르비아 왕국을 정복했다. 새로운 압제자 프란츠 페르디난트가 우리를 자기 발뒤꿈치로 탄압할 군사력을 뽐내려 세르비아의 문간을 드나들 날이 아니었다. 우리는 거의 즉시 결정했다. 폭군에게 죽음을!

프란츠 페르디난트와 수행단이 역에서 차를 타고 이동할 때 동지 두 명은 그대로 지나쳐 보냈다. 자동차가 너무 빨리 달려서 시도할 수 없었다. 게다가 군중 속에는 세르비아 사람들이 많았다. 수류탄을 던졌다가는 무고한 사람들이 많이 죽었을 것이다.

대상 자동차가 지나갈 때 식자공 차브리노비치^{Gabrinovic}가 수류탄을 던졌다. 수류탄은 자동차 옆면에 맞았지만 프란츠 페르디난트는 침착하게 뒤로 몸을 날려 부상을 입지 않았다. 함께 차에 타고 있던 수행원 몇 명이 다쳤.

차는 시청까지 속도를 내서 달리는 바람에 나머지 동지들은 손을 쓸 수 없었다. 시청에서 환영 연회를 마친 뒤 오스트리아 사령관 포티오레크^{Potiorek} 장군은 프란츠 페르디난트에게 사라예보에 반란이 일어나고 있으니 이곳을 떠나라고 간청했다. 장군은 페르디난트 대공에게 빠른 시간 안에 최단거리로 사라예보를 떠나라고 설득했다.

사열 장소로 가는 길은 알파벳 V자 모양이어서 밀랴츠카강 다리에서 급커브를 돌아야 했다. 프란츠 페르디난트가 탄 차는 그 지점까지는 빨리 달렸지만 그곳에서 모퉁이를 돌려면 속도를 줄일 수밖에 없었다. 이곳에 프린치프가 자리를 잡고 있었다.

차가 다가오자 프린치프는 연석에서 앞으로 나가 코트에서 자동 권총을 꺼내 두 발을 쏘았다. 첫 번째 총탄은 대공의 아내 조피 대공비의 복부에 맞았다. 조피는 임신 중이었다.

그녀는 즉사했다.

두 번째 총알은 대공의 심장 근처에 맞았다. 그는 '조피'라는 딱 한 마디를 내뱉었다. 총에 맞은 아내를 부르는 소리였다. 이후 고개를 떨구고 쓰러졌다. 그도 거의 즉사했다.

장교들이 프린치프를 붙잡았다. 그들은 칼날 면으로 프린치프의 머리를 때렸다. 쓰러뜨리고 발로 차고 칼날로 목 피부를 긁고 고문해 초주검으로 몰아갔다. 이튿날 그들은 프린치프의 발에 사슬을 채웠고, 그는 죽을 때까지 그 사슬을 차고 있었다. …

나는 프린치프의 옆 감방에 갇혔고, 프린치프가 교도소 마당을 걸으러 나갈 때 나도 동반으로 끌려 나갔다. …

보리요베 예브티치 Borijove Jevtic, 《**회상록**RECOLLECTIONS》**, 1914년**

오스트리아 대공이자 오스트리아-헝가리 제국 제위 계승자였던 프란츠 페르디난트Franz Ferdinand(1863년~1914년) 암살은 6주 만에 유럽 전역에 전면전을 불러온 사건들을 유발했다. 페르디난트 대공은 아내와 함께 1908년 오스트리아에 병합된 보스니아-헤르체고비나의 수도 사라예보에서 열린 군대 사열에 참석할 예정이었다. 그곳에서 두 사람은 보스니아-헤르체고비나를 독립된 세르비아와 합병해 통일하려는 목적을 지닌 극단적 민족주의 세르비아 조직인 흑수단Black Hand 단원에게 기습당했다.

공모자 여섯 명이 공격할 준비를 하고 있었다. 첫 번째 시도가 실패했고 대공은 예정대로 시청으로 가서 연설을 했다. 환영 연회를 마친 뒤 대공은 자동차를 타고 역으로 향했으나 차가 길을 잘못 들었다. 19세 가브릴로 프린치프 Gavrilo Princip는 예상치 못하게 나타난 기회를 잡아 치명적인 총격을 가했다. 프린치프는 체포됐다. 사형 선고를 내리기에는 너무 어렸던 탓에 징역 20년형을 선고받았다. 그는 1918년에 사망했다.

오스트리아(독일이 지원)가 세르비아(러시아가 지원)에 최후통첩을 하면서 아슬아슬했던 유럽의 안정은 곧 흐트러지기 시작했다. 1914년 7월 28일 오스트리아-헝가리 제국이 세르비아를 침공하면서 유럽은 금세 전쟁에 휘말렸다(8월 4일 참조).

이날 일어난 다른 사건들
1919년 베르사유 조약 체결로 제1차 세계대전 공식 종결
1922년 아일랜드 내전 시작
1969년 뉴욕 스톤월 항쟁으로 현대 동성애자 권리 운동 개시

6월 29일

셰익스피어 극장 전소, 1613년

이번 주 뱅크사이드에서 일어난 재미난 이야기를 들려드리겠습니다. 킹스 멘 극단이 헨리 8세 치세에 있었던 주요 사건들을 다룬 〈헨리 8세〉라는 새로운 연극을 선보였습니다. 심지어 무대 바닥 깔개까지 아주 거창하고 장엄한 여러 상황을 연출했더군요. 조지 훈장과 가터 훈장을 단 기사들, 수놓은 외투를 입은 경비병들 등 우스꽝스럽지 않은 선에서 고귀함을 친근하게 표현하되 충분히 현실성이 있었습니다. 헨리 8세가 울시 추기경 집에서 가면을 만드는 장면에서 헨리 8세가 등장할 때 대포를 쏘았는데, 종이인지 뭔지 모를 물체가 대포 하나를 막는 바람에 초가지붕에 불이 붙었습니다. 처음에 사람들은 별 의미 없는 연기라고 생각하고 연극에 더욱 집중했죠. 하지만 곧 극장 안에 불이 붙기 시작해 마치 행렬처럼 번지기 시작하더니 한 시간도 채 되지 않아 극장 전체가 완전히 타버렸습니다. 이렇게 해서 그 고결한 건물은 끝을 맞았습니다. 하지만 나무와 짚, 버림받은 망토 몇 벌 외에는 아무도 죽지 않았어요. 딱 한 사람이 바지에 불이 붙어서 구워질 뻔했죠. 하지만 신중한 기지를 지닌 덕분에 맥주로 불을 껐습니다.

헨리 워튼Henry Wotton, 편지, 1613년 7월 2일

1599년 템스강 남부 사우스워크 뱅크사이드에 노천극장인 글로브 극장이 세워졌다. 글로브 극장에서는 연극부터 곰 사냥, 매매춘에 이르기까지 온갖 오락이 성행했다. 이 극장은 로드 체임벌린스 멘 극단의 전용 극장이었다. 이 극단은 1603년 제임스 1세가 왕위에 오르면서 킹스 멘King's Men 극단으로 이름을 바꿨다. 이 극단 주주 여덟 명 중 한 명이 윌리엄 셰익스피어였다. 이 극단이 셰익스피어 작품 대부분을 무대에 올렸고, 작품의 상당수가 글로브 극장에서 초연됐다.

1613년 6월 29일 셰익스피어 작품 《헨리 8세Famous History of the Life of King Henry the Eighth》 공연 중에 쏜 예포로 초가지붕에 불이 붙는 바람에 건물이 전소했다. 이 극장은 관객 3,000명을 수용할 수 있었고 문이 단 두 개밖에 없었지만 심각한 인명 피해는 없었다. 글로브 극장은 금방 다시 지어졌다. 1997년 인근 부지에 이 건물을 현대식 재건축으로 복원하려는 노력이 결실을 맺었다.

이날 일어난 다른 사건들

1444년 알바니아 지도자 스컨데르베우Skanderbeg가 오스만 제국을 상대로 첫 승

1644년 잉글랜드 내전: 찰스 1세가 크로프레디 다리 전투에서 승리

1995년 우주왕복선 애틀랜티스호가 우주정거장 미르와 도킹

6월 30일

홍콩 반환, 1997년

홍콩 전체로 보면 오늘은 슬퍼할 날이 아니라 축하할 날입니다. 하지만 여기저기에서 개인적으로는 슬픔의 기운이 느껴질지도 모르겠습니다. …

… 물론 홍콩의 역사는 영국이 책임진 150년에 국한되지 않지만, 오늘 밤 우리는 그 장에 마침표를 찍고자 합니다.

이 장은 오늘날 관점에서 볼 때 … 이 자리에 있는 그 누구도 용납할 수 없는 사건들로 시작했습니다. 하지만 지금 홍콩에 사는 사람들 대부분이 용납하지 않는 이유가 오늘날 옹호하는 사람이 거의 없는 우리 세기에 일어난 사건에 있다는 점에 주목해야 할 것입니다. 이 모든 사실이 과거를 잊으려면 때로는 이를 더 잘 기억해야 한다는 사실을 상기시켜줍니다.

오늘 저녁 우리는 홍콩의 성공 이야기를 쓴 남녀의 끝없는 에너지, 근면성실, 대담함을 기념하고자 합니다. 대부분이 중국 남성과 중국 여성입니다. 그들은 대부분 빈손으로 이곳에 왔다는 점에서만 평범합니다. 모든 역경을 극복하고 그들이 이룩한 성과는 특별합니다.

… 누군가에게 오늘 밤 기념행사는 슬픔으로 물들 것이라고 말했습니다. 우리 가족과 저 자신, 우리처럼 곧 이 해안을 떠날 사람들은 슬픔에 물들 것입니다. 저는 28대 총독이자 마지막 총독이었습니다. 이제 홍콩 사람들이 홍콩을 움직여 나갈 것입니다. 그것이 약속입니다. 또한 흔들리지 않는 운명입니다.

총독 크리스 패튼, 연설, 1997년 6월 30일

1842년 제1차 아편 전쟁이 끝난 뒤 나중에 양도한 중국 본토 영토와 더불어 150년 동안 영국 국왕 직할 식민지로 할양된 섬인 홍콩은 1997년 다시 중국의 지배를 받게 됐다. 마지막 홍콩 총독이었던 크리스 패튼Chris Patten은 중국의 1당 체제 안에서도 정치적 다원주의가 살아남을 수 있도록 노력했고, 왕실 요트 브리타니아호에서 눈물을 훔치며 이별을 고했다.

전환 이후, 홍콩의 열렬한 자유 기업 체계를 포용하는 역설을 설명하고자 중국 공산당이 '한 국가, 두 체제' 원칙을 채택하면서 홍콩 경제력의 유혹은 그 정체성을 가장 잘 보장해주는 요소임이 드러났다.

이날 일어난 다른 사건들

1859년 프랑스 곡예사 블론딘Blondin이 줄타기로
   나이아가라폭포 횡단
1905년 알베르트 아인슈타인 〈특수 상대성 이론〉 발표
1908년 '퉁구스카 사건: 시베리아에서 운석이 폭발해 일대
   황폐화

7월

7월 1일	솜강 전투 첫날, 1916년
7월 2일	구세군 창설, 1865년
7월 3일	게티즈버그 사상자들, 1863년
7월 4일	미국 독립 선언, 1776년
7월 5일	뉴턴 《프린키피아》 출간, 1687년
7월 6일	토머스 모어 경 처형, 1535년
7월 7일	런던 자살 폭탄 테러, 2005년
7월 8일	일본 개항, 1853년
7월 9일	내슈빌 '열차 대사고', 1918년
7월 10일	침묵공 빌럼 암살, 1584년
7월 11일	알렉산더 해밀턴, 결투로 사망, 1804년
7월 12일	보인강 전투, 1690년
7월 13일	'스콥스 원숭이 재판', 1925년
7월 14일	바스티유 습격, 1789년
7월 15일	나폴레옹 감금, 1815년
7월 16일	최초의 원자 폭탄 폭발, 1945년
7월 17일	로마노프 일가 처형, 1918년
7월 18일	스레브레니차 학살, 1995년
7월 19일	증기선 그레이트 브리튼호 진수, 1843년
7월 20일	역사적인 여성 권리 선언, 1848년
7월 21일	최초의 달 착륙, 1969년
7월 22일	킹 데이비드 호텔 폭탄 테러, 1946년
7월 23일	이집트 군부 쿠데타, 1952년
7월 24일	'잉카의 잃어버린 도시' 발견, 1911년
7월 25일	영국 해협을 횡단 비행한 블레리오, 1909년
7월 26일	윈스턴 처칠 선거 패배, 1945년
7월 27일	필리프 2세가 부빈 전투에서 승리, 1214년
7월 28일	스탈린이 "한 발자국도 물러나지 말라"라고 명령, 1942년
7월 29일	빈센트 반 고흐 사망, 1890년
7월 30일	파리에 마르세유의 노래가 울려퍼지다, 1792년
7월 31일	의사 크리펜 체포, 1910년

7월 1일

솜강 전투 첫날, 1916년

끝나지 않을 듯한 끔찍한 불안에 시달리다가 오전 7시 30분에 돌격했다. 우리 포병대는 공격 강도를 높이는 듯했고 독일군 포병대는 무인지대에 공격을 개시했다. 소음에 귀가 먹먹하고 연기에 숨이 막혔으며 폭탄이 폭발하면서 발생하는 먼지 구름에 시야가 가렸다. 그곳은 살아있는 지옥이었다. 나는 곧 내가 산산조각 날 것이라고 생각했다. 우리 소대는 독일군 전선에 거의 절반쯤 다가갈 때까지 많은 사상자를 내지 않고 계속 질서 정연하게 전진했다. 그곳에는 생명체가 존재한다는 기색이 없었다. 하지만 갑자기 무시무시한 소총과 기관총이 우리를 향해 공격을 개시했고 내 부하들이 쓰러지기 시작했다. 나는 "엎드려!"라고 외쳤지만 아직 총에 맞지 않은 사람들은 이미 피할 곳을 찾아 몸을 숨긴 후였다. 포탄 구멍에 들어가 좌우로 움직이려고 했지만 총알이 관통할 수 없는 장벽을 형성하고 있어서 머리를 내밀었다가는 분명히 죽을 것 같았다. 우리 편은 아무도 보이지 않았지만 사방에서 애처로운 신음과 고통에 울부짖는 소리가 들렸다. … 몇 시간이나 기다린 듯한 기분에 시달리던 나는 그냥 운에 맡기고 훤히 보이는 대낮에 기어나가고 싶은 충동을 느꼈다. 결국 땅거미가 질 때까지 기다리기로 결심하고 9시 30분경에 포복으로 기어가기 시작했다. 때때로 전력 질주를 하면서 마침내 우리 측 철조망에 도착했다. … 드디어 사격이 멈췄고 철조망에 옷과 살을 뜯기면서 흉벽에 도착한 나는 사망자와 부상자로 가득 찬 우리 참호로 떨어졌다. 부하 몇 명을 찾았지만 대다수는 아직 밖에 있었고 대부분은 죽었다.

알프레드 번디 중위, 제2미들섹스 연대, 1996년

솜강 전투 첫날인 1916년 7월 1일은 영국 군대 역사상 가장 참혹한 날이었다. 참호전 교착 상태를 타개하고자 독일군에 공격을 감행한 영국군은 거의 6만 명에 가까운 사상자를 냈고 그중에서 1만 9,500명 정도가 사망자였다. 결정적인 돌파가 가능하도록 일주일 동안 폭격을 가해 독일군 전선을 약화할 계획이었다. 하지만 실제로는 몇 달 동안 소모전이 이어졌다. 라부아셀 북부에서 전투에 나섰던 알프레드 번디 중위의 경험은 그날 살아남은 자의 전형이었다.

전투는 11월 중순까지 이어졌고, 연합군은 최대 16킬로미터 전진했다. 이득이라면 이득이었지만 연합군과 독일군은 100만 명에 이르는 사상자를 냈다.

이날 일어난 다른 사건들
1863년 미국 남북 전쟁: 게티즈버그 전투 시작
1963년 킴 필비Kim Philby가 소련 간첩임을 영국 정부가 확인
2007년 잉글랜드와 웨일스에서 실내 공공장소 흡연 금지

7월 2일

구세군 창설, 1865년

그 수많은 가난한 사람들, 하나님을 모르고 세상에 아무런 희망도 품지 않은 채 살아가는 사람들이 야외 집회에서 천막으로 따라와 구세주 발아래 무릎을 꿇으라는 내 요청에 응하며 그토록 간절하고 열렬하게 내 말에 귀 기울이는 모습을 봤을 때, 내 마음은 온통 그들에게 향했다. 나는 웨스트엔드에 있는 집으로 돌아가 아내에게 말했다.

"케이트, 내 운명을 발견했소! 나는 이토록 오랫동안 바로 이 사람들의 구원을 갈망해왔던 모양이오. 오늘 밤 현란한 술집들 문을 통과할 때 내 귓가에 '어디서 이런 이교도들을 찾을 수 있겠느냐? 네 수고가 그만큼 필요한 곳이 또 어디에 있겠느냐?'라는 목소리가 들리는 것 같았소. 그때 그곳에서 나 자신과 당신, 아이들이 이 위대한 사명에 헌신해야 한다고 느꼈답니다. 그 사람들이 우리 사람들이 될 것이고, 그들이 우리가 모시는 신을 모시게 될 거요."

윌리엄 부스, 《최암흑의 영국과 그 출로IN DARKEST ENGLAND, AND THE WAY OUT》, 1890년

감리교 전도사 윌리엄 부스William Booth(1829년-1912년)는 런던 이스트엔드에 사는 빈민, 특히 술에 찌든 사람들을 타락에서 구제해야겠다고 느낀 이끌림을 이렇게 기록했다. 부스와 그의 아내는 1865년 런던 빈민가인 화이트채플에 기독교 선교 시설을 세웠다. 처음에는 퀘이커 교도 묘지에 세운 천막에서 시작했다. 이 선교 시설이 빈민과 범죄자, 노숙자들의 영혼과 육체를 동시에 구하는 '자원봉사군'으로 발전했다. 1878년 이 조직은 구세군Salvation Army으로 이름을 바꿨고 부스가 초대 '장군'을 맡았다. 구세군은 전통적인 군대에서 명칭을 따왔다.

처음에 부스가 이끄는 활동가들은 골칫거리 급진주의자 취급을 받았다. 하지만 19세기 말에 이르면서 구세군 운동은 전 세계로 퍼져 나갔고 부스는 설립자로 존경받기에 이르렀다.

이날 일어난 다른 사건들
1644년 잉글랜드 내전: 마스턴무어에서 왕당파 패배
1900년 독일에서 최초로 체펠린 비행 실시
1961년 미국 작가 어니스트 헤밍웨이 자살

7월 3일

게티즈버그 사상자들, 1863년

해가 저물 무렵 … 전투의 굉음이 잦아들었고 … 우리는 다시 출발했다. … 나는 눈앞에 펼쳐진 끔찍한 광경에 놀란 나머지 뒷걸음질 쳤다. 진입로에는 다친 자와 죽어가는 자, 죽은 자로 꽉 들어차 있었다. 공기 중에는 한탄과 신음이 가득했다. 집을 향해 나아가면서 우리는 혹시라도 널브러진 시신을 밟지 않도록 조심해서 발을 내디뎌야 했다.

… 와이커트 부인이 집안 구석구석을 살피더니 … 여분의 모슬린과 리넨을 모두 가져왔나. 우리는 이것을 찢어 붕내로 만든 다음 불쌍한 병사들의 상처에 감을 수 있도록 외과 의사들에게 가져다주었다.

집 주변에 절단용 작업대가 놓여있었다. 지하실 문 근처에 … 절단용 작업대가 하나 있었다. 나는 사람들이 불쌍한 병사들을 그 위로 들어 올리면 외과 의사들이 팔다리를 톱으로 잘라낸 다음 살을 후벼 총알을 빼내는 모습을 봤다.

… 나는 외과 의사들이 부상자들을 작업대에 눕힌 다음 서둘러 입에 소뿔을 씌우는 모습을 봤다. 처음에는 그 의미를 몰랐지만 질문을 해보고 금방 그것이 클로로포름을 투여하는 방식이라는 사실을 알게 됐다. 하지만 어떤 경우에는 효과가 나타나지 않았다. 수술 중에 부상자들이 격하게 몸을 뒤척이고 고통으로 비명을 지르는 모습이 보였다.

… 마당 바로 밖에 울타리보다 높게 쌓인 팔다리 더미가 보였다. 정말 무시무시한 광경이었다! 작업대에서 잘린 팔다리를 쌓아놓은 그 더미를 보면서 이 장면 자체가 잔혹한 도살 행위라는 느낌만 들 뿐이었다.

틸리 에일먼(결혼 전 성은 피어스), 게티즈버그에서, 1888년

틸리 피어스Tillie Pierce는 1863년 7월 펜실베이니아주 게티즈버그에서 전투가 발생한 당시 15세 소녀였다. 동네 푸줏간 주인의 딸이었던 틸리는 미국 남북 전쟁 중 가장 피비린내 나는 대결의 결과를 목격했다. 이 전투로 남북 양측은 도합 5만 명에 가까운 사상자를 냈다. 피어스는 25년 뒤에 자신의 기억을 기록했다.

게티즈버그 전투는 남군의 북부 침략을 저지한 전투였으며, 남북 전쟁의 전환점으로 평가받는다. 또한 링컨 대통령의 게티즈버그 연설로 기억되는 전투이기도 하다(11월 19일 참조).

이날 일어난 다른 사건들
1608년 퀘벡 시 설립
1866년 쾨니히그레츠 전투에서 프로이센이 오스트리아 격파
1886년 독일 만하임에서 카를 벤츠가 첫 번째 자동차 공개

7월 4일

미국 독립 선언, 1776년

우리는 이런 진실이 자명하다고 판단한다. 즉 모든 사람은 평등하게 태어났고, 조물주에게 양도할 수 없는 권리를 몇 가지 부여받았다. 이런 권리 중에 생명, 자유, 행복 추구가 있다. 이런 권리를 확보하고자 인간은 정부를 조직했으며, 정부는 피치자의 동의에서 정당한 권력을 이끌어낸다. 어떤 정부 형태든 이런 목적을 파괴하게 되면 인민은 정부를 개혁하거나 폐지하고, 자신의 안전과 행복을 가져올 가능성이 가장 높은 원칙에 근거하고 그런 형태로 권력을 조직해 새로운 정부를 수립할 권리를 갖는다. … 변함없이 같은 목적을 추구하면서 오랫동안 이어진 학대와 강탈로 미루어 볼 때 절대 폭정 하에 인민을 속박하려는 계획이 분명하게 드러난다면 그런 정부를 타도하고 향후 안전을 지켜줄 새로운 수호자를 마련하는 것이 인민의 권리이자 의무다. 이 식민지들은 그런 고통을 묵묵히 견뎠으며, 지금이야말로 이전 정부 체계를 바꿔야 할 때다. 대영제국 현재 국왕의 역사는 권리 침해와 강탈을 되풀이한 역사이며, 그 직접적인 목적은 이 땅에 절대 독재를 확립하는 것이다. 이를 증명하고자 세상에 사실을 제시하는 바이다.

　국왕은 공익을 달성하기 위해 가장 유익하고 필요한 법률에 동의하지 않았다.

　… 국왕은 평화 시에도 우리 입법 기관의 동의를 얻지 않고 상비군을 주둔시켰다.

　국왕은 군대가 시민 권력의 간섭을 받지 않고 시민 권력보다 더 우월하도록 영향력을 행사했다.

　국왕은 다른 세력과 결탁해 우리 헌법과 무관하고 우리 법률이 인정하지 않는 사법권에 우리를 속박하고자 했고, 영국 의회가 내놓은 다음과 같은 일방적인 법안에 동의했다.

　우리 땅에 대규모 무장 군대를 배치하는 법.

　군대가 이 땅의 주민을 살해하더라도 모의재판으로 보호해 처벌받지 않도록 하는 법.

　우리와 전 세계 무역을 차단하는 법.

　우리 동의를 받지 않고 우리에게 세금을 부과하는 법.

　많은 사례에서 배심원 재판의 혜택을 박탈하는 법.

　저지르지도 않은 죄로 재판을 받으라며 바다 건너로 우리를 소환하는 법.

　인접 식민지에서 영국의 자유로운 법률 제도를 폐지하고 전제 정부를 수립한 뒤 그 정부를 본보기로 삼아 똑같은 절대 통치를 이 땅에도 도입할 수 있도록 그 경계를 넓히는 법.

　우리 특허장을 박탈하고, 가장 귀중한 법률을 철폐하고, 우리 정부 형태를 근본적으로 바꾸는 법.

　우리 자치 입법 기관을 중단하고 어떤 경우든 영국이 우리에게 적용할 법률을 제정할 권한을 갖는다고 선언하는 법.

　국왕은 우리를 보호하지 않겠다고 선언하고 우리를 상대로 전쟁을 벌임으로써 이곳에 대한 통치를 포기했다.

국왕은 우리 바다에서 약탈하고 우리 해안을 유린하고, 우리 마을을 태우고, 우리 주민의 생명을 빼앗았다.

국왕은 가장 야만적이었던 시대에도 유래를 찾아보기 힘들고 도저히 문명국의 원수라고 볼 수 없는 잔학한 배신 행위를 이미 시작했고, 지금은 죽음과 폐허, 폭정을 완수하고자 대규모 외국 용병 부대를 수송하고 있다.

… 따라서 우리 아메리카 합중국 대표들은 전체 회의에 모여 우리의 공정한 의도를 세계 최고 재판관에게 호소하면서 이 식민지의 선량한 인민들의 이름과 권한으로 엄숙하게 발표하고 선언한다. 이 식민지 연합은 자유롭고 독립된 국가이며, 당연한 권리로서 자유롭고 독립된 국가여야 한다. 이 연합은 영국 왕권에 충성해야 할 모든 의무에서 해방되며, 대영 제국과 관련된 모든 정치적 관계는 완전히 끝나고 또 끝나야 한다. 자유롭고 독립된 국가로서 이 연합은 전쟁을 개시하고, 강화 조약을 체결하고, 동맹 관계를 맺고, 통상 관계를 수립하며, 독립국이 당연히 행할 수 있는 다른 모든 행위와 사무를 할 전권을 갖는다. 이 선언을 지지하기 위해 신의 섭리에 따른 가호를 굳게 믿으면서 우리는 우리 생명과 재산, 신성한 명예를 걸고 서로 맹세하는 바이다.

미국 독립 선언서, 존 행콕 John Hancock **외 55명 서명, 1776년**

1776년 6월 중순부터 주로 토머스 제퍼슨이 초안을 작성한 이 선언서는 조지 3세의 폭정을 이유로 영국 왕권에 반대하는 정당성을 제시했다. 이미 1년 전에 전쟁이 일어났고 대륙 회의는 7월 2일에 독립 찬성을 의결했다. 그로부터 이틀 뒤 대륙 회의가 이 선언서를 채택했고, 8월에는 전 영국 식민지 13개 대표들이 이에 서명했다. 1781년 콘월리스 장군이 항복하면서 1783년 파리 조약으로 미국 독립이 공식적으로 인정받는 길이 열렸다.

이날 일어난 다른 사건들
1946년 필리핀이 미국으로부터 완전히 독립
1976년 납치된 비행기 승객들이 우간다 엔테베 공항에서 구조
1987년 전 리옹 게슈타포 책임자 클라우스 바르비 Klaus Barbie에 종신형 선고

7월 5일

뉴턴 《프린키피아》 출간, 1687년

이 책의 의도는 기법이 아니라 철학이고, 이 책의 주제는 사람의 힘이 아니라 자연의 힘이므로 중력, 주력, 탄력, 유체 저항을 비롯해 당기거나 미는 힘 등을 주로 다룰 것이다. 따라서 이 책에 '철학의 수학적 원리'라는 제목을 붙였다.

철학의 모든 어려움이 운동에서 자연의 힘을 연구하고, 그 힘에서 다른 현상을 증명하는 데 있기 때문이다. 1권과 2권에서 다룬 일반 명제들은 이 목적을 달성하기 위한 수단이다.

3권에서는 우주의 구조를 설명하면서 이를 예로 든다. 1권에서 수학적으로 증명한 명제들에 따라 천체 현상으로부터 태양과 몇몇 행성에 영향을 미치는 중력을 유도한다. 음의 이런 힘을 바탕으로 다른 수학 명제들을 이용해 행성, 혜성, 달, 바다의 움직임을 추론한다.

같은 추론으로 역학적 원리에서도 나머지 자연 현상을 유도할 수 있기를 바란다. 나는 여러 가지 이유로 그런 자연 현상이 모두 물체를 구성하는 입자들이 아직까지 알려지지 않은 어떤 이유로 서로를 당기거나, 규칙적인 형상으로 결합하거나, 서로 밀어내거나 서로에게서 멀어지도록 하는 특정한 힘에 따라 좌우된다고 의심하게 됐기 때문이다. 이런 힘들이 아직 알려져 있지 않은 까닭에 철학자들이 지금까지 자연을 연구해왔지만 아직 허사다.

아이작 뉴턴, 《자연 철학의 수학적 원리PHILOSOPHIAE NATURALIS PRINCIPIA MATHEMATICA**》, 서문, 1687년**

《프린키피아》로 잘 알려진 아이작 뉴턴Isaac Newton의 세 권짜리 저작은 먼저 '고전' 역학 원칙을 제시하고 행성을 비롯한 천체의 움직임을 뉴턴의 운동 법칙 3가지(1권), 액체와 기체 운동(2권), 만유인력(3권) 측면에서 수학적으로 설명한다. 중력을 계산하는 유명한 방정식인 '역제곱 법칙'은 3권에 나온다.

1687년 7월 5일에 출간된 《프린키피아》는 당대 가장 유명한 과학 저작물의 자리에 올라 놀랍도록 질서정연한 우주의 창조자인 신이라는 새로운 개념을 주도했다.

이날 일어난 다른 사건들
1295년 스코틀랜드와 프랑스 사이에 '올드 동맹' 성립
1809년 빈 근교 바그람에서 나폴레옹이 오스트리아 군대 격파
1948년 영국 국민 보건 서비스 설립

7월 6일

토머스 모어 경 처형, 1535년

토머스 모어 경이 선고를 받고 [런던] 탑에 갇힌 지 약 일주일이 지난 7월 6일 이른 아침, 그의 오랜 친구 토머스 포프 경이 찾아와서 그날 오전 9시 이전에 처형을 집행하기로 일정이 잡혔다고 알려줬다. 그 소식을 들은 토머스 모어 경은 좋은 소식을 알려줘서 진심으로 감사하다고 말했다. "나는 그동안 폐하께서 제게 아낌없이 베풀어 주신 은혜와 영광에 대단히 감사드렸습니다. 더구나 폐하께서 이곳에 나를 가두어 주신 은총에 감읍할 따름입니다. 내 최후를 생각하기에 걸맞은 상소와 기회를 얻었습니다. 무엇보다도 이 비참한 세상의 고통에서 벗어나게 해 주신 폐하께 큰 은혜를 입었습니다."

… 그가 다다랐을 때 처형대는 당장이라도 무너질 듯 보였다. 이를 본 모어 경은 집행관에게 쾌활하게 "이보게, 부탁하네. 내가 안전하게 올라가도록 지켜봐 주게. 내려올 때는 내가 알아서 하게 해 주고."라고 말했다. 집행관은 그에게 용서를 구했다. 그는 집행관에게 입을 맞추며 "기운 내고, 두려움 없이 자네 임무를 다하게나. 내 목은 아주 짧으니 빗맞히지 않도록 주의하게."라고 말했다. 머리를 받침대에 놓으면서 그는 집행관에게 수염은 반역을 저지르지 않았으니 수염을 치울 때까지 기다리라고 명했다. 이렇게 그는 무척 발랄하게 형을 받았다. 그의 머리는 단칼에 잘렸고 잘린 머리는 몇 달 동안 런던교에 걸려있었다. 이후 템스강에 던져지기 직전에 모어의 딸 마거릿이 값을 치르고 이를 거둬 납으로 된 상자에 넣고 유물로 간직했다.

에드워드 홀Edward Hall, 《연대기CHRONICLE》, 1542년

변호사, 외교관, 대법관이자 인문주의 정치 서적 《유토피아Utopia》를 쓴 작가였던 토머스 모어Thomas More(1478년-1535년)는 1535년 7월 6일 로마 가톨릭교회의 권위를 고수한다는 이유로 처형당했다. 헨리 8세와 아라곤의 캐서린의 이혼과 교회 수장으로서 국왕의 지위를 인정하는 절차인 왕위 계승 서약을 하지 않겠다고 거부한 토머스 모어는 반역죄로 기소됐다. 2주 전 로체스터 주교 존 피셔John Fisher도 같은 이유로 같은 운명을 맞이했다. 그들의 운명은 왕실의 뜻을 거스르는 반대를 용납하지 않는 폭정의 시작을 의미했다.

이날 일어난 다른 사건들
1801년 알헤시라스 전투에서 프랑스 함대가 잉글랜드 해군에 패배
1942년 제2차 세계대전: 안네 프랑크 가족이 은둔 생활 시작
1988년 북해 파이퍼 알파 유전 사고로 167명 사망

7월 7일

런던 자살 폭탄 테러, 2005년

열차가 굉음을 내면서 멈추고 차량 내부에 짙은 검은 연기가 차오르자 나는 '끝났어, 이렇게 죽는구나.'라고 생각했다. 열차에 불이 붙었고 우리는 모두 천천히 질식사하게 될 것이었다. … 폐소공포증이 있는 내게 지옥이 어떤 모습인지 묻는다면 바로 그곳이라고 답할 것이다. …

처음 5분이 최악이었다. 그 이후에는 연기가 더 짙어지지 않고 아직은 공기가 통한다는 사실을 알아차렸다. 어디에선가 어떤 여자가 흥분해서 지르는 비명에 내 주변 사람들이 모두 짜증을 냈다. 누군가가 겁을 먹으면 상황이 걷잡을 수 없이 흘러갈 듯한 기운이 흘렀다. 당시에 나는 그 비명을 지르는 사람이 시체로 가득 찬 칸에 있을 것이라는 상상을 하지 않았지만 지금 생각해 보면 분명히 그랬을 것 같다.

우리가 대피하기까지 걸린 30분이 마치 영원처럼 느껴졌다. 킹스 크로스의 밝은 불빛을 향해 정신없이 걷다가 나는 처음으로 부상당한 사람을 봤다. 한 젊은 남자가 피에 흠뻑 젖어 비틀거리고 있었다. 물끄러미 보던 그의 눈빛이 아직 뇌리에 남아 있다. 한 중년 여성은 눈이 엉망이었다. 그제야 나는 운이 좋았다는 사실을 깨달았다. 역에서 나왔을 때 충격으로 미칠 것 같았다. 전화로 어머니에게 연락을 했다. 어머니는 런던 전역에서 사고가 여러 건 발생했다고 말했다. … 나는 올드 스트리트에 있는 어머니의 사무실로 가기로 했다. …

그곳에 도착했을 때 어머니는 나를 알아보지 못했다. 검댕을 뒤집어 쓴 데다가 충격으로 여전히 눈을 부릅뜨고 있었기 때문이었다. 이후에 텔레비전으로 사건의 전말을 봤다. 지금은 전부 나쁜 꿈을 꾼 것만 같다.

앨리스 오키프 Alice O'Keeffe, 〈**업저버**OBSERVER〉, **2005년 7월 10일**

2005년 7월 7일 영국에서 미국의 9/11 테러(9월 11일 참조)에 상응하는 사건이 발생했다. 영국 태생 이슬람교도 자살 폭탄 테러범 4명이 런던 지하철 3대와 버스 1대에서 폭발물을 터트려 52명이 사망하고 700명이 부상을 입었다. 테러범들은 미리 녹화한 동영상에서 미국이 주도한 '테러와의 전쟁'의 일환으로 영국이 이라크와 아프가니스탄에 개입했기 때문에 테러를 일으켰다고 밝혔다. 후속 조사에서 정보 공유가 좀 더 활발했더라면 이 사태를 예방할 수 있었을 것이라는 문제의식이 제기됐다. 이와 더불어 부상당한 사람들의 용감한 행동과 그들을 도우러 온 사람들의 인류애도 드러났다.

이날 일어난 다른 사건들
1307년 잉글랜드 국왕 에드워드 1세 사망
1954년 엘비스 프레슬리Elvis Presley 라디오 첫 출연
1961년 미국 소설가 윌리엄 포크너William Faulkner 사망

7월 8일

일본 개항, 1853년

오전 6시경 우리는 에도만 남서쪽에 흩어져 있는 작은 섬들을 통과했다. 9시에는 안개 위로 솟은 일본 산봉우리들을 봤다. … 그림처럼 아름다운 산, 해변과 맞닿은 깎아지른 듯한 암석 절벽이 보였다.

 … 에도만으로 진입하자 돛배와 작은 어선들이 바다를 뒤덮고 있었다. 처음에 그들은 우리를 피했다. 그러다가 작은 어선 한 척이 빨리 피하지 못하고 우리 옆을 아슬아슬하게 스쳐갔다. 나머지는 우리가 … 그 배를 무시했다는 사실을 알아차렸다. 대담해진 그들은 돛도 달지 않고 바람을 거슬러 움직이는 멋진 바다 괴물들을 호기심 어린 눈으로 입을 벌린 채 바라보면서 지나쳤다.

 … 현재 제법 큰 배들이 우리를 향해 육지에서 출발했다. 배 한 척당 노가 여섯 개 혹은 여덟 개 있고 각각의 노를 두 명씩 짝지어 젓고 있다. … 배에 탄 관리들이 우리 배에 타려고 했다. 협상 끝에 일인자가 네덜란드어 통역사와 함께 승선했다. … 그러는 동안 배가 늘어났다. 그들은 수많은 배로 우리를 둘러싸고 위협했다. 제독은 일본 관리들에게 우리를 건드리지 말라는 뜻을 분명히 밝혔다. 그는 그런 해양법 위반을 두고 볼 생각이 없었다. 일본 관리들은 난처한 기색이었다. 제독은 위협적인 말투로 한 번 더 경고했다. 그들은 배를 돌려보낸 다음, 우리가 상륙하면 그들이 책임을 져야 하니 당분간 상륙하지 말라고 숨김없이 솔직하게 요구했다. 우리는 약속했다. 그들은 평온한 마음으로 육지로 돌아갔다.

빌헬름 하이네, 《페리와 함께한 일본행 WITH PERRY TO JAPAN: A MEMOIR》, 1876년

독일 태생 삽화가 빌헬름 하이네 William Heine는 1853년 7월 8일 미국 매슈 페리 Matthew Perry 제독이 포와탄호를 필두로 한 증기선 4척 함대를 이끌고 에도(도쿄)만에 도착했을 때 동행했다. 네덜란드 무역업자들이 드나들 수 있었던 나가사키 주변의 작은 섬 하나를 제외하고 외국인 출입을 통제하던 국가 일본 본토에 처음으로 외국인이 침입한 날이었다. 이른바 페리의 '흑선들'은 무역 및 해양 협정을 협상하라는 미국 정부의 명령을 받았고, 1854년에는 일본이 문호를 열고 서방과 통상을 시작한다는 조약을 맺었다. 이런 국면이 1868년에는 일본의 오랜 봉건 고립주의 정신을 거부하는 새로운 서구화 정권 수립으로 이어졌다.(11월 29일도 참조)

이날 일어난 다른 사건들
1709년 폴타바 전투에서 러시아가 스웨덴 격파
1889년 〈월스트리트저널 Wall Street Journal〉 창간
1932년 다우존스지수가 대공황 최저치 기록

7월 9일

내슈빌 '열차 대사고', 1918년

누군가가 실수한 탓에 멤피스 발 내슈빌 행 채터누가 앤드 세인트루이스 철도 여객 1호 열차와 내슈빌 발 4호 열차가 하딩 도로 근처 시내에서 8킬로미터 정도 떨어진 더치맨스 벤드의 급커브를 돌 무렵 정면충돌하면서 … 적어도 121명이 사망하고 57명이 부상을 입었다.

양 열차의 기관차가 모두 탈선해 선로 옆으로 떨어지면서 형체를 알아볼 수 없게 뒤틀린 강철 덩어리가 됐다. 무시무시한 타격의 여파로 북쪽으로 향하던 급행열차가 사람을 가득 싣고 있던 허술한 목제 객차를 뚫었고, 흡연 칸이 앞으로 밀리면서 뒤에 있는 차량 두 대 위로 포개졌다. 뒤 차량 두 대는 일반 고객 150명을 비롯해 화약 공장으로 가던 흑인들로 복도까지 빼곡히 들어차 있었다.

잘못이 어디에 있는지 지금 말하기는 불가능하다. 철도 관리인들은 침묵하고 있다. 하지만 셋 중 하나는 상당히 확실하다. 4호 열차 기관사가 잘못된 지시를 받았거나 자기 신호에 따라 달렸거나 자기가 달려야 하는 일정을 무시했을 것이다. … 노련한 철도원에 따르면 두 열차가 충돌했을 때 속도가 적어도 시속 96킬로미터 이상이었을 것으로 추정된다.

충돌 직후 장면은 차마 말로 표현할 수 없다. 다치지 않았거나 경미한 부상을 입고 빠져나온 자들은 완전히 공황 상태로 현장에서 도망쳤다. 선로 양측으로 펼쳐진 옥수수 밭은 수없이 짓밟혔고 망가진 차량에서 떨어져 나온 쇠와 나무 잔해로 어지럽혀졌다. 죽은 자들은 여기저기 쓰러져 괴기하게 널브러져 있었다. 죽어가는 사람들은 도움을 호소하며 신음하거나 아무 말 없이 머리를 좌우로 흔들며 고통에 몸부림쳤다. 온통 피와 고통과 혼란뿐이었다.

〈내슈빌 테네시안 NASHVILLE TENNESSEAN〉 신문, 1918년 7월 10일

1918년 7월 9일 테네시주 내슈빌에서 일어난 '열차 대사고'로 최종 확인 결과 총 101명이 사망하고 171명이 부상을 입었다. 이는 지금까지도 미국 역사상 최악의 열차 충돌 사고로 남아있다. 희생자 대부분은 내슈빌 화약 공장에서 일하려고 했던 아프리카계 미국인들이었다. 두 열차는 단선 철로에서 충돌했다. 이 사고 이후로 목제 차량이 철제 차량으로 대거 대체됐다.

이날 일어난 다른 사건들
1816년 아르헨티나가 스페인으로부터 독립 선언
1877년 제1회 윔블던 테니스 대회 개최
2011년 남수단 공화국이 수단에서 분리 독립

7월 10일

침묵공 빌럼 암살, 1584년

1584년 7월 10일 화요일, 12시 30분경 빌럼 공은 아내와 팔짱을 끼고 … 식당으로 가고 있었다. 침묵공 빌럼은 그날 평소 습관처럼 아주 평범한 옷을 입고 있었다. … 출입구에 모습을 드러낸 제라르는 통행증을 요구했다. 창백하고 동요한 남자의 얼굴을 보고 놀란 부인은 남편에게 그 낯선 사람에 대해 걱정스럽게 물었다. … 부인은 … 낮은 목소리로 "저렇게 사악한 얼굴은 본 적이 없어요."라고 말했다. 일행은 2시에 식탁에서 일어났다. … 1층에 있던 식당은 작은 사각형 대기실로 통했고 대기실은 아치형 통로를 통해 안뜰로 향하는 정문 출입구로 이어졌다. 이 대기실에서 2층으로 이어지는 나무 계단이 시작됐고 그 폭은 183센티미터밖에 되지 않았다. 계단으로 다가갈 때 왼쪽에는 벽 깊숙이 팬 데다가 문 그림자에 완전히 가려진 잘 보이지 않는 아치가 있었다. … 빌럼 공은 식당에서 나와 느긋하게 계단을 오르기 시작했다. 두 번째 계단에 다다랐을 때 움푹 팬 아치에서 한 남자가 튀어나와 빌럼 공에게서 한두 발자국 떨어진 곳에서 심장을 향해 권총 방아쇠를 힘껏 당겼다. 총알 세 발이 빌럼 공 몸에 박혔고 그중 한 발은 몸을 관통해 뒤편 벽에 맹렬하게 박혔다. 부상을 알아차린 빌럼 공은 프랑스어로 "신이여, 제 영혼을 가엾이 여기소서! 신이여, 이 불쌍한 백성들을 가엾이 여기소서!"라고 외쳤다.

J. L. 모틀리 J. L. Motley, 《네덜란드 공화국의 기원 THE RISE OF THE DUTCH REPUBLIC》, **1856년**

침묵공 빌럼으로 잘 알려진 빌럼 판 오라녜 공 Prince William of Orange(1533년-1584년)은 1560년대 초부터 네덜란드에서 스페인 지배에 반대하는 네덜란드 반란에 참여했다. 1579년 네덜란드가 독립을 선언했을 때 개신교 연합 지역 통치자가 됐고 가톨릭 우세 지역인 남부에서 떨어져 나왔다. 1582년 빌럼은 그를 암살하려던 스페인 사람이 쏜 총탄을 맞았으나 가까스로 죽음을 면했다. 결국은 1584년 7월 10일 스페인 국왕 펠리페 2세가 빌럼에게 내건 현상금에 끌린 프랑스 암살자 발타자르 제라르 Balthasar Gérard가 쏜 총에 사망했다.

붙잡힌 제라르는 신흥 국가의 아버지로 여겨졌던 빌럼을 살해한 죄로 끔찍한 사법 처분을 받았다. 네덜란드는 1648년에 독립을 확정했다.

이날 일어난 다른 사건들

1940년 제2차 세계대전: 루프트바페 공습으로 영국 전투 개시

1943년 제2차 세계대전: 연합군이 시칠리아 침공 개시

1962년 텔스타 통신 위성 발사

7월 11일

알렉산더 해밀턴, 결투로 사망, 1804년

사전에 합의한 대로 버 대령이 먼저 결투장에 도착했습니다. 해밀턴 장군이 도착하자 양측은 인사를 주고받았고 잠시 후 준비를 시작했습니다. 그들은 열 걸음을 걸어가 거리를 쟀고 제비를 뽑아 위치를 선택했습니다. 그런 다음 상대방이 보는 앞에서 권총에 총알을 장전하기 시작했습니다. 발포 명령을 내리기로 한 신사가 양측에 총을 쏘는 규칙을 설명했습니다.

설명을 마친 다음 두 사람에게 준비가 됐는지 물었습니다. 조준 명령이 내려졌고 양측은 조준한 다음 이어서 발포했습니다. 버 대령이 쏜 총알이 명중했고 해밀턴 장군이 거의 즉시 쓰러졌습니다. 버 대령은 해밀턴 장군의 친구가 느끼기에 유감을 나타내는 듯한 태도와 몸짓으로 해밀턴 장군을 향해 나아갔습니다. 그러다가 버는 말없이 돌아서서 철수했습니다. 그때 다가오고 있던 외과 의사와 거룻배 사공들이 버의 존재를 알아차리지 못하도록 급히 자리를 뜨라고 버 대령의 친구가 대령에게 권했기 때문이었습니다. 이후로 당사자들은 말을 주고받지 않았고, 버 대령을 태운 거룻배는 즉시 도시로 돌아갔습니다. 우리는 이 회동에서 양측의 행동이 상황에 맞게 완벽하게 적절했다고 덧붙이고 싶습니다.

판사 너새니얼 펜들턴, 언론 발표, 1804년

해밀턴이 버를 모욕한 내용을 둘러싸고 벌어진 논쟁으로 양자 간의 끓어오르는 적대심이 정점에 이르면서 토머스 제퍼슨 대통령의 부통령 아론 버Aaron Burr는 연방당 경쟁자 알렉산더 해밀턴Alexander Hamilton(1757년-1804년)을 결투 방식으로 죽였다. 1800년 접전이었던 대통령 선거에서 해밀턴은 버 대신에 제퍼슨을 대통령으로 지지했고, 이후 두 사람의 관계는 틀어졌다.

뉴욕에서 결투는 불법이었으므로 맨해튼에서 허드슨강을 건너 위호켄에서 결투를 벌였고, 양측은 선택의 자유에 합의했다. 판사 너새니얼 펜들턴Nathaniel Pendleton이 해밀턴 측 입회자로 참석했다. 해밀턴은 허공에 발포(의도적이었는지는 확실하지 않다)했다. 버는 해밀턴의 골반을 쐈다. 버가 떠난 뒤 펜들턴과 의사는 해밀턴을 집으로 데려갔고, 해밀턴은 이튿날 자택에서 사망했다. 버는 살인죄로 기소됐으나 재판으로 이어지지는 않았고, 1804년에 부통령으로 임기를 마쳤다. 1807년 버는 반역죄 혐의로 명성에 더욱 손상을 입었다.

이날 일어난 다른 사건들
1848년 런던에서 워털루역 개통
1940년 제2차 세계대전: 프랑스 부역자들이 비시 정권 수립
1995년 보스니아 주둔 세르비아군이 보스니아 이슬람교도를 대상으로 한 스레브레니차 집단학살 시작

7월 12일

보인강 전투, 1690년

국왕 폐하께서 기다리시다 지쳤고 … 우리는 던달크로 행군했다. … 이튿날 드로이다에서 7, 8킬로미터 떨어진 곳에 도착한 우리는 오른쪽으로 방향을 틀어 보인강 너머에 있는 올드 포드라는 여울로 향했다. 드로이다 서쪽으로 3킬로미터 떨어진 그곳에서 우리는 적을 발견했다. 거의 6만 명에 이르는 군사와 그들을 지휘하는 제임스 왕이 보인강 남쪽에 진을 치고 있었다. 그들은 포대 2대를 가동해 우리를 열렬히 공격했고 우리도 대포를 꺼내 같은 식으로 화답했다. …

싸움은 무척 치열했다. 적군은 1,500명에서 2,000명 정도를 잃었지만, 갑옷도 걸치지 않고 맨몸으로 기병대대 선두를 향해 돌격한 우리 장군 숌버그 공작Duke of Schomberg이 첫 공격에서 사망한 우리 측이 훨씬 큰 손실을 입었다. 그의 시신은 심하게 난도질당하고 멍들었다. …

국왕 폐하께서 신기하게 모습을 드러내셨다는 말을 깜빡할 뻔했다. 일요일 밤에는 포탄이 폐하의 겉옷 소매 일부를 훼손했고 화요일에는 폐하께서 황야에서 앞장서 모든 작전에 직접 나서셨다.

로버트 에일웨이, 1690년 7월

윌리엄 3세의 포병 장교였던 로버트 에일웨이 Robert Aleway는 1690년 7월 12일 중대한 보인 전투에 참전했다. 보인 전투에서는 '윌리어마이트' Williamite, 윌리엄 3세를 지지하는 세력—옮긴이 개신교 부대(네덜란드, 덴마크, 일부 프랑스 개신교 파견대 포함)가 수적으로 열세였던 제임스 2세의 가톨릭 아일랜드 군대 및 루이 14세가 파병한 프랑스 군대에 맞섰다. 제임스와 윌리엄은 라우스주 올드브리지 근처 보인강 강둑에서 서로 대치했고, 자코바이트 세력을 분열시키려는 윌리엄의 전술이 성공을 거두면서 그날 전투에서 승리했다. 양측 사상자는 약 1,500명에 이르렀다.

보인 전투에서 승리한 윌리엄 3세는 더블린을 차지할 수 있었다. 이른바 윌리어마이트 전쟁에서 승리를 거둔 윌리엄 3세는 아일랜드에서 개신교의 우위를 확인하고 프랑스의 야심을 견제했으며 1688년 제임스 2세를 잉글랜드와 스코틀랜드 왕좌에서 몰아낸 '명예혁명'의 승리를 다졌다. 이후로 북아일랜드 개신교도들은 매년 보인 전투를 기념한다.

이날 일어난 다른 사건들
972년 애설스탠Athelstan 왕이 잉글랜드 통일
1536년 네덜란드 철학자 에라스무스Erasmus 사망
1962년 롤링스톤스가 런던에서 첫 번째 콘서트 개최

7월 13일

'스콥스 원숭이 재판', 1925년

오늘 진화론 같은 항목을 꼭 집어서 이를 공립학교에서 가르치면 범죄라고 규정할 수 있다면, 내일은 이를 사립학교에서 가르치는 행위도 범죄로 몰아갈 수 있고, 내년에는 이를 선거 유세나 교회에서 가르치는 행위도 범죄로 몰아갈 수 있습니다. 그다음에는 책과 신문에서 다루는 것까지 금지할 수 있습니다. … 무지와 광기는 늘 분주하고 먹이를 필요로 합니다. 항상 더 많이 바라고 욕심을 내죠. 오늘은 공립학교 교사를 노립니다. 내일은 사립학교 교사를 노릴 것입니다. 그다음에는 설교자와 강사, 잡지, 책, 신문까지 노리겠죠. 존경하는 재판장님, 머지않아 편협한 광신도들이 장작에 불을 질러 용감하게 지성, 깨달음, 문화를 인류에게 알려주려던 사람들을 불태우던 영광스러운 16세기로 깃발을 휘날리고 북을 치면서 되돌아갈 때까지 인간과 인간이 반목하고 신조와 신조가 맞서는 상황이 올 것입니다.

클래런스 대로, 재판 진술, 1925년 7월 13일

클래런스 대로Clarence Darrow(1857년-1938년)는 양차 세계대전 기간 중 미국에서 가장 많은 논란에 휘말린 카리스마 있는 변호사 중 한 명으로, 악명 높은 아동 살인범 레오폴드와 로엡 사건(1924년)의 변호를 맡기도 했다. 진보 성향이었던 대로는 1925년 테네시주 법을 어기고 진화론을 가르쳤다는 이유로 기소된 젊은 교사 존 스콥스John Scopes를 변호했다. 7월 12일에 시작된 이 재판은 자칭 불가지론자인 대로가 근본주의 기독교도 검사이자 민주당 대통령 후보였던 윌리엄 제닝스 브라이언William Jennings Bryan과 맞붙으면서 엄청난 관심을 불러일으켰고 전국 라디오로 중계됐다. 〈볼티모어 선Baltimore Sun〉 신문 기자였던 H. L. 멘켄H. L. Mencken은 이 사건을 생생하게 보도하면서 '스콥스 원숭이 재판'이라는 별명을 붙였다.

7월 21일 스콥스는 유죄 판결을 받았다. 하지만 브라이언의 승리는 오래가지 않았다. 그는 7월 26일에 사망했고, 판결은 항소심에서 뒤집혔다.

이날 일어난 다른 사건들

기원전 100년 율리우스 카이사르 탄생

1793년 프랑스 혁명: 샤를로트 코르데Charlotte Corday가 장-폴 마라Jean-Paul Marat 암살

1985년 런던과 필라델피아에서 라이브 에이드 자선 콘서트 개최

7월 14일

바스티유 습격, 1789년

그들은 회원 중 한 명(드 코르니 씨)을 앵발리드로 보내 시민 방위군이 쓸 무기를 요청했습니다. 그는 엄청난 폭도들에게 쫓겼거나 폭도를 발견한 모양이었습니다. 지휘관이 나와서 명령 없이는 무기를 내줄 수 없다고 말했습니다. …

드 코르니는 사람들에게 철수하라고 충고했고, 사람들은 무기를 손에 넣었습니다. 노병들이 아무런 반대를 하지 않았을 뿐만 아니라 365미터 내에 진을 치고 있던 외국 병력 5,000명이 전혀 동요하지 않았다는 점이 놀라웠습니다.

드 코르니 씨는 다른 사람 다섯 명과 함께 바스티유 지휘관 드 로네 씨에게 무기를 요청하러 갔습니다. 그들이 도착했을 때 그 앞에는 이미 사람들이 엄청나게 모여 있었습니다. … 대표단은 … 지휘관에게 요구를 관철하고자 나아갔고, 그 순간 바스티유에서 탈출한 사람이 대표단에서 가장 가까운 곳에 있는 사람들 중 네 명을 죽였습니다. 대표단은 철수했고, 사람들은 바스티유로 돌진해 병사 100명이 방어하던 요새를 순식간에 손에 넣었습니다. 이전에도 공성전이 몇 차례 있었지만 한 번도 함락된 적은 없었습니다. 그들이 어떻게 들어갔는지는 아직 알아내지 못했습니다. …

그들은 무기를 전부 빼앗고, 죄수들과 처음 흥분했을 때 죽이지 않았던 수비대를 풀어 주었습니다. 지휘관과 부지휘관을 그레브(공개 처형 장소)로 끌고 가서 목을 베고, 의기양양하게 시내를 통과해 팔레 루아얄로 향했습니다.

… 베르사유의 불안감은 약해지기는커녕 강해지고 있습니다. 그들은 파리 귀족들이 약탈과 학살을 당했다고 믿으며, 무장한 15만 명이 왕족, 궁중 신하, 대신들을 비롯해 이들과 관련된 모든 사람과 그 관행 및 원칙을 학살하러 몰려오고 있다고 믿습니다.

토머스 제퍼슨, 국무 장관 존 제이 John Jay**에게 보낸 편지, 1789년 7월 16일**

1789년 7월 14일 당시 프랑스 공사였던 토머스 제퍼슨은 이날 발생한 사건을 공식 서한에 기록했다. 그가 보고한 '베르사유의 불안감'은 다소 이른 감이 있었지만 결국 루이 16세와 그 일가, 왕당파 국가 제도에 닥칠 운명을 정확하게 요약한 셈이었다. 제퍼슨은 개인적으로 혁명가들을 보며 감명을 받았지만 1789년 10월에 미국으로 돌아갔다.

이날 일어난 다른 사건들

1865년 에드워드 휨퍼Edward Whymper가 마터호른 최초 등반

1881년 미국 무법자 빌리더 키드Billy the Kid가 링컨 카운티 보안관 팻 개릿Pat Garrett 총에 맞아 사망

1933년 나치가 다른 모든 독일 정당을 불법화

7월 15일

나폴레옹 감금, 1815년

사랑하는 어머니, 벨레로폰호가 잉글랜드에 도착했는데도 제가 아무런 소식을 전하지 않아서 놀라셨겠지요. 하지만 오늘이 오기 전까지 개인 편지가 배에서 나갈 수 없었다는 말을 들으시면 더는 놀라지 않으시겠죠. 우리가 도착하기도 전에 잉글랜드에 소식이 다 전해졌을 테니 우리가 보나파르트 일행을 태우고 있다는 말을 할 필요도 없을 것 같네요. … 그가 모든 지점에서 패배하면서 항복에 이르게 됐어요. 우리가 엄중하게 해상을 봉쇄하지 않았더라면 그는 미국으로 탈출했을 겁니다. 보나파르트가 로슈포르에서 프랑스 호위함 살호에 승선했다는 소식을 들은 순간부터 우리는 전보다 한층 더 자세히 그의 움직임을 지켜봤습니다. 14일 아침 휴전기를 내건 스쿠너선이 우리 군함 방향으로 서 있는 모습을 보고, 우리는 배를 멈췄습니다. 그러자 라스카자스 백작과 랄망 장군이 보나파르트의 제안을 가지고 배에 오르더군요. 그리하여 우리는 그날 저녁 로셸에 정박하게 됐죠. 이튿날인 15일 새벽 4시 눈에 띄는 쌍돛대 범선 한 척이 우리 쪽을 향해 신호를 보내는 모습을 본 우리는 즉시 모든 보트를 파견했습니다. 바지선에 탑승한 모트 중위가 7시에 보나파르트를 군함으로 데려왔고, 보트들은 그의 수행단과 짐을 분주하게 날랐습니다. 호담 제독이 보나파르트를 데리고 갈까 봐 우리 병사들은 정말 온 힘을 다해 움직였습니다. 호담 제독이 슈퍼브호를 타고 항구를 떠나 이곳으로 오고 있는 모습이 보였고, 전력을 다했지만 오전 11시 이전에는 닻을 내리지 못했어요.

　보나파르트는 인물이 훤칠하고 풍채가 좋았습니다. 키는 168센티미터에 머리가 희끗희끗했고 정수리 부분이 약간 휑했어요. 수염은 없고 안색은 프랑스인에게 흔한 누런빛이었어요. 눈은 회색이고 매부리코에 입과 턱이 잘 생겼어요. 목은 짧고 배가 불룩하고 다부진 팔에 하얀 손이 작은 편이고 다리가 멋졌어요. 예전에 유행했던 챙이 위로 젖힌 삼각 모자를 쓰고 있는데, 모자 안에 삼색휘장이 달려 있었어요. 평범한 녹색 외투를 입고 빨간 망토를 걸쳤는데 소매단도 같은 색이더군요. 평범한 금색 견장을 달고 왼쪽 가슴에 커다란 별을 달았어요. 흰색 조끼와 반바지를 입고 흰색 실크 양말을 신었어요. 신발과 버클은 날렵했어요. 하루에 아침과 저녁 두 끼를 먹는데, 생선, 고기, 새고기, 와인, 과일, 각종 프랑스 요리 등 아주 호화로운 식사예요. 아침은 11시경에 먹고 저녁은 6시에 먹는데, 각각 30분 정도 걸리고, 보통 갑판으로 나오거나 1등 선실로 들어가요. 그를 어떻게 해야 할지는 아직 모릅니다. 동맹국들에게서 소식이 올 때까지 계속 배에 머무르게 될 거예요.

　보나파르트 수행단은 베르트랑 원수, 전 프랑스 치안 장관 로비고 공작[사바리], 라스카자스 공작과 몽톨롱 백작, 랄망 장군과 구르구 장군, 중령과 대위 몇 명이에요. 우리는 33명을 태웠고 17명은 갬비어 선장이 지휘하는 미르미돈호에 탔어요. 백작 부인 두 명이 탔는데 우리 영국 숙녀 분들과는 비교가 안 돼요. 아이들은 잘생겼어요. … 우리는 보나파르트 일행 앞에서 희극 〈불쌍한 신사〉를 공연했어요. 저는 포스 상등병 역을 맡았죠. 연극은 순조롭게 진행됐고, 무대 장치가 아주 멋졌어요. 장교 후보생들에게 여성용 드레스가 안 어울리기는 했지만요. … 어떤 일이 있어도 그 누구도 배에 태워서는 안 된다는 해군성 명령이 있었지만 보트에 탄 사람들이 군함 주변으로 몰려들었고, 그는 아주 거들먹거리는 자세로 서서 작은 망원경으로 그들을 바라봐요. 유로타스와 리피라는 호위함 두 척이 우리 군함 양옆을 지키고 서서 보트들을 밀어내려고 계속 노를 젓고 있어요. 배에 갇힌 우리는 보트들이 좋은 자리를 차지하려고 다투는 모습을 보는 것 외에는 달리 재밌는 일이 없어요. 조만간 상륙할 수 있으면 좋겠어요. 샌디스 선장님을 뵙고 싶거든요. 이 기나긴 편지를 읽느라 피곤하시겠어요. … 앨리, 앤, 윌헬미나, 소피아, 제인에게 안부 전해주세요. … 사랑하는 어머니, 저는 여전히 어머니의 다정한 아들이랍니다.

이프리엄 그레이키. 1815년 7월 30일

워털루에서 패배(6월 18일 참조)한 나폴레옹 보나파르트는 처음에 파리로 갔다가 퇴위한 뒤에 대서양 횡단 항로를 찾아 브르타뉴로 갔다. 영국 해군이 해상을 봉쇄해 대서양을 건널 수 없게 되자 나폴레옹은 영국 군함 벨레로폰호 사령관에게 항복하고 망명을 요청했다. 그는 데번주 토베이로 이송됐다. 그곳에서 외과의사 조수였던 이프리엄 그레이키Ephraim Graebke가 감금 중인 유럽의 골칫거리 나폴레옹을 관찰하고 그 내용을 가족에게 전할 수 있었다.

나폴레옹은 상륙 허가를 받지 못했고, 몇 주 뒤에 남대서양 외딴섬 세인트헬레나로 유배됐다. 유럽과 멀리 떨어진 그곳에서 나폴레옹은 아무런 방해도 받지 않고 자신의 승리와 실패를 곱씹을 수 있었다. 그는 1821년 5월 그곳에서 사망했다(5월 5일 참조).

이날 일어난 다른 사건들
1685년 제1대 몬머스 공작Duke of Monmouth이 반란 실패 후 처형됨
1799년 이집트에서 로제타석 발굴
1918년 제1차 세계대전: 제2차 마른강 전투 개시

7월 16일

최초의 원자 폭탄 폭발, 1945년

긴장감이 급격히 고조됐다. 다들 자기가 생각했던 엄청난 가능성이 곧 실현될 것이라는 사실을 알고 있었다. 과학자들은 자신의 판단이 틀림없을 것이고 폭탄이 반드시 폭발해야 한다고 느꼈지만 모두의 마음속에 강한 의구심이 솟았다. …

그 짧은 순간 머나먼 뉴멕시코 사막에서 이 모든 사람들이 지력과 체력을 쏟아부은 엄청난 노력이 갑작스럽고 놀랍도록 완전히 결실을 맺었다. 오펜하이머 박사는 … 카운트다운을 하는 동안 점점 긴장하는 기색이 역력했다. 거의 숨도 쉬지 않았다. 그는 긴장을 가라앉히려고 기둥을 꼭 붙잡았다. 마지막 몇 초 동안 그는 정면을 바라봤다. 진행자가 "지금!"이라고 외치자 엄청난 빛이 터져 나온 직후에 깊은 곳에서 으르렁거리는 듯한 폭발음이 울렸고, 그제야 오펜하이머의 얼굴에 참으로 안도하는 기색이 번졌다. …

방 안에 맴돌던 긴장감이 풀리고 다들 서로에게 축하 인사를 전하기 시작했다. 모두가 "바로 이거야!"라고 느꼈다. 이제 어떤 일이 일어나더라도 다들 불가능한 과학 업적을 이미 달성했음을 알았다. 더는 원자핵분열이 이론 물리학자들의 꿈속에 은둔해 있지 않을 터였다. 심지어 탄생하는 순간 거의 다 성장했다. 원자핵분열은 좋게도 나쁘게도 사용할 수 있는 거대하고 새로운 힘이었다. 그 방 안에 원자 폭탄 탄생에 관여한 사람들은 모두 원자 폭탄을 선한 목적을 위해서만 사용하고 결코 악한 목적을 위해 사용되지 않도록 감시하는 임무에 인생을 바쳐야 한다는 기운이 맴돌았다.

지금 벌어지는 전쟁에 관해서는 어떤 일이 일어나든 간에 이를 빠르게 종결하고 미국인 수천 명의 생명을 구할 수 있는 수단을 확보했다는 느낌이었다.

토머스 패럴Thomas Farrell 장군, 미국 육군성 발표, 1945년 7월 16일

1945년 7월 16일 뉴멕시코주 앨라모고도 사막에서 실시한 최초의 원자 폭탄 실험 암호명 트리니티Trinity는 과학 책임자 로버트 오펜하이머Robert Oppenheimer, 총책임자 레슬리 그로브스Leslie Groves 장군을 비롯한 대규모 과학자 연구팀이 3년에 걸쳐 비밀리에 집중해 실시한 맨해튼 계획의 결실이었다. 실험을 실시한 지 몇 주 뒤에 일본 히로시마와 나가사키에 원자 폭탄을 투하해 엄청난 피해가 발생했다(8월 6일). 사려 깊은 오펜하이머는 나중에 더욱 강력한 수소폭탄 개발에 반대했다가 정치적으로 불이익을 당했다.

이날 일어난 다른 사건들
1054년 로마 가톨릭교회와 동방 정교가 공식 분열
1951년 J. D. 샐린저J. D. Salinger가 《호밀밭의 파수꾼The Catcher in the Rye》 출간
1965년 프랑스와 이탈리아를 잇는 몽블랑 터널 개통

7월 17일

로마노프 일가 처형, 1918년

한밤중에 유롭스키Yurovsky 사령관이 차르 일가를 깨웠습니다. 차르 일가, 주치의, 하녀, 하인들이 모두 일어나 씻고 옷을 입었습니다. 새벽 1시가 조금 지난 시각에 그들은 모두 방을 나갔고, 차르는 황태자를 안고 있었습니다. 황후와 황녀들을 비롯한 다른 사람들도 모두 차르 뒤를 따랐습니다.

황제 일가 중 그 누구도 질문하지 않았습니다. 방에 도착했을 때 유롭스키 사령관은 의자를 가져오라고 명령했습니다. 황후는 아치를 이루는 검은 기둥 근처 창문 옆에 앉았습니다. 황후 뒤에 황녀 세 명이 섰습니다(나는 매일 그들을 정원에서 봐서 얼굴은 알았지만 이름은 몰랐습니다). 황태자와 황제는 방 가운데 나란히 섰습니다. 주치의 봇킨은 황태자 뒤에 섰습니다. 하녀는 창고로 통하는 문 왼쪽에 섰고, 하녀 옆에 황녀 중 한 명이 섰습니다. 하인 두 사람은 왼쪽 벽 앞에 섰습니다.

다들 닥쳐올 운명을 알아차린 듯했지만 그 누구도 입을 떼지 않았습니다. 열한 명이 들어왔습니다. 유롭스키, 그의 부관, 비상 위원회 위원 두 명, 비밀경찰 일곱 명이었습니다.

유롭스키는 저에게 길에 나가서 사람이 있는지 살피고 기다리면서 총소리가 들리는지 확인하라고 명령했습니다. 방을 나선 나는 길에 닿기도 전에 총성을 들었습니다. 돌아가서 보니 차르 일가가 모두 많은 상처를 입고 바닥에 누워있었습니다. 피가 줄줄 흘러내렸습니다. 주치의, 하녀, 하인 두 명도 총에 맞았습니다. 황태자는 아직 살아있었고 신음소리를 조금 냈습니다. 유롭스키가 황태자를 향해 총을 두세 번 더 쏘았습니다. 그러자 조용해졌습니다.

파벨 메드베데프 Pavel Medvedev, **경비대, 심문 내용**

러시아 혁명으로 혼란이 한창이던 와중에 전 차르 니콜라이 2세(1917년 퇴위) 일가는 1918년 4월 볼셰비키 세력의 감시 하에 우랄 산맥 부근 예카테린부르크에 있는 한 상인의 집에서 가택 연금 생활을 하게 됐다. 같은 해 7월 모스크바에서 내린 명령에 따라 로마노프 일가는 무참하게 살해당했고 그들의 시체는 숲 속에 버려졌다. 그날 일어난 사건의 자세한 내용은 오랫동안 제대로 알려지지 않았다. 소련 해체 이후 로마노프 일가의 유해를 다시 발굴해 이장했고, 이들을 추종하는 새로운 세력이 생겨났다.

이날 일어난 다른 사건들

1936년 쿠데타 시도로 스페인 내전 개시
1945년 제2차 세계대전: 스탈린, 처칠, 트루먼이 포츠담 회담에서 만남
1975년 미국 아폴로호와 소련 소유스호가 우주 공간에서 결합

7월 18일

스레브레니차 학살, 1995년

스레브레니차 함락 이후 발생한 비극은 두 가지 측면에서 충격적이다. 무엇보다도 자행된 범죄의 규모가 충격적이다. 제2차 세계대전 때 벌어진 참극 이후 처음으로 유럽에서 이런 규모로 집단 학살이 발생했다. 집단 무덤과 2차 매장지 표면에서 남성과 소년 약 2,500명의 유해가 발견됐다. 남성 수천 명이 여전히 실종 상태이고, 조사했으나 아직 발굴하지 못한 추가 매장지에서 남성 및 소년 수천 명의 시신이 발견될 것이라고 믿을 만한 충분한 증거가 있다. 살해당한 사람 대다수가 전투에서 죽지 않았다. 발굴한 희생자 시신을 보면 다수가 손이 묶여 있거나 눈가리개를 하고 있거나 몸의 뒤쪽 혹은 뒤통수에 총을 맞았다. 이제 법의학 증거로 입증된 수많은 목격자 진술도 무기를 지니지 않은 희생자들이 대량으로 학살되는 장면을 증언했다.

스레브레니차 함락은 거주지 주민들이 국제연합안정보장이사회 당국, UNPROFOR[국제연합보호군] 평화유지군 주둔, 나토 공군력이 안전을 보장해 줄 것이라고 믿었다는 점에서도 충격적이다. 그런 믿음에도 불구하고 보스니아 세르비아군은 안전보장이사회를 무시하고, 평화유지군을 제쳤으며, 그들에게 공군력을 사용하지 않을 것이라고 정확하게 판단했다. 그들은 스레브레니차 안전지대를 손쉽게 점령하고, 48시간 이내에 영역 내 주민 수를 줄였다. 그런 다음 세르비아군이 그 땅에서 며칠 만에 남성과 소년 수천 명을 죽여서 묻는 동안 그 지도자들은 국제 사회 대표들과 고위급 협상을 벌였다.

스레브레니차에서 발생한 끔찍한 사건에 책임을 묻는 과정에서 많은 목격자가 국제연합보호군 소속 네덜란드 대대 병사들을 가장 직접적인 주범으로 지목했다. 목격자들은 네덜란드 대대 병사들이 세르비아군의 공격을 막으려고 시도하지 않았다고 비난하고, 그들의 영내로 피신한 사람 수천 명을 보호하지 않았다고 비난한다. … 그러나 그[대대장]가 세르비아군과 대립할 위험은 피해야 하며 명령 수행보다 대대원의 안전을 우선하라는 명령을 받은 뒤 대대는 공격받고 있는 감시 초소에서 철수했다.

실제로 스레브레니차에 주둔하던 국제연합보호군은 공격하는 세르비아군에 발포하지 않았다. 국제연합보호군은 세르비아군의 머리 위로 경고 사격을 했고 박격포로 조명탄을 쏘았지만 결코 세르비아 부대에 직접 발포하지 않았다. 만약 국제연합보호군이 세르비아군과 직접 교전했더라면 사태는 다르게 전개됐을 가능성도 있다. …

스레브레니차에서 얻은 가장 중요한 교훈은 민족 전체를 대상으로 테러, 추방, 살해를 가하려는 의도적이고 체계적인 시도에는 필요한 모든 수단과 정책을 철저하게 수행하겠다는 정치적 의지로 단호하게 맞서야 한다는 사실이다. 지난 10년 동안 발칸반도에서는 이 교훈을 한 번도 아니고 두 번이나 배워야 했다. …

국제연합이 보스니아에서 겪은 일은 우리 역사에서 가장 힘들고 고통스러운 경험 중 하나였다. … 실수와 판단 착오를 저지르고 우리에게 닥친 악의 범위를 제대로 파악하지 못한 끝에 우리는 스레브레니차 사람들을 세르비아의 대량 살상 작전에서 구하는 역할을 다하지 못했다. … 스레브레니차의 비극은 영원히 우리 역사에 남을 것이다.

국제연합 총회 결의안 53/35에 따른 사무총장 보고서: 스레브레니차 함락, 1999년 11월 15일

1995년 7월 18일, 일주일에 걸쳐 집단 학살이 일어난 이후 제2차 세계대전 이래 유럽 대륙에서 발생한 가장 큰 잔혹 행위가 서서히 멈췄다. 그때까지 보스니아의 세르비아군이 보스니아의 이슬람교도 남성, 청년, 소년 수천 명(대부분이 7,500명 이상으로 추정)을 살해했고, 그 시체를 집단 무덤에 버렸다.

국제연합 사무총장 보고서에서 분명히 밝혔듯이 단순히 사망자 수와 더없는 인간 비극뿐만 아니라 국제기구, 특히 스레브레니차를 보스니아 내전의 참화에서 피할 수 있는 '안전 피난처'로 지정했던 국제연합이 실패했다는 사실도 충격이었다. 준비가 부족한 상태에서 보고조차 제대로 받지 못하고 수적으로도 심하게 열세인 상태로 스레브레니차를 지키던 네덜란드 주축 국제연합군은 세르비아군에 맥없이 희생자들을 내주고 말았다.

2011년 5월, 집단 학살을 저지른 혐의로 기소된 보스니아의 세르비아계 장군 라트코 믈라디치Ratko Mladic는 마침내 세르비아에서 체포돼 국제연합 산하 구유고슬라비아 국제전범재판소로 보내졌고 '집단 학살'과 '반인륜적 범죄'로 기소됐다.

이날 일어난 다른 사건들
서기 64년 로마 대화재 발발
1290년 에드워드 1세가 잉글랜드에서 유대인 추방
1976년 나디아 코마네치Nadia Comăneci가 몬트리올 올림픽에서 체조 부문에서 최초로 만점 획득

7월 19일

증기선 그레이트 브리튼호 진수, 1843년

폐하는 … 선박 옆을 따라 세운 회랑을 지나 맨 끝에 있는 부속 건물로 갔다. … 앨버트 공은 열렬한 환호를 받았다. 연회 중에 수문이 열리면서 독으로 물이 들어왔고 웅장한 선박이 상당히 높이 떠오르며 그 조화로운 비율을 관중의 눈에 선보였다. 뱃머리에서 증기선 에이번호까지 밧줄이 단단히 매여 있었고 … 이 배 선상에서 이따금씩 '증기가 뿜어져' 나왔다.

모든 준비가 끝났다. 축포가 우레 같은 소리를 내며 사방으로 날아갔고 악대가 '지배하라 브리타니아여Rule Britannia'를 연주하기 시작했다. 에이번호가 거대한 그레이트 브리튼호를 천천히 끌어냈다. 거대한 뭉치가 앞으로 나아가기 시작하자 엄청난 환호성이 터져 나오기 시작했다. … 거대한 강철 덩어리가 장엄하게 앞으로 떠오르자 마일스 부인(앨버트 공이 진수식 거행을 위임한 상대)이 뱃머리에 와인 병을 쳐서 깨뜨리고 '그레이트 브리튼호'라는 이름을 공식 발표했다.

약 5분 만에 배는 독에서 빠져나갔고 에이번강은 대홍수 이래 물 위에 뜬 가장 크고 거대한 선박을 받아들였다.

그 장면은 … 웅장했고, (별일이 없다면) 십중팔구는 고귀한 뉴욕만이 … 곧 증기 항해술에서 타의 추종을 불허하는 브리스틀의 두 번째 업적을 반기고자 이와 거의 비슷하게 활기찬 모습을 보일 것이라는 생각이 들어도 그 감격은 줄어들지 않았다.

⟨브리스틀 머큐리BRISTOL MERCURY⟩, 1843년 7월 22일

1843년 7월 19일 앨버트 공은 이점바드 킹덤 브루넬Isambard Kingdom Brunel이 설계한 강철 선체 증기선이자 최초로 스크루 프로펠러를 장착한 그레이트 브리튼호 진수식에 참석했다. 브루넬이 1838년에 내놓은 대서양 횡단 증기선 그레이트 웨스턴호 역시 이곳에서 만들었다. 하지만 사상 최대 선박이었던 그레이트 브리튼호는 너무 커서 독에서 나갈 수 없었고, 첫 항해는 2년 동안 미뤄졌다.

2년 동안 대서양 횡단 항로를 운항한 그레이트 브리튼호는 아일랜드 앞바다에서 좌초됐고 오스트레일리아로 가는 이민자를 나르는 역할을 맡게 됐다.

이날 일어난 다른 사건들
1553년 메리 1세 즉위로 잉글랜드 국교가 가톨릭으로 복귀
1870년 프랑스-프로이센 전쟁 개시
1979년 니카라과에서 좌파 산디니스타가 집권

7월 20일

역사적인 여성 권리 선언, 1848년

인류 역사는 남성이 여성을 상대로 권리 침해와 강탈을 반복한 역사다. …

　남성은 여성에게 양도할 수 없는 참정권 행사를 결코 허락하지 않았다.

　… 여성은 남편이 있는 데서 많은 범죄를 저지르고도 처벌을 받지 않을 수 있다는 점에서 남성은 여성을 도덕적으로 무책임한 존재로 만들었다. 결혼 서약 시 여성은 남편에게 복종하겠다고 약속해야 하며 남편은 사실상 아내의 주인이 된다. 법률이 남편에게 아내의 자유를 박탈하고 처벌을 가할 권리를 부여한다.

　남성은 이혼 관련법을 만들 때 여성의 행복은 전적으로 무시하고 무엇을 합당한 이유로 할 것인지, 갈라서는 경우 누구에게 친권을 부여할지 정했다. 이 법은 … 남성이 우월하다는 잘못된 전제하에 모든 권한을 남성에게 부여했다.

　… 남성은 갖은 방법을 동원해 여성이 자신의 능력에 대한 자신감을 잃고, 자존심을 떨어뜨리고, 자진해서 의존적이고 비굴한 삶을 살아가도록 만들고자 노력했다.

　이렇게 이 나라 국민 절반의 참정권을 박탈하고, 위에 언급한 부당한 법률로 미뤄보건대 여성을 사회적으로나 종교적으로 비하했으며, 여성들 스스로 피해를 입었고 억압당했으며 가장 신성한 권리를 부정하게 박탈당했다고 느끼므로, 우리는 여성이 미국 시민으로서 지니는 모든 권리와 특권을 즉시 누려야 한다고 주장한다.

선언, 세네카폴스 대회, 1848년 7월 20일

1848년 7월 뉴욕주 세네카폴스에서 참정권 운동가 엘리자베스 케이디 스탠턴Elizabeth Cady Stanton(1815년-1902년)과 노예제 폐지론자 루크리셔 모트Lucretia Mott(1793년-1880년)가 사회 개혁 대회를 열었다. 일반적으로 미국 여성 권리 운동은 이 대회에서 선언문을 채택하면서 시작됐다고 본다.

이날 일어난 다른 사건들
1944년 클라우스 폰 슈타우펜베르크Claus von Stauffenberg의 히틀러 암살 시도 실패
1974년 터키군이 키프로스 침공
1976년 바이킹 1호가 화성에 착륙

7월 21일

최초의 달 착륙, 1969년

그것은 한 개인에게는 사소한 한 걸음이지만 인류에게는 거대한 도약입니다.

닐 암스트롱, 연설, 1969년 7월 21일

미국 해군 비행사 닐 암스트롱Neil Armstrong(1930년 출생) 중령은 세 명이 탑승한 아폴로 11호 우주선을 이끄는 지휘관으로서 1969년 7월 달 표면에 발을 내디딘 첫 번째 사람이 됐다. 이 장면은 전 세계 텔레비전으로 생중계됐고 이를 본 시청자는 약 5억 명에 이르는 것으로 추정된다. 암스트롱은 사다리를 내려오면서 유명한 말을 남겼다. 그 말은 조금 잘못 전해졌다. 사람들은 그가 '인간에게는 사소한 걸음'이라고 말했다고 들었지만 나중에 미국 우주항공국은 그가 '한 개인에게는'이라고 말하려 했다고 확인했다.

함께 탑승한 '버즈' 올드린'Buzz' Aldrin이 20분 뒤에 도착했다. 올드린은 "아름답습니다. 아름답고 장엄한 폐허입니다."라고 말했다. 달에 발을 디딘 직후 암스트롱과 올드린은 닉슨 대통령과 통화했고, 닉슨은 그 통화에서 "백악관에서 건 가장 역사적인 전화"라고 표현했다. 그들은 달의 표면에 미국 국기, 수많은 세계 지도자들이 전한 친선 메시지가 담긴 실리콘 디스크, "서기 1969년 7월 지구 행성에서 온 사람들이 이곳에 처음으로 발을 디뎠다. 우리는 모든 인류를 위해 평화롭게 왔다."라고 새긴 명판을 남겼다.

이 위험한 임무로 1961년 5월 25일 케네디 대통령이 1960년대가 끝나기 전에 미국인을 달에 보내겠다고 장담한 낙관적인 서약을 달성했다. 지난달 소련 우주비행사 유리 가가린이 인류 최초로 우주에 나간 이후 냉전 경쟁 맥락에서 한 약속이었다(10월 4일도 참조).

7월 16일에 발사된 아폴로 11호는 사흘 뒤 달 궤도에 닿았다. 세 번째 팀원이었던 마이클 콜린스Michael Collins는 사령선인 컬럼비아호에 탑승해 달 궤도에 머물렀고, 암스트롱과 올드린은 이글호라는 '달착륙선'을 타고 착륙 예정 지점이었던 고요의 바다에 내렸다. 암스트롱은 "휴스턴, 여기는 고요의 바다 기지. 이글호는 착륙했다."라는 말로 착륙 성공을 보고했다. 달에 착륙한 지 21시간 뒤 이글호는 휘날리는 미국 국기를 뒤로하고 이륙해 컬럼비아호와 결합했다. 우주비행사들은 7월 24일 지구로 돌아왔고, 전례 없는 업적을 완수했다.

이날 일어난 다른 사건들
서기 365년 크레타섬에서 지진이 일어난 뒤 지진 해일로 알렉산드리아 파괴
1861년 미국 남북 전쟁: 남부 연합군이 버지니아주 제1차 불런 전투에서 승리
1954년 제네바 협정으로 베트남 분할

7월 22일

킹 데이비드 호텔 폭탄 테러, 1946년

매캐한 연기 기둥이 자욱하게 소용돌이치며 수백 미터 상공으로 올라가면서 호텔 남쪽 건물을 완전히 가렸다. 피어오르는 연기가 구름 한 점 없이 화창한 하늘로 흩어지기 시작할 때 6층 모서리가 있던 곳에 거대하게 갈라진 틈이 생겼다. 부상 입은 군인과 민간인들은 옷에 피가 튀고 얼굴에는 하얀 먼지를 뒤집어 쓴 채 피를 줄줄 흘리면서 충격을 받아 멍한 표정으로 잔해에서 비틀거리며 걸어 나왔다.

호텔 내부 선사시계가 모두 12시 37분에 멈췄다. 복도 끝 남쪽 벽 전체가 날아갔고 호텔 바 뒷벽은 무너졌다. 바는 깨진 병과 창문, 가구들로 난장판이었다. 로비에는 틈이 벌어진 대리석 바닥을 통해 들어온 먼지와 엄청난 모래가 말라붙어 있고, 바닥은 유리조각으로 뒤덮여 있었다. 현관홀에서 남쪽 건물로 이어지는 구간에 붙여놓은 타일이 몇 센티미터 들떴다. 망가진 목공예 작품이 로비에 어지럽게 흩어져 있었다.

… 〈데일리 텔레그래프〉 특파원이 존 쇼 경과 함께 서 있을 때 흙을 뒤집어쓰고 찢어진 옷을 입은 민간인의 모습이 잔해에서 나타나더니 총독[쇼]에게로 걸어가 "저는 암호를 알고 있고 금고를 잠갔습니다."라고 말했다.

〈팔레스타인 포스트〉, 1946년 7월 23일

1946년 7월 22일, 유대인 무장 단체 이르군 즈바이 레우미Irgun Zvai Leumi(혹은 스턴 갱Stern Gang)가 영국이 통치하던 팔레스타인을 강타했다. 영국군 본부와 팔레스타인 정부 사무국이 있던 예루살렘 킹 데이비드 호텔을 폭파한 것이었다. 총독이었던 존 쇼 경Sir John Shaw은 부상을 면했지만 사망자 수는 영국인, 유대인, 아랍인을 통틀어 90명을 넘어섰다.

이르군 지도자이자 장차 이스라엘 총리가 된 메나헴 베긴은 킹 데이비드 호텔이 군사적 가치를 지니고 있어 표적으로 타당했다고 해명했고 〈팔레스타인 포스트PALESTINE POST〉 영문판에 보낸 경고를 포함해 세 차례에 걸쳐 건물을 비우라고 경고했으나 이를 영국 정부가 무시했다고 주장했다. 주류 유대인 단체들이 비난한 이 테러 행위에 영국 측은 즉시 강경한 태도를 취했으나 무장 시온주의 단체의 결의가 뚜렷하게 드러났다. 2년 안에 팔레스타인에 대한 영국의 위임 통치가 끝났고 막 건국한 이스라엘은 이웃 아랍국과 생존을 다투게 됐다.

이날 일어난 다른 사건들

1456년 베오그라드 포위전에서 헝가리가 오스만 제국 격파
1706년 그레이트 브리튼 왕국 형성으로 이어진 연합 조약 승인
2011년 노르웨이에서 아네르스 베링 브레이비크Anders Behring Breivik가 두 차례에 걸친 테러로 77명 살해

7월 23일

이집트 군부 쿠데타, 1952년

이집트는 뇌물, 해악, 안정성 부재가 만연하는 시기를 견뎌왔습니다. 이 모든 요인이 군대에 커다란 영향을 미쳤습니다. 뇌물을 받은 자들 때문에 1948년 우리는 전쟁[대 이스라엘]에서 패배했습니다. 전쟁이 끝난 뒤 해악을 만든 자들은 서로 도왔고 반역자들이 군대를 지휘했습니다. 그들은 무지하거나 부패한 사령관을 임명했습니다. 이집트는 나라를 방어할 군대가 없는 지경에 이르렀습니다.

따라서 우리는 스스로 정화하는 작업에 착수했고, 군대 내에서 능력과 품성, 애국심을 지닌 신뢰할 수 있는 인물을 지휘관으로 임명했습니다. 이집트가 이 소식을 열렬히 환영할 것이라고 확신합니다. …

저는 이집트 국민 여러분께 군대 전체가 국익을 우선으로 하고 그 어떤 사사로운 이익과 별개로 헌법 지배하에 작동할 수 있다고 장담합니다. 국민 여러분께서는 반역자들이 파괴나 폭력 행위로 도피하도록 결코 용인하지 마시기를 부탁드립니다. 그런 식으로 행동하는 사람이 있다면 이전에 보지 못한 방식으로 강력한 처분을 받을 것이며 그 행위는 즉시 반역죄로 다스릴 것입니다. … 저는 외국인 형제분께 그들의 이익과 신변, 재산이 안전하며 우리 군이 외국인들의 안전 보장에 책임을 느끼고 있다고 장담합니다. 신의 가호가 있기를 바랍니다.

무하마드 나기브, 라디오 방송에서 안와르 사다트가 대독, 1952년

무하마드 나기브Muhammad Naguib 소장과 가말 나세르Gamal Nasser 대령을 주축으로 젊은 군인이 일으킨 '자유 장교단 운동Free Officers Movement'은 1952년 7월 이집트에서 정권을 잡고 1953년 공화국을 수립했다. 이집트 공화국 초대 대통령이었던 나기브는 1954년 나세르에 밀려 대통령직에서 사임했다. 나세르는 범아랍주의를 실현하겠다는 열망을 보이고 소련에 교섭을 개시하면서 서방 세계의 의혹을 받았다. 1956년 나세르는 수에즈 운하를 국유화해 엄청난 파장을 일으켰고, 프랑스-영국-이스라엘이 수에즈 운하를 장악하고자 모의하면서 특히 영국에 외교적으로 끔찍한 결과를 초래했다.

안와르 사다트는 나세르의 뒤를 이어 1970년에 대통령이 되었으나 이스라엘과 평화 협정(3월 26일 참조)을 맺은 뒤인 1981년 암살당했다. 그의 후임인 호스니 무바라크는 2011년까지 대통령직을 이어가다가 민주화 시위로 밀려났다.

이날 일어난 다른 사건들
1903년 최초의 포드 자동차 판매
1914년 오스트리아-헝가리가 세르비아에 최후통첩
1983년 스리랑카 내전 시작: 분리 독립 지지파 타밀 타이거스Tamil Tigers가 군 장교 13명 살해

7월 24일

잉카의 잃어버린 도시 발견, 1911년

이보다 더 흥미로운 대상을 찾으리라는 기대는 조금도 하지 않은 채 … 나는 산등성이로 올라가 낭떠러지 주변을 돌았다. … 그들은 어린 소년을 안내인으로 내게 딸려 보냈다.

　우리가 낭떠러지를 돌자마자 더 멋진 석조물이 나타나기 시작했다. 최근 원주민들이 … 구조가 아름다운 테라스 층계를 정글에서 발굴했다. … 그 너머에 있는 자연 그대로의 숲으로 들어가자 난데없이 아름다운 화강암 집들이 어지럽게 늘어서 있는 곳이 나왔다! 집들은 수백 년 동안 자란 나무와 이끼로 덮여 있었다.

　… 조각된 바위 아래에서 어린 소년이 정말 아름답게 세공한 돌이 늘어선 동굴을 보여줬다. 한눈에 왕릉 같았다. 이 특별한 바위 위에 반원형 건물이 지어져 있었다. 벽은 바위 본연의 곡선미를 살렸고 지금껏 내가 본 가장 훌륭한 석조 공법으로 쐐기돌이 박혀 있었다. … 흐르는 듯한 선, 마름돌[절단한 돌]을 대칭으로 쌓은 방식, 벽돌 층의 완만한 변화가 어우러져 구세계 대리석 신전보다 더 부드럽고 매력적이면서 멋진 효과를 냈다. 회반죽이 없어서 바위 사이에 보기 흉한 공간이 없었다. 어쩌면 바위들이 함께 자랐을지도 모르겠다.

　… 당황스러울 정도로 연달아 놀라움이 이어졌다. 나는 커다란 화강암 덩어리로 만든 기막히게 훌륭한 계단을 올랐고 … 작은 빈터로 들어갔다. 이곳에 내가 페루에서 본 중에 가장 뛰어난 건축물 두 채의 폐허가 있었다. 이 건물들은 결이 아름다운 흰색 화강암을 엄선해 만들었을 뿐만 아니라 벽에는 길이가 3미터이고 높이가 사람 키보다 높은 거대한 마름돌이 들어가 있었다. 그 광경에 나는 넋을 잃었다.

하이럼 빙엄, 《잉카의 땅INCA LAND》, 1922년

1911년 7월 부유하고 젊은 미국 학자 하이럼 빙엄Hiram Bingham(1875년-1956년)이 '잉카의 잃어버린 도시' 마추픽추를 우연히 발견했다. 잉카 수도 쿠스코에서 110여 킬로미터 떨어진 곳에 있는 마추픽추의 기원은 15세기까지 거슬러 올라가지만 그 역사적인 역할이 무엇이었는지에 관해서는 논란이 있다. 하지만 멋진 안데스산맥 고지대를 배경으로 펼쳐진 도시의 위풍당당함이나 연간 50만 명에 가까운 관광객을 끌어들이는 관광지로서의 인기는 의심할 여지가 없다.

이날 일어난 다른 사건들
1567년 스코틀랜드 여왕 메리 강제 퇴위
1866년 미국 남북 전쟁 이후 남부 주로서는 최초로
　　　테네시가 연방에 재편입
1943년 제2차 세계대전: 연합군 공습으로 함부르크
　　　파괴 시작

7월 25일

영국 해협을 횡단 비행한 블레리오, 1909년

오늘(일요일) 새벽 2시 30분에 일어나 보니 기상 조건이 양호하기에 내 마음대로 이용할 수 있는 어뢰정 에스코페트호에 출발하라고 명령했다. 그다음에 상가트에 있는 격납고로 가서 모터가 잘 작동하는지 확인했다. 새벽 4시에 비행기 조정석에 앉아 칼레 주변을 시험 비행하고 … 해협 횡단 출발지로 선택한 곳으로 내려갔다.

… 4시 35분에 '모든 준비'를 마쳤다. 친구 르블랑스가 신호를 주고 나서 나는 순식간에 공중으로 떠올랐고, 절벽 끝에 걸린 전신선을 빨리 넘을 수 있도록 엔진 회전수를 거의 최고 속도에 가까운 1,200회로 높였다.

절벽을 넘자마자 속도를 줄였다. … 영국 해안을 향해 꾸준하고 안정된 비행을 시작했다.

에스코페트호가 나를 발견했다. 배는 전속력으로 앞서 달리고 있었다. 아마 시속 42킬로미터 정도로 달렸을 것이다. 그게 무슨 상관이겠는가? 나는 적어도 시속 68킬로미터로 날고 있었다. 80미터 상공에서 금세 에스코페트호를 추월했다. 아래로는 바다 수면이 있었고 상쾌한 바람에 물결이 일었다. 아래로 보이는 파도 움직임이 기분 좋았다. 나는 계속 비행했다.

10분이 흘렀다. 구축함을 지나친 뒤에 고개를 돌려 내가 올바른 방향으로 나아가고 있는지 살폈다. 깜짝 놀랐다. 아무것도 보이지 않았다. 어뢰정 구축함도, 프랑스도, 영국도 보이지 않았다. 나는 혼자였다. 아무것도 볼 수 없었다.

10분 동안 길을 잃었다. 해협 한가운데 공중에서 나침반도 없이 혼자 있자니 이상했다. … 손과 발을 레버에 가볍게 올려놓았다. 나는 비행기가 스스로 방향을 잡도록 내버려 두었다. 어디로 나아가는지 상관하지 않았다.

… 프랑스 해변을 떠난 지 20분 뒤에 푸른 절벽과 도버성이 보이고 서쪽으로 내가 착륙하려던 지점이 보였다. …

나는 발로 레버를 누르면서 쉽게 서쪽으로 방향을 틀었다. 절벽 주변에서 거센 바람이 불어서 날기가 어려웠고 맞바람과 싸우면서 속력이 떨어졌지만 내 아름다운 비행기는 여전히 꿋꿋하게 대응했다.

서쪽으로 날아 항구를 가로질러 셰익스피어 절벽에 닿았다. 한 시간 반은 거뜬히 비행을 계속할 수 있고, 어쩌면 칼레로 되돌아갈 수도 있다는 생각이 들었지만 이 푸른 지대에 착륙할 기회를 마다할 수 없었다.

다시 한번 비행기 방향을 틀었다. 공터로 들어서서 다시 육지 위를 날았다. 오른쪽에 있는 붉은 건물들을 피해 착륙을 시도했지만 바람에 휩쓸려 두세 차례 빙글빙글 돌았다. 나는 즉시 모터를 멈췄고 비행기는 20미터 상공에서 땅으로 곧장 떨어졌다. 2초, 3초 정도 지났을 때 나는 해안에 안전하게 착륙했다.

군복을 입은 군인과 경찰이 뛰어왔다. 내 동포도 두 명 있었다. 그들은 내 뺨에 입을 맞췄다. 비행을 마쳤다는 생각에 가슴이 벅찼다.

이렇게 영국 해협 횡단 비행이 끝났다. 쉽게 다시 할 수 있는 비행이었다. 다시 하게 될까? 그렇지 않을 것이다. 이미 시작한 경주를 마치면 더는 비행을 하지 않겠다고 아내에게 약속했다.

루이 블레리오, 〈뉴욕 타임스〉 1909년 7월 26일

최초로 바다를 건너는 장시간 비행이었던 루이 블레리오Louis Blériot의 영국 해협 횡단 비행은 〈데일리 메일〉이 영국 해협을 처음으로 비행한 사람에게 1,000파운드를 제공하기로 하면서 이루어졌다. 〈데일리 메일〉은 1906년부터 비행에 상금을 제공하기 시작했고 1960년 에이미 존슨이 영국에서 오스트레일리아까지 첫 단독 비행에 성공해 1만 파운드를 상금으로 받을 때까지 계속해서 제공했다.

1909년 7월 블레리오(1872년-1936년)는 상금을 다투던 경쟁자 두 명과 함께 칼레에 도착했다. 비행을 준비하는 과정에서 세 사람 모두 사고를 겪었다. 다른 두 사람은 기권한 반면 블레리오는 발에 심한 화상을 입었지만 계속 도전하기로 결심했다. 7월 25일 블레리오는 직접 설계한 24마력 단엽 비행기를 타고 37분 동안 비행했다.

블레리오의 비행은 항공업계 발전에 박차를 가했다. 2년 뒤에는 앙드레 보몽André Beaumont이 〈데일리 메일〉이 주최한 최초의 영국 일주 비행에 도전해 1만 파운드를 받았다.

이날 일어난 다른 사건들
서기 306년 콘스탄티누스가 로마 황제로 즉위
1603년 스코틀랜드의 제임스 6세가 잉글랜드의 제임스 1세로 즉위
1978년 첫 시험관 아기인 루이스 브라운이 올드햄에서 탄생

7월 26일

윈스턴 처칠 선거 패배, 1945년

동이 트기 직전에 거의 몸으로 느껴지는 날카로운 통증에 갑자기 잠에서 깼다. 우리가 졌다는 직감이 엄습하면서 내 마음을 지배했다. 오랫동안 정신적으로 '비행 속도'를 유지하도록 몰아붙인 어마어마한 사건들의 압박이 전부 끝나고 나는 내려가야 한다. 미래를 형성할 힘이 나를 거부했다. 내가 축적한 지식과 경험, 수많은 나라에서 내가 얻은 권위와 호의가 사라질 것이다. 그런 전망에 불만을 느낀 나는 몸을 돌려 다시 잠을 청했다. 9시가 되어서야 잠에서 깼다. 결과가 막 들어오기 시작했다. 예상대로 불리했다. 정오 무렵 사회주의 노동당이 다수를 차지할 것이 분명해졌다. 점심식사 때 아내가 "어쩌면 뜻밖에 좋은 결과가 나올지도 몰라요."라고 말했다. 나는 "지금 아주 뜻밖이기만 하네."라고 대답했다.

윈스턴 처칠, 《전쟁 회고록WAR MEMOIRS: **TRIUMPH AND TRAGEDY》, 1953년**

1945년 영국 총선은 영국이 나치 독일에 승리를 거두었으나(5월 8일 참조) 아직 일본과 전쟁 중이었던 시기에 치러졌다. 비교할 수 없을 정도로 인기 있는 전쟁 지도자였던 처칠은 선거운동 기간에 노동당을 게슈타포에 비교하는 실수를 저질렀다. 이는 많은 사람이 보기에 새로운 전후 개혁 시대를 향해 영국을 이끌기에 부적절한 자질을 드러내는 실수였다.

극동 지역에 주둔하는 군인들의 표까지 포함하느라 투표 집계에 몇 주가 걸리는 가운데 처칠은 7월 17일부터 소련 지도자 스탈린, 미국 대통령 트루먼과 함께 패전국 독일을 어떻게 조치할지 등을 논의하는 포츠담 회담에 참석했다. 그는 선거 결과를 예측하면서 7월 25일에 영국으로 돌아왔다. 처칠이 선거에 패배하면서 회담 끝 무렵에는 그때까지 처칠의 연정 대리인이자 이제 노동당 소속 총리가 된 클레멘트 애틀리Clement Attlee가 영국 대표로 참석했다.

비록 야당이 되기는 했지만 처칠은 여전히 세계무대를 누볐고(3월 5일 참조) 70대 후반에 접어든 1951년 다시 총리직을 맡아 1955년에 사임할 때까지 수행했다.

이날 일어난 다른 사건들

1847년 미국 해방 노예들이 라이베리아 독립 선언
1947년 미국 중앙정보국Central Intelligence Agency 창설
1974년 그리스에서 7년에 걸친 군부 통치 끝에 민정 재개

7월 27일

필리프 2세가 부빈 전투에서 승리, 1214년

오 존경스럽도록 관대함을 베푸신 군주여! 오 금세기에 들어본 적 없는 놀라운 자비여! 왕과 봉신들이 막사로 돌아간 바로 그날 저녁 왕은 전투에서 잡은 귀족을 모두 데려오라고 했다. 각각 자기 깃발을 들고 참가한 백작 5명과 신분이 고귀한 사람 25명까지 총 30명이었고 신분이 낮은 다른 포로들도 함께 데려왔다.

그들이 모두 군주 앞에 섰을 때 군주는 크나큰 호의와 진심 어린 연민으로 그들의 목숨을 살려주셨다. 그들은 모두 군주의 왕국 출신으로 군주에게 충성을 맹세한 신하임에도 역적모의를 하고 군주를 죽이려 했으니 왕국의 관습에 따라 참수당해야 마땅하다. 반역자들을 단호하게 처단해야 한다는 엄중함이 군주의 마음속에서 타올랐으나 항복한 자들에 대한 관대함이 더욱더 크게 꽃 피웠다. 그는 언제나 온순한 사람들을 관대하게 대하고 오만한 사람들을 타도하고자 했다. 사슬과 밧줄에 묶인 채 그들은 수레에 실려 이곳저곳에 있는 감옥으로 끌려갔다.

브르타뉴인 윌리엄, 프랑스 필리프 2세의 군종 신부

프랑스 카페 왕조 국왕 필리프 2세Philip II가 릴 근처에서 벌어진 부빈 전투에 승리하면서 강력한 프랑스 군주제와 프랑스 국가가 출현하게 됐다. 그날 필리프 왕의 군대는 신성 로마 제국 황제 오토 4세Otto IV(나중에 폐위)와 그의 동맹 플랑드르 공작Duke of Flanders, 불로뉴의 레지날드 Reginald of Boulogne를 비롯해 필리프 2세의 이전 봉신들이 합세한 연합군을 물리쳤다.

필리프 2세에 대항한 동맹은 잉글랜드 존 왕이 10년 전에 상실한 노르망디와 앙주를 되찾으려고 결성한 동맹이었다. 노르망디와 앙주는 플랜태저넷 왕조가 소유한 앙주 제국에 속했던 영토로, 제국 전성기에는 현재 프랑스 서부와 남서부 상당 부분을 포함했다. 필리프 2세가 승리하면서 존 왕은 굴욕적이고 값비싼 휴전을 받아들여야 했다. 또한 잉글랜드로 돌아간 존 왕은 나중에 불만을 품은 봉신들이 나중에 부과한 마그나 카르타 조건에 따라야 했다.

이날 일어난 다른 사건들

1794년 프랑스 혁명: 로베스피에르 체포
1866년 최초의 대서양 횡단 케이블 완성으로 대륙간 전신 개시
1921년 토론토대학교에서 인슐린 발견

7월 28일

스탈린이 "한 발자국도 물러나지 말라"라고 명령, 1942년

붉은 군대를 사랑하고 존경하던 우리 인민은 신뢰를 잃어가고 있고, 동쪽으로 도망가면서 독일 압제자들의 굴레에 우리 인민을 내동댕이친 붉은 군대에 저주를 퍼붓는다. 일부 멍청한 놈들은 우리의 영토와 땅이 넓고 인력이 풍부하며 언제나 곡식이 차고 넘치니 늘 동쪽으로 도망칠 수 있다고 말하며 스스로 위로한다. 그들은 전선에서 행한 수치스러운 행동을 변명하고자 이렇게 말한다. 그런 말은 순전히 거짓이고 적을 도울 뿐이다.

우크라이나, 벨로루시, 발트해 연안, 돈바스를 비롯한 여러 지역을 잃은 뒤 우리 영토와 인민은 크게 줄어들었고, 곡식과 금속, 공장과 산업 시설 역시 대폭 감소했다. 더 멀리 후퇴한다면 우리와 조국은 몰락할 것이다. 우리가 포기한 땅뙈기 한 뼘 한 뼘이 적을 강하게 하고 우리 국방, 우리 조국을 약하게 한다.

후퇴할 시간은 끝났다. 한 발자국도 물러나지 말라! 지금부터 이 말이 우리 좌우명이다.

적의 공격에 맞서 서쪽으로 몰아낼 수 있을까? 물론, 할 수 있다. 우리 공장이 아주 잘 돌아가고 있고 전선에 그 어느 때보다도 많은 항공기, 대포, 박격포를 공급하고 있기 때문이다.

우리에게는 질서와 규율이 부족하다. 그것이 우리의 주된 결점이다. 이 상황에서 벗어나 우리 조국을 수호하고자 한다면 지극히 엄격한 질서와 군기를 확립해야 한다. 당황하는 놈과 겁쟁이들은 즉각 제거될 것이다. 명령 없이 후퇴하는 정치위원, 정치인, 중대장, 대대장, 연대장, 사단장들은 조국에 대한 반역자로 간주될 것이다.

이오시프 스탈린, 국방인민위원, 명령 227호, 1942년 7월 28일

1941년 6월 히틀러가 바르바로사 작전을 개시한 후 나치가 소련 영토를 뚫고 빠르게 진격하자 1942년 여름 스탈린은 넘어서는 안 되는 한계선을 정하기로 결심했다. 뒤이어 스탈린그라드에서 일어난 악몽 같은 전투와 포위전(1월 24일 참조)에서는 실제로 "당황하는 놈과 겁쟁이들이 … 즉각 제거"되는 모습이 보였다. 하지만 엄청난 인적 희생을 치르고 이 명령은 전쟁의 전환점이 됐다.

이날 일어난 다른 사건들
1868년 미국 수정 헌법 제14조로 흑인에게 시민권 보장
1914년 오스트리아-헝가리가 세르비아에 선전 포고
1976년 중국 탕산 지진으로 수십만 명 사망

7월 29일

빈센트 반 고흐 사망, 1890년

사랑하는 우리의 친구 빈센트가 나흘 전에 죽었습니다.
　… 일요일 저녁, 그는 오베르 근처 전원으로 나가 이젤을 건초 더미에 기대어 놓은 뒤 성 뒤편으로 돌아가 권총으로 자신을 쏘았습니다. 격렬한 충격(총알은 심장 밑에 박혔습니다)으로 쓰러졌지만 그는 다시 일어섰습니다. 이후로도 세 차례 더 넘어지면서 머무르던 여관(라부 여관)으로 돌아왔지만 아무에게도 총상을 입었다고 얘기하지 않았습니다. 결국 그는 월요일 저녁에 죽었습니다. 손에서 놓기를 거부했던 파이프 담배를 피우면서 자살은 지극히 의도적이었고 완전히 제정신으로 한 짓이라고 설명했어요.
　… 그의 시신을 안치한 방의 벽에는 그가 마지막에 그렸던 캔버스들이 걸려 있어서 그에게 후광이 비치더군요. 그림들이 내뿜는 천재의 기지에 그곳에 있던 우리 화가들은 더욱 고통스러웠습니다. 관에는 소박한 흰 천이 덮여 있었고, 주변으로 그가 너무나 사랑했던 해바라기, 노란 달리아, 노란 꽃들이 많이 놓여 있었습니다. 기억하시겠지만 노란색은 빈센트가 가장 좋아하는 색이었습니다. 예술 작품뿐만 아니라 사람들의 마음속에도 있다고 그가 꿈꿨던 빛을 상징하죠.

화가 에밀 베르나르,
미술품 수집가 알베르 오리에Albert Aurier에게 보낸 편지, 1890년 8월 4일

1890년 7월 27일 후기 인상주의 화가 빈센트 반 고흐Vincent Van Gogh는 파리 외곽 오베르쉬르우아즈 근처 들판에서 자기 복부에 총을 쐈다. 그곳은 고흐가 인생 끝 무렵에 〈까마귀가 나는 밀밭Wheatfield with Flight of Crows〉을 그린 장소였다. 고흐의 남동생이자 미술상이었던 테오(고흐에게 그림을 배우라고 격려했다)는 곤경에 빠진 고흐를 정서적으로 뒷받침했고 끝까지 그를 간호했다. 테오는 고흐가 죽기 전에 마지막으로 "슬픔은 영원할 거야."라는 말을 남겼다고 전했다. 고흐는 7월 29일 37세를 일기로 사망했다.

며칠 뒤 여동생 엘리자베스에게 쓴 편지에서 테오는 "사람들은 형이 훌륭한 화가라는 사실을 깨달아야 해. 훌륭한 화가는 대개 훌륭한 인물이기도 하지. 시간이 흐르면 이 사실은 분명히 드러날 것이고 많은 이가 형의 요절을 안타까워할 거야."라고 주장했다. 이로부터 불과 6개월 뒤에 테오도 사망했다. 전 세계가 고흐와 고흐의 작품에 보낸 찬사를 목격하기에는 너무 이른 죽음이었다.

이날 일어난 다른 사건들
1948년 런던 올림픽 개막
1981년 런던 세인트폴 대성당에서 찰스 왕세자가 다이애나 스펜서와 결혼
2005년 팔로마 천문대에서 왜행성 에리스 발견

7월 30일

파리에 마르세유의 노래가 울려퍼지다, 1792년

Allons enfants de la Patrie,
Le jour de gloire est arrivé!
Contre nous de la tyrannie,
L'étendard sanglant est levé,
L'étendard sanglant est levé,
Entendez-vous dans nos campagnes
Mugir ces féroces soldats?

Ils viennent jusque dans nos bras
Égorger nos fils et nos compagnes!

[후렴]
Aux armes, citoyens,
Formez vos bataillons,
Marchons, marchons!
Qu'un sang impur
Abreuve nos sillons!

일어서라, 조국의 자녀들아,
영광의 날이 왔다!
폭군이 우리에게 맞서
피 묻은 깃발을 높게 건다
피 묻은 깃발을 높게 건다
저 들판의 소리가 들리는가?
흉포한 군인들이 내지르는 고함이?

그들이 우리 한가운데로 쳐들어와
우리 자식과 동료들의 목을 벤다!

[후렴]
무기를 들어라, 시민들이여,
대오를 정비하라
나아가자, 나아가자!
더러운 피로
우리 밭고랑을 채우자!

1792년 4월 스트라스부르에서 클로드 조제프 루제 드 릴Claude Joseph Rouget de Lisle이 애국가 〈마르세유의 노래La Marseillaise〉(총 7절)를 작곡했다. 이 노래는 프랑스군이 프로이센과 오스트리아 침공에 맞서 프랑스 혁명을 지키려던 때에 〈라인군을 위한 군가Song of the Army of the Rhine〉로 만들어졌다. 1972년 7월 30일 이 노래를 행진곡으로 채택한 의용군이 남쪽 마르세유에서 파리에 도착했을 때 처음으로 이 노래가 파리에 울려 퍼졌다. 1793년 왕당파 동조자 루제 드 릴은 새 공화국에 맹세하는 선서를 거부해 단두대로 처형될 위기에 처했으나 〈마르세유의 노래〉를 썼다는 이유로 형 집행을 면제받았다. 이 노래는 1796년에 첫 번째 프랑스 국가로 채택됐으나 이후 나폴레옹이 위험하다는 이유로 탄압했고 1879년에야 다시 국가로 채택됐다. 그때 이후로 이 노래는 널리 퍼졌고 20세기에는 영화 〈카사블랑카Casablanca〉와 비틀스의 〈All You Need is Love〉에 등장해 깊은 인상을 남겼다.

이날 일어난 다른 사건들
762년 바그다드 창설일
1945년 제2차 세계대전: 미국 함선 인디애나폴리스호가 침몰하면서 883명 사망
2006년 BBC 〈탑 오브 더 팝스Top of the Pops〉가 42년간 방영된 끝에 최종회 방송

7월 31일

의사 크리펜 체포, 1910년

몬트로즈호가 앤트워프 항구에 있을 때 나는 크리펜과 르 네브에 대한 영장이 발부됐다는 소식을 알게 됐다. … 곧 우리는 퀘벡을 향해 출항했다. … 출항 사흘째 되던 날 나는 무선 통신사에게 리버풀로 "리저드 서쪽 210킬로미터 지점 … 일등 선객 중 런던 지하실 살인자 크리펜과 그 공범이 있다는 강력한 의혹이 있다. … 공범은 남장을 하고 있으나 목소리, 태도, 몸집이 의심할 여지없이 여자다."라는 메시지를 전달하도록 했다.

…우리 무선 통신사가 런던 신문사에서 화이드스타 여객선 로렌틱호에 탑승한 대표에게 보낸 메시지를 가로채 내게 가져왔을 때 얼마나 흥분했을지 상상해 보라. "듀 경위는 무엇을 하고 있습니까? 무선 메시지를 주고받고 있습니까? 승객들이 추격에 흥분하나요? 답변 바랍니다."

이 메시지 덕분에 나는 내가 리버풀로 보낸 전신을 받은 듀 경위가 첫 배를 잡아탔다는 사실을 알게 됐다. 로렌틱호는 우리보다 앞서서 뉴펀들랜드 해안에 도착할 것이다. 나는 로렌틱호에 무슨 소식이 있으면 벨아일 전신국에 알려줬으면 좋겠다고 생각했다.

정말로 소식이 왔다. "파더 포인트에서 몬트로즈호에 탑승 예정 … 비밀 엄수 … 로렌틱호 탑승 중인 런던 경찰국 소속 듀 경위."라는 내용이었다.

마지막 밤은 음산하고 불안했다. … 갑판 위를 거니는 '로빈슨 씨'[크리펜]가 보였다. 나는 탑승할 '도선사들'을 만나보라고 미리 그를 초대했다. 그들은 탑승하자마자 곧장 내 선실로 왔다. 나는 로빈슨 씨를 불렀다…

그가 들어오자 형사가 말했다. "안녕하세요, 크리펜 씨. 나를 아십니까? 런던 경찰국 소속 듀 경위입니다." 크리펜은 벌벌 떨었다. 놀라서 말문이 막힌 모양이었다. 그러더니 "하나님, 감사합니다. 이제 끝이군요. 너무 긴장했습니다. 더는 견딜 수 없었어요."라고 말했다.

H. G. 켄달 H. G. Kendall **선장, 증기선 몬트로즈호 선장, 회고록**

두 번째 아내를 독살해 시체를 런던 자택 지하에 묻은 혐의를 받았던 미국 동종요법 의사 홀리 크리펜 Hawley Crippen은 무선 전신기의 도움으로 체포한 최초의 탈주자였다. 유럽에서 도망치려던 크리펜이 연인 에설 르 네브 Ethel le Neve와 함께 변장하고 올랐던 몬트로즈호가 캐나다에 도착했을 때 이 배보다 더 빠른 증기선 로렌틱호를 타고 앞질러와 기다리고 있던 듀 경위가 그들을 체포했다.

이날 일어난 다른 사건들

1784년 프랑스 백과전서파 철학자 드니 디드로 Denis Diderot 사망

1956년 크리켓 선수 짐 레이커 Jim Laker가 테스트 매치에서 오스트레일리아에서 배트맨 10명 아웃 기록

1964년 레인저 7호가 달을 근접 촬영한 상세 사진을 처음으로 지구에 전송

8월

8월 1일	안네 프랑크의 마지막 일기, 1944년
8월 2일	아인슈타인 원자 폭탄 옹호
8월 3일	올리버 크롬웰이 스코틀랜드에 정책 변경을 요구, 1650년
8월 4일	대전에 휘말린 유럽, 1914년
8월 5일	노섬브리아 국왕 오스왈드 전사, 642년
8월 6일	히로시마 원자 폭탄 투하, 1945년
8월 7일	인디애나 린치 사건, 1930년
8월 8일	리처드 닉슨 사임, 1974년
8월 9일	엘리자베스 여왕이 스페인 아르마다에 저항, 1588년
8월 10일	예루살렘 성전 파괴, 서기 70년
8월 11일	허버트 후버가 빈곤의 종말 선언, 1928년
8월 12일	클레오파트라 사망, 기원전 30년
8월 13일	베를린 장벽 건설, 1961년
8월 14일	의화단 운동 종결, 1900년
8월 15일	인도 독립, 1947년
8월 16일	피털루 대학살, 1819년
8월 17일	최초의 상용 증기선 운행, 1807년
8월 18일	칭기즈 칸 사망, 1227년
8월 19일	아우구스투스 황제 사망, 서기 14년
8월 20일	영국 공군에 경의를 표한 처칠, 1940년
8월 21일	벨기에 중립 침해, 1914년
8월 22일	보즈워스 전투, 1485년
8월 23일	성 바르톨로메오 축일 전야 학살, 1572년
8월 24일	베수비오 화산 폭발, 서기 79년
8월 25일	백악관에 침입한 영국군, 1814년
8월 26일	크레시 전투, 1346년
8월 27일	크라카타우 화산 폭발, 1883년
8월 28일	마틴 루서 킹, 저에게는 꿈이 있습니다, 1963년
8월 29일	크리켓 애시스 탄생, 1882년
8월 30일	제2차 머내서스 전투, 1862년
8월 31일	'민중의 왕세자비' 사망, 1997년

8월 1일

안네 프랑크의 마지막 일기, 1944년

나는 느끼는 대로 말하지 않아. 그래서 남자애들 꽁무니를 쫓아다닌다거나 바람둥이라거나 잘난 체한다거나 로맨스 소설 독자라는 말을 듣곤 해. 태평스러운 안네는 웃으면서 건방지게 대답하고 어깨를 으쓱하며 아무런 상관도 하지 않는다는 듯이 행동하지. 조용한 안네는 정반대로 반응해.

아주 솔직하게 말하자면 나는 이런 말에 신경을 많이 쓰고 바꾸려고 엄청나게 노력하지만 그럴 때마다 항상 더 강력한 적과 마주치게 된다는 사실을 인정해야 할 것 같아. 내 마음 속 목소리는 흐느끼면서 "그것 봐, 그렇게 되어 버렸잖아. 네 안에 있는 바람직한 반쪽이 하는 충고를 듣지 않으니까 부정적인 의견과 실망스러운 표정, 조롱하는 얼굴, 너를 싫어하는 사람들에게 둘러싸이게 되는 거야."라고 말해.

충고에 귀를 기울이고 싶지만 잘 되지 않아. 내가 조용하고 진지할 때면 다들 내가 새로운 연기라도 한다고 생각하고 나는 농담으로 넘겨야 해. 심지어 우리 가족은 내가 아프다고 생각하고 아스피린과 진정제를 먹이고, 열이 있는지 목이나 이마를 만져보고, 속은 괜찮은지 물어보고 우울해한다고 야단을 쳐. 더는 견딜 수가 없지. 이렇게 계속 간섭하기 시작하면 나는 삐뚤어졌다가 슬퍼지고 결국에는 속이 뒤집혀서 나쁜 면이 겉으로 드러나고 좋은 면은 속으로 들어가 버려. 그러면서 내가 되고 싶고 내가 될 수 있는 사람이 될 수 있는 방법을 찾으려고 노력하지. 만약… 만약 이 세상에 다른 사람들이 없었다면….

안네 프랑크, 일기, 1944년 8월 1일

15세 유대인 소녀 안네 프랑크의 마지막 일기는 이렇게 끝났다. 이 일기는 나치가 점령한 네덜란드에 숨어산 지 2년이 넘게 지난 1944년 8월 1일에 썼다(6월 12일 참조). 1945년 3월 베르겐벨젠에서 안네가 죽은 뒤, 암스테르담에서 안네 가족이 은신하도록 도와줬던 미프 히스Miep Gies가 일기를 발견해 이를 아우슈비츠 수용소에서 살아 나온 안네의 아버지 오토에게 건넸다. 오토 프랑크는 1947년에 몇몇 판본을 출판했고 이후에도 여러 판본이 나왔다. 일기에 담긴 십 대 소녀 안네의 개인적인 생각과 두려움은 홀로코스트의 비극을 전 세계 어린이와 어른들에게 친숙한 목소리로 널리 전파했다.

이날 일어난 다른 사건들
기원전 30년 옥타비아누스가 이집트를 로마에 합병하며 알렉산드리아에 입성
1834년 대영제국 대부분 지역에서 노예 폐지법 시행
1944년 제2차 세계대전: 바르샤바 봉기 개시

8월 2일

아인슈타인 원자 폭탄 옹호

지난 4개월 동안 프랑스의 [프레데리크] 졸리오, 미국의 [엔리코] 페르미와 [레오] 실라르드가 내놓은 연구의 결과로써 대량의 우라늄으로 핵 연쇄 반응을 일으켜 엄청난 힘과 새로운 라듐 유사 원소를 대량으로 발생할 수 있게 됐습니다. 머지않은 미래에 확실히 이를 달성할 수 있을 것 같습니다.

… 이 새로운 현상은 폭탄 제조로 이어질 것이며 확실성은 훨씬 떨어지지만 새로운 유형의 극도로 강력한 폭탄을 제조할 수 있을 것입니다. 이런 유형의 폭탄 하나를 배로 운반해 항구에서 터트리면 항구 전체는 물론 주변 영역 일부까지도 충분히 파괴할 수 있을 것입니다. 하지만 항공기로 운반하기에 그런 폭탄은 아마도 너무 무거울 것입니다.

알베르트 아인슈타인, 편지, 1939년 8월 2일

1939년 8월 2일에 쓴 편지에서 알베르트 아인슈타인은 미국 대통령 프랭클린 루스벨트에게 최근 핵물리학 발전이 무엇을 의미하는지 경고했고 이는 나치가 원자 폭탄을 개발할 수 있게 되기 전에 원자 폭탄 연구를 시작하도록 루스벨트를 부추기는 결과를 낳았다. 독일에서 온 유대인 난민인 아인슈타인이 직접 그렇게 말하지는 않았지만 독일 물리학자들은 1938년에 핵분열에 성공했고, 아인슈타인은 노벨상 수상자인 프레데리크 졸리오-퀴리 Frédéric Joliot-Curie의 연구 결과가 독일 손아귀에 들어갈지도 모른다고 우려했다. 헝가리 태생 이민자 실라르드 레오 Leo Szilard가 아인슈타인에게 이 편지를 쓰라고 권했다. 편지를 받은 루스벨트는 연구에 박차를 가해야겠다고 느꼈고 결국 미국에서 원자 폭탄을 만드는 맨해튼 계획을 세우기에 이르렀다(7월 16일과 8월 6일도 참조). 하지만 나중에 아인슈타인은 자신의 결정을 후회하며 "원자력 방출은 우리의 사고방식을 제외한 모든 것을 바꾸어 놓았다. … 이 문제에 대한 해결책은 인류의 마음속에 있다. 진작 이 사실을 알았더라면 나는 시계공이 됐을 것이다."라고 말했다.

이날 일어난 다른 사건들

기원전 216년 한니발이 이탈리아 남동부 칸나에에서 로마군 격파

1964년 베트남 전쟁: 통킹만에서 북베트남 포함이 미국 구축함에 발포

1980년 볼로냐 기차역 폭탄 테러로 85명 사망

8월 3일

올리버 크롬웰이 스코틀랜드에 정책 변경을 요구, 1650년

여러분은 감당하기 벅찬 죄를 저질렀습니다. 그러니 왕과 언약의 가식에 속은 죄 없는 사람들이 피를 흘리게 하지 마십시오. 여러분은 그들의 눈을 가려 더 바람직한 지식을 감추고 있습니다! 나는 백성들을 이끄는 여러분이 이런 일을 벌였다고 생각합니다. 그 과정에서 여러분은 다른 사람들을 비난하고 스스로 '하나님의 말씀'으로 자리매김했습니다. 그렇다고 해서 여러분의 말이 전부 하나님의 말씀에 영락없이 합당합니까? 그리스도의 자비를 빌어 간청하건대, 여러분이 실수했을 가능성을 생각해 주십시오.

… 사도행전 제2장에 나오듯이 세상 사람들이 취기라고 부를 만한 성령의 충만함이 있을 것입니다. 또한 계율을 잘못 이해하고 잘못 적용해 세속적으로 확신하는 경우가 있습니다. 이를 영적 취기라고 부를 수 있을 것입니다. 죽음과 지옥으로 맺은 언약도 있을 것입니다. 여러분이 그랬다고 말하지는 않겠습니다. 하지만 그런 것에 정치적인 목적이 있는지 판단해 보십시오. 넘치는 재앙을 피하려는 것입니까, 아니면 세속적인 이득을 얻으려는 것입니까? 그 안에서 우리가 악하고 세속적인 사람들과 연합해 그들을 존중하거나 그들이 우리와 어울리도록 끌어당겼다면 이것이 하느님의 언약이고 숭고한 것입니까? 스스로 잘 생각해 보십시오. 우리는 그러기를 바랍니다.

올리버 크롬웰, 스코틀랜드 교회에 보낸 편지, 1650년

1649년 1월 찰스 1세 처형 후 잉글랜드 연방 수립을 이끈 핵심 인물인 올리버 크롬웰은 1650년 7월 스코틀랜드를 침공했다. 크롬웰은 1649년 2월 젊은 찰스 2세를 스코틀랜드 왕으로 선포(1651년 1월 1일 스쿤에서 즉위)하고 그를 잉글랜드 왕으로 복위시켜 영국 전역에 장로교를 강요하려는 의도에 분노했다. 8월 3일 크롬웰은 스코틀랜드 교회 총회에 분노하는 편지를 쓰면서 그들이 크롬웰의 정책을 스코틀랜드 사람들에게 제시하지 않았다고 비난하고 마음을 바꾸라고 촉구했다. 그들의 답변 역시 무뚝뚝했다. "우리한테 우리 종교를 의심하라는 말입니까?" 하지만 한 달 뒤 크롬웰은 던바 전투에서 스코틀랜드군을 격파했다. 역사학자 존 모릴John Morrill은 던바 전투가 끝난 뒤 크롬웰이 전투를 가리켜 "주님의 섭리가 드러난 고귀한 행동이자 하나님이 잉글랜드와 그의 백성들에게 베푼 가장 큰 은혜 중 하나"라고 말하며 "주체할 수 없이 웃었다"라고 이야기한다.

이날 일어난 다른 사건들
1492년 크리스토퍼 콜럼버스가 스페인에서 첫 번째 대서양 횡단 항해 출항
1914년 제1차 세계대전: 독일이 프랑스에 선전 포고
1936년 아프리카계 미국인 제시 오언스Jesse Owens가 베를린 올림픽에서 100미터 금메달 획득

8월 4일

대전에 휘말린 유럽, 1914년

사라예보에서 발생한 오스트리아 대공 프란츠 페르디난트 암살(6월 28일 참조)로 시작된 일련의 사건들로 1914년 7월 28일 오스트리아는 세르비아에 선전 포고하기에 이르렀다. 러시아가 오스트리아에 대항해 동원령을 선포하고, 독일 동원령과 프랑스 동원령이 이어졌으며, 독일이 러시아에 선전 포고했다. 독일은 벨기에 영토를 침공해 프랑스를 침공하기에 이르렀다. 이 모든 전개가 이후 일주일 동안에 일어났다. 독일은 영국이 참전하지 않기를 바랐지만 허버트 애스퀴스Herbert Asquith 총리와 외무장관 에드워드 그레이 경Sir Edward Grey은 독일이 유럽 지배 세력이 되도록 용인할 수 없었다.

8월 3일 오전 9시 30분 애스퀴스 총리는 베를린 주재 영국 대사 에드워드 고센 경Sir Edward Goschen에게 전보를 보냈다.

> 벨기에 국왕은 영국 국왕 폐하께 벨기에를 대신해 외교 개입을 해달라고 간청했습니다.
> 영국 정부 역시 독일 정부가 벨기에 정부에 벨기에 영토를 자유롭게 통과하는 권한을 포함한 우호적 중립을 제안하고 강화 성립 시 독립 유지와 왕국 및 그 소유물의 보전을 보장하며 거부할 경우 벨기에를 적으로 간주하겠다고 위협하는 문서를 전달했다는 통지를 받았습니다. 12시간 내에 회답하라고 요청했다고 합니다.
> 또한 우리는 벨기에가 이를 명백한 국제법 위반으로 보아 단정적으로 거부했다고 이해합니다.
> 영국 정부는 조약 당사자인 독일이 이를 위반한 사실에 항의할 의무가 있으며 벨기에에 요구한 사항이 실현되지 않고 독일이 벨기에의 중립을 존중할 것이라는 보장을 요청해야 합니다. 즉각적인 대답을 요청하십시오.

고센은 이어서 열린 회의를 다음과 같이 설명했다.

> 폰 야고프[독일 외무장관]는 … [독일] 제국이 안전하려면 제국군이 반드시 벨기에를 통과해 진격해야 한다고 대답했습니다.
> 저는 총리가 보내신 전보 요약본을 각하께 전달했고, 영국 정부가 대답을 기대하는 시각으로 총리가 12시 정각을 언급했다고 알리면서 반드시 뒤따를 끔찍한 결과를 고려해서 마지막 순간에라도 답변을 재고할 수 있지 않을지 물었습니다.
> 그는 주어진 시간이 24시간 이상이더라도 대답은 똑같을 것이라고 대답했습니다…
> 그래서 저는 [독일] 총리를 만나고 싶다고 말했습니다. 어쩌면 그를 만날 마지막 기

회가 될지도 모른다는 생각이 들었기 때문입니다. 그는 기꺼이 승낙했습니다. 총리는 무척 동요한 모습이었습니다.

테오발트 폰 베트만-홀베크Theobald von Bethman-Hollweg 총리 각하는 즉시 장광설을 늘어놓기 시작했고 이는 약 20분 정도 이어졌습니다. 그는 영국 정부가 취한 조치가 상당히 끔찍하며, 전시에는 자주 무시되는 단어인 '중립성'이라는 말 한마디, 그냥 휴지조각 때문에 영국이 단지 우호적인 관계만을 원하는 이웃 국가와 전쟁을 시작하려고 한다고 말했습니다.

여기서 고센은 여권을 요구했다. 독일은 이 요청을 사실상 선전 포고로 받아들였다. 그날 저녁 런던에서 에드워드 그레이 경은 가로등에 불이 들어오는 모습을 보면서 다음과 같이 말했다.

유럽 전역에 불이 꺼질 것이다. 살아 있는 동안에 불이 켜지는 광경을 다시는 볼 수 없을 것이다.

이튿날인 8월 4일 그레이는 독일 대사에게 다음과 같은 편지를 썼다.

베를린에서 회의한 결과 영국 대사는 여권을 요청해야 했으므로 저는 오늘 독일 정부에 통지한 조건에 따라 영국 정부는 오늘 오후 11시 정각을 기점으로 양국이 전쟁 상태에 돌입할 것으로 간주한다는 정보를 정중히 전하는 바입니다.

이틀 뒤 애스퀴스는 하원에 다음과 같이 말했다.

나는 그 어떤 국가도 침략이나 심지어 자국의 사리사욕을 유지하기 위한 싸움이 아니라 세계의 문명화에 반드시 필요한 원칙을 지키기 위한 싸움이라는 명확한 양심과 강한 확신으로 이 엄청난 논란, 아마도 역사상 가장 큰 분쟁에 뛰어들었다고는 생각하지 않습니다.

이날 일어난 다른 사건들
1265년 이브샴 전투에서 영국군이 반역자 시몽 드 몽포르를 격파하고 살해
1704년 스페인 왕위 계승 전쟁: 영국군이 지브롤터 점령
1892년 리지 보든Lizzie Borden의 부모가 매사추세츠주 자택에서 살해된 채 발견

8월 5일

노섬브리아 국왕 오스왈드 전사, 642년

노섬브리아의 기독교 왕 오스왈드는 … 자신의 전임 왕이었던 에드윈을 죽인 머시아 왕국의 이교도 왕과 백성에 맞서 메이서필드 전투에서 전사했다. … 하느님에 대한 오스왈드의 극진한 헌신과 신앙심은 죽은 뒤 나타난 기적으로 분명하게 나타났다. 그가 조국을 위해 싸우다가 전사한 곳에서는 지금까지도 병든 자와 동물들이 저절로 낫는다. 그가 쓰러진 곳에서 흙을 가져다가 물에 넣어 아픈 자에게 먹이면 병이 나았다. 이런 풍습이 너무 인기를 끈 탓에 흙이 점점 사라지면서 한 사람이 들어갈 만한 구덩이가 생겼다.

비드, 《잉글랜드인의 교회사 HISTORY OF THE ENGLISH CHURCH AND PEOPLE》, 731년

노섬브리아 국왕 오스왈드Oswald는 630년대 브리튼 섬에서 가장 강력한 통치자였고, 627년 로마 주교 파울리누스Paulinus가 노섬브리아에 소개한 기독교 신앙을 전파하고 키웠다. 635년 오스왈드는 젊은 시절 방문했던 스코틀랜드 아이오나섬 수도원에서 아일랜드 수도자 에이든Aidan을 노섬브리아 왕국으로 초대했다. 그는 에이든에게 린디스판섬을 주교 집무실로 제공했다. 오스왈드는 잉글랜드 전역에서 제왕으로 인정받았지만 머시아 왕국의 왕 펜다Penda는 오스왈드도, 기독교도 인정하려 하지 않았다. 오스왈드는 머시아에 맞서 전투에서 전사했고, 그 장소는 웨일스 국경 지역인 오스웨스트리가 유력하다.

에이든이 소개한 켈트족 기독교는 로마 기독교와 여러 측면에서 달랐다. 특히 수도자에게 허락된 독립성의 정도가 달랐다. 또한 기독교 달력에서 가장 중요한 날인 부활절 일자를 계산하는 법이 달랐다. 둘 사이의 긴장감은 664년 오스왈드의 후계자이자 아우 오스위그Oswiu가 소집한 위트비 종교회의에서 비로소 해결됐다. 노섬브리아 재로에서 일하던 수도자 성 비드Venerable Bede는 731년에 잉글랜드 교회 설립 기록을 완성했다.

이날 일어난 다른 사건들
1861년 미국 정부가 소득세 도입
1962년 영화배우이자 '섹스 심벌'이었던 마릴린 먼로Marilyn Monroe 사망
1963년 영국-미국-소련 핵실험 금지 조약 체결

8월 6일

히로시마 원자 폭탄 투하, 1945년

인근 지역에서 온 의료 구호 기관들은 부상자와 사망자 신원을 파악하기는커녕 이 둘을 구별조차 못하고 있습니다. 폭탄의 위력이 너무 엄청나서 사실상 모든 생물, 모든 인간과 동물이 폭발로 발생한 무시무시한 열기와 압력에 그야말로 그을려 죽었습니다. 사망자와 부상자 모두 알아볼 수 없을 정도로 불에 탔습니다.

도쿄 라디오 방송, 1945년

그들이 우리의 조건을 받아들이지 않는다면 이 땅에서 한 번도 본 적 없는 멸망의 비가 공중에서 내릴 것입니다.

미국 대통령 해리 트루먼, 대통령 연설, 1945년

1945년 8월 6일 오전 8시 15분 구름 한 점 없이 맑은 하늘에서 히로시마에 떨어진 폭탄 하나가 전 세계를 충격과 공포에 빠뜨렸다. 폭탄은 우라늄 원자핵에 갇혀 있던 에너지를 방출하면서 즉시 7만 명에 달하는 사람을 죽였고 히로시마의 90퍼센트 이상을 훼손하거나 파괴했다.

일본은 자원이 너무 고갈돼 패배가 불가피한 상황에서도 정권이 국민들에게 끝까지 싸울 준비를 시키고 있었다. 연합군은 소모전을 계속해야 할 전망에 직면하고 있었을 뿐만 아니라 미국은 일본의 미래에 소련이 개입하는 사태를 미연에 방지하고자 단호하게 행동하려고 했다.

히로시마의 공포가 가라앉을 무렵 일본 전역에 전단지가 투하됐다.

우리는 역사상 인간이 고안한 가장 파괴력이 높은 폭탄을 보유하고 있다. … 우리는 이 무기를 당신의 조국에 사용하기 시작했다. 아직도 의심이 든다면 히로시마에 어떤 일이 일어났는지 알아보라. … 이 결과를 받아들이고 새롭고 바람직하며 평화를 사랑하는 일본 건설에 나서기를 촉구하는 바이다.

이 협박은 사흘 뒤 나가사키에 두 번째 폭탄을 투하하면서 현실로 나타났다. 8월 15일 히로히토 천황은 사상 최초로 일본 국민에게 방송을 했고 이제 "참을 수 없는 것을 참아야 할" 때라고 말하며 임박한 항복에 대비하도록 했다.

이날 일어난 다른 사건들
1806년 프란츠 2세 퇴위로 신성 로마 제국 멸망
1890년 미국에서 전기의자를 이용한 사형 집행 최초 시행
1962년 미국 대통령 린든 존슨이 투표권법에 서명

8월 7일

인디애나 린치 사건, 1930년

'그 빌어먹을 깜둥이들을 잡겠다'라고 작정한 인디애나 사람 수천 명이 곡괭이, 방망이, 도끼 손잡이, 쇠지렛대, 햇불, 총기를 들고 그랜트 카운티 법원 청사를 공격했다. 쏟아지는 돌무더기에 교도소 유리창이 산산조각 나면서 광분한 수감자 수십 명이 피난처를 찾아 나섰다. 희생 대상 표적 세 명 중 한 명이었던 열여섯 살 소년 제임스 캐머런은 두렵고 어리둥절한 마음으로 겁에 질린 채 군중 속에서 낯익은 얼굴들을 발견했다. 학교 친구, 자기가 잔디를 깎고 구두를 닦았던 고객들이 커다란 망치로 교도소 문을 부수고 있었다. 경찰관들은 바깥에서 군중과 함께 어슬렁거리며 농담을 하고 있었다. 안에는 총을 든 경비원 50명이 아래층에서 기다리고 있었다.

　벽에서 문이 뜯겨 나갔고 폭도 50명이 토머스 십을 마구잡이로 패더니 거리로 끌고 나갔다. 기다리고 있던 군중이 '활기를 띠었다'. 캐머런은 '1만 명에서 1만 5,000명은 될 법한 이 사람들이 한꺼번에 나를 때리려고 하는구나.'라고 생각했다. 죽은 십은 밧줄에 묶여 두 번째 희생자 에이브럼 스미스의 감방 창살에 매달렸다. 20분 동안 시민들은 '죽은 깜둥이'를 좀 더 가까이에서 보려고 실랑이를 벌였다. 에이브럼 스미스가 끌려 나왔을 때 그 역시 온몸이 너덜너덜했다. 그를 때릴 수 있을 정도로 가까이에 있지 않은 사람들은 돌과 벽돌을 던졌다. 쇠지렛대로 그의 가슴을 몇 차례 찌른 어떤 이는 아주 만족스러운 표정이었다. 폭도들이 스미스를 '말처럼' 법원 광장으로 끌고 가 나무에 매달았을 즈음 그는 이미 죽어 있었다. 린치 가해자들은 죽은 두 사람의 시체를 매단 나뭇가지 아래에서 포즈를 취하고 사진을 찍었다.

　그다음에 폭도들은 제임스 캐머런에게 되돌아갔고 '법원 광장까지 가는 내내 그를 공격'했다. 린치 가해자들은 나무 쪽으로 그를 밀치고 발로 차더니 밧줄을 목에 걸었다. 캐머런은 정체를 알 수 없는 한 여성의 목소리가 폭도들을 잠재웠고(독실한 가톨릭 신자인 캐머런은 그 목소리의 주인공이 성모 마리아라고 믿는다) 그가 카운티 교도소로 피신해 목숨을 건질 수 있도록 길을 열어주었다고 말했다. …

　기념품 수집가들이 에이브럼 스미스의 피투성이 바지를 나눠가진 뒤 그의 하체에는 큐클럭스클랜 가운을 걸쳐 놓았는데, 이는 십자가에 달린 그리스도를 묘사한 그림에서 예수가 허리에 걸친 천과 별반 다르지 않았다. 상업 사진작가 로렌스 베이틀러Lawrence Beitler는 이 모습[십과 스미스의 시체 사진]을 찍었다. 그는 열흘 밤낮 동안 사진 수천 장을 인화해 장당 50센트에 팔았다.

제임스 캐머런, 《공포의 시간A TIME OF TERROR》, 1982년

제임스 캐머런은 1930년 8월 7일 미국 북부 인디애나주 매리언에서 발생한 최후의 린치 사건에서 살아남은 유일한 생존자였다. 캐머런과 다른 두 희생자는 모두 십 대로 강도, 살인, 성폭행 혐의로 기소됐다.

캐머런의 목숨을 살려달라고 호소했던 여성의 정체는 끝까지 밝혀지지 않았고, 캐머런은 계속해서 신이 자신을 구해줬다고 주장했다. 그는 나중에 시민권 운동가가 됐다.

작사 작곡가 에이블 미어로폴Abel Meeropol은 마지막 문단에서 언급한 사진에서 영감을 얻어 '이상한 과일Strange Fruit'이라는 시를 썼다. 나중에 블루스 가수 빌리 홀리데이Billie Holiday는 공연할 때마다 마지막 곡으로 이 노래를 불렀다.

남쪽 나무에는 이상한 열매가 열리네
잎에도 피가 묻어 있고 뿌리에도 피가 묻어 있어
남쪽에서 불어오는 산들바람에 검은 몸뚱이가 흔들리고,
포플러 나무에 이상한 열매가 달려 있네
당당한 남부의 전원 풍경,
툭 튀어나온 눈과 비뚤어진 입,
달콤하고 신선한 목련 향,
그러다가 갑자기 풍기는 살이 타는 냄새,
여기 까마귀가 쪼아 먹는 열매가 있네
빗물이 고이고, 바람을 빨아들이고,
햇볕에 썩고 나무에서 떨어지는,
이상하고 씁쓸한 작물이 있네

남부에서는 1960년대 후반까지 린치가 이어졌다.

이날 일어난 다른 사건들
1942년 제2차 세계대전: 미군이 솔로몬제도 과다카날섬 재탈환 군사 작전 시작
1960년 코트디부아르가 프랑스로부터 독립 쟁취
1998년 알카에다가 케냐와 탄자니아 미국 대사관 폭격

8월 8일

리처드 닉슨 사임, 1974년

저는 한 번도 중간에 그만둔 적이 없습니다. 임기를 마치기 전에 대통령직을 떠난다는 사실에 본능적으로 거부감을 느낍니다. 하지만 대통령으로서 저는 미국의 국익을 최우선으로 생각해야 합니다. 미국에는 자기 본분에 충실한 대통령과 의회가 필요합니다. 지금처럼 국내외로 각종 문제에 직면한 때는 특히 더 그렇습니다.

대외적으로는 평화, 대내적으로는 인플레이션 없는 번영이라는 중대한 쟁점에 온전히 집중해야 할 시기에 제가 개인 문제를 해명하느라 앞으로 몇 달 동안 싸움을 계속한다면 대통령과 의회의 시간과 관심을 온통 빼앗게 될 것입니다.

따라서 저는 내일 정오를 기해 대통령직을 사임하고자 합니다.

… 이 결정에 이르게 된 일련의 사건 속에서 발생했을지 모르는 모든 상처들에 깊은 유감을 느낍니다. 제가 잘못 판단한 일도 있었고, 그 밖에도 혹시 제가 잘못 결정한 일이 있었다면 그 당시에는 국익에 최선이라고 생각해서 그런 결정을 내렸다는 점을 말씀드리고 싶습니다.

리처드 닉슨, 대통령 텔레비전 연설, 1974년 8월 8일

미국 37대 대통령 리처드 닉슨은 2년 동안 점점 궁지에 몰리며 방어한 끝에 결국 텔레비전에 출연해 미국 대통령직을 사임하는 첫 번째 사례가 됐다. 1972년 6월 17일 민주당 본부가 있었던 워싱턴 DC 워터게이트 호텔에 침입한 첫 번째 범죄는 선거 유세 과정에서 닉슨 선거팀이 저지른 부정한 정치 공작의 일부처럼 보였다. 하지만 곧 백악관과의 관련성이 드러났고, 뒤이은 은폐 공작에서 증거를 인멸했고 닉슨이 이 사실을 알고 있었고 적어도 어느 정도는 승인했다는 사실을 분명히 암시했다. 닉슨은 탄핵이 임박한 상황에 직면했다. 한편 대통령 회의 녹취록과 테이프 녹음에서는 그가 공무 수행 능력을 방해한다고 분명히 느낄 정도로 편집증을 겪고 있다는 사실이 드러났다.

이날 일어난 다른 사건들
1876년 토머스 에디슨이 '등사기'를 인쇄용으로 특허 출원
1918년 제1차 세계대전: 아미앵 전투로 연합군이 승리를 향한 대공세 시작
1991년 베이루트에 있던 인질 존 매카시John McCarthy가 5년 동안 포로 생활을 한 끝에 석방

8월 9일

엘리자베스 여왕이 스페인 아르마다에 저항, 1588년

친애하는 장병들이여, 우리 안전을 걱정하는 사람들은 반역에 대비해 어떻게 무장에 힘쓸지 주의를 기울여야 한다고 주장한다. 하지만 나는 충직하고 충성스러운 장병들을 의심하면서 살고 싶지 않다. 폭군들이나 두려움에 떨라고 하라. 나는 언제나 누구보다도 행동거지를 조심해왔고 내 신하들의 충성심과 호의는 내게 으뜸가는 힘이자 안전장치다. 그러니 내가 그대들과 함께 가겠다. 보다시피 내가 즐기려고 가는 것이 아니라 전투의 열기가 가득한 가운데 그대들과 생사를 함께하겠다고 결심했기 때문이니라. 하나님과 우리 왕국, 백성, 내 명예, 내 핏줄을 위해 죽을 각오가 되어 있다

비록 내 육신은 약하고 가녀린 여성이지만 나는 왕, 잉글랜드 왕의 용기와 배짱을 지니고 있다. 파르마 [공작] 혹은 스페인, 아니 유럽의 그 어떤 군주라도 내 영토의 국경을 감히 침범하는 불경한 행위를 한다면 경멸하겠다. 나는 불명예가 커지도록 내버려 두느니 직접 무기를 들고 사령관이 되어 전장에서 그대들의 미덕 하나하나를 판단하고 보상하겠노라.

그대들의 진취적인 기상만으로도 이미 보상과 명예를 누릴 자격이 있음을 알고 있다. 짐은 군주로서 그대들에게 적절하게 보상할 것임을 분명히 약속한다. 앞으로 부사령관이 나를 대신할 것이다. 어떤 군주도 그보다 더 고결하고 귀중한 신하를 거느린 적은 없다. 의심하지 않는다면 … 우리는 곧 하느님과 우리 왕국, 우리 백성의 적들에게서 대승을 거두리라.

엘리자베스 1세, 연설, 틸버리, 1588년 8월 9일

그라블린에서 스페인 아르마다를 상대로 중대한 해전을 치른 직후 엘리자베스 1세는 틸버리에서 침략 가능성에 대비해 잉글랜드를 방어할 준비를 하고 있던 군대에게 연설을 했다. 그라블린 해전 전날 잉글랜드 화선은 스페인 아르마다에 대혼란을 야기했으며 이튿날 벌어진 전투에서 스페인 함선 몇 척이 침몰했다. 이는 스페인 침공 계획 종말의 시작이었지만 잉글랜드는 스페인의 상륙 가능성을 여전히 경계했다.

틸버리 연설은 거의 40년이 지난 1620년대 후반까지 기록되지 않았다.

이날 일어난 다른 사건들

1902년 영국 국왕 에드워드 7세 즉위
1945년 제2차 세계대전: 일본 나가사키에 원자 폭탄 투하
1969년 찰스 맨슨 '일당'이 영화배우 샤론 테이트Sharon Tate와 다른 네 명을 살해

8월 10일

예루살렘 성전 파괴, 서기 70년

티투스는 이튿날 성전을 급습하기로 결심했다. … 하지만 오래전 하느님이 그 성전을 불태우신 적이 있었다. 이제 시대가 돌고 돌아 운명의 날이 다시 찾아왔다. …

이번 화재는 유대인들에게서 시작됐다. 티투스가 후퇴한 후, 한동안 잠자코 있던 폭도들은 다시 로마군을 공격했다. 성전을 지키던 유대인들과 성전 내부를 태우고 있던 불을 끄던 로마군이 싸움을 벌였다. 하지만 이 로마군은 유대인들을 쫓았고 성전까지 몰아붙였다. 이때 로마 병사 중 한 명이 명령을 기다리지 않고 행동의 결과가 얼마나 엄청날지 걱정하거나 두려워하지 않은 채, 신성한 분노에 이끌려 불타는 물건을 낚아채더니 다른 병사에게 들어 올려 달라고 해서 황금 창문에 불을 질렀다. 이 창문은 북쪽에서 성전을 둘러싸고 있는 방들로 이어지는 통로였다. 불길이 치솟자 유대인들은 아우성을 치면서 불을 끄려고 달려갔고, 성전이 불타는 가운데 아무것도 그들을 가로막지 못하도록 했다.

그때 누군가가 막사에서 쉬고 있던 티투스에게 달려가 화재 소식을 전했다. 티투스는 황급히 일어나 불을 끄기 위해 성전으로 달려갔다. … 싸우고 있는 병사들에게 큰소리로 외치고 오른손으로 신호를 보내면서 불을 끄라고 명령했다. 하지만 일부는 싸우느라 정신이 없었고 일부는 격정에 휘말린 탓에 … 소리를 듣지 못했다. 싸움 중인 군단은 설득으로도 위협으로도 저지할 수 없었다. 병사 각각이 격정에 지배받고 있었다. 로마군이 성전으로 들어가는 과정에서 많은 수가 짓밟혔다. 또한 뜨거운 연기를 내뿜으며 무너지는 회랑에서 넘어지는 바람에 그들이 정복한 유대인과 똑같이 끔찍하게 죽었다. 성전 가까이로 다가간 병사들은 티투스의 명령을 못 들은 척하면서 선두에 있던 병사들에게 불을 지르라고 재촉했다. 유대 반란군은 대부분 약하고 무기가 없었으므로 어찌할 도리가 없었고 붙잡히면 목이 베였다. 엄청난 피가 성전 계단으로 흘러내렸고 제단 옆에서 살해당한 시체들 역시 계단에서 굴러 떨어졌다.

병사들을 저지하지도 못하고 불을 끄지도 못한 티투스는 성전으로 들어가 안에 무엇이 있는지 자세히 살폈다. 그는 성전이 이방인들에게 들었던 내용보다 훨씬 훌륭했고 유대인들 스스로 믿었던 수준에 전혀 뒤지지 않는다는 사실을 깨달았다. 불길이 아직 성전 가장 안쪽까지는 번지지 않았으므로 티투스는 다시 병사들에게 불을 끄도록 설득했고, 백인대장에게 명령에 따르지 않는 병사를 때리라고 지시했다. 하지만 병사들의 격정은 티투스에 대한 존경심보다 강했다. 게다가 성전 내부에 돈이 가득하고 주변은 온통 금으로 만들어졌다고 믿었던 병사들은 약탈하겠다는 욕심에 정신이 팔려 있었다. 티투스가 병사들을 저지하러 나온 순간 병사 한 명이 티투스의 앞을 가로막더니 어둠 속에서 문 경첩에 불을 질렀다. 그러자 즉시 성전 내부에서 불길이 치솟았다. 그렇게 성전은 티투스의 바람과 달리 전부 불타버렸다.

요세푸스, 《유대 전쟁사 THE JEWISH WAR》, 제6권, 서기 75년경

로마 시대 유대인 사학자 요세푸스는 베스파시아누스Vespasian 황제의 아들 티투스가 서기 66년 로마 제국에 대항해 유대인들이 일으킨 반란을 진압하는 과정을 생생하게 기록했다. 유대인 반란은 예루살렘 성전이 불타고 성물은 로마로 약탈당하고 유대인들은 팔레스타인 밖으로 더욱 뿔뿔이 흩어지면서(디아스포라) 끝났다. 요세푸스는 균형 잡힌 시선으로 기록했다고 주장했지만 그는 플라비우스 왕조의 후원을 받으며 로마에서 일하고 있었고 그런 재앙을 상당 부분 유대 민족이 자초했다고 비난했다.

… 다른 어떤 도시도 그런 공포를 견딘 적이 없으며, 역사상 어떤 세대도 그런 악을 일으킨 적이 없다. 결국 그들은 자신들의 불경함이 남들 눈에 덜 사악하게 보이도록 만들고자 히브리 민족 전체가 경멸받도록 몰아갔고, 그들이 노예이자 인간 말종, 가짜, 나라에서 따돌림 받는 존재라는 고통스러운 진실을 고백했다.

이날 일어난 다른 사건들
991년 에섹스 몰던 전투에서 바이킹이 색슨족 격파
1792년 프랑스 혁명: 왕궁을 습격해 루이 16세를 체포
1821년 미주리가 미국의 24번째 주로 편입

8월 11일
허버트 후버가 빈곤의 종말 선언, 1928년

인간의 열망 중 가장 오래되고 어쩌면 가장 고귀한 열망이 바로 빈곤 퇴치일 것입니다. 제가 말하는 빈곤이란 영양실조, 추위, 무지로 인한 압박과 일할 의지가 있는 사람들이 노년을 두려워하는 마음입니다. 오늘날 미국은 역사상 그 어느 국가보다 마침내 빈곤을 물리칠 승리에 가까이 다가갔습니다. 이 나라에서 빈민 구호소가 사라지고 있습니다. 아직 목표에 도달하지는 못했지만 지난 8년간 정책을 추진한 기회를 고려할 때 우리는 하나님의 도움을 받아 이 나라에서 빈곤이 사라질 그날을 곧 맞이하게 될 것입니다. 그것이 우리가 옹호하는 경제 정책의 주된 목적입니다.

허버트 후버, 연설, 1928년 8월 11일

허버트 후버Herbert Hoover(1874년-1964년)는 1928년 미국 공화당 전당대회 대통령 후보 수락 연설에서 장차 엄청난 빌미를 제공할 발언을 했다. 워런 하딩과 캘빈 쿨리지가 대통령에 재임한 시절인 1920년대에 후버는 상무장관을 지냈다. 그는 자기가 무슨 말을 하는지 잘 아는 듯 보였다.

후버는 인기 없는 금주 정책을 공격하고 국가 번영의 물결을 타면서 이어진 대통령 선거에서 쉽게 승리했다. 대통령 취임 연설에서 후버는 빈곤을 추방하겠다는 약속을 반복했지만 취임 8개월 만에 월스트리트 대폭락을 시작으로 미국은 대공황(10월 29일 참조)으로 빠져들었고, 빈곤이 사라지기는커녕 미국 전역에서 되살아났다. 후버는 정부 조치로 실업과 싸우고자 재정 적자를 늘리는 데 주저했다.

1932년 민주당 후보 프랭클린 루스벨트에게 충격적으로 패배하기 직전 후버는 뒤늦게 차기 대통령이 크게 확장할 정책들을 도입했다. 이는 뉴딜 정책의 기반이 됐다. 하지만 이후로도 후버는 계속해서 대대적인 뉴딜 정책을 비판했다.

이날 일어난 다른 사건들
1456년 헝가리 통치자 존 후냐디John Hunyadi 사망
1855년 찰스 배링턴Charles Barrington이 베른 오버란트 아이거봉에 최초로 등반
1965년 로스앤젤레스에서 와츠 폭동 발발

8월 12일

클레오파트라 사망, 기원전 30년

클레오파트라는 카이사르에게 안토니우스 영전에 헌주를 올리게 해 달라고 간청했다. 허락이 떨어지자 클레오파트라는 안토니우스의 유해가 든 단지를 껴안고 "안토니우스, 자유로운 두 손으로 그대를 묻었건만 이제는 포로의 몸으로 헌주를 올립니다. 얼마나 감시가 엄중한지 이 몸을 때릴 수도 울 수도 없네요. 노예의 몸이니까요…."라고 말했다.

클레오파트라는 단지에 화환을 두르고 나서 … 호화로운 식사를 했다. 그때 시골에서 한 남자가 무화과가 가득 담긴 바구니를 들고 왔다. … 식사를 마친 클레오파트라는 봉인한 서판을 카이사르에게 보낸 뒤 시녀 두 사람을 제외한 모든 사람을 물리고 문을 닫았다.

서판을 개봉한 카이사르는 무슨 일이 일어났는지 알아차렸다. … 그는 전령들을 보내 알아보도록 했다. … 그들은 달려갔지만 이미 클레오파트라는 여왕의 옷차림으로 황금 침상에서 죽어 있었다. …

전하는 바에 따르면 무화과 밑에 작은 독사가 들어 있었고, 클레오파트라는 자기도 모르는 사이에 독사가 자기를 물게끔 그렇게 숨겨 들여오라고 지시했다고 한다. 하지만 무화과를 덜어내고 독사를 본 클레오파트라는 잘 물리게 팔을 걷어 들이밀었다고 한다. 한편, 독사는 물병에 들어 있었고 황금 막대기로 물병을 젓자 뱀이 팔뚝을 물었다는 설도 있다. 진실은 아무도 알 수 없다. 속이 빈 빗에 독을 숨겨 머리카락 속에 숨겼다는 설도 있다. … 클레오파트라의 팔에 희미한 이빨 자국 두 개가 있었다고 말하는 사람도 있다. 개선 행렬에 독사가 클레오파트라에게 달라붙은 그림을 가져간 것을 보면 카이사르는 이 말을 믿었던 듯하다.

플루타르코스, 《안토니우스의 생애 LIFE OF ANTONY》, 서기 98년경

로마 역사학자 플루타르코스 Plutarch는 사건이 일어난 지 100년이 넘게 지난 뒤에 안토니우스, 훗날 아우구스투스가 된 옥타비아누스 카이사르(1월 16일과 8월 19일 참조), 클레오파트라가 엮인 이야기를 다채롭고 기억에 잘 남도록 설명했다. 클레오파트라는 고대 이집트가 로마의 속주가 되기 전 마지막 여왕이었다. 셰익스피어는 16세기 유럽에서도 유명했던 플루타르코스의 설명을 바탕으로 비극 《안토니와 클레오파트라 Antony and Cleopatra》를 썼다.

이날 일어난 다른 사건들

1480년 오스만군이 이탈리아 남부 오트란토 함락

1914년 제1차 세계대전: 영국이 오스트리아-헝가리에 선전 포고

1966년 존 레넌이 비틀스를 예수 그리스도에 비교한 것을 사과

8월 13일

베를린 장벽 건설, 1961년

오전 8시. 동료가 전화를 걸어 "서베를린을 봉쇄했으니 얼른 침대에서 일어나 사무실로 출근해요. 출근하기 전에 친척들에게 얘기하고요."라고 말했다. 가까운 곳에 사는 조부모님께 들렀다가 전차를 탔다. 전차는 사무실에서 그리 멀지 않은 에벨스발더 거리에 멈췄다. 전차 궤도를 가로질러 철조망을 쳤기 때문이었다. 전차에서 내린 나는 꿈을 꾸고 있다고 생각했다. 사람들은 하지 말라는 말을 들으면서도 쳐놓은 철조망을 뛰어넘으며 게임이라도 하는 듯 놀았다. 장난이라고 생각했던 사람들도 철조망을 한 겹 더 치는 모습을 보고는 심각성을 깨달았다. 계속 겹쳐서 철조망을 치는 가운데 주변에 있던 사람들은 야유를 보냈다. 사람들은 창문 너머로 그 광경을 지켜봤다. …

나는 사무실로 걸어갔다. … 믿을 수가 없었다. 그것으로 끝이라니 믿기 어려웠다. 내가 이야기한 사람들은 하나같이 "미국인들이 오기를 기다려. 그들이 우리를 도울 거야. 동맹국이 우리를 도와줄 거야."라고 말했다.

에르드무테 그리스-베흐렌트, 인터뷰

1961년 8월 12일 동베를린 로이터 통신사 비서로 근무하던 에르드무테 그리스-베흐렌트 Erdmute Gries-Behrendt는 서베를린에 사는 가족들을 방문 중이었다. 그녀는 일요일 오전 이른 시간에 동베를린에 있는 집으로 돌아왔다. 그때 그녀가 탄 U-반(지하철) 열차가 국경을 넘은 이후 30년 동안 열차가 끊겼다. 이후 베흐렌트는 1976년이 되어서야 서베를린에 사는 가족을 잠깐이나마 방문할 수 있었다.

1961년 8월 12일에서 13일로 넘어가는 밤에 동독군이 철조망 방어벽을 쳤다. 길거리의 가운데를 따라 치는 경우는 허다했고 심지어 건물을 관통하는 경우도 있었다. 서구의 눈으로 볼 때 동베를린은 분할된 베를린의 소련 구역이었지만 실제로는 공산주의 동독의 수도였고, 빈틈이 많은 베를린의 국경을 통해 많은 사람들이 서독으로 빠져나가고 있었다. 철조망을 치고 나서 곧 더욱 영구적인 장벽을 세워 말 그대로 냉전 분단을 가장 구체적으로 나타내는 징표가 됐다. 미국 대통령들은 베를린 장벽의 존재에 항의하고자 베를린을 방문했고 그중에서도 존 F. 케네디의 방문이 가장 유명했다(6월 29일 참조). 하지만 베를린 장벽은 1989년까지 없어지지 않았고 그때까지 200명이 넘는 사람들이 동쪽에서 서쪽으로 넘어가려다가 목숨을 잃었다.

베를린 장벽이 무너졌을 때(11월 9일 참조) 그리스-베흐렌트는 여전히 로이터 통신사에 근무하고 있었다.

이날 일어난 다른 사건들
1704년 스페인 왕위 계승 전쟁: 블렌하임에서 연합군이 프랑스군 격파
1863년 프랑스 화가 외젠 들라크루아 Eugène Delacroix 사망
1966년 중국 공산당이 '새로운 도약' 문화 대혁명 선언

8월 14일

의화단 운동 종결, 1900년

마침내 두 달 동안 들어왔던 달콤한 음악(구호군의 대포 소리)을 아주 분명하게 들었기에 우리는 이전에 수없이 그랬듯이 강렬한 열망과 상상력에 속은 것이 아니라는 사실을 알았다. 구조가 임박했다. 지난밤에는 두려움에 떨었다. 저녁 8시경 첫 번째 공격이 시작되면서 확실한 공격이 적어도 여섯 차례 발생했고, 공격들 사이에도 거의 끊임없이 총격이 이어졌다. 완강한 적들이 우리를 쓸어버릴 이 마지막 기회를 최대한 이용하려고 작정한 듯했다. 이제 탄약 고갈을 두려워하지 않았던 우리 수비대는 그 어느 때보다도 많은 대응 사격을 실시했다. …

오후 2시가 조금 지났을 무렵, 내가 지난 몇 주일 동안 아주 많은 시간을 보낸 테니스 코트 주변 나무 아래에 앉아 글을 쓰고 있었을 때 한 미국 해병이 성곽에서 마당으로 뛰어와 "부대가 도시 안으로 들어왔습니다. 거의 다 왔습니다!"라고 외쳤다. 사람들이 구내 남쪽 끝으로 우르르 달려갔고, 우리는 방어벽 뒤에 서서 거리를 활보하는 구호군 선발대를 봤다. 그들이 누구였을까? 얼굴이 검고 터번을 두른 인도 출신 라지푸트였다. 강력하고 우락부락한 모습이었지만 그들의 얼굴은 기쁨으로 빛났고 우리보다 더 크게 만세를 불렀다. 영국 장교들이 그들과 함께 있었고, 그중 한 사람은 지나가면서 구호군이 구조해야 할 것처럼 보이는 얼굴이 창백한 한 소녀에게 키스했다. 그날 오후 내내 시크군, 벵골 창기병, 영국 병사, 누구보다도 환영받은 우리 미국 군인들에 이르기까지 병력이 연달아 들어왔다.

마이너 루엘라, 〈아웃룩OUTLOOK〉, 1900년 11월 10일

1900년 마이너 루엘라Miner Luella는 베이징 소재 미국 학교 교사였다. 그녀는 다른 서양인 수백 명과 함께 외세가 중국에 미치는 영향력에 반대하는 중국 국수주의자 '의화단'('정의로운 주먹' 혹은 '조화로운 주먹'이라는 의미)에게 공격을 받고 몇 주일 동안 공사관 건물에 갇혔다. 이후 중국 정부도 이들을 지지했다. 다국적 중국 구호 원정대가 톈진에 상륙해 8월에 베이징에 도착했다. 다음 달 중국은 배상금 지급을 강요받았고 서구 열강에 더 많이 양보하게 됐다.

이날 일어난 다른 사건들
1917년 제1차 세계대전: 중국이 오스트리아-헝가리와 독일에 선전 포고
1941년 제2차 세계대전: 루스벨트와 처칠이 전후 세계 질서를 규정한 대서양 헌장 발표
1969년 '북아일랜드 분쟁'이 시작되면서 영국군이 북아일랜드에 도착

8월 15일

인도 독립, 1947년

오래전 우리는 운명과 약속했습니다. 이제 우리는 그 서약을 완전히 혹은 최대한이 아니라 상당 부분 지켜야 할 때가 왔습니다. 온 세상이 잠들어 있는 자정이 되면 인도는 잠에서 깨어나 삶과 자유를 맞이할 것입니다. 역사에서 보기 드문 순간이 오고 있습니다. 옛일에서 벗어나 새 시대로 나아가는 순간, 한 시대가 끝나는 순간, 오랫동안 억눌려 있던 한 나라의 영혼이 발언할 순간이 다가오고 있습니다.

이 엄숙한 순간에 걸맞게 우리는 인도와 인도 국민, 그보다 더 큰 인류애라는 대의에 헌신하겠다고 서약합니다.

역사가 시작된 이래 인도는 끝없는 탐색을 시작했고, 자취를 남기지 않은 몇 세기는 분투와 장엄한 성공과 실패로 가득합니다. 운이 좋을 때든 나쁠 때든 인도는 결코 탐색을 망각하거나 힘을 선사한 이상을 잊지 않았습니다. 오늘 우리는 불운한 시기를 끝냈고 인도는 다시 본연의 모습을 되찾았습니다.

… 또한 우리는 꿈을 이루기 위해 노동하고 노력하며 열심히 일해야 합니다. 그 꿈은 인도를 위한 꿈인 동시에 세계를 위한 꿈이기도 합니다. 오늘날 모든 국가와 국민들은 서로 밀접하게 이어져 있어서 그 누구도 떨어져서 살 수는 없기 때문입니다.

평화는 나눌 수 없다고들 합니다. 자유 역시 그러하고 번영도 그렇습니다. 또한 하나가 된 세계에 닥친 재앙 역시 더는 고립된 조각으로 나눌 수 없습니다.

… 약속된 날, 운명으로 정해진 날이 다가왔습니다. 인도는 기나긴 잠과 몸부림에서 깨어나 활기차고 자유롭게 독립적으로 앞을 향해 나아갈 것입니다. 과거는 여전히 우리에게 얼마간 달라붙어 있고 우리가 이전에 그토록 자주 한 맹세를 지키려면 먼저 해야 할 일이 많습니다. 하지만 이제 전환점을 지났고 새로운 역사, 우리가 살고 행동하며 다음 세대가 써나갈 역사가 펼쳐질 것입니다.

… 오늘 우리는 무엇보다도 먼저 이 자유를 설계한 분, 인도의 옛 정신을 구현하고 자유의 횃불을 높이 들어 우리를 둘러싼 어둠을 밝힌 이 나라의 아버지를 생각해 봅니다.

우리는 그의 보잘것없는 추종자였고 그의 가르침에서 벗어나 있곤 했습니다. 하지만 우리뿐만 아니라 다음 세대들도 이 가르침을 기억할 것이며 인도의 위대한 아들인 그를 가슴에 새길 것입니다. 그의 믿음과 힘, 용기와 겸손은 참으로 고결했습니다. 아무리 거센 바람과 격한 폭풍이 불어와도 우리는 결코 자유의 횃불이 꺼지도록 내버려 두지 않을 것입니다.

다음으로 자유를 위해 칭송도 보상도 받지 않은 채 목숨까지 바쳐 인도에 충성한 이름 없는 자원병과 군인을 생각해야 합니다.

또한 정치적 경계로 우리와 단절되는 바람에 유감스럽게도 지금 이 순간 찾아온 자유를 함께 나눌 수 없는 형제자매들을 생각합니다. 그들은 우리 민족이며 어떤 일이 일어나더라도 언제까지나 우리 민족일 것입니다. 또한 우리는 그들의 행복과 불행을 함께 나눌 것입니다.

미래가 우리에게 손짓합니다. 우리는 어디로 가고 무엇을 해야 합니까? 모든 이들, 인도의 농부와 노동자들에게 자유와 기회를 제공해야 합니다. 빈곤과 무지, 질병과 싸워 퇴치해야 합니다. 풍요롭고 민주적이며 미래로 나아가는 국가를 건설하고 모든 남녀에게 정의와 충만한 삶을 보장할 사회, 경제, 정치 제도를 마련해야 합니다.

… 전 세계 각국 국민들께 인사를 드리며 평화와 자유, 민주주의를 발전시켜나가도록 그들과 협력할 것을 약속합니다.

그리고 너무나 사랑하는 우리 조국, 고대부터 이어와 어느 때보다 새롭고 앞으로 영원할 인도에 우리는 경건하게 경의를 표하며, 인도를 위해 새로이 의무를 다할 것을 맹세합니다. 자이 힌드[인도에 승리를].

자와할랄 네루, 연설, 1947년 8월 14일

1947년 8월 14일 자와할랄 네루가 인도 초대 총리가 되기 몇 시간 전에 한 이 연설은 인도 국민회의가 오랫동안 이어온 독립운동의 절정을 찍었다. 하지만 힌두교가 주도하는 의회와 무하마드 알리 진나Muhammad Ali Jinnah(1876년경-1948년)가 이끄는 무슬림 연맹 사이에는 메울 수 없는 간극이 있었고, 독립은 종파 기반을 주요 기준으로 인도 아대륙을 힌두교도가 다수인 인도와 이슬람교도가 다수인 파키스탄(현재 방글라데시인 지역까지 포함)으로 나뉘는 대가를 치르고서야 달성할 수 있었다. 힌두교도와 이슬람교도가 대대적인 인종 간 충돌을 일으키면서 새로운 국경을 넘어 대대적으로 이동했으므로 이 과도기 동안에 수많은 사람이 고통을 받았다. 네루가 '자유를 설계한 분'으로 묘사한 '마하트마' 간디는 시종일관 분리에 반대했다. 간디는 인도가 독립한 지 6개월 만에 힌두교 극단주의자에게 암살당했다.

이날 일어난 다른 사건들
1461년 오스만 제국이 비잔티움 제국의 마지막 영토 트레비존드 함락
1914년 상업 선박에 파나마 운하 개방
1945년 제2차 세계대전: 연합국의 대일 전승 기념일로 아시아에서 전쟁 종결을 기념하는 날

8월 16일

피털루 대학살, 1819년

음악 소리에 헌트 씨 일행이 거의 다 도착했다는 사실을 알 수 있었다. … 8만여 명이 다 함께 외치며 그들의 도착을 반겼다. 참으로 엄청난 회합이었다. 헌트 씨가 연단에 오르고 음악이 멈췄다. … 헌트 씨는 무대 앞으로 걸어 나가 하얀 모자를 벗고 사람들에게 이야기하기 시작했다.

… 청색과 백색 제복을 입은 기병대 일단이 손에 칼을 들고 정원 담 모퉁이를 돌아 나란히 지어놓은 새 집 앞으로 말을 타고 오는 모습이 보였다. 그곳에서 그들은 고삐를 당겨 말을 세우고 한 줄로 섰다.

나는 기병들이 도착할 때 지른 고함이 호의에서 나왔다고 생각했다. 그들은 머리 위로 검을 휘두르며 다시 고함을 지르더니 고삐를 늦추고 말에 박차를 가하면서 앞으로 질주하며 사람들을 베기 시작했다.

기병들은 당황했다. 말과 기병의 무게가 있어서 빽빽하게 모인 사람들을 뚫고 들어갈 수는 없었다. 그들은 길을 내려고 무기를 들지 않은 손과 방어구를 쓰지 않은 머리를 향해 칼을 휘둘렀다. 잘린 팔다리와 갈라진 두개골이 보였다. 신음과 울부짖는 소리가 지독한 혼란의 소음과 섞여 나왔다. 한순간 군중이 주춤하면서 망설였다. 신음과 울부짖는 소리와 지독한 혼란의 소음이 섞여 나왔다. 한순간 군중이 주춤하면서 망설였다. 그러다가 도망치지 못하고 군중에 떠밀려 검을 맞게 된 사람들에게서 성난 파도처럼 육중하고 걷잡을 수 없이 돌진하는, 낮은 천둥 같은 소리가 비명과 기도, 욕설과 함께 터져 나왔다.

새뮤얼 뱀포드, 《급진주의자 인생의 구절PASSAGES IN THE LIFE OF A RADICAL》, 1864년

새뮤얼 뱀포드Samuel Bamford는 맨체스터 세인트 피터스 필즈에서 '웅변가' 헨리 헌트Henry 'Orator' Hunt가 의회 개혁을 요구하고자 소집한 시위를 목격했다. 하지만 치안판사들이 군대를 보냈고, 그들은 11명을 살해하고 500명이 넘는 사람들에게 부상을 입혔다. (뱀포드 자신은 폭동을 선동한 혐의를 받고 반역죄로 기소돼 링컨 교도소에서 1년 동안 복역했다.) 이 사건은 리버풀 경Lord Liverpool이 이끄는 토리 정부의 억압에 급진주의자들이 품고 있던 불만을 부채질했고, 워털루에서 웰링턴이 승리를 거둔 지 불과 몇 년 뒤에 일어났던 터라 '피털루 대학살'이라는 아이러니한 이름이 붙었다. 선거 개혁은 결국 1832년이 되어서야 시작됐다.

이날 일어난 다른 사건들

1513년 '박차 전투'에서 잉글랜드 군대와 신성 로마 제국 군대가 프랑스 군대 격파
1977년 로큰롤 스타 엘비스 프레슬리Elvis Presley 사망
2003년 우간다 독재자였던 이디 아민Idi Amin 사망

8월 17일
최초의 상용 증기선 운행, 1807년

증기선이 출현했을 때 이 선박의 선원들은 놀라움과 경악을 금치 못했다. 풀턴의 실험에 대해서는 전혀 듣지 못한 이 순진한 사람들 대부분은 거대한 괴물처럼 보이는 배를 목격했다. 그 배는 목구멍에서 불과 연기를 토하고 지느러미로 물을 후려치고 굉음으로 강을 뒤흔들면서 바람과 조수에 정면으로 맞서 빠르게 다가왔다. 어떤 이들은 갑판 위로 납작 엎드려 괴물이 지나갈 때까지 두려움에 떨며 기다렸고, 어떤 이들은 배가 힘없이 강을 따라 떠내려가도록 내버려 두고는 기겁해서 보트를 타고 강기슭으로 향했다. 선원들만 이런 공포를 느낀 것은 아니었다. 강변에 사는 사람들 역시 증기선이 지나가는 모습을 보려고 강둑으로 모여들었다.

제임스 대브니 매케이브James Dabney McCabe,
《백만장자는 어떻게 만들어지는가GREAT FORTUNES, AND HOW THEY WERE MADE》, 1871년

1807년 8월 17일 미국에서 허드슨강을 따라 뉴욕에서 올버니를 왕복하는 세계 최초 상용 증기선 노스 리버 스팀보트호(나중에는 클러몬트호로 불림)가 운행을 개시했다. 펜실베이니아 태생 발명가 로버트 풀턴Robert Fulton(1765년~1815년)이 제작한 이 선박은 외륜선이었지만 돛대와 돛을 갖추고 있었다. 많은 사람이 이 배의 안전성을 우려했다. 첫 승객 중 한 명이었던 미쇼라는 프랑스인은 편지에서 다음과 같이 설명했다.

다들 보일러가 폭발할까 봐 너무 두려워해서 나와 내 동료 외에는 아무도 뉴욕으로 가는 이 증기선에 탈 엄두를 내지 못했습니다. 우리는 8월 20일 엄청나게 많은 구경꾼이 지켜보는 가운데 올버니를 떠났습니다. … 굴뚝에서 피어오르는 연기가 위치를 알려주니 강 주변에서 배가 보이는 곳마다 주민들이 모여 있는 모습이 보였습니다. 그들은 손수건을 흔들며 풀턴에게 환호했고, 그가 강을 올라가는 경로를 알아차린 듯했습니다.

이날 일어난 다른 사건들
1959년 마일스 데이비스Miles Davis 베스트셀러 앨범 〈카인드 오브 블루Kind of Blue〉 발매
1978년 최초로 대서양을 횡단한 열기구가 파리 근교에 착륙
1987년 베를린 슈판다우 교도소에서 전 나치 루돌프 헤스 사망

8월 18일

칭기즈 칸 사망, 1227년

하늘이 도와 나는 너에게 물려줄 거대한 제국을 정복했다. 하지만 세계 정복을 이루기에 내 인생은 너무 짧구나. 그 일은 네가 물려받아야겠다.

칭기즈 칸, 1227년

사상 최대 육지 제국을 이룩한 몽골 정복자 칭기즈 칸('만국의 통치자'라는 뜻)은 1162년경 테무진이라는 이름으로 태어나 동아시아 스텝 지대 여러 부족 중 하나의 지도자가 됐다. 1206년까지 그는 여러 부족들을 자기 지배하에 통합했고, 그가 사망한 1227년 8월 18일 무렵에는 서쪽으로는 현재의 이란과 카스피해, 동쪽으로는 중국 북부에 이르는 중앙아시아 및 동아시아 스텝 지대를 지배했고 키예프에 화평을 청하도록 강요했다. 그는 유라시아 전역에서 무자비와 폭력으로 악명을 떨쳤지만 몽골 제국은 종교적 관용을 베풀었다.

칭기즈 칸은 유목 민족 원정을 성공적으로 수행하고 몽골 궁전으로 돌아가는 길에 낙마 사고를 당한 뒤 사망했다. 그는 신으로 숭배를 받았지만 그의 무덤은 본인의 요구로 감춰졌다. 무덤 건설에 관여한 자는 모두 살해당했고, 무덤의 위치는 알려지지 않았다.

칭기즈 칸은 셋째 아들 오고타이(재위 1229년-1241년)를 후계자로 지명했고, 오고타이가 사망하면서 헝가리를 위협하던 거대한 제국이 점점 킵차크 칸국을 비롯한 여러 독립 칸국으로 분열되기 시작했다. 절정기 몽골 제국은 그 영토가 중앙아시아에서 다뉴브강에 이르렀고 러시아 공국들이 1480년대 후반까지 속국으로서 몽골 북부에 조공을 바쳤다.

오고타이의 후계자들은 계속해서 제국을 확장하여 서쪽으로는 현재의 루마니아와 시리아까지 진출하고 중국 전체(1268년-1279년)와 고려(1260년까지)를 정복했다. 또한 실패로 끝나기는 했으나 1274년과 1281년 두 차례에 걸쳐 일본을 대대적으로 침략하고자 시도했다. 중국을 정복하면서 칭기즈 칸의 손자 쿠빌라이는 송 왕조를 전복해 황제 자리에 올랐다. 이후 16세기 초에 칭기즈 칸의 후손들은 인도에서 무굴 왕조를 세웠다.

이날 일어난 다른 사건들

1503년 교황 알렉산데르 6세Alexander VI(본명 로드리고 보르자Rodrigo Borgia) 사망

1587년 아메리카 대륙 영국 식민지 개척자들 사이에서 태어난 첫 번째 아이 버지니아 데어Virginia Dare가 로어노크에서 탄생

1969년 뉴욕주에서 사흘간 열린 우드스톡 음악 페스티벌 폐막

8월 19일

아우구스투스 황제 사망, 서기 14년

생의 마지막 날 아우구스투스는 이따금씩 혹시라도 자기 때문에 폭동이 일어나지는 않았는지 물었다. 그런 다음 거울을 가지고 오라고 일러 머리를 빗게 하고 비뚤어진 턱을 바로 하도록 했다. 그다음에 친구들을 불러 자기가 인생이라는 희극을 제대로 연기했다고 생각하는지 묻고는 "내가 내 역할을 잘 해냈으니 모두 박수를 쳐 주기를. 그리고 무대에서 사라지는 나를 갈채로 보내주기를."이라는 말을 덧붙였다.

아우구스투스는 그들을 모두 물린 다음 시내에서 방금 온 사람들에게 드루수스의 딸에 대해서 묻다가 리비아에게 입을 맞추며 마지막 말을 남기고는 갑자기 세상을 떠났다. "리비아, 우리 결혼 생활을 마음에 새기며 살아주오, 안녕." 그렇게 그는 평소 바람대로 편안하게 숨을 거뒀다. 누군가가 순식간에 고통 없이 죽었다는 소식을 들으면 그는 자신과 가족들도 그와 같은 안락사를 누리기를 기도했다. 그는 습관처럼 그 단어를 사용했다. 아우구스투스는 숨을 거두기 전에 딱 한 번 헛소리를 했다. 갑자기 겁에 질려서 남자 40명이 자기를 낚아채 간다고 소리쳤다. 사실 이조차도 망상이라기보다는 예감이었다. 그를 짊어지고 안치하는 임무를 맡은 근위병의 숫자가 바로 40명이었기 때문이다.

수에토니우스, 《아우구스투스의 생애》, 서기 121년

본명이 옥타비아누스인 아우구스투스 카이사르는 황제라는 호칭으로 불리지만 않았을 뿐 로마 황제로 40년 넘게 통치(1월 16일 참조)했으며 자신이 "벽돌로 된 도시를 물려받아 대리석으로 된 도시를 남겼다."라고 뽐냈다고 전한다. 그의 치세는 라틴어 저작의 황금시대였으며 역사학자 리비우스와 시인 호라티우스, 베르길리우스, 오비디우스가 수많은 작품을 남겼다. 18세기 영국 작가들이 이런 선조들을 의식적으로 모방해 자신들의 작품을 묘사하는 데 '아우구스투스 시대'라는 용어를 되살려 사용했다.

꾸밈이 없어야 할 회고록에서조차 항상 대외적 이미지에 신경을 썼던 아우구스투스 황제는 적어도 역사학자 수에토니우스가 한 세기 뒤에 설명한 바에 따르면 서기 14년 8월 19일 사망하는 마지막 순간까지도 외모를 단장했다. 그는 장례식에서 신으로 추대됐다.

이날 일어난 다른 사건들
1692년 매사추세츠 세일럼에서 사술 시행 혐의로 5명 처형
1772년 구스타브 3세Gustavus III가 왕실 쿠데타로 스웨덴 지배권 장악
1936년 스페인 시인 페데리코 가르시아 로르카Federico García Lorca가 국민파에 의해 살해당함

8월 20일

영국 공군에 경의를 표한 처칠, 1940년

우리 섬, 우리 제국, 나아가 죄지은 자들의 조국을 제외한 전 세계 모든 가정에서 보내는 감사를 영국 공군들에게 전합니다. 그들은 누구보다도 의연하고, 끊임없는 난관과 목숨이 위태로운 위험에 굴하지 않으며 용기와 헌신으로 세계 대전의 흐름을 바꾸고 있습니다.

인류 분쟁 역사에서 이토록 다수가 이토록 소수에게 빚진 적은 없었습니다. 전투기 조종사들에게 진심 어린 마음을 전합니다. 우리는 날이면 날마다 그들의 멋진 활약상을 두 눈으로 똑똑히 봅니다. 하지만 우리 폭격기 비행대들이 몇 달째 밤이면 밤마다 고도의 비행 기술로 독일까지 날아가 어둠 속에서 표적을 찾고, 수시로 엄청난 공격을 받고 심각한 피해를 입으면서도 신중하고 정확하게 공격 대상을 조준하며, 나치 세력의 기술 및 전쟁 기반 시설 전체에 막강한 공격을 실시하고 있다는 사실을 절대 잊지 말아야 합니다. 영국 공군 전체 중에서도 주간 폭격기 비행대는 누구보다도 막중한 전쟁의 무게를 짊어지고 있습니다. 그들은 침공이 있을 때 대단히 중요한 역할을 맡을 것이고 그동안 수많은 억제 상황에서 그들의 꺾이지 않는 열정이 필요했습니다.

… 비록 나치 군단이 흑해나 카스피해에서 승리를 거둔다고 하더라도, 히틀러가 인도에 들이닥치기 일보 직전이라고 하더라도 독일의 전쟁 능력을 뒷받침하는 경제 및 과학 장치 전체가 독일 본토에서 산산조각 나고 가루가 된다면 아무런 소용이 없을 것입니다.

윈스턴 처칠 총리, 연설, 하원, 1940년

1940년 7월 10일에 시작된 대대적인 공중전이 절정에 달했을 때 처칠은 영국 본토 항공전에 참전 중인 '소수' 조종사들에게 존경을 표하는 유명한 연설을 했다. 8월 18일에는 양측 모두에 최대 사상자가 발생했고, 8월 19일에는 루프트바페 총사령관 헤르만 괴링이 항공기 공장을 노리라는 명령을 내렸다. 이때 처칠은 연설을 듣는 이들에게 정기적으로 독일을 공격하는 임무를 수행하고 있는 영국 공군 폭격기 부대의 눈에 띄지 않는 노력을 전달하고자 애썼다.

영국 본토 항공전은 루프트바페가 영국 공군 전투기 부대를 격파하려는 시도를 포기하고 그 대신 영국 도시에 야간 폭격을 가해 사기를 떨어뜨리는 작전을 시작했던 10월 30일까지 이어졌다.

이날 일어난 다른 사건들

1914년 제1차 세계대전: 독일군이 브뤼셀 점령
1968년 바르샤바 조약 군이 체코슬로바키아 '프라하의 봄'에 개입
1989년 런던 템스강에서 유람선 마셔네스호 전복으로 51명 익사

8월 21일

벨기에 중립 침해, 1914년

브뤼셀에 입성하는 독일군은 인간성을 상실했다. 군대를 이끌던 병사 셋이 자전거를 타고 레장 대로에 들어서 북부역으로 가는 길을 묻는 순간 인간성을 잃었다. 그들이 지나가면서 사람의 특색도 함께 사라졌다.

그들의 뒤를 이어서 24시간이 지난 지금도 계속해서 들어오고 있는 것은 행진하는 인간이 아니라 해일이나 눈사태, 강둑을 범람하는 홍수와 같은 자연의 힘이다.

··· 처음에 적군 언대기 몇 들이올 때 우리는 흥미진진하게 지켜봤다. 하지만 그들이 깅철 같은 회색 대열로 지나가는 모습을 세 시간 내내 보다 보니 지루했다. 시간이 아무리 흘러도 멈추지 않고 숨 쉴 틈도 없이, 빈틈없이 빽빽한 횡렬이 지나가는 모습을 보자 묘하고 비인간적이라는 기분이 들었다. 마음을 사로잡힌 듯 다시 바라보게 됐다. 바다를 가로질러 밀려오는 안개처럼 신비하고 위험한 기운이 맴돌았다.

··· 땅거미가 지고 말 수천 마리의 말발굽과 군화 수천 켤레가 계속 터벅터벅 앞으로 나아가면서 돌에 부딪쳐 작은 불꽃이 일었지만 그 불꽃을 일으킨 말과 사람은 보이지 않았다. 자정 무렵에도 짐마차와 공성포가 여전히 지나갔다. 오늘 아침 7시에 나는 병사들과 군악대가 명랑하게 연주하는 소리에 잠에서 깼다. 그들이 밤새 행진을 했는지는 모른다. 하지만 회색 군대는 이제 26시간째 안개의 신비함과 증기 롤러의 끈덕짐을 함께 자아내며 나아가고 있다.

리처드 하딩 데이비스, 〈뉴스 크로니클NEWS CHRONICLE〉**, 1914년 8월 23일**

제1차 세계대전이 시작된 달, 미국 기자 리처드 하딩 데이비스Richard Harding Davis는 빌헬름 2세의 군대가 벨기에에 들어온 지 2주일이 조금 더 지난 1914년 8월 21일 벨기에 수도에 도착하는 장면을 기록했다. 독일군이 이렇게 벨기에의 중립을 침해한 행위와 민간인을 상대로 저지른 만행 이야기(그중 상당수는 꾸며낸 이야기였다)는 영국에서 분노와 전쟁 열기를 크게 부채질했다. 독일군에 체포된 데이비스는 스파이로 처형될 위기를 간신히 면했다.

이날 일어난 다른 사건들

1831년 버지니아주에서 냇 터너Nat Turner가 주도한 노예 반란 발발

1983년 필리핀 야당 지도자 베니그노 아키노Benigno Aquino가 암살당함

1991년 미하일 고르바초프에 대한 소련 강경 쿠데타 시도 실패

8월 22일

보즈워스 전투, 1485년

리처드 왕은 군대에 서 있었고,
그 수는 4만 하고도 3명이었다
마음도 손도 강인한 군사들이
그의 깃발 아래 있었다

현명하고 훌륭한 윌리엄 스탠리 경은
왕에게 약속했던 아침식사를 기억했다
그는 강둑으로 내려가서,
순식간에 왕을 습격했다

다음에 그들은 슬픔과 고통에 함께 맞섰다
궁수들은 뾰족한 화살을 날렸다
대포는 떨어지기도 하고 멀리 날아가기도 했다
주목나무 활은 잘 휘었다

투석기는 속도를 높였고
조총기병의 총알이 빗발치듯 날았다
수많은 깃발이 흔들리기 시작했고
그것은 그들의 왕, 리처드 무리였다

그때 우리 궁수들은 화살 공격을 했고
각종 무기들이 오른편을 가득 메웠다
검이 철투구를 높이 치는 소리가 울리고,
도끼가 투구를 빛처럼 빠르게 내리쳤다

그곳에서 용맹한 기사가 많이 죽었다
그들이 발아래에 빽빽이 깔렸다
그렇게 그들은 전력을 다해 싸웠다
그들은 우리 왕 헨리 편이었다
그때 한 기사가 리처드 왕에게 다가가 말했다
"도망갈 때를 기다리고 있었습니다

저쪽 스탠리는 힘이 너무 세서
누구도 그들을 오래 버티지 못합니다."

"여기 폐하의 말을 준비했습니다.
훗날을 기약하십시오
왕족으로서 통치하고
왕관을 쓰고 우리의 왕이 되시기 위해서입니다."

그가 말했다. "내 전투 도끼를 달라
잉글랜드 왕관을 내 머리에 드높이 씌워라!
바다와 육지를 만드신 분에게 맹세컨대
나는 오늘 잉글랜드 국왕으로 죽는다!
나는 한 발자국도 도망치지 않을 테다
내 가슴에 숨결이 남아 있는 한!"

그는 말한 대로 행동했다
그가 목숨을 잃는다면 왕으로 죽으리

그들은 그의 군기를 비추었고
그에게 금관을 씌웠다
그들은 그의 죽음을 애통해했네
그날 노포크 경이 죽었기에

… 그들은 높은 산으로 이동했고,
큰 목소리로 "헨리 왕!"이라고 외쳤다
빛나는 금관을
스탠리 경에게 전했다

그는 자기가 전달받은 왕관을
곧 헨리 왕에게 전달하더니 말했다
"훌륭하신 당신께서

이 왕관을 쓰고 우리 왕이 되어 주소서."

작자 미상 발라드, 16세기 후반 이전

보즈워스 전투는 영국 역사에서 중대한 전환점이 됐다. 잉글랜드 플랜태저넷 왕조의 혈통을 물려받은 마지막 왕이자 요크 왕가 국왕 리처드 3세가 전투에 패배한 후 사망했고, 랭커스터 왕가 자손인 헨리 튜더Henry Tudor가 헨리 7세로 즉위하면서 새로운 왕조가 열렸다. 토머스 스탠리Thomas Stanley의 수행원이 썼다고 추정되나 100년 동안 기록되지 않았던 이 발라드가 유일하게 남아 있는 목격 증언인 듯하다.

전투에 참여하지 않고 대기하던 스탠리는 전투 흐름이 리처드 3세에게 불리해지자 비로소 헨리 편에 섰다. 그는 헨리의 머리에 왕관을 씌운 공으로 더비 백작 칭호를 받았다.

이날 일어난 다른 사건들

1846년 미국이 뉴멕시코 합병

1911년 루브르 박물관에서 〈모나리자〉 도난(1913년에 반환)

1978년 케냐 대통령 조모 케냐타 사망

8월 23일

성 바르톨로메오 축일 전야 학살, 1572년

어머니[카트린 드 메디시스]를 특히 존경했고 독실한 가톨릭 신자였던 국왕 샤를 9세는 이제 위그노의 의도를 확신했다. 그는 갑자기 어머니의 조언을 따르기로 결심했고 가톨릭 신자들의 보호를 받기로 했다. …

기즈 공작과 모든 왕자, 가톨릭 장교들을 소집했고 그날 밤 '성 바르톨로메오 축일 학살'을 감행하기로 결정했다.

곧 길거리에 쇠사슬을 쳤고 경보음을 울렸으며 각자가 사기가 받은 명령에 따라 자기 위치로 향했다. 제독[콜리니]의 숙소나 다른 위그노의 숙소를 공격했다. 기즈 공작은 서둘러 제독의 집으로 달려갔고, 기즈 공작을 모시는 독일 출생 신사 베스메는 제독의 방에 침입해 단검으로 그를 죽이고 시체를 창밖에서 기다리던 주인에게 던졌다.

나는 무슨 일이 일어나고 있는지 몰랐다. … 위그노들은 가톨릭교도라는 이유로 나를 의심했고, 가톨릭교도들은 위그노인 나바라 왕과 결혼했다는 이유로 나를 의심했다. 누구도 그 일에 대해 내게 한 마디도 하지 않았다.

마르그리트 드 발루아, 《회상록MEMOIRS》, 1628년

1572년 8월 23일에 일어난 성 바르톨로메오 축일 전야 학살은 오랫동안 이어온 프랑스 종교 전쟁에서 중대한 사건이었다. 제3대 기즈 공작 앙리Henry, 3rd Duke of Guise(국왕의 어머니 카트린 드 메디시스Catherine de' Medici가 사주)가 선동한 이 학살로 프랑스 개신교도 위그노의 지도자 가스파르 드 콜리니Gaspard de Coligny 제독을 비롯한 위그노 수천 명이 파리와 그 주변에서 살해당했다. 이틀 전에도 콜리니의 목숨을 노리는 암살 시도가 있었다. 암살에 실패하면서 위그노의 보복을 두려워한 가톨릭 분파가 대담하게 유혈 사태를 개시하기에 이르렀다.

학살은 프랑스 국왕 샤를 9세의 누이 마르그리트 드 발루아Marguerite de Valois가 위그노인 나바라 왕자(장래 앙리 4세)와 결혼식을 올린 지 엿새 만에 발생했다. 1589년 기세등등하던 기즈 공작 역시 동생인 루이 추기경과 함께 형인 샤를 9세 사망 후 왕위를 물려받은 앙리 3세의 명령으로 암살됐다.

이날 일어난 다른 사건들

1305년 스코틀랜드 지도자 윌리엄 월리스에게 교수형과 거열형을 집행함

1939년 독소 불가침 조약 체결

1985년 서독 방첩 기관 일인자가 동독 스파이로 밝혀짐

8월 24일

베수비오 화산 폭발, 서기 79년

오후 1시경 어머니가 숙부[대★플리니우스]에게 크기와 모양이 독특한 구름을 보라고 했다. 아주 높이 솟아 있는 구름으로, 몸통이 아주 크고 꼭대기에서 나뭇가지가 넓게 펼쳐진 소나무 모양이었다. 나는 갑작스러운 돌풍에 공기가 솟구쳐 오르다가 위로 올라가면서 그 힘이 줄어들었거나 구름 자체가 넓게 퍼지면서 그 무게 때문에 아래로 떨어져서 그런 모양이 생겼다고 생각했다. 흙과 재를 함유한 양에 따라 밝은 부분도 있고 어두운 부분도 있었다.

이런 연구를 하는 숙부의 눈에 이 현상은 무척이나 특별해 보였는지 등선을 준비하라고 일렀다. 하지만 그때 바수스의 부인 렉티나가 보낸 소식을 받았다. 베수비오 산기슭에 집이 있어서 바다 외에는 탈출할 길이 없다는 내용이었다.

숙부는 계획을 바꿔서 렉티나뿐만 아니라 그 아름다운 해변 마을에 사는 다른 사람들도 돕겠다는 생각에 갤리선들을 바다에 띄우라고 명령했다. 다른 사람들이 도망가는 가운데 그는 그 무서운 광경의 모든 현상에 대한 관측을 기록하겠다는 마음가짐으로 위험을 향해 직진했다. 가까이 다가갈수록 재는 더 짙고 뜨거워졌고, 화산에 너무 바싹 다가가서 부석과 검게 타는 돌멩이가 재와 함께 배에 떨어졌다. 바닷물이 갑자기 빠져 좌초되고 화산에서 거대한 덩어리가 굴러와 해안을 가로막는 바람에 숙부 일행은 위험에 처했다. 키잡이는 숙부에게 돌아가야 한다고 충고했지만 그는 "행운의 여신은 용감한 자를 총애한다. 폼포니아누스가 있는 스타비에로 뱃머리를 돌려라."라고 말했다.

소小플리니우스, 타키투스에게 보낸 편지, 서기 106년

박물학자이자 해군 사령관이었던 대★플리니우스는 폼페이, 헤르쿨라네움을 비롯한 인근 도시들을 파괴할 정도로 굉장했던 베수비오 화산 폭발을 근처 지역에서 목격했다. 그는 친구들이 탈출하도록 돕다가 가장 기억에 남는 자연재해의 희생자가 됐다. 몇 년 뒤 플리니우스의 조카이자 비서였던 소小플리니우스는 역사가 타키투스에게 보내는 편지에 이 이야기를 썼다.

이날 일어난 다른 사건들
1349년 유대인이 흑사병 원흉으로 지목받으면서 마인츠 집단 학살 발생
1821년 코르도바 조약으로 멕시코가 스페인으로부터 독립 쟁취
1949년 북대서양 조약 발효

8월 25일

백악관에 침입한 영국군, 1814년

음, 아니나 다를까 8월 24일에 영국군이 블레이던스버그에 도착했고, 11시에서 12시 사이에 싸움이 시작됐다. 그날 아침에도 암스트롱 장군은 매디슨 부인께 전혀 위험하지 않다고 장담했다. 대통령께서는 … 상황이 어떤지 보려고 말을 타고 블레이던스버그로 갔다. 매디슨 부인은 평소와 같이 3시에 만찬을 준비하라고 지시했다. 각료 전원과 군인 몇 명을 비롯한 손님들이 올 예정이었으므로 나는 직접 식탁을 차리고 에일, 사과주, 와인을 꺼내서 얼음 통에 넣어두었다. 기다리던 중에 마침 3시가 됐을 때 … 블레이딘스버그에 매디슨 대통령과 동행했던 자유 신분의 흑인 제임스 스미스가 말을 타고 모자를 흔들며 집으로 달려와 "떠나세요, 떠나세요! 암스트롱 장군이 후퇴를 명했습니다!"라고 외쳤다. 모두가 어리둥절했다. 매디슨 부인은 마차를 준비하라고 일렀고 식당을 지나가면서 오래된 손가방에 은식기를 최대한 쑤셔 넣은 다음 하녀 수키, 다니엘 캐럴과 함께 황급히 마차에 올랐다. 조 볼린은 마차를 몰아 그들을 조지타운 하이츠로 데려갔다. 영국군은 몇 분 안으로 도착한다고 했다. 영부인의 제부 커츠 씨는 내게 14번 가에 있는 마구간에 가서 자기 마차를 가져오라고 했다. 사람들이 이리저리 뛰어다녔다. …

영국군이 당장이라도 덮칠 것 같은 분위기였지만 사실 몇 시간 동안은 도착하지 않았다. 그동안에 폭도가 혼란을 틈타 백악관을 돌아다니며 은식기를 비롯해 손에 닿는 물건을 모조리 훔쳤다.

해 질 무렵 내가 조지타운 선착장으로 걸어갔을 때 대통령을 비롯한 모든 사람이 배를 기다리고 있었다. 곧 배가 돌아와 우리 모두 올라탔고, 뱃길을 따라 1.6킬로미터 정도 올라갔다. 그러고는 우리 하인들이 돌아다니게 두었다. 잠시 뒤 블레이던스버그에서 온 마차 몇 대가 롱브리지가 불타기 전에 건너서 왔다. 우리가 널빤지를 자르고 있을 때 백인 마부가 우리에게 저리 가라고 하더니 아들 토미에게 총을 가져오라고 했다. 우리를 쏠 모양이었다. 나는 그에게 "총질은 블레이던스버그에서 하지 그랬어요."라고 말했다. 바로 그때 우리는 매디슨 대통령 일행을 찾아서 … 어떻게 해야 할지 의논했다. 나는 감리교 목사 댁에 걸어갔다. 저녁에 목사님이 기도를 하고 있을 때 엄청난 폭발음을 들었다. 황급히 밖으로 나가보니 공공건물들, 해군 조선소, 밧줄 공장 등이 불타고 있었다.

그날 밤 매디슨 부인은 강 너머로 3, 4킬로미터 떨어진 러브 씨 댁에서 주무셨다. … 매디슨 부인이 백악관에서 탈출할 때 커다란 워싱턴 초상화(현재 백악관 응접실에 있다)를 액자에서 잘라내 가지고 나왔다는 말이 자주 언급된다. 이는 완전히 거짓 정보다. 영부인은 그런 일을 할 시간이 없었다. 초상화를 내리려면 사다리가 필요했다. 영국군이 얼마 떨어지지 않은 곳에 있어서 금방이라도 들이닥칠 것이라고 생각했으므로 영부인은 손가방에 넣은 은식기만 가지고 나왔다. 존 수제(당시 문지기였던 프랑스인으로 아직 살아있다)와 백악관 정원사 매그로가 초상화를 내려 커다란 은항아리를 비롯해 급하게 챙길 수 있었던 다른 귀중품들과 함께 수레에 실어 보냈다. 도착한 영국군은 내가 대통령의 파티를 위해 준비했던 만찬을 먹어치우고 술을 마셨다.

폴 제닝스,
《**흑인이 쓴 제임스 매디슨 회상록**A COLOURED MAN'S REMINISCENCES OF JAMES MADISON》**, 1865년**

영국군이 백악관을 불태우고 워싱턴시를 점령한 사건은 이른바 1812년 전쟁에서 가장 극적인 순간이었다. 영국과 미국이 충돌한 이 전쟁은 사실 1815년까지 이어졌다. 미국은 영국이 미국과 프랑스(프랑스는 당시 영국과 전쟁 중이었다) 간 통상에 가한 제약 등을 이유로 영국에 선전 포고를 했다. 제임스 매디슨 대통령의 부인 돌리 매디슨Dolley Madison이 백악관에서 대피한 상황을 설명한 위 내용을 쓴 폴 제닝스Paul Jennings는 매디슨 부인의 노예였다.

거의 200년이 흐른 뒤인 2003년 7월 영국 수상 토니 블레어는 미국 상하 양원 연설에서 이 사건을 언급했다. "여기로 내려오는 길에 프리스트 상원 의원께서 친절하게도 1814년 영국군이 의회 도서관을 불태운 현장을 보여주셨습니다. 좀 늦기는 했지만 '미안'합니다."

이날 일어난 다른 사건들
서기 357년 아르겐토라툼(현 스트라스부르)에서 로마 장군 줄리안이 알레만니족 격파
1875년 매슈 웨브Matthew Webb가 최초로 보조 장치를 사용하지 않고 수영으로 영국 해협 횡단
1944년 제2차 세계대전: 연합군이 파리 해방

8월 26일

크레시 전투, 1346년

잉글랜드군이 보이자 피가 끓기 시작한 프랑스 왕은 "제노바 병사들은 앞으로 나아가 전투를 시작하라."라고 외쳤다. 제노바 석궁 사수가 1만 5,000명 정도 있었지만 그날 석궁을 매고 완전 무장한 채 30킬로미터 가까이 행군한 터라 무척 피로했다. 그들은 총사령관에게 전투에서 활약할 상태가 아니라고 말했다. 이를 들은 알랑송 백작은 "그런 불한당들을 고용하니까 이렇게 되는 거야. 필요할 때 꼭 나가떨어진다니까."라고 말했다.

이때 억수 같은 비가 쏟아지고 천둥과 함께 지독한 일식이 일어났다. 비가 오기 전에 엄청난 까마귀 떼가 대대 전체 위를 뒤덮고 시끄럽게 울었다. 곧 비가 그치고 해가 아주 밝게 비쳤다. 프랑스군은 해를 바라보고 있었고 잉글랜드군은 등지고 있었다. 제노바군이 어느 정도 대오를 갖추고 잉글랜드군에 다가가 크게 고함을 질렀지만 잉글랜드군은 아주 조용히 있었다. 그러자 제노바군은 다시 소리를 치며 조금 더 앞으로 나아갔다. 잉글랜드군은 옴짝달싹하지 않았다. 제노바군은 세 번째로 고함을 치며 전진해 활을 쏘기 시작했다. 그때 잉글랜드군 궁수들이 한 발자국 앞으로 나와 마치 눈이 쏟아지듯이 강하고 빠르게 화살을 쏘아댔다. 화살이 갑옷을 뚫고 박히자 제노바 병사들은 석궁의 줄을 끊거나 바닥에 내동댕이치더니 모두 돌아서서 도망쳤다.

달아나는 제노바 병사들을 본 프랑스 왕은 "저 불한당들을 죽여라."라고 외쳤다.

장 프루아사르, 《연대기 CHRONICLES》, 1373년~1400년

프랑스 연대기 작가 장 프루아사르Jean Froissart는 1346년 8월 26일 칼레 근처에서 일어난 크레시 전투에서 잉글랜드군과 웨일스군의 손에 프랑스군이 패배하는 과정의 시작을 이렇게 묘사했다. 프랑스 왕위에 대한 권리를 주장하던 에드워드 3세가 필리프 6세가 이끌던 대규모 군대(보헤미아 왕과 나바라 왕, 제노바 용병대 포함)에 승리를 거두면서 위력은 더 세지만 투박한 석궁보다 장궁이 더 우월하다는 사실이 드러났다. 장궁은 중무장한 기사들에게도 효과를 나타냈다. 크레시 전투에 이어 칼레까지 함락하면서 잉글랜드는 100년 전쟁 초반에 프랑스 북동부 지배권을 확보했다.

이날 일어난 다른 사건들

1071년 만지케르트 전투에서 셀주크 튀르크가 비잔티움 격파

1974년 미국 비행사 찰스 린드버그 사망

1991년 크로아티아 부코바르에서 유고슬라비아군과 세르비아군이 포위전 시작

8월 27일

크라카타우 화산 폭발, 1883년

불꽃 수천 개가 주변을 밝혔다. … 불꽃이 사그라지면서 푸르스름한 불빛을 남겼다. 그 자리를 금방 다른 불꽃이 채웠다. 나는 나무 꼭대기에서 불꽃을 봤다. 갈라지는 소리가 나서 보니 내 바로 옆에 불바다가 있었다. … 온 세상이 재에 파묻혔다. 내 손도 잘 보이지 않았다. 나는 다시 집으로 들어갔다. …

갑자기 칠흑처럼 어두워졌다. 마지막으로 내가 본 광경은 갈라진 마루 바닥 틈으로 재가 마치 분수처럼 솟아오르는 모습이었다. … 공기가 빨려 나가기라도 하는 듯 숨을 쉴 수 없었다. 머리, 등, 팔 위로 커다란 덩어리가 떨어졌다. … 서 있을 수가 없었다.

천신만고 끝에 간신히 일어났지만 등도 목도 곧게 펼 수가 없었다. 무거운 쇠사슬이 목에 감겨 있어서 나를 끌어당기는 기분이었다.

나는 비틀거리면서 몸을 웅크리고 문으로 다가갔다. … 발을 헛디뎌서 넘어졌다. 재가 뜨거워서 손으로 얼굴을 가리려고 했다. 뜨거운 부석 조각이 마치 바늘처럼 찔러댔다.

내가 제정신이었다면 지옥 같은 어둠 속으로 뛰어드는 일이 얼마나 위험한지 알아차렸을 것이다. … 그때 무엇인가가 내 손가락을 파고들어서 아팠다. 처음으로 내 피부에 두껍게 붙은 재가 머금은 습기에 피부가 온통 늘어졌다는 사실을 깨달았다. 더럽다는 생각에 피부에서 떼어내고 싶었지만 그렇게 하자니 더 아팠다. 내 뇌는 그것이 무엇인지 알아보지 못했다. 내가 화상을 입었다는 자각이 없었다. 녹초가 된 나는 나무에 몸을 기댔다.

요한나 베이제린크 Johanna Beijerinck, **자바 신문 기사, 1883년**

1883년 8월 27일, 네덜란드령 동인도(오늘날 인도네시아) 크라카타우섬 대부분을 없애버린 대규모 화산 폭발로 기록상 사상 최대 폭발음이 발생했다. 또한 뒤이어 발생한 쓰나미로 3만 명이 넘는 사람들이 목숨을 잃었고 타오르는 재로 이루어진 화산 쇄설암이 흘러내렸다. 26세 베이제린크 부인 가족을 비롯한 생존자들은 운 좋게도 이를 피해 탈출했다. 화산에서 나온 화산재로 이후 5년 동안 북반구 전체에 이상 저온 현상이 이어졌다.

이날 일어난 다른 사건들
1776년 미국 독립 전쟁: 롱아일랜드(브루클린 하이츠)에서 영국군 승
1896년 잔지바르가 세계 최단 전쟁(45분)에서 영국에 항복
1979년 아일랜드 공화국군이 루이스 마운트배튼 경 Lord Louis Mountbatten 암살

8월 28일

마틴 루서 킹, 저에게는 꿈이 있습니다, 1963년

비록 오늘과 내일 우리가 고난에 직면하더라도 저에게는 여전히 꿈이 있습니다. 아메리칸 드림에 깊이 뿌리 내린 꿈입니다.

저에게는 꿈이 있습니다. 언젠가 이 나라가 들고일어나 "우리는 모든 인간이 평등하게 태어났다는 사실을 자명한 진리로 받아들인다."는 신조의 참뜻을 그대로 실행하리라는 꿈입니다.

저에게는 꿈이 있습니다. 언젠가 조지아주의 붉은 언덕에서 한때 노예였던 사람의 아들과 한때 노예 소유주였던 사람의 아들이 형제애라는 식탁에 함께 앉을 수 있는 날이 올 것이라는 꿈입니다.

저에게는 꿈이 있습니다. 언젠가 부당함의 열기에 시달리고 탄압의 열기에 시달리는 미시시피주조차 자유와 정의가 샘솟는 오아시스로 바뀌리라는 꿈입니다.

저에게는 꿈이 있습니다. 제 어린 자녀 넷이 언젠가 피부색이 아니라 인품으로 평가받는 나라에 살게 될 것이라는 꿈입니다.

저는 오늘 '꿈'을 꿉니다!

저에게는 꿈이 있습니다. 언젠가 앨라배마주, 악랄한 인종차별주의자들이 있고 입만 열면 '주권 우위설'과 '주의 연방 법령 실시 거부' 같은 말을 하는 주지사가 있는 앨라배마주에서도 언젠가 어린 흑인 소년소녀들이 어린 백인 소년소녀들과 형제자매처럼 손을 잡을 수 있을 것이라는 꿈입니다.

저는 오늘 '꿈'을 꿉니다!

저에게는 꿈이 있습니다. 언젠가 모든 골짜기가 솟아오르고 모든 언덕과 산이 낮아지며, 고르지 않은 곳은 평평해지고, 굽은 곳은 곧게 펼쳐져 '주님의 영광이 나타나 모든 인류가 그 광경을 함께 지켜볼 것'이라는 꿈입니다.

이것이 우리의 희망입니다. 나는 그 믿음을 품고 남부로 돌아갈 것입니다.

우리는 이 믿음으로 절망의 산을 쪼아 희망의 돌을 만들 수 있습니다. 우리는 이 믿음으로 이 나라의 요란한 불협화음을 형제애가 넘치는 아름다운 교향곡으로 바꿀 수 있습니다. 이 믿음으로 언젠가 자유로워질 것을 아는 우리는 함께 일하고, 함께 기도하고, 함께 투쟁하고, 함께 감옥에 가고, 함께 자유를 지지할 것입니다.

그리고 바로 그날에 모든 하나님의 자녀가 새로운 의미를 담아 노래할 수 있을 것입니다.

'내 조국이여, 주님의 나라, 즐거운 자유의 땅, 주님을 찬미합니다. / 내 조상들이 돌아가신 땅, 개척자의 자부심이 서린 땅, 산비탈마다 자유가 울려 퍼지게 하라!'

미국이 위대한 국가가 되고자 한다면 이 노래가 실현되어야 합니다. 그러니 뉴햄프셔의 거대한 언덕 꼭대기에서 자유가 울려 퍼지게 합시다. 뉴욕의 장대한 산에서 자유가 울려 퍼지게 합시다. 펜실베이니아의 높이 치솟은 앨러게이니산맥에서 자유가 울려 퍼지게 합시다. 콜로라도의 눈 덮인 로키산맥에서 자유가 울려 퍼지게 합시다. 캘리포니아의 굽이치는 비탈에서 자유가 울려 퍼지게 합시다.

그뿐만이 아닙니다. 조지아의 스톤산에서도 자유가 울려 퍼지게 합시다. 테네시의 룩아웃산에서도 자유가 울려 퍼지게 합시다. 미시시피의 모든 언덕과 두둑에서 자유가 울려 퍼지게 합시다. '산비탈마다 자유가 울려 퍼지게 합시다!'

이날이 와서 자유가 울려 퍼지면, 모든 마을과 촌락에서, 모든 주와 도시에서 자유가 울려 퍼지면, 흑인과 백인, 유대인과 비유대인, 개신교도와 가톨릭교도 할 것 없이 하나님의 모든 자녀들이 서로 손을 잡고 옛 흑인 영가를 부를 수 있는 그날을 앞당길 수 있을 것입니다.

'마침내 자유! 마침내 자유! / 전지전능한 하나님 감사합니다. 마침내 우리는 자유로워졌습니다!'

마틴 루서 킹, 연설, 1963년 8월 28일

마틴 루서 킹의 가장 유명한 연설은 일자리와 자유를 위한 워싱턴 행진이 절정에 달한 시점에 군중 20만 명이 모인 가운데 워싱턴 DC 링컨 기념관 계단에서 이뤄졌다. 연설 내용은 미합중국 헌법 제정자들, 에이브러햄 링컨, 성경, 개척자들의 이상주의, 자유와 계몽의 땅으로서 신세계의 약속, 흑인 영가의 사무치는 갈망에 이르기까지 미국인의 정체성을 구석구석 파고들었다. 침례교 목사로서 오랫동안 갈고닦은 킹이 전달한 가락에 사람들은 하나로 결합했다. 이 연설은 미국의 시민권 운동을 정의했고 행정부에 시민권 법률을 도입하라는 압력을 가했다. 킹이 '꿈'을 반복한 마무리 부분은 원래 원고에 없었던 즉흥 연설로, 가스펠 가수 머핼리아 잭슨Mahalia Jackson이 "마틴 목사님, 사람들에게 꿈에 대해 이야기하세요."라고 외치는 소리를 듣고 시작했다고 전한다.

이날 일어난 다른 사건들
1547년 잉글랜드 국왕 헨리 8세 사망
1996년 찰스 왕세자와 다이애나 왕세자비 이혼
2005년 허리케인 카트리나로 뉴올리언스 주민들에 대피 명령 발령

8월 29일

크리켓 애시스 탄생, 1882년

1882년 8월 29일
오벌에서 사망한
잉글랜드 크리켓을
애정을 담아 추모합니다.
슬픔에 잠긴 수많은 친구와 지인들이
깊은 애도를 표합니다.
편히 잠드소서.
추신 – 시신은 화장해 유골을 오스트레일리아로 가져갈 예정.

'블롭스'(레지널드 브룩스Reginald Brooks), 〈스포팅 타임스THE SPORTING TIMES〉, 1882년 9월 2일

1882년 8월 29일 런던 케닝턴 오벌에서 열린 테스트 매치에서 잉글랜드 크리켓 팀이 오스트레일리아 팀에 근소한 차이로 패하면서 위대한 스포츠 라이벌 관계가 시작됐다. 이는 잉글랜드가 당시 영국 식민지에 처음으로 패배한 경기였고, 나흘 뒤 익살스러운 잉글랜드 크리켓 부고 기사가 실렸다.

몇 달 뒤 아이보 블라이Ivo Bligh가 이끄는 잉글랜드 팀이 오스트레일리아 원정 경기에 나섰다. 두 번째와 세 번째 테스트 매치에서 잉글랜드가 승리를 거둔 뒤 멜버른 여성들(그중에는 나중에 블라이의 아내가 된 플로렌스 모피Florence Morphy도 있었다)이 블라이에게 크리켓 공과 베일, 스텀프를 태운 '유골'이 들었다는 테라코타 항아리를 선물했다. 항아리에는 블라이의 업적을 기리고 잉글랜드 팀 선수들의 이름을 언급한 엉터리 6행시가 적힌 딱지가 붙어 있었다. 1883년 2월 〈멜버른 펀치Melbourne Punch〉에 이 시가 실렸다.

아이보가 항아리, 항아리를 가지고
　돌아가자,
스터드, 스틸, 리드, 타일코트가
　돌려보내고, 돌려보낸다
천지가 진동하고,
항아리, 항아리를 든 바로와 베이츠를 본
대관중이 자부심을 느끼리라
나머지는 항아리를 가지고 집으로
　돌아간다

1900년대에 들어 잉글랜드와 오스트레일리아가 '애시스the Ashes'(항아리 자체는 MCC의 홈구장인 로즈 크리켓 그라운드를 떠나지 않는다)를 두고 경기를 벌이는 전통이 생겼고 이후로 양 팀은 계속해서 열띤 경쟁을 벌이고 있다.

이날 일어난 다른 사건들
1526년 모하치에서 쉴레이만 대제가 이끄는 오스만 제국군이 헝가리군 격파
1966년 비틀스가 샌프란시스코에서 마지막 콘서트 일정 공연
1991년 소련 공산당 해체

8월 30일

제2차 머내서스 전투, 1862년

작년에 이 전장에서 쓰러진 비와 바토를 비롯한 여러 사람들의 복수도 충분히 갚았다. … 작년 적군 포격에 시달리고, 나이 든 주인 헨리 부인이 살해된 헨리 저택은 적군이 조금씩 떼어내 유물로 판 모양이었다. 하지만 오늘 바로 그 댁 문 앞과 무너진 담벼락 안에서 북군의 비참한 앞잡이들이 잠들었다.

작년에 적군이 포대를 설치하고 우리가 함락했던 장소에 어제도 포대를 설치했기에 또 함락했다. 첫 번째 전투에서 앨라배마 4연대와 조지아 8연대가 끔찍한 고통을 겪었던 소나무 숲에 지금은 침략자 시체가 즐비하다. 어제 우리는 같은 숲을 다른 지점에서 돌진했다. 그곳에서 그날의 블뤼허 장군, 커비 스미스가 전투에 참가했다. 이는 놀라운 우연의 일치이며, 내 경험과도 이어진다. 작년 밤늦게 위스콘신에서 부상당한 아일랜드인을 구했던 길에서 오늘 도움을 요청하는 다른 아일랜드인을 발견했다. 첫 번째 사람도 구해줬으므로 두 번째 사람도 구해줬다.

이 모든 일에 하나님의 손길이 닿아있지 않은가? 하나님이 아니라면 그 누가 핏빛으로 물든 이 평원에서 우리가 적들과 다시 대면하도록 하고, 우리에게 승리를 주겠는가? 그렇게 짧은 기간 안에 같은 사람들이 같은 땅에서 전투를 두 차례 벌인 적이 있었을까? 전투의 신께서 두 번째로 우리 대포의 입을 빌려 북군에 우리가 우리 갈 길을 가도록 두라고 말씀하셨다.

'P. W. A', 목격담, 〈서배너 리퍼블리칸SAVANNAH REPUBLICAN〉, 1862년 8월

1862년 8월 30일에 끝난 제2차 머내서스 전투(제2차 불런 전투라고도 한다)는 미국 남북전쟁 중 남부 연합군이 가장 큰 승리를 거둔 전투였다. 북부 연방군 사상자가 1만여 명에 달하면서 남부 연합군의 손실을 크게 웃돌았다. 같은 장소에서 13개월 이전에 훨씬 작은 규모의 전투가 있었고, 이때도 나중에 도착한 커비 스미스Kirby Smith 준장이 이끄는 지원 병력의 도움에 힘입어 남부 연합군이 승리했다. 그러다 보니 목격자는 워털루 전투에서 프로이센 육군 원수 블뤼허의 명성을 떠올렸다. 제2차 머내서스 전투 결과로 연방군 사령관 존 포프John Pope 소장의 평판과 경력에 금이 갔고, 이후 그는 버지니아군 지휘권을 잃었다.

이날 일어난 다른 사건들
1914년 제1차 세계대전: 타넨베르크 전투에서 독일군이 러시아군 격파
1918년 볼셰비키 지도자 V. I. 레닌 암살 시도 실패
1963년 미국과 소련 지도자들 간 '핫라인' 개설

8월 31일

'민중의 왕세자비' 사망, 1997년

저는 오늘 국민 여러분과 똑같은 기분입니다. 충격에서 헤어 나올 수 없습니다.

다이애나 왕세자비의 가족, 특히 두 아들을 생각하고 그들을 위해 기도합니다. 우리의 마음이 그들을 향합니다.

오늘 우리 영국은 너무나도 고통스러운 충격과 애도, 비탄에 빠져 있습니다. 다이애나 왕세자비 자신의 삶은 비극에 시달리는 일이 많았지만 그녀는 훌륭하고 따뜻한 사람이었습니다. 그녀는 영국과 세계 도치에 있는 수많은 사람들의 삶에 기쁨과 위안을 전했습니다.

아픈 사람, 죽어가는 사람, 어린아이들, 빈곤한 자들을 보면서 우리는 얼마나 다양한 방식으로 얼마나 자주 그녀를 기억하게 될까요? 말보다 훨씬 더 많은 것을 말하는 표정과 몸짓으로 그녀는 우리 모두에게 그녀의 연민과 인류애의 깊이를 드러내곤 했습니다.

때때로 그녀가 얼마나 힘든 일을 겪었을지 우리는 그저 미루어 짐작할 수 있을 뿐입니다. 하지만 영국뿐만 아니라 그 어디에서도 사람들은 다이애나 왕세자비와 약속을 지켰습니다. 사람들은 그녀를 좋아했고, 사랑했고, 국민 중 한 사람으로 여겼습니다. 다이애나는 민중의 왕세자비였고 앞으로도 우리 마음과 기억 속에 영원히 그렇게 남을 것입니다.

토니 블레어 총리, 연설, 1997년 8월 31일

이혼한 지 얼마 되지 않았던 다이애나 왕세자비가 1997년 8월 31일 이른 시간 파리에서 교통사고로 사망했을 때, 토니 블레어 총리는 영국 국민의 감정을 누구보다도 먼저 함축해서 표현했다. 이후 며칠 동안 그 감정은 대중이 다이애나를 그리는 비통한 마음을 전례 없이 쏟아내는 모습으로 나타났다. 이와 대조적으로 결혼 기간 동안 다이애나를 학대했다고 추정되는 왕실과 왕세자가 다이애나의 죽음에 대한 감정 표현을 드러내지 않는 바람에 그들에 대한 적대감은 더욱 커져갔다. 이런 대중의 반응을 보면서 어떤 사람들은 영국의 국민성이 전통적인 과묵함에서 벗어나 변화한다는 반가운 증거로 여겼다. 한편으로는 품위 없고 전혀 영국적이지 않은 집단 히스테리 표출이라고 보는 사람도 있었다. 살아 있을 때도 그랬지만 죽을 때에도 다이애나는 전통적인 왕권과 숭배받는 유명인, 이 둘을 대하는 대중의 모순적인 태도 사이의 풀리지 않는 관계를 상징하는 듯했다.

이날 일어난 다른 사건들
1888년 잭 더 리퍼의 첫 번째 희생자의 시신이 런던 화이트채플에서 발견
1949년 그리스 내전 종결
1962년 트리니다드토바고가 영국으로부터 독립 쟁취

9월

9월 1일	스당 전투, 1870년
9월 2일	런던 대화재, 1666년
9월 3일	선전 포고, 1939년
9월 4일	제로니모의 항복, 1886년
9월 5일	마른강 역습, 1914년
9월 6일	매킨리 대통령 암살, 1901년
9월 7일	공습 첫날, 1940년
9월 8일	미켈란젤로의 다비드상 공개, 1504년
9월 9일	정복왕 윌리엄의 죽음, 1087년
9월 10일	메카를 방문한 서양인, 1853년
9월 11일	알카에다 미국 공격, 2001년
9월 12일	마라톤 전투, 기원전 490년
9월 13일	퀘벡 함락, 1759년
9월 14일	불타는 모스크바, 1812년
9월 15일	죽여주는 리버풀-맨체스터 철도, 1830년
9월 16일	멕시코 혁명 시작, 1810년
9월 17일	갈라파고스 제도를 마주친 다윈, 1835년
9월 18일	나치 독일에 등장한 유대인의 별, 1941년
9월 19일	아일랜드 민족주의자의 최후 변론, 1803년
9월 20일	무굴 제국 멸망, 1857년
9월 21일	에드워드 2세의 섬뜩한 서거, 1327년
9월 22일	링컨의 예비 노예 해방 선포, 1862년
9월 23일	플램버러 곶 전투, 1779년
9월 24일	메디나에 도착한 예언자 무함마드, 622년
9월 25일	스탬퍼드 다리 전투, 1066년
9월 26일	아른험 작전 실패, 1944년
9월 27일	아라비아의 로렌스와 아랍 반란, 1918년
9월 28일	페니실린 발견, 1928년
9월 29일	흑사병 채찍질, 1349년
9월 30일	유화 정책의 최후, 1938년

9월 1일
스당 전투, 1870년

이제 그들을 쥐덫으로 몰아넣었다.

프로이센 육군 원수 헬무트 폰 몰트케Helmuth von Moltke

우리는 요강에 갇혔고 짓눌리기 직전이다.

프랑스 장군 오귀스트-알렉상드르 뒤크로Auguste-Alexandre Ducrot

유럽 대륙의 양대 군사 강국이 오랫동안 긴장 관계를 이어온 결과로 1870년에서 1871년에 걸쳐 벌어진 프랑스-프로이센 전쟁은 프로이센군이 아르덴 스당에서 프랑스군에 대승을 거두면서 그 절정에 이르렀다. 원래 사령관이었던 파트리스 드 마크-마옹이 전투 초반에 부상을 입었고 뒤이어 뒤크로 장군과 윔펜 장군이 차례로 지휘를 맡으면서 프랑스 지휘부는 혼란스러운 전술을 펼쳤다. 이로 인해 연달아 작전 실수가 발생하고 프랑스군은 사방을 포위당한 채 포격을 당하기에 이르렀다. 퇴각 시도는 실패했고 1만 7,000명이 넘는 사상자가 발생했다. 남은 프랑스군은 독일 수상 오토 폰 비스마르크Otto von Bismarck에게 직접 항복한 나폴레옹 3세와 함께 포로로 잡혔다. 이 참사로 나폴레옹 3세는 곧 폐위당하고 잉글랜드로 망명했다.

한편 프로이센군은 파리를 포위하고자 계속 진군했고, 파리는 새롭게 선포된 제3공화국 체제 하에서 몇 개월 동안 계속 싸웠다. 파리는 1871년 1월에 무너졌고 프로이센 왕 빌헬름 1세가 독일 통일을 완성한 후 독일 제국 빌헬름 황제로 추대되면서 베르사유에서 제2독일 제국을 선포했다. 얼마 지나지 않아 파리는 폭력 사태에 휩싸였고 임시 혁명 정부 파리 코뮌은 진압됐다(5월 28일 참조).

나폴레옹 3세는 1873년 런던에서 사망했다. 스당에서 함께 싸웠던 친구 앙리 코노Henri Conneau에게 남긴 유언은 "스당에서 우리는 겁쟁이가 아니지 않았나?"였다.

이날 일어난 다른 사건들

1715년 프랑스 국왕 루이 14세 사망
1939년 제2차 세계대전: 독일이 폴란드를 침공하면서 전쟁 시작 신호
1967년 영국 전쟁 시인 시그프리드 서순Siegfried Sassoon 사망

9월 2일

런던 대화재, 1666년

나는 … 런던탑으로 걸어가 … 다리 저쪽 끝에 있는 집들이 모두 타고 있는 모습을 봤다. 한없이 거대한 불길이 다리 이쪽과 저쪽 끝에서 타오르고 있었다. … 내려와서 심란한 마음을 안고 런던탑 소장에게 갔다. 소장은 불이 오늘 아침 푸딩 레인에 있는 왕의 빵집에서 시작됐고 세인트 매그너스 교회와 피시 스트리트 대부분이 이미 불탔다고 말했다. 강가로 내려와 보니 … 통탄할 불길이 보였다. … 다들 물건을 옮기려 애쓰고 있었다. … 불쌍한 사람들은 불길이 덮치기 직전까지 집을 지키다가 달려가 배를 타거나 강변에 있는 이 계단에서 저 계단으로 기어올랐다. 둥지를 떠나기 싫은 불쌍한 비둘기들은 창문과 발코니 주변을 맴돌다가 날개가 불에 타 떨어지기도 했다. …

화이트홀로 갔더니 … 그곳에서 … 폐하께서 내게 시장을 찾아가서 불길 앞에 있는 모든 방향의 집들을 남김없이 허물라는 명령을 전하라고 했다. …

마침내 캐닝 스트리트에서 시장을 만났다. 손수건을 목에 두른 그는 지친 모습이었다. 폐하의 명령을 들은 그는 실신하려는 여인네처럼 "폐하! 제가 무엇을 할 수 있겠습니까? 저는 지쳤습니다. 사람들이 제 말을 듣지 않을 겁니다. 지금까지 집을 무너뜨렸지만 우리가 집을 무너뜨릴 수 있는 속도보다 불길이 더 빨리 닥칩니다."라며 울부짖었다. 그는 더는 군인이 필요하지 않으며 밤을 지샜으니 이제 좀 쉬면서 기운을 차려야겠다고 말했다. 그렇게 시장과 헤어지고 걸어서 집으로 돌아가면서 보니 사람들이 전부 얼이 빠져 불을 끄려는 어떤 노력도 하지 않았다. 템스 스트리트 주변은 집들도 너무 빽빽하고 피치와 타르처럼 불에 잘 타는 물질이 많았다. 게다가 기름, 와인, 브랜디 등을 보관하는 창고들도 있었다.

… 나는 … 시내를 걸었다. 거리마다 사람과 말, 물건을 실은 수레가 가득했다. … 집안 살림을 실은 거룻배나 보트 세 척 중 한 척은 하프시코드를 싣고 있었다. 힘닿는 데까지 본 나는 약속에 맞춰 화이트홀로 갔다. … 그 후에 다시 강으로 나가 위아래 불을 살폈더니 불길은 여전히 거세지고 있었고 바람도 강했다. 불길이 너무 가까워서 담배에 불을 붙일 수 있을 정도였다. 템스강 어디에서든 바람을 마주하고 있으면 소나기처럼 떨어지는 불똥에 화상을 입을 지경이었다. … 더는 강 위에서 견딜 수 없어서 우리는 강둑에 있는 작은 선술집에 들어갔다. … 그곳에서 날이 거의 어두워질 때까지 머무르며 불길이 번지는 모습을 봤다. 평범한 불의 고운 불꽃이 아니라 아주 끔찍하게 살벌한 핏빛 불길이 시내 언덕 위로 우리 눈에 보이는 교회와 집들 사이 모퉁이와 첨탑까지 집어삼켰다. … 우리는 다리 이쪽에서 저쪽으로 불길이 완전한 아치를 그리는 모습과 언덕 위로 1.6킬로미터가 넘는 활 모양 아치를 그리는 광경을 봤다. 보고 있자니 눈물이 났다. 교회와 집들이 전부 한꺼번에 불탔고, 불꽃이 내는 끔찍한 소리와 폐허에서 집들이 무너지는 소리가 들렸다.

새뮤얼 피프스, 일기, 1666년 9월 2일

1666년 9월 2일 이른 시각에 일어난 런던 대화재는 런던 구시가지에서 사흘 동안 맹위를 떨쳤고 주민 8만여 명 중 대다수가 집을 잃었다(사망자는 많지 않았다). 1만 3,000채가 넘는 주택과 더불어 90곳에 가까운 교회가 동업조합 40여 곳과 함께 불탔다. 해군 행정관 새뮤얼 피프스는 이 대화재를 개인 일기에 기억에 남도록 묘사했다(4월 23일도 참조).

대화재는 1664년에서 1665년에 걸쳐 발생한 대 역병 이후로 런던을 연이어 강타한 두 번째 재난이었다. 하지만 대화재로 중세 시대 런던의 유산 대부분이 소실되면서 새로운 도시가 출현하는 길을 열었다. 이탈리아 같은 도시를 세우겠다는 거창한 계획은 결국 런던의 상업 및 실용적인 요건에 걸맞지 않는다고 여겨졌지만, 크리스토퍼 렌Christopher Wren이 설계한 세인트 폴 대성당(완성까지 35년이 넘게 걸렸다)의 빛나는 영광은 "이 끔찍한 재앙의 기억을 보존"하고자 렌이 설계해서 만든 '기념탑'과 마찬가지로 대화재가 직접 초래한 결과였다.

이날 일어난 다른 사건들
기원전 31년 악티움 해전에서 안토니우스와 클레오파트라가 옥타비아누스에게 패배
1752년 대영제국이 그레고리력 채택
1969년 베트남 혁명 지도자 호찌민Ho Chi Minh 사망

9월 3일

선전 포고, 1939년

오늘 아침 베를린 주재 영국 대사는 독일 정부에 최후통첩을 보냈습니다. 11시 정각까지 폴란드에서 독일 군대를 즉각 철수할 준비를 하겠다는 소식이 들리지 않으면 양국이 교전 상태에 들어설 것이라는 내용이었습니다. 이제 저는 우리 정부가 그런 약속을 받지 못했으므로 이 나라가 독일과 교전 상태에 들어섰다는 사실을 국민 여러분께 알려드립니다.

평화를 쟁취하려는 제 오랜 고군분투가 실패하면서 얼마나 쓰디쓴 타격을 입었는지 상상하실 수 있을 것입니다. 하지만 제가 어떤 노력을 더 기울였거나 다른 결정을 했다고 해서 평화를 얻을 수 있었을 것이라는 생각은 들지 않습니다. 마지막 순간까지도 독일과 폴란드 사이에 평화롭고 명예로운 해결책을 마련할 가능성은 분명히 있었습니다. 하지만 히틀러는 결국 그렇게 하지 않았습니다. 그는 무슨 일이 일어도 폴란드를 공격하기로 결심했습니다. 지금 와서 자기가 합리적인 제안을 했는데도 폴란드가 거부했다고 말하지만 이 말은 사실이 아닙니다. 폴란드도 우리도 그런 제안을 받은 적이 없습니다. 목요일 밤 독일 방송에서 그런 제안을 발표하기는 했으나 히틀러는 그 제안에 대한 의견을 듣지도 않은 채 바로 다음날 아침 군대에 폴란드 국경을 넘으라고 명령했습니다.

히틀러의 행동을 보면 무력으로 자기 의지를 실현하려는 행태를 포기할 가망은 확실히 없을 듯합니다.

우리는 양심에 거리낌이 없습니다. 우리는 한 국가로서 평화를 이룩하고자 할 수 있는 모든 임무를 다했습니다. 하지만 독일 통치자 입에서 나오는 말을 한마디도 믿을 수 없고, 어떤 국민이나 국가도 안전하다고 느낄 수 없는 상황을 더는 참을 수 없습니다. 따라서 이제 우리는 그 상황을 끝내기로 결심했습니다. 국민 여러분께서 침착하고 용감하게 맡은 바 임무를 수행해 주시리라 믿습니다.

총리 네빌 체임벌린, BBC 라디오 연설, 1939년 9월 3일

1939년 영국이 나치 독일에 맞서 선전 포고를 하면서 중유럽 및 동유럽에 대한 히틀러의 요구를 들어주려는 네빌 체임벌린의 정책은 결국 실패로 끝났다(9월 30일 참조). 폴란드는 순식간에 독일에 굴복했지만 1940년 5월까지 서유럽은 별다른 조치를 취하지 않았다.

이날 일어난 다른 사건들
1189년 '사자왕' 리처드 1세가 잉글랜드 왕으로 즉위
1783년 미국 독립 전쟁이 파리 조약으로 공식 종결
2004년 러시아 세베로오세티야 공화국 베슬란 학교 인질극으로 380명이 넘는 인질이 사망

9월 4일

제로니모의 항복, 1886년

마일스 장군은 "당신을 정부 보호 하에 두겠소. 집을 지어 줄 것이오. ⋯ 소와 말, 노새, 농기구들도 제공하겠소. 농장에서 일할 일꾼들도 보내겠소. ⋯ 가을이 되면 당신이 겨울 동안 추위에 시달리지 않도록 담요와 옷가지를 보낼 것이오."라고 말했다. 나는 마일스 장군에게 "원주민을 담당했던 모든 장교들이 그런 식으로 말했지. ⋯ 나는 당신을 믿지 않아."라고 말했다. 그는 "이번에는 정말이오."라고 말했다. 나는 "마일스 장군, 나는 백인의 법도, 당신이 나를 보낼 새로운 나라의 법도 모르오. 그러니 법을 어길지도 몰라."라고 말했다. 그는 "내가 살아 있는 동안 당신은 체포되지 않을 것이오."라고 말했다. 그래서 나는 조약을 맺기로 했다. ⋯

우리는 앞에 놓인 담요에 커다란 돌을 올렸다. 우리 조약은 이 돌로 맺었고, 그 조약은 이 돌이 부스러져 먼지가 될 때까지 지속될 것이었다. 그렇게 우리는 조약을 맺고 맹세로 서로를 구속했다. ⋯ 조약을 맺을 때 마일스 장군은 내게 "형제여, 당신은 마음속으로 나를 어떻게 죽일지 생각하고 전쟁에 대한 생각도 품고 있을 것이오. 나는 당신이 그 생각을 떨쳐버리고 평화로 생각을 돌렸으면 좋겠소."라고 말했다. 나는 "나는 이제 출정을 그만두고 앞으로 여기에서 평화롭게 살 것이오."라고 말했다. 그러자 마일스 장군이 땅 한 부분을 손으로 쓸어내며 "당신의 과거 행적은 이렇게 지워졌으니 새로운 삶을 시작하게 될 것이오."라고 말했다.

제로니모의 《그의 인생 이야기STORY OF HIS LIFE**》, 1906년**

1886년 9월 4일 아파치 추장 제로니모Geronimo가 넬슨 A. 마일스Nelson A. Miles에 항복하면서 미국 인디언 전쟁은 사실상 끝났다. 제로니모(1829년-1909년)는 1905년에 구술로 쓴 회고록에서 이 일을 묘사했다. 오늘날 뉴멕시코주 자리에 있던 아파치족 땅에서 모험으로 가득 찬 일생을 살아온 제로니모는 30여 년 동안 멕시코 및 미국 정착민과 군대에 맞서 싸웠다. 항복한 뒤 그는 여생 대부분을 플로리다, 앨라배마, 오클라호마에서 포로로 살았다. 노년에 그는 꽤나 유명한 인물이 되어 1904년 세인트루이스에서 열린 만국 박람회에 모습을 드러내기도 했다.

이날 일어난 다른 사건들

서기 476년 로물루스 아우구스투스Romulus Augustus가 폐위되면서 서로마 제국 멸망

1870년 프랑스에서 나폴레옹 3세가 폐위되고 제3공화국 선포

1972년 마크 스피츠Mark Spitz가 최초로 올림픽 금메달 7개 획득

9월 5일

마른강 역습, 1914년

육군 원수[프랑스군 사령관 조제프 조프르]는 탁자에 서서 머레이, 윌슨, '여느 때처럼 마지막 친구를 잃은 표정인' 위게를 비롯한 여러 참모들과 함께 그[영국군 총사령관 존 프렌치 경]를 기다리고 있었다. 조프르는 성큼성큼 걸어 들어와 먼저 발언하기 시작했다. 평소와 같이 간결한 문장이 아니라 간간이 '심장을 탁자에 내던지는 듯한' 팔 동작을 하면서 청산유수 같은 연설을 격정적으로 쏟아냈다. 그는 "결전의 순간"이 다가왔고 이미 자신은 명령을 내렸으며 어떤 일이 있어도 프랑스 군 마지막 중대까지 프랑스를 구하기 위한 전투에 투입될 것이라고 말했다. "프랑스 전 국민의 목숨, 프랑스의 영토, 유럽의 미래"가 이번 공격에 달려 있었다. "이 절체절명의 위기에 영국군이 제 몫을 다하지 않을 것이라니 믿을 수가 없습니다. … 역사가 그대들의 불참을 엄중히 판결할 것입니다."

조프르는 주먹으로 탁자를 내리쳤다. "프렌치 원수, 영국의 명예가 달려 있습니다!"

'열렬하게 집중'해 경청하고 있던 존 프렌치 경은 이 말을 듣자마자 얼굴이 붉어졌다. 다들 침묵을 지켰다. 영국 총사령관의 눈에 눈물이 서서히 차오르더니 뺨을 타고 흘러내렸다. 그는 프랑스어로 무슨 말을 하려고 애쓰다가 포기했다. "젠장, 설명할 수가 없군. 사령관에게 우리가 할 수 있는 일이라면 무엇이든 하겠다고 전하게."

조프르는 통역을 하던 윌슨을 궁금한 듯한 눈빛으로 바라봤다. "원수님께서 '알았다'라고 하셨습니다." 사실 통역은 필요하지 않았다. 눈물과 말투로 이미 확신이 전해졌다.

바버라 터크먼 Barbara Tuchman, 《8월의 포성THE GUNS OF AUGUST》, **1962년**

1914년 조프르 원수는 영국 원정군 사령관 존 프렌치 경과 대화를 나눈 이후 장교들에게 "귀관들, 우리는 마른강에서 싸울 것이네."라고 외쳤다. 1914년 9월 5일에 시작해 200만 명이 넘는 군인들이 싸웠던 '마른강의 기적'은 두 연합군 지휘부 간의 협력 부족과 신랄한 상호 비난으로 얼룩졌다. 하지만 이 전투로 독일군은 파리에 대한 공세를 포기하고 북동쪽으로 후퇴해 4년에 걸친 참호전을 시작했다.

이날 일어난 다른 사건들
1793년 프랑스 혁명: 국민공회가 공포 정치 시작
1905년 포츠머스 조약으로 러일 전쟁 종식
1978년 미국 캠프 데이비드에서 이스라엘과 이집트가 평화 회담 개시

9월 6일

매킨리 대통령 암살, 1901년

수요일에 나는 대통령 근처에 서 있었습니다. 그가 연설하는 연단 바로 아래였습니다. 나는 … 그가 연설하는 동안 쏘려고 했지만 더 가까이 다가갈 수 없었습니다. … 엄청난 군중이 계속 밀쳐댔고 나는 조준이 빗나갈까 봐 두려웠습니다. … 무척 의기소침해졌습니다. 그날 밤 집으로 돌아갈 때 나는 거의 절망했습니다.

어제는 다시 박람회장에 갔습니다. 엠마 골드만의 연설에 여전히 분통이 터졌습니다. 나는 … 특별 열차를 탑승할 대통령을 기다렸습니다. … 하지만 경찰은 기차를 기나리는 동안 대통령 일행 외에는 그 누구도 들여보내 주지 않았습니다.

어제 나는 권총을 손수건으로 감싸 숨겨야겠다고 생각했습니다. 주머니에서 꺼내다가 경호원들에게 들킬까 봐 걱정이 됐습니다. 음악 전당에 도착한 나는 환영 연회가 열릴 장소에서 기다렸습니다.

그때, 대통령, 즉 통치자가 왔고 나는 줄을 서서 그의 바로 앞으로 다가갈 때까지 계속 떨었습니다. 가까이 다가갔을 때 나는 손수건을 덮은 채로 그에게 두 발을 쏘았습니다. 더 많이 쏠 수도 있었지만 얼굴을 맞고 기절했습니다. 엄청난 타격에 쓰러지고 말았습니다. 다들 내게 달려들었습니다. 죽을지도 모른다는 생각이 들었고 그들이 나를 다루는 태도에 놀랐습니다.

나는 무정부주의자입니다. 엠마 골드만의 제자죠. 골드만의 말을 듣고 격분했습니다. 나는 내 행동을 후회하지 않습니다. 대의를 위해 내가 할 수 있는 일을 했으니까요. … 내게는 친구가 없고 도와줄 사람도 없었습니다. 나는 완전히 혼자였습니다.

리언 프랭크 촐고츠, 자백, 1901년

미국 제25대 대통령 윌리엄 매킨리(1843년-1901년)는 뉴욕주 버펄로에서 열린 전미 박람회에서 총에 맞아 일주일을 조금 넘기고 사망했다. 암살범은 실업 중이던 공장 노동자 리언 촐고츠Leon Czolgosz로 무정부주의자 엠마 골드만Emma Goldman과 전년도에 있었던 이탈리아 국왕 움베르토 1세Umberto I 암살에서 영감을 받아 직접 폭력 행동에 나서기로 결심했다. 그렇게 해서 촐고츠는 1898년 스페인과의 전쟁(2월 15일 참조)에서 가장 명백하게 드러났던 미국 세력의 투사와 강하게 결부된 대통령의 목숨을 빼앗았다.

촐고츠는 1901년 10월 29일 전기의자로 사형당했다.

이날 일어난 다른 사건들

1966년 아파르트헤이트 설계자인 남아프리카공화국 총리 헨드릭 페르부르트 암살

1972년 뮌헨 올림픽에서 팔레스타인 테러리스트가 이스라엘 인질 9명 살해

1997년 런던에서 다이애나 황태자비 장례식 거행

9월 7일

공습 첫날, 1940년

눈부신 하늘에 셀 수 없이 많은 비행운이 지평선의 끝에서 끝으로 가로질렀다. 정말이지 처음 보는 광경이었다. 우리는 하던 일을 전부 멈추고 넋을 놓고 바라봤다. 비행운 앞머리에서 반짝이는 작은 은빛 별들이 동쪽으로 방향을 틀었다. 그 모습은 너무 희미하고 무해해 보였고 심지어 아름답기까지 했다. 그때 우리가 딛고 있는 런던 전역의 땅이 울릴 정도로 둔탁한 굉음과 함께 첫 연속 투하 폭탄 공격이 부두를 덮쳤다. 거대한 검붉은 버섯구름이 햇빛이 비치는 하늘로 천천히 올라가며 세상을 붉게 물들였다. 바람이 없었고 아래에 발생한 큰 불이 시간이 지날수록 더 많은 연기를 내뿜었으므로 구름은 그곳에 머무르며 천천히 퍼져나갔다.

데즈먼드 플라워 Desmond Flower, 《**전쟁 1939년-1945년**THE WAR 1939-1945》, 1960년

1940년 9월 7일 늦은 오후 루프트바페는 런던에 합동 공중 폭격을 퍼붓기 시작했다. 전투기 515대를 거느린 폭격기 364대로 구성된 습격대가 런던 부두를 노렸다. 400명이 넘는 사람이 목숨을 잃었다.

히틀러와 괴링은 영국 전투에서 제공권을 확보하려는 시도에서 벗어나 영국 국민을 자극해 자국 정부에 항복을 요구하도록 이끌려는 새로운 전술로 공습을 시작했다. 하지만 공습은 그런 효과를 전혀 발휘하지 못하고 오히려 저항심을 불태우는 '공습 정신'을 불러일으켰다. 그런데도 런던 공격은 72일 연속으로 밤마다 이어졌다. 11월부터는 다른 여러 산업 도시와 항구까지 공습이 확대됐고, 그중 최악은 코번트리 공습이었다(11월 14일 참조).

이날 일어난 다른 사건들
1812년 피비린내 나는 보로디노 전투에서 나폴레옹이 러시아군 격파
1893년 이탈리아 최초 축구 클럽의 전신인 제노아 크리켓 앤드 애슬레틱 클럽 창설
1990년 영국 역사학자 A. J. P. 테일러 사망

9월 8일

미켈란젤로의 다비드상 공개, 1504년

그 조각상을 시뇨리아 광장까지 어떻게 옮길지를 두고 갑론을박이 벌어졌다. 줄리아노 다 산 갈로Giuliano da San Gallo와 그의 동생 안토니오는 나무로 뼈대를 만들어 그 뼈대에 조각상을 밧줄로 매달고는 … 권양기로 땅 위에 깐 평평한 각재에 올린 다음 제자리로 옮겼다. …

피에로 소더리니[피렌체의 곤팔로니에레(수장)]는 흡족해하면서도 코가 너무 두툼하다고 말했다. 미켈란젤로는 곤팔로니에레가 조각상 아래쪽에 있어서 작품을 제대로 감상하기에 적당한 각도가 나오지 않는다는 사실을 알아차렸다. 그는 발판으로 올라가 … 끌을 꺼내고, 발판 위에 있던 대리석 가루를 모아 끌로 살살 쳐서 조금씩 아래로 떨어지게 했다. 하지만 코에는 조금도 손대지 않았다. 곤팔로니에레는 "더 마음에 드네. 생명을 불어넣었어."라고 말했다. 미켈란젤로는 그를 비웃으며 내려왔다. …

다비드상의 다리 윤곽은 너무나도 아름다웠고 팔다리의 위치와 늘씬한 측면의 선이 아주 훌륭했다. 이 작품만큼 편안하면서도 우아한 자세는 본 적이 없었다. 발과 손, 머리가 대단히 조화롭고, 설계와 예술성이 서로 잘 어우러졌다. 이 작품을 본 사람이라면 시대와 만든 이에 관계없이 그 어떤 조각품도 굳이 더 보려 애쓸 필요가 없다.

조르조 바사리Giorgio Vasari, 《르네상스 미술가평전LIVES OF THE ARTISTS》, 1550년

미켈란젤로는 피렌체 대성당의 의뢰를 받아 성서에 등장하는 영웅 다윗을 대리석으로 조각했다. 이 대리석상은 1504년 9월 5일 피렌체 시뇨리아 광장에 세워졌다. 당시 교황 알렉산데르 6세가 점점 커져가는 교황 권력으로 아들 체사레 보르자Cesare Borgia의 영토에 대한 야망을 키우면서 '골리앗' 로마가 부활하고 피렌체를 위협했다. 피렌체 공화국은 이런 도전에 맞서는 의지를 상징적으로 주장하고자 제막식을 거행했다(10월 30일도 참조).

르네상스 조각품 중 가장 유명하고 널리 알려진 걸작 중 하나인 미켈란젤로의 다비드상은 현재 피렌체 아카데미아 미술관에서 소장 중이다.

이날 일어난 다른 사건들

1900년 텍사스주 갤버스턴을 강타한 허리케인으로 8,000명 사망

1941년 제2차 세계대전: 독일군이 872일간 이어지고 100만 명이 사망하게 될 레닌그라드 포위전 시작

1944년 제2차 세계대전: 독일군 V2 로켓이 처음으로 런던 공격

9월 9일

정복왕 윌리엄의 죽음, 1087년

나는 왕국 원주민들을 지나치게 혹독하게 대했고, 모두를 잔인하게 억압했으며, 부당하게 많은 이의 상속권을 박탈했고, 특히 요크셔에서 기아와 전쟁으로 수천 명을 죽음으로 몰아넣었습니다. … 미친 듯이 화가 나서 분노한 사자처럼 잉글랜드 북부를 습격했고, 그들의 집과 농작물을 장비 및 비품들과 함께 한꺼번에 불태우고 수많은 양 떼와 소 떼를 전부 도살하라고 명령했습니다. 그렇게 수많은 남녀를 굶주림의 채찍으로 벌한 나는 이 죄 없는 사람들을 노소 가리지 않고 잔인하게 살인했습니다.

윌리엄 1세의 마지막 고백, 오더릭 비탈리스, 《잉글랜드 왕의 업적GESTA REGUM ANGLORUM》, 1140년경

1087년 9월 나이 들고 살찐 정복왕 윌리엄은 노르망디 망트에서 낙마 사고를 당한 뒤 루앙에서 사망했다. 수도자 오더릭 비탈리스Orderic Vitalis가 쓴 윌리엄의 인생사는 아마도 목격자의 증언을 바탕으로 했을 것이다. 하지만 잉글랜드 사람이었던 비탈리스가 잉글랜드 사람들이 노르만 정복자에게 여전히 느끼고 있었던 분노를 표현하는 기회로 이 일화를 사용했을 가능성도 있다. 특히 이른바 '북부 유린'(1069년-1070년) 사태에서 윌리엄은 북부 반역자들을 가혹하게 다뤘다. 비탈리스는 윌리엄이 사망하고 나서 시종들이 그의 옷가지와 마구를 벗겨서 시체가 거의 나체가 되는 과정을 설명했다. 부풀어 오른 시신을 매장하기 위해 캉으로 옮겨갔는데, 장례식 과정에서 시신이 석관에 들어가지 않았다. 내장이 터지는 바람에 장례식에 참석했던 모든 이가 고통을 겪었다. 앵글로-색슨 연대기(1087년)는 이를 간결하게 거침없이 묘사했다.

> 일찍이 강력한 왕이었고 많은 땅을 소유했던 그에게 이제 2미터밖에 남지 않았네. 한때 금은보석을 둘렀던 그는 이제 흙을 덮고 누웠네.
>
> 나중에 훌륭한 무덤을 세웠으나 16세기에 파괴됐다.

이날 일어난 다른 사건들
1543년 메리 스튜어트Mary Stuart가 생후 9개월에 '스코틀랜드의 여왕'으로 즉위
1976년 중국 공산당 주석 마오쩌둥 사망
1993년 팔레스타인 해방 기구가 이스라엘을 국가로 인정

9월 10일

메카를 방문한 서양인, 1853년

아침의 첫 미소가 동쪽 언덕 아부 쿠바이스의 울퉁불퉁한 꼭대기를 비추자마자 우리는 일어나서 목욕을 하고 순례자 복장을 갖춘 채 성소로 향했다. 우리는 북쪽 주요 출입구 밥 알-지야다로 들어갔고 기나긴 층계 두 개를 내려가 회랑을 가로질러서 바이트 알라가 보이는 곳에 섰다.

마침내 그곳에 길고 힘들었던 순례의 목적지가 있었고 많은 사람이 오랫동안 꿈꾼 계획과 바람이 이루어졌다. … 이집트처럼 거대한 고내 유물의 조각도 없었고, 그리스와 이탈리아의 우아하고 조화로운 아름다움을 간직한 유적도 없었으며, 인도 건축물처럼 생경하게 화려한 모습도 아니었다. 하지만 그 광경은 묘하고 독특했다. 얼마나 적은 사람만이 이 유명한 성지를 우러러봤을까! 그 순간에 장막에 매달려 울거나 두근거리는 심장을 돌에 갖다 대는 모든 신도들 중 저 멀리 북쪽에서 온 순례자[즉 자기 자신]보다 더 깊은 감정을 느낀 사람은 없다는 생각이 들었다. 마치 시로 쓴 아랍의 전설이 진실을 말하는 듯했고, 달콤한 아침 미풍이 아니라 천사들의 날갯짓이 성지를 덮은 검은 천을 들썩이고 부풀리는 듯했다. 하지만 겸허하게 진실을 고백하자면 그들은 고결한 종교적 열정을 느끼고 있었고 나는 흐뭇한 자부심에 취해 있었다.

카바를 처음으로 볼 때 두려움과 경외심을 느끼지 않는 무슬림은 거의 없다. 처음 온 순례자들은 기도할 방향을 물어본다는 말이 있다. 이곳이 바로 키블라 무슬림이 예배를 드리는 방향으로 메카의 카바를 향한다-옮긴이이므로 무슬림들이 이를 사방에서 둘러싸고 기도한다. 이 성전을 제외하면 이슬람 세계 어느 곳에서도 일어날 수 없는 상황이다.

리처드 버턴, 《성지 순례 이야기 A PERSONAL NARRATIVE OF A PILGRIMAGE》, 1855년

1853년 영국 탐험가이자 동양학자 리처드 버턴Richard Burton(1821년-1890년)은 영국 왕립지리학회의 후원을 받아서 떠난 탐험에서 변장을 하고 메카를 방문했다.(이슬람에서 가장 신성한 도시의 관습에 따라 무슬림이 아닌 사람이 메카에 들어가면 죽게 되므로 변장을 간파당했더라면 죽었을 것이다.) 그곳에서 버턴은 연례 행사인 메카 순례를 하러 온 무슬림 순례자들이 볼 수 있었던 장면을 관찰할 수 있었다. 바로 거대한 모스크 마스지드 알 하람 중심에 있는 직육면체 성지 카바였다.

이날 일어난 다른 사건들

1797년 《여성의 권리 옹호 A Vindication of the Rights of Woman》의 저자 메리 울스턴크래프트 Mary Wollstonecraft 사망

1823년 시몬 볼리바르 Simón Bolivar가 페루 대통령에 취임

2008년 제네바 소재 유럽입자물리연구소 대형 강입자 충돌기에서 최초로 양성자 빔이 순환

9월 11일

알카에다 미국 공격, 2001년

오늘 고의로 자행된 끔찍한 테러 소행이 우리 미국 시민들, 우리의 생활양식, 우리의 자유를 공격했습니다. 희생자들은 비행기를 타고 있거나 사무실에 있었습니다. 비서, 회사원, 군인과 연방 공무원, 엄마, 아빠, 친구와 이웃들이었습니다. 사악하고 비열한 테러 행위로 수천 만 명이 순식간에 목숨을 잃었습니다. 건물로 돌진하는 비행기, 타오르는 불길, 무너져 내리는 거대한 구조물의 광경에 우리는 믿기지 않는 충격과 참혹한 슬픔, 고요하지만 단호한 분노를 느꼈습니다. 이 같은 대량 살상 행위는 우리 미국에 겁을 주어 혼란과 퇴보로 몰아가려는 의도로 행해졌습니다. 하지만 그들은 실패했습니다. 우리 미국은 강인합니다.

위대한 국민이 위대한 국가를 지키겠다는 의지를 다졌습니다. 테러 공격이 고층 건물의 기반을 흔들어 놓을 수는 있지만 미국의 근간을 건드릴 수는 없습니다. 이런 소행이 강철은 산산조각 내지만 강철 같은 미국인의 결의에는 상처도 낼 수 없습니다. 미국은 세계에서 자유와 기회를 비추는 가장 밝은 불빛이라는 이유로 공격의 표적이 되었습니다. 그 누구도 그 불빛이 빛나는 것을 막을 수 없을 것입니다. 오늘 우리 미국은 악마, 인간 본성의 가장 악한 모습을 보았습니다. 이에 우리는 자랑스러운 미국의 모습으로 대응했습니다. 구조대원들의 용기, 타인과 이웃을 아끼는 마음으로 헌혈을 한 이웃들, 어떤 식으로든 할 수 있는 한 도운 사람들이 있었습니다.

… 오늘은 각계각층의 모든 미국인이 정의와 평화를 갈구하는 다짐으로 단결해야 할 날입니다. 미국은 이전에도 적을 물리쳤고, 이번에도 그렇게 할 것입니다. 미국 국민 모두가 이 날을 결코 잊지 못하겠지만 우리는 자유와 세계의 선과 정의를 지키고자 나아갈 것입니다.

대통령 조지 W. 부시, 2001년

이슬람 무장단체 알카에다 조직원들이 뉴욕 세계무역센터와 워싱턴 펜타곤을 공격한 테러 행위로 3,000여 명이 사망했다. 그중에는 뉴욕시와 항만당국 소방관 343명과 경찰관 30명도 있었다. 그날 저녁 미국 대통령 조지 W. 부시는 대국민 연설을 했다. 일주일 뒤에는 아프간 탈레반 정권과 알카에다 협력 단체에 선전 포고를 했다.

10년이 지난 뒤에도 미국 연합군은 여전히 아프가니스탄에서 탈레반 반군과 싸우고 있었다. 하지만 2011년 5월 2일 미국 특수부대가 파키스탄 북부 아보타바드의 한 건물에서 알카에다의 창시자 오사마 빈 라덴을 찾아내 사살했다.

이날 일어난 다른 사건들

1297년 윌리엄 월리스가 이끈 스코틀랜드군이 스털링 다리에서 잉글랜드군 격파

1973년 칠레에서 미국 중앙정보국이 지원한 쿠데타로 좌파 대통령 살바도르 아옌데Salvador Allende 축출

1989년 공산주의 헝가리와 오스트리아를 가르던 철의 장막이 걷히다

9월 12일

마라톤 전투, 기원전 490년

밀티아데스Miltiades가 지휘할 차례가 됐을 때 아테네군은 전열을 가다듬었다. … 전투 대세를 갖추고 제물들이 길조를 나타내자 아테네군은 이민족들을 공격하고자 달려가기 시작했다. 양군 사이 거리는 1,600미터 이상이었다. 공격하려 뛰어오는 아테네군을 본 페르시아군은 그들에 맞설 준비를 했다. 페르시아군은 숫자도 적고 기병이나 궁수도 없으면서 마구 달려오는 아테네군을 보면서 죽으려고 환장한 모양이라고 생각했다. 이민족들은 그렇게 생각했다. 하지만 아테네군은 … 멋지게 싸웠다. 우리가 아는 한 그들은 달려서 적을 공격하러 간 첫 번째 헬라스인이었고, 메디아 의복 및 이를 입은 사람들과 맞붙어 버텨낸 첫 번째 헬라스인이었다. 그때까지 헬라스인들은 메디아라는 이름만 들어도 두려움에 떨었다.

마라톤에서 싸우는 동안 오랜 시간이 들렸다. 페르시아군이 직접 사카이족과 합세해 싸우는 중앙에서는 이민족들이 이기고 있었다. … 하지만 양측 날개에서는 아테네군과 플라타이아이군이 각각 승리를 쟁취하고 있었다. … 그들은 패주하는 이민족들을 내버려 두고 양측 날개에서 싸우던 군사들을 모아 중심부를 돌파한 페르시아군과 싸웠고, 아테네군이 승리를 거뒀다. 아테네군은 도망치는 페르시아군을 바닷가까지 뒤쫓아 쳐부수었다. 그런 다음 불을 가져오라고 해서 적선을 장악하기 시작했다.

헤로도토스, 《역사HISTORIES》, 제6권, G. C. 매콜리G. C. Macaulay 번역, 1890년

'역사의 아버지' 헤로도토스(기원전 484년경-기원전 425년)는 마라톤 평야에서 그리스가 거둔 승리를 기념하는 생생한 설명을 남겼다. 이 전투에서 수적 열세였던 아테네군과 플라타이아이군은 양면 공격 작전으로 침략자 '이민족들', 즉 무시무시한 메디아인과 사카이족(스키타이족)을 비롯한 페르시아 연합군을 물리쳤다. 침략자 사상자가 7,000명에 달했던 반면 아테네군 전사자는 192명에 불과했다. 나중에 플루타르코스가 설명한 바에 따르면 아테네 군사 페이디피데스Pheidippides가 승전보를 전하고자 아테네까지 42킬로미터를 뛰어갔다고 한다. 여기에서 영감을 얻어 현대 마라톤 경주가 탄생했다.

이날 일어난 다른 사건들

1940년 프랑스 남서부 라스코에서 구석기시대 동굴 벽화 발견

1974년 에티오피아 황제 하일레 셀라시에Haile Selassie 폐위

1977년 아파르트헤이트 반대 운동가 스티브 비코Steve Biko가 남아프리아 공화국 경찰에 구금 중 살해당함

9월 13일

퀘벡 함락, 1759년

용감한 내 부하들이 내가 쓰러지는 모습을 보지 못하도록 하라. 그날은 우리의 날이니 잘 간직하라.

제임스 울프 장군, 1759년 9월 13일

1759년 에이브러햄평원 전투는 프랑스와 영국이 (각자의 아메리카 원주민 동맹과 함께) 북아메리카를 무대로 벌인 7년 전쟁, 이른바 프렌치-인디언 전쟁에서 판세를 가른 교전이었다. 이 전투로 양국 군대의 카리스마 넘치는 지휘관들이 사망했고 영국이 '뉴 프랑스'의 수도 퀘벡시를 함락했다. 이는 영국이 세계 곳곳에서 결정적인 승리를 거둔 한 해 중에서도 가장 중대한 시점이었다.

당시 32세였던 제임스 울프 장군은 퀘벡시를 3개월 동안 포위한 뒤 훨씬 적은 규모의 부대로 대담한 공격을 시작했다. 그는 선발대를 보내 한밤중에 세인트로렌스강을 건너 깎아지르는 절벽을 기어 올라가 대규모 영국군이 어둠 속에서 고원에 도착해 프랑스 수비대를 뒤에서 급습할 수 있도록 길을 터놓으라고 했다. 루이-조제프 드 몽칼름 후작Louis-Joseph, Marquis de Montcalm은 즉시 공격하라고 명했다. 울프는 이어서 한 시간 동안 계속된 교전에서 승리가 확실해질 무렵 총에 맞았다. 벤자민 웨스트Benjamin West가 〈울프 장군의 죽음The Death of General Wolfe〉(1771)이라는 작품으로 그리면서 그의 죽음은 신화 같은 힘을 얻었고, 그는 영국 군사 역사상 처음으로 숭배받는 인물이 됐다.

1756년부터 북아메리카에서 영국군에 맞서 프랑스 방어를 지휘한 몽칼름은 절벽을 넘어 공격해 올 가능성이 없다고 일축했다. 그러나 그는 프랑스군이 후퇴하는 가운데 부상을 입고 이튿날 퀘벡시 성벽 안에서 사망했다. 여명이 몇 시간밖에 남지 않았다는 말을 들은 몽칼름은 "정말이지 다행이네. 퀘벡이 항복하는 꼴을 보지 않아도 될 테니."라고 말했다. 며칠 뒤 퀘벡시는 항복했다(2월 10일도 참조).

이날 일어난 다른 사건들
서기 122년 영국 북부에서 하드리아누스 방벽 건축 시작
1584년 스페인 국왕 거주지 엘에스코리알 건축 완료
1953년 니키타 흐루쇼프가 소련 공산당 서기장에 취임

9월 14일

불타는 모스크바, 1812년

갑자기 나타난 이 거대한 도시는 묘하고도 인상 깊은 광경이었다. 사막과 황량한 평원이 끝나는 지점에 펼쳐진 이 도시는 유럽이라기보다는 아시아의 분위기를 풍겼고, 첨탑 1,200여 개와 금색 사슬로 서로 연결된, 금색 별을 수놓은 하늘색 둥근 지붕으로 뒤덮여 있었다. 이 정복에는 커다란 대가가 따랐지만 당시 나폴레옹은 그곳에서 평화를 호령할 수 있으리라는 희망으로 스스로를 위로했다.

러시아군은 모스크바 시민 대다수를 행군 대열에 합류시켜 후퇴했다. 시내에는 사회 최하층에 속한 사람 수천 명만 남아서 닥쳐올 일을 기다리고 있었다.

… 황제가 크렘린에 들어가자마자 중국 도시라는 뜻의 키타이고로드에 불이 났다. 주랑 현관으로 둘러싸인 거대한 시장에는 솔, 모피, 인도 및 중국 직물 같은 온갖 귀중품이 쌓인 대형 상점과 창고가 있었다. 시장의 불길은 도시 전체가 대화재에 휩싸이는 신호가 됐다. 빠르게 번지는 이 대화재는 사흘 동안 모스크바의 4분의 3을 집어 삼켰다. … 불기둥이 하늘로 치솟고 눈부신 불길이 지평선을 밝히고 타는 듯한 열기가 퍼지면서 도시가 거대한 용광로로 변했다. … 충격에 휩싸여 미동도 하지 않은 채 침묵 속에서 우리는 더없는 무력감을 통감하며 이 끔찍하고 장엄한 광경을 지켜봤다.

클로드 프랑수아 드 메느발 남작,《회고록MEMOIRS》, 1827년

나폴레옹의 개인 비서 클로드 프랑수아 드 메느발Claude François de Méneval 남작은 1812년 9월 프랑스 황제 나폴레옹이 60만 대육군을 이끌고 모스크바로 입성할 때 동행했다. 한편 쿠투조프Kutuzov 공작이 이끄는 러시아군은 8월 결판이 나지 않았던 보로디노 전투 이후 전략적 후퇴를 감행했다. 하지만 도시가 불타면서 프랑스군은 10월에 퇴각할 수밖에 없었고 그 과정에서 러시아군에 거듭 공격을 받고 시작된 혹한에 시달렸다. 이 군사 작전으로 나폴레옹 군대는 10만 명이 채 안 되는 병사만이 프랑스로 돌아가는 등 혹독한 대가를 치렀고, 이후 나폴레옹이 수세에 몰리면서 나폴레옹 전쟁의 전환점이 됐다. 3년 뒤 '100일 천하'로 반짝 부활한 나폴레옹은 워털루 전투를 맞이한다(6월 18일 참조).

이날 일어난 다른 사건들

1741년 게오르크 프리드리히 헨델이 오라토리오 〈메시아〉 완성

1901년 미국 대통령 윌리엄 매킨리William McKinley가 리언 촐고츠Leon Czolgosz에게 총격을 받은 지 8일 만에 사망

1959년 최초로 달에 도착한 탐사선인 소련의 루나 2호가 달에 불시착

9월 15일

죽여주는 리버풀 – 맨체스터 철도, 1830년

우리는 객차에 승객 800여 명을 태우고 출발했다. 더없이 신기하고 흥분된 분위기가 퍼졌다. 날씨가 오락가락하는데도 빽빽하게 들어찬 거대한 인파가 선로에 늘어서 쏜살같이 지나치는 우리에게 소리를 지르며 모자와 손수건을 흔들었다. 환호하는 군중의 모습과 소리, 우리가 그들을 지나치는 엄청난 속도에 취해 내 기분은 진짜로 샴페인을 마시기라도 한 듯했고 탑승 후 한 시간은 평생을 통틀어 가장 즐거운 시간이었다. 처음 좌석을 배정할 때 운 나쁘게도 어머니와 떨어져 앉았지만 어머니가 좌석을 바꿔서 내가 한창 기분 좋을 때 내 옆으로 왔다. 어머니가 무서워서 죽을 지경인 데다가 자신은 물론 함께 여행하는 승객들 모두가 한순간에 목숨을 잃을 위협에 시달리는 이 상황에서 벗어날 방법을 찾느라 열중하는 모습을 본 나는 기분이 상당히 가라앉았다.

　이렇게 실망한 기분을 곱씹고 있을 때 … 어떤 사람이 우리 곁을 급히 지나가면서 확성기로 기차를 멈추라고 외쳤다. 귀빈석에 탄 누군가가 부상을 입었다고 했다. 그래서 기차가 멈췄고 수백 명이 허스키슨 씨가 살해당했다고 외치는 소리가 들렸다. … 마침내 우리는 그 운 나쁜 남자의 허벅지가 부러졌다는 사실을 확인했다. 기차가 물을 공급하려고 멈춰 섰을 때 귀빈석에 탄 신사 몇 명이 주변을 둘러보겠다며 뛰어내렸다. 윌튼 경, 바티야니 백작, 매튜세니츠 백작, 허스키슨 씨 등이 선로 가운데 서서 이야기를 하고 있을 때 옆 선로에서 속도를 거의 내지 않고 위아래로 움직이던 기관차가 번개 같은 속도로 그들에게 다가왔고, 위험에 처한 사람들 중 가장 민첩한 사람은 날쌔게 제 자리로 돌아갔지만 … 가엾은 허스키슨 씨는 나이가 많고 건강이 좋지 않아 민첩성이 떨어지는 데다가 "기관차를 멈춰요! 선로에서 비켜요!"라고 정신없이 외치는 소리가 사방에 울려 퍼지는 바람에 당황해서 완전히 정신을 놓고 속수무책으로 좌우를 번갈아보다가 벼락처럼 그를 덮친 무시무시한 기관차에 순식간에 다리를 깔렸던 것이다. 다리는 너무나도 끔찍하게 박살 났고 짓이겨졌다.

　허스키슨 씨는 아내, 윌튼 경과 함께 객차에 탔고 귀빈석에서 분리한 기관차가 그들을 맨체스터로 날랐다. 이 사건으로 모든 승객이 너무나 큰 충격을 받는 바람에 웰링턴 공작은 운행을 중단하고 리버풀로 즉시 돌아가겠다는 의사를 밝혔다. 하지만 맨체스터 전체 인구가 운행을 목격하려고 나와 있고 실망감에 폭동과 소란을 일으킬 수 있다는 설명을 전하자 그는 운행 재개에 동의했고, 이후 여정은 지독히 침울한 분위기 속에서 진행됐다.

　… 맨체스터에 가까워지자 하늘에 구름이 끼고 어두워지더니 비가 오기 시작했다. 성공한 여행객들이 의기양양하게 도착하는 모습을 보려고 모여든 엄청난 인파는 하류층인 정비공과 공인들이었다. 그들은 극심한 빈곤에 시달리고 있었고 당시 정부에 대한 불만을 품고 있어 위험한 분위기가 팽배했다. 신음과 야유가 영향력 있는 인물들을 가득 태운 객차를 맞이했고, 그 안에는 웰링턴 공작도 타고 있었다. 음산하고 꾀죄죄한 군중의 찡그린 얼굴

위로 베틀이 서 있었고, 그 앞에 누더기를 걸친 굶주린 듯한 방직공이 앉아 있었다. 기계의 승리와 리버풀과 맨체스터 부자들이 기계로 얻게 될 이득과 영광에 항의하는 대표자로 그곳에 앉아 있는 듯했다.

프랜시스 켐블,《소녀 시절 기록RECORD OF A GIRLHOOD》, 1878년

철도 개척자 조지 스티븐슨George Stephenson(1781년-1848년)과 그의 아들 로버트가 계획한 세계 최초 도시 간 여객 철도는 1830년 9월 15일 총리 웰링턴 공작이 참석한 가운데 성대한 기념식을 거행하며 개통했다. 하지만 리버풀 하원 의원 윌리엄 허스키슨William Huskisson이 공교로운 시간에 선로에 발을 들여 조지 스티븐슨이 운전한 로켓호에 치여서 부상을 입는 바람에 행사에 차질이 생겼다. 이 불운한 정치인은 스티븐슨이 운전하는 같은 기관차로 맨체스터로 옮겨졌고 곧 그곳에서 사망했다. 그리하여 그는 철도 사고 첫 번째 희생자로 영원한 명성을 얻었다.

철도 개통 당시 스물한 살이었던 프랜시스 '패니' 켐블Frances 'Fanny' Kemble은 영국과 미국에서 활약하는 주연 배우가 됐다. 그녀는 은퇴하면서 쓴《회고록Recollections》에서 그 사건을 떠올렸다.

이날 일어난 다른 사건들

1859년 영국의 토목기사 이점바드 킹덤 브루넬 사망
1916년 제1차 세계대전: 솜강 전투에서 처음으로 탱크를 교전에 사용
1935년 뉘른베르크 법으로 모든 독일 유태인의 시민권 박탈

9월 16일

멕시코 혁명 시작, 1810년

동지와 동포 여러분, 이제부터 우리에게는 왕도 조공도 없습니다. 우리는 노예에게나 어울리는 폭정과 예속의 상징인 수치스러운 세금을 3세기 동안 감내했습니다. 이 끔찍한 오점을 노력으로 씻어버릴 방법을 우리는 알고 있습니다. 자유의 순간이 다가왔고 해방의 시간이 닥쳤습니다. 그 위대한 가치를 안다면 제가 폭군들의 탐욕스러운 손아귀에서 자유를 지킬 수 있도록 도와주십시오. 이제 몇 시간 후면 자유를 자랑하는 사람들의 우두머리에 선 저를 보게 될 것입니다. 이 책무 수행에 여러분을 초대합니다. 조국과 자유가 없다면 언제까지나 결코 진정한 행복을 누릴 수 없을 것입니다. 여러분이 알고 있듯이 이 걸음은 반드시 내디뎌야 하고 이 일은 꼭 시작해야 합니다. 이 신성한 대의를 하느님께서 보호해 주실 것입니다. 급하게 준비하게 되어 더 길게 말할 시간은 없습니다. 과달루페의 성모 만세! 우리가 싸워 쟁취할 아메리카 만세!

미겔 이달고, 〈돌로레스의 절규GRITO DE DOLORES〉, 1810년 9월 16일

사제였다가 군사 지도자가 된 미겔 이달고 이 코스티야Miguel Hidalgo y Costilla(1753년-1811년) 신부는 멕시코 독립 전쟁을 이끈 핵심인물로, 독립의 외침으로도 알려진 〈돌로레스의 절규〉라는 연설을 했다. 1810년 이달고는 아메리카 원주민과 크리올인(현지에서 태어난 스페인계 후손)을 모아 토지 개혁, 노예제 폐지, 스페인 부섭정 중지를 요구하는 봉기를 이끌었다. 그는 1531년 고통받는 원주민들에게 성모 마리아가 나타난 기적을 상징하는 과달루페의 성모 깃발을 사용했다.

이달고는 1811년에 붙잡혀 처형됐으나 다른 이들에게 영향을 미쳤고 멕시코는 1821년에 마침내 독립을 이룩했다. 이달고가 처음으로 〈돌로레스의 절규〉를 연설한 9월 16일은 멕시코 국경일이 됐다.

이날 일어난 다른 사건들

1620년 메이플라워호가 플리머스에서 북아메리카를 향해 출발
1920년 무정부주의자가 뉴욕 월스트리트에 폭탄을 터트려 38명 사망
1975년 파푸아 뉴기니가 오스트레일리아로부터 독립

9월 17일

갈라파고스 제도를 마주친 다윈, 1835년

이 섬의 만에는 동물이 많았다. 물고기, 상어, 거북이가 사방에서 머리를 내밀었다. 곧 배 밖으로 낚싯줄을 드리웠더니 60센티미터에서 90센티미터에 이르는 월척이 많이 잡혔다. 손맛에 다들 즐거워했다. 커다란 웃음소리와 물고기가 퍼덕거리는 소리가 사방에서 들린다. 저녁식사를 마친 후 한 무리가 땅거북을 잡겠다고 해안에 나갔지만 실패했다. 이 제도는 모든 파충류의 천국 같았다. 거북 세 종류 외에도 땅거북이 아주 많았다. 이곳 배 한 척이 금방 500마리에서 800마리를 잡았다. 해변에 있는 검은 용암 바위에는 크고(60센티미터에서 90센티미터) 아주 징그럽게 생긴 투박한 도마뱀들이 자주 출몰한다. 용암 바위만큼이나 검은 도마뱀은 기어 다니면서 바다에서 먹이를 찾는다. 그 도마뱀을 '어둠의 꼬마 도깨비'라고 부르는 사람도 있다. 그것들은 틀림없이 자기가 살던 토양이 될 수 있을 것이다. 해안에서 나는 꽃을 10종류 조사하고 채집했다. 하지만 별 볼일 없는 못생기고 작은, 열대지방보다는 북극에 어울릴 만한 꽃이었다. 새들은 사람을 잘 몰랐고 같은 동네 주민인 거대한 땅거북만큼이나 순진하다고 생각하는 듯했다. 90센티미터에서 120센티미터 거리에 있는 작은 새들이 덤불 속을 조용히 뛰어다녔고 돌을 던져도 놀라지 않았다. 킹 씨는 모자로 한 마리를 죽였고 나는 총끝으로 나뭇가지를 밀어 큰 매를 잡았다.

찰스 다윈, 일기, 1835년 9월 17일

1831년 12월 박물학자 찰스 다윈이 비글호를 타고 시작해 남아메리카를 일주한 여정은 1835년 9월 17일 갈라파고스제도에 닻을 내리면서 절정에 달했다. 이후 몇 주일에 걸쳐 이 섬들 특유의 동식물상, 특히 거대 땅거북과 다양한 되새들을 관찰한 내용은 자연선택에 따른 진화설에 크게 기여했고, 그 내용은 1859년 출판된 혁신적인 베스트셀러 《종의 기원On the Origin of Species》으로 발전했다.

이날 일어난 다른 사건들

1630년 매사추세츠 보스턴시 설립
1948년 예루살렘에서 무장 시온주의자들이 국제 연합 중재자 폴케 베르나도테Folke Bernadotte 암살
1980년 폴란드에서 연대Solidarity가 전국적인 노동조합으로 정착

9월 18일

나치 독일에 등장한 유대인의 별, 1941년

노란 천에 검은색으로 그리고 중심에 히브리어 같은 글씨체로 '유대인'이라고 쓴 손바닥만 한 '유대인의 별'을 내일부터 왼쪽 가슴에 달라고 하면서 10페니히를 받고 우리에게 발급했다. 더는 버스를 탈 수 없고 열차 앞 발판만 사용할 수 있었다. 적어도 당분간은 에바가 모든 쇼핑을 대신해야 할 것이다. 나는 어두운 은신처에서만 신선한 공기를 조금 마시게 될 것이다.

오늘 우리는 마지막으로 대낮에 함께 나갔다. 먼저 담배를 사고 그다음에는 전차(좌석!)를 타고 현수교를 건너 로슈비츠로 가서 오른쪽 강둑을 따라 발드슈로센까지 걸어 내려갔다. 21년 동안 우리는 한 번도 이 경로를 선택한 적이 없었다. 아주 높고 넓으며 세차고 조용하게 흐르는 엘베강에는 안개가 자욱했고 높은 벽 너머로 보이는 공원 정원은 꽃과 낙엽으로 가을이 충만했다. 올가을 처음으로 밤이 떨어져 우리 발치에서 터졌다. 마치 마지막 외출, 긴(얼마나 길까?) 투옥 생활 전에 마지막으로 누리는 다소간의 자유 같았다. 모리츠슈트라세에 있는 뢰벤브로이에서 식사를 하면서도 같은 기분이었다.

이 집 거주자는 다른 집을 방문할 때 벨을 세 번 누른다. 두려움에 사로잡히는 일이 없도록 합의한 사항이다. 한 번만 울리는 사람은 경찰일 수 있다.

빅토르 클렘페러, 《**나는 증언할 것이다** I WILL BEAR WITNESS: A DIARY OF THE NAZI YEARS》, **1998년**

독일 문학학자이자 작가인 빅토르 클렘페러 Victor Klemperer(1881년-1960년)는 유대교 율법학자의 아들로 태어났다. 그는 열여섯 살 때부터 일기를 썼고, 나치 치하에서 유대인 가족이 겪은 일상적인 굴욕감을 자세하게 기록했다. 그중에는 인종 식별 용도로 유대인의 별을 달라는 지시도 있었다. 그는 제1차 세계대전에서 뛰어난 공로를 자랑할 수 있었고, 20대 초반에 세례를 받았으며, 결정적으로 아내인 에바가 유대인이 아니었기 때문에 유럽 유대인에게 닥친 극단적인 운명은 면할 수 있었다.

1945년 클렘페러와 아내 에바는 고향인 드레스덴에 쏟아진 엄청난 연합군 폭격에서 살아남았다. 게다가 우연히도 이 폭격으로 그에 관한 게슈타포 파일이 파괴됐다. 전쟁이 끝난 뒤 클렘페러는 동독 지역에서 로망스어 교수직을 다시 맡을 수 있었고 일기도 계속 썼다.

이날 일어난 다른 사건들
1838년 영국에서 리처드 코브던이 반곡물법 연맹 설립
1911년 러시아 총리 표트르 스톨리핀 Pyotr Stolypin가 암살당함
1961년 국제연합 사무총장 다그 함마르셸드 Dag Hammarskjöld가 원인 모를 비행기 사고로 사망

9월 19일

아일랜드 민족주의자의 최후 변론, 1803년

재판장님, 귀하는 희생을 안달 내며 기다리고 있습니다. 귀하가 찾는 피는 희생자를 둘러싼 거짓 공포로 엉겨 붙지 않습니다. 신께서 고귀한 목적을 위해 창조하신 통로를 통해 따뜻하고 침착하게 순환합니다. 하지만 지금 귀하는 하늘에 호소할 정도로 괴로운 목적을 위해 그 통로를 파괴하려는 중입니다. 인내심을 가지십시오! 아직 할 말이 남아 있습니다.

나는 차갑고 고요한 무덤으로 갈 것입니다. 내 생의 등불이 꺼져가고 있습니다. 나의 경기는 끝났습니다. 나를 받아들일 무덤이 열리고 나는 그 품속으로 빠져듭니다! 이 세상을 떠나기에 앞서 단 한 가지 청이 있습니다. 바로 침묵이라는 관용입니다!

누구도 내 비문을 쓰지 않도록 하십시오. 내 대의를 아는 사람이라면 이제 감히 그 동기를 옹호하지 못할 것이기 때문입니다. 편견이나 무지로 내 대의를 헐뜯지 마십시오. 나와 내 대의가 어둠과 평화 속에 잠들게 하십시오. 누군가 내 인간됨을 제대로 평가할 수 있는 날이 올 때까지 내 무덤에 이름을 새기지 마십시오. 내 조국이 이 땅의 다른 국가들과 어깨를 나란히 하는 그때 내 비문을 새겨주십시오. 이상입니다.

로버트 에밋, 더블린 성, 공판 변론, 1803년 9월 19일

1803년 민족주의자 모임인 연합 아일랜드인회 Society of United Irishmen 소속 이상주의자 25세 로버트 에밋 Robert Emmet은 연합법(1800년)으로 독립된 아일랜드 의회가 없어진 이후 더블린에서 영국 통치에 대항하는 반란을 일으켰다가 실패했다. 그는 프랑스가 군사 지원을 해 주기를 바라며 유럽 대륙에서 시간을 보냈다. 봉기를 일으킨 시기가 우연히도 프랑스와 영국이 다시 적대 관계에 들어서던 때와 일치했지만 반란은 외국의 도움 없이 진행됐다. 에밋은 녹색 장군 제복을 입었지만 대부분이 술에 취한 노동자였던 반란군은 구제불능 상태로 훈련이 부족했고 정규군은 손쉽게 그들을 해산했다. 이 반란으로 50명가량이 죽었고 에밋은 더블린에서 도망친 뒤에 붙잡혔다.

9월 19일 짧았던 재판에서 에밋은 피고석에서 고귀한 대의명분을 주장하는 유명한 연설을 했다. 이 연설로 그는 향후 아일랜드 민족주의자 후손들에게 영원한 낭만적 영웅으로 남았다. 이튿날 에밋이 처형되면서 영웅담에 순교까지 더해졌다.

이날 일어난 다른 사건들

1870년 프랑스-프로이센 전쟁: 프로이센군이 파리 공성전 개시

1881년 미국 대통령 제임스 가필드가 7월 7일 암살 시도에서 입은 부상으로 사망

1991년 오스트리아-이탈리아 국경에서 5,300년 전 미라 아이스맨 외치Ötzi 발견

9월 20일

무굴 제국 멸망, 1857년

호드슨 대위는 성문 앞길 한가운데로 나가 포로를 받고 약속을 재개할 준비가 됐다고 말했다.

　내부에서 우유 빛깔 돔이 솟아오르는 웅장한 성문 앞에서 한 백인 남성이 원주민 무리에 둘러싸여 포로를 살려줄지 죽일지 아직 결정하지 못한 모습을 상상할 수 있을 것이다.

　곧 행렬이 천천히 나오기 시작했다. 먼저 황후 지낫 마할Zeenat Mahal이 여성용 탈것을 타고 등장했다. … 그다음에 1인승 가마를 탄 왕이 나왔다. 호드슨 대위가 말에 탄 채 나아가 무기를 내놓으라고 요구했다. 왕은 항복하기 전에 그가 '호드슨 바하도어'인지, 전령이 한 약속을 그대로 지킬 것인지 물었다. 호드슨 대위가 지키겠다고 답하고, 영국 정부는 순순히 포로가 되는 조건으로 그의 목숨과 지낫 마할 아들의 목숨을 기꺼이 보장하기로 한 약속을 되풀이했다. 그러면서 어떠한 탈출 시도라도 한다면 그 자리에서 왕을 개처럼 쏘겠다는 말을 아주 강조해서 덧붙였다.

　그러자 노쇠한 왕은 무기를 내놓았고, 호드슨 대위는 칼을 손에 계속 빼든 채로 왕의 무기를 당번병에게 건넸다. 아들(줌마 부크흐)에게도 같은 의식을 행했다. 도시로 향하는 행진이 시작됐다. 호드슨 대위는 지금껏 말을 타고 8킬로미터를 이토록 오래 걸려서 간 적은 없었다고 말했다. 가마는 걷는 속도로만 나아갈 수 있고, 대위 주변에는 부하가 몇 사람밖에 없는 와중에 따라오는 수천 명은 언제라도 그를 쏠 수 있는 상태였으니 당연한 일이었다.

　당번병은 호드슨 대위의 침착하고 결연한 표정이 군중에게 미치는 영향력을 보고 있노라면 경이롭다고 말했다. 백인 남자 한 명(군중은 그를 따르는 소와르[기병] 50명을 하찮게 여겼다)이 그들의 왕을 홀로 호송한다는 사실에 완전히 얼이 나간 듯했다. 행렬이 서서히 도시에 가까워지면서 군중은 슬슬 빠져나갔고 극소수만 라호르 문까지 따라갔다. 그때 호드슨 대위가 말을 타고 몇 걸음 가서 문을 열라고 명령했다. 호드슨 대위가 지나갈 때 보초를 서고 있던 장교는 그저 가마 안에 무엇이 들었는지 물었다. "델리의 왕뿐이오."라고 대답했다. 이에 장교가 내뱉은 열렬한 감탄은 예의가 바르다기보다는 단호했다. 경비대는 환호성을 지르며 그를 맞이하러 나왔는데 왕이 엉팡을 홀로 사지힐 것이라는 밀로 거우 그 흥분을 누를 수 있었다. 그들은 그 웅장하고 황량한 거리를 지나 궁궐 대문에 닿았고, 그곳에서 호드슨 대위가 공무원(샌더슨 씨)을 만나 왕실 포로들을 공식 인계했다. 그가 즐거운 발언을 했다. "저런, 호드슨, 이 덕분에 당신은 총사령관이 될 거요."

　　　　　　　　　〈일러스트레이티드 런던 뉴스ILLUSTRATED LONDON NEWS〉, **1858년 3월**

1857년에 시작된 인도 반란(5월 10일 참조) 전투는 영국군이 델리를 탈환하고 델리의 왕이자 무굴 왕조 마지막 군주였고 반란군의 추대를 받았던 바하두르 샤 자파르Bahadur Shah Zafar(1775-1862)가 항복하면서 끝났다.

나이가 지긋했으나 시를 쓰고 서예를 즐기는 등 교양 있는 샤는 델리 붉은 요새를 중심으로 한 몰락하고 빈곤한 '왕국'을 통치했다. 하지만 그는 궁에서 우르두 학문과 문학을 활기차게 연구했다. 무굴 왕국은 샤가 윌리엄 호드슨William Hodson 대위에게 비참하게 항복하면서 끝났다. 샤의 아들들은 이미 총에 맞은 뒤였다. 샤는 재판을 받고 버마로 추방당했으며 랑군 교도소에서 마지막을 맞았다. 이는 수치스러운 최후였고 피비린내 나는 영국의 인도 통치 시대가 막을 올렸다. 하지만 마지막 무굴은 나중에 인도 민족주의자들에게 영감을 주는 상징이 됐다.

이날 일어난 다른 사건들
1187년 살라딘 군대가 십자군이 장악한 예루살렘 포위
1870년 베르살리에리(이탈리아 보병대)가 로마에 입성하면서 이탈리아 통일 완성
2005년 나치 사냥꾼 지몬 비젠탈Simon Wiesenthal 사망

9월 21일
에드워드 2세의 섬뜩한 서거, 1327년

로저 모티머는 왕을 어떻게 그리고 어떤 방식으로 죽여야 할지 설명한 명령을 보냈다. 그들이 편지와 명령을 보고 나서도 저녁식사 시간에 에드워드 왕에게 다정하게 대했으므로 왕은 그들이 저지를 반역을 전혀 눈치 채지 못했다. 왕이 침소에 들어 잠들자 반역자들은 … 조용히 그의 방으로 들어가 커다란 탁자를 그의 배 위에 올리고 다른 사람들의 도움을 받아 그를 짓눌렀다. … 그들은 긴 뿔을 왕의 항문에 최대한 깊게 삽입하고 불에 달군 구리 꼬챙이를 뿔에 통과시켜 그의 몸속에 넣고 창자를 휘저었다. 그렇게 그들은 주군을 죽였고 아무것도 느끼지 않았다.

브루트 연대기BRUT CHRONICLE, **1330년대**

잉글랜드 국왕 에드워드 2세는 동성애 관계를 의심받았던 측근 피어스 개버스턴Piers Gaveston을 총애하고 스코틀랜드에서 전투에 참패하여 귀족들의 미움을 샀다. 1327년 1월 마치 백작 로저 모티머Roger Mortimer는 자신의 애인이자 에드워드 2세의 프랑스인 왕비 이사벨라의 도움을 받아 에드워드 2세를 폐위했다. 모티머의 섭정 하에 14세였던 왕자 에드워드 3세가 왕위를 물려받았고, 에드워드 2세는 1327년 9월 21일 글로스터셔 버클리 성에 구금된 채 사망한 것으로 알려져 있다.

몇몇 연대기에서 에드워드 2세가 얼마나 소름 끼치는 방식으로 죽었는지 자세히 설명하고 있지만 정확히 동시대라거나 확실히 믿을 만한 연대기는 하나도 없다. 이것이 정말로 살해 방식이었는지 의문이 제기됐을 뿐만 아니라 (에드워드 2세와 무관한 비슷한 이야기들이 다른 곳, 예를 들어 초서의 작품에서도 나온다) 역사학자들 역시 에드워드 2세가 정말로 이 시기에 살해됐는지, 아니면 감옥에서 탈출해 이탈리아 수도원에서 10년 더 살았는지 의문을 제기한다.

이날 일어난 다른 사건들

기원전 19년 《아이네이스Aeneid》를 쓴 로마 시인 베르길리우스Virgil 사망

1792년 프랑스 혁명: 국민공회가 군주제 폐지

1993년 옐친 대통령이 러시아 의회를 해산해 헌법상 위기 촉발

9월 22일

링컨의 예비 노예 해방 선포, 1862년

나는 … 이로써 이후로 종전과 같이 미합중국과 각 주, 그리고 각주의 주민들 간의 헌법적 관계를 실질적으로 복원하기 위한 목적으로 그 관계를 중단 및 방해하거나 할 수 있는 주에서 전쟁을 추진할 것을 선포하고 선언하는 바입니다.

나는 모든 노예주의 자유로운 수락 여부에 따라 금전적 원조를 제공하는 실질적인 수단을 다시 한번 권하고자 합니다. 그렇게 하면 그곳의 주민들이 미합중국에 반란을 일으키지 않을 수도 있고 주들이 그때 혹은 그 이후로 각자의 한계 인에서 노예제를 즉시 혹은 점진적으로 폐지할 수 있을 것입니다. 아프리카 혈통의 사람들을 그들의 동의를 얻어 이 대륙 혹은 다른 곳으로, 그곳 정부의 동의를 미리 얻어서 이주시키는 노력을 계속할 것입니다.

[1863년 1월 1일] 부로 그 시각 미합중국에 대항해 반란을 일으키고 있는 사람들이 있는 어떤 주 혹은 어떤 주의 일부 지역에서 노예 신분으로 있는 모든 자는 그때부터 영원히 자유로운 몸이 될 것입니다. 육군과 해군 당국을 포함한 미국 행정부는 그런 사람들의 자유를 인정하고 유지할 것이며, 그들 혹은 그중 일부가 실제로 자유를 얻기 위해 행하는 모든 노력을 탄압하는 그 어떤 조치도 하지 않을 것입니다.

… 또한 행정부는 반란 내내 미합중국에 계속 충성한 모든 시민의 노예 상실을 포함해 미합중국의 행위로 인한 모든 손실을 보상할 것을 권고할 것입니다.

대통령 에이브러햄 링컨, 선포문, 1862년 9월 22일

에이브러햄 링컨 대통령이 예비 노예 해방을 선포한 이후 1863년 1월에 아직 반란 중인 주 10곳을 언급하면서 그곳 노예들이 해방됐다고 선언하는 두 번째 명령이 이뤄졌다. 미국에서 노예제 자체가 불법이 된 시점은 1865년 12월 18일 수정 헌법 13조가 비준된 이후부터였다.

이날 일어난 다른 사건들

1499년 바젤 조약으로 스위스가 신성 로마 제국으로부터 독립

1598년 잉글랜드 극작가 벤 존슨Ben Jonson이 결투에서 배우를 죽이고 과실 치사 혐의로 기소됨

1896년 빅토리아 여왕이 조지 3세를 제치고 영국 최장 재임 군주로 기록됨

9월 23일

플램버러 곶 전투, 1779년

전면 추격이 시작됐다. … 세라피스호가 본험 리처드호를 추월했고 … 키를 바람이 불어가는 쪽으로 놓아 배 두 척이 일렬로 서도록 했다. 그런 다음 본험 리처드호가 뱃머리를 세라피스호 고물에 들이받았다.

우리는 환영을 받았다. "배가 충돌했습니까?" 이 말에 존스 선장은 "아직 싸움은 시작하지도 않았소!"라고 대답했다.

본험 리처드호에 탄 사람 중 세라피스호의 우월성을 모르는 이는 없었다. 그 배 승무원은 엄선된 선원들이었고, 배 자체도 진수한 지 몇 달 되지 않은 상태였다. 반면에 본험 리처드호 승무원은 미국인, 영국인, 프랑스인 분파와 몰타인, 포르투갈인, 말레이시아인 분파로 이뤄져 있었다. 후자는 항해 기술이 부족하고 영어를 할 줄 몰라서 전투 성공 가능성을 높이기는커녕 낮췄다.

본험 리처드호 꼭대기에서 대단히 능숙한 기술과 효과로 발포를 개시해 세라피스호 선미 갑판 위에 있었던 모든 사람을 죽였다. … 본험 리처드호 큰 돛대 활대에서 던진 수류탄 일부는 … 화약 위에 떨어져 엄청난 폭발을 일으켰다. 그 효과는 대단했다. 적군 20명 이상이 폭사했고 많은 적군이 몸에 셔츠 칼라만 걸친 채 서 있었다. 이후 한 시간도 채 지나지 않아 … 세라피스호 돛대에 못 박혀 있던 잉글랜드 깃발을 피어슨 선장이 직접 내렸다. 부하들 중 그 누구도 이 임무를 감히 계속하려 하지 않았기 때문이었다. 스카버러와 플램버러 곶에서 1,500명이 넘는 사람이 이 교전과 그 굴욕적인 종말을 지켜봤다.

리처드 데일 Richard Dale **중위,**
《**존 폴 존스의 인생과 성격**THE LIFE AND CHARACTER OF JOHN PAUL JONES》**, 1825년**

소규모 프랑스-미국 합대가 영국 호송대를 습격하려 했던 플램버러 곶 전투는 1779년 9월 23일 잉글랜드 요크셔 해안에서 일어났지만 미국 독립 전쟁의 일환인 사소한 사건이었다. 본험 리처드호의 선장인 미국 사령관 존 폴 존스는 도전 정신으로 영국 해군이 천하무적은 아니라는 사실을 증명하면서 미국 민담 역사에 길이 남았다.

이날 일어난 다른 사건들

1846년 독일 천문학자 요한 갈레Johann Galle가 처음으로 행성 해왕성 관측

1939년 오스트리아의 정신분석학 창시자 지그문트 프로이트Sigmund Freud 사망

1943년 제2차 세계대전: 무솔리니가 이탈리아 북부 '살로 공화국'에서 재집권

9월 24일

메디나에 도착한 예언자 무함마드, 622년

창시자가 메카를 떠났다는 소식이 메디나에 이르렀을 때 압둘-라만Abdul-Rahman은 창시자의 추종자들 이야기를 했다. "우리는 그분이 오기를 기다리며 아침 기도를 하러 가곤 했지. 우리는 그분을 찾아 황야로 나갔고 해가 우리를 그늘로 몰아넣을 때까지 움직이지 않았어. 그분이 도착하던 날 그분을 처음 본 사람은 유대인이었어. 그는 우리가 알라의 사도를 기다리고 있다는 사실을 알았지. 그는 있는 힘껏 큰 목소리로 '저기 보시오! 여러분의 행운이 도착했소!'라고 외쳤어."

알라의 사도는 메디나에서 3킬로미터 떨어진 구바에 거처를 잡았다. 그는 목요일에 모스크를 지을 토대를 다졌고 금요일에는 메디나를 향해 떠났다. 그 짧은 여정 중에 그는 라누나라고 하는 계곡 기슭에서 기도를 올렸다. 이 기도가 그가 메디나에서 처음으로 올린 금요 기도였다.

많은 부족과 가족들이 그를 환영하며 집으로 초대했으나 그는 "알라가 내 낙타를 이끄시니 낙타가 가고 싶은 대로 가도록 해 주십시오."라고 대답했다.

마침내 낙타는 묘지와 대추야자 숲, 낙타 우리로 이뤄진 뜰에 멈춰서 무릎을 꿇었다. 그러더니 다시 일어나 조금 더 걸어갔다. 하지만 다시 뒤를 돌아보며 처음에 멈추려고 했던 곳으로 돌아갔다. 그곳에서 무릎을 꿇고 중얼거리더니 가슴을 땅에 댔다. 그러자 알라의 사도는 낙타에서 내려 뜰 근처에 있는 아부 아이유브Abu Ayyub 집에 묵었다. 그는 뜰이 누구의 소유인지 물었고 고아인 사흘과 수하일의 소유라는 답을 들었다. 그는 그 뜰을 사서 모스크를 지었다.

이븐 이스하크, 이븐 히샴 편집, 《신의 사자의 인생LIFE OF GOD'S MESSENGER》, 830년경.

예언자 무함마드가 탄압받던 고향 메카를 떠난 탈출을 가리키는 히즈라는 622년 9월 그가 메카 북쪽에 있는 메디나에 도착하면서 끝난다. 무함마드는 메디나에서 새로 가정을 꾸렸고 632년 메디나에 묻혔다. 전통적으로 이 여정을 떠난 해를 이슬람의 기원으로 본다. 8세기에 기록한 이븐 이스하크의 설명은 이 사건을 서술한 최초의 문서 기록이다.

이날 일어난 다른 사건들

1664년 잉글랜드가 네덜란드로부터 뉴암스테르담을 획득해 나중에 이름을 뉴욕으로 변경

1957년 인종 차별 폐지를 집행하고자 연방군을 아칸소주 리틀록에 파견

1988년 서울 올림픽 100미터 전력질주에서 금메달을 딴 벤 존슨Ben Johnson이 도핑으로 실격

9월 25일

스탬퍼드 다리 전투, 1066년

이제 전투가 시작됐다. … 처음 노르웨이군이 전투 대열을 지키는 동안에는 싸움이 느슨하고 가벼웠다. 잉글랜드군이 노르웨이군을 심하게 공격했지만 그들을 상대로 아무것도 할 수 없었다. 적의 공격이 약하다고 생각한 노르웨이군은 그들을 쫓았고 후퇴하도록 몰아갔다. 하지만 노르웨이군 방패막이 무너지자 잉글랜드군이 사방에서 달려와 화살과 창을 던졌다. 이를 본 노르웨이 국왕 하랄 시구르드손은 무기 충돌이 가장 심한 싸움터로 뛰어들었다. 첨예한 충돌이 있었고 양쪽 모두에서 많은 병사가 쓰러졌다. 격노한 하랄 왕은 대열 앞으로 뛰쳐나갔고 투구도 갑옷도 당해낼 수 없도록 양손으로 베었다. 가까이에 있던 사람들은 모두 물러났다. 그때 잉글랜드군 근처에 있던 병사들이 달아났다.

하랄 시구르드손 왕은 기도에 화살을 맞았고 이는 치명상이었다. 그는 쓰러졌고 깃발을 들고 항복한 사람들을 제외하면 그보다 앞섰던 사람들도 모두 쓰러졌다. 이후로 치열한 전투가 벌어졌고 토스티그 백작이 왕의 깃발을 맡았다. 양군 모두 다시 대열을 갖추기 시작했고 오랫동안 전투가 중단됐다. 하지만 전투를 다시 시작하기 전에 해럴드 고드윈슨이 동생인 토스티그 백작에게 화평을 제의했고 아직 살아 있는 노르웨이군에게도 자비를 베풀겠다고 했다. 하지만 노르웨이군은 다 함께 잉글랜드군의 자비를 받아들이느니 차라리 죽겠다고 소리를 질렀다. 양군은 함성을 질렀고 다시 전투가 벌어졌다.

스노리 스투를루손 Snorri Sturelson, 《노르웨이 국왕 연대기 CHRONICLE OF THE KINGS OF NORWAY》, 1230년경

요크 근처에서 일어난 스탬퍼드 다리 전투에서 앵글로-색슨 국왕 해럴드 2세(고드윈슨)는 해럴드의 동생 토스티그 Tostig와 하랄 시구르드손 Harald Sigurdson(나중에는 하르드라디 Hardrada로 불림)이 이끄는 침략자 노르웨이군과 맞서 싸웠다. 이 전투에서 하랄과 토스티그 둘 다 전사했다. 하지만 이 전투로 완전히 지친 앵글로-색슨군은 남쪽으로 힘겨운 진군을 한 끝에 만난 노르망디 공작 정복왕 윌리엄의 침략을 막을 수 없었다(10월 14일 참조).

이날 일어난 다른 사건들
1555년 아우크스부르크 화의로 독일 군주들이 영지 내에서 루터교 또는 가톨릭교를 선택할 수 있도록 허용
1789년 미국 의회가 헌법 수정안인 권리장전 가결
1942년 제2차 세계대전: 이후로 유대인 난민의 스위스 입국 거부

9월 26일

아른험 작전 실패, 1944년

나는 앤트워프로 가는 접근로를 열기가 얼마나 어려운지 과소평가했다. … 나는 우리가 루르로 가능 동안에 캐나다군이 이 임무를 해낼 수 있을 것이라고 생각했다. 내가 틀렸다. 편견이 개입된 내 생각으로는 만약 작전 시작 당시부터 제대로 지원을 받았고 임무에 필요한 항공기, 지상군, 행정 자원이 있었다면 내가 실수를 저질렀거나 악천후가 있었거나 아른험 지역에 나치 친위대 제2기갑부대가 있었더라도 작전은 성공했을 것이다. 나는 여전히 완고하게 마켓 가든 작전을 옹호한다.

버나드 몽고메리 장군, 《회고록MEMOIRS》, 1958년

1944년 연합군이 낙하산 부대를 네덜란드 라인강 하류 지역에 침투시켜 네덜란드와 독일 국경을 잇는 다리들을 함락하려고 계획한 마켓 가든 작전은 유럽 지역 연합군 최고 사령관 아이젠하워 장군 휘하에서 복무하던 영국 상급 지휘관 버나드 몽고메리Bernard Montgomery 장군의 아이디어였다. 이 작전의 의도는 전선에서 연합군 부대가 지원하러 올 때까지 낙하산 부대가 다리를 방어함으로써 연합군이 독일로 들어가는 관문을 확보하는 것이었다.

하지만 1944년 9월 17일에 개시한 이 작전은 예기치 못하게 아른험에서 독일군이 강력하게 저항했고 악천후가 닥친 데다가 모든 절차가 순조롭게 진행되어야만 했던 계획으로 인해 참사로 끝났다. 경무장한 연합군 낙하산 부대는 독일군 기갑부대와 참호에 자리 잡은 보병부대에 상대가 되지 않았다. 9월 26일에는 모든 연합군 부대가 철수하거나 항복했고 사상자 수는 1만 7,000명을 넘어섰으며 라인강은 이듬해 3월까지 방벽으로 남아 있었다.

나중에 몽고메리는 작전이 '90퍼센트 성공'이었다고 주장했지만 네덜란드 여왕 부군 베른하르트는 "내 나라는 다시는 몽고메리의 성공이라는 호사를 누릴 여유가 없다."라고 말했다. 이에 앞서 몽고메리의 지휘관 중 한 명은 조심스럽게 어쩌면 그들이 '한 다리 더 멀리' 갔던 것 같다고 말했다. 전쟁 막바지로 가면서 점점 몽고메리에게 화가 났던 아이젠하워는 자서전 《유럽의 십자군Crusade in Europe》에서 다음과 같이 말했다.

나는 육군 원수 몽고메리가 나중에 일어난 일들에 비춰볼 때 이 작전이 실수였다는 사실에 동의할 것이라고 확신한다. 하지만 그는 베를린으로 직진하기 위해 필요한 것은 적절한 보급뿐이라고 기를 쓰고 단언했다.

이날 일어난 다른 사건들
1687년 오스만 튀르크를 공격한 베네치아 군대가 아테네 파르테논 신전 파괴
1960년 닉슨과 케네디가 처음 텔레비전으로 중계된 미국 대통령 선거 토론회에 참석
1973년 초음속 여객기 콩코드가 처음으로 대서양 횡단 비행

9월 27일

아라비아의 로렌스와 아랍 반란, 1918년

경계를 늦추지 않고 가까이 다가갔을 때 마을은 아직 천천히 소용돌이치는 하얀 연기에 휩싸여 있었다. 우거진 풀숲 사이로 얼핏 보이는 잿빛 더미가 마치 송장 같았다. 시체라는 사실을 확인하고 우리는 눈길을 돌렸다. 하지만 한 시체 더미에서 작은 형체가 마치 우리를 피하듯이 비틀거리며 걸어 나왔다. 서너 살 정도 된 어린아이였다. 아이가 입은 겉옷은 한쪽 어깨와 옆구리가 피로 얼룩져 있었다. 목과 몸통이 연결되는 부위를 창에 찔린 듯 힘줄이 반쯤 끊어져 나간 큰 상처에서 피가 흘러나왔다. …

우리는 밝은 햇빛에 훼손된 모습이 여실히 드러난 남자와 여자, 갓난아기 시체 네 구를 지나 마을로 향했다. 이제 이 마을이 적막한 이유가 죽음과 공포라는 사실을 알았다. 마을 외곽에는 낮은 진흙 담과 양 우리가 있었고, 그곳에서 울긋불긋한 물체가 보였다. 가까이 가서 보니 어떤 여성의 시체가 총검에 찔려 담에 거꾸로 매달려 있었다. 맨살이 드러난 다리 사이로 총검 손잡이가 소름 끼치게 박혀 있었다. 여자의 주변으로 전부 스무 명 정도 되는 사람들이 갖가지 방식으로 죽어 있었다.

자아기[아랍 지도자 중 한 명]가 갑자기 엄청나게 큰 소리로 웃기 시작했다. 고지대 오후에 비치는 따뜻한 햇살과 맑은 공기 탓에 웃음소리가 더욱 공허하게 들렸다. 나는 "너희 최고 병사가 튀르크인 시체를 가장 많이 가져올 거야."라고 말했다. 우리는 방향을 돌려 멀어지는 적군을 쫓았고 가는 길에 길거리에 쓰러져 자비를 애원하는 적군들을 모조리 쏘아 버렸다. 부상당한 튀르크 병사 한 명이 반쯤 벌거벗은 채로 일어서지도 못해 앉은 채로 울부짖었다. 압둘라는 낙타 머리를 돌렸지만 자아기는 저주를 퍼부으며 가던 길을 가로질러 자동 소총으로 그 사람의 맨가슴에 총알을 세 발 갈겼다. 그 사람의 심장이 쿵, 쿵, 쿵 뛸 때마다 피가 쏟아지다가 점점 느려졌다.

탈랄도 우리가 목격한 광경을 봤다. 그는 상처 입은 동물처럼 신음을 내뱉더니 언덕으로 올라갔다. 그곳에서 말에 탄 채 몸을 떨며 튀르크군을 빤히 바라봤다. 내가 그에게 다가가 말을 걸려고 하자 아우다가 내 고삐를 잡으며 말렸다. 탈랄은 두건을 아주 천천히 얼굴에 감싸더니 갑자기 자세를 가다듬었다. 그런 다음 말 옆구리에 박차를 가하더니 몸을 낮추고 안장에 몸을 맡긴 채 앞뒤 잴 것 없이 적군 본대를 향해 곧장 달려갔다.

완만한 언덕을 내려와 분지를 가로질러서 오랫동안 달렸다. 탈랄이 돌진하는 동안 우리는 돌덩이처럼 그곳에 앉아 있었다. 우리가 총격을 멈췄고 튀르크군도 총격을 멈췄기에 기이할 정도로 말발굽 소리가 크게 울렸다. 양군이 그를 기다렸다. 고요한 저녁녘에 그는 적진에서 얼마 떨어지지 않은 곳까지 달려갔다. 그런 다음 안장에 똑바로 앉아 엄청나게 큰 목소리로 "탈랄, 탈랄."이라고 두 차례 함성을 질렀다. 그 순간 튀르크군이 소총과 기관총을 일제히 쏘았고, 그와 그가 탄 말은 총알에 맞고 또 맞아 벌집 같은 모습으로 창 끝 위로 쓰러져 죽었다.

　아우다는 아주 차갑고 섬뜩한 얼굴이었었다. "신이여, 자비를 베푸소서. 복수는 우리가 할 테니." 그는 고삐를 흔들어 적을 향해 천천히 나아갔다. 우리는 두려움과 피에 취한 농민들을 소집해서 후퇴하는 튀르크 군단을 뒤쫓도록 보냈다. 아우다 마음속에 잠들어 있던 전장의 늙은 사자가 깨어났고, 그는 자연스럽고도 당연하게 다시 우리 지도자가 됐다. 그는 능숙한 지휘로 튀르크군을 불리한 지대로 몰아넣은 뒤 그들 대형을 세 부분으로 갈랐다.

　제일 작은 세 번째 부대는 대부분 자동차 세 대에 나눠 탄 독일군과 오스트리아 기관총 사수들 및 소수의 기마 장교와 기병대로 이뤄져 있었다. 우리가 대담한 공격을 펼쳤지만 그들은 당당하게 싸우며 계속해서 저항했다. 아랍군은 땀이 눈앞을 가리고 먼지에 목이 메는데도 마치 악마처럼 싸웠다. 온몸을 불태우는 잔혹한 복수의 불꽃에 휩싸인 나머지 제대로 총을 쏠 수 없을 지경이었다. 내 명령에 따라 우리는 이번 전쟁에서 처음으로 포로를 한 명도 잡지 않았다.

T. E. 로렌스, 《지혜의 일곱 기둥SEVEN PILLARS OF WISDOM**》, 117장, 1926년**

영국 육군 장교 T. E. 로렌스(1888년-1935년)는 제1차 세계대전 중 오스만 튀르크에 맞서는 게릴라전에서 아라비아 사람들을 이끈 공로로 명성을 얻었지만 나중에 그는 그 명성에서 벗어나고자 했다. 1918년 로렌스는 필수 시설이던 헤자즈 철도를 공격했고 시리아 주요 도시 다마스쿠스를 향해 진격했다. 튀르크의 만행은 아랍인의 보복을 불렀고, 로렌스는 이를 막으려고 노력했다. 전쟁이 끝난 뒤 그는 파리 강화 회의에서 아랍 측을 대표했다(1월 18일 참조).

이날 일어난 다른 사건들
1529년 오스만 제국 술탄 쉴레이만 대제가 빈 포위
1822년 장-프랑수아 샹폴리옹이 로제타석 해독 발표
1996년 탈레반이 카불을 점령하고 아프가니스탄에서 권력 장악

9월 28일
페니실린 발견, 1928년

그 곰팡이가 자라는 주변으로 상당한 거리에서 포도상 구균 군락이 점점 줄어든다는 사실이 놀라웠다. 한창 잘 자랐던 군락이 이제는 흔적만 희미하게 남아 있었다. … 나는 이 연구에 충분히 흥미를 느꼈다.

알렉산더 플레밍(1929), 〈영국의학회보 BRITISH MEDICAL BULLETIN〉 23권에 인용, 1944년

수많은 생명을 구한 최초의 항생제 페니실린은 스코틀랜드 세균학자 알렉산더 플레밍 Alexander Fleming(1881년-1955년)이 우연히 관찰한 결과에서 비롯됐다. 포도상 구균을 연구하던 플레밍은 배양 접시 몇 개를 노출된 상태로 방치했다. 1928년 9월 28일 그는 그중 곰팡이에 오염된 한 접시에서 곰팡이 주변으로 세균 군락이 파괴된 듯 보이는 모습을 발견했다. 그는 그 곰팡이를 확인하고 곰팡이가 생산하는 살균 물질에 '페니실린'이라는 이름을 붙였다.

플레밍은 1929년에 연구 결과를 발표했지만 의료에 도움이 될 정도로 충분한 페니실린을 추출할 수는 없었다. 1940년대 초 오스트레일리아인 하워드 플로리 Howard Florey(1898년-1968년)와 독일계 영국인 언스트 체인 Ernst Chain(1906년-1979년)이 페니실린 추출에 성공했다. 제2차 세계대전 당시 페니실린은 생명을 위협하는 감염에서 수많은 부상병을 구하면서 연합군 승리에 기여했다. 1945년 세 학자는 노벨 생리의학상을 공동 수상했다. 수상식에서 플레밍은 다음과 같이 말했다.

처음 연구 결과를 발표했을 때 저는 문헌을 진지하게 연구하고 깊게 생각한 결과 곰팡이가 귀중한 항균 물질을 만든다는 결론을 내리고 그 문제를 조사하기 시작했다고 주장했던 것 같습니다. 사실은 그렇지 않았습니다. 실제로 페니실린은 우연한 관찰에서 출발했다는 사실을 말씀드리고 싶습니다. 제 유일한 공적은 그 관찰을 소홀히 하지 않고 세균학자로서 그 주제를 탐구했다는 점입니다. 1929년에 제가 발표한 내용은 특히 화학 분야에서 페니실린을 개발한 다른 사람들이 연구를 시작한 출발점이었습니다.

이날 일어난 다른 사건들
기원전 48년 율리우스 카이사르의 군사 경쟁자 폼페이우스 암살
1066년 '사생아왕' 윌리엄 공 Duke William 'the Bastard'이 잉글랜드를 침공하면서 노르만 정복 시작
1994년 스웨덴 여객선 에스토니아호가 발트해에서 침몰하면서 852명 사망

9월 29일

흑사병 채찍질, 1349년

1349년 성 미카엘 축일 무렵 600명이 넘는 사람이 플랑드르에서 런던으로 왔다. 대부분이 제일란트와 홀란트 출신이었다. 그들은 허벅지에서 발목까지만 천을 두르고 나머지는 벌거벗은 채 세인트폴 대성당을 비롯한 런던 여러 지점에 하루 두 차례씩 모습을 드러냈다. 다들 앞뒤로 붉은 십자가를 새긴 모자를 썼다.

그들은 각각 오른손에 끈이 세 가닥 달린 채찍을 들고 있었다. 끈마다 매듭이 있었고 중간에 날카로운 못이 달린 것도 있었다. 그들은 벌거벗은 채 줄지어 행진했고 벌거벗은 몸뚱이에 피가 나도록 스스로 채찍질했다.

그중 네 명이 모국어로 찬송 기도를 했고 다른 네 명이 마치 호칭 기도처럼 이에 응답해 기도했다. 그들은 이렇게 행렬로 서서 십자가 모양으로 팔을 뻗고는 다들 땅에 몸을 세 차례 던졌다. 노래가 계속 이어지는 가운데 뒤에 있는 사람이 먼저 엎드린 사람을 밟고 서서 아래에 깔린 사람을 채찍으로 한 대 내리쳤다.

현장에 있는 각 사람이 의식을 전부 목격할 때까지 이 행위를 첫 번째 사람부터 마지막 사람까지 계속했다. 그런 다음 각자 평소에 입는 옷을 입고 항상 모자를 쓰고 손에는 채찍을 든 채 숙소로 돌아갔다. 매일 밤 같은 고행을 행했다고 한다.

에이브스버리의 로버트 Robert of Avesbury,
《**국왕 에드워드 3세의 기적** DE GESTIS MIRABILIBUS REGIS EDWARDI TERTII》, 1350년경

태형은 흑사병을 막고자 시도했던 방편 중 하나였다. 1348년에 발생해 지중해 연안에서 유럽 전역에 죽음을 퍼트린 흑사병은 서혜 임파선종 전염병이다. 주로 검은 쥐에 기생하는 벼룩이 퍼트리지만 전염병이 돌면서 양털과 옷으로도 퍼지는 바람에 흑사병은 유럽의 무역 경로를 따라 빠르게 번졌고 특히 사람이 많은 마을과 도시에서 큰 피해가 발생했다. 흑사병은 1350년대 초에야 사그라졌고 유럽 전체 인구 절반 이상이 죽어나갔다.

이날 일어난 다른 사건들
1902년 프랑스 소설가 에밀 졸라가 일산화탄소 중독으로 사망
1941년 나치 친위대 학살 분대가 우크라이나 유대인 3만 4,000여 명을 살해한 바비야르 학살 시작
1973년 영국 시인 W. H. 오든 W. H. Auden 사망

9월 30일

유화 정책의 최후, 1938년

이제 막 달성한 체코슬로바키아 문제 합의는 유럽 전체가 평화를 찾게 될 더욱 큰 합의로 가는 서막일 뿐이라고 생각합니다. 오늘 아침 저는 독일 총리 히틀러와 다시 이야기를 나눴고 여기 제 이름과 그의 이름이 담긴 문서가 있습니다. 아마도 이미 그 내용을 들은 분도 있겠지만 직접 여러분께 읽어드리고 싶습니다[여기에서 체임벌린은 협정문을 낭독한다]. … 우리는 어젯밤에 서명한 협정문과 영국-독일 해군 협정이 우리 양국 국민이 다시는 서로 전쟁을 하지 않기를 바라는 염원을 상징한다고 생각합니다.

네빌 체임벌린, 헤스턴 공항 기자 회견, 1938년 9월 30일

시민 여러분, 우리 역사상 두 번째로 독일에서 다우닝가로 명예로운 평화를 안고 돌아왔습니다. 우리 시대를 위한 평화라고 믿습니다. 진심으로 여러분께 감사드립니다. 이제 집으로 돌아가서 침대에서 푹 주무시기를 바랍니다.

네빌 체임벌린, 총리 관저 연설, 1938년 9월 30일

영국 총리 체임벌린이 독일을 세 차례 방문한 뒤 철저히 검토해 뮌헨 협정(9월 30일 이른 시각에 서명했으나 체결일은 전날 날짜로 기입)을 맺으면서 체코슬로바키아, 영국, 프랑스 간에 동맹 관계가 존재함에도 불구하고 히틀러는 체코슬로바키아 독일인 다수 거주지인 주데텐란트 지역을 흡수 합병할 전권을 받았다. 가능한 한 전쟁을 피하고자 했던 체임벌린은 이로써 더는 영토를 확장하겠다는 야심을 버리겠다는 약속을 히틀러에게 받아냈다. 이듬해 3월 히틀러가 체코슬로바키아의 다른 지역을 집어삼키고 1939년 9월 폴란드를 침공하면서 이 말이 얼마나 헛된 약속이었는지 드러났다.

지금은 이 협정과 체임벌린의 말('두 번째'라는 말은 1878년 디즈레일리가 베를린 회의를 마치고 돌아왔을 때를 의미)이 최악의 유화 정책이었다고 비난받지만, 당시에는 엄청난 갈채를 받았다. 체임벌린은 버킹엄 궁 발코니로 초대받아 대중의 환호를 받는 드문 영광을 누리는 등 달성한 업적에 대해 축하를 받았다.

이날 일어난 다른 사건들

1791년 빈에서 모차르트의 마지막 오페라 〈마술피리The Magic Flute〉 초연

1955년 미국 영화배우 제임스 딘James Dean이 교통사고로 사망

1965년 인도네시아에서 발생한 공산주의 쿠데타 시도가 군부의 잔인한 숙청 촉발

10월

10월 1일	뉘른베르크 전범 재판 선고, 1946년
10월 2일	살라딘에 항복한 예루살렘, 1187년
10월 3일	율리우스 카이사르 갈리아 정복, 기원전 52년
10월 4일	스푸트니크호 발사, 1957년
10월 5일	재로 행진, 1936년
10월 6일	세계 최초의 유성 영화, 1927년
10월 7일	레판토 해전, 1571년
10월 8일	요크 상등병의 대활약, 1918년
10월 9일	카메라에 잡힌 암살, 1934년
10월 10일	투르 전투에서 패배한 아랍, 732년
10월 11일	왕실 사냥회, 1852년
10월 12일	아메리카 대륙에 도착한 콜럼버스, 1492년
10월 13일	클라우디우스 황제 독살, 서기 54년
10월 14일	헤이스팅스 전투, 1066년
10월 15일	로마에서 영감을 얻은 에드워드 기번, 1764년
10월 16일	웨스트민스터 궁전 화재, 1834년
10월 17일	리빙스턴 박사를 찾은 스탠리, 1871년
10월 18일	위그노에게서 종교의 자유를 금지한 루이 14세, 1685년
10월 19일	적수를 만난 한니발, 기원전 202년
10월 20일	루이지애나 구입, 1803년
10월 21일	트라팔가르 해전, 1805년
10월 22일	쿠바 미사일 위기, 1962년
10월 23일	세계의 시작, 기원전 4004년
10월 24일	제인 시모어의 죽음, 1537년
10월 25일	경기병대의 놀격, 1854년
10월 26일	남부 이탈리아 해방, 1860년
10월 27일	신의 계시를 받은 콘스탄티누스, 서기 312년
10월 28일	남아프리카 공화국의 진실과 화해, 1998년
10월 29일	월스트리트 대폭락, 1929년
10월 30일	르네상스 시대 로마에서 벌어진 교황의 술판, 1501년
10월 31일	종교 개혁에 불을 지핀 루터, 1517년

10월 1일

뉘른베르크 전범 재판 선고, 1946년

괴링이 먼저 내려와 감방으로 성큼성큼 걸어 들어갔다. 낯빛이 창백하고 얼어붙어 있었고 눈알이 튀어나올 것 같았다. 그는 간이침대에 털썩 앉으면서 "사형!"이라고 말하더니 책을 집으려 손을 뻗었다. 태연하려고 애썼지만 손이 떨렸다. 눈가가 촉촉했고, 무너지는 감정을 추스르느라 숨을 헐떡였다. 그는 떨리는 목소리로 내게 잠시 혼자 있고 싶다고 말했다.

말을 할 수 있을 정도로 마음을 가다듬은 괴링은 당연히 사형 선고를 예상했고, 종신형을 받지 않아서 다행이라고 말했다. 종신형을 선고받은 사람은 순교자가 될 수 없기 때문이라고 했다. 하지만 그의 목소리에서는 예전에 보였던 자신만만한 허세가 조금도 느껴지지 않았다. 괴링은 죽을 입장이 되면 죽음이 전혀 재미있지 않다는 사실을 마침내 깨달은 모양이다.

헤스는 초조하게 웃으며 거들먹거리는 태도로 들어와 제대로 듣지도 않아서 어떤 형을 선고받았는지도 모르고 상관하지도 않는다고 말했다.

리벤트로프는 겁에 질려 휘청거리며 들어와서는 어리둥절한 상태로 감방을 돌아다니기 시작하더니 "사형! 사형! 이제 아름다운 회고록을 쓸 수 없겠구나. 쯧! 쯧! 지나친 혐오야! 쯧! 쯧!"이라고 중얼거렸다. 그러더니 완전히 정신이 나간 사람처럼 주저앉아 허공을 응시했다…

슈페어는 초조하게 웃었다. "20년형이라. 괜찮아요. 사실을 고려할 때 더 가벼운 형을 내릴 수는 없었을 테고, 전 불평할 수 없습니다. 내 입으로 중형을 내려야 한다고 말했고, 죄를 인정했으니 처벌에 불만을 늘어놓는다면 웃기는 일이겠죠."

G. M. 길버트, 《뉘른베르크 일기NUREMBERG DIARY》, 1947년

G. M. 길버트G. M. Gilbert는 1945년에서 1946년에 걸쳐 열린 뉘른베르크 전범 재판 내내 피고들을 관찰한 미국 심리학자였다. 1946년 10월 1일 나치 지도자 18명은 전쟁 범죄와 반인륜적 범죄로 유죄 판결을 받았고 길버트는 그들의 반응을 기록했다. 그중에는 루프트바페 총사령관 헤르만 괴링, 히틀러 정권의 외무 장관 요아힘 폰 리벤트로프, 군수 장관 알베르트 슈페어Albert Speer, 히틀러의 일시 대리인 루돌프 헤스도 있었다.

이날 일어난 다른 사건들
1908년 포드 모델-T 자동차 출시
1962년 미시시피대학교에 흑인 학생이 입학하면서 폭동 발생
1975년 권투 선수 무하마드 알리가 '스릴러 인 마닐라' 경기에서 조 프레이저에 승리

10월 2일

살라딘에 항복한 예루살렘, 1187년

기독교도들이 점점 약해지면서 20명에서 30명 정도가 간신히 성벽을 방어하는 듯했다. 100베잔트[금화]를 준다고 해도 밤에 방어벽에서 망을 서겠다는 용감한 사람을 시내 전체를 뒤져도 찾을 수 없었다.

    살라딘은 주민에 대한 몸값을 정했다. 10세 이상 남성 1인당 몸값으로 10베잔트, 여성은 5베잔트, 사내아이는 1베잔트를 지불해야 했다. 원하는 사람은 이 조건에 따라 자유를 얻고 소유물을 챙겨 안전하게 떠날 수 있었다. 조건을 받아들이지 않거나 10베잔트가 없는 사람들은 노예가 되어 군대의 칼에 맞아 숨지게 됐다. 총대주교와 돈 있는 사람들은 이 조건에 기뻐했다. …

    10월 2일 금요일 누구나 20일 이내에 대책을 마련해 살라딘에게 공물을 바치고 자유를 얻을 수 있도록 예루살렘 길거리에서 이 협정을 낭독했다. 이를 들은 군중은 "어이, 어이! 우리에겐 금이 없소! 어쩌란 말이오?"라며 울부짖었다. 기독교도들이 그런 악행을 저지르리라고 누가 생각했겠는가?

    아아, 기독교도들의 손으로 예루살렘을 악인들에게 넘겼다. 성문을 닫고 보초가 섰다. 사라센인들이 주교와 사제로 여기는 파키와 카디들이 먼저 주님의 성전에 왔다. 그들은 성전을 베이트할라라고 불렀고 구원을 굳게 믿었다. 그들은 성전을 정화하고 있다고 믿었고 타락한 입술로 "신은 위대하시다! 신은 위대하시다!"라는 무슬림 계율을 불결하고 소름 끼치는 고함으로 외치며 성전을 더럽혔다.

《살라딘의 성지 점령 DE EXPUGATIONE TERRAE SANCTAE PER SALADINUM》, 당대 연대기

1187년 이슬람 쿠르드족 지도자 살라딘(1137년-1193년)은 2주일에 걸쳐 공성전을 벌인 끝에 1099년 이래 십자군이 점령했던 예루살렘 시를 함락했다. 살라딘은 항복 조건에 합의한 후 예루살렘에 입성할 수 있었다. 그는 이 조건 하에 포로가 된 많은 이들을 풀어주었고 풀려난 주민들이 아무런 방해도 받지 않고 떠날 수 있도록 했다. 1189년에서 1192년에 걸쳐 소집한 제3차 십자군은 예루살렘 탈환을 궁극적인 목표로 삼았지만 결국 실현하지 못했다.

이날 일어난 다른 사건들
1919년 미국 대통령 우드로 윌슨 뇌졸중 발병
1941년 제2차 세계대전: 독일군이 모스크바 공격 개시
1950년 찰스 M. 슐츠Charles M. Schultz 만화
《피너츠Peanuts》연재 시작

10월 3일

율리우스 카이사르 갈리아 정복, 기원전 52년

언덕 성채에서 아군들이 살해당하고 완패하는 모습을 본 갈리아 사람들은 이길 수 있다는 희망을 모두 포기하고 병사들을 요새에서 성 안으로 철수시켰다.

우리가 승리했다는 소식이 닿자 갈리아 원군은 즉시 진지에서 달아났다. 하지만 우리 군사들이 온종일 싸우고 위협받은 지점을 돕느라 끊임없이 노력한 탓에 지치지만 않았어도 갈리아군 전체를 쓸어버릴 수 있었을 것이다. 자정 무렵 기병대가 적군 후방에 따라붙어 수많은 적군을 죽이거나 생포했다. 생존자들은 도망쳤다.

이튿날 베르킨게토릭스가 회의를 소집했다. 그는 이번에 자신이 개인적인 이유가 아니라 갈리아의 자유를 위해 전쟁을 수행했다고 주장했다. 이제 그는 운명에 굴복해야 하므로 그들의 손에 자신의 앞날을 맡겼다. 그들은 그를 죽여서 로마군에게 보상을 해야 할지 아니면 산 채로 넘겨줄지 결정해야 했다.

이 문제를 논의하러 사절단이 나를 찾아왔다. 나는 그들에게 무기를 넘기고 부족장들을 내 앞에 데려오라고 명했다. 나는 진지 앞 요새에 자리를 잡았고 부족장들이 그리로 끌려왔다. 베르킨게토릭스를 넘겨받았고 무기를 내 앞으로 가져왔다. 나는 아이두이족과 아르베르니족의 충성심을 다시 얻는 데 이용할 생각으로 이들 포로는 남겨두었다. 나머지는 병사 한 사람당 포로 한 명을 전리품으로 나눠줬다.

율리우스 카이사르, 《갈리아 원정기ON THE GALLIC WAR**》, 기원전 50년경**

기원전 52년 10월 로마군의 갈리아 원정에 결정적인 순간이 찾아왔다. 바로 율리우스 카이사르가 오늘날 부르고뉴에 있는 알레시아 언덕 성채를 포위한 때였다. 당시 이 요새는 옛 로마 동맹군 아이두이족을 포함한 연합 부족군 8만여 명이 점령하고 있었다. 이들을 이끄는 지휘관 베르킨게토릭스는 아르베르니족의 왕이었다. 한 달 뒤 베르킨게토릭스는 로마 진지에 공격을 개시했지만 대패했다. 결국 그는 항복했고 같은 해 말에 카이사르가 로마에서 개선식을 할 때 구경거리로 끌려갔다가 6년 뒤 처형됐다.

이날 일어난 다른 사건들
1944년 제2차 세계대전: 바르샤바 봉기가 63일에 걸친 싸움 끝에 진압
1952년 영국이 전 세계 국가 중 세 번째로 핵무기 실험 실시
1990년 독일 통일 선언

10월 4일

스푸트니크호 발사, 1957년

미국은 진주만보다 더 중요하고 중대한 전투에서 패배했습니다.

에드워드 텔러 박사, CBS 인터뷰, 1957년 10월 4일

1957년 10월 4일 소련이 세계 최초 인공위성 스푸트니크 1호를 발사했다. 소련 지도자 니키타 흐루쇼프는 이 업적이 냉전에서 중요한 순간에 미국에 우위를 점하는 중대 홍보전 승리라고 봤다. 당연하게도 미국 내 여론은 공포에 빠졌고 이런 분위기에서 에드워드 텔러Edward Teller 박사는 참담한 주장을 내놓았다.

헝가리에서 태어난 물리학자였던 텔러는 세계 최초로 원자 폭탄을 개발한 맨해튼 계획에 참가한 전문가였다. 또한 미국이 1952년 11월 실험에 성공한 훨씬 더 강력한 수소 폭탄 개발을 뒷받침한 학자이기도 했다. 하지만 그 무렵 소련은 핵무기 분야에서 미국을 따라잡고 있었다. 9개월 뒤 소련이 핵무기 실험을 실시했다. 그 결과 냉전이 격렬해졌고, 장거리 운반 수단, 특히 위성을 지구 궤도에 진입시키거나 폭탄을 지구 반대편으로 운반할 수 있는 로켓을 만드는 경쟁이 시작됐다. 이런 관점에서 볼 때 강경한 냉전주의자로 유명했던 텔러는 스푸트니크호를 미국의 기술적 우위에 대한 명백한 도전이자 직접적인 위협으로 봤다. 또한 스푸트니크호를 "가장 중요한 교전을 수행하는 현장인 교실에서 일어난 대단히 심각한 패배"라고 설명했다. 같은 맥락에서 헨리 잭슨Henry Jackson 상원 의원은 스푸트니크호가 "과학 기술 분야 선도자로서 미국의 명성에 치명상을 입힌 타격"이라고 말했다.

한 달 뒤 스푸트니크 2호가 라이카라는 개를 태우고 궤도에 올랐다. 소련이 이렇게 선전 활동에 성공을 거두자 미국은 이에 대응해 먼저 1958년 1월에 미국 위성 익스플로러 1호를 내놓았고, 이어서 미국 과학 교육 자금을 늘렸다. 마지막으로 1960년에는 케네디 대통령이 10년 안으로 사람을 달에 보내겠다고 공언하면서 1960년대 우주 경쟁이 시작됐다(7월 21일 참조).

이날 일어난 다른 사건들

1669년 네덜란드 화가 렘브란트 판레인Rembrandt van Rijn 사망

1830년 벨기에가 네덜란드로부터 독립

1958년 프랑스 제5공화국 정식 출범

10월 5일

재로 행진, 1936년

나는 오랫동안 고생을 견뎌왔습니다. 그 고생을 한 나에게 앞으로 겪을 비와 추위, 바람은 아무것도 아닙니다. 나는 한 인간이 겪을 수 있는 모든 고통을 견뎠습니다. 여기에서 런던까지 가는 도중에 더한 일이 일어날 수는 없을 겁니다.

익명의 재로 행진 참가 신청서, 1936년 10월

한 60세 남성이 낸 재로 행진 참가 신청서 내용이다. 1936년 10월 5일 잉글랜드 북동부 재로에서 출발해 런던까지 480여 킬로미터를 행진한 실업자 200명은 실업자 지원을 탄원하는 '십자군 운동'에 나섰다. 그들은 양차 대전 사이에 분열된 영국을 나타내는 상징이 됐다. 재로에서는 파머 조선소 폐쇄로 실업률이 70퍼센트에 달했고 이 지역 하원 의원 '빨간 머리 엘렌' 윌킨슨'Red Ellen' Wilkinson은 마을 상태를 다음과 같이 묘사했다.

… 완전히 정체 상태다. 일자리가 아예 없다. 몇몇 철도 직원, 공무원, 협동조합 상점 직원, 마을을 떠난 몇몇 노동자 외에는 아무도 직업이 없다. … 주민들이 열악한 주거 환경에서 부족한 식량으로 살고 견디며 아이들을 키워야 한다면 질병을 견디는 저항력이 낮아져서 제 수명을 다 채우지 못하고 죽게 될 것이 분명하다.

노동당 및 노동조합 일부를 비롯한 여러 세력은 그들이 혁명을 일으켜 변화를 선동할 것이라고 우려했지만, 행진 참가자들은 통과하는 각 마을에서 공개회의를 열어 그들이 겪고 있는 곤경에 관심을 모으고자 노력했다. 런던에서는 하이드파크에서 대규모 집회가 열렸고, 윌킨슨은 영국 정부에 청원서를 제출했다. 하지만 보수당 소속 총리 스탠리 볼드윈은 바쁘다는 핑계로 행진 참가자들을 만나지 않았다.

60세 남성 참가자는 돌아가는 여정을 준비하던 중에 사망했다.

이날 일어난 다른 사건들

1910년 포르투갈 혁명으로 군주제를 폐지하고 공화국 수립
1962년 런던에서 첫 번째 제임스 본드James Bond 영화 〈007 살인번호Dr No〉 초연
1969년 BBC에서 〈몬티 파이튼의 비행 서커스Monty Python's Flying Circus〉 1화 방영

10월 6일

세계 최초의 유성 영화, 1927년

잠깐만, 잠깐만 기다려요. 아직 안 끝났어요! 잠깐만요, 내 말 좀 들어요. 여러분, 아직 안 끝났어요. 이 노래 좀 들어봐요! 저기요, 루. '툿 툿 툿시' 연주하세요. 코러스가 세 번 있잖아요. 세 번째 코러스에서 내가 휘파람을 불 거예요. 강렬하고 세게 부탁해요. 지금 바로 시작해요!

알 졸슨, 〈재즈 싱어〉, 1927년

1927년 10월 뉴욕 브로드웨이에 있는 워너 극장에서 〈재즈 싱어 The Jazz Singer〉 초연을 시작했을 때, 리투아니아 태생 영화배우 알 졸슨 Al Jolson이 〈더러운 손, 더러운 얼굴 Dirty Hands, Dirty Face〉을 부른 직후 다음 노래를 부르기 전에 오케스트라에게 말을 거는 떠들썩한 장면이 나왔다.

지난 10년 동안 브로드웨이 무대에서 인기를 얻은 〈재즈 싱어〉는 소리가 등장한 첫 번째 영화(졸슨이 노래하는 소리가 처음 등장한 영화도 아니었다)는 아니었지만 동시 녹음 대화가 등장하는 첫 번째 장편 영화로 유명해졌다. 이전에 제작된 실험적 단편 영화들은 배우가 카메라에 대고 말하는 음성으로 만들었다. 〈재즈 싱어〉에 나오는 대화(대부분이 졸슨의 애드리브)는 몇 분밖에 되지 않지만, 졸슨이 맡은 등장인물의 어머니가 그의 무릎에 앉아 있을 때 졸슨이 전하는 감동적인 장면이 나온다.

마음에 드세요, 엄마? 그렇다니 기뻐요. 누구보다도 엄마를 기쁘게 해 드리고 싶어요. … 엄마, 들어보세요. 무대에 올랐을 때처럼 노래할게요. 이번에 할 무대요. 재즈 스타일로 노래할 거예요. 들어 보세요.

그런 다음에 그는 다른 노래를 시작했다. 관객들은 흥분했고, 평론가들은 즉시 무성 영화의 사망을 목격했다는 평을 냈다. 이 영화는 전 세계 곳곳에서 흥행에 성공했고, 이로부터 18개월 뒤 할리우드에서는 거의 모든 영화를 유성 영화로 제작했다.

이날 일어난 다른 사건들
1889년 파리 물랭루주 개관
1973년 이집트와 시리아가 이스라엘을 공격하면서 욤 키푸르 전쟁 개시
1981년 이집트 대통령 안와르 사다트가 암살됨

10월 7일

레판토 해전, 1571년

내가 이 전투에서 이기면 너희에게 자유를 주겠노라. 운이 너희의 편이라면 신께서 너희에게 자유를 주시겠지.

오스만 제국 제독 알리 파샤Ali Pasha, 갤리선 기독교도 노예들에게, 1571년 10월 7일

당장 일에서 손을 떼고 주님께 감사드리러 가자. 기독교 함대가 승리를 거두었다.

교황 비오 5세, 1571년 10월 7일

아드리아해 연안에서 일어난 레판토 해전에서 오스만 튀르크 함대는 돈 후안 데 아우스트리아Don John of Austria(스페인 펠리페 2세의 이복동생)가 지휘하는 스페인, 베네치아, 제노바, 사보이아 기독교 연합군에 패배했다. 양측이 각각 갤리선 200척 이상을 동원해 싸운 결과 튀르크 함대에 타고 있던 기독교도 노예 2만여 명이 자유를 얻었다.

전투 당일 오후(어떤 전령도 로마에 도착하기 전), 교황 비오 5세가 바티칸에서 열린 회의를 중단시키고 창밖을 바라보다가 승리를 선언했다. 나중에 그는 전투 승리를 묵주 기도의 성모에게 봉헌했다. 하지만 오스만 제국 수상 메흐메드 소쿨루Mehmed Sokullu는 베네치아 대사에게 패배가 대수롭지 않다는 듯이 이렇게 말했다.

우리가 불행을 어떻게 견디는지 보러 온 모양이군요. 하지만 댁들의 패배와 우리의 패배가 어떻게 다른지 알아주시길 바라오. 우리가 댁들한테서 키프로스를 빼앗았을 때 [1570년] 댁들의 팔 하나를 뽑아 버린 셈이지만, 댁들이 우리 함대에 이긴 것은 우리 수염을 깎은 데 불과하오. 잘린 팔은 다시 자라지 않지만, 깎인 수염은 더욱 풍성하게 자라는 법이지.

레판토 해전이 역사상 중대 전투 중 하나로 드러나면서 수상의 말은 빗나갔다. 이후로도 한 세기 동안 오스만 제국은 육로로 헝가리와 오스트리아를 위협했지만 바다에서는 한 번도 서양에 도전할 수 없었다.

이날 일어난 다른 사건들
1849년 미국 작가 에드가 앨런 포Edgar Allan Poe 사망
1985년 팔레스타인 테러 집단이 유람선 아킬레 라우로호 납치
2001년 9/11 테러 이후 미국이 아프가니스탄에 공습 시작

10월 8일

요크 상등병의 대활약, 1918년

이는 첫 번째 공격 전투였다. 우리는 계곡을 가로질러 돌격해서 건너편 산등성이에 있는 기관총 포상을 급습해야 했다. 측면 산등성이에도 기관총이 있었다. 첫 번째와 두 번째 진격 부대가 반쯤 가다가 밀려났다. 우리 편이 엄청난 타격을 입었다.

기관총 부대를 소탕하기 전에는 앞으로 나아갈 수 없었다. 병사 17명이 왼쪽 측면으로 돌아가 기관총 작동을 멈출 수 있을지 살폈다. 덤불 덕분에 독일군 눈에 띄지 않았다.

우리는 언덕을 넘어 뒤편 골짜기로 내려갔다. 그런 다음 그들 뒤편, 독일군 참호와 기관총 뒤편으로 돌아갔다. 작은 개울을 건너자 독일군 15명에서 20명이 벌떡 일어서서 손을 흔들며 "동무!"라고 말했다. 우리를 이끌던 책임자가 쏘지 말라고 했다.

그곳은 본부였다. 잡역병, 들것 운반부, 연락병들이 있었고 소령 한 명 외에 장교 두 명이 더 있었다. 그들은 아침식사 중이었고 쇠고기 스테이크, 젤리, 잼, 식빵이 널려 있었다.

이때 독일군은 기관총을 돌려 우리에게 발포했다. 여섯 명이 죽고 세 명이 부상을 입었다. 그래서 여덟 명만 남았다. 우리는 한동안 고전을 면치 못했다.

독일군이 나를 쏘려면 고개를 들어서 내가 어디에 엎드려 있는지 살펴야 했다. 계속해서 그들이 고개를 숙이고 있게 해야만 내게 승산이 있었다. 나는 그들의 위치를 살피며 맞힐 만한 물체를 계속 날려 보냈다. 나는 적진에서 누가 머리를 들 때마다 명중시켰다.

기관총이 불을 내뿜으며 내 주변을 전부 갈기갈기 찢어 놓았다. 하지만 그들은 나를 맞히지 못했다. 그들을 쏠 수 있게 되자마자 나는 일어서서 닥치는 대로 쏘기 시작했다. 탄창 몇 개를 비웠다. 총열이 뜨거워지기 시작했고 소총 탄약이 줄어들고 있었다. 하지만 나는 계속 쏘아야 했다.

독일 장교 한 명과 부하 다섯 명이 참호에서 뛰어나와 총검을 들고 내게 돌격했다. 소총 탄환이 반 밖에 없었다. 하지만 권총을 준비해 둔 상태였다. 나는 먼저 가장 뒤에 있던 여섯 번째 병사부터 쏘았다. 그다음에 다섯 번째, 그다음에 네 번째, 그다음에 세 번째 순으로 차례차례 쏘았다. 우리 고향에서는 야생 칠면조를 그런 식으로 쏜다. 뒤쪽 칠면조를 잡았다는 사실을 앞쪽 칠면조들에게 알리고 싶지 않기 때문이다. 그래야 전부 다 잡을 때까지 계속 다가온다.

내가 총검을 든 여섯 명을 막아내는 모습을 본 독일군 소령은 일어서서 "영국군이야?"라고 소리쳤다. 나는 "아니, 영국군 아니야."라고 말했다. 그는 "뭐라고?"라고 말했다. 나는 "미군이야."라고 말했다.

그는 "좋아! 더 이상 쏘지 않으면 항복시키도록 하지."라고 말했다. 그가 호루라기를 불자 독일군들이 무기를 내려놓기 시작했다. 한 명을 제외한 모두가 손을 들고 언덕을 내려왔고 그 직전에 남아 있던 한 명이 던진 수류탄이 공중에서 터졌다. 나는 그를 처리해야 했다.

나머지는 더 이상 문제를 일으키지 않고 항복했다.

우리는 무장해제한 독일군 80명에서 90명 정도를 잡았다.

내가 생포한 부대는 제2전열이었다. 나는 독일군 최전선 참호까지 곧장 나아갔다. 더 많은 기관총이 방향을 돌려 우리를 향해 사격하기 시작했다. 나는 소령에게 호루라기를 불지 않으면 소령과 그들의 머리를 날려버리겠다고 말했다. 그는 호루라기를 불었고 그들은 모두 항복했다.

내가 우리 소령 지휘소로 돌아왔을 때 우즈 중위가 포로 132명을 셌다. 그는 "요크, 독일군 전체를 생포한 거야?"라고 물었다. 나는 웬만큼 잡았다고 말했다.

이튿날 아침 댄포스 대위가 날 보내서 우리가 놓친 미국 병사가 있는지 살펴보도록 했다. 하지만 다들 죽어 있었다. 죽은 독일군도 많았다. 세어 보니 28명이었다. 기관총 35정과 장비와 휴대용 무기도 전부 챙겼다.

앨빈 C. 요크, 《요크 부사관 Sergeant York: His Own Life Story and War Diary**》, 1928년**

1918년 10월 8일 테네시주 출신 앨빈 요크 Alvin York(1887년-1964년) 상등병은 독일군의 저항이 약해지면서 제1차 세계대전이 끝나갈 무렵 일어난 뫼즈-아르곤 공세에서 영웅적인 대활약을 펼쳤다. 미군 역사상 가장 피 튀기는 전투라고 할 수 있을 이 공세에서는 그때까지 있었던 단일 전투를 기준으로 가장 많은 미국인 사상자가 발생했다. 총 사상자 수는 11만 7,000명으로 그중 4만 6,000명이 사망했다.

요크는 미군 최고 훈장인 명예 훈장과 프랑스 무공 십자훈장을 비롯한 수많은 훈장을 받았다. 1928년 대필 작가가 쓴 회고록이 출판됐다.

이날 일어난 다른 사건들
서기 451년 제1차 칼케돈 공의회 개회
1912년 제1차 발칸 전쟁: 불가리아, 그리스, 몬테네그로, 세르비아가 오스만 제국 공격
2003년 액션 영화배우 아널드 슈워제네거Arnold Schwarzenegger가 캘리포니아 주지사에 당선

10월 9일

카메라에 잡힌 암살, 1934년

여러분은 지금까지 나온 가장 놀라운 장면, 유고슬라비아 국왕 알렉산다르 1세 암살 장면을 보시게 될 것입니다. 유고슬라비아 순양함 두브로브니크호를 타고 마르세유에 도착한 불운한 통치자는 대단히 중대한 임무를 띠고 동조자들을 방문하고 있었습니다. 그는 이 중대한 협상의 마지막 향방이 유고슬라비아와 이탈리아, 프랑스의 우호 관계를 굳히고 아드리아해와 중부 유럽에서 전쟁의 망령을 떨쳐낼 수 있기를 바랐습니다. 프랑스를 방문한 그를 반기고 환영하는 수천 인파가 기다리고 있던 해안으로 서둘러 내린 발칸반도 통치자는 행복한 기분입니다. 그는 대단히 큰 승리, 즉 국제 사회가 그의 국가와 친선 관계를 맺는 성과를 달성하기 직전입니다. 게다가 그가 프랑스 영토, 오래된 프랑스 항구도시의 벨주 부두에 발을 디뎠을 때 대단히 성대한 환영을 받았습니다! 그는 복잡한 유럽 외교사를 배후에서 조종하는 노련한 프랑스 외무장관 루이 바르투Louis Barthou와 동행해 시내를 통해 기차역까지 국빈 대우로 안내받을 예정입니다. 바르투에게도 내일 파리는 독일과 히틀러주의에 맞서 남유럽을 가로지르는 라틴-슬라브 방어벽을 건설하는 방대한 협상이 그 결실을 맺을 현장입니다. 그렇게 유고슬라비아 국왕과 존경받는 프랑스 정치가는 한 구역 떨어진 곳에서 그들을 기다리고 있는 끔찍한 재앙을 상상조차 하지 못한 채 숙명의 승차, 죽음의 여정에 나섭니다.

경찰이 거리에 줄지어 있고 호위 기마대가 앞서가는 가운데 어떤 소란 사태도 없을 것으로 보입니다. 마르세유는 축제 분위기입니다! 알렉산다르 만세! 유럽 만세! [총성이 들린다] 이때! 총에 맞았습니다! [화면이 왕을 태운 자동차 주변이 공포에 휩싸인 모습을 잡는다] 아, 알렉산다르 왕이 죽어가고 있고 바르투는 치명상을 입었습니다. 군중은 격분했고 경찰은 사람들을 말릴 수 없습니다. 눈에는 눈, 이에는 이입니다. 대혼란이 벌어졌습니다. 화가 난 군중이 그 사람[암살자]을 때려죽이겠다고 나섰습니다. 정말로 그럴 기세입니다. 암살자는 크로아티아 음모자로 알렉산다르 왕의 백성입니다. 제비뽑기로 이 반역 행위 실행자로 뽑혔습니다. 그는 왕이 탄 차에 연속 사격을 가한 뒤 자살을 하려고 했지만 경찰과 군중이 빠르게 그를 진압했습니다. 군중의 분노는 사그라지지 않습니다. 그러는 동안 유럽의 근간을 뒤흔들 비극의 희생자인 알렉산다르 1세는 숨을 거두었습니다.

그레이엄 맥나미, 〈알렉산다르 1세 암살ALEXANDER MURDERED〉, 뉴스릴, 1934년 10월

세르비아 페타르 1세의 아들 알렉산다르 1세는 1914년부터 세르비아 섭정이었고 1918년에는 최고사령관으로 세르비아군을 성공적으로 이끌었으며 1921년에는 세르비아-크로아티아-슬로베니아 왕국 왕으로 즉위했다. 그는 다루기 어려운 자기 나라를 통제하려는 시도에서 의회 헌법을 폐지하고 독재자 역할을 채택했다. 발칸반도에 자리 잡은 이 나라는 제1차 세계대전 이후 생겨나 다양한 이해관계와 민족 및 적대적인 이웃국가에 극심하게 시달렸다.

1934년 프랑스를 국빈 방문 중이었던 유고슬라비아 국왕 알렉산다르 1세는 프랑스 외무장관과 함께 오픈카를 타고 가던 중 확실히 해명되지 않은 상황에서 총에 맞아 숨졌다. 암살자는 경찰에게 사살되었다. 암살자의 진짜 신원을 밝혀보니 그는 마케도니아 분리 독립 기구 일원이었으며, 이탈리아 독재자 베니토 무솔리니(그는 발칸반도로 이탈리아 영향력을 넓히고 싶어 했다)의 후원을 받아 우스타샤Ustaše(크로아티아 파시스트 분리주의 운동)와 협력해 활동했던 듯하다. 하지만 다른 음모론들도 등장했다.

선구적인 미국 방송인 그레이엄 맥나미Graham McNamee(1888년-1942년)는 유나이티드 뉴스릴United Newsreel의 사건 취재에 동행했다가 이 사건을 포착했다. 라디오 방송인으로 유명했던 맥나미는 항상 "좋은 오후/저녁입니다, 라디오 청취자 신사숙녀 여러분"이라는 말로 방송을 시작했다. 또한 그는 아카데미상을 수상한 조 록Joe Rock의 단편 다큐멘터리 영화 〈크라카타우Krakatoa〉(1933년)의 내레이션을 맡기도 했다.

이날 일어난 다른 사건들
1604년 초신성 1604('케플러 초신성')이 밤하늘에서 관측됨
1962년 우간다가 영국으로부터 독립 쟁취
1967년 마르크스주의자 혁명가 '체' 게바라'Che' Guevara가 볼리비아에서 처형됨

10월 10일

투르 전투에서 패배한 아랍, 732년

[아키텐의] 오도를 추격하는 동안 아브드 알-라흐만은 궁궐을 파괴하고 교회를 불태워 투르를 약탈하기로 마음먹었다. 그곳에서 그는 아우스트라시아 재상 카롤루스를 만났다. 젊을 때부터 전사로 활약한 군사 분야 전문가였던 카롤루스를 오도가 불렀기 때문이었다.

거의 일주일 동안 기습으로 서로를 괴롭힌 양측은 마침내 전열을 가다듬고 치열한 전투를 개시했다. 북방 민족들은 추운 지역의 빙하처럼 서로 뭉쳐 마치 벽처럼 움직이지 않았다. 눈 깜짝할 사이에 그들은 칼로 아랍 군사들을 몰살했다. 수적으로 우세하고 단단히 무장한 아우스트라시아 사람들은 아랍 왕 아브드 알-라흐만을 발견하자 가슴을 찔러 살해했다. 그때 갑자기 셀 수 없이 많은 아랍군 막사를 본 프랑크 군사들은 밤이 됐다며 치사하게 싸움을 접고 다음날로 전투를 미뤘다.

유럽인들이 새벽에 일어났을 때 아랍군의 막사와 차양은 전날과 똑같이 있었다. 그 안에서 사라센 군사들이 전투 준비를 하고 있다고 생각한 유럽인들은 장교들을 보내 정찰하게 했고, 이스마엘 후손 부대가 모두 떠났다는 사실을 알게 됐다. 그들은 밤새 밀집 대형으로 조용히 후퇴해 본국으로 돌아갔다.

모사라베 연대기 MOZARABIC CHRONICLE, **서기 754년**

북아프리카를 휩쓸고 이베리아반도를 거쳐 북쪽 피레네 산맥까지 넘으면서 막을 수 없는 기세를 보였던 아랍인들이 마침내 732년 10월 현대 프랑스 중부 투르에서 멈췄다. 721년 아키텐 공작 오도가 툴루즈에서 승리를 거두면서 알-안달루스(스페인 지역을 차지했던 아랍국) 영토를 넓혀나가려는 야망은 잠시 주춤했다. 하지만 투르에서 프랑크 왕국 '궁재' 카롤루스 마르텔Charles Martel이 프랑크군과 부르고뉴군을 이끌고 아브드 알-라흐만Abd ar-Rahaman이 이끄는 우마이야 칼리파국 군대에 맞서 이겼다. 마르텔이 승리하면서 프랑크 제국이 출현하게 되고, 그의 손자 카롤루스 대제 재위기에는 절정에 이르렀다.

이 연대기를 쓴 저자는 톨레도 혹은 코르도바에 살았던 무어 혈통 기독교도였다. '아우스트라시아'는 메로베우스 왕조 통치기 프랑크 왕국의 북동부를 일컫는 지명으로 현재 프랑스 동부, 독일 서부, 저지대 국가들이 있는 지역이다.

이날 일어난 다른 사건들

1780년 카리브해에서 발생한 '대 허리케인'으로 수만 명이 사망

1957년 잉글랜드 북서부 윈드스케일에서 세계 최초 원자력 사고 발생

1970년 퀘벡 분리주의자들이 지역 정치인을 납치해 살해

10월 11일

왕실 사냥회, 1852년

점심식사를 마치고 앨버트가 마지막으로 숲 속을 걷기로 했다. … 3시 30분에 출발해서 그랜트의 집에서 나왔고 캐롭을 걸어올라 가다가 … 수사슴이 우는 소리를 들었다. … 앨버트는 곧 우리 곁을 떠나 낮은 곳으로 내려갔고 우리는 앉아서 그를 기다렸다. 곧바로 총소리가 들렸고 곧 완전한 정적이 이어졌다. 조금 시간이 흐른 뒤 총성이 세 발 더 울렸다. 이번에도 정적이 흘렀다. 우리는 사람을 보내 살피도록 했다. 그는 곧 돌아와서 수사슴이 두 발 맞았고 사람들이 사슴을 쫓고 있다고 말했다. … 5분 정도 흐른 뒤 우리는 '솔로몬'이 짖는 소리를 듣고 솔로몬이 수사슴을 궁지에 몰아넣었다는 사실을 알았다. 잠시 더 귀 기울여 듣다가 시간에 맞춰 도착하기를 바라며 내려가기 시작했다. 하지만 짖는 소리가 멈췄고 앨버트가 이미 수사슴을 죽인 후였다. 사슴은 길에 누워 있었다. …

그 사슴은 아주 멋졌다. 나는 잠시 앉아서 그 모습을 그렸다. … 앨버트와 비키는 다른 사람들과 함께 그 장소를 표시하는 작은 석탑을 만들었다. 낙서를 마치고 마차가 도착했을 때 근처 길에 다른 수사슴이 나타났다는 소식을 들었다. 마차가 있는 곳까지 가기 전에 길 아래에서 아주 잘생긴 수사슴을 봤다. 앨버트가 뛰어나가 총을 쐈다. 사슴은 쓰러졌지만 다시 일어나 조금 나아갔고 앨버트가 따라갔다. … 나는 앉아서 그림을 그렸다. 불쌍한 비키가 운 나쁘게 말벌집 위에 앉는 바람에 많이 쏘였다. … 사슴을 죽였는지 몰랐던 앨버트는 20분 뒤에 돌아왔다. 정말 즐거운 날이었다!

빅토리아 여왕,
《하일랜드에서 보낸 나날들LEAVES FROM THE JOURNAL OF OUR LIFE IN THE HIGHLANDS**》, 1868년**

1848년 빅토리아 여왕과 여왕의 부군 앨버트 공은 디사이드에 있는 밸모럴성을 처음으로 방문해 수사슴 사냥을 비롯해 귀족들의 야외 활동을 마음껏 즐길 수 있는 스코틀랜드 하일랜드에서 즐거운 시간을 보냈다. 이후로 빅토리아 여왕과 앨버트 공은 나중에 프리드리히 3세(그는 1888년에 단 3개월 동안 재위했다)와 결혼해 독일 황후가 되는 장녀 비키(1840년 출생)를 비롯한 가족들과 매년 이곳을 찾았다. 빅토리아 여왕이 이 시기를 기록한 일기는 1868년 출판 즉시 베스트셀러가 됐다.

이날 일어난 다른 사건들
1899년 제2차 영국-보어 전쟁 발발
1963년 프랑스 가수 에디트 피아프Édith Piaf 사망
1982년 헨리 8세의 기함 메리 로즈호 유해 인양

10월 12일

아메리카 대륙에 도착한 콜럼버스, 1492년

새벽 2시 정각에 10여 킬로미터 떨어진 지점에 있는 육지를 발견했다. 그들은 돛을 내리고 낮까지 가로돛을 눕혀 놓았다. 그날은 금요일이었다. 그러다가 원주민 말로 과나하니섬이라고 부르는 루카요스제도에 속한 작은 섬 주변에 닿았다. 지금 그들은 벌거벗은 사람들을 발견했고, 제독은 마르틴 알론소 핀존Martin Alonzo Pinzon, 그의 동생이자 니냐호 선장 빈센테 야네스 핀존Vincent Yanez Pinzon과 함께 무장 보트를 타고 상륙했다. 제독은 왕기를 들었고 두 선장은 각각 모든 배에 달려 있던 녹십자기를 들었다. 녹십자기 십자가 각 면에는 왕과 왕비 이름의 첫 글자가 새겨져 있었고 각 문자마다 왕관이 새겨져 있었다. 해안에 도착한 그들은 아주 푸른 나무와 여러 물줄기, 다양한 과일들을 봤다.

바르톨로메 데 라스 카사스Bartolomé de las Casas(편집자),
《콜럼버스의 일기JOURNAL OF CHRISTOPHER COLUMBUS》, 1492년

1492년 8월 3일 크리스토퍼 콜럼버스가 이끄는 작은 함대가 스페인을 떠나 첫 대서양 횡단 항해에 나섰다. 당시 콜럼버스는 자기가 세운 가설에 따라 인도로 가는 비교적 짧은 서쪽 항로를 찾으려고 했다. 그가 이끈 배 세 척, 니냐호(공식 명칭은 산타클라라호), 핀타호, 산타마리아호는 10월 12일 아침 일찍 바하마제도를 발견했고 콜럼버스 일행은 그날 오후 상륙했다. 그는 다음과 같이 언급했다.

그들은 우리에게 무척 친절했다. 무력이 아니 온화한 수단으로 그들에게 우리의 신성한 신앙을 쉽게 전파할 수 있다고 여긴 나는 붉은 모자와 구슬 목걸이를 비롯한 사소한 물건들을 선물했고 그들은 기뻐했다. … 나중에 그들이 앵무새, 면사 뭉치, 투창 같은 여러 가지 물건을 가지고 우리 보트로 헤엄쳐 왔다. 우리가 그들에게 준 유리구슬이나 종 같은 물건과 교환했다. 거래는 지극한 호의로 이뤄졌다. 하지만 내 눈에 그들은 전반적으로 무척 가난해 보였다. 다들 거의 벌거벗고 다녔다. 단 한 명만 보기는 했지만 여자들도 마찬가지였다.

이 첫 번째 항해에서 콜럼버스는 스페인에 돌아가기 전에 쿠바와 '히스파니올라'(오늘날의 아이티와 도미니카공화국)도 방문했다. 그는 세 번째 탐험(1498년)에서 처음으로 남아메리카 본토에 상륙했다.

이날 일어난 다른 사건들

1822년 페드루 1세Pedro I가 독립 브라질의 초대 황제로 선포됨

1915년 제1차 세계대전: 영국 간호사 에디스 카벨Edith Cavell이 반역죄로 독일 점령 하 벨기에에서 처형당함

1984년 브라이턴에서 아일랜드 공화국군이 보수당 내각을 표적으로 폭탄 테러 감행

10월 13일

클라우디우스 황제 독살, 서기 54년

아그리피나는 그 무엇에도 만족하지 않는 듯했다. … 클라우디우스와 똑같은 권력을 행사하면서도 노골적으로 그의 직위를 탐냈다. 예전에 로마가 대화재에 휩싸여서 클라우디우스가 도움을 줄 때 아그리피나가 동행했다.

아그리피나의 처신을 알고 화가 난 클라우디우스는 아그리피나가 일부러 눈에 띄지 않게 떼어놓은 자신의 아들 브리타니쿠스를 찾았다(아그리피나는 전 남편 도미티우스와 자기 사이에서 낳은 아들 네로에게 왕위를 물려주려고 애쓰고 있었다). 클라우디우스는 브리타니쿠스를 볼 때마다 애정을 표현했다. 클라우디우스는 아그리피나의 행실을 참지 않기로 하고 그녀의 권력에 종지부를 찍을 준비를 하고자 브리타니쿠스에게 토가 비릴리스[성인의 상징]를 입혀 후계자로 선언했다.

이 사실을 안 아그리피나는 불안한 마음에 클라우디우스를 독살해 선수를 치기로 마음을 먹었다. 클라우디우스는 와인을 입에서 떼지 않을 정도로 엄청나게 마셨고 모든 황제가 그랬듯이 스스로를 보호하는 전반적인 생활 습관이 몸에 배어 있어서 해치기가 쉽지 않았다. 아그리피나는 유명한 독 전문가를 불렀다. 최근에 독살 혐의로 유죄 판결을 받은 로쿠스타라는 여성이었다. 그들은 치명적인 독을 준비했고, 아그리피나는 독을 버섯 하나에 넣었다.

아그리피나 역시 그릇에 담긴 버섯 중 하나를 먹었고, 그중에서도 가장 크고 질 좋은 버섯, 독이 든 바로 그 버섯을 남편이 먹도록 이끌었다. 클라우디우스는 전에도 여러 차례 그랬듯이 독한 술을 마시고 잔뜩 취한 모습으로 연회장에서 실려 나갔다. 하지만 그날 밤 독이 퍼지면서 그는 말을 하기는커녕 듣지도 못한 채 세상을 떠났다.

디오 카시우스, 《로마사ROMAN HISTORY》, 제61권, 서기 3세기

디오 카시우스Cassius Dio가 쓴 《로마사》는 과거 신화부터 서기 229년까지를 서술한 총 80권의 책이다. 61권에서 카시우스는 재위 기간(서기 41년-서기 54년) 동안 브리타니아를 정복한 클라우디우스 황제가 아내 아그리피나 계략에 희생되고 종손이자 양자인 네로가 왕위를 물려받는 과정을 설명했다. 새로 황제가 된 네로는 전임자를 신격화하면서 버섯이 클라우디우스를 신으로 만들었으니 버섯은 신들의 음식임에 틀림없다고 말했다. 아마도 아그리피나는 기대했던 보상을 거두지 못했을 것이다. 네로는 5년 뒤에 아그리피나를 살해했다.

이날 일어난 다른 사건들
1884년 국제회의에서 런던 그리니치를 본초 자오선으로 설정
1905년 영국 연극배우 헨리 어빙 경Sir Henry Irving 사망
1943년 제2차 세계대전: 포스트 파시스트 이탈리아가 독일에 선전 포고

10월 14일

헤이스팅스 전투, 1066년

활과 화살로 무장한 노르만 보병대가 선봉에 서고 양 날개로 나뉜 기병대는 후방에 배치됐다. 공작은 평온한 얼굴로 신이 자신을 정의로운 쪽이라고 편을 들어주셨다고 크게 선언하며 부대를 불렀다. 그러면서 수행원들이 서두르는 바람에 쇠사슬 갑옷을 뒤집어 입은 그는 웃으면서 갑옷을 고쳐 입으며 "내 공국의 힘이 왕국으로 바뀔 것"이라고 말했다. 그다음에 영웅의 호전적인 본보기로 병사들을 격려하고자 '롤랑의 노래'를 부른 후 신께 도움을 청하면서 전투를 개시했다. 그날 거의 내내 어느 쪽도 물러나지 않고 아주 열렬하게 싸웠다.

이를 지켜보던 윌리엄이 군사들에게 후퇴하는 척 전장에서 철수하라는 신호를 보냈다. 도망치는 적을 죽이려다가 견고한 잉글랜드군 방진이 열렸고 그로 인해 전열이 급격하게 무너졌다. 노르만군이 가던 길을 돌아서서 잉글랜드군을 공격하는 바람에 엉망진창이 됐고 그들은 도망칠 수밖에 없었다. 이런 계략에 속은 잉글랜드군은 적에게 복수하다가 명예롭게 죽음을 맞이했다. 혹은 복수하지 않고 저항함으로써 추격자들을 무더기로 살해했다. 고지를 차지한 그들은 노르만군을 아래 계곡으로 몰아갔고 잉글랜드군은 그곳에서 투창을 던지고 돌을 굴려 마지막 한 사람까지 말살했다. … 이렇게 서로 번갈아가면서 승리를 거두는 상황이 해럴드 2세가 살아서 후퇴를 확인하는 동안에는 계속됐다. 하지만 그가 머리에 화살을 맞아 쓰러지자 잉글랜드군은 밤이 될 때까지 계속 후퇴했다.

맘즈베리의 윌리엄, 《잉글랜드 왕의 업적GESTA REGUM ANGLORUM**》, 1125년경**

잉글랜드 영토에서 벌어진 가장 중요한 싸움이 었다고도 말할 수 있는 1066년 헤이스팅스 전투는 맘즈베리의 윌리엄을 비롯해 동시대인에 가까운 여러 연대기 작가들에 의해 기록되었으며 바이외에도 자수로 그 과정이 남아있다. 해럴드 2세가 패배하면서 앵글로-색슨족의 잉글랜드 지배가 끝났고 외국인인 정복왕 윌리엄이 세운 노르만 왕조가 그 자리를 차지했다. 이로 인해 잉글랜드 왕국은 더 넓은 팽창주의자 노르만 제국의 일부분이 됐다.

이날 일어난 다른 사건들
1944년 제2차 세계대전: 독일 육군 원수 에르빈 롬멜Erwin Rommel 자살
1969년 영국이 칠각형 모양의 50펜스 동전 도입
1999년 전 탄자니아 지도자 줄리어스 니에레레Julius Nyerere 사망

10월 15일

로마에서 영감을 얻은 에드워드 기번, 1764년

외국 여행의 용도는 주로 일반적인 질문으로 논의된다. 하지만 그 결론은 각 개인의 성격과 상황에 맞게 적용해야 한다. 소년들을 교육할 때 청소년기 일부를 스스로나 남들에게 최대한 폐를 끼치지 않는다면, 어디에서 어떻게 보낼지에 대해 나는 아무 관심도 없다. 하지만 나이, 판단, 사람과 책에 대한 풍부한 지식, 국내의 편견으로부터 자유라는 필수 불가결한 조건을 갖췄다고 가정할 때 여행자에게 꼭 필요하다고 생각하는 자격 요건을 간단히 설명하고자 한다. 여행자는 몸과 마음이 모두 활기차고 끈기 있는 활력이 넘쳐야 하며, 어떤 운송 수단과 도움도 무심한 미소로 붙잡아야 하고 도로나 날씨, 숙소와 관련된 모든 곤란을 장악해야 한다.

외국 여행으로 얻는 이득은 이런 자격을 갖춘 정도에 비례할 것이다. 이런 측면에서 나를 아는 사람들은 내가 자화자찬한다고 비난하지는 않을 것이다. 1764년 10월 15일, 로마 카피톨리노 언덕 주피터 신전 유적에서 맨발의 수도사들이 저녁 기도를 드리는 동안 나는 유전 한가운데 앉아 생각에 잠겨 있었다. 그때 로마의 쇠퇴와 멸망을 써야겠다는 생각이 처음으로 머릿속에 떠올랐다. 원래 계획은 로마 제국이 아니라 로마 도시의 쇠퇴를 적으려고 했다. 처음에는 그 목표를 향해 독서와 성찰을 시작했지만 몇 년이 지나고 몇 가지 일이 끼어들면서 그 수고로운 일에 진지하게 착수하게 됐다.

에드워드 기번, 《회고록MEMOIRS》, 1796년

에드워드 기번Edward Gibbon은 1772년에야 그의 대작 《로마제국 쇠망사The Decline and Fall of the Roman Empire》를 쓰기 시작했고, 1776년부터 1778년 혹은 1779년 사이에 여섯 권을 출간했다. 그는 이 책에서 사후 세계에 대한 약속으로 로마 공화국의 시민 덕목을 앞지르고 전통적인 군인 정신을 약화한, 기독교라는 '부드러운' 종교의 승리가 야기한 타락으로 문명이 몰락했다는 시각을 제시했다. 기번의 시각은 카피톨리노 언덕에 있는 고대 로마의 한때 웅장했던 주피터 신전 유적과 교감하면서 확고해졌다.

이날 일어난 다른 사건들

1894년 프랑스 장교 알프레드 드레퓌스가 독일 스파이 혐의로 구속 기소

1946년 나치 지도자 헤르만 괴링이 사형에 직면하는 대신 자살

1964년 소련에서 니키타 흐루쇼프가 실각

10월 16일

웨스트민스터 궁전 화재, 1834년

우리 독자 여러분에게 상원과 하원 의사당 및 그에 딸린 여러 사무실이 인정사정없는 불에 먹잇감이 됐다는 사실을 알리는 것만으로도 슬픔과 놀라움, 의심이 한데 뒤섞이는 감정을 불러일으킨다.

저녁 5시 30분 우리 친구 한 명이 의회 의사당과 [웨스트민스터] 사원 사이를 지나갔을 때만 해도 사방이 고요했다. 하지만 얼마 지나지 않아 상원 의사당이 거대한 화염에 휩싸이면서 지평선 너머로 끔찍한 불꽃을 내뿜었고, 고요한 템스강 위로 드넓은 진홍빛 불길이 번졌다. 그 불꽃이 떠오르는 달의 희미한 빛을 덮어버리는 듯했다. 검푸른 서쪽 하늘을 배경으로 위풍당당하고 장엄한 사원 탑들이 드러났고 다스리기 힘들고 굉장한 섬광이 헨리 7세 교회당의 독특한 번개무늬 세공을 농락했다.

불꽃은 6시 30분경에 처음으로 모습을 드러냈다. 불꽃은 상원 의사당 중심에서 갑자기 타올랐고 엄청난 기세로 타오르면서 30분도 채 되지 않아 내부 전체가 거대한 하나의 불덩어리로 변했다.

7시 30분경에는 강과 육지 양쪽에서 소방차들이 건물로 도착해 진화 작업을 시작했지만 이미 불꽃이 너무 거세져서 불길 위로 뿌리는 물의 양으로는 눈에 보이는 진압 효과가 나타나지 않았다.

한 시간도 채 지나지 않아 상원 의사당 지붕 전체가 내려앉았다. 소방관들은 이 건물의 일부분이라도 살리겠다는 희망을 전부 버리고 하원 의사당과 건축미는 물론 영국 역사에서 일어난 여러 중요한 사건들과 밀접한 관계를 맺고 있어 골동품 애호가, 과학자, 시민들이 입을 모아 찬양하고 높이 평가하는 웨스트민스터 홀을 보존하는 데 총력을 기울였다.

한동안 소방관들의 노력은 성공하는 듯했지만 궁극적으로는 그렇지 못했다. 바람이 서쪽으로 방향을 틀면서 불꽃이 곧장 하원 의사당으로 날렸고, 상원 의사당에 인접한 모퉁이에 불이 붙었다. 목조부가 오래되고 바짝 마른 지붕이 불탔고 불꽃은 산불 같은 속도로 번졌다.

정말로 짧은 시간에 지붕 전체가 엄청난 굉음을 내면서 무너져 내렸고 수많은 불꽃과 불똥을 내뿜었다. 이 광경에 육중한 대포와 비슷한 소리까지 더해지면서 모여 있던 군중은 대포가 폭발했다고 믿게 됐다. 뒤이어 발생한 혼란한 장면은 글로 표현할 수 없을 정도로 당황스러웠다.

〈맨체스터 가디언〉, 1834년 10월 17일

1834년 10월 16일 영국 의회 의사당인 웨스트민스터 궁전이 엄청난 대화재로 파괴됐다. 소실된 건물 중에는 오래된 부분도 있었지만 대부분은 1790년대에 제임스 와이어트James Wyatt, 1820년대에 존 손 경Sir John Soane이 건설한 최근 건축물이었다. 12세기에 지은 웨스트민스터 홀은 다행히도 화재를 모면했다. 나중에 밝힌 화재 원인은 세금을 비롯한 금융 거래를 기록하는 데 수백 년 동안 사용했던 중세 시대 엄대를 보일러 연료로 사용했기 때문이었다.

이 화재는 여러 화가를 비롯한 런던 사람들의 관심을 끌었고, 그중에는 조지프 말로드 윌리엄 터너Joseph Mallord William Turner도 있었다. 모두가 이 화재를 참사라고 여기지는 않았다. 고딕 복고조 지지자이자 찰스 배리Charles Barry와 함께 궁전 재건을 책임졌던 건축가 아우구스투스 퓨진Augustus Pugin은 자신이 그 양식을 개탄했던 건물이 파괴되었다고 그리 슬퍼하지 않았다. 로버트 윌슨 주교에게 보낸 편지에서 퓨진은 이렇게 썼다.

운 좋게도 화재를 거의 처음부터 목격했습니다. 딱히 애석할 것도 크게 기뻐할 일도 없습니다. 손의 잡탕과 와이어트의 이단은 이제 사실상 대부분 잊혔습니다. 그의 모조 문설주와 시멘트 첨탑 및 총안 흉벽이 날아가고 갈라지는 모습과 그가 만든 작은 탑들이 여느 수많은 굴뚝처럼 연기를 내뿜다가 열기로 산산조각 나 쏟아져 내리는 장면은 눈부시게 아름다웠습니다. 벽돌 벽과 테두리 창, 슬레이트 지붕 등이 카드 한 벌보다 빠르게 무너지는 이 파괴의 현장에서 오래된 벽들은 의기양양하게 서 있었습니다.

1941년 독일 공습으로 무너진 하원 의사당을 1945년에서 1950년에 걸쳐 재건해야 했을 당시 다소 누그러뜨린 방식이긴 했지만 퓨진의 계획을 모방했다.

이날 일어난 다른 사건들
1923년 월트 디즈니Walt Disney와 로이 디즈니Roy Disney 형제가 '만화 스튜디오' 설립
1946년 카이텔과 폰 리벤트로프 등 전쟁 범죄로 유죄 판결받은 나치 지도부 10명에 사형 집행
1987년 예보에 없었던 허리케인이 잉글랜드 남부 강타

10월 17일

리빙스턴 박사를 찾은 스탠리, 1871년

이 벅찬 순간 우리는 그동안 걸었던 수백 킬로미터, 우리가 오르내렸던 언덕 수백 개, 우리가 가로지른 수많은 숲, 우리를 귀찮게 했던 정글과 덤불, 우리 발에 물집이 잡히게 했던 뜨거운 염전, 우리를 태운 뜨거운 태양, 이제 다행히도 극복한 위험과 어려움은 떠올리지 않았다. … 셀림이 내게 "박사님을 봤습니다, 선생님…"이라고 말했다. 심장이 빠르게 뛰었지만 얼굴에 감정을 드러내서는 안 된다. 그랬다가는 그런 비상사태에서 백인의 존엄을 떨어뜨릴 것이기 때문이다. 그래서 나는 가장 위엄 있다고 생각하는 행동을 했다. 나는 군중을 밀치고 … 주택가를 걸어 내려가 아랍인들이 반원으로 모여 있는 앞으로 다가갔다. 그곳에 회색 수염을 기른 백인이 서 있었다. … 그는 창백했고 피곤해 보였으며 … 색이 바랜 금색 띠를 두른 푸르스름한 모자를 쓰고 빨간 소매가 달린 웨이스트코트를 입고 회색 트위드 바지를 입고 있었다. 그에게 달려가려 했지만 그런 폭도들이 있으니 겁이 났다. 그를 포옹하고 싶었지만 그 사람은 영국인이라 나를 어떻게 받아들일지 알 수 없었다. 그래서 나는 비겁함과 거짓 자존심이 최선이라는 결론을 내리고 이에 따라 행동했다. 그에게로 신중하게 걸어가서 모자를 벗고 "리빙스턴 박사님이시죠?"라고 말했다.

그는 상냥한 미소를 띠고 모자를 약간 들어 올리면서 "예."라고 말했다. … 그제야 나는 "하나님께 감사드립니다, 박사님. 저는 박사님을 만나도록 허락받았습니다."라고 크게 말했다.

그는 "여기에서 당신을 맞이하게 되어 고맙습니다."라고 대답했다.

헨리 스탠리, 《나는 어떻게 리빙스턴을 찾았는가HOW I FOUND LIVINGSTONE**》, 1872년**

스코틀랜드 탐험가이자 조합교회 선교사였던 데이비드 리빙스턴David Livingstone(1813년-1873년)은 1840년대와 1850년대 대부분을 아프리카에서 보내면서 잠베지강의 경로를 추적했다(그리고 웅장한 빅토리아 폭포를 발견하고 이름을 붙였다). 1866년 그는 나일강 수원을 찾아 나섰고 몇 달 동안 그의 행적에 대한 소식이 들리지 않았다. 이에 〈뉴욕 헤럴드New York Herald〉는 미국 기자 헨리 모턴 스탠리Henry Morton Stanley에게 리빙스턴이 있는 곳을 알아내라고 의뢰했다. 스탠리는 8개월 동안 1만 1,200킬로미터를 여행한 끝에 현재 탄자니아 탕가니카호 근처에 있는 우지지에서 리빙스턴을 발견했다. 병든 리빙스턴은 아프리카에 남았고 18개월 뒤에 아프리카에서 사망했다.

이날 일어난 다른 사건들

1448년 제2차 코소보 전투에서 오스만 제국군이 헝가리-왈라키아군을 제압

1849년 폴란드 작곡가 프레데릭 쇼팽Frédéric Chopin 사망

1968년 멕시코 올림픽에서 아프리카계 미국인 메달리스트들이 블랙 파워 설루트Black Power salute 혹인 차별에 항의하는 시위―옮긴이로 항의

10월 18일

위그노에게서 종교의 자유를 금지한 루이 14세, 1685년

제1항. 짐은 이 영구적이고 변경할 수 없는 칙령으로 짐의 조부가 1598년 4월 낭트에서 내린 칙령을 금하고 폐지한다. 짐은 낭트 칙령 내용이 무효임을 선언한다. … 이에 따라 짐은 이른바 개신교의 모든 예배당을 지체 없이 파괴하기를 바란다.

제2항. 짐은 이른바 개신교 신자들이 민가를 포함한 어떤 장소에서도 그 종교 활동을 위해 만나는 것을 금한다. …

제3항. 짐은 모든 귀족이 그런 종교 의식을 집이나 영지에서 개최하는 것을 금한다.

제4항. 짐은 이른바 개신교의 모든 목사 중 개종하고 가톨릭, 사도 교리, 로마 종교를 받아들이기로 선택하지 않는 자는 이 칙령 발표로부터 2주일 이내에 짐의 왕국을 떠날 것을 명한다.

제7항. 짐은 이른바 개신교를 가정에서 자녀에게 교육하는 것을 금한다.

제8항. 이른바 개신교 신자에게서 태어난 자녀는 지금부터 교구 사제에게 세례를 받고 그 뒤로는 가톨릭, 사도 교리, 로마 종교를 믿으며 자라나기를 바란다. …

제10항. 짐은 개신교를 믿는 모든 짐의 백성이 가족과 함께 짐의 왕국을 떠나거나 재산과 동산을 짐의 왕국에서 가지고 나가는 행위를 강력하게 금지할 것을 반복한다.

루이 14세, 퐁텐블로 칙령, 1685년 10월 18일

루이 14세는 퐁텐블로 칙령을 발표해 할아버지 앙리 4세가 낭트 칙령(1598년)으로 명시한 관용 정책을 뒤집었다. 낭트 칙령은 프랑스에 엄청난 손실을 입힌 종교 전쟁을 마침내 끝낸 문서였다. 하지만 루이 14세는 1661년부터 서서히 '개신교' 신자인 위그노의 자유를 철회했고, 새로 발표한 칙령은 사실상 프랑스를 다시 가톨릭 국가로 만들겠다는 뜻이었다. 그 결과 위그노들은 대규모로 프랑스를 떠났다.

이날 일어난 다른 사건들
1871년 '컴퓨터의 아버지' 찰스 배비지Charles Babbage 사망
1922년 BBC의 전신인 '영국 방송사' 설립
1989년 동독의 에리히 호네커Erich Honecker 실각

10월 19일

적수를 만난 한니발, 기원전 202년

한니발은 코끼리 부대에 적을 향해 돌진하라고 명령했다. 하지만 사방에서 뿔과 나팔이 시끄럽게 울리는 소리를 들은 일부 코끼리들이 말을 듣지 않고 카르타고군의 누미디아 분대로 돌진했다. 이에 마시니사는 엄청난 속도로 카르타고군 좌익에서 기병 지원을 박탈할 수 있었다. 나머지 코끼리들은 전열의 마니풀루스[군단 단위] 사이 공간에 있는 로마 벨리테스[경보병대]로 돌격했다. 적에게도 상당한 손해를 입혔지만 그들 역시 심각한 타격을 받았다. 일부 코끼리는 겁에 질려 빈 공간으로 달아났고 로마군은 스키피오의 명령에 따라 그들이 무사히 지나가도록 내버려 뒀다. 일부는 기병대가 쏘는 화살 소나기를 맞으며 오른쪽으로 도망쳐 결국 전장에서 완전히 달아났다.

이렇게 코끼리들이 우르르 몰려가는 바로 그 순간 라일리우스는 카르타고 기병대가 황급히 패주할 수밖에 없도록 압박했고 마시니사는 그들을 맹렬하게 추격했다. 이런 상황이 벌어지는 가운데 원위치를 지키던 한니발의 '이탈리아 부대'를 제외한 양군의 중보병대가 신중한 걸음과 자부심으로 상대를 맞이하고자 진격하고 있었다. 양군의 거리가 가까워지자 로마 병사들이 평소와 같이 함성을 외치며 적군을 향해 돌진했고 방패에 칼을 부딪쳐 소리를 울렸다. 카르타고 용병들은 이상야릇한 소리를 질렀고, 그 효과는 말로 다할 수 없었다. 시인[호메로스]의 말처럼 "모두의 목소리는 하나도 아니고 그들의 외침도 하나가 아니었다. 그들의 말투는 인종만큼 다양"했기 때문이었다.

… 한니발은 수많은 코끼리를 이끌고 나가 적의 횡렬을 혼란에 빠뜨리고 질서를 어지럽히고자 코끼리들을 선두에 세웠다. 이번에도 용병들을 앞쪽에, 그 뒤에 카르타고군을 배치했다. 미리 적들의 몸이 피로로 지치게 만들고, 그들이 용병들을 베는 동안 칼날이 무디어지도록 하는 동시에 카르타고군을 대열 중간에 배치해 그 자리를 지키며 싸우도록 하기 위함이었다.

한니발은 자기 군대 중 가장 용맹하고 믿을 만한 주력 부대를 좀 떨어진 곳에 배치해두었다. 너무 가까운 곳에서는 상황이 어떻게 돌아가는지 보이지 않을 수도 있고, 힘과 정신력이 온전한 상황에서 결정적인 순간이 닥쳤을 때 용기를 최대한으로 발휘할 수 있다고 여겼기 때문이다. 할 수 있는 모든 최선을 다했는데도 이전에 한 번도 진 적이 없었던 그가 지금 승리를 거두지 못했다면 우리는 그를 봐주어야 한다. 기회가 용감한 자의 계획을 무너뜨리는 때가 있기 마련이고 "위대하고 용감한 사람이라도 더욱 위대한 사람을 만날" 때가 있기 마련이기 때문이다.

폴리비오스, 《역사HISTORIES》, 15권, 기원전 2세기

이탈리아에서 벌어진 제2차 포에니 전쟁(트레비아[기원전 218년], 트라시메노호[기원전 217년], 가장 유명한 칸나에[기원전 216년]에서 놀라운 승리 달성) 원정 전투에서 15년 동안 패배하지 않았던 위대한 카르타고 장군 한니발Hannibal(기원전 247년-기원전 183년)은 퀸투스 파비우스 막시무스Quintus Fabius Maximus의 '파비우스식' 전술에 결국 나가떨어졌다. 기원전 203년 한니발은 푸블리우스 코르넬리우스 스키피오Publius Cornelius Scipio(훗날 아프리카누스로 불림)가 이끄는 로마군 침공에 고향인 북아프리카로 돌아갈 수밖에 없었다. 승패를 가른 자마 전투에서 로마군은 카르타고의 동맹이었던 누미디아 왕 마시니사Massinissa의 도움을 받아 한니발의 코끼리 85마리를 위협해 그 위력을 누그러뜨릴 수 있었다. 한니발이 항복하면서 카르타고 제국은 끝나지만, 그는 얼마 후 카르타고에서 정치권력을 장악했다. 그리스 역사학자 폴리비오스Polybius는 자신이 흠모했던 한니발이 전투에서 잘못한 점이 거의 없었다고 주장했다.

이날 일어난 다른 사건들
1216년 잉글랜드 국왕 존 1세 사망
1469년 아라곤의 페르난도 2세와 카스티야의 이사벨 1세 결혼
1813년 라이프치히 전투에서 나폴레옹이 연합군에 패배

10월 20일

루이지애나 구입, 1803년

미국은 이 영토 취득으로 영원한 권력을 확보했고 나는 조만간 잉글랜드의 자존심을 꺾을 해양 경쟁자를 선물했습니다.

나폴레옹, 라파예트 후작에게 보낸 편지, 1807년 3월

미국 대통령 토머스 제퍼슨이 프랑스로부터 1,500만 달러에 루이지애나 영토 점유권을 구입(현재 루이지애나주뿐만 아니라 200만 제곱킬로미터가 넘는 토지)하면서 미국 영토는 두 배로 늘어났고 북아메리카 정세가 단번에 바뀌었다. 이 땅은 뉴올리언스시를 비롯해 현재 미국 중부에 해당하는 14개 주 전부 혹은 일부를 포함하고 있다. 미국은 이전에 골머리를 앓았던 뉴올리언스와 미시시피강 접근 권리를 확보했고, 프랑스나 스페인이 아메리카 대륙에 새롭게 제국을 건설할 위험성은 사라졌다. 카리브해에서 영향력을 잃어가던 프랑스는 북아메리카에 별다른 관심을 보이지 않았다. 나폴레옹은 토지 판매에 만족했고 영국과 경쟁할 잠재력을 지닌 강대국을 만들었다는 사실에 자축했다.

하지만 그렇게 큰 땅을 쉽사리 구매한 데 모두가 놀랐다. 프랑스는 7년 전쟁에서 영국에 패한 이후(1763년, 2월 10일 참조) 이 광활한 영토에 대한 소유권을 스페인에 넘겼다. 하지만 19세기 초 유럽 정국이 재편성되면서 영유권은 다시 프랑스로 넘어갔다. 루이지애나 매매는 1803년 4월 30일 파리에서 이뤄졌고, 당시 미국 협상가 로버트 리빙스턴은 "우리는 오래 살았지만 이는 우리 평생에서 가장 고귀한 일입니다. 오늘부터 미국은 일류 강대국으로 자리 잡았습니다."라고 선언했다. 제퍼슨은 프랑스 대사에게 "황제께서는 더 훌륭한 업적을 많이 남겼지만 루이지애나를 미국에 할양한 것만큼 수많은 사람들에게 행복을 선사한 적은 없었습니다."라고 말했다. 제퍼슨은 7월 4일 루이지애나 매입 사실을 발표했지만 이 행위가 헌법에 어긋난다고 본 사람들의 반대에 부딪쳤다. 미국 상원은 10월 20일에야 매매 조약을 비준했고 구매는 1804년 1월 1일에 완료됐다.

이날 일어난 다른 사건들

1818년 영국-미국 간 조약으로 미국-캐나다 국경 확정
1827년 나바리노 해전에서 오스만 함대가 영국-프랑스-러시아 함대에 패배
1984년 영국 양자 물리학자 폴 디랙Paul Dirac 사망

10월 21일
트라팔가르 해전, 1805년

제독이 선미루에 있던 내게로 와 정오가 되기 15분쯤 전에 어떤 신호를 보내라고 명령한 후 "파스코, 나는 '잉글랜드는 모든 이가 자기 의무를 다할 것이라 확신한다'라고 함대에 말하고 싶네."라고 말했다. 그런 다음 "빨리 해야 하네. 근접 전투 신호를 하나 더 보내야 하거든."이라고 덧붙였다. 나는 "제독께서 '확신한다'라는 단어를 '기대한다'로 바꾸도록 허락해주시면 신호를 금방 보낼 수 있습니다. '기대한다'라는 단어는 기호표에 있고 '확신한다'는 일일이 철자로 표현해야 합니다."라고 대답했다. 제독은 만족한 듯 서둘러 "그렇게 해도 되네, 파스코. 바로 처리하게."라고 대답했다.

존 파스코 John Pasco, 신호 장교, 영국 기함 빅토리호, 1805년

해군 중장 넬슨 경은 프랑스-스페인 전열 중심을 직각으로 공격하는 영국 전열함 2열 종대 중 1열을 이끌고 가던 중 최근에 도입한 신호 깃발 체계로 함대에 이 유명한 격려 메시지를 전달했다. 이어서 첫 번째만큼이나 유명한 "적과 더욱 가까이에서 교전하라."라는 메시지도 보냈다. 적의 함대를 갈라놓아서 영국군의 우월한 화력을 활용하고자 고안된 넬슨의 전술은 해전에 대한 일반적인 가정을 뒤엎고 지브롤터 근처 트라팔가르에서 일어난 나폴레옹 전투를 일련의 소규모 교전으로 바꿔놓았다. 넬슨의 기함 빅토리호는 프랑스 전열의 제2함인 르두타블호와 근접 전투를 벌였다. 배들이 뒤엉키면서 넬슨은 프랑스군 저격수가 쏜 총에 맞았고 총알은 척추를 관통했다. 아래로 옮겨진 그의 죽음은 전설로 남았다.

해군 군의관 윌리엄 비티William Beattie가 전달한 바에 따르면 넬슨 제독이 마지막으로 남긴 말은 정부였던 엠마 해밀턴을 위한 호소("불쌍한 해밀턴 부인을 보살펴 주게")와 토머스 하디 대위에게 남긴 작별인사("내게 키스해 주게, 하디")였다. 넬슨의 유언인 "신이시여, 감사합니다. 제 임무를 다했습니다."라는 말은 영국 해군으로서 그의 인생을 집약했다. 넬슨의 시신은 잉글랜드로 옮겨 장례를 치렀다. 그는 한 세기 넘게 영국 해군 지배력을 보장한 영웅이라는 평판을 얻었다(4월 2일도 참조).

이날 일어난 다른 사건들
1854년 영국 간호사 플로렌스 나이팅게일Florence Nightingale이 크림반도로 출발
1861년 미국 남북 전쟁: 볼스 블러프 전투에서 남부 연합군이 북부 연방군 격파
1966년 사우스웨일스 애버판에서 노천 탄광이 무너지면서 학교를 덮쳐 144명 사망

10월 22일

쿠바 미사일 위기, 1962년

지난 여러 해 동안 소련과 미국은 전략핵무기를 대단히 용의주도하게 배치했으며, 중대한 도전이 없는 한 이런 무기들이 사용되지 않도록 보장하는 위태위태한 현상을 절대 흐트러트리지 않았습니다. 우리는 단 한 번도 비밀과 기만으로 속여 우리 전략 미사일을 다른 국가의 영토로 옮긴 적이 없습니다. 그리고 우리 역사는 … 우리가 다른 국가를 지배 또는 정복하거나 우리 체제를 그 나라 국민들에게 강요하려는 생각이 없다는 사실을 증명합니다. 그런데도 미국 국민은 소련 국내나 잠수함에 배치된 소련 미사일이 노리는 과녁의 중심에서 보내는 일상생활에 적응해 왔습니다.

그런 의미에서 쿠바 미사일은 이미 명백하게 현존하는 위험을 가중합니다. 물론 라틴 아메리카 국가들은 이전에 한 번도 잠재적 핵 위협을 받은 적이 없습니다.

하지만 이처럼 비밀스럽고 신속하며 이례적으로 공산주의 미사일 기지를, 그것도 미국을 비롯한 서반구 국가들과 특별한 역사적 관계를 맺고 있다고 잘 알려진 지역에 건설하는 행위는 … 의도적인 도발이자 부당한 현상 변화입니다.

따라서 자국 안보와 서반구 전체를 방어하고자 … 저는 다음 초기 조치를 즉시 시행하도록 명령했습니다.

첫째, 이 공격용 미사일 기지 구축을 막기 위해 쿠바로 수송되는 모든 공격용 군사 장비에 엄격한 검역을 시행하고 있습니다. 국적 및 출항지와 상관없이 쿠바로 향하는 모든 선박은 공격용 무기를 싣고 있다는 사실이 발각되는 즉시 회항 조치될 것입니다. 필요하다면 이 검역 조치는 다른 화물 및 운송 수단으로도 확대될 것입니다. 하지만 지금 현재로서는 소련이 1948년 베를린 봉쇄 당시 시도했던 것처럼 생필품 운송까지 막고 있지는 않습니다.

둘째, 쿠바와 쿠바 군비 증강을 계속해서 철저히 감시하도록 지시했습니다. … 이 같은 공격용 군사 장비 구축이 이어진다면 … 추가 조치를 취하는 정당한 이유가 될 것입니다. 저는 우리 군에 만일의 사태에 대비하도록 지시했습니다. 현장에 있는 쿠바 국민과 소련 기술자들을 위해 이 위협이 지속되는 경우 관계자 모두에게 따를 위험을 인식하기를 바랍니다.

셋째, 미국은 쿠바에서 발사한 미사일이 서반구에 있는 어떤 국가를 공격하더라도 소련이 미국을 공격한 것으로 간주하고 소련에 전면 보복 대응할 것입니다.

넷째, … 저는 관타나모 미군 기지를 강화하고 오늘 기지 대원 가족들을 대피시켰으며 군부대에 경계 태세 기준을 높이도록 명령했습니다.

다섯째, 우리는 미주 기구 회의를 즉시 소집해 … 서반구 안보에 대한 이번 위협을 숙고하고 모든 필요한 조치를 뒷받침하는 리오 조약 제6항과 제8항을 발동하고자 합니다. …

여섯째, 국제 연맹 헌장에 따라 우리는 오늘 밤 안전보장이사회 긴급회의를 지체 없이 소집할 것을 요청합니다 … 우리 결의안은 검역을 중단하기 이전에 국제 연맹 사찰단의 감시 하에 쿠바에서 모든 공격용 무기를 신속하게 해체하고 철수할 것을 요구합니다.

일곱째이자 마지막으로 저는 흐루쇼프 서기장에게 이런 은밀하고 무모하며 도발적인 세계 평화 위협을 중단하고 제거해 우리 양국 관계를 안정화할 것을 촉구합니다. 나아가 이런 식으로 세계를 지배하려는 방침을 버리고 위태로운 군비 경쟁을 끝내고 인류 역사를 바꾸는 역사적 노력에 동참할 것을 촉구합니다.

미국 대통령 존 F. 케네디, 텔레비전 연설, 1962년 10월 22일

세계를 핵전쟁 직전으로 몰아넣었던 교착 상태인 쿠바 미사일 위기는 1962년 9월 미국 분석가들이 정찰기 사진을 바탕으로 소련이 중거리 미사일을 새로운 이념 동지인 쿠바로 수송하고 있다고 의심하면서 시작됐다. 이 사태가 그대로 진행된다면 미국 본토가 소련 중거리 핵무기 사정거리에 들어가게 될 것이었다.

위기의 중심 국면은 10월 14일 미국 정찰대가 쿠바 미사일 기지의 존재를 확인한 이후 13일 동안 이어졌다. 미군 수장들은 미군이 선제공격을 해야 한다고 케네디 대통령을 설득하려고 했으나 케네디는 그 대신 쿠바 '검역'을 강화하기로 결심했다. 전 세계가 참사가 발생할 가능성을 염두에 둔 채 소련 선박들이 이를 위반할지 여부를 지켜봤다. 10월 22일 케네디가 텔레비전으로 자신의 입장을 밝힌 이후 위기는 일주일 동안 이어졌다. 10월 29일 흐루쇼프가 미사일을 철수하겠다는 의사를 밝혔다. 실제로는 미국이 동맹국인 터키에서 중거리 미사일을 철수하는 대가로 비공개 합의가 이루어졌다.

이날 일어난 다른 사건들

1906년 프랑스 화가 폴 세잔Paul Cézanne 사망

1944년 제2차 세계대전: 아헨이 독일 도시 최초로 연합군에 함락

1966년 소련 스파이 조지 블레이크George Blake가 윔우드 스크럽스 교도소에서 탈출

10월 23일

세계의 시작, 기원전 4004년

우리 조상들의 연도와 고대 이집트인 및 히브리인의 연도가 율리우스력과 같다는 사실을 발견했다. 일 년은 열두 달이고, 각 달은 30일로 이뤄진다. … 12번째 달 끝에 5일을 더하고, 4년에 한 번씩 6일을 더했다. 나는 성경으로 전해 내려오는 이 세월의 연속을 관찰하여 네부카드네자르 대왕 치세의 끝과 아멜 마르두크Evilmerodach(대왕의 아들) 치세의 시작이 세계가 시작된 지 3,442번째 되는 해라는 사실을 발견했다. 칼데아 역사 및 천문학 문헌과 대조해 보면 이는 나보나사르 치세 시작으로부터 186번째 되는 해와 일치한다. 또한 이는 어떤 연결에 따라 기원전 562년, 율리우스 기간 중 4,152번째 해이다.

그로부터 나는 세계 창조가 율리우스 기간 중 710번째 해에 일어났으며 그 시작이 가을이라는 사실을 알게 됐다. 세계의 첫날은 일주일의 첫 번째 날 저녁에 시작된 만큼, 앞에서 말한 710년 중 별자리 상 추분에 가장 가까운 일요일은… 율리우스력 10월 23일이었다. 따라서 그 율리우스년력 첫 번째 날에 앞서는 저녁에서 세상 창조 첫날과 시간이 처음으로 움직이기 시작한 때를 모두 추론해야 한다는 결론을 내렸다.

제임스 어셔, 《세계 연대기THE ANNALS OF THE WORLD》, 1658년

1625년부터 1656년까지 전全아일랜드 대주교를 역임한 제임스 어셔James Ussher는 성경 문구를 그대로 해석하면서 달력을 계산해 창세기 날짜를 추정했다. 율리우스 시간이 기원전 4713년에 시작(사실 어셔는 이 '율리우스 기간'을 기원전 4714년으로 다시 계산했다)했다는 이전 학자들의 계산에서 시작한 어셔는 성경에서 언급한 내용을 참조해 바빌로니아 왕 네부카드네자르Nebuchadnezzar 치세가 세계가 시작된 지 3,442년째 되는 해였다고 계산했다. 이 해는 기원전 562년으로 알려져 있으므로 어셔는 세계가 율리우스력 710년에 시작됐다고 계산했다. 이날이 바로 기원전 4004년 10월 23일이다. 많은 영어 성경에 들어가게 된 그의 결론은 세계의 나이를 계산한 수많은 계산 중 가장 악명 높은 계산이 됐다. 지질학이 등장한 19세기 초가 되어서야 화석 증거를 바탕으로 세계의 나이는 그보다 훨씬 더 많다는 사실이 드러났다.

이날 일어난 다른 사건들
1642년 잉글랜드 내전: 에지힐에서 의회파가 왕당파 격파
1915년 전설적인 잉글랜드 크리켓 선수 W. G. 그레이스W. G. Grace 사망
1956년 소련이 강요하는 정책에 대항하는 헝가리 봉기 시작

10월 24일

제인 시모어의 죽음, 1537년

제인 왕비는 사흘 넘게 진통을 했지
부인들이 지쳐서 그녀를 거의 포기할 때까지
"여보게, 여보게, 부탁 하나 들어다오.
헨리 왕께 사람을 보내 나를 보러 오라고 청하게."
헨리 왕이 와서 그녀의 머리맡에 앉았네
"왜 울고 있소, 제인 왕비? 눈이 너무 빨갛구니."
"오 헨리, 오 헨리, 제 부탁을 들어주세요.
내 옆구리를 째고 아기를 구해 줘요!"
"오 제인, 오 제인, 절대 안 될 일이오.
그랬다가는 당신의 소중한 목숨도, 아기도 잃게 될 것이오."
그녀는 울며불며 통곡하다가 기절해 버렸지
옆구리를 째고 아기를 꺼냈지
에드워드 왕자는 기쁘고 즐겁게 세례를 받았지만,
아름다운 잉글랜드의 꽃은 차디찬 땅속에 눕고 말았지
헨리 왕은 검은 옷을 입었고, 백성들도 검은 옷을 입었네
헨리 왕이 타는 말도 검은 마구를 했지
부인들도 검은 옷을 입고 검은 부채를 들었지
손에 낀 장갑도 검은색이었다네
머리에 단 리본도 검은색이었지
시동들도 검은 옷을 입고, 시녀들도 검은 옷을 입었네

대중 발라드, 1882년–1898년에 프랜시스 제임스 차일드 Francis James Child **수집**

헨리 8세의 두 번째 왕비 앤 불린(5월 19일 참조)이 참수된 지 2주일도 채 지나지 않은 1536년 5월 30일 제인 시모어는 헨리 8세의 세 번째 왕비가 됐다. 시모어는 훗날 에드워드 6세가 된 아들을 낳은 지 12일 만인 1537년 10월 24일에 사망했다. 그녀는 헨리 8세의 왕비 6명 중 왕실 장례를 치른 유일한 왕비였다.

많은 대중 발라드에서 제인 시모어의 사망 이야기를 노래했다. 대부분이 길었던 분만과 제왕 절개(실제였을 가능성은 낮다), 왕비의 죽음을 진정으로 슬퍼한 왕을 이야기했다. 헨리 8세는 프랑스 국왕에게 "신의 섭리가 나의 기쁨에다가 내게 이 행복을 가져다준 왕비의 죽음이라는 비통함을 더했습니다."라고 썼다. 결국 헨리 8세는 그렇게 애통해했던 아내 옆에 묻혔다. 두 사람의 무덤은 윈저성에 있다.

이날 일어난 다른 사건들
1648년 베스트팔렌 조약으로 30년 전쟁 종결
1857년 세계 최초의 축구 클럽인 셰필드 FC 창단
1945년 국제연합 기구 탄생

10월 25일

경기병대의 돌격, 1854년

11시에 우리 경기병 여단이 전방으로 달려갔다. … 러시아군이 오른쪽 보루에서 머스킷총과 라이플총으로 사격을 개시했다.

아침 햇살을 받아 반짝반짝 빛나는 그들은 전사의 자부심과 영예를 뽐내며 휩쓸고 지나갔다. 우리 감각으로 얻은 증거를 믿지 못할 지경이었다. 저 얼마 되지도 않는 병력으로 적진을 공격하겠다는 말은 아니겠지? 아아! 하지만 분명 사실이었다. 필사적인 용맹은 한계를 몰랐고 바람직한 사리분별을 잃은 모양이었다. 그들은 2개 전열로 전진했고 적에게 다가갈수록 속도를 높였다. 도울 능력도 없으면서 영웅적인 동포 병사들이 허망한 죽음을 향해 돌진하는 모습을 바라만 봤던 우리보다 더 끔찍한 장면을 목격한 자들은 없을 것이다. 적군 전원이 1,100미터 거리에 설치한 무쇠 포구 30개에서 죽음의 포탄을 날리며 연기와 불꽃을 내뿜었다. 그들의 포탄 공격으로 병사와 말이 사망하면서 우리 군사 횡렬에 순식간에 틈이 생겼고, 다치거나 기수가 사라진 말들이 들판을 헤맸다. 첫 번째 전열이 무너지면서 두 번째 전열에 합류했지만 한순간도 멈추거나 속도를 늦추지 않았다. 러시아군이 너무나 정확하게 배치한 대포 30대로 수가 줄어들어 횡렬은 약해졌지만, 머리 위로 빛나는 무기를 휘두르고 수많은 고귀한 동료의 단말마를 환호로 삼아 포대의 연기 속으로 뛰어들었다. 하지만 그들이 시야에서 사라지기도 전에 들판은 그들의 시체와 말들의 시체로 뒤덮였다. 그들은 머스킷총 부대에서 쏘는 정면 사격뿐만 아니라 언덕 위 포대에서 날아오는 비스듬한 사격에도 노출돼 있었다.

우리 기병들이 포병 부대로 달려가 그들 사이로 질주하면서 포병들을 베어 쓰러뜨릴 때 연기 구름 사이로 빛나는 검들이 보였다. 내 옆에 서 있던 장교가 말했듯이 그 검이 내뿜는 빛은 "고등어 떼가 방향을 바꾸는 모습" 같았다. 우리는 우리 기병들이 포병 부대를 뚫고 지나가는 모습을 봤다. 그들이 러시아 보병 종대를 돌파해 왕겨처럼 흐트러뜨리고 나서 돌아오는 모습을 보며 기뻐하고 있을 때 언덕에서 쏜 측면 사격이 그들을 휩쓸어 완전히 산산이 흩어졌다. 부상 입은 병사와 말에서 떨어진 기병들이 우리 쪽으로 도망쳐 그 슬픈 소식을 전했다. 반신반의이라도 그들이 실패한 임무를 완수할 수는 없었을 것이다. 그들이 후회하려던 바로 그 순간 창기병 연대가 측면으로 덤벼들었다. 위험을 감지한 제8경기병대 시웰 대령이 부하들을 이끌고 정면으로 맞서 엄청난 손실을 입으면서 혈로를 열었다. 다른 연대들은 돌아서서 필사적인 접전을 벌였다. 그들은 믿기 어려울 정도로 엄청난 용기로 그들을 포위한 적군을 헤치고 나가면서 현대 문명국가 전투에서 있을 수 없는 잔혹행위가 벌어졌다. 우리 기병대가 폭풍처럼 지나간 뒤 러시아 포병들이 포대로 돌아갔다. 그들은 자국 기병들이 방금 자기들을 짓밟고 지나간 우리 기병들과 뒤섞여 있는 모습을 보면서 러시아의 이름에 영원히 먹칠할 짓을 저질렀다. 그 악한들은 병사와 말들이 함께 고군분투하는 그곳에 포도탄과 산탄을 잔인하게 퍼부어 아군과 적군을 한꺼번에 죽음으로 몰아갔다. 우리 중기병 여단이 할 수 있는 일은 기껏해야 그 영웅 대열에서 가까스로 살아남은 자들이 후퇴해 그토록 당당한 모습으로 떠났던 곳으로 돌아올 때 엄호하는 것뿐이었다.

11시 35분, 전사자와 죽어가는 자를 제외한 모든 영국군은 그 피비린내 나는 모스크바 대포 앞을 떠났다.

윌리엄 하워드 러셀 William Howard Russell, 〈타임스〉, **1854년 11월 14일**

크림 전쟁 발라클라바 포위전 중에 영국 군사 역사상 가장 장렬하게 무모한 기병 돌격이 일어났다. 카디건 경Lord Cardigan이 이끄는 경기병 여단 600여 명이 측면에서 더 많은 대포 공격을 받으면서 러시아 대포 부대로 돌진했다. 이 사건은 곧 대중의 상상력을 사로잡았고 러셀의 특전을 읽고 영감을 얻은 계관 시인 앨프리드 테니슨Alfred Tennyson은 〈경기병대의 돌격The Charge of the Light Brigade〉이라는 시로 이를 기렸다.

프랑스 동맹군과 함께 싸우며 사건 전개를 지켜본 피에르 보스케Pierre Bosquet 장군은 "C'est magnifique, mais ce n'est pa la guerre. C'est de la folie."("대단합니다만 이는 전쟁이 아닙니다. 광기죠.")라고 단언했다. 테니슨이 말한 '죽음의 계곡'으로 돌격하는 명령은 영국 사령관들 사이에서 의사소통에 혼선이 빚어진 결과였다.

이날 일어난 다른 사건들
1400년 영국 시인 제프리 초서Geoffrey Chaucer 사망
1415년 100년 전쟁: 아쟁쿠르에서 영국군이 프랑스군 격파
1983년 미군이 카리브해 섬나라 그레나다 침공

10월 26일

남부 이탈리아 해방, 1860년

왕이 안코나 이남의 이탈리아 백성들에게 "이탈리아에서 혁명의 시대를 마감하고 질서를 회복하고자 왔다."라고 알린 무례한 선언은 그가 나폴리에 입성하기 며칠 전에 나왔다. 베나프로에서 출발한 북부 군대는 테아노까지 일렬종대로 행진했다. 가리발디는 의용병들 선두에 서서 볼투르노강을 건너 왕을 만났다. 가리발디는 왕에게 다가서며 "이탈리아 왕 만세! 국왕 만세!"라고 외쳤다. …

왕과 상군의 면담은 몇 분밖에 걸리지 않았다. 가리발디는 폐하와 동행하자는 제안을 받지 못했다. 폐하는 가리발디에게 "자네 군대는 분명 지쳤을 테지. 내 군대는 쌩쌩하다네."라고 말했다. 테아노 근처 작은 개울을 가로지르는 다리에 도착했을 두 사람은 헤어졌다. 가리발디는 칼비에서 멈춰 마을 근처 작은 교회에 본부를 차리고 빵과 치즈를 먹은 뒤 짚단 위에서 잤다. … 11월 2일 카푸아가 항복했다. 왕이 자기 자신을 위해 남겨둔 초라한 명예였다. 갖은 방법으로 보여준 무례함을 간과한 가리발디는 폐하가 올 테니 사열하라고 명령했다. 하지만 6시간 넘게 두 차례나 명령받은 무기를 들고 있게 한 왕은 결국 나타나지 않았고 대신 델라 로카 장군을 보냈다.

주세페 가리발디, 《자서전AUTOBIOGRAPHY》, 1889년 판

이탈리아 혁명가이자 공화주의자였던 주세페 가리발디(1807년-1882년)는 오랜 군사 작전 끝에 1860년 부르봉 왕가가 지배하던 양시칠리아 왕국(나폴리와 시칠리아)을 정복했다. 하지만 사르데냐-피에몬테 왕국의 비토리오 에마누엘레 왕이 군대를 이끌고 개입하면서 수 세기 동안 이어져 온 교황 지배를 끝내고자 로마로 북진하려던 가리발디는 발이 묶였다. 비토리오 에마누엘레 왕은 총리 카보우르 백작과 함께 이탈리아 통일에 앞서 왔으나 정규군이 아닌 가리발디와 껄끄러운 관계를 이어왔다. 가리발디가 계속 나아간다면 로마를 보호하는 프랑스군과 충돌을 일으킬 위험이 있었다.

두 사람은 테아노에서 만났다. 그 자리에서 가리발디는 사실상 항복하고 정복 과업을 왕에게 넘긴 뒤 악수를 하고 왕을 독립된 통일 이탈리아의 통치자로 인정했다.

이날 일어난 다른 사건들
1881년 애리조나주 툼스톤에서 O.K. 목장의 결투 발생
1944년 제2차 세계대전: 레이테만 전투에서 미국 해군이 일본군 격파
1951년 윈스턴 처칠이 영국 총리로 복귀

10월 27일

신의 계시를 받은 콘스탄티누스, 서기 312년

하지만 폭군이 그토록 성실하게 사악한 주술을 행한 상황에서 콘스탄티누스는 군사력으로 얻을 수 있는 도움보다 더 강력한 지원이 필요하다고 확신했다. 그는 무기와 수많은 병사를 소유하고 있다는 사실은 그리 중요하지 않다고 여기고 신에게 도움을 구했다. … 그리하여 하느님 아버지를 홀로 공경할 의무가 있다고 느꼈다. 그는 간절한 기도와 애원으로 자신이 누구인지 밝혀달라고 신에게 청했고 오른손을 뻗어 지금 처한 곤경에서 자신을 구원해 달라고 탄원했다. 그가 기도하고 있을 때 하늘에서 아주 놀라운 징표가 나타났다. 다른 사람이 말했다면 믿기 어려울 만한 이야기였다. 하지만 승리한 황제 자신이 오랜 뒤에 이 역사서의 저자에게 직접 언명했고, 지인과 동료들에게 존경을 받으며 자기 말이 사실이라고 맹세했다. 심지어 시간이 흐른 뒤 그 증언이 사실로 밝혀지기까지 했으니 누가 이 이야기를 의심할 수 있겠는가? 콘스탄티누스는 해가 이미 저물기 시작한 오후 무렵 하늘에서 태양 위로 빛나는 십자가 기념비와 "이것으로 정복하라."라고 새긴 글귀를 두 눈으로 똑똑히 봤다고 말했다. 이 광경을 본 그는 놀라움을 금치 못했고 이 원정에 따라온 군대 전체도 기적을 목격했다.

에우세비우스, 《교회사》, 서기 330년경

젊은 로마 황제 콘스탄티누스는 제국을 두고 다투던 경쟁자 막센티우스Maxentius가 제기한 도전에 직면했다. 그는 서기 312년 10월 25일 로마 근처 티베르강 밀비우스 다리에서 벌어진 전투에 직접 참전했다. 기독교도가 아니었던 콘스탄티누스는 전투 직전에 하늘에 나타난 십자가 환영을 봤다. 그날 전투에 승리한 콘스탄티누스는 서기 313년 로마 제국에서 종교적 관용을 선언하며 밀라노 칙령을 공표했다. 황제 자신은 25년 뒤 임종하면서 세례를 받았다. 교황 실베스테르 1세(재위 314년-315년)와 그 후임자들에게 다양한 권리와 특권을 부여하고자 위조한 문서인 '콘스탄티누스의 기증'은 교황 직위가 이탈리아 교황령 통치를 포함한 교황의 세속적인 권위를 정당하는 중심 토대가 됐다.

이날 일어난 다른 사건들
1787년 첫 번째 연방주의자 논집 출판
1870년 프랑스-프로이센 전쟁: 메스가 프로이센군에 항복
1907년 뉴욕 지하철 1호선 개통

10월 28일

남아프리카 공화국의 진실과 화해, 1998년

우리는 엄청난 특권을 누려왔습니다. 값비싼 특권이었지만 이 세상 그 무엇과도 바꾸지 않을 특권이었습니다. 우리 중에는 이미 외상 후 스트레스 비슷한 감정을 경험한 사람도 있고 우리 모두가 얼마나 깊게 상처받았는지, 우리 모두가 얼마나 상처받고 낙담했는지 점점 더 깨닫고 있습니다. 아파르트헤이트는 우리가 짐작했던 것보다 훨씬 더 깊숙하게 우리에게 영향을 미쳤습니다. 위원회에 속한 우리는 우리 사회의 축소판이었고 우리 사회의 소외, 의혹, 신뢰 부족을 반영했습니다. 위원회 초기 회의는 아주 힘겨웠고 긴장감이 가득했습니다. 하느님께서 우리가 가까워지도록 도와주셨습니다. 아마도 우리는 적대적인 배경 출신인 사람들이 우리가 그랬듯이 서로 가까워질 수 있다면 남아프리카 공화국도 하나가 될 가능성이 있음을 보여주는 희망의 표시일 것입니다. 우리는 상처 입은 치유자라고 불렸습니다.

데즈먼드 투투, 서문, 〈진실과 화해 위원회 보고서〉, 1998년

아파르트헤이트를 실시하던 남아프리카 공화국을 넬슨 만델라가 꿈꾸던 무지개 국가로 바꾸는 과정에서 케이프타운 성공회 대주교 데즈먼드 투투Desmond Tutu는 1995년 진실과 화해 위원회Truth and Reconciliation Commission(TRC)를 설립해 1960년부터 1994년 사이에 남아프리카 공화국에서 일어난 암울한 순간들을 조사했다. 기독교 이해 정신으로 운영된 이 위원회는 희생자와 그 가족들이 가해자들과 직접 대면하면서 회복해 나가는 정의를 실현했다. 목격자들은 정치적으로 선동된 폭력과 인권 침해에 개입한 사실을 완전히 밝히는 대신 형사 고발을 면제받을 수 있었다.

진실과 화해 위원회는 백인 소수 정권의 안보 기관 및 아파르트헤이트를 옹호하는 극단주의자들뿐만 아니라 아프리카민족회의 의원들이 자행한 수많은 잔학행위의 세부 사항을 밝혔다. 1998년 10월 28일, 오랫동안 기다려왔던 보고서를 내놓은 투투는 그 서문에서 비판자들을 직시하고 그 활동이 남아프리카 공화국을 치유하는 데 필요하다고 해명했다. 이처럼 결점이 있었지만 진실과 화해 위원회는 여전히 국가 갈등 해결의 모범 사례이다.

이날 일어난 다른 사건들

1704년 영국 철학자 존 로크John Locke 사망
1922년 이탈리아 국왕 비토리오 에마누엘레 3세Victor Emmanuel III가 베니토 무솔리니에게 권력 이양
1958년 교황 요한 23세Pope John XXIII 선출

10월 29일

월스트리트 대폭락, 1929년

아마도 월스트리트 사상 최악의 밤이었을 것이다. 그날 일진이 나빴을 뿐만 아니라 사무실 막내까지 모두가 내일 어떤 일이 일어날지 아주 잘 예측할 수 있었다.

조간신문은 온통 월요일 대참사 기사로 가득했다. 대형 은행들이 개입할 것이라는 미미한 희망을 제외하면 밝은 헤드라인은 찾아볼 수 없었다. 하지만 신문 안쪽 지면들은 여느 때와 마찬가지로 낙관적인 합창이 이어졌다. 은행가들은 곧 대량 매수 세력이 나타날 것이라고 말했다. …

… 이튿날인 화요일은 최악이었다. 개장 30분 만에 평소 거래소 하루 거래량과 맞먹는 3,259,800주가 거래됐다. 정말 전례 없는 매물 압박이었다. 도처에서 밀려왔다. 밀려드는 매도 주문으로 다른 도시로 이어지는 전화선이 불통될 정도였다. 유럽을 비롯한 전 세계 곳곳으로 연결되는 케이블, 라디오, 전화도 마찬가지였다. 매수자는 거의 없었고 아예 없을 때도 있었다. 전문가들은 당혹스러워하며 자리에 서 있곤 했다. 매도자들은 계속 그들을 압박했고 어떤 가격을 제시해도 매수자 한 명 나타나지 않았다.

정말 공황상태였다. 은행들이 목요일에는 이 사태를 예방했고 월요일에는 늦췄다. 이제 은행도 속수무책이었다. 들리는 바에 따르면 은행들이 관련 기업을 압박해 매수 세력으로 투입하려고 애쓰고 있으나 아무런 성과를 거두지 못하고 있다고 했다.

조너선 레너드Jonathan Leonard, 《3년 후퇴THREE YEARS DOWN》, 1944년

1929년 10월 29일 검은 화요일은 뉴욕 증권거래소에서 공황 매도가 절정을 이루었다. 주가가 하락하기 시작한 때는 이전 주 목요일이었지만 주말에 은행들이 개입했다. 월요일에도 거래 상황은 아주 나빴지만 화요일에는 1,600만 주가 거래되면서 미국 기업 가치 중 400억 달러가 증발했다. 이 사태는 장기간 동안 주가가 떨어지는 '베어 마켓'의 시작이었다. 또한 검은 화요일은 서구 세계 모든 국가의 경제에 영향을 미치며 10년 동안 이어진 경제 침체기 '대공황'의 시작을 상징했다.

이날 일어난 다른 사건들

1618년 영국 모험가 월터 롤리 경Sir Walter Raleigh 처형
1967년 오프브로드웨이에서 반문화 뮤지컬 〈헤어Hair〉 개막
1975년 병든 프랑코 장군이 스페인 국가 원수 자리에서 퇴진

10월 30일

르네상스 시대 로마에서 벌어진 교황의 술판, 1501년

10월 30일 일요일 저녁, 체사레 보르자 님은 사도 궁전에 있는 숙소에서 고급 창녀 50명을 불러 만찬을 베풀었다. 식사를 마친 뒤 창녀들은 그 자리에 있던 신하들을 비롯한 사람들과 춤을 췄다. 처음에는 옷을 다 입고 있었지만 곧 알몸이 됐다. 저녁식사를 마친 뒤 불을 붙인 양초를 세운 촛대들을 바닥에 두고 밤을 흩뿌린 뒤, 창녀들에게 벌거벗은 채 촛대 사이를 손과 무릎으로 기어 다니며 밤을 주우라고 시켰다. 교황과 체사레 님, 루크레치아 님이 모두 그곳에서 그 광경을 지켜봤다. 마지막으로 창녀와 가장 많이 한 남성들에게 비단 더블릿, 신발, 모자를 비롯한 의복을 상으로 주겠다고 했다. 이 행사는 [바티칸] 살라 레알에 따라 진행됐고 참석자가 말하길 실제로 신하들이 대회에서 이긴 자들에게 상을 건넸다고 했다.

요하네스 부르카르트, 《리베르 노타룸 LIBER NOTARUM》, 1503년

스페인 출신의 약삭빠른 성직자 로드리고 보르자는 1492년 교황 알렉산데르 6세로 선출됐다. 이후 그는 부를 축적하는 동시에 자신의 사생아들, 특히 성질 급한 체사레(남동생을 죽였다는 설이 있다)와 아름다운 딸 루크레치아의 장래 전망을 다지기 시작했다. 알렉산데르 6세가 교황에 선출됐을 때 훗날 교황 레오 10세가 된 조반니 데 메디치 Giovanni de' Medici는 "이제 우리는 늑대 손아귀에 있다. 아마도 역사상 가장 탐욕스러운 늑대일 것이다. 도망치지 않으면 결국 그가 우리를 모두 먹어치울 것이다."라고 말했다.

알렉산데르 6세가 재임하는 동안 교황청은 음모, 착취, 음란으로 악명 높은 중심지가 됐다. 그는 아들 체사레의 야망을 이루고자 교황의 재원을 무단으로 사용했고, 체사레는 추기경직을 버리고 에밀리아-로마냐 지역 상당 부분을 바탕으로 직접 공작 지위를 구축하고자 했다. 아니나 다를까 1513년 마키아벨리가 냉소적인 치국책인 《군주론 The Prince》을 쓸 때 연구했던 대상 중 한 명이 체사레였다.

교황 연회 의전관 요하네스 부르카르트 Johannes Burchard는 1501년 10월 30일 고급 매춘부 50명이 접대하는 호화로운 연회를 열자는 체사레의 계획을 기록했다. 이 연회는 '밤의 향연 Ballet of the Chestnuts'이라고 불렸다.

이날 일어난 다른 사건들

1961년 소련이 지금까지 실험한 수소폭탄 중 가장 강력한(58메가톤) 폭탄 폭파
1966년 바베이도스가 영국으로부터 독립
2009년 프랑스 인류학자 클로드-레비-스트로스 Claude-Lévi-Strauss 사망

10월 31일

종교 개혁에 불을 지핀 루터, 1517년

진리를 사랑하는 마음과 이를 드러내려는 열망으로 수사 마르틴 루터 주재로 다음 명제를 비텐베르크 교회에서 논의하고자 합니다.

    1조. 우리 주 예수 그리스도는 회개하라고 하셨으며, 이는 신자들이 평생 뉘우쳐야 한다는 의미였다.

    28조. 동전이 헌금 상자 안으로 소리를 내며 떨어질 때 이득과 탐욕은 늘어나겠지만 교회가 기도한 결과는 오로지 하나님의 권능에만 달려 있다.

    37조. 살았든 죽었든 간에 참된 기독교인이라면 그리스도와 교회의 축복을 모두 받을 수 있다. 면죄부가 없어도 하나님께서 축복해 주신다. …

    73조. 교황은 어떤 수단으로든 면죄부를 밀거래하는 기만행위를 획책하는 자를 당연히 꾸짖어야 한다. …

    74조. 하지만 면죄부를 빌미로 거룩한 사랑과 진리를 기만하는 자는 더욱 엄하게 꾸짖어야 한다…

    94조. 기독교인은 형벌과 죽음, 지옥을 통과하더라도 그들을 이끄는 그리스도를 부지런히 따라야 한다.

    95조. 그러니 평화 보장이 아니라 많은 고난을 통해 천국에 들어가겠다고 생각하라.

마르틴 루터, 95개 논제, 1517년 10월

1517년 10월 31일 작센 비텐베르크 교회 정문에 95개 논제를 못으로 박아 붙인 마르틴 루터는 교황이 '면죄부'를 팔아 돈을 거두는 관습에 항의했다. 면죄부란 영혼이 살아생전에 죄를 저지른 만큼 연옥에서 보내야 하는 시간을 감면해주는 증서다. 루터는 진정한 회개가 유일한 구원이라고 주장했다. (4월 18일도 참조.)

이날 일어난 다른 사건들

1917년 제1차 세계대전: 베르셰바 전투에서 오스트레일리아 기병대가 오스만 참호 제압

1956년 수에즈 위기: 영국과 프랑스 공군이 이집트 폭격 개시

1984년 인도 총리 인디라 간디가 시크교도 경호원들에게 암살됨

11월

11월 1일	리스본 지진, 1755년
11월 2일	밸푸어 선언, 1917년
11월 3일	'침묵하는 다수'에 호소한 닉슨, 1969년
11월 4일	클로로포름 발견, 1847년
11월 5일	화약 음모, 1605년
11월 6일	구스타부스 아돌푸스의 죽음, 1632년
11월 7일	겨울 궁전 습격, 1917년
11월 8일	스페인 정복자들을 만난 몬테수마, 1519년
11월 9일	베를린 장벽 붕괴, 1989년
11월 10일	《채털리 부인의 연인》 출간, 1960년
11월 11일	휴전에 분노한 히틀러, 1918년
11월 12일	명성을 드날린 쥘 레오타르, 1859년
11월 13일	바타클랑 극장 테러, 2015년
11월 14일	코번트리 대성당 파괴, 1940년
11월 15일	불길에 휩싸인 애틀랜타, 1864년
11월 16일	잉카 제국 황제 생포, 1532년
11월 17일	스탈린주의의 즐거움, 1935년
11월 18일	전설의 빌헬름 텔, 1307
11월 19일	게티즈버그 연설, 1863년
11월 20일	모비 딕 실화, 1820년
11월 21일	최초의 유인 기구 비행, 1783년
11월 22일	존 F. 케네디 대통령 암살, 1963년
11월 23일	검열에 극렬히 반대한 밀턴, 1644년
11월 24일	《종의 기원》 출간, 1859년
11월 25일	잉글랜드를 덮친 대폭풍, 1703년
11월 26일	투탕카멘 무덤 발견, 1922년
11월 27일	교황 우르바노 2세가 십자군 원정 단행, 1095년
11월 28일	세계 최초 여성 투표자들, 1893년
11월 29일	아시아 최초의 의회, 1890년
11월 30일	세계 최초 국제 축구 경기 개최, 1872년

11월 1일

리스본 지진, 1755년

한순간에 세계 최대 무역 도시 중 하나가 잿더미로 변했다. … 뭐라도 건진 상인은 백 명 중 한 명도 되지 않았다. 폐허 속에서 긁어모은 현금 일부만 겨우 건졌다. 상품의 경우, 집이 타서 잿더미가 되는 바람에 넝마 조각 하나도 건질 수 있었던 사람이 한 명도 없었고, 포르투갈 사람들은 자기가 빚진 돈을 한 푼도 지불할 수 없었다. … 재앙이 발생한 첫날 이후로 충격과 떨림이 가시지 않았고, 주민 네 명 중 세 명은 들판과 이곳 주변 정원에 진을 치고 있다. 이 도시와 도시 주변 몇 킬로미터 이내 시골에 아직 서 있는 집들은 대부분 산산이 부서진 상태다. 버팀목으로 받쳐 놓기는 했어도 이 계절에 이따금씩 불어오는 세찬 바람과 폭우를 만나기라도 하면 겨울을 날 수 있는 건물은 50채 중 한 채도 되지 않았다.

윌리엄 스티븐스, 일기, 1755년

1755년에 발생한 리스본 대지진으로 최대 10만 명이 목숨을 잃고 포르투갈 수도는 완전히 파괴됐다. 또한 멀게는 잉글랜드에서도 느껴진 쓰나미가 일어났다. 나중에 추정한 바에 따르면 그 강도가 리히터 지진계 기준 진도 9에 달했을 것이라고 한다. 리스본에 살면서 일하던 영국 상인 윌리엄 스티븐슨William Stephens은 이 사건을 잘 묘사할 수 있는 위치에 있었다.

또한 신학자들이 리스본 파괴를 자애로운 신이라는 개념과 조화시키느라 고군분투하면서 철학 분야에서도 충격 여파를 불러일으켰다. 작가 볼테르(〈Poème sur le désastre de Lisbonne〉[리스본 재앙에 관한 시]를 쓰기도 했다)는 소설 〈캉디드〉(1759년 작, 2월 14일도 참조)에서 리스본 대지진을 여러 차례 언급하면서 독일 사상가 고트프리트 라이프니츠Gottfried Leibniz의 철학적 낙관주의를 풍자했다. 라이프니츠는 전지전능한 신이 창조한 우리 세계가 '존재 가능한 세계 중 최고'임에 틀림없다고 주장했다.

이날 일어난 다른 사건들
1512년 미켈란젤로가 그린 바티칸 시스티나 성당 천장화 최초 공개
1520년 페르디난드 마젤란이 마젤란 해협 항해
1894년 니콜라이 2세가 러시아 차르로 즉위

11월 2일

밸푸어 선언, 1917년

친애하는 로스차일드 경,

국왕 폐하의 정부를 대표해 유대 시온주의자의 염원에 공감하는 다음 선언을 내각에 제출하고 승인받았다는 소식을 전하게 되어 대단히 기쁘게 생각합니다.

"국왕 폐하의 정부는 유대 동포를 위한 민족의 고향을 팔레스타인에 건설하는 데 찬성하며 이 목적을 달성하고자 최대한 노력을 기울일 것입니다. 그로 인해 현재 팔레스타인에 거주하는 비유대인 공동체 시민의 권리와 종교적 권리나 다른 국가에서 유대인이 누리는 권리 및 정치적 지위가 침해되지는 않을 것입니다."

이 선언을 시온주의자 동맹에 전달해 주신다면 감사하겠습니다.

아서 제임스 밸푸어 배상

영국 외무장관 아서 밸푸어Arthur Balfour가 영국 유대인 사회 대표 중 한 명에게 한 '선언'은 중동에서 공식적인 영국 정책을 언명한 진술로 여겨졌다. 하임 바이츠만이 이끄는 시온주의자들은 1880년대 이후로 유대인들이 많이 이주한 팔레스타인을 유대인 민족의 고향으로 지정하려고 압력을 가해왔다.

밸푸어 선언이 있기 약 18개월 전인 1916년 5월 16일, 각각 영국과 프랑스를 대표하는 마크 사이크스Mark Sykes와 조르주 피코Georges Picot는 붕괴하던 오스만 제국 영토에 대한 통제권과 영향권을 결정하는 비밀 협정에 서명했다. 이 협정으로 프랑스는 시리아와 레바논을, 영국은 이라크와 요르단을 할당받았고 팔레스타인 지역은 국제 공동 통치하에 두기로 했다. 이 협정은 밸푸어 선언이 있고 나서 몇 주 뒤에야 공개됐다.

사이크스-피코 협정은 "아랍 독립 국가나 아랍 국가 연합을 인정하고 보호"하겠다고 명시했으나 영국이 메카 보안관이자 오스만 제국에 맞서 아랍 봉기를 이끌었던 에미르 파이살에게 영국이 했던 약속과 어긋났다. 현재 거주하는 비유대인의 이익을 보호하겠다고 약속하는 동시에 유대 국가 건설에 '찬성'한다는 밸푸어 선언은 아랍인의 열망에 깊은 실망을 안겼다.

1918년 11월 7일, 프랑스와 영국은 공동으로 아랍에 "토착 주민의 주도권과 선택권을 자유롭게 행사함으로써 권위를 이끌어내는 국가 정부 및 행정부를 설립"하기로 약속했다. 두 달 뒤인 1919년 1월 3일 바이츠만과 파이살은 협정을 체결했다.

아랍 헤자즈 왕국을 대표하고 대리하는 에미르 파이살 전하와 시온주의자 기구를 대표하고 대리하는 하임 바이츠만 박사는 아랍인과 유대인 사이에 존재하는 민족 간 친족 관계와 오랜 유대감을 유념하고, 각 민족의 열망을 완성하는 가장 확실한 수단이 아랍 국가와 팔레스타인 발전에 긴밀히 협력하는 것임을 인식하며, 양측 사이에 존재하는 바람직한 이해를 더욱 강화하고자 바라는 마음으로 다음 항목에 합의했다.

제1항 아랍 국가와 팔레스타인은 모든 관계와 약속 이행에서 가장 성심 어린 호의와 이해로 조절해야 하며 이를 위해 각자 영토에서 적법한 절차에 따라 신임받은 아랍 및 유대 대리인을 임명하고 유지해야 한다.

제2항 강화 회의 토의가 끝난 직후 이 협정 당사자들이 협의한 위원회가 아랍 국가와 팔레스타인을 나누는 명확한 경계를 결정해야 한다.

제3항 팔레스타인 헌법과 행정부를 설립하는 모든 조치는 1917년 11월 2일에 있었던 영국 정부 선언을 실행에 옮길 수 있도록 최대한 보장하는 방향으로 채택해야 한다.

제4항 유대인이 대규모로 팔레스타인에 이주하도록 장려하고 격려하는 데 필요한 모든 조치를 취해야 하며, 밀집 정착과 경작지 집약 재배로 유대인 이민자가 최대한 빨리 정착할 수 있도록 해야 한다. 이런 조치를 취할 때 아랍 소작농과 소작 농가는 권리를 보호받아야 하며 경제 발전 추구에 도움을 받아야 한다.

파이살은 이에 조건을 달았다.

내가 영국 외무 장관에게 보낸 1월 4일 자 성명서에서 요구한 대로 아랍이 확립된다면 이 협정에 명시한 바를 수행할 것이다. 만약 변경 사항이 있다면 이 협정을 수행하지 않은 책임을 질 수 없다.

사이크스-피코 협약에 얽매인 영국은 파리 강화 회의에서 약속을 이행할 수 없었고, 국제 연맹으로부터 향후 30년 동안 팔레스타인을 관리할 권한을 부여받은 영국은 어느 측도 만족시킬 수 없는 불안한 평화 중재자의 위치에 서게 됐다.

이날 일어난 다른 사건들
1570년 북해에서 발생한 쓰나미로 네덜란드와 덴마크 사이에서 1,000명 이상 사망
1930년 에티오피아에서 하일레 셀라시에 황제 즉위
1975년 이탈리아 영화감독 피에르 파올로 파솔리니Pier Paolo Pasolini가 로마 근처에서 피살됨

11월 3일

'침묵하는 다수'에 호소한 닉슨, 1969년

이제 이 전쟁[베트남 전쟁]을 특히 염려하는 이 나라의 젊은이들에게 한 말씀드리고 싶습니다. 여러분이 염려하는 이유를 이해합니다. 여러분의 이상을 존중합니다. 평화를 염원하는 마음에도 공감합니다. 저도 여러분만큼이나 평화를 원합니다. … 저는 평화를 이룰 계획을 선택했습니다. 성공하리라 믿습니다. 실제로 성공한다면 지금 비평가들이 하는 말은 문제가 되지 않을 것입니다. 성공하지 않는다면 제가 그때 무슨 말을 하든 중요하지 않을 것입니다.

요즘 같은 때 애국이나 국운을 운운하는 것은 시류에 어울리지 않는 일임을 알고 있습니다. 하지만 이 기회에 그렇게 해야겠다고 느꼈습니다.

200년 전 이 나라는 약하고 가난했습니다. 하지만 그때도 이미 미국은 세계 수백만 명의 희망이었습니다. 오늘날 우리는 전 세계에서 가장 강하고 부유한 국가가 됐습니다. 그렇게 운명의 수레바퀴가 돌고 돌아 미국 국민에게 자유세계 리더십의 난관에 대처할 도덕관념과 용기가 있는지의 여부가 이 세계의 평화와 자유를 결정하는 상황에 이르렀습니다. 추후에 역사학자들로 하여금 미국이 전 세계 최강국이었던 시절에 전체주의 세력이 수백만 명의 평화와 자유에 대한 마지막 희망을 억누르도록 방치했다고 기록하게 하는 사태가 없도록 합시다.

그래서 오늘 밤 저는 여러분, 침묵하는 대다수 미국 국민께 지지를 호소합니다.

리처드 닉슨, 대국민 연설, 1969년 11월 3일

동맹인 남베트남이 공산주의 국가 북베트남에 넘어가는 사태를 막고자 베트남에 군사 개입을 감행한 미국은 1960년대 내내 그 강도를 높여가면서 미국 청년 수천 명을 징집했다. 1969년 젊은이들의 강력한 반발에 부딪친 닉슨 대통령은 '베트남화' 정책을 지지해 달라며 '침묵하는 다수'에 호소했다. 베트남화란 미군이 단계적으로 철수하고 남베트남 군사력을 증강하는 정책이었다. 닉슨은 궁극적인 목표가 '명예로운 평화'라고 자주 주장했지만 강제적인 폭탄 공격과 캄보디아 및 라오스까지 교전을 확대하는 수단을 쓰다가 1973년에야 협정을 체결했다. 미국은 결국 1975년 북베트남의 승리를 막지 못했다.

이날 일어난 다른 사건들

1783년 런던 타이번 교수대에서 마지막 공개 교수형
1918년 제1차 세계대전: 오스트리아-헝가리 제국 종말의 전조가 된 휴전
1957년 소련 위성 스푸트니크 2호, 라이카라는 개를 태우고 발사

11월 4일

클로로포름 발견, 1847년

곧 그 일행은 난데없는 흥에 휩싸였다. 그들은 무척 기운이 넘치고 아주 행복했으며 너무나 수다스러워졌다. 대화는 보기 드물게 지적이었고 듣는 사람들, 즉 일가의 몇몇 여성들과 심슨 박사의 처남인 해군 장교를 사로잡았다. 그러다가 갑자기 말소리가 방적 공장 소리처럼 점점 더 크게 들렸다. 잠시 더 이어지다가 갑자기 모두가 조용해졌다. 그러다가 멈췄다! 깨어나면서 심슨 박사가 처음 한 인식은 정신적 측면이었다. 그는 '이 물질은 에테르보다 훨씬 강력하고 효과가 좋아.'라고 생각했다. 두 번째로 자신이 바닥에 엎드려 있었고, 그의 친구들 사이에 혼란과 불안이 공존한다는 사실에 주목했다. 소음을 들은 그가 몸을 돌리니 의자 밑으로 던컨 박사가 보였다. 입은 벌리고 눈은 허공을 응시하고 고개를 아래로 반쯤 숙인 채 의식이 없는 상태로 아주 결연하고 요란하게 코를 골고 있었다. 케이스 박사는 저녁 식탁을 엎으려고 발과 다리를 흔들고 있었다. 해군 장교, 페트리 양, 심슨 부인은 희한한 모습으로 바닥에 누워 있었고, 함께 코를 고는 소리가 공중에 울려 퍼졌다. 머지않아 다시 다들 모여 앉았다. 각자 그가 새로 발견한 약품에 만족을 드러냈고, 그날 밤 클로로포름이 거의 다 떨어질 때까지 여러 번 흡입을 반복했다.

H. L. 고든 H. L. Gordon,
《제임스 영 심슨 경과 클로로포름 SIR JAMES YOUNG SIMPSON AND CHLOROFORM》, 1897

효과적인 마취제를 찾고자 자주 화학 실험을 하던 스코틀랜드 산부인과 의사 제임스 영 심슨 James Young Simpson(1811년-1870년)은 1847년 11월에 클로로포름이라는 신물질을 발견했다. 그로부터 얼마 지나지 않아 그는 산모들이 출산할 때 겪는 고통을 완화하는 데 클로로포름을 사용했다. 처음에는 종교적 이유로 반대하는 의견이 있었으나 1853년 빅토리아 여왕이 여덟 번째 자녀 레오폴드 왕자를 출산할 때 클로로포름 사용에 동의하면서 사라졌다.

심슨은 일찍 재능을 인정받았다. 그는 24세에 에든버러 왕립 의학 협회 회장직을 맡았고, 29세라는 젊은 나이에 에든버러대학교 조산학 학장으로 임명됐다.

이날 일어난 다른 사건들

1576년 80년 전쟁: 스페인 군대가 앤트워프 약탈
1956년 소련 군대가 헝가리 혁명 진압
1979년 테헤란 주재 미국 대사관 점거로 이란 인질 사건 시작

11월 5일

화약 음모, 1605년

지난밤 토머스 나이벳 경Sir Thomas Knyvett이 의회 상원을 수색했고 토머스 퍼시Thomas Percy 씨의 하인 존슨을 체포했습니다. 그는 의원 전원이 모였을 때 의회 의사당을 폭파할 목적으로 지하실에 화약 36통을 숨겨 뒀습니다.

의회 서기 랠프 이웬스Ralph Ewens, 1605년 11월 5일

화약 음모자들은 의회 의사당을 폭파하고 제임스 1세를 비롯한 왕족 대부분, 의회, 잉글랜드 정치 지도자 대부분을 죽인 다음 어린 왕세자 찰스를 가톨릭 파벌 수장으로 왕좌에 앉히고자 했다. 1605년 11월 5일 군인 출신 가이 포크스Guy Fawkes가 화약과 함께 현행범으로 체포되면서 그들의 계획은 수포로 돌아갔다. 몇 주 뒤 침전 시종 에드워드 호비 경Sir Edward Hoby은 당시 위협을 이렇게 요약했다.

11월 5일 우리는 의회를 개회했다. 원래 국왕이 직접 참석해야 하나 그날 아침 발견한 음모로 그만뒀다. 음모는 국왕이 모든 자녀와 귀족, 하원의원들을 동반하고 모든 주교, 재판관, 의사들이 참석한 가운데 왕좌에 앉았어야 할 시점에 폭탄을 터트리는 것이었다. 국가 전체와 잉글랜드 왕국을 단번에 폭파하려는 계획이었다. 이 계획을 실행하고자 의회 의사당에서 국왕이 앉았을 자리 아래에 화약 30여 통을 상당한 양의 장작, 땔감, 강철 조각과 막대기와 함께 배치했다.

이 음모는 10월 26일 음모자들 중 한 명의 인척인 몬트이글 경Lord Monteagle이 익명의 편지를 받으면서 발각됐다. 편지 내용은 "의회에 끔찍한 폭발이 일어날 예정이니 안전한 곳으로 숨어라."라는 조언이었다. 처음에 자기 이름이 존 존슨이라고 했던 포크스는 고문을 받고 1606년 1월 말에 처형됐다. 스태퍼드셔 홀베치 하우스에서 남은 지지자들에게 둘러싸여 있던 주모자 로버트 캐츠비Robert Catesby를 비롯한 다른 공모자들도 대부분 잡히거나 살해됐다. 이 음모로 다친 사람은 아무도 없었지만 홀베치 하우스에 쌓아두었던 화약에 불이 붙는 바람에 그곳에 있던 공모자 몇몇이 심한 부상을 입었다.

이날 일어난 다른 사건들
1831년 미국 노예 반란 지도자 냇 터너가 재판에서 사형 선고를 받음
1854년 크림 전쟁: 잉케르만에서 러시아군이 연합군 격파에 실패
2006년 사담 후세인이 이라크에서 사형 선고를 받음

11월 6일

구스타부스 아돌푸스의 죽음, 1632년

"이제, 바로 지금이다, 전우들이여. 돌격하라, 신의 이름으로 돌격하라. 예수님, 예수님, 예수님이 오늘 싸움에서 나를 이끌고 내 권리를 지켜주실 것이다."

그는 말에 박차를 가하고 제국군의 꽃인 흉갑기병 24개 중대로 이뤄진 대대를 향해 돌격했다. 스웨덴 연대 2개가 그의 뒤를 따르라는 명령을 받았다. 왕의 포병대가 나왔고 적을 향해 대포 5발을 발사했다. 이에 적군은 대포 200발로 답했다. 엄청난 소음과 불꽃이 일었지만 발렌슈타인의 포병대가 소준을 잘하시 못해 스웨덴군은 거의 피해를 입지 않았다.

하지만 첫 번째 돌격은 왕과 군 전체에 치명적이었다. 중대가 천둥처럼 적에게 달려들었지만 총알이 왕의 팔을 관통하고 뼈를 부러뜨렸다. 옆에 있던 병사들은 왕이 피를 흘리는 모습을 보며 "왕께서 부상당하셨다."라고 외쳤다. 그 말에 부하들의 사기가 꺾일지 모른다는 걱정에 왕은 심기가 무척 불편했다. 그는 "부상은 별 것 아니다, 전우들. 용기를 내라. 역경을 극복하고 다시 돌격하라."라고 대답했다.

다시 격렬하게 공격이 시작됐고 왕은 군대 선두에서 다시 싸웠지만 출혈로 정신이 혼미해지고 목소리가 약해졌다. 그는 작센 라벤부르크 공작에게 "부상이 심하니 나를 데려가 주시오."라고 속삭였다. 빠져나가는 구스타부스를 본 흉갑기병이 적군 대대에서 질주해 와서 기병총을 왕의 어깨에 쏘았다. … 부상을 입은 왕은 말에서 떨어져 숨을 거뒀다.

익명의 기록, 1633년

1611년부터 스웨덴 국왕으로 재위했던 구스타부스 2세 아돌푸스는 1630년 30년 전쟁에 참전해 가톨릭(및 합스부르크) 신성 로마 제국 황제 군대에 맞서 루터파를 도왔다. 이후 2년 동안 그는 정예 기병, 집중 공격, 전장에서 대포 사용으로 스웨덴을 유럽 주요 강국으로 바꿔놓았다. 1632년 뤼첸 전투에서 스웨덴 군은 신성 로마 제국 사령관 발렌슈타인Wallenstein에 맞서 결정적인 승리를 거뒀지만 '북방의 사자'라는 별명을 얻은 구스타부스 2세는 이 전투에서 전사했다. 그가 뒤로 한 스웨덴은 제국의 '황금시대'를 열어나갔다.

이날 일어난 다른 사건들
1860년 에이브러햄 링컨이 미국의 제16대 대통령으로 당선
1893년 러시아 작곡가 표트르 일리치 차이콥스키 사망
1917년 제1차 세계대전: 4개월에 걸친 전투 끝에 캐나다군이 파스샹달 함락

11월 7일

겨울 궁전 습격, 1917년

노래도 환호도 없이 우리는 검은 강물처럼 모든 길을 채우며 붉은 문으로 쏟아져 들어갔다. … 탁 트인 곳에서 우리는 몸을 숙이고 무리를 지어 달리기 시작했고 알렉산드르 원주 뒤편으로 급작스럽게 몰려들었다.

　… 수백 명이 몇 분 동안 그곳에 옹기종기 모여 있다가 부대는 다시 자신감을 얻었는지 명령도 받지 않고 갑자기 앞으로 나아가기 시작했다. … 장작을 쌓은 방어벽을 기어올라 건너편으로 뛰어내린 우리는 그곳에 서 있던 융커[사관후보생]들이 내던지고 간 소총 더미를 발견하고는 승리의 함성을 질렀다.

　… 열렬한 인파에 이끌린 우리는 오른쪽 문으로 휩쓸려 들어갔다. 그 문은 천장이 아치형인 거대한 방으로 들어가는 입구였다. 동관 창고인 그 방에서 수많은 복도와 층계가 미로처럼 뻗어나갔다. 수많은 대형 포장 상자가 널려 있었고 적위대와 병사들이 맹렬하게 들어와 카펫, 커튼, 리넨, 도자기 접시, 유리그릇을 끄집어냈다.

　어떤 사람은 어깨에 청동 시계를 올리고 거드름을 부리며 걸었고 어떤 사람은 타조 깃털 장식을 찾아 모자에 꽂았다. 약탈을 막 시작했을 무렵 누군가가 "동지들! 아무것도 만지지 마십시오! 아무것도 가져가지 마십시오! 이것은 인민의 재산입니다!"라고 외쳤다. 즉시 스무 명이 한목소리로 "멈추시오! 전부 제자리에 갖다 놓으세요! 아무것도 가져가지 마세요! 인민의 재산입니다!"라고 외쳤다. … 대충 서둘러서 물건들을 제자리에 밀어 넣고 자원한 보초병이 지키고 섰다. 정말 자발적으로 일어난 일이었다. 복도와 층계를 따라 저 멀리 점점 희미해져 가는 외침이 들렸다. "혁명의 규율! 인민의 재산."

존 리드, 《세계를 뒤흔든 열흘TEN DAYS THAT SHOOK THE WORLD**》, 1919년**

상트페테르부르크에 있는 예전 차르의 거주지이자 러시아 정부 청사이기도 했던 겨울궁전 습격은 1917년 10월 혁명에서 결정적인 순간이었다. 미국 사회주의 언론인 존 리드John Reed(1887년-1920년)는 이후 6개월에 걸쳐 레닌과 트로츠키를 비롯한 볼셰비키 지도자들과 친분을 쌓았다. 그후 티푸스로 요절하면서 정말로 특이한 미국 정치색을 지닌 용감무쌍한 이상주의자라는 명성을 유지했다. 현재 겨울궁전은 상트페테르부르크의 방대한 예술 작품을 보유한 에르미타주 미술관의 일부다.

이날 일어난 다른 사건들

1913 초기 진화론자 앨프리드 러셀 월리스Alfred Russel Wallace 사망

1919년 제1차 파머 레이드Palmer Raid에서 미국 공산주의자와 무정부주의자 용의자 1만 명 체포

1929년 뉴욕 현대미술관 개관

11월 8일

스페인 정복자들을 만난 몬테수마, 1519년

"당신이 말한 세 명의 신과 십자가 이야기는 잘 알아들었습니다. … 우리는 우리 신들을 숭배해 왔고 … 그들이 선하다고 여기는 터라 당신에게 답을 드릴 수는 없습니다. 당신의 신들도 물론 선하겠지만 지금 굳이 우리에게 여러분의 신에 대해 이야기할 필요는 없습니다. 세상이 어떻게 만들어졌는지에 관해 우리는 오랫동안 같은 믿음을 유지해왔고 이러한 이유로 우리는 여러분이 우리 조상들이 해가 뜨는 방향에서 올 것이라고 예견한 이들이라고 확신합니다. 여러분의 위대한 왕에게 나는 빚을 졌고 내가 가진 것을 그에게 주고자 합니다. 2년 전 나는 선장들이 배를 타고 왔다는 소식을 들었습니다. … 그들은 여러분이 모시는 위대한 왕의 신하라고 했습니다. 나는 당신들이 모두 같은 민족인지 알고 싶습니다."

코르테스가 우리는 모두 같은 황제를 모시는 형제이자 신하라고 말하자 [몬테수마는] 그때 이후로 줄곧 이 사람들을 자기 왕국에 초청하고 싶었고 … 이제 우리가 우리 집이라고 불러도 좋은 그의 집에 있으니 신들이 자기 바람을 이뤄주셨다고 말했다. 우리는 좋은 대우를 받아야 마땅하니 이곳에서 푹 쉬고 즐기라고 했다. 이전에 우리가 그의 도시에 들어오지 못하도록 막은 적이 있다면 그것은 자기 뜻이 아니라 신하들이 두려워했기 때문이라고 했다. 신하들이 그에게 우리가 말을 타고 번쩍이는 빛을 쏘아 많은 원주민을 죽였다고 말했다고 했다. … 하지만 이제 그는 우리를 봤고 우리가 살과 피로 이뤄진 사람이며 무척 똑똑하다는 사실을 알았다. 그러므로 그는 … 그가 가진 것을 우리와 나누려고 했다.

베르날 디아스델카스티요,
《뉴 스페인 정복의 진실 이야기THE TRUE HISTORY OF THE CONQUEST OF NEW SPAIN》, 1576년

현재 멕시코 중부에 있었던 아즈텍 제국 통치자 몬테수마 2세Montezuma II(1502년-1520년)는 스페인 정복자 에르난 코르테스Hernán Cortés와 그의 소규모 군대를 오늘날 멕시코시티 터에 있던 아즈텍 수도 테노치티틀란으로 맞이했다. 몬테수마 2세는 그들이 고대 예언에서 말한 신들이라고 생각했다. 그 '신들' 중 한 명이었던 병사 베르날 디아스델카스티요Bernal Díaz del Castillo가 나중에 그날 일을 회상해서 기록으로 남겼다.

스페인인들이 도착한 지 9개월 뒤에 아즈텍-스페인 관계가 폭력으로 악화되면서 몬테수마는 사망했다. 그를 죽인 쪽은 스페인이었을 수도 있고 자기 부하였을 수도 있다. 몬테수마 사후 아즈텍 제국은 곧 멸망했다.

이날 일어난 다른 사건들
1793년 프랑스 혁명: 루브르궁을 박물관으로 개관
1889년 몬태나가 미국의 41번째 주로 편입
1987년 북아일랜드 에니스킬린에서 열린 영령 기념일 행사에서 아일랜드 공화국군 폭탄 테러로 12명 사망

11월 9일

베를린 장벽 붕괴, 1989년

우리는 오늘 모든 GDR[독일 민주공화국, 동독의 공식 명칭]의 시민이 GDR의 국경 통과 지점을 통과할 수 있도록 허용하는 새로운 규정을 정했습니다. 개인의 해외여행은 아무런 이의 없이 신청할 수 있으며 빠른 속도로 처리될 것입니다. 인민 경찰은 지체 없이 장기 출국 비자를 발급하라는 지시를 받았고 지금까지 적용했던 조건은 불필요합니다. 제가 아는 한, 즉시 지체 없이 발효합니다.

베를린 공산당 공보 비서 귄터 샤보프스키, 1989년 11월 9일 오후 6시 53분

[오후 7시 15분] 나는 동독 시민들에게 해외여행을 허용해도 되는지 알고 싶었다. 샤보프스키는 그런 명령을 내릴 수 있는 인물이 아니었기 때문이었다. 지휘 계통이 있고, 조치를 마련해야 했으며, 당연히 그런 조치에 대응할 추가 인력을 검문소에 배치해야 했다. 날인기, 기술 장비 등등도 필요했다. 해외 출국에 필요한 서류를 정하는 규정도 있어야 했다. 우리는 시민들에게 어떤 서류를 제출하라고 요구해야 할지 몰랐다.

[오후 7시 30분, 보른홀머 검문소에 50명에서 100명 정도 사람들이 모임.] 사람들이 여행을 할 수 있는지 물었다. 나는 우리 규정에 따르면 여권과 비자가 있어야 하므로 불가능하다고 말했다. 나는 사람들에게 다음날 다시 오라고 말했고 몇몇은 돌아갔다.

[오후 11시, 많은 사람들이 몰려와 서독으로 가는 길을 열어달라고 요구했다.] 나는 그들의 상관이었지만 그날 밤 나와 함께 일했던 사람들은 나와 똑같은 일을 겪고 있었다. 그들은 계속해서 내게 어떤 일을 하라고 요구했지만 나는 무엇을 해야 할지 확신이 없었다. 그래서 나는 계속 "어떻게 해야 하지? 발포하라고 명령할까?"라고 물었다. 우리는 무엇을 해야 할지 계속 의논하고, 의논하고, 의논했다. …

나는 그저 어떻게 하면 유혈사태를 피할 수 있을지 생각했다. 사람들이 너무 많이 모여서 움직일 공간이 없었다. 공황 상태라도 발생하면 사람들이 깔려 죽을 것 같았다. 우리는 총을 휴대하고 있었고 총을 사용하지 말라는 지시를 받았지만 누구 한 사람이라도 인내심을 잃는다면 어떻게 될까? 설사 허공에 쏘더라도 어떤 반응을 불러일으키게 될지 상상할 수 없다. [그는 본부에 전화를 걸었다.] 나는 "사람들을 전부 내보내야 할 것 같습니다."라고 말했다. 상관은 "지시 사항을 받았을 테니 지시대로 해."라고 대답했다. 나는 "더는 버틸 수가 없습니다. 검문소를 열어야 합니다. 검문을 중단하고 사람들을 내보내겠습니다."라고 대답했다.

[그는 자정이 되기 직전에 검문소를 개방했고 2만 명이 통과했다.] "무릎이 후들거리고 속이 아주 좋지 않습니다. 나는 본부에 전화를 걸어 '대령님[상관의 계급], 국경을 개방했습니다. 더는 버틸 수 없었습니다. 사람들을 전부 내보냈습니다.'라고 말했다. 그는 '괜찮네,

젊은이.'라고 말했다."

하랄트 예거 Harald Jäger, **출입국 관리 공무원, 보른홀머 대로 검문소, 베를린, 인터뷰**

1961년 이래 냉전의 상징이던 동베를린과 서베를린을 가르는 장벽(8월 13일 참조)이 혼돈에 휩싸인 1989년 11월 9일 밤에 개방되면서 거의 30년 만에 처음으로 동독 시민이 자유롭게 서독으로 갈 수 있게 됐다. 군사력 지원 측면에서 소련에 버림받고 대규모 시위에 직면한 공산주의 동독 정부는 이날 정오에 갑작스럽게 출국 제한을 폐지하기로 결정했다. 공산당 중앙 위원회 소속으로 정부 대변인 역할을 담당했던 귄터 샤보프스키Günter Schabowski는 국경이 개방될 것이라고 발표했다.

뉴스가 나가자마자 군중은 국경 통과 지점으로 몰려들었고, 국경 경비대는 아무런 지시 사항을 전달받지 못한 상황이었다. 자정 무렵 동독 비밀경찰이 모든 출입문을 개방하라고 명령했다. 한 시간 뒤 수천 명이 국경을 넘었고 사람들은 곡괭이로 벽을 깨부수기 시작했다.

1956년 헝가리와 1968년 체코슬로바키아에서 발생한 대중 불안을 진압한 바르샤바 조약 기구와는 완전히 다른 그 장면은 철의 장막 (3월 5일 참조) 해제를 보여주는 더할 나위 없이 강력한 표현이었다. 소련의 경제적 지원과 군사력 없이 버티기에 동유럽 공산주의 지배층은 너무 약해서 대중 압력에 버틸 수 없었으므로 루마니아에서 일어난 짧은 폭력 소요와 1990년대와 2000년대 초에 뒤따른 유고슬라비아의 복잡한 해체를 제외하면 폭력 사태 없이 금세 무너졌다.

독일을 재통일하려는 정치계 추진력은 비교적 이른 1991년에 실현됐고, 베를린은 통일 후에도 수도 자리를 지켰다. 하지만 부유한 서독과 경제 파탄 상태의 동독을 통합하는 경제적 도전은 새로운 과제를 남겼다.

이날 일어난 다른 사건들
1494년 피렌체에서 메디치 가문 추방
1918년 독일 카이저 빌헬름 2세 퇴위
1923년 뮌헨에서 나치 쿠데타 시도(맥주홀 반란) 실패

11월 10일

《채털리 부인의 연인》 출간, 1960년

이 책을 출판한 펭귄북스는 1960년 10월 20일부터 11월 2일에 걸쳐 런던 올드 베일리에서 1959년 음란출판물법에 따라 재판을 받았습니다. 이 판본은 '무죄' 판결을 내려 D. H. 로렌스의 마지막 소설이 영국에서 최초로 대중에 공개될 수 있도록 해 주신 배심원 12명, 여성 3명과 남성 9명에게 바칩니다.

펭귄북스 제2판 헌정사, 《채털리 부인의 연인》, 1961년

1960년 11월 10일 펭귄북스는 원래 1928년 이탈리아에서 자비로 출판한 D. H. 로렌스 D. H. Lawrence의 소설 《채털리 부인의 연인 Lady Chatterley's Lover》을 영국 최초로 출간했다. 그때까지 이 소설은 성을 부끄러움 없이 묘사하고 노골적이고 일상적으로 뻔뻔한 성적 대화가 나온다는 이유로 음란성을 근거로 출판이 금지됐다. (일부 사람들은 상류층인 콘스탄스 채털리 부인과 사냥터지기 사이의 계급 차이를 넘나드는 불륜이라는 허구적 맥락이 소설의 유해성을 심화한다고 봤다.)

1959년 '사회적 가치 이행'을 옹호하는 음란출판물법이 통과되면서 위기가 찾아왔다. 책을 20만 부 인쇄했던 펭귄북스는 기소국장의 기소에 이의를 제기했고 이 사건 공판은 1960년 10월 올드 베일리에서 열렸다. 펭귄북스는 변호를 위해 여러 주요 문학계 인사와 학자들을 불렀고 담당 검사 머빈 그리피스-존스 Mervyn Griffith-Jones는 배심원단에 "여러분은 이 책을 아내나 하인들이 읽었으면 좋겠습니까?"라는 질문을 해서 조롱을 받았다.

재판이 세간의 이목을 끌면서 출판사는 엄청난 홍보 효과를 거뒀다. 일주일 뒤 "이제 '여러분'도 읽을 수 있다"라는 홍보 문구와 함께 책이 출간됐을 때 영국 전역 서점 밖으로 긴 줄이 늘어섰고 소설은 몇 분 만에 매진됐다. 몇 달 안에 300만 부 이상이 팔려나갔다.

이 판례는 영국 출판 역사뿐만 아니라 영국 관습 변화까지 나타내는 분수령이 됐다. 이 사건은 자유로운 '60년대'가 시작된 순간으로 자주 꼽힌다.

이날 일어난 다른 사건들
1674년 웨스트민스터 조약으로 아메리카의 '뉴네덜란드'를 잉글랜드에 양도
1938년 현대 터키 건국의 아버지 무스타마 케말('아타튀르크') Mustafa Kemal ('Atatürk') 사망
2001년 최초의 애플 아이팟 판매

11월 11일

휴전에 분노한 히틀러, 1918년

더는 견딜 수 없었다. 한시도 잠자코 앉아있을 수가 없었다. 또 한 번 눈앞이 캄캄해졌다. 나는 비틀거리며 앞을 더듬으면서 기숙사로 돌아와 침대에 몸을 던지고 불타는 듯한 머리를 담요와 베개에 파묻었다. 어머니 무덤 앞에 섰던 날 이후로 나는 울지 않았다. … 기나긴 전쟁이 이어지면서 죽음이 수많은 소중한 전우와 친구들을 앗아가는 가운데 불평은 거의 죄악처럼 느껴졌다. 그 모두가 허사였다.

모든 희생도 궁핍도 허사였다. 몇 달 동안이나 끝없이 이어진 굶주림과 목마름도 허사였다. 죽음의 공포가 심장을 조여 오는데도 임무를 다했던 시간들도 허사였다. 목숨을 내던진 200만의 죽음도 허사였다. 이 수백만의 무덤을, 조국에 대한 믿음으로 돌아올 수 없는 길을 나아갔던 이들의 무덤을 파헤치지 말아야 하지 않을까? 이 세상에서 한 사람이 자기 민족에게 할 수 있는 가장 고결한 희생을 그따위 조롱으로 속여 진흙과 피범벅이 된 말없는 영웅들을 복수의 영령으로 고향으로 보내지는 말아야 하지 않을까? 이러려고 그들이 죽었단 말인가? … 독일의 어머니가 사랑하는 아들을 다시는 만날 수 없다는 가슴을 에는 듯한 마음으로 조국에 바친 희생의 의미가 이것인가?

… 분노라는 수치심과 패배라는 불명예로 미간이 불타오르는 기분이었다. … 이런 밤이면 내 안에서 증오, 이 사태를 책임져야 할 인간들에 대한 증오가 내 안에서 자라났다. … 그리하여 나는 정치에 몸담기로 결심했다.

아돌프 히틀러, 《나의 투쟁MEIN KAMPF》, 1925년

제1차 세계대전을 끝낸 휴전 협정은 1918년 11월 11일 오전 11시부터 효력이 발생했고, 사람들은 대부분 안도했다. 하지만 화평을 청한 독일은 1914년의 자신만만하던 강대국과 완전히 달랐다. 이제 빌헬름 2세는 망명 중이었고 29세 히틀러와 같은 국가주의자들은 휴전협정을 전장에서 패하지 않은 독일군에 대한 배신행위로 여겼다. 독일이 '등을 찔렸다'라는 믿음이 커졌고 희생양을 찾기 시작했다. 1919년 베르사유에서 독일에 부과된 배상금은 향후 갈등의 씨앗을 뿌리며 이런 분개심을 더욱 부추길 뿐이었다.

이날 일어난 다른 사건들
1215년 제4차 라테란 공의회에서 가톨릭 성변화 교리 정의.
1869년 오스트레일리아에서 원주민 보호법 통과
1965년 로디지아 백인 소수 정부가 일방적 독립 선언

11월 12일

명성을 드날린 쥘 레오타르, 1859년

그는 정말이지 쉽게 공중을 날아가네
공중그네를 타는 저 대담한 젊은이
우아한 움직임으로
모든 소녀들을 기쁘게 하지
그렇게 내 사랑도 훔쳐가 버렸네

조지 레이본, 보드빌 작품, 1867년

원조 '공중그네를 타는 대담한 젊은이', 프랑스인 쥘 레오타르Jules Léotard는 1859년 11월 12일 파리 나폴레옹 곡예 극장에서 첫 공연을 선보이며 커다란 환호를 받았다. 그를 기념하기 위해 기념 메달이 주조될 정도였다. 같은 해에 다른 서커스 공연자 블롱댕Blondin은 외줄을 타고 나이아가라 폭포를 건너 비슷한 명성을 얻었다.

1842년 툴루즈에서 태어난 레오타르는 아버지가 운영하던 수영장 위에서 기발한 공중 곡예를 개발했다. 대중 앞에서는 사고에 대비해 매트리스 더미를 사용했다. 그는 법학을 공부했지만 공중그네를 넘나들며 공중제비를 넘는 공중그네 곡예가 더 많은 돈을 벌 수 있는 일이었다.

레오타르가 관중에게 인기 있었던 이유는 대담한 연기와 외모에서 비롯됐다. 그는 상상의 여지를 남기지 않는 몸에 딱 붙는 일체형 의상을 입었다. 그 의상은 그가 죽고 나서 여러 해가 지나고 나서야 레오타드(Léotard의 영어식 발음)라고 불리게 됐지만 어쨌든 그의 이름이 자리를 잡았다. 레오타르는 유럽 전역을 누비며 거금을 벌어들였다. 런던에서는 알함브라 극장에서 식사하는 사람들 머리 위에서 공연을 했고 미국에서도 공연했다. 하지만 1870년 28세라는 젊은 나이로 스페인에서 천연두 혹은 콜레라로 사망했다. 그의 성취와 매력은 조지 레이본George Leybourne의 보드빌 작품으로 영원을 얻었다.

이날 일어난 다른 사건들

1912년 남극에서 로버트 팰컨 스콧과 대원들의 시신 발견
1927년 레온 트로츠키가 스탈린이 지배하는 소련에서 추방됨
1969년 베트남 전쟁: 시모어 허시Seymour Hersh가 밀라이 학살을 처음으로 보도

11월 13일

바타클랑 극장 테러, 2015년

1947년형 칼라시니코프 자동 소총을 든 테러리스트 두 명이 콘서트 장에 들어와 관중에게 닥치는 대로 총을 쏘았다. 사람들은 소리치며 비명을 질렀고 다들 바닥에 엎드렸다. 무차별 총격이 10분 동안 이어졌다. 다들 바닥에 엎드려 머리를 가렸고 계속해서 총격 소리가 들리는 끔찍한 10분이었다. 테러리스트들은 무척 차분하고 단호했으며 무기를 서너 번 다시 장전했다. 아무런 소리도 지르지 않았다. 아무 말도 하지 않았다.

복면을 쓰고 검은 옷을 입은 그들은 바닥에 엎드린 사람들을 쏘며 처형했다. 나는 운 좋게도 무대 앞에 있었다. 탈출을 시도하기 시작한 사람들은 바닥에 엎드린 사람들을 밟고 출구를 찾아야 했다. 나는 테러리스트들이 총에 장전하는 사이에 출구를 찾았고 무대 위로 올라가 출구를 발견했다. 거리로 나갔을 때 바닥에 누워있는 시신이 20구에서 25구 정도 보였다. 사람들은 심하게 다쳤고 총상을 입었다. 나는 피를 심하게 흘리는 십 대 소녀를 데리고 도망쳤다. 소녀와 함께 200미터 정도 도망쳤을 때 택시가 보였다. 택시에 소녀를 태우고 택시 기사에게 병원으로 가라고 말했다. 내 친구들이 아직 바타클랑 극장 안에 숨어 있었다. 친구들은 테러리스트들이 아직 안에 있을지도 몰라서 어두운 방에 숨어 내게 문자를 보냈다. 당연히 그들은 두려움에 떨고 있었고 경찰이 개입하기를 기다리고 있었다. 이제 두 시간이 넘게 지났고 너무 끔찍한 일이다. 너무 끔찍한 일이 있어났다. 작은 콘서트 장에서 15분, 10분 동안 닥치는 대로 총을 쏘다니 정말이지 끔찍했다.

줄리앙 피어스Julien Pearce, 테러 생존자, 2015년 11월 13일

2001년 9/11 테러 이후 10년 동안 무장 이슬람주의가 부상하고, 21011년 이후로 강력한 지하디스트 단체 이라크 레반트 이슬람 국가(ISIL)가 부상하면서 서구에서 젊은 무슬림이 과격화되는 현상이 나타났다. 이로 인해 2010년 중반부터 여러 유럽 도시 중심에서 무차별 테러 공격이 연속해서 발생했다. 그중에서도 대참사가 2015년 11월 13일 파리에서 일어났다. 자살 폭탄 벨트를 매고 자동 소총과 수류탄을 든 무장 지하디스트 세 명이 파리 중심에 있는 바타클랑 극장에 들어왔다. 당시 극장에서는 관중 1,500명이 모인 가운데 미국 밴드 이글스 오브 데스 메탈이 록 콘서트를 하고 있었다. 이어진 대학살에서 젊은 콘서트 관람객 89명이 목숨을 잃었고 수백 명이 부상을 입은 후에야 테러리스트들이 사살됐다.

이날 일어난 다른 사건들
1002년 잉글랜드에서 '성 브라이스 축일' 데인족 대학살 발생
1903년 프랑스 인상주의 화가 카미유 피사로Camille Pissarro 사망
1979년 〈타임스〉가 산업 분쟁으로 1년간 휴간한 끝에 재발행

11월 14일

코번트리 대성당 파괴, 1940년

유명한 대성당은 뼈대만 남아 드러난 벽 안에 돌무더기가 거대한 둔덕을 형성하고 있다. … 주임 신부(존경하는 R. T. 하워드 사제)와 성당 지킴이 일행이 소이탄 12개를 처리하려고 했다. 그들은 모래를 덮어서 소이탄을 끄려 했지만 고폭탄까지 동원한 소이탄이 빗발치는 바람에 성당을 지키려는 노력은 물거품이 되고 탑과 첨탑만 남았다. 주임 신부는 "성당은 다시 일어설 것이고 재건될 것이며 과거 세대에게 그랬듯이 미래 세대에게도 훌륭한 자랑거리가 될 것입니다."라고 말했다.

오늘 밤 대성당은 악취를 풍기는 껍데기였다. 검게 그을린 아치와 격자 세공한 석조 창문은 형태가 망가졌어도 여전히 위풍당당하게 끔찍한 파괴 현장을 담아냈다. 석재, 무거운 성당 가구 조각, 유명인을 기념하는 명판들이 전부 그냥 먼지가 됐다. 성당 두 채 외에도 감리교 교회, 도서관(장서 수천 권과 귀중한 원고 소장), 회관, 병원의 병동과 수술실, 격리 병원 별관, 호텔 두 채, 신문사 사무실이 파괴됐다.

〈맨체스터 가디언〉, 1940년 11월 16일

1940년 11월 14일에서 15일로 넘어가는 밤, 독일 폭격기가 잉글랜드 미들랜즈 산업 도시 코번트리에 소이탄 3만 6,000개를 포함한 고폭탄 500톤을 투하했다. 최악의 공습 중 하나인 이 습격으로 14세기에 지은 세인트 마이클 대성당이 파괴됐고 가옥 4,000채가 붕괴됐으며 560명 이상이 목숨을 잃었다. 배질 스펜스Basil Spence가 설계하고 옛 성당 잔해 옆에 세운 새로운 성당을 1962년 5월 25일에 다시 축성했다. (9월 7일도 참조.) 벤저민 브리튼Benjamin Britten이 새로운 성당 축성식에서 연주할 〈전쟁 레퀴엠War Requiem〉 작곡을 의뢰받았고 1962년 5월 30일 그곳에서 초연했다.

이날 일어난 다른 사건들

1922년 BBC가 영국에서 라디오 방송 개시
1969년 달 탐사선 아폴로 12호 발사
1990년 독일-폴란드 조약으로 제2차 세계대전 이후 국경 문제 확정

11월 15일

불길에 휩싸인 애틀랜타, 1864년

우리는 제14군단 행군 부대와 마차로 가득 찬 디케이터 도로를 통해 애틀랜타를 빠져나왔다. 남군 도시에서 막 벗어나 언덕에 다다랐을 때 우리는 자연스럽게 멈추고 과거 전투의 모습을 돌이켜봤다. 우리는 [1864년] 7월 22일 [애틀랜타를 함락하고자] 피비린내 나는 전투를 벌였던 바로 그 땅에 서 있었다. 맥퍼슨이 쓰러졌던 잡목림이 보였다. 우리 뒤로는 불에 타 폐허가 된 애틀랜타가 있었다. 검은 연기가 하늘 높이 피어올라 폐허가 된 도시 위로 짙은 먹구름처럼 드리워져 있었다. 저 멀리 보이는 맥도너 도로에는 하워드 종내 후미가 보였다. 포신이 햇빛을 받아 반짝이고 하얀 천을 덮은 마차가 남쪽으로 길게 이어졌다. 우리 바로 앞에는 제14군단이 기분 좋은 표정을 지은 채 꾸준하고 활기찬 속도로 행군했다. 여기에서 리치먼드까지의 거리인 1,600킬로미터도 가뿐해 보였다. 어떤 악대가 우연히 〈존 브라운의 영혼은 계속 행진한다〉라는 노래를 연주하기 시작했다. 병사들이 가락에 맞춰 노래를 불렀다. 그전에도 이후로도 나는 "영광, 영광, 할렐루야!"라는 후렴구를 그보다 더 힘차고 시간과 장소에 어울리게 부르는 것은 듣지 못했다.

윌리엄 셔먼,《셔먼 장군 회고록 MEMOIRS OF GENERAL W. T. SHERMAN》, 1889년

1864년 여름 동안 테네시주 연합군을 몰아낸 북부 연방 장군 윌리엄 테쿰세 셔먼 William Tecumseh Sherman은 9월 조지아주 주요 도시 애틀랜타를 점령했다. 11월 15일 셔먼은 적의 전투원과 싸우는 동시에 적의 물자와 경제 기반 시설까지 파괴하는 새로운 전략에 따라 애틀랜타에 불을 질렀다. 그날 셔먼과 부하들은 적의 영토를 통과해 같은 해 12월 서배너에서 끝난 '바다로 가는 행진'을 시작했다. 행진 도중에 그들은 적의 사기를 떨어뜨리고 남군의 전투 의지를 꺾기 위한 초토화 정책을 수행했다.

기진맥진한 연합군이 마침내 이듬해 봄 버지니아주 애퍼매턱스 코트하우스에서 항복(4월 9일 참조)하면서 미국 남북 전쟁이 끝났다.

이날 일어난 다른 사건들

1630년 독일 천문학자이자 수학자 요하네스 케플러 Johannes Kepler 사망

1917년 프랑스 사회학자 에밀 뒤르켐 Émile Durkheim 사망

1942년 제2차 세계대전: 과달카날에서 미군이 일본군 격파

11월 16일

잉카 제국 황제 생포, 1532년

그날 밤 우리는 다들 잠을 이루지 못했고 카하마르카 광장에서 계속 망을 보며 언덕 위 원주민 군대의 모닥불을 지켜봤다. … 서로 너무 가까워서 마치 별이 총총 떠 있는 하늘처럼 보였다. …

이튿날 아침 전령이 도착하자 총독은 "주인에게 가서 언제든 마음이 내킬 때 오면 내가 그를 친구이자 형제로 맞이하겠다고 전하라. 그 어떤 위해나 모욕도 가하지 않을 것이다."라고 말했다. 정오에 아타우알파가 다가오기 시작했다. … 짙은 푸른색 제복을 입은 영주 80명이 그를 어깨에 짊어지고 왔다. 아타우알파 자신은 머리에 왕관을 쓰고 커다란 에메랄드로 장식한 목걸이를 하는 등 화려하게 차려입고 있었다. 가마에는 형형색색의 앵무새 깃털을 깔고 금박과 은박으로 장식했다.

… 그동안 우리 스페인 사람들은 두려움에 떨며 뜰에 숨어 기다리고 있었다. 심한 공포심에 저도 모르게 오줌을 싸는 이도 많았다. 광장 중앙에 도착했을 때 아타우알파는 높이 든 가마에 그대로 타고 있었다.

그때 피사로 총독이 빈센테 데 발베르데 수도사를 보내 아타우알파에게 우리 주 예수 그리스도의 율법에 따르고 스페인 국왕 폐하를 섬기라고 요구했다. 발베르데 수도사는 한 손에 십자가, 다른 한 손에 성경을 들고 나아가 "나는 하느님을 섬기는 사제이며 기독교인들에게 하느님의 뜻을 가르칩니다. 마찬가지로 당신도 가르치려고 합니다. 나는 하느님께서 이 책으로 우리에게 말씀하신 내용을 가르칩니다. 그러니 당신에게 저들의 친구가 되어 주기를 간청합니다. 그것이 하느님의 뜻이고, 당신에게도 이로울 것입니다."라고 말했다.

아타우알파는 그 책을 달라고 했고 수도사는 책을 덮은 채로 그에게 건넸다. 아타우알파는 책을 어떻게 펼치는지 몰랐다. 수도사가 팔을 뻗어 책을 펼치려 하자 책이 펼쳐지기를 원하지 않았던 아타우알파는 몹시 화를 내며 팔을 세게 쳤다. 그런 다음 그는 직접 책을 펼치더니 글자와 종이에 놀라는 기색 없이 대여섯 발자국 밖으로 던져버렸다. 그의 얼굴은 붉으락푸르락했다.

… 총독이 총을 쏘라는 … 신호를 보냈다. 나팔이 울렸고 스페인 군대가 광장에 몰려 있던 비무장 원주민 무리에게 돌진했다. 우리는 원주민들을 겁주려고 말에 방울을 달았다. 총성이 쾅쾅 울리고 나팔 소리가 나고 말에 단 방울이 울리자 원주민들은 당황했다. 스페인 병사들은 그들에게 달려들어 난도질하기 시작했다. …

총독은 … 대단히 용감하게 아타우알파의 가마로 다가갔다. 그는 아타우알파의 왼팔을 잡았지만 가마가 높이 들려 있어서 가마 밖으로 끌어낼 수 없었다. 우리는 가마를 든 원주민들을 죽였지만 다른 원주민이 그 자리를 대신해 더 높이 들어 올렸다… 결국 스페인 병사 일고여덟 명이 말을 타고 박차를 가해 가마 옆면으로 돌진해 옆에서 끌어당겼다. 그렇게 아타우알파를 생포했고 총독은 아타우알파를 숙소로 데려갔다.

… 밤이 되지 않았다면 원주민 병사 4만여 명 중 살아남은 자는 거의 없었을 것이다…

총독은 아타우알파에게 가까이 와서 앉으라고 했고 고귀한 지위에서 순식간에 추락한 그의 분노를 달랬다. 총독은 "졌다고 해서 모욕당했다고 여기지 마시오. … 나는 당신 왕국보다 더 큰 왕국들도 정복했고, 당신보다 더 힘센 왕들도 물리쳤으며 그들에게 황제의 영지를 맡겼소. 나는 스페인 국왕이자 전 세계의 양인 황제를 섬기는 봉신이오. … 우리 주님은 당신의 자존심을 뭉개도록 허락하셨고 어떤 원주민도 기독교인을 모욕할 수 없다고 하셨소."라고 말했다.

프란시스코 데 세레스, 《페루 정복 이야기 NARRATIVE OF THE CONQUEST OF PERU》, 1530년-1534년

1529년 스페인인 프란시스코 피사로 Francisco Pizarro(1471년경-1541년)는 신성 로마 제국 황제이자 스페인 국왕 카를 5세의 후원을 받아 남아메리카 대륙 깊숙이 침투했다. 그는 넓은 미개척지 지대의 '총독'이라는 직함을 받았고, 수중에 병사 169명, 말 69필, 총기 약간뿐이었지만 1533년 광활한 잉카 제국을 정복하기에 이르렀다. 피사로의 비서 프란시스코 데 세레스 Francisco de Xeres가 설명한 바에 따르면 1532년 11월 16일 카하마르카에 있던 스페인 진지에 들어온 잉카 제국 황제 아타우알파 Atahuallpa 생포가 중대한 사건이었다. 아타우알파 황제는 방 하나를 채울 만한 금을 몸값으로 지불했으나 1533년 8월에 처형됐다. 이후 피사로는 1535년 1월에 뉴 카스티야의 수도가 된 리마시를 세웠고 나중에 이 도시는 페루의 수도가 됐다.

이날 일어난 다른 사건들

1724년 타이번에서 영국의 도둑이자 연쇄 탈옥범 잭 세퍼드 교수형 집행

1938년 스위스 화학자가 마약 LSD를 처음으로 합성

1979년 앤서니 블런트 경 Sir Anthony Blunt이 케임브리지 5인 중 '네 번째 사람'으로 밝혀짐

11월 17일

스탈린주의의 즐거움, 1935년

살기 좋아졌습니다, 동지들. 삶이 더욱 즐거워졌습니다. 삶이 즐거울 때는 일이 잘 됩니다. …

우리 프롤레타리아 혁명은 인민들에게 정치적 결과뿐만 아니라 물질적 결과까지 보여줄 기회가 있는 세계 유일의 혁명입니다. 모든 노동자 혁명 중에서 권력을 획득한 혁명은 단 하나뿐이었습니다. 바로 파리 코뮌이었습니다. 하지만 파리 코뮌은 오래가지 않았습니다. 실제로 파리 코뮌은 자본주의 족쇄를 깨부수려 애썼습니다. 하지만 이를 깨부수기에는 시간이 충분하지 않았고 혁명에 따르는 물질적인 이득을 결과로 보여주기에는 더욱 시간이 부족했습니다.

우리의 혁명은 자본주의 족쇄를 깨부수고 인민들에게 자유를 가져다줬을 뿐만 아니라 인민들이 풍요로운 생활을 누릴 수 있는 물질적 여건을 만드는 데도 성공한 유일한 혁명입니다. 바로 이런 이유로 우리의 혁명은 힘을 지니고 결코 패하지 않습니다. … 하지만 유감스럽게도 자유만으로는 턱없이 부족합니다.

빵이 부족하고, 버터와 기름이 부족하고, 옷감이 부족하고, 주거 환경이 나쁘면 자유만으로는 오래 버티지 못할 것입니다. 동지 여러분, 자유만으로 살아가기는 무척 힘듭니다. 즐겁게 잘살려면 정치적 자유라는 권리에 물질적 혜택이 반드시 따라야 합니다. 인민들에게 자유뿐만 아니라 물질적 혜택과 풍요롭고 세련된 삶의 가능성까지 제공했다는 것이 우리 혁명의 특징입니다. 그 덕분에 이 나라에서 살아가기가 즐거워졌습니다.

이오시프 스탈린, 연설, 스타하노프 운동 회의, 1935년 11월 17일

소비에트 연방 제1차 5개년 계획(1928년-1933년)에서 농업을 단시간 내에 공영화하는 바람에 1932년 기근이 발생했음에도 스탈린은 1933년에 제2차 5개년 계획을 개시했다. 이번에는 산업 생산량을 단시간에 늘리는 데 주력했다. 이 계획의 일환으로 그는 1935년 8월 5시간 만에 100톤이 넘는 석탄을 채굴했다는 광부 알렉세이 그리고리예비치 스타하노프 Aleksei Grigorievich Stakhanov 같은 노동자들의 지칠 줄 모르는 작업을 치하했다.

당근과 채찍을 함께 사용했지만 평범한 노동자들의 노력이 모두 스타하노프 같은 소련 노동 영웅의 업적에 필적하지는 않았다. 게다가 소련 시민 대부분의 삶은 '즐거움'과 거리가 멀었다.

이날 일어난 다른 사건들

1558년 잉글랜드 여왕 메리 1세('블러디 메리') 사망
1869년 수에즈 운하 개통
1986년 파리에서 르노 자동차 대표 조르주 베스Georges Besse가 암살당함

11월 18일

전설의 빌헬름 텔, 1307

게슬러: 그렇다면 텔, 100걸음 떨어진 곳에서도
사과를 맞혀 나무에서 떨어뜨릴 수 있다고 있다고 했지.
내 눈앞에서 그대의 실력을 증명해 보게. 활을 들어라.
마침 손에 들고 있군. 그러니 준비하게.
저 애송이 머리 위에 올린 사과를 맞혀!
하지만 충고하는데 표적을 잘 조준하도록 해.
첫 발에 사과를 맞혀야 하네.
만약 못 맞추면 그 벌로 자네 머리가 날아갈 테니…

발터: 할아버지, 그 나쁜 놈에게 무릎 꿇지 마세요!
말해 봐요, 어디 가서 설까요? 난 두렵지 않아요.
아버지는 나는 새도 명중시키잖아요.
아들 목숨이 달렸는데 빗맞히지 않을 거예요!
… 아버지가 쏘는 화살을
내가 두려워할 거라고 생각해요? 아니에요!
나는 의연하게 기다릴 것이고, 눈도 깜빡하지 않을 거예요!
어서요, 아버지. 아버지의 활 솜씨를 보여주세요.
그는 아버지의 실력을 의심하고 있어요. 우리를 망쳐놓을 생각이죠.
쏴서 맞히세요. 저 폭군이 화가 치밀게요!

프리드리히 실러, 《빌헬름 텔WILLIAM TELL》, 3막 3장, 1804년

1307년 11월 18일 스위스 우리주에 살던 빌헬름 텔은 오스트리아 수령 게슬러가 마을 광장에 세운 장대에 걸어놓은 모자에 경의를 표하지 않았다. 그 벌로 게슬러는 텔에게 아들 발터의 머리 위에 올려놓은 사과를 100걸음 떨어진 곳에서 석궁으로 쏘라고 강요했다. 텔이 성공했는데도 게슬러는 그를 감옥에 가뒀다. 텔은 감옥에서 탈출해 게슬러를 습격해서 죽이고 오스트리아 통치에 대항하는 봉기를 이끌었다.

이것이 1570년경에 아이지디우스 추디 Aegidius Tschudi가 처음으로 언급한 빌헬름 텔 전설이다. 텔이 실존했다는 증거나 그가 이끌었다는 중대 봉기가 실제로 일어났다는 증거는 없다. 하지만 독일 극작가 프리드리히 실러 Friedrich Schiller가 이 이야기를 바탕으로 희곡을 쓴 이래 그 전설은 스위스의 국가 정체성을 드러내는 중요한 주제가 됐다.

이날 일어난 다른 사건들
1922년 프랑스 소설가 마르셀 프루스트Marcel Proust 사망
1962년 덴마크 물리학자 닐스 보어Niels Bohr 사망
1978년 가이아나 짐 존스 인민사원에서 사이비 종교 신도 918명이 집단 자살

11월 19일

게티즈버그 연설, 1863년

87년 전 우리 조상들은 이 대륙에 새로운 나라를 세웠습니다. 자유로 잉태해 모든 사람은 평등하게 태어났다는 신조에 전념하는 국가입니다.

지금 우리는 거대한 내전 중입니다. 이 나라, 아니 그렇게 잉태하고 그런 신조에 전념하는 어떤 국가가 오래갈 수 있는지 시험하는 전쟁입니다. 우리는 그 전쟁의 격전지에 모였습니다. 그 나라를 살리고자 목숨을 바친 이들에게 그 전장의 일부를 마지막 안식처로 바치고자 모였습니다. 우리는 당연하고 마땅하게 이렇게 해야 합니다.

하지만 좀 더 큰 의미에서 보면 우리는 이 땅을 헌납할 수도, 축성할 수도, 신성하게 할 수도 없습니다. 이곳에서 싸웠던 용감한 전사자와 생존자들이 우리의 미약한 힘으로 더하거나 뺄 수 없을 정도로 이 땅을 축성했기 때문입니다. 세상은 우리가 이곳에서 무슨 말을 했는지 그리 신경을 쓰지도, 오랫동안 기억하지도 않을 것입니다. 하지만 그들이 이곳에서 무엇을 했는지는 결코 잊어서는 안 됩니다. 이곳에서 싸웠던 이들이 지금까지 고귀하게 추진했던 미완의 업무에 살아있는 우리가 이곳에 헌신해야 합니다. 우리에게 남은 위대한 과업에 헌신해야 합니다. 명예롭게 죽은 이들의 뜻을 받들어 그들이 마지막까지 온전히 헌신한 그 대의에 더욱 헌신해야 합니다. 그들의 죽음이 헛되지 않도록 굳게 다짐해야 합니다. 신의 가호를 받으며 이 나라에 새롭게 자유가 태어나야 하며, 국민의, 국민에 의한, 국민을 위한 정부가 이 땅에서 사라지지 않도록 해야 합니다.

에이브러햄 링컨, 연설, 1863년 11월 19일

남북 전쟁에 따른 인명 희생에 대한 반발이 거세지는 상황에서 미국 대통령 링컨은 펜실베이니아주 게티즈버그 국립묘지 봉헌식에서 단 10문장으로 이뤄진 2분짜리 이 연설을 했다. 게티즈버그는 4개월 전 남북 전쟁의 승패를 가를 교전이 일어난 곳이었다(7월 3일 참조). 처음에는 엇갈린 반응이 나왔고 링컨 자신도 이 연설이 오래 기억될 것이라고 생각하지 않았지만, 게티즈버그 연설은 현대 웅변의 걸작 중 하나로 여겨지며, 그 간결함 자체가 미국 이상주의의 정수를 압축한 듯하다.

이날 일어난 다른 사건들

1942년 제2차 세계대전: 스탈린그라드에서 소련군이 천왕성 작전으로 반격 개시

1967년 영국 총리 해럴드 윌슨Harold Wilson이 파운드화 평가절하 옹호

1977년 이집트 안와르 사다트 대통령이 아랍 지도자 최초로 이스라엘 방문

11월 20일

모비 딕 실화, 1820년

바닷물에서 계속 격렬하게 몸부림을 친 고래는 바다 거품에 휩싸였다. 고래가 마치 분노와 격분에 넋이 나간 듯 턱을 세게 맞부딪치는 모습이 뚜렷하게 보였다. 고래는 잠시 그대로 있다가 엄청난 속도로 뱃머리를 가로질러 바람이 불어오는 쪽으로 헤엄치기 시작했다. 이 무렵 배는 상당히 깊이 가라앉은 상태였고 나는 배를 단념했다. …

뒤돌아보니 고래가 500미터 전방에서 평상시보다 두 배 정도 빠른 속도로 다가오는 모습이 보였다. 내가 보기에 그 순간 고래는 열 배는 분노하고 복수심에 불탄 듯 보였다. 파도가 사방으로 고래를 에워쌌고 우리 쪽으로 다가오는 경로는 계속해서 격렬하게 꼬리를 내리쳐서 만든 폭 5미터에 달하는 하얀 거품으로 나타났다. 머리는 반쯤 물 밖으로 나와 있었고, 그대로 다가와 다시 배를 덮쳤다. … 고래는 배를 바람이 불어오는 쪽으로 닻걸이[범선 뱃머리에 있는 기둥] 바로 밑을 덮치더니 뱃머리를 완전히 산산조각 냈다. 고래는 다시 배 밑을 지나서 바람이 불어가는 쪽으로 사라졌고, 우리는 이후로 고래를 보지 못했다.

오언 체이스, 《포경선 에섹스호의 아주 특별하고 고통스러운 난파 이야기NARRATIVE OF THE MOST EXTRAORDINARY AND DISTRESSING SHIPWRECK OF THE WHALE-SHIP ESSEX》, 1821년

1820년 11월 20일 태평양에서 미국 포경선 에섹스호가 몸을 망치에 맞아 격분한 거대한 향유고래의 공격을 받아 침몰했다. 선원들 중 21명이 핏케언제도 중 한 무인도에 닿았고 4개월 뒤 8명만이 살아남아 구조됐다. 그들은 살아남기 위해 인육을 먹어야 했다.

1등 항해사 오언 체이스Owen Chase가 전한 비극 이야기에 포경선원으로 일했던 젊은 허먼 멜빌Herman Melville이 영감을 얻었다. 나중에 멜빌은 이 이야기를 바탕으로 대하소설 《모비 딕Moby-Dick》(1851년 작)을 썼다. 이 책은 다양한 여담과 고래잡이에 관한 구전 지식을 풍부하게 담아내는 동시에 외다리 선장 에이해브가 전 세계 바다를 누비며 자기 다리 한쪽을 앗아간 모비 딕이라는 고래를 복수심에 차서 쫓는 과정을 그렸다.

이날 일어난 다른 사건들
서기 284년 디오클레티아누스가 로마 황제로 즉위
1945년 뉘른베르크 전범 재판 시작
1975년 스페인 독재자 프란시스코 프랑코 사망

11월 21일

최초의 유인 기구 비행, 1783년

오늘 … 몽골피에 씨 기구로 실험을 했다, … 다를랑드 후작과 필라트르 데 로지에 씨가 탑승했다. 처음에는 기구를 띄워서 밧줄로 잡아당기며 시험해 보면서 기구가 태울 수 있는 정확한 무게를 알아봤다. … 하지만 바람을 탄 기구는 수직으로 올라가지 않고 정원 산책로 중 한 곳으로 향했고, 기구에 달려 있던 끈이 너무 세차게 흔들리는 바람에 기구 풍선이 몇 군데 찢어졌다. 제자리로 돌아온 기구를 수리하는 데는 두 시간도 채 걸리지 않았다. 다시 풍선을 부풀려 같은 사람들을 태우고 다시 한번 띄웠다. 기구가 76미터 상공까지 떠올랐을 때 용감한 탑승자들은 고개를 숙이며 관중에게 인사했다. 두려움과 공경이 뒤섞인 감정을 느끼지 않을 수 없었다. 곧 열기구 탑승자들은 시야에서 사라졌지만 열기구 자체는 무척이나 아름다운 모양을 뽐냈고, 915미터 높이까지 올라가서도 여전히 눈에 띄었다. 경험에 만족하고 이만 비행을 끝내고 싶다고 생각한 탑승자들은 하강하기로 했다. 하지만 바람이 세브르 거리 주택가 위로 몰아가자 그들은 침착하게 열기 공급을 재개하고 다시 날아올라 파리를 지나칠 때까지 비행을 이어나갔다.

그리고 나서 그들은 조금도 불편을 겪지 않고 연료 대부분에 손도 대지 않은 채 새 대로 너머 시골에 사뿐하게 착륙했다.

벤저민 프랭클린, F. 매리언 F. Marion,
《신나는 기구 비행 WONDERFUL BALLOON ASCENTS》에 인용, 1870년

1783년 6월에 사람이 탑승한 기구 비행이 이루어졌지만, 줄로 묶지 않은 최초의 비행은 같은 해 11월에 이뤄졌다. 기구는 파리 서부 불로뉴 숲에서 출발해 파리를 25분 동안 횡단했다. 조세프-미셸 몽골피에 Joseph-Michel Montgolfier(1740년-1810년)와 자크-에티엔 몽골피에 Jacques-Étienne Montgolfier(1745년-1799년) 형제가 정교하게 장식한 열기구를 설계했다. 열기구는 다를랑드 d'Arlandes 후작과 필라트르 데 로지에 Pilâtre des Roziers를 태우고 파리 상공을 날았다. 당시 외교관으로 파리에 거주하던 미국 과학자 벤저민 프랭클린은 사람을 태우고 하늘을 나는 비행에 흠뻑 매료됐고, 이는 대중의 상상력을 사로잡았다. 하지만 열기는 곧 수소로 대체됐고 1785년 영국해협을 처음으로 횡단한 비행 물체는 수소 기구였다.

이날 일어난 다른 사건들
1811년 독일 시인이자 극작가 하인리히 폰 클라이스트 Heinrich von Kleist 사망
1877년 토머스 에디슨이 '축음기' 공개
1974년 아일랜드 공화국군이 버밍엄 술집을 폭격해 21명 사망

11월 22일

존 F. 케네디 대통령 암살, 1963년

CBS 뉴스 속보를 알려드립니다. 텍사스주 댈러스에서 케네디 대통령에 대한 암살 시도가 있었습니다. 케네디 대통령은 차를 타고 댈러스 공항에서 댈러스 시내로 향하던 중 총에 맞았습니다. 동승하고 있던 텍사스 주지사 코널리도 총에 맞았습니다. 총성이 세 발 울렸다고 합니다. 비밀 경호국 요원이 … 차에서 "그가 사망했습니다."라고 외치는 소리가 들렸습니다. 여기서 말한 그가 케네디 대통령을 지칭하는지 여부는 아직 알려지지 않았습니다. 대통령은 영부인 케네디 여사 팔에 안긴 채 구급차로 옮겨졌고, 구급차는 댈러스 외곽 파크랜드 병원으로 질주했습니다. 대통령은 병원 응급실로 옮겨졌습니다. 백악관 직원들은 케네디 대통령의 상태를 우려하며 병원 복도에 있었습니다. 뉴스 속보를 다시 전해드립니다. 케네디 대통령이 오픈카를 타고 텍사스주 댈러스 공항에서 댈러스 시내로 향하던 중 총격을 받았습니다.

월터 크롱카이트 Walter Cronkite, **CBS 방송, 1963년 11월 22일**

미국 대통령 존 F. 케네디가 댈러스에서 암살당한 소식은 총격 사건이 발생한 지 10분 만인 동부 표준시 오후 1시 40분에 CBS 텔레비전 앵커 월터 크롱카이트가 처음으로 보도했다. 더 자세한 정보가 들어오면서 크롱카이트는 드라마 생방송 중에 여러 차례 음성 속보를 내보냈다. 오후 2시 30분 크롱카이트는 대통령이 사망했다고 보도했다. 많은 기대를 받았고 베를린 장벽 건설(8월 13일 참조)과 쿠바 미사일 위기(10월 22일 참조)와 같은 위기와 씨름했던 대통령 임기는 극적으로 막을 내렸다.

이후 72시간 동안 복잡하고 혼란스러운 사건이 이어지는 가운데 부통령 린든 베인스 존슨 부통령이 암살된 케네디 뒤를 이어 36대 대통령에 취임했고 이 보도의 중심에는 크롱카이트(1916년-2009년)가 있었다. 많은 미국인이 그의 목소리에서 20세기 들어 가장 끔찍하고 생생하게 기억되는 사건인 케네디 암살을 떠올린다(1월 31일도 참조).

이날 일어난 다른 사건들
1869년 최후의 클리퍼 범선 커티 사크호 진수
1916년 미국 작가 잭 런던Jack London 사망
1928년 파리 오페라 극장에서 라벨Ravel의 〈볼레로Boléro〉 초연

11월 23일

검열에 극렬히 반대한 밀턴, 1644년

이 땅에서 모든 신조가 활개를 치고 다니더라도 진리 역시 들판에 있으니 우리가 진리의 힘을 의심해 허가하고 금지하는 행위는 유해할 것이다. 진리와 거짓이 격투를 벌이게 하라. 자유롭고 공개된 대결에서 진리가 진 적이 있는가?

존 밀턴, 《아레오파지티카》, 1644년

젊은 시절 시인 존 밀턴John Milton(1608년-1674년)은 잉글랜드 내전에서 의회파 대의를 지지하는 논객이었다. 전쟁이 한창이었고 이념과 무관하게 모든 정부와 성직자들이 출판물 심사 권리를 당연하게 여기던 시절에 쓴 밀턴의 저서 《아레오파지티카Areopagitica: A Speech for the Liberty of Unlicensed Printing》가 1644년 11월 23일에 출간됐다. 이 책은 검열을 신랄하게 공격했고 출간 이후 언론 자유를 옹호하는 걸작 중 하나로 평가됐다. 이 책에서 밀턴은 타인의 언론 자유를 제한함으로써 진실의 이익을 증진할 수는 없다고 주장했다.

밀턴은 지난해 공표된 출판 허가 명령에 대응해 이 책을 썼다. 이 명령으로 의회는 1641년에 성실재판소Court of the Star Chamber, 일종의 특별 재판소로 불공평한 심의로 악명이 높았다—옮긴이가 폐지되면서 없어졌던 출판물 통제를 부활하려고 했다. 게다가 밀턴은 지난해 이혼의 도덕성에 관한 소책자를 출판하려다가 공식 검열을 직접 경험한 터였다.

1649년 찰스 1세 처형 이후(1월 30일 참조) 밀턴은 공화주의를 옹호하는 논객이 됐고 같은 해 10월에 출간한 소책자에서 국왕 시해를 옹호했다. 하지만 1650년대에 들어 실명한 이후에 구술해 1667년에 출간한 밀턴의 걸작 서사시 《실낙원Paradise Lost》은 이와 분위기가 완전히 달라진 왕정복고 이후 잉글랜드에서 발표됐다.

이날 일어난 다른 사건들

1499년 잉글랜드 왕위를 찬탈하려고 한 퍼킨 워벡Perkin Warbeck에 교수형 집행

1940년 제2차 세계대전: 루마니아가 추축국에 가담

1963년 BBC TV에서 공상과학 시리즈물 〈닥터후Dr Who〉 1화 방영

11월 24일
《종의 기원》 출간, 1859년

이런 생존 경쟁으로 변이가 일어난 경우, 그 정도가 아무리 사소하든, 변이를 유발한 원인이 무엇이었든 간에 어떤 종에 속한 개체가 다른 유기체 및 외부 자연과 더없이 복잡한 관계를 맺는 데 조금이라도 이득이 됐다면 그 개체 보존에 도움이 될 것이고 자손은 그 변이를 대체로 대물림할 것이다. 그리하여 자손 역시 생존 확률을 높일 수 있다. 어떤 종에 속한 개체는 주기적으로 많이 태어나지만 소수만이 생존할 수 있기 때문이다. 나는 사소한 변이라도 유용하다면 보존되는 이 원리를 가리켜 인간의 선택 능력과 구분해 자연선택이라고 부르기로 했다.

찰스 다윈, 《자연선택에 따른 종의 기원》, 1859년

1859년 11월 24일에 출간된 《종의 기원》은 19세기에 가장 많은 논란을 불러일으켰던 책 중 한 권으로, 박물학자 찰스 다윈이 비전문가 독자를 대상으로 '자연선택' 이론을 개설한 책이었다. 자연선택이란 종이 그냥 적응이 아니라, 효과적인 적응은 번성하고 효과적이지 않은 적응은 자취를 감추는 지속적인 경쟁을 통해 독특한 특성을 진화하고 획득한다는 이론이다.

다윈은 이 책에서 1830년대에 비글호를 타고 남아메리카 해역과 갈라파고스 제도를 탐험하는 동안 수집한 증거(9월 17일 참조)와 따개비를 비롯한 여러 종을 오랫동안 연구해 발견한 결과를 제시했다. 사실 다윈은 1830년대 후반에 결론을 내렸지만, 다윈을 걱정한 사람들이 다른 과학자 앨프리드 러셀 월리스가 비슷한 결론에 도달했다는 사실을 알게 되기까지 출판을 보류하도록 만류했다. 한때 신학을 공부했던 다윈은 이 이론이 창조론과 자연에서 인간이 차지하는 위치에 대한 전통적인 기독교 교리에 정면으로 위배된다는 사실을 잘 알고 있었지만 "이 생명관에는 장엄함이 깃들어 있다."라고 주장했다.

이 책은 출판 즉시 매진됐고 여러 차례 재판을 찍었다. '적자생존'이라는 구절은 5판에서 처음으로 등장했다.

이날 일어난 다른 사건들
1642년 네덜란드인 아벨 타스만이 반 디멘스 랜드(지금의 태즈메이니아) 발견
1963년 케네디 대통령 살해 혐의로 체포된 리 하비 오즈월드Lee Harvey Oswald가 총에 맞아 사망
2005년 새로운 영국 면허법으로 일부 술집이 24시간 영업 개시

11월 25일

잉글랜드를 덮친 대폭풍, 1703년

이 이야기의 글쓴이는 [런던] 시 외곽에 있는 튼튼한 벽돌집에 있었다. 옆집에서 떨어진 굴뚝 더미가 너무 큰 충격을 일으켜서 그 집 사람들은 자기 머리 위로 굴뚝이 떨어졌다고 생각했을 정도였다. 문을 열고 정원으로 탈출하려고 했지만 바깥도 너무 위험해서 전능하신 하늘의 처분에 몸을 맡길 각오를 하고, 야외 정원에서 확실한 최후를 맞이하느니 차라리 집의 폐허에 묻히겠다고 생각했다. … 나는 30미터에서 40미터 떨어진 집에서 날아온 기와가 단단한 땅 속에 13센티미터에서 20센티미터 정도 내리꽂히는 모습을 봤다.

… 폭풍우가 지나간 다음 날 아침 사람들이 문밖으로 머리를 내밀자마자 낯선 풍경이 보였다. … 길에는 주택 지붕, 특히 외벽에서 날아온 기와와 슬레이트가 널려 있었다. 믿기 힘든 양이었다. 집들 외벽이 하나같이 벗겨져 있어서 반경 80킬로미터 안에 있는 모든 기와를 동원해도 일부만 수리할 수 있을 뿐이었다. 다들 예측할 수 있겠지만 기와 가격이 폭등했다. 평기와의 경우 천 개 당 21실링에서 6파운드로 올랐다. 둥근 기와의 경우 천 개 당 50실링에서 10파운드로 올랐다. 기와공 일당은 5실링으로 올랐다.

대니얼 디포, 《폭풍THE STORM》, 1704년

젊은 대니얼 디포가 쓴 첫 번째 장편 서적은 1703년 11월 잉글랜드 남부와 중부를 강타한 거대한 폭풍을 직접 눈으로 목격하고 인상적으로 서술한 생생한 조사 기록이었다. 폭풍으로 약 1만 5,000명이 사망했고, 그중에는 새로 에디스톤 등대를 만들다가 무너지는 바람에 사망한 유명 기술자 헨리 윈스탠리Henry Winstanley도 있었다. 디포가 '완전히 허리케인'이라고 묘사한 바람은 시속 190킬로미터에 달했다고 하며 웨스트민스터 사원 지붕 위 납덩이도 "양피지처럼 말려 건물에서 날아가" 버렸다.

이날 일어난 다른 사건들

1120년 백선 침몰 사고로 잉글랜드 헨리 1세의 후계자 윌리엄 익사

1748년 많은 작품을 남긴 잉글랜드 찬송시 작사가 아이작 와츠Isaac Watts 사망.

1938년 독일과 일본이 방공 협정 체결

11월 26일

투탕카멘 무덤 발견, 1922년

나는 떨리는 손으로 왼쪽 상단 구석에 아주 작은 구멍을 내고 … 구멍을 조금 넓혀 촛불을 집어넣고 안을 들여다봤다. … 처음에는 아무것도 보이지 않았다. 방에서 더운 공기가 빠져나오면서 촛불이 깜빡거렸다. 이내 방 안의 자세한 부분이 안개 속에서 서서히 보였다. 낯선 동물과 동상, 금이 있었다. 어디를 둘러봐도 금이 번쩍거렸다. 옆에서 지켜보던 사람들에게 영원처럼 느껴졌을 그 순간 나는 너무 놀라 할 말을 잃었다. 그때 인내심이 바닥난 카나번 경이 긱징스러운 목소리로 물었다. "뭐가 보이나요?" 나는 "네, 멋진 것들이요."라는 말만 간신히 내뱉을 수 있었다.

하워드 카터, 《투탕카멘의 무덤 THE TOMB OF TUTANKHAMUN》, 1923년

1923년 11월 이집트 왕가의 계곡에서 고고학 역사상 가장 유명한 발견이 있었다. 5년 동안 탐색하면서 아무런 성과를 내지 못했던 고고학자 하워드 카터 Howard Carter는 후원자 카나번 경과 함께 투탕카멘 무덤 전실을 들여다봤다. 그 방으로 이어지는 계단은 3주 전에 발견했다. 어찌 된 일인지 다른 모든 중요한 이집트 무덤들과 달리 이 무덤은 고분 도굴범들의 관심에서 벗어나 있었고, 기원전 14세기에 사망한 10대 파라오와 함께 묻힌 석관과 부장품이 그대로 남아 있었다. 몇 달 뒤 카터 팀은 무덤 자체의 문을 열었다.

이집트 신왕국 시대(기원전 16세기부터 기원전 11세기까지) 파라오였던 투탕카멘은 아버지 아케나텐 Akhenaten 치세에 이어 정치적으로 불확실하던 시기에 단 몇 년(기원전 1333년경-기원전 1323년)만 통치했다. 아케나텐은 새로운 신을 숭배하고 아마르나로 수도를 옮겼으나, 어린 아들이 즉위한 후 금방 둘 다 이전으로 돌아갔다. 이집트 기준으로 볼 때 투탕카멘의 무덤은 왕릉으로서 가장 호화로운 축은 아니었지만 발견된 유물, 특히 눈부시고 귀중한 공예품들은 선풍적인 관심을 끌었고 지금도 계속해서 전 세계 사람의 마음을 끌고 있다.

이날 일어난 다른 사건들

1504년 카스티야의 이사벨 1세 여왕 사망

1855년 폴란드 낭만주의 시인 아담 미츠키에비치 Adam Mickiewicz 사망

1983년 히스로 공항 브링크스-맷 창고에서 영국 최대 강도 사건 발생

11월 27일

교황 우르바노 2세가 십자군 원정 단행, 1095년

육지에서든 바다에서든, 이교도들과 전투하다가 죽는 이는 모두 즉시 죄를 용서받을 것입니다. … 악령을 숭배하는 혐오스럽고 비열한 민족이 전능하신 하느님을 믿고 그리스도의 이름으로 영광을 얻은 백성을 정복한다면 얼마나 수치스러운 일이겠습니까! 여러분이 우리와 함께 기독교 신앙을 신봉하는 사람들을 돕지 않는다면 주님께서 얼마나 우리를 책망하시겠습니까! 독실한 신자들을 상대로 사사로운 전쟁을 벌이는 데 부당하게 익숙해져 있던 사람들은 이제 이교도들에 맞서 나아가고 이미 오래전에 시작했어야 할 이 전쟁을 승리로 끝냅시다. 오랫동안 강도짓을 한 자들은 이제 기사가 됩시다. 형제와 일가친척들을 상대로 싸웠던 자들은 이제 야만인을 상대로 온당하게 싸우도록 합시다. 박봉을 받으며 용병으로 일하던 자들은 이제 영원한 보상을 받읍시다. 몸과 영혼 모두 지쳐있던 사람들은 이제 곱절의 명예를 얻고자 일하도록 합시다. 보십시오! 이제 이쪽에는 슬프고 가난한 자들이, 저쪽에는 부유한 자들이 있을 것입니다. 이쪽에는 주님의 적들이, 저쪽에는 주님의 친구들이 있을 것입니다. 참여할 사람들은 여정을 미루지 말고 땅을 세놓아 여비를 마련하십시오. 겨울이 끝나고 봄이 오자마자 하느님이 인도하는 대로 힘차게 길을 나섭시다.

— 교황 우르바노 2세, 샤르트르의 푸셰 Fulcher of Chartres가 인용,
《예루살렘으로 가는 원정 역사 A HISTORY OF THE EXPEDITION TO JERUSALEM》, 1106년

교황 우르바노 2세 Urban II는 1095년 11월 프랑스 중부 클레르몽에서 열린 공의회에서 제1차 중세 십자군을 제창했다. 그 자리에서 우르바노 2세는 서방 기독교인들에게 내분을 그만두고 무기를 들어 아나톨리아에서 셀주크 튀르크에 맞서 싸우고 있는 비잔티움 제국 황제 알렉시오스 1세 Alexis I를 돕고 성지를 점령한 무슬림과 싸우라고 촉구했다. 그가 연설하는 동안 참석자들은 입을 모아 데우스 불트 Deus vult, 즉 '하느님이 원하신다'라고 외쳤다.

프랑스와 노르만 기사들이 이끈 십자군은 이듬해 8월에 출발해 1096년에서 1097년에 걸친 겨울에 비잔티움 제국 수도 콘스탄티노폴리스에 도착했다. 그들은 1098년 안티오키아를 포위해 함락했고(6월 3일 참조) 1099년 7월에는 예루살렘을 점령해 무슬림과 유대인을 모두 학살했다.

이날 일어난 다른 사건들

기원전 8년 로마의 서정시인 호라티우스 Horace 사망
1942년 제2차 세계대전: 툴롱에서 프랑스 함대가 독일군 포획을 피하고자 자침 감행
1967년 프랑스 대통령 드골이 영국의 EEC 가입을 두 번째 거부

11월 28일

세계 최초 여성 투표자들, 1893년

나는 페토니 초등학교 최초의 여교사였다. 나는 여성 기독교 금주 동맹이 주최하는 여성 선거권 운동에 아주 관심이 많았다.

선거권 운동을 이끄는 셰퍼드 부인은 절대 폭력을 용인하려 하지 않았다. 우리는 반대파가 퍼붓는 모욕적인 비난을 참았고, 의회에서는 우리 주장에 대해 실없는 소리들이 오갔다. 많은 여성이 정치에 상관하려 하지 않았다. …

투표하기 전에 우리는 등록을 해야 했고, 투표권을 원하지 않는 수많은 여성을 다시 만났다. 가장 강력한 반발 요소 중 하나는 투표를 하려면 낯선 남자들이 즐비한 공공 기표소에 가야 한다는 점이었다. 여성들은 외출할 때 항상 남자의 호위를 받아야 했다. 어수선한 투표일에 기표소에 들어가야 한다는 사실 자체에 거부감을 느끼는 사람이 많아서 여성에게 우편 투표를 도입하려는 시도가 있었다. 그 제안은 채택되지 않았다.

하지만 일단 여성들이 투표권을 얻는 데 성공하자 모든 후보들이 간절히 여성의 지지를 얻으려고 했다. 한 후보는 여성을 대상으로 한 특별한 방법으로 지지를 호소했다. 어린 아들을 태운 유모차에 "아빠에게 투표해 주세요"라고 쓴 커다란 플래카드를 붙이고 거리를 돌았다.

페리먼 부인Mrs Perryman, 《뉴질랜드 히스토리 온라인NEW ZEALAND HISTORY ONLINE》에 인용

1893년 11월 28일 뉴질랜드는 세계 최초로 총선거에서 여성이 투표한 국가가 됐다. 원주민인 마오리족을 포함해 21세 이상 여성 전체가 보통 선거권을 부여받았다. 금주 동맹Women's Christian Temperance Union 지도자였던 케이트 셰퍼드Kate Sheppard가 선거권을 요구하는 청원 운동을 주도했고, 이 청원에 잠재 여성 유권자 4분의 1이 서명했다. 〈크라이스트처치 프레스Christchurch Press〉 신문은 당시 총선거를 지금까지 열린 "가장 원만하게 진행되고 가장 질서 정연한" 선거로 묘사하면서 "여성들과 그들의 웃는 얼굴 덕분에 기표소가 아주 환하게 빛났다."라고 언급했다. (자유당이 승리했고 리처드 세든Richard Seddon이 총리가 됐다.) 현재 뉴질랜드 10달러짜리 지폐에는 케이트 셰퍼드의 모습이 새겨져 있다.

미국 여성은 1920년에야 비슷한 권리를 얻을 수 있었고 영국 여성은 1928년까지 기다려야 했다.

이날 일어난 다른 사건들
1859년 미국 작가 워싱턴 어빙Washington Irving 사망
1905년 아일랜드 민족주의 정당 신페인 창당
1990년 영국 수상 마거릿 대처 공식 사임

11월 29일

아시아 최초의 의회, 1890년

나는 방금 새로운 의회, 아시아 대륙에서 유럽 제도와 전통, 선례를 바탕으로 만든 최초의 입법기관의 탄생을 목격했다. 미카도[일본 천황] 입회하에 모든 헌법 형식과 의식을 갖춰 눈에 보이는 형태도 처음 회의를 여는 모습도 봤다. 평소에 거의 신으로 여겨질 만큼 사람들의 눈과 속세를 멀리하는 국왕이지만 오늘은 헌법상 군주로서 의무를 이행하는 모습을 봤다. …

… 일본 정부와 국가는 사반세기 전 메이지 시대가 열린 이래 열심히 학습해 이렇게 높은 수준으로 진보했다. 잘 알려져 있듯이 막부 권력은 무너졌다. 미카도를 도금한 우상처럼 격리했던 오만한 봉건 영주들은 권위를 박탈당했다.

… 그들이 온다! 시계가 11시 정각을 알리자 군악대가 울리는 팡파르 소리가 밖에서 들린다. … 황제는 의사당에 도착해 의전실에서 잠시 휴식하고 귀족원과 중의원이 도착해 제자리에 앉는다. 이토 백작이 대일본 귀족원들을 각자 자리로 안내한다. 다들 황실 문양인 국화를 금실로 잔뜩 수놓은 진청색 의복을 입고 있다. 꿩의 깃털 무늬 같이, 혹은 큰 보석상에서 짙은 색 벨벳 위에 진열한 금과 다이아몬드 같이 진열된 효과가 났다. … 이어서 충성스러운 중의원이 들어왔다. 다들 고급 비단 모자나 오페라 모자를 쓰고 엄격한 예의범절을 갖춘 야회복을 입고 있었다. …

식부경 황실 예식을 담당하는 식부성 최고 관리—옮긴이이 황제 폐하에 모든 준비가 끝났다고 알리고 나서 미카도가 높은 연단 오른쪽 문으로 들어온다. 그의 옆으로 왕자들이 조금 뒤에 서서 따라오고 폐하 바로 앞에 금박 국화 문양을 새긴 녹색 비단으로 감싼 헌법전을 든 고관이 걸어갔다. … 천황이 왕좌 앞에 서자 의원 전원이 허리 숙여 절을 한다. 참석자 전원이 경건하게 주의를 기울인다. 아시아 최초 의회가 탄생하는 순간이다.

천황은 군사 대원수 제복을 입고 주요 장식으로 붉은색 욱일장 훈장을 달았다. 신하들에 비해 키가 크고 경계하는 듯한 검은 눈동자에 턱수염과 콧수염을 조금 길렀다. 언뜻 우아하면서도 침착하게 행동하는 미카도는 오늘 행사를 주관하는 기백이 옛 일본 관념과 다르듯이 천황 조상들의 초상화와 달라 보였다.

… 헌법을 기반으로 진보하고 활기차며 지략이 풍부한 새로운 일본이 탄생했다. 분명히 강대한 나라가 될 것이며 어쩌면 다시 예전처럼 행복한 나라가 될 운명일 것이다. 헌법상 자유와 제도라는 샘에서 젊음을 되찾은 이 오랜 고대 제국은 마땅히 환영받아야 할 존재이니 서구 각국들은 일본을 받아들이고 반기도록 하자. 미카도는 자기 앞에 납작 엎드린 의회에 고개를 아주 살짝 숙여 인사했다. 천황 폐하가 창기병이 지키는 가운데 마차로 향하면서 일본은 선출 정권이 통치하는 국가 중 하나가 됐다.

에드윈 아널드 경 Sir Edwin Arnold, 〈뉴욕 타임스〉, 1891년 1월 26일

1867년 일본 천황은 메이지 유신을 단행하면서 명목상 신하인 쇼군과 통칭 다이묘라고 하는 봉건 영주들에 오랫동안 가려졌던 천황의 권위를 재확립했다. 일본은 이미 국제적 고립에서 벗어나기 시작(1월 8일 참조)했고 1889년 일본은 제국의 권위와 서양식 민주주의를 결합한 새로운 헌법을 채택했다. 프로이센 의회의 영향을 강하게 받은 새로운 '의회'의 양원(귀족원과 중의원)은 1890년 11월 도쿄에서 처음으로 회의를 열었다.

이 같은 헌법상 발전은 서구식 본보기를 바탕으로 일본을 바꾸고 현대화하려는 폭넓은 욕망을 반영했다. 얼마 지나지 않아 일본은 1895년에 중국을, 10년 뒤에는 러시아를 물리치고 조선에 대한 지배력을 굳히면서 아시아 군사강국으로 부상했다. 이 헌법은 1945년 9월까지 효력을 유지했다.

이날 일어난 다른 사건들

1781년 영국 노예선 종호 선원들이 아프리카인 133명을 바다에 던져 살해

1885년 제3차 영국-미얀마 전쟁이 끝나면서 미얀마가 영국령으로 흡수

1945년 유고슬라비아 연방 공화국 공식 선포

11월 30일

세계 최초 국제 축구 경기 개최, 1872년

진정한 과학적 의미에서 멋진 축구 경기를 선보였고, 양국 대표팀이 서로 상대를 이기고자 결연한 투지를 불태웠다. …

잉글랜드 팀이 보여준 강력한 포워드 플레이를 고려할 때 스코틀랜드 팀이 지지 않은 유일한 원인은 후위가 보여준 놀라운 수비 플레이와 전술이었고, 전위 역시 이를 잘 이용했다.

〈벨의 런던 생활과 스포츠 연대기 BELL'S LIFE IN LONDON, AND SPORTING CHRONICLE〉, **1872년 12월 1일**

1872년 11월 30일 성 앤드루 축일에 글래스고 패트릭에 있는 크리켓 경기장에서 잉글랜드와 스코틀랜드 대표팀들이 최초의 국제 축구 경기를 벌였다. 관중 4,000명이 지켜보는 가운데 경기는 득점 없는 무승부로 끝났다. 예전에도 양국이 런던에서 경기를 벌인 적이 있지만 그때 스코틀랜드 팀은 수도에 거주하는 스코틀랜드 선수들로만 이뤄져 있었다.

이런 상황에 쏟아진 비판에 대응하고자 축구 협회는 스코틀랜드 축구 선수들에게 도전장을 냈고 이는 받아들여졌다. 스코틀랜드 팀 전체는 당시 선두 클럽이던 퀸스 파크 선수들로 이뤄졌다(스코틀랜드 축구 협회가 없었고 당시 스코틀랜드에서 잉글랜드 축구 협회 규칙에 따라 경기하는 축구 선수는 퀸스 파크 소속 외에는 거의 없었다). 전반전에는 스코틀랜드 팀이 우세했고 골을 넣었지만 논란 끝에 인정되지 않았다. 후반전에는 잉글랜드 팀이 우세했다. 경기 종료를 알리는 호루라기가 울리기 전에 스코틀랜드 팀이 찬 공이 크로스바 대신 사용했던 테이프 위에 떨어졌다. 양 팀을 통틀어 득점에 가장 가까운 슛이었다.

이후 매년 연례 경기가 열리면서 100년 넘게 수많은 경쟁 관계를 낳았지만 1989년 그 전통은 폐지됐다.

이날 일어난 다른 사건들
1900년 아일랜드 시인이자 극작가 오스카 와일드 사망
1936년 런던 수정궁이 화재로 소실
1939년 소련-핀란드 겨울 전쟁 발발

12월

12월 1일	복지 국가 청사진, 1942년
12월 2일	먼로주의, 1823년
12월 3일	역사상 최악의 산업 재해, 1984년
12월 4일	미국 남북 전쟁에 중립을 취한 영국, 1861년
12월 5일	유럽 마녀사냥, 1484년
12월 6일	죽음을 예견한 아일랜드 민족주의자, 1921년
12월 7일	일본 진주만 공격, 1941년
12월 8일	존 레넌 암살, 1980년
12월 9일	과달루페의 성모, 1531년
12월 10일	'갈색 개' 생체 해부 폭동, 1907년
12월 11일	영국 국왕 에드워드 8세 퇴위, 1936년
12월 12일	최초의 대서양 횡단 무선 신호, 1901년
12월 13일	난징 대학살, 1937년
12월 14일	앨버트 공을 애도하는 빅토리아 여왕, 1861년
12월 15일	아돌프 아이히만 재판, 1961년
12월 16일	보스턴 차 사건, 1773년
12월 17일	최초의 동력 비행 성공, 1903년
12월 18일	베르됭 전투, 1916년
12월 19일	찰스 디킨스 《크리스마스 캐럴》 출판, 1843년
12월 20일	사로잡힌 사자왕의 발라드, 1192년
12월 21일	로커비 폭탄 테러, 1988년
12월 22일	베토벤 제5번 교향곡 초연, 1808년
12월 23일	세바스토폴리의 톨스토이, 1854년
12월 24일	서부 전선 정전, 1914년
12월 25일	예수 탄생, 기원전 4년경
12월 26일	박싱데이 쓰나미, 2004년
12월 27일	하기아 소피아 개관, 537년
12월 28일	영화의 탄생, 1895년
12월 29일	토머스 베켓 살해, 1170년
12월 30일	세계 대전 대연합, 1941년
12월 31일	전쟁으로 얼룩진 세기의 초라한 종말, 1999년

12월 1일

복지 국가 청사진, 1942년

먼저 지침 세 가지를 제시하고자 한다.

  1. 첫째, 과거에 수집한 경험을 최대한 활용해야 하지만 그 경험을 획득할 당시 기존 특정 집단의 이해관계에 연연해 미래에 관한 제안을 제한해서는 안 된다. 전쟁으로 모든 주요 지형지물이 파괴된 지금은 경험을 맨땅에서 사용할 기회다. 세계 역사에서 혁명의 순간은 땜질이 아니라 혁명을 해야 할 시간이다.

  2. 둘째, 사회 보험의 구성은 포괄적인 사회 개혁 정책의 일환으로 취급해야 한다. 완진한 사회 보장은 소득을 보장할 수 있다. 이는 결핍을 퇴치하는 공격이다. 하지만 결핍은 재건의 길에 살아있는 거인 중 하나일 뿐이며 어찌 보면 가장 공격하기 쉬운 상대이다. 나머지 상대는 질병, 무지, 불결, 나태이다.

  3. 셋째, 사회 보장은 국가와 개인이 협력해서 달성해야 한다. 국가는 봉사와 기여에 대한 보장을 제공해야 한다.

윌리엄 베버리지, '베버리지 보고서', 1942년 12월 1일

윈스턴 처칠이 엘 알라메인에서 제8군단이 거둔 승리를 나치 독일에 대항하는 반격 '시작의 끝'으로 칭송한 지 한 달도 채 지나지 않은 1942년 12월 1일, 영국 연합 정부는 국내에서 새로운 출발을 알렸다. 영국 정부는 경제학자 윌리엄 베버리지가 작성한 '사회 보험 및 관련 서비스에 관한 부처 간 위원회 보고서'를 발간했고 이는 영국 전후 복지 국가의 기초를 형성했다.

베버리지 보고서로 알려지게 된 이 보고서는 이전 세계대전 이후 영국을 파괴한 극심한 빈곤을 종식하는 새로운 사회의 기반을 마련할 선구적인 문서라는 찬사를 받았다. 세 정당 모두 이 지침을 채택했고, 1945년 선출된 클레멘트 애틀리Clement Attlee 노동당 정부는 이를 바탕으로 많은 계획을 추진했다.

이날 일어난 다른 사건들

1918년 덴마크가 아이슬란드의 주권 인정

1934년 레닌그라드의 공산주의자 세르게이 키로프Sergei Kirov 살해가 스탈린의 대숙청에 빌미를 제공

1955년 앨라배마주 몽고메리에서 로자 파크스Rosa Parks가 체포되면서 시민권 운동 고조

12월 2일

먼로주의, 1823년

따라서 우리는 미국과 그[유럽] 국가들 사이에 존재하는 공평무사와 우호 관계를 위해 유럽이 서반구 어디에든 유럽 제도를 확장하고자 시도한다면 이를 우리 평화와 안전을 위협하는 처사로 간주하겠다고 선언합니다. 우리는 지금까지 유럽 열강의 기존 식민지나 속령에 간섭하지 않았으며 앞으로도 간섭하지 않을 것입니다. 하지만 독립을 선언했고 독립을 유지하며 우리가 그 독립을 … 인정한 정부를 억압하거나 어떤 식으로든 그 운명을 통제하려는 목적을 나타내는 유럽 국가의 간섭 행위는 미국에 대한 비우호적 의향을 드러내는 것으로 볼 수밖에 없습니다.

제임스 먼로, 연두교서 연설, 1823년 12월 2일

미국 대통령 제임스 먼로는 1823년 연두교서 연설에서 미국은 타국이 서반구 문제에 간섭하는 경우 이를 미국에 대한 적대행위로 간주하겠다는 뜻을 밝혔다. 먼로가 염두에 둔 국가들은 라틴아메리카의 신생 독립국가와 독립 예정 국가들이었지만 그의 의견은 아메리카 북서해안으로 진출하려는 러시아에도 적용됐다.

20세기 초 시어도어 루스벨트 대통령은 다음과 같은 발언으로 먼로주의로 알려진 이 방침을 재차 확인했다.

이 나라는 오로지 이웃 국가들이 안정되고 평화로우며 번영하는 모습을 보고 싶을 뿐입니다. … 한 국가가 합리적이고 효율적으로 행동하고 사회 정치 문제에서 품위 있게 행동하는 법을 안다면, 질서를 지키고 의무를 다한다면, 미국이 간섭할까 봐 두려워할 필요가 없습니다. 다른 곳처럼 아메리카에서 문명사회의 의무 수행이 전반적으로 해이해지는 결과를 초래하는 만성적인 범법 행위 혹은 무능이 발생하면 결국에는 문명국가가 개입해야 할 필요가 발생할 것입니다. 서반구에서 미국이 먼로주의를 고수하는 한 아무리 내키지 않아도 … 국제 경찰권을 행사할 수밖에 없을 것입니다.

먼로주의는 반공 정책의 주요 항목이 됐지만 동시에 실질적인 미국 제국주의 선언으로 해석되기도 했다.

이날 일어난 다른 사건들

1805년 아우스터리츠 전투에서 나폴레옹이 러시아-오스트리아 군대 격파

1859년 버지니아주에서 군 출신 노예제 폐지론자 존 브라운John Brown를 반역죄로 교수형 집행

1917년 제1차 세계대전: 러시아 볼셰비키와 동맹국들이 휴전협정 체결

12월 3일
역사상 최악의 산업 재해, 1984년

모든 것이 정상입니다.

경찰 확성기 안내, 보팔, 인도, 1984년 12월 3일

1984년 12월 2일에서 3일로 넘어가는 밤 동안 인도 중부 보팔 소재 유니언 카바이드 살충제 공장에서 아이소사이안화메틸 가스가 누출되면서 적어도 2,000명, 많게는 그 숫자의 4배가 사망했다. 사람들은 갑자기 앞이 안 보이고 구토하며 폐가 타는 듯이 아픈 통증을 느꼈다. 겁에 질린 사람들이 공포에서 벗어나고자 우르르 몰려나가다가 많은 사람이 숨졌다. 새벽 6시, 경찰은 사태가 진정되고 있다는 잘못된 정보를 발표했다.

적어도 당일 발생한 사망자와 같은 숫자로 추가 사망자가 발생했고 일부 추정치는 총 사망자 수를 2만 5,000명으로 잡았다. 실명한 사람도 많았다. 조사에 따르면 가스 누출 원인은 회사 측 관리 소홀과 부적절한 인력 배치 및 허술한 안전 절차였다. 직원들의 방해 행위가 있었을 가능성도 있었다. 아이소사이안화메틸 탱크로 물이 새어 들어가면서 폭발을 유발하는 조건이 형성됐다는 사실이 드러났다.

희생자 대부분은 빈민가 거주자나 길에서 자는 노숙자들이었고, 2만 명이 넘는 사람들이 병원 치료를 받아야 했다. 법적 분쟁이 길어지면서 1989년 회사 측이 자체 합의했다. 하지만 2002년 인도는 과실 치사 혐의로 유니언 카바이드 전 최고 경영자 워런 앤더슨Warren Anderson을 송환하고자 했고, 인도 대법원은 50만 명이 넘는 피해자들에게 보상금을 지급하는 데 동의했다.

이날 일어난 다른 사건들
1818년 일리노이가 미국의 21번째 주로 편입
1894년 스코틀랜드 작가 로버트 루이스 스티븐슨Robert Louis Stevenson 사망
1971년 파키스탄이 인도 공군 기지를 공습하면서 1971년 인도-파키스탄 단기 전쟁 발발

12월 4일

미국 남북 전쟁에 중립을 취한 영국, 1861년

〈타임스〉 신문의 훌륭한 고문들은 미국 정부가 잉글랜드 사람들에게 싸움을 걸려고 한다고 주장해 왔습니다. 죽을 만큼 술에 취하지도 않았고 감당할 수 있는 최대한도의 일거리가 있는 와중에 주변 사람 모두에게 싸움을 거는 사람을 본 적 있습니까? 항상 법에 따라 행동하고 늘 온건하며 지금 미국 다수당을 대표하고 지배력을 지니고 있는 링컨 대통령은 언제나 특히 평화를 선호했고 잉글랜드에 대단히 우호적이었습니다. 그런 링컨 대통령이 이끄는 정부가 남부에서 발생한 더없이 어마어마한 반란 사태로 바쁜 가운데 잉글랜드 군대와 함대를 불러들여 그 반란에 가담하게 하고, 다시는 연방을 회복할 수 없는 사태로 몰아가려 할까요? 대중 작가든 대중 연설가든 그런 말을 했다면 양국 모두에게 음흉한 적이라는 낙인이 찍히기에 충분하다고 봅니다.

스스로 어느 정도 교양 있고 도덕적이며 기독교 국가라고 여기는 우리가 이 같은 사고가 발생한 순간에 … 다들 당장이라도 들고일어날 기세로 칼집에서 칼을 뽑아 들고 하나같이 권총과 나팔총을 찾는 이 사태보다 더 터무니없는 일이 무엇이겠습니까? 미국 특정 계층이 밀어붙이는 행동과 마찬가지로 이런 행태 역시 교양 있는 기독교인의 행동이라기보다는 야만인의 행동에 훨씬 가깝다고 생각합니다. 아니, 다들 침착하십시오…

이제 … 여러분께 지금 이 순간 왜 이토록 많은 잉글랜드 사람이 가혹하고, 불공평하고, 아주 신랄하게 쓰고 말하고 생각하는지 물어봐도 될까요? 2세기 전, 수많은 이 나라 사람이 스튜어트 왕가의 폭정과 로드[대주교]의 편견을 피해 북아메리카 대륙에서 피난처를 찾았습니다. 이 나라에서 떠난 수많은 고귀한 영혼이 그 대륙에서 인류의 자유를 찾아 위대한 실험을 했습니다. …

바로 지금 이 순간 미국에는 자기 자신 혹은 직계 부모가 한때 이 나라의 국민이었던 사람들이 수백만 명이나 있습니다. 그들은 서쪽 저 멀리에 터전을 마련하고 황야를 개간했습니다. 그들은 그곳에서 고국에서 부여받지 못한 많은 것을 받았습니다. 그렇게 그들은 훌륭한 사람이 됐습니다. 미국 사람들을 질투하는 잉글랜드인들이 있을지도 모르겠습니다. 민주주의를 싫어하고 공화국을 혐오하는 사람들도 있겠지요. 심지어 남부 노예 과두 체제에 공감하는 사람들도 있을 것입니다. 하지만 단언컨대, 가장 역거운 자들의 허위 진술이나 가장 사악한 자들의 중상모략만이 이 나라 국민 대다수가 대서양 너머의 친구와 동포를 하나로 묶는 유대 관계를 끊을 수 있습니다.

연방이 회복될지 아닐지, 남부가 명예롭지 못한 독립을 이룰지 아닐지 저는 알지 못하고 예측하지도 않겠습니다. 하지만 이것 한 가지는 알고 있습니다. 몇 년 뒤에, 불과 몇 년 뒤면 북부에 사는 자유민 2,000만 명이 3,000만, 나아가 5,000만 명이 될 것이라는 사실입니다. 이 왕국의 인구와 맞먹거나 이를 능가하는 숫자입니다. 그 시간이 왔을 때 그들의 나라가 시련을 겪었던 힘든 시기에 그들 아버지의 나라인 잉글랜드가 얼음처럼 차갑게 구경하며 후손들이 겪고 있는 위험과 재앙을 무덤덤하게 지켜봤다는 소리가 나오지 않기를 기도합니다.

존 브라이트 하원 의원, 로치데일, 1861년 12월 4일

1861년 말 미국 주들이 내전으로 분열한 가운데 연방군 함대가 연합군 측 남부 주로 향하는 영국 외교관들을 태운 영국 선박 트렌트호를 나포했다. 영국에서는 이 나포를 북군과 전쟁을 개시할 이유로 보는 사람이 많았다. 퀘이커교도이자 자유주의 개혁가 존 브라이트 John Bright(1811년-1889년)는 12월 로치데일에서 한 강렬한 연설에서 군사 개입을 반대했고 미국 정부가 이런 대립을 의도적으로 꾀했다는 주장을 일축했다. 그는 청중에게 영국과 미국의 공동 유산과 남부 '노예 과두 체제'의 추함을 일깨워주고자 했다. 1862년 1월 링컨 대통령이 외교관들을 석방하면서 전쟁은 피하게 됐지만 북군과 영국 사이의 긴장 상태는 남북 전쟁 내내 이어졌다.

이날 일어난 다른 사건들
1745년 자코바이트 군대로는 잉글랜드에서 가장 깊이 침투했던 더비에 도달
1791년 런던에서 세계 최초 일요 신문 〈업저버〉 초판 발행
1976년 영국 작곡가 벤저민 브리튼 Benjamin Britten 사망

12월 5일

유럽 마녀사냥, 1484년

여러 남녀가 자신의 구원을 유념하지 않고 가톨릭 신앙을 저버린 채 악마, 남자 악령과 여자 악령에 빠졌다. 주문과 마법, 요술을 비롯한 저주받은 마술과 술수, 극악무도한 범죄 행위와 끔찍한 범법 행위로 동물의 새끼는 물론이고 아직 어머니 뱃속에 있는 아기들을 죽였다. 땅에서 나온 농산물, 덩굴에 달린 포도, 나무 열매, 나아가 남성과 여성, 짐 나르는 짐승, 가축 떼를 비롯한 여러 동물들, 포도밭, 과수원, 목초지, 초원, 옥수수와 밀을 비롯한 곡식 전부를 망쳐놓았다. 이런 악마들은 남성과 여성, 짐 나르는 짐승, 가축 떼를 비롯한 여러 동물들을 안팎을 가리지 않는 끔찍하고 가련한 고통과 괴로운 질병으로 괴롭히고 학대한다. 그들은 남성이 성행위를 하지 못하도록 막고 여성이 임신하지 못하도록 막으며, 남편이 아내를 알지 못하도록 하고 아내가 남편을 받아들이지 못하게 한다. 이밖에도 그들은 세례 성사로 얻은 신앙을 불경스럽게 포기하고, 인류의 적의를 부추기며 자신의 영혼을 지독한 위험에 빠뜨리는 추악한 부정과 추잡한 방종을 저지르고 자행하기를 주저하지 않는다. 이로써 그들은 거룩한 신을 노하게 하고 수많은 추문과 위험의 원인이 되며 … 문제의 가증스러운 행위와 범죄 행위를 처벌하지 않는다면 많은 이의 영혼이 영원한 지옥살이에 빠질 위험에 처하게 될 것이다.

교황 인노첸시오 8세, 〈숨미스 데시데란테스 아펙티부스〉, 1484년 12월 5일

갓 취임한 교황 인노첸시오 8세Pope Innocent VIII는 교황 칙서 〈숨미스 데시데란테스 아펙티부스Summis desiderantes affectibus〉('지고의 것을 추구하는 이들에게')를 발표해 종교재판으로 주술을 억압할 수 있도록 승인했다. 일부 역사학자들은 이로써 인노첸시오 8세가 근대 초기 유럽 전역에서 여성 약 10만 명을 죽음으로 몰아넣은 마녀사냥 시대를 열었다고 평가한다. 2년 뒤인 1486년 도미니코회 종교재판관 하인리히 크라머Heinrich Kramer는 《말레우스 말레피카룸Malleus Maleficarum》('마녀의 망치'라는 뜻)을 출판했다. 크라머는 독일에서 마녀를 고발할 수 있도록 교황에게 요청해 인노첸시오 8세가 칙서를 발표하도록 한 인물이었다. 여성 혐오 내용을 담은 이 책은 커다란 영향력을 발휘했고 이후 200년 동안 재판을 거듭했다.

이날 일어난 다른 사건들
771년 카롤루스가 프랑크 왕국 국왕으로 즉위
1492년 크리스토퍼 콜럼버스가 히스파니올라에 상륙
1791년 오스트리아 작곡가 볼프강 아마데우스 모차르트 사망

12월 6일
죽음을 예견한 아일랜드 민족주의자, 1921년

땀을 흘리고 고생하고 나쁜 꿈, 가망 없는 악몽을 꿨을 때 춥고 축축한 런던 길바닥 밤공기에 젖은 자신을 발견하지. 생각해 보게, 내가 아일랜드에 무엇을 줬을까? 지난 700년 동안 아일랜드가 원했던 것이네. 과연 이 흥정에 만족할 사람이 있을까? 과연 있을까? 이 말을 해야겠네. 오늘 아침 일찍 나는 내 사형 집행 영장에 서명했네. 그때 나는 정말 이상하고 터무니없다고 생각했지. 어쩌면 5년 전에 총알 한 방에 죽는 게 나을 뻔했어.

마이클 콜린스, 존 오케인 John O'Kane**에게 보낸 편지, 1921년 12월 6일**

1921년 12월 6일 런던에서 체결한 영국-아일랜드 조약으로 1919년에서 1921년에 걸쳐 발생한 영국-아일랜드 전쟁이 끝났다. 아일랜드 공화국에서는 이 전쟁을 독립 전쟁이라고 불렀고 왕립 아일랜드 경찰대를 강화하고자 파견한 전투 경찰 부대의 별명인 블랙 앤 탠스Black and Tans의 이름을 따서 탠 전쟁이라고 부르기도 했다. 1919년 1월 신페인 소속 하원의원들이 일방적으로 아일랜드 공화국을 선포하면서 사나운 게릴라 분쟁이 발생했고 공화국군과 영국 국왕군이 맞서 싸웠다. 조약 조건에 따라 아일랜드 카운티 32개 중 26개가 대영제국에 속한 자치령인 아일랜드 자유국이 되고 북동부 카운티 6개는 북아일랜드로 영국에 그대로 속하게 됐다.

이 조약은 웨스트민스터와 더블린에서 의회 비준을 받아야 했고, 아일랜드 협상자 중에는 마이클 콜린스Michael Collins가 있었다. 그는 1916년 부활절 봉기에 참전했고(4월 24일 참조) 신페인 소속 하원의원이자 아일랜드 공화국군IRA 지도자였으며 민족주의자 테러 작전을 지휘했다. 영국 대법관 버컨헤드 경Lord Birkenhead이 콜린스에게 "어쩌면 나는 내 정치적 생명을 끝내는 사형 집행 영장에 서명한 것인지도 모르겠습니다."라고 말하자 콜린스는 "어쩌면 나는 진짜로 내 목숨을 앗아갈 사형 집행 영장에 서명한 것인지도 모르겠습니다."라고 대답했다. 그는 같은 날 오후 동료에게 보낸 편지에도 이 같은 생각을 썼다.

아일랜드 의회 달Dáil은 아슬아슬한 표 차이로 조약을 비준했지만 많은 공화당원, 특히 아일랜드 의회 대통령 에이먼 데벌레라는 이를 받아들이지 않았다. 아일랜드에서는 내전이 일어났고 콜린스는 1922년 8월 자기가 예상한 대로 조약에 반대하는 아일랜드 공화국군 요원들에게 암살당했다.

이날 일어난 다른 사건들

1882년 영국 소설가 앤서니 트롤럽Anthony Trollope 사망
1917년 핀란드 의회가 러시아로부터 독립 선언
1991년 인도에서 발생한 심각한 힌두교도-무슬림 폭력 사태로 아요디아 바브리 모스크가 파괴됨

12월 7일

일본 진주만 공격, 1941년

어제 1941년 12월 7일, 오명으로 남을 이날에 미합중국은 일본 제국 해군과 공군의 의도적인 급습을 받았습니다.

미국은 일본과 평화로운 관계였으며 일본의 간청으로 일본 정부 및 황제와 함께 태평양 지역에서 평화를 유지하기를 고대하며 대화하는 중이었습니다.

일본 항공 중대가 미국 오아후섬에 폭격을 개시한 지 한 시간 뒤 주미 일본 대사가 최근 미국이 전한 서한에 대한 공식 답변을 우리 국무장관에게 전달했습니다. 이 답변에 기존 외교 협상을 계속해도 소용이 없을 것 같다는 내용이 있기는 했지만 전쟁이나 무력 공격에 대한 위협이나 암시는 전혀 없었습니다.

일본에서 하와이까지 거리를 고려할 때 며칠 혹은 몇 주 전부터 신중하게 계획한 공격임에 틀림없습니다. 그 사이에 일본 정부는 평화 지속을 바란다는 거짓 진술과 표현으로 미국을 고의로 속이고자 했습니다.

어제 있었던 하와이제도 공격으로 미국 해군과 육군은 심각한 피해를 입었습니다. 안타깝게도 많은 미국 국민이 목숨을 잃었습니다. 또한 샌프란시스코와 호놀룰루 사이 공해에서도 미국 함선들이 어뢰 공격을 받았다는 보고가 있었습니다.

어제 일본 정부는 말레이반도에도 공격을 개시했습니다.

지난밤, 일본군은 홍콩을 공격했습니다.

지난밤, 일본군은 괌을 공격했습니다.

지난밤, 일본군은 필리핀제도를 공격했습니다.

지난밤 일본은 웨이크섬을 공격했습니다.

그리고 오늘 아침 일본은 미드웨이섬을 공격했습니다.

이렇게 해서 일본은 태평양 전역에 걸쳐 기습 공격을 감행했습니다. 어제오늘 일어난 분명한 사실입니다. 미국 국민은 이미 의견을 표명했으며 우리 국가의 운명과 안전에 미칠 영향을 잘 이해하고 있습니다.

미국 육해군 통수권자로서 저는 우리를 방어할 모든 조치를 강구하라고 지시했습니다. 하지만 이 나라 전체는 우리에게 자행된 맹습의 의미를 언제나 기억할 것입니다.

사전에 계획된 이 공격을 극복하기까지 아무리 오랜 시간이 걸리더라도 미국 국민은 정의로운 힘으로 완전한 승리를 쟁취할 것입니다.

우리가 전력을 다해 방어할 뿐만 아니라 다시는 이 같은 배신행위가 우리를 위협하지 않도록 하겠다는 제 주장이 의회와 국민의 뜻을 반영한 결과라고 믿습니다.

적대행위가 일어나고 있습니다. 우리 국민, 우리 영토, 우리 이익이 중대한 위협을 받고 있습니다.

우리 군에 대한 신뢰와 우리 국민의 결연한 투지로 반드시 승리할 것입니다. 신의 가호를 빕니다.

미국 대통령 프랭클린 D. 루스벨트, 의회 연설, 1941년 11월 8일

12월 8일 미국 국회에서 한 짧은 연설에서 프랭클린 D. 루스벨트 대통령은 전날 있었던 사건을 요약해 전했다. 일본 공군은 하와이 소재 미 해군 기지를 경고 없이 공격해 함선 18척(전함 8척 포함)을 침몰 또는 손상시키고 항공기 188대를 파괴했으며 2,400명이 넘는 목숨을 앗아갔다.

일본은 공격 개시 30여 분 전에 보잘것없는 평화를 유지하려는 협상이 끝났다고 미국 정부에 알리려 했다. 일본 대사가 미국 국무장관을 만났지만 핵심 내용이 전달되지 않았다. 미국 의회는 루스벨트 연설에 응해 공식 선전포고를 즉시 통과시켰다.

나중에 일본 총리 도조 히데키東條英機는 "진주만 기습 공격 성공은 하늘에서 준 축복 같았다."라고 회상했다. 하지만 미국의 선전 포고를 들은 일본 야마모토 제독은 "우리가 잠든 거인을 깨웠고 그 거인이 무시무시한 대응을 할 것 같아 두렵다."라며 다른 반응을 보였고 이 예상은 적중했다.

육지, 바다, 공중에서 싸우는 치열한 전쟁이 3년 반 넘게 이어졌다. 1944년에서 1945년에 걸쳐 일본 도쿄, 오사카, 고베, 나고야에 융단폭격을 퍼부으며 수십 만 명이 목숨을 잃었으나, 그 싸움은 미국이 히로시마와 나가사키에 원자 폭탄을 떨어뜨린 다음에야 끝났다(8월 6일 참조).

이날 일어난 다른 사건들

기원전 43년 로마 웅변가이자 정치가 마르쿠스 툴리우스 키케로Marcus Tullius Cicero가 암살당함

1732년 런던 로열 오페라 하우스 개관

1917년 제1차 세계대전: 미국이 오스트리아-헝가리에 선전 포고

12월 8일

존 레넌 암살, 1980년

오늘 아침 나는 서점에 가서 《호밀밭의 파수꾼》을 샀습니다. …

내가 이 책의 주인공 홀든 콜필드와 비슷한 부분이 아주 많다고 확신합니다. 조금 남은 나머지는 악마임에 틀림없어요.

그 건물로 갔습니다. 다코타라고 하더군요. 그가 나올 때까지 기다려서 내가 가진 앨범 [더블 판타지Double Fantasy]에 사인을 해달라고 부탁했습니다. 이때까지만 해도 내 안에서 콜필드와 닮은 부분이 이겼고 호텔로 돌아가려고 했지만 그럴 수 없었습니다. 그가 돌아올 때까지 기다렸죠. 그는 차를 타고 돌아왔습니다. 요코가 먼저 지나갔고 나는 인사를 했어요. 그녀를 해치고 싶지 않았어요.

그다음에 존이 와서 나를 보더니 기억하더군요. 나는 코트 주머니에서 총을 꺼내 그에게 쏘았습니다. 내가 그렇게 할 수 있었다니 믿어지지 않아요. 책을 꼭 쥐고 그 자리에 마냥 서 있었어요. 도망가고 싶지 않았죠. 총이 어떻게 된 일인지 모르겠어요. 수위인 호세 [페르도모]가 총을 발로 차 버린 것은 기억합니다. 호세는 울면서 제발 가라고 했습니다. 호세가 너무 딱했어요. 그때 경찰이 와서 벽에 손을 대라고 하더니 내게 수갑을 채웠어요.

마크 채프먼, 뉴욕 경찰에 진술, 1980년 12월 9일

비틀스 멤버였던 존 레넌(1940년-1980년)은 뉴욕 다코타 아파트 구역으로 들어서던 중 25세 남성 마크 채프먼에게 살해당했다. 채프먼은 J. D. 샐린저J. D. Salinger가 1951년에 발표한 소설 《호밀밭의 파수꾼Catcher in the Rye》에 집착하면서 성인 세계의 위선자들을 과도하게 인식하던 청년인 주인공 홀든 콜필드와 자신을 동일시했다. 채프먼은 레넌이 평화를 설교하는 동시에 호화롭게 사는 유명인이라고 여겼고, 존 레넌을 죽이라고 말하는 목소리를 들었다고 주장했다.

채프먼은 유죄를 인정했고 종신형을 선고받았다. 현재 그는 예전에 아티카 주립 교도소라고 불렸던 아티카 교정 시설에 있다. 1972년 존 레넌은 그곳에서 폭동을 일으켰던 재소자들을 살해한 사건을 다룬 저항 음악을 녹음했다.

레넌이 런던에 살 때와 달리 뉴욕에 살면서 누렸던 즐거움 중 하나는 사람들이 그를 '괴롭히지' 않아서 자유롭게 거리를 걸을 수 있다는 점이었다.

이날 일어난 다른 사건들
1941년 제2차 세계대전: 일본군이 홍콩 침공
1974년 국민투표로 그리스 군주제 폐지
1991년 독립국가연합이 소비에트 연방 대체

12월 9일

과달루페의 성모, 1531년

1531년 12월로 접어든 지 며칠이 지났을 때 콰우티틀란 출신의 미천하지만 존경받던 원주민 후안 디에고Juan Diego가 테페약이라는 낮은 언덕으로 다가갔다. 동이 틀 무렵이었다. 그는 희귀한 새들이 많이 모여 지저귀는 듯한 노랫소리를 들었다. 목소리가 멈추자 마치 언덕이 대답하는 듯했다. 너무나도 부드럽고 기분 좋은 그들의 노래는 코욜토틀과 치니스칸을 비롯한 희귀한 새들의 노랫소리를 능가했다.

… 후안 디에고는 천상의 노래가 들려오는 언덕을 올려다봤다. 노랫소리가 멈췄을 때 언덕 꼭대기에서 누군가가 자기를 부르는 소리를 들었다. "후안, 사랑하는 후안 디에고."

그가 언덕 꼭대기에 다다랐을 때 그곳에 서 있던 한 여성이 그를 불렀다. 그녀의 옷은 마치 빛의 파장을 내뿜는 듯 태양처럼 빛났고 그녀가 서 있던 바위도 광채를 발하는 듯했다. 그녀는 마치 귀중한 보석, 정교한 팔찌처럼 빛났고 그 무엇보다도 아름다웠다. 땅도 안개 속에 나타난 무지개의 광채로 빛났다. 그녀는 "사랑하는 내 어린 아들아, 나는 완벽한 성모 마리아, 우리에게 생명을 주시고 사람을 만드신 위대한 하느님의 어머니이다. … 이곳에 내가 하느님에게 보여 드릴 성당을 지어주면 좋겠구나. 나는 내 모든 사랑과 연민 어린 시선, 도움, 구원을 담아 하느님을 백성들에게 보낼 것이다. 나는 진정으로 인자한 어머니, 너와 이 땅에서 함께 살아가는 모든 사람의 어머니이기 때문이다."라고 말했다.

미겔 산체스Miguel Sanchez,
《과달루페의 성모 마리아의 형상IMAGE OF THE VIRGIN MARY, MOTHER OF GUADALUPE》, 1648년

스페인이 멕시코를 정복한 지 딱 10년 만에 성모 마리아가 멕시코 소작농에게 나타난 기적은 사흘 뒤 그 소작농이 멕시코 주교에게 보여준 천 위에 성모 마리아의 형상이 새겨지면서 절정에 달했다. 이 이야기는 원주민 언어인 나우아틀어로 기록됐다가 100년 뒤 스페인 사제 산체스가 출판했다. '멕시코의 여왕'이라고 불리기도 하는 과달루페의 성모화는 멕시코인과 크리올인의 고통을 나타내는 상징이 됐다. 1810년 미겔 이달고는 깃발에 과달루페의 성모 모습을 새기고 '스페인인들에게 죽음을, 과달루페의 마리아 만세'라는 슬로건을 내걸어 독립운동을 이끌었다(9월 16일 참조).

이날 일어난 다른 사건들
1917년 제1차 세계대전: 알렌비Allenby 장군이 예루살렘 점령
1960년 영국에서 텔레비전 드라마 〈코로네이션 스트리트Coronation Street〉 1화 방영
1979년 과학자들이 천연두 바이러스 박멸 발표

12월 10일

'갈색 개' 생체 해부 폭동, 1907년

1903년 2월 유니버시티 칼리지 실험실에서 두 달이 넘도록 이어진 생체 해부를 견디고 죽음으로 해방될 때까지 여러 생체 해부자의 손을 거쳤던 갈색 테리어 개를 기립니다. 또한 같은 장소에서 1902년 동안 생체 해부를 당한 개 232마리를 기립니다. 잉글랜드 남녀 여러분, 이런 일이 얼마나 더 계속되어야 합니까?

**갈색 개 동상에 새긴 명문,
래치미어 공원, 배터시, 런던 남부, 1906년**

1907년 12월 런던 트라팔가 광장에서 영국 역사상 동물 권리를 둘러싼 가장 폭력적인 시위가 일어났다. 1902년 12월 유니버시티 칼리지 런던 의학 대학에서 스웨덴 여성 두 명이 갈색 테리어를 제대로 마취하지 않은 채 해부하는 모습을 목격했다. 이듬해 2월에는 같은 개를 강의실에서 고의로 죽이는 장면을 봤다. 그들이 기록한 내용은 다음과 같았다.

다리는 탁자에 고정했고 머리는 평소처럼 세게 쥐었으며 입마개를 단단히 씌웠다. 목 측면을 크게 절개해 분비선을 드러냈다. 개는 극심한 고통을 나타내는 온갖 징후를 보였다. 개는 몸부림치면서 계속 몸을 탁자에서 들어 올리며 도망치려 거세게 시도했다. 피로 얼룩진 수술복을 입은 강사는 … 이제 편안하게 파이프 담배를 피우고 있다. … 그는 이따금씩 농담을 했고 그를 둘러싼 사람들은 그 말에 공감했다.

장내 호르몬을 발견한 생리학자 윌리엄 베일리스William Bayliss는 불법 해부 혐의로 기소당했다. 대학은 명예훼손 혐의로 고소해 승소했지만 생체 해부 반대론자들은 도발적인 글귀를 새긴 개 동상을 세웠다. '반견주의자' 의대생들은 계속해서 동상을 파괴하려고 했고, 1907년 12월 10일 옥스퍼드-케임브리지 럭비 경기가 끝난 뒤 의대생 1,000명이 아주 단호하게 나섰지만 지역 주민들이 이에 반대했다. 그들은 런던 중심가로 이동했고 그곳에서 경찰 및 생체 해부 반대론자들과 오랫동안 충돌이 이어졌다. 1910년 3월 배터시 의회는 한밤중에 동상을 철거해 녹였다.

이날 일어난 다른 사건들
1799년 프랑스에서 측정 단위로 미터법 채택
1868년 가스로 작동하는 세계 최초의 신호등이 런던에 설치
1948년 국제연합 총회가 세계 인권 선언 채택

12월 11일

영국 국왕 에드워드 8세 퇴위, 1936년

몇 시간 전 저는 국왕이자 황제로서 마지막 임무를 이행했고, 이제 아우인 요크 공이 왕위를 계승했으니 먼저 그에게 충성을 맹세합니다. 진심을 담아 맹세합니다.

제가 왕위에서 물러날 수밖에 없었던 이유는 다들 아시리라 생각합니다. 하지만 이 결정을 내리면서 제가 왕세자이자 왕으로서 지난 25년간 몸 바쳤던 조국과 제국을 잊지는 않았다는 사실을 알아주셨으면 합니다.

다만 제가 사랑하는 여인의 도움과 성원 없이는 막중한 책임을 짊어지고 왕으로서 바라는 대로 의무를 이행하기가 불가능하다는 사실을 알게 됐습니다.

또한 이 결정은 제가 내린 결정이며 제가 단독으로 내린 결정이라는 사실도 알아주시기를 바랍니다. 이는 온전히 제 스스로 판단해야 하는 일이었습니다. 이 일과 가장 밀접한 관계가 있는 다른 한 사람은 마지막까지 제가 다른 길을 가도록 설득하려 했습니다.

제 인생에서 가장 중대한 이 결정을 내리면서 저는 오로지 결국 무엇이 모두에게 최선이 될 것인지만 고려했습니다.

… 이제 저는 모든 공무에서 물러나 짐을 내려놓습니다. 조국으로 돌아오기까지는 다소 시간이 걸리겠지만 앞으로도 언제나 영국 국민과 제국의 미래를 깊은 관심으로 지켜볼 것입니다. 또한 언젠가 제가 한 개인의 자격으로 국왕 폐하께 봉사할 기회가 온다면 반드시 이에 응할 것입니다.

에드워드 8세, BBC 라디오 방송, 1936년 12월 11일

1936년 12월 10일 '영국 및 영연방 자치령 국왕이자 인도 황제' 에드워드 8세는 이 모든 부담을 내려놓았고, 이튿날 왕위를 물려받은 아우는 조지 6세로 즉위했다. 에드워드의 재위 기간은 1년도 채 되지 않았다. 같은 날 그는 윈저 성에서 퇴위 결정을 전국에 방송했다. 윈저 공으로 신분이 바뀐 그는 6개월 뒤 '사랑하는 여인', 이혼 경력이 두 차례 있는 미국인 월리스 심슨Wallis Simpson과 결혼했다. 그는 여생을 외국, 주로 파리에서 보냈으며 전시에 잠깐 바하마 총독을 지냈다.

이날 일어난 다른 사건들

1282년 마지막 웨일스 대공 흐웰린Llewellyn 사망
1816년 인디애나가 미국의 19번째 주로 편입
1994년 제1차 체첸 전쟁: 옐친 대통령이 러시아군에 체첸 진입 명령

12월 12일

최초의 대서양 횡단 무선 신호, 1901년

정오가 조금 지난 시각 나는 싱글 이어폰을 귀에 대고 경청하기 시작했다. 테이블에 있는 수신기는 코일과 콘덴서 몇 개와 검파기로 대충 만든 것으로 밸브도, 증폭기도, 심지어 정류기도 없었다. 하지만 마침내 내 믿음이 옳은지 시험할 순간이 왔다. 회신은 12시 30분에 들어왔다. 희미하지만 분명하게 삐-삐-삐 소리가 들렸다. 나는 이어폰을 켐프에게 건네고 "뭔가 들려요?"라고 물었다. 그는 "네. S자요."라고 대답했다. 그도 들을 수 있었다. 그때 나는 내 모든 예상이 적중했음을 알았다. 폴두에서 공중으로 보낸 전파가 지구의 굴곡에 방해받지 않고 당시로서는 엄청난 거리인 2,735킬로미터를 지나 대서양을 건넜다. 내게 그 결과는 한낱 실험 성공을 넘어서는 훨씬 큰 의미였다. 올리버 로지 경Sir Oliver Lodge이 말했듯이 이는 역사에 한 획을 긋는 사건이었다. 그때 나는 난생처음 인류가 전선이 없어도 대서양뿐만 아니라 지구 양끝 사이 어느 곳에라도 메시지를 보낼 수 있는 날이 올 것이라고 전적으로 확신했다.

굴리엘모 마르코니, 데냐 마르코니 Degna Marconi, 《**내 아버지 마르코니**MY FATHER, MARCONI》에 인용, 2000년

1901년 12월 12일 25세 이탈리아 발명가 굴리엘모 마르코니Guglielmo Marconi와 그의 캐나다인 조수 조지 켐프George Kemp는 캐나다 뉴펀들랜드주 절벽에 있는 오두막에 앉아 대충 만든 수신기로 사흘째 대기 잡음에 귀 기울이고 있었다. 안테나는 연에 매단 전선 한 가닥이었다. 갑자기 영국 콘월 폴두에 세운 마르코니 무선국에서 전송한 문자 's'를 나타내는 모스 부호가 들렸다. 원래는 미국 매사추세츠주 코드곶에서 메시지를 받으려고 했지만 안테나가 강풍으로 망가졌다.

신호 전송이 성공적이었는지 여부를 별개로 검증하지는 않았지만 이 사건은 무선 전신에서 역사적인 순간으로 일컬어진다. 지금은 낮 시간에 중파 신호가 그렇게 멀리 이동하기는 불가능하다고 보는 사람이 많다. 그렇지만 이 사건은 신기술이 빠르게 발전하는 과정에서 중요한 단계로 현대사에 기록됐다.

이날 일어난 다른 사건들
1942년 제2차 세계대전: 스탈린그라드에서 포위된 군대를 구출하는 독일군의 겨울 폭풍 작전 개시
1963년 케냐가 영국으로부터 독립 쟁취
1988년 런던 클래펌 정션 철도 충돌로 35명 사망

12월 13일

난징 대학살, 1937년

우리 중 셋은 차를 몰고 군 병원으로 갔다. … 포격이 너무 심해지면서 의사와 간호사가 모두 달아난 상황이었다. … 사망자와 부상자가 외무부로 이어지는 도로에 나란히 누워있었다. … 입구에는 형체 없는 덩어리를 실은 외바퀴 손수레가 있었다. 언뜻 보기에는 시체 같지만 발에서 살아 있다는 징후가 보였다.

100미터에서 200미터마다 시체와 마주쳤다. 내가 확인한 민간인 시체에는 등에 탄흔이 있었다. 도망치다가 뒤에서 총을 맞은 모양이었다.

일본군은 10명에서 20명 정도로 무리 지어 도시로 들어와 상점을 약탈했다. 내 눈으로 직접 보지 않았다면 믿지 않았을 것이다. 그들은 창문과 문을 부수고 원하는 것이라면 무엇이든 가져갔다. …

… 우리는 일본 군인들이 안전 구역 거리에서 데려온 중국인 노동자 200명과 우연히 마주쳤다. 꽁꽁 묶인 채 도시 밖으로 쫓겨나고 있었다. 아무리 항의해도 소용이 없었다.

법무부에 배치했던 비무장 군인 1,000명 중 400명에서 500명이 손을 묶인 채 쫓겨났다. 나중에 기관총을 일제 사격하는 소리가 들렸으니 아마도 그들은 총에 맞았을 것이다. 이 일로 우리는 공포에 질렸다.

… 일본군 병사들은 내 사저에도 들어왔지만 내가 도착해서 스와스티카 완장을 들이밀었더니 떠났다. 미국 국기에는 호의를 나타내지 않았다.

욘 라베, 일기, 1937년 12월 13일

1937년 7월 일본은 중국에 대해 전면전을 개시했다. 12월 13일 일본 군대가 당시 중국 수도였던 난징시를 함락했다. 그곳에서 6주에 걸쳐 강간과 약탈이 이어졌고 적어도 4만 명, 많게는 20만 명이 학살당했다. 난징에 남아 있던 몇 안 되던 서양인들이 중국 민간인 20만여 명을 위해 '안전 구역'을 만들려고 했다. 그중에 나치를 지지하던 독일 기업인 욘 라베John Rabe가 있었다. 그의 일기는 20세기에 일어난 최악의 잔혹행위 중 하나를 기록한 중요한 증언이다.

이날 일어난 다른 사건들

1577년 프랜시스 드레이크가 플리머스에서 세계 일주 항해 시작

1867년 런던 클러큰웰에서 페니언(아일랜드 민족주의자) 폭탄 테러로 6명 사망

1959년 대주교 마카리오스Makarios가 키프로스 초대 대통령으로 당선

12월 14일

앨버트 공을 애도하는 빅토리아 여왕, 1861년

내 소중한 남편이자 다정한 아버지, 그런 당신을 사랑했습니다!

생후 8개월에 아버지를 여읜 불쌍한 아가는 이제 마흔둘에 가슴이 산산조각 나고 무너진 과부가 됐군요!

행복했던 내 인생은 끝났습니다!

이제 내게 세상은 사라졌어요!

내가 계속 살아야 한다면 그의 영혼이 나를 인도하고 격려하겠죠!

하지만 아! 신께서 우리를 절대 갈라놓지 않으실 것이고 함께 나이 들어가도록 허락하시리라 직감하며 확신했던 인생의 전성기가 이렇게 중단되다니 너무 끔찍하고 잔인합니다! …

꼭 한 가지 다짐하고 싶은 일이 있습니다. 내 굳은 결의이자 바꿀 수 없는 결정이죠. 모든 일에 대한 그의 바람, 그의 계획, 모든 일에 대한 그의 견해가 곧 내 법이 될 것입니다.

인간의 힘으로는 절대 그가 결정하고 바랐던 것에서 내 마음을 돌려놓을 수 없을 거예요. …

나는 그와 함께, 그를 위해서 살아갈 겁니다. 사실 나는 표면상으로만, 아주 잠시 그와 헤어졌을 뿐입니다.

가엾지만 헌신적인 자녀인 당신을 신께서 축복하고 지켜주시기를.

빅토리아

빅토리아 여왕, 벨기에 국왕 레오폴 1세에게 보낸 편지, 1861년 12월 20일

1861년 12월 14일 빅토리아 여왕의 남편 앨버트 공이 장티푸스로 사망하면서 여왕은 이후 수십 년 동안 깊은 비탄에 시달렸다. 빅토리아 여왕은 이후로 평생 검은 옷을 입었다. 빅토리아 여왕은 왕위에 오른 이래 조언과 지지를 아끼지 않았던 숙부 레오폴 1세에게 자신의 감정을 쏟아낸 뒤 좀처럼 공적인 자리에 모습을 드러내지 않았다. 몇 년 동안 런던을 거의 방문하지 않았고, 이로 인해 일반인들에게 인기를 잃고 1870년 전후로 부상하던 공화주의 운동을 부추겼다. 시간이 흐르면서 빅토리아 여왕은 다시 국정에서 점차 눈에 띄는 역할을 맡게 됐고, 1877년에는 의회가 여왕에게 '인도 여제' 칭호를 부여하면서 세계무대에서 지도자로서 여왕의 역할을 강화했다.

이날 일어난 다른 사건들

1287년 네덜란드 해안을 따라 바닷물이 밀려와 적어도 5만 명이 사망

1556년 프랑스 '예언자' 노스트라다무스Nostradamus 사망

1995년 파리에서 체결된 데이턴 협정으로 보스니아-헤르체고비나 전쟁 종결

12월 15일

아돌프 아이히만 재판, 1961년

아이히만의 문제점은 그와 같은 사람이 너무나 많고, 그 많은 사람이 변태라거나 가학적이지도 않으며, 지극히 무서울 정도로 정상이었고 여전히 정상이라는 사실이었다. 우리 법제도와 도덕적 판단 기준에서 볼 때 이런 정상적인 모습은 모든 잔학 행위를 다 합친 것보다 더 소름 끼치는 일이었다. 이는 뉘른베르크 재판에서 피고와 그 변호사들이 계속 반복해서 언급했듯이 사실상 호스티스 제네리스 후마니 hostis generis humani ['인류의 적']인 이 새로운 범죄자 유형이 자기가 잘못을 저지르고 있다는 사실을 알거나 느끼기가 거의 불가능한 상황에서 범죄를 저질렀음을 의미하기 때문이다.

한나 아렌트, 《예루살렘의 아이히만 EICHMANN IN JERUSALEM: A REPORT ON THE BANALITY OF EVIL》,
1963년

아돌프 아이히만 Adolf Eichmann(1906-1962)은 최소 시간 내에 최대 인원을 절멸 수용소로 보낼 수 있도록 수송 계획을 세우는 업무를 담당한 나치 책임자였다. 아이히만은 1942년 1월 유대인 대량 학살 준비를 공식화한 '최종 해결책'을 논의한 이른바 반제 회담 참석자 중 한 명이었다. 제2차 세계대전 끝 무렵에 그는 미국 포로수용소에서 탈출해 간신히 아르헨티나로 도피했으며, 1961년 이스라엘 요원들에게 붙잡혀 예루살렘에서 재판을 받게 될 때까지 그곳에서 신분을 숨기고 살았다. 예루살렘에서 전쟁 범죄와 반인륜적 범죄로 기소된 아이히만은 텔레비전으로 생중계되는 가운데 자신은 명령에 따랐을 뿐이라고 변명했다. 그는 12월 15일 유죄 선고를 받았고 1962년 5월 31일에 사형이 집행됐다.

정치철학자 한나 아렌트 Hannah Arendt는 재판 취재 내용을 〈뉴욕 타임스〉에 전했다. 아렌트는 아이히만의 평범성과 진부한 사고에 주목했다. 1963년에 발표한 책에서 아렌트는 아이히만의 사형 집행 과정을 기술했다. 그가 마지막으로 남긴 말이 "독일 만세. 아르헨티나 만세. 오스트리아 만세. 이 세 국가를 잊지 않으리."였다고 전하면서 아렌트는 "죽음에 직면했을 때 그는 장례식에서 사용하는 상투적 문구를 발견했다. 교수대 아래에서 그의 기억이 마지막 속임수를 발휘했다. 그는 '기쁜' 나머지 이것이 자신의 장례식임을 잊었다."라고 평했다.

이날 일어난 다른 사건들

1675년 네덜란드 화가 요하네스 베르메르 Johannes Vermeer 사망

1911년 로알드 아문센의 노르웨이 원정대가 세계 최초로 남극점 도달

1970년 베네라 7호 우주선이 금성에 착륙

12월 16일

보스턴 차 사건, 1773년

저녁이 되자 나는 즉시 원주민 의상으로 차려입고 나와 동료들이 토마호크라고 이름 붙인 작은 도끼를 챙겼다. 그다음에 곤봉을 들고 대장간에서 석탄 가루를 얼굴과 손에 칠한 뒤, 차를 실은 배들이 정박한 그리핀 부두로 향했다. 이렇게 변장하고 길에 처음 나갔을 때 나는 나처럼 입고 장비를 갖추고 몸을 칠한 수많은 사람들과 함께 어울려 우리 목적지로 질서정연하게 행진했다.

부두에 도착했을 때 작전을 지휘할 권한을 가진 우리 편 세 명이 있었고, 우리는 곧 작전을 개시했다. 지휘관들은 차를 실은 배 세 척에 동시에 올라탈 수 있도록 우리를 세 무리로 나눴다. 목적이었다. 내가 속한 무리를 지휘하는 사람은 레너드 피트였다. 다른 지휘자들 이름은 끝까지 몰랐다. 곧 각 지휘관들이 모든 배에 동시에 올라타라는 명령을 내렸고 우리는 신속하게 명령에 따랐다. 내가 속한 무리의 지휘관은 우리가 배에 오르자마자 나를 갑판장으로 지명하고 선장에게 가서 화물출입구 열쇠와 양초 여남은 개를 요구하라고 명령했다. 나는 명령을 그대로 이행했고 선장은 즉시 대답하며 요구한 물건을 가지고 왔다. 그러면서도 내게 배나 삭구를 훼손하지 말아 달라고 요청했다. 지휘관은 우리에게 화물출입구를 열어 안에 들어 있는 차 상자를 모두 꺼내 배 밖으로 던지라고 명령했고, 우리는 즉시 명령을 실행에 옮겼다. 먼저 도끼로 상자를 자르고 쪼개 차가 물의 영향을 충분히 받을 수 있도록 노출시켰다.

배에 탄 지 약 세 시간 만에 우리는 배에서 찾은 모든 차 상자를 망가뜨려 배 밖으로 던졌다. 다른 배에 탄 사람들도 똑같이 동시에 차를 처분했다. 영국 무장 선박이 우리를 둘러쌌지만 우리에게 저항하려는 시도는 없었다.

이튿날 아침 우리가 배에서 차를 제거한 뒤에 상당한 양이 바다 표면에 떠다니는 모습이 발견됐다. 그중에서 조금이라도 건져 가서 사용할 가능성을 차단하고자 작은 배 여러 척에 선원과 시민들이 타고 차가 보이는 항구 지점으로 배를 저어가 차가 흠뻑 젖어서 완전히 망가질 때까지 상자를 때려 부쉈다.

조지 휴스, 제임스 호크스 James Hawkes,
《**보스턴 차 사건 회고**A RETROSPECT OF THE BOSTON TEA-PARTY》에 인용, 1833년

1773년 12월 16일, 매사추세츠 휘그당 지도자 새뮤얼 애덤스Samuel Adams는 진실한 자유의 아들들True Sons of Liberty을 모아 대규모 집회를 열었다. 자유의 아들들은 1765년 영국 의회가 통과시킨 인지 조례에 반대해 등장한 집단이었다. 식민지의 동의를 받지 않고 다양한 출판물에 직접세를 부과한 인지 조례는 금방 폐지됐다. 하지만 1773년 통과된 홍차 조례가 더 심한 분노를 일으켰다. 홍차 조례는 동인도회사에 차 무역에 대한 거의 독점적인 권리를 부여했다. 이는 아메리카 식민지에서 홍차 가격을 낮추는 효과를 나타냈지만 지역 상인과 지역 상거래 전망에 악영향을 미쳤고, 아메리카 식민지 사람들이 세금 및 관세 관련 의사 결정 과정에서 느끼는 박탈감을 부추겼다.

애덤스가 주최한 대규모 집회는 보스턴 항구에 다트머스호와 영국 선박 두 척, 엘리노어호와 비버호가 차를 싣고 보스턴 항구에 등장한 데 항의하는 표시로 열렸다. 누군가가 "차가 소금물과 섞이면 어떻게 되는지 아는 사람?"이라고 물었을 때 집회는 끝났고, 모호크족으로 변장하고 토마호크로 무장한 남성 무리가 배에 올라타 차가 든 상자 342개를 바다로 던졌다. 보스턴 구두장인 조지 휴스George Hewes도 그 무리에 속해 있었다.

이 도전 행위는 미국 독립 전쟁을 한 발자국 앞당겼다. 애덤스는 '대표 없이 과세 없다'라는 원칙을 다시 한번 강조하면서 행위의 정당성을 주장했다. 이 슬로건은 1750년에 처음 사용됐지만 이제 홍차 조례에 대한 아메리카의 반대 주장을 완벽하게 보여주는 본보기였다. 보스턴 차 사건은 이 말을 행동으로 나타내면서 이 문구가 실제로 체제를 전복하는 결과를 가져올 것이라는 느낌을 부여했다.

이날 일어난 다른 사건들
1497년 바스쿠 다가마Vasco da Gama가 희망봉을 돌다
1653년 올리버 크롬웰이 잉글랜드, 스코틀랜드, 아일랜드의 호국경으로 추대
1944년 제2차 세계대전: 아르덴에서 독일 대규모 공세로 벌지 전투 개시

12월 17일

최초의 동력 비행 성공, 1903년

목요일 오전 시속 34킬로미터 바람을 맞으며 네 차례 비행에 성공. 엔진 동력만으로 평지에서 출발. 평균 속도 시속 50킬로미터. 최장 비행시간 57초. 언론에 제보 바람. 크리스마스에는 집에 돌아감.

오빌 라이트, 아버지 밀턴 라이트 Milton Wright **주교에게 보낸 전보, 1903년**

오하이오주 데이턴 출신 자전거 수리공 오빌 라이트Orville Wright(1871년-1948년)와 윌버 라이트Wilbur Wright(1867년-1912년) 형제는 세계 최초 동력 비행에 성공했을 때 둘 다 30대였다. 이 일은 노스캐롤라이나주 키티호크 해변에서 살을 에는 듯이 춥고 바람이 많이 불던 12월 어느 날에 일어났다. 1890년대 중반부터 비행기로 실험하고 새들이 나는 모습을 관찰한 결과를 바탕으로 혁신적인 제어 시스템을 고안해서 만든 라이트 형제의 비행기는 돌풍으로 초창기 복엽 비행기가 돌이킬 수 없게 박살 나기 전까지 네 차례 단거리 비행에 성공했다. 그중에서 가장 긴 비행 거리는 260미터였다. 오빌이 아버지에게 보낸 전보에는 성과에 대한 흥분이 담겨 있었지만 당시 언론은 별다른 관심을 나타내지 않았다.

오빌이 친필로 쓴 기록은 첫 비행을 꼼꼼한 기술자의 언어로 표현했다.

비행 지속 시간은 12초에 그쳤지만 어쨌든 사람을 태운 기계가 자체 동력으로 공중으로 완전히 날아올라 속도를 줄이지 않고 앞으로 나아가 마침내 이륙 지점만큼 높은 지점에 착륙한 역사상 최초의 비행이었다.

훨씬 뒤에 형인 윌버는 그들의 영감을 좀 더 당당한 말투로 표현했다. "날고자 하는 욕망은 무한한 공중 고속도로 공간을 자유롭게 날아오르는 새들을 부러운 듯이 바라봤던 우리 조상들이 우리에게 물려준 염원이다."

이날 일어난 다른 사건들

1830년 남아메리카 독립 지도자 시몬 볼리바르Simón Bolivar 사망

1939년 제2차 세계대전: 독일 전투함 그라프슈페가 라플라타 강 전투 이후 자침

1983년 런던 해러즈 백화점 밖에서 아일랜드 공화국군 차량 폭탄 폭발로 여섯 명 사망

12월 18일

베르됭 전투, 1916년

부상을 입었거나 발을 삐어서 낙오했든, 패배로 사기가 저하됐든 그들[프랑스군]이 돌아왔을 때 얼마나 우울했던가! 그들의 표정은 말로 다할 수 없이 두려운 광경에 얼어붙은 듯했다. 걸음걸이와 자세는 완전히 실의에 빠진 듯했다. 끔찍한 기억의 무게에 짓눌려 축 처져 있었다. 내가 말을 걸었을 때 그들은 대답조차 하기 힘들어했고 노병들이 던지는 농담에도 그들의 불안한 마음은 반응하지 않았다.

필리프 페탱, 《베르됭 전투LA BATAILLE DE VERDUN》, 1929년

참호 최전선에서 돌아오는 프랑스 부대를 그린 필리프 페탱Philippe Pétain 원수의 설명은 이날 마침내 끝난 10개월에 걸친 베르됭 전투의 공포를 담아냈다. 이 전투에서 프랑스군과 독일군은 최소 75만 명에 달하는 사상자를 냈고 그중에서 3분의 1은 죽거나 실종됐다. 베르됭 전투는 1916년 2월 독일과 맞닿는 프랑스 동쪽 국경에 있는 프랑스 요새 도시 베르됭과 주변 지원 요새에 독일군이 작정하고 공격을 감행하면서 시작됐다. 나중에 독일 사령관 에리히 폰 팔켄하인Erich von Falkenhayn이 했던 말을 빌리면, 이 전투의 목적은 '프랑스의 피를 남김없이 짜내는 것'이었다. 필리프 페탱 장군이 처음에 "용맹하게 싸워라! 저들을 꼭 잡을 것이다!"라는 말로 소집한 방어진은 굳게 버텼고, 이후 6월에 로베르 니벨Robert Nivelle이 나서서 "그들은 지나가지 못할 것"이라고 단언했다.

이때까지 필사적인 방어만 하던 프랑스군에게 트럭, 자동차, 택시까지 나서서 파리에서 물자를 계속 공급했다. 1916년 솜강 전투에서 연합군이 처참한 공격을 벌인 데는 베르됭에 대한 압박을 해소하려는 의도도 있었다. 하지만 참혹한 환경에서 말로 다할 수 없는 격렬한 전투를 이어가다 보니 프랑스 군인이 "지옥도 이보다 더 끔찍하지는 않을 겁니다."라고 외치는 지경에 이르렀다. 독일군에 포탄을 2,300만 발 이상 퍼부었고, 점령했던 땅과 붙잡았던 포로 수천 명 대부분을 잃은 독일군은 마침내 12월 18일 공격을 포기했다.

베르됭 전투는 여전히 제1차 세계대전 중 프랑스가 겪은 고통을 가장 잘 보여주는 상징이다.

이날 일어난 다른 사건들

1642년 네덜란드 탐험가 아벨 타스만Abel Tasman이 뉴질랜드에 상륙

1737년 이탈리아 바이올린 장인 안토니오 스트라디바리Antonio Stradivari 사망

1829년 프랑스 박물학자 장-바티스트 라마르크Jean-Baptiste Lamarck 사망

12월 19일

찰스 디킨스 《크리스마스 캐럴》 출판, 1843년

"메리 크리스마스, 밥!" 스크루지는 밥의 등을 두드리며 아주 진지하게 말했다. "내 좋은 친구 밥, 지난 여러 해 동안 내가 바랐던 것보다 더 즐거운 크리스마스를 보내게나! 월급을 올려주고 고생하는 자네 가족들도 힘껏 돕겠네. 오늘 오후에 따끈한 크리스마스 비숍 와인에 감귤류와 설탕을 넣어 데운 음료 – 옮긴이 을 들면서 자네 문제부터 논의해 보지, 밥…"

스크루지는 내뱉은 말보다 더 잘해줬다. 한 말을 전부 실천하고도 훨씬 더 많이 베풀었다. 죽지 않았던 꼬마 팀에게는 양아버지가 되었다. 그는 자기가 사는 멋진 옛 도시가 다 아는 좋은 친구, 선량한 주인, 훌륭한 사람이 됐다. …

달라진 스크루지를 보고 비웃는 사람도 있었지만 스크루지는 그들이 비웃도록 내버려 뒀고, 그리 신경도 쓰지 않았다. … 자기 마음이 웃었으므로 그것만으로 충분했다.

… 살아 있는 사람 중에 크리스마스를 잘 보내는 방법을 아는 사람이 있다면 그 사람은 바로 스크루지라는 말을 듣게 됐다. 우리, 우리 모두가 그런 말을 들을 수 있기를! 그리고 꼬마 팀이 말했듯 우리 모두에게 신의 축복이 깃들기를!

찰스 디킨스, 《크리스마스 캐럴》, 1843년

1843년 12월 19일 찰스 디킨스의 소설 《크리스마스 캐럴》이 출판되면서 1840년대는 근대 크리스마스 탄생에 중대한 역할을 하는 시기가 됐다. 같은 해에 헨리 콜 Henry Cole 은 판매용 크리스마스 카드를 만들었다. 1848년에는 앨버트 공이 전나무 장식에 들인 열정이 엄청난 세간의 관심을 받았다.

크리스마스 특유의 즐거운 분위기를 기독교 자선 행위와 연관 짓는 분위기는 이미 널리 퍼져 있었다. 인상적인 주인공 에비니저 스크루지가 등장하는 《크리스마스 캐럴》이 출간된 바로 그 주에 잡지 〈펀치〉는 "이번 '메리 크리스마스'에 당신은 당신보다 못한 처지에 있는 사람들의 행복을 위해 무엇을 했나요? 아무것도 안 했다고요? 스테이크로 뺨에 살이 오르고 포트와인으로 코가 붉어진 당신이 과연 '아무것도'라고 대답해도 될까요?"라고 물었다.

《크리스마스 캐럴》은 절박한 재정난으로 6주 만에 쓴 작품이었다.

이날 일어난 다른 사건들

1154년 웨스트민스터 사원에서 잉글랜드 국왕 헨리 2세 즉위

1848년 영국 소설가 에밀리 브론테 Emily Brontë 사망

1984년 1997년에 홍콩을 중국에 반환하는 협정 체결

12월 20일

사로잡힌 사자왕의 발라드, 1192년

포로는 솔직한 생각을 털어놓을 수 없지
학대당하는 사람처럼 말하지 않는다면
다만 평안을 위해 노래를 만들 수는 있겠지
친구는 많지만 도움은 없네
부끄러운 줄 알아야지, 몸값이 없으면
나는 또 한 해를 여기서 보내야 하네

영주들도 신하들도 이 사실을 잘 알 텐데,
노르망디, 잉글랜드, 가스코뉴, 푸아투,
내 한 번도 신하들을 저버린 적 없건만
감옥에 넣는 게 나한테 득이더라도
그들을 책망하려는 것은 아니나,
내가 감옥에 있으니!
이제 옛 속담을 확실히 알겠네
죽음과 감옥은 친구도 인연도 모르지,
단지 돈이 없다는 이유로 날 내버려 두네
나도 애통하지만, 그들이 더 애통하네
내가 죽고 나면 그들은 고통스럽겠지
내가 오래 갇혀 있다면

내 마음이 슬프고 아픈 것은 당연하지
내 영주가 내 무력한 땅을 괴롭히니
그가 두 손을 모으고
우리가 했던 맹세를 기억한다면
내가 여기서 노래나 쓰고 있지 않으련만
여전히 난 감옥에 있네
지금 누가 부유하고 강한 지는 그들이 잘 알겠지
앙주와 투렌의 젊은이들
그렇게 그들과 멀지, 적대 관계로 매였으니
그들은 나를 많이 사랑했지만, 오래 사랑하지 않았네
그들은 더는 타당한 일을 하려 하지 않네

나는 배신당한 채 여기 갇혔네

리처드 1세, 1192년경, 헨리 애덤스 Henry Adams **번역**

제3차 십자군 원정에서 돌아가는 길에 육로로 갈 수밖에 없게 된 잉글랜드 국왕 리처드 1세는 적지를 지나게 되면서 변장을 했다. 하지만 1192년 12월, 십자군 동맹국이었다가 사이가 틀어진 오스트리아 레오폴트 공작Duke Leopold of Austria에게 붙잡혔다. 레오폴트는 리처드 1세를 석 달 동안 억류하고 있다가 신성 로마 제국 황제 하인리히 6세에게 넘겼다. 1194년 리처드 1세는 백성들이 피폐해질 정도로 세금을 물려 마련한 엄청난 몸값을 지불한 뒤에 풀려났다.

리처드 1세는 갇혀 있는 동안 이부 누이 샹파뉴의 마리에게 안락한 집과는 거리가 먼 투옥 생활의 좌절감을 표현한 이 노래를 썼다. 이 노래는 리처드가 보유한 공작령 가스코뉴를 포함한 프랑스 남서부 대부분과 이탈리아 및 스페인 일부 지역에서 사용하던 언어인 프로방스어로 썼다.

이날 일어난 다른 사건들

1860년 사우스캐롤라이나주가 처음으로 연방에서 탈퇴
1917년 V. I. 레닌이 소련 비밀경찰 체카Cheka 설립
1989년 미군이 독재자 마누엘 노리에가Manuel Noriega를 제거하고자 파나마 침공

12월 21일

로커비 폭탄 테러, 1988년

PA103 항공편은 18시 25분 이륙했다. 번햄 VOR[초단파 전방향 무선표지: 항공기 항법 원조 장치]에 접근하면서 항공기는 350도 레이더를 포착하고 6000피트 상공에서 보빙던 대기 지점 아래에서 비행했다. 그런 다음 처음에는 비행고도[FL] 120으로 상승하고 이어서 FL 310까지 상승하도록 승인을 받았다. 항공기는 18시 56분에 FL 310에서 폴 힐 VOR 북서쪽으로 수평 비행했다. 약 7분 뒤 섄윅 해양 관제소에서 항공기의 해양 항로 진입 허가를 전송했으나 응답이 없었다. 이 전송 과정에서 PA103 항공편에서 보내는 보조 레이너 회신이 레이더 화면에서 사라졌다. 그때 다중 주 레이더 회신이 바람을 타고 상당한 거리로 퍼져나가는 모습이 포착됐다. 항공기 잔해는 두 갈래로 흩어졌고 그중 한 갈래는 130여 킬로미터에 걸쳐 잉글랜드 동쪽 해안까지 퍼졌다. …

항공기 잔해 중 큰 부분 두 조각이 로커비 마을에 떨어졌다. 조종실과 앞쪽 기체 부분을 포함한 다른 큰 조각들은 마을 동쪽 시골에 떨어졌다. 로커비 주민들은 19시가 조금 지났을 때 제트 엔진이 내는 굉음이 귀청이 터질 듯이 빠르게 커지면서 천둥처럼 우르릉거리는 소리가 났다고 말했다. 그 소리는 불꽃을 길게 늘어뜨리며 마을 북동쪽에서 떨어지는 유성 같은 물체에서 나는 것 같았다. 거의 같은 시간, 비행기 날개를 닮은 크고 어두운 삼각형 물체가 마을 셔우드 지역에 떨어졌다. 삼각형 물체는 공중에 있을 때는 불타고 있지 않았지만 순식간에 아주 커다란 불덩이가 발생해 엄청난 양의 잔해가 공중으로 퍼졌고, 비교적 가벼운 입자는 바람을 타고 몇 킬로미터 떨어진 곳까지 날아가서 쌓였다. 그 외 알아보기 힘든 물체들도 이 지역에 떨어졌다.

영국 항공사고조사위원회BRITISH AIR ACCIDENTS INVESTIGATION BRANCH, 보고서, 1990년 7월

1988년 12월 21일 런던 히스로 공항에서 이륙해 뉴욕으로 향하던 보잉 747기 팬암 항공 103편은 폭탄 테러로 폭발해 승객과 승무원 총 259명 전원(대부분이 미국인)과 스코틀랜드 남부 로커비 마을 주민 11명이 사망했다. 한 로커비 주민은 이 사고를 "당시 그곳에서 끔찍한 폭발이 있었고 온 하늘이 환해졌습니다. 불이 마치 비 오듯 쏟아졌죠. 액체 상태인 불이었어요."라고 설명했다.

여러 단체가 폭탄 테러를 저질렀다고 주장했지만 의혹은 리비아 개입설로 모아졌다. 당시 리비아 무아마르 무함마드 알-카다피(1942년 출생) 대령이 이끄는 리비아 정권이 테러 집단 후원자로 알려져 있었다. 1986년 미국 대통령 레이건은 서베를린에 주둔하던 미군들 사이에서 인기 있었던 디스코텍에 발생한 폭탄 테러에 개입한 리비아에 대한 보복으로 리비아에 공습을 명령했다.

리비아가 외교 정책 방향을 수정하기 시작하고 영국 정부와 리비아 사이에 10년에 걸친 장기 협상을 실시한 결과 팬암 폭탄 테러로 기소된 리비아인 두 명이 2000년 5월과 2001년 1월에 사이에 중립 지역인 네덜란드 캠프 제이스트에서 스코틀랜드 법에 따라 재판을 받았다. 2001년 1월 31일 아브델바세트 알-메그라히Abdelbaset al-Megrahi는 몰타에서 프랑크푸르트를 거쳐 런던 히스로 공항으로 보내져 팬암 103편에 실린 폭발물을 보낸 사실이 밝혀지면서 270명을 살해한 혐의에 대해 유죄 판결을 받았다.

2001년 알-메그라히는 스코틀랜드에서 종신형을 선고받았다. 2002년 리비아는 폭탄 테러 희생자 가족에 보상금을 지급했고, 2003년에 마침내 리비아 정권은 폭탄테러를 저질렀다고 인정했다. 전립선암을 앓고 있던 알-메그라히는 2009년 8월 대서양 연안국들 사이에 외교 논란이 분분하던 상황에서 특별 배려로 석방됐다.

2011년 리비아가 내전으로 분열되면서 일부 주요 망명자들은 카다피가 직접 팬암 103편 폭파를 명령했다는 증거를 가지고 있다고 주장(아직 확인된 바 없다)했다.

이날 일어난 다른 사건들

1844년 '로치데일 선구자들Rochdale Pioneers'이 협동조합 상점을 열고 협동조합 운동 시작

1940년 미국 소설가 F. 스콧 피츠제럴드F. Scott Fitzgerald 사망

1979년 랭커스터 하우스 협정으로 흑인 다수 국가 짐바브웨의 기틀 형성

12월 22일

베토벤 제5번 교향곡 초연, 1808년

이 모든 것을 말로 형언할 수 없이 심오하고 장엄한 교향곡 C단조보다 더 높은 수준으로 확실히 보여주는 베토벤 작품이 있을 수 있을까? 절정을 향해 계속 상승하는 이 멋진 구성은 듣는 이를 무한한 영혼의 세계를 향해 도도하게 나아가도록 이끈다! … 확실히 전체가 마치 기발한 광시곡처럼 많은 이들을 지나쳐 돌진하지만 사려 깊은 청자 각각의 영혼은 다름 아닌 그 말로 표현할 수 없는 불길한 갈망이라는 느낌에 확실히 깊고 그윽하게 동요한다. 마지막 화음까지, 실은 그 이후로 이어지는 순간에도 비탄과 환희가 음악이라는 형태노 사신을 감싸는 경이로운 영혼의 영역에서 벗어날 수 없을 것이다. 악장 내부 구조, 그 연주, 기악 편성, 그 각각이 서로를 따르는 방식까지 주제의 모든 것이 그 하나만으로도 청자를 단일한 분위기로 단단히 휘어잡는 힘을 지닌 통일성을 낳는다. 이런 관계는 때때로 청자가 두 악장의 연결부에서 우연히 듣거나 공통된 기본 저음부에서 발견할 때 명확하게 드러난다. 이런 식으로 드러나지 않는 더 깊은 관계는 평소에 영혼에서 영혼으로만 이야기한다. 이 관계야말로 거장의 천재성을 태연하고 당당하게 분명히 보여준다.

E. T. A. 호프만 E. T. A. Hoffmann, 《베토벤 연주곡 BEETHOVEN'S INSTRUMENTAL MUSIC》, 1813년

1808년 12월 빈에서 베토벤 교향곡 제5번 C단조, 교향곡 제6번, 피아노 협주곡 제4번, 그 외 여섯 작품이 장장 4시간에 걸친 콘서트에서 처음 선보였다. 하지만 이 콘서트는 그리 큰 성공을 거두지 못했다. 연주회장은 춥고 오케스트라는 형편없었다. 하지만 교향곡 제5번 연주는 적어도 낭만주의 작가 E. T. A. 호프만에게 훨씬 큰 인상을 남겼다.

콘서트가 열린 지 5개월이 지났을 때 나폴레옹 군대가 빈을 폭격했고 점점 청각을 잃어가던 베토벤은 조금이라도 청력을 보존하고자 집중포화의 소음에서 필사적으로 벗어나고자 했다.

이날 일어난 다른 사건들

1864년 미국 남북 전쟁: 셔먼이 링컨에게 조지아주 서배너 함락을 알리는 전보 발신

1880년 영국 소설가 조지 엘리엇 George Eliot 사망

1972년 인육까지 먹으며 버틴 안데스 산맥 비행기 추락 생존자들이 사고 10주 뒤에 발견

12월 23일

세바스토폴리의 톨스토이, 1854년

[러시아 군인들이] 하는 일은 너무나 단순하고 애쓰는 흔적이 없어서 필요하다면 그들이 백 곱절도 할 수 있다는, 무엇이든 할 수 있다는 확신이 든다. 그들을 움직이는 감정은 여러분이 경험했던 심술궂음이나 허영심과는 차원이 다른 강렬한 감정이다. 그런 감정을 지닌 사람은 평범한 사람들과는 달리 죽을 고비를 골백번 넘기면서도 총알들 사이에서 일하고 지켜보며 진흙탕 속에서 평온하게 살아갈 수 있다. 십자훈장을 받거나 진급하려고 그러는 것이 아니다. 그런 끔찍한 생존 조건을 감수하라고 위협받고 있기 때문이 아니다. 그것과는 다른, 고고한 원동력이 있을 것이다. 이 원동력은 드물게 나타나는 감정에서 발견되며, 겸손에 가려져 있지만 모든 러시아인의 가슴속에 깊이 뿌리내리고 있는 애국심이다. … 코르닐로프가 자기 부대에 "아들들아, 우리는 죽겠지만 세바스토폴리는 넘겨주지 않을 것이다."라고 말하고 우리 용감한 군인들이 "기꺼이 죽겠습니다, 만세!"라고 대답했다는 일화는 이제 그저 아름다운 이야기가 아닌 진실이자 사실이 되었다.

레오 톨스토이, 《세바스토폴리 이야기》, 1855년

1854년 9월부터 1855년 9월까지 러시아의 요새이자 크림의 수도인 세바스토폴리를 영국과 프랑스가 포위한 공성전은 크림 전쟁의 중심 전투였다. 방어는 코르닐로프 제독이 1854년 10월에 사망할 때까지 주도했다. 결국 이 도시가 함락되면서 크림 전쟁의 종결을 알렸다.

소설가 레오 톨스토이는 젊은 육군 장교로 공성전을 경험했고 이 시기에 서로 이어지는 세 단편 '12월의 세바스토폴리', '5월의 세바스토폴리', '8월의 세바스토폴리'를 써서 《세바스토폴리 이야기 Sevastopol Sketches》로 발표했다. 이야기 근간에 깔린 투철한 애국심과 전례 없이 생생한 전선의 군인 현실 묘사는 러시아 독서계를 사로잡았고 엄청난 인기를 얻었다.

이날 일어난 다른 사건들
1588년 가톨릭교도 동맹 설립자 기즈 공작이 암살됨
1688년 명예혁명 이후 제임스 2세가 프랑스로 망명
1956년 영국군과 프랑스군이 수에즈에서 철수

12월 24일

서부 전선 정전, 1914년

어둠 속에서 어떤 목소리가 강한 독일 억양의 영어로 외쳤다. "이리 와!" 웃음소리가 우리 참호에 퍼졌고 이어서 소란스러운 하모니카 소리와 웃음이 터져 나왔다. 잠시 침묵이 흐르다가 우리 하사관 중 한 명이 상대방의 요청을 그대로 반복했다. "이리 와!"

어둠을 뚫고 "당신이 절반 다가오면 나도 절반 다가갈게."라는 소리가 들렸다.

우리 하사관이 "그럼 빨리!"라고 외쳤다. "울타리를 따라가고 있어!"

양쪽에서 의심스러운 외침과 익살스러운 웃음이 들린 뒤에 우리 하사관은 두 줄로 뻗은 참호까지 직각으로 가로지르는 울타리를 따라 나갔다.

곧 하사관이 돌아왔다. 그는 가져갔던 매코노치[고기 스튜 통조림] 두 개, 캡스턴 깡통 하나와 맞바꾼 독일제 시가와 담배를 가져왔다.

크리스마스 아침에 나는 아주 일찍 일어나 대피호에서 나와 참호로 들어갔다. 날이 아주 좋았다. 하늘이 구름 한 점 없이 푸르고 아름다웠다. 단단하고 하얀 땅이 낮게 깔린 옅은 안개 속에서 숲을 향해 희미해져 갔다.

나는 속으로 "이런 날에는 이 모든 증오, 전쟁, 불편이 꿈만 같군!"이라고 생각했다. 크리스마스의 모든 기운이 그곳에 있는 것만 같았다. 심지어 '공기 중에 맴도는 이 형언할 수 없는 분위기, 이 평화와 친선은 분명히 오늘 이곳 상황에 뭔가 영향을 미칠 거야!'라고 생각했던 기억이 난다.

잠시 뒤 참호 주변을 걸으며 전날 밤에 있었던 신기한 일을 이야기하다가 문득 우리는 독일군의 흔적이 많이 보인다는 사실을 알아차렸다. 난간 너머로 너무나 무모하게 머리들이 이리저리 보였고 지켜보고 있자니 이런 현상이 점점 더 눈에 뚜렷해졌다.

갑자기 독일 병사 한 명의 전체 모습이 난간 위로 나타나 주변을 둘러봤다. 이 병은 전염성이 있었다. 머지않아 '우리 버트'[전날 독일군과 물물 교환했던 영국 하사관]가 스카이라인에 나타났다. 이는 더 많은 독일군이 모습을 드러낼 것이라는 신호였고 우리 군은 그 신호에 답했다. 순식간에 교전 중인 양국 병사 예닐곱 명씩이 참호 밖으로 나가 무인지대로 향했다.

나는 우리 난간 너머로 기어올라서 들판을 가로질러 가서 봤다. 진흙투성이 군복을 입고 양가죽 코트와 발라클라바 헬멧을 걸친 채 나는 독일 참호 쪽으로 절반쯤 간 지점에서 무리에 합류했다.

내가 그들을 가까운 거리에서 실제로 본 것은 처음이었다. 여기 그들, 독일군 실전 병사들이 있었다. 그날은 양쪽 모두에 티끌만 한 증오도 없었다. 그런데도 우리 쪽은 한순간도 그들을 이기겠다는 의지가 누그러들지 않았다. 마치 친선 권투 경기 라운드 중간 휴식 시간 같았다. 우리 부대와 그들 부대는 그 유형이 아주 뚜렷하게 달랐다. 양측 정신은 전혀 대비를 이루지 않았다. 지저분한 진흙투성이 군복에 양모 헬멧, 목도리, 낡은 모자를 다양하게 두른 우리 병사들은 유쾌하고 솔직하고 익살스러운 무리인 반면, 바랜 회녹색 군복과 승마화, 납작한 중절모를 쓴 독일군은 침울한 분위기에 무신경한 듯 보였다.

이 악마들은 모두 상냥하게 행동하려고 했지만 그중에서 우리 병사들처럼 솔직하고 가식 없는 다정함을 지닌 사람은 아무도 없었다. 하지만 다들 이야기하면서 웃었고 기념품을 찾기도 했다. 독일 병사 한 명이 갑자기 참호로 뛰어가더니 금방 커다란 카메라를 들고 다시 나타났다. 나는 여러 사람들과 어울려 사진을 몇 장 찍었고 그때 이후로 줄곧 인화한 사진을 받을 약속을 했어야 했다고 생각했다.

브루스 베언스파더, 《총알과 숙사BULLETS AND BILLETS》, 1916년

1914년 서부 전선 800킬로미터를 따라 이뤄진 크리스마스 정전은 그들 사이에 차이점보다 공통점이 더 많다는 사실을 깨달은 사람들이 자발적으로 행한 친목이었다. 크리스마스이브에 독일군이 철조망을 장식하고 캐럴을 부르기 시작했고 이후 무인지대에서 양군이 만나 선물을 교환하고 축구를 하면서 절정을 이뤘다. 하지만 계속하기에는 너무 위험했다 제2 베스트팔렌 연대 소속 구스타프 리벤삼Gustav Riebensahm은 "영국군은 정전 덕분에 다시 축구를 할 수 있다며 특히 고마워했다. 하지만 상황이 우스꽝스러워졌고 멈춰야 했다. 나는 부하들에게 오늘 저녁부터 정전은 끝이라고 말했다."라고 지적했다. 영국 원정군 사령관 존 프렌치 경은 모든 부하들에게 이 세상의 평화와 선의를 단단히 각인했다. "그 같은 행위가 다시는 재발하지 않도록 즉각 명령을 내렸고 지역 지휘관들에게 엄중한 책임을 물었으며 이는 상당한 문제를 야기했다."

브루스 베언스파더Bruce Bairnsfather는 영국 워위크셔 연대 소속으로 참전했고 '올드 빌Old Bill'이라는 인물을 바탕으로 그린 참호 생활 만화로 유명해졌다.

이날 일어난 다른 사건들
1524년 포르투갈 탐험가 바스쿠 다가마 사망
1814년 겐트 조약으로 1812년 영국-미국 전쟁 종결
1968년 아폴로 8호 우주비행사들이 처음으로 달 궤도 비행

12월 25일

예수 탄생, 기원전 4년경

그때 아우구스투스 황제가 모든 이는 호적 등록을 하라는 칙령을 내렸다.
(이 호적은 퀴리니우스가 시리아 총독이었던 시절 처음으로 만들었다.)
모든 이가 호적 등록을 하러 고향으로 돌아갔다.
요셉도 갈릴리 나자렛 마을을 떠나 베들레헴이라고 하는 유대 다윗 마을로 올라갔다. (그가 다윗 집안 혈통이었기 때문이었다.)
아이를 임신한 약혼자 마리아와 함께 호적 등록을 하러 갔다.
그들이 그곳에 있는 동안 날이 흘러 출산일이 됐다.
그렇게 마리아는 첫아들을 낳아 포대기로 싸서 말구유에 눕혔다. 여관에 남은 방이 없었기 때문이었다.
그 마을에는 들판에 머무르면서 밤새 양 떼를 지키는 목자들이 있었다.
아, 그때 주님의 천사가 그들에게 다가갔고, 주님의 영광이 그들 주변을 비추었다. 그들은 무척 두려웠다.
천사가 그들에게 말하였다. 두려워 마라. 고개를 들어라. 나는 온 백성에게 큰 기쁨이 될 좋은 소식을 전하러 왔다.
오늘 다윗 마을에 구세주가 태어나셨으니, 주 그리스도이시다.
너희에게 징표를 알려주겠다. 포대기에 쌓여 말구유에 누운 아기를 찾으면 된다.
갑자기 그 천사 곁에 수많은 천사 무리가 나타나 하느님을 찬미하였다.
지극히 높으신 곳에서 하느님께 영광, 땅에서는 평화, 사람에게는 선의.
천사들이 하늘로 사라지고 나서 목자들은 베들레헴으로 가서 주님께서 우리에게 알려 주신 그 일이 일어났는지 보자고 말했다.
서둘러 간 그들은 마리아와 요셉, 말구유에 누운 아기를 찾았다.
아기를 본 목자들은 이 아이에 관해서 들은 말을 널리 전했다.
이야기를 들은 모든 이는 목자들이 전한 말에 놀랐다.
하지만 마리아는 모든 일을 마음속에 간직하고 묵묵히 생각했다.
목자들은 자기가 듣고 본 모든 일에 대해 하느님을 찬양하고 찬미하면서 돌아갔다.
여드레가 지나 아기에게 할례를 거행하고 아기 이름을 예수라고 하였다. 이는 아기가 잉태되기 전에 천사가 알려준 이름이었다.

루가 복음서, 2장

서양 역사상 가장 유명한 탄생, 나중에 그리스도라고 불리게 된 마리아의 아들 예수의 탄생일은 그 연도도 탄생월도 정확하게 추정할 수는 없다. 마태오 복음서에서는 기원전 4년에 사망한 유대의 헤롯 왕 통치기에 예수가 탄생했다고 말한다. 로마인 시리아 총독 퀴리니우스Quirinius는 서기 6년경에 총호적령을 내렸으나 이에 따라 많은 사람이 고향으로 돌아갔다는 기록은 없다. 현재 서기 시작에 사용되는 날짜는 6세기 초 디오니시우스 엑시구스Dionysius Exiguus라는 시리아 수도자가 계산했다.

그리스도 추종자와 서기 1세기 유대인 역사학자 요세푸스의 기록을 제외하면 예수의 삶을 담은 독자적인 기록은 없지만, 예수는 추종자들에게 대단히 깊은 영향을 미쳤다. 또한 그의 삶과 가르침은 구두 형태로 이어져 오다가 그가 죽은 지 40년 후에 문자로 기록됐다. 처음에 기독교도들은 1월 6일에 예수 탄생을 기념했다. 하지만 4세기부터는 고대 로마 축제인 농신제와 겹치는 12월 25일에 기념하는 경우가 더 많아졌다.

크리스마스를 떠들썩하게 보내는 풍습이 그날의 종교적 의미를 퇴색시킨다는 우려는 어제오늘 일이 아니다. 1647년부터 1660년 사이 잉글랜드에서 청교도 정신에 입각한 크롬웰 정권은 크리스마스가 꼴사나운 놀음판을 부추긴다는 이유로 크리스마스를 금지했다. '전통적' 크리스마스 용품 대부분은 빅토리아 시대 초에 생겼고 선물을 주고받는 것과 같은 일부 '전통'은 훨씬 뒤에야 생겼다.

이날 일어난 다른 사건들
1643년 윌리엄 마이너스William Mynors 선장이 인도양 크리스마스섬 작명
1977년 영국 희극 배우 찰리 채플린Charlie Chaplin 사망
1990년 루마니아 독재자 니콜라에 차우셰스쿠Nicolae Ceaușescu 사형 집행

12월 26일

박싱데이 쓰나미, 2004년

박싱데이 크리스마스 다음 날을 가리키는 말—옮긴이 오전 9시 30분이었다. 우리는 해변 도로 건너편에 있는 작은 호텔에 있었는데 해발고도가 몇 미터, 아마도 4, 5미터 정도 높이였을 것이다. 다른 많은 호텔과 달리 벽돌과 콘크리트로 지은 튼튼한 건물이었고 우리 방은 2층이었다. 하늘은 티 없이 푸르렀다. 바람도 없고 더웠다. 해변에 나갈 준비를 하고 있었다.

바다를 보고 있었는데 갑자기 바다가 해변에서 길까지 짧은 공간을 덮치고 도로로 밀려왔다. 너무 순식간이었다. 바닷물이 길까지 들어왔을 때 이이들이 잠시 겁에 질려 보다가 가지고 놀던 공을 집어 들고 뛰는 모습이 보였다. 도저히 그 아이들이 안전한 곳에 도달했을 것 같지 않다.

바다가 서너 번 용트림을 하더니 호텔 바닥에 물이 들어왔다. 믿을 수 없는 힘이었다. 차를 들어 올려서 우리 아래에 있는 골함석 지붕에 내리꽂아 나무 널빤지와 다른 물건들이 소용돌이쳤다. 사람들은 비명을 질렀다.

보통 그냥 그런 파도가 아니었다. 그냥 바다가 엄청난 힘과 동력으로 경계를 넘어서 넘치고 뿜어져 나오는 것 같았다. 우리 역시 몇 초 안에 집어삼킬 듯한 기세로 차올랐다. 나는 완전히 갇힌 기분이었다. 너무 무서웠다.

영원처럼 느껴졌지만 아마도 1분, 길어야 2분 정도 흘렀을 때 바다 수위가 더는 상승하지 않았다. 앞집을 보니 창문 꼭대기 높이에서 수위가 멈춰 있었다. 그러다가 밀려왔던 속도만큼 갑작스럽게, 다시 엄청난 힘으로 마치 진공을 메꾸기라도 하듯이 빨려나갔다…

그날 끝 무렵 언덕 위에 사는 스리랑카 사람들이 발이 묶인 관광객들을 데려갔고 우리는 어떤 사람 집의 콘크리트 바닥에서 밤을 보내면서 음식 꾸러미를 받았다. 한동안 그들과 우리 사이에는 구분이 거의 없었다. 사흘째 되던 날 우리는 에어컨이 달린 버스를 타고 나왔고 그들은 그곳에 남아 죽은 사람들을 묻고 다시 생활을 꾸렸다.

세라 번스, 편지, 2005년 1월

2004년 12월 26일 수마트라 서쪽 해변에서 발생한 지진으로 인한 쓰나미가 인도네시아, 말레이시아, 타일랜드, 스리랑카, 인도 남부를 초토화했다. 세라 번스 Sara Burns 같은 행락객과 지역 주민들이 다 같이 물의 벽에 갇혔다. 14개국에서 23만 명 정도가 목숨을 잃었다.

이날 일어난 다른 사건들
1776년 미국 독립 전쟁: 뉴저지 트렌턴에서 영국군 패배
1893년 중국 공산당 지도자 마오쩌둥 탄생
1991년 소비에트 최고 회의가 소련 공식 해체

12월 27일

하기아 소피아 개관, 537년

[성당은] … 말로 표현할 수 없는 아름다움으로 눈에 띈다. 규모와 조화로움에 있어 대단히 뛰어나고, 보통 건물보다 훨씬 웅장하며, 그리 비율이 적절하지 않은 건물보다 훨씬 더 우아하다. 성당에는 빛과 햇살이 눈부시게 가득 들어온다. 이 성당은 외부 태양이 아니라 건물 자체 내부에서 만들어내는 광선으로 빛난다고 할 것이다. … 이 광경에 싫증을 내는 사람은 아무도 없었다. 성당 안에 있는 사람들은 보이는 광경에 즐거워하고 성당을 떠날 때는 이야기하면서 그 즐거움을 키운다. 유스티니아누스 황제가 선사한 금은보석을 정확히 묘사하기란 불가능하므로 한 부분만 묘사하고 나머지는 상상에 맡기고자 한다. 성당에서도 특히 성스러운 그곳은 성소라고 불리는데 사제들만 들어갈 수 있으며 내부에 은 4만 파운드 비잔티움 제국에서 은 1파운드는 333그램이었으므로 은 4만 파운드는 1만 3,320킬로그램에 해당—옮긴이가 있다.

프로코피우스Procopius, 《**유스티니아누스 1세의 건축**THE BUILDINGS OF JUSTINIAN》, 560년경

537년 향후 1,000년 동안 세계 최대 성당이 될 하기아 소피아(성스러운 지혜의 성당)가 완공됐다. 비잔티움 제국 황제 유스티니아누스 1세는 532년 발생한 '니카 반란' 당시 맹렬한 파벌 싸움으로 불타버린 이전 건물을 대체할 성당을 지으면서 비용을 아끼지 않았다. 황제가 고용한 건축가 이소도루스Isodorus와 안테미우스Anthemius는 세계 최대 돔을 포함하는 거대하고 혁신적(돔을 지지하는 거대한 기둥에서 오목한 아치가 솟아나는 '펜덴티브' 돔 도입)이며 대단히 조화로운 계획을 수립했다.

유스티니아누스 1세는 537년 12월 27일 주로 그냥 '대성당'이라고 불렸던 하기아 소피아 개관을 선포했다. 그는 마차를 타고 들어가 겸손이라고는 찾아볼 수 없이 "솔로몬, 내가 그대에게 이겼네."라고 말했다. 그러면서 하기아 소피아가 불타버린 예루살렘 성전보다도 더 아름답다고 단언했다. 하기아 소피아의 돔은 558년에 지진으로 무너졌지만 곧 원래보다 더 가볍고 더 높게 재건했다.

하기아 소피아 성당은 지금도 이스탄불의 훌륭한 기념물로 여전히 자리를 지키고 있다. 콘스탄티노폴리스가 오스만 튀르크에 함락(5월 29일 참조)된 1453년부터 모스크로 사용하다가 1934년에 대중에 개방됐다. 지금은 박물관으로 수많은 관광객이 찾는 명소다.

이날 일어난 다른 사건들
1945년 28개국 합의로 세계은행 창설
1979년 소련이 아프가니스탄 침공
2007년 전 파키스탄 총리 베나지르 부토Benazir Bhutto 암살

12월 28일
영화의 탄생, 1895년

영화는 미래가 없는 발명품이다.

뤼미에르 형제, 1895년

1895년 12월 28일 파리 카퓌신 대로 그랑 카페에서 오귀스트 뤼미에르Auguste Lumière(1862년-1954년)와 루이 뤼미에르Louis Lumière(1864년-1948년) 형제는 움직이는 화면을 찍고 현상해 투사하는 기계인 시네마토그래프라는 새로운 발명품을 유료 관객을 대상으로 공개했다. 각각 40초 정도 되는 영화 10편을 상영했고 대개 아기에게 젖을 먹이는 부모, 장미에 물을 주는 정원사, 바다에 뛰어들어 수영하는 사람들처럼 일상적인 주제를 그려 잔잔한 웃음을 주는 내용이었다. 아마도 가장 잘 알려진 작품일 〈공장 노동자의 퇴근Workers Leaving the Lumière Factory〉은 정확히 뤼미에르 공장을 나서는 노동자들을 찍은 영화였다.

프랑스 동부 브장송에 있던 아버지 사진 스튜디오에서 일했던 뤼미에르 형제는 같은 해에 이미 영화 기술을 비공개로 시연한 적이 있었지만 공개 감상은 처음이었다. 몇 주 전에 그들은 발명품에 대해 다음과 같이 설명했다.

이 장치는 사진으로 움직임을 연구하는 데 상당한 도움이 될 것입니다. 크랭크를 손으로 조작하므로 다양한 단계에서 움직임을 포착할 수 있을 뿐만 아니라 마음대로 재구성할 수도 있습니다. 동작을 느리게 할 수 있고 원한다면 아주 느리게 할 수도 있으므로 어떤 세부 사항도 놓치지 않을 수 있습니다. 원한다면 속도를 높여서 정상 속도로 되돌릴 수도 있습니다. 그러면 진짜 움직임을 완벽하게 재현할 수 있을 것입니다.

이어서 뤼미에르 형제는 전 세계에 극장을 열었다. 형제는 극장을 시네마라고 불렀다. 하지만 1,000편이 넘는 단편 영화를 만든 뒤에 발명품을 더 발전시킬 수 있는 방법을 찾을 수 없었던 형제는 그 한계를 단정 지은 자신들의 발언이 옳다고 여겼다. 뤼미에르 형제는 시네마토그래프에 대한 권리를 팔고 컬러 사진인 '오토크롬'에 노력을 집중했다. 동영상을 개발하고 편집을 실험함으로써 실제를 기록하는 그저 신기한 수단을 영상, 나아가 소리로도 이야기를 전하는 새로운 매체로 바꿔놓은 이들은 다른 선구자들이었다(10월 6일 참조).

이날 일어난 다른 사건들
1879년 스코틀랜드 테이 다리 붕괴로 열차 여객 75명 사망
1885년 인도 국민회의파 결성
1918년 마르키에비츠Markiewicz 백작부인이 여성 최초로 영국 하원 의원으로 선출

12월 29일

토머스 베켓 살해, 1170년

살해자들은 … 그를 교회 밖으로 끌고 나와 죽이거나 포로로 잡아가려고 했다고 나중에 주장했다… 베켓은 그들을 밀치면서 "내 몸에 손대지 말게나. 그대는 내게 충성하고 복종해야 할 의무가 있네. 지금 마치 미친 사람처럼 행동하는군."이라고 말했다.

분노한 기사는 … "왕에 대한 충성을 넘어서까지 당신을 믿고 복종해야 할 이유는 없소."라고 소리쳤다. … 기사는 그의 머리에 상처를 입혔고 주교관 윗부분도 잘랐다. 그때 내리친 일격에 이 글을 쓰고 있는 이의 팔에도 상처를 입었다.

베켓은 머리에 두 번째 공격을 받았다. 세 번째 공격을 받은 뒤에 그는 무릎을 꿇었다…

그때 세 번째 기사가 끔찍한 상처를 입히면서 검이 바닥에 부딪쳐 부러졌다. 베켓의 주교관이 머리에서 떨어지면서 뇌수로 하얗게 번진 피와 피로 붉게 번진 뇌수가 성당 바닥을 물들였다. 네 번째 기사는 아무도 간섭하지 못하도록 막았고, 기사들과 함께 온 서기는 순교자의 목에 발을 올리고 바닥에 그의 뇌수와 피를 흩뿌리더니 "갑시다. 그는 이제 일어나지 않을 겁니다."라고 외쳤다.

에드워드 그림, 《토머스 베켓의 생애 LIFE OF THOMAS BECKET》, 1180년경

캔터베리 대주교 토머스 베켓Thomas Becket이 성당에서 살해당한 사건은 1170년 크리스마스에 잉글랜드 국왕 헨리 2세가 분노를 폭발하면서 시작됐다. 헨리 2세가 말했다고 전하는 "누가 이 사납게 날뛰는 사제를 제거해 주겠는가?"라는 문장은 기억에 남는 말이지만 그 진위를 뒷받침할 동시대 증거는 남아있지 않다.

두 사람은 한때 친한 사이였으나 1162년 헨리 2세가 대법관이었던 베켓을 대주교에 지명하면서 서로 대립하기 시작했다. 헨리 2세는 교회 수장에 고분고분한 협력자를 앉힐 속셈으로 베켓을 대주교 직위에 임명했지만 베켓은 성직자 신분에 충실했다. 관계가 악화되는 가운데 베켓은 1164년에 잉글랜드에서 도망쳤고, 교황의 중재로 결국 1170년 11월에 잉글랜드로 돌아왔다. 하지만 베켓이 왕의 말을 잘 듣던 주교 몇 명을 파문하면서 불화는 더욱 심해졌다.

베켓에게 맞서는 공식적인 사절단이 출발한 가운데 기사 네 명은 분노에 찬 왕의 말을 좀 더 공격적으로 해석해 캔터베리로 달려갔고 그곳에서 베켓을 끔찍하게 쓰러뜨렸다.

캠브리지 교회 서기였던 에드워드 그림Edward Grim은 살해 당일 우연히 캔터베리를 방문했다가 자신도 팔에 상처를 입었다.

이날 일어난 다른 사건들
1860년 영국 해군 최초 '철갑함' 워리어호 진수
1890년 사우스다코타주에서 운디드니 라코타족 학살 발생
1916년 러시아 왕실의 총애를 받던 신비주의자 그리고리 라스푸틴Grigori Rasputin 사망

12월 30일

세계 대전 대연합, 1941년

프랑스 육군은 붕괴했고, 프랑스 국가는 완전히, 게다가 지금까지 상황으로 봐서는 돌이킬 수 없는 혼란에 빠졌습니다. 프랑스 정부는 직접 제안한 바에 따라 개별적인 강화 협정을 맺지 않는다는 의무를 굳게 지켰습니다. 프랑스 제국의 선두에 있었을 북아프리카로 가는 것이 그들의 의무이자 관심사였습니다. 아프리카에서 프랑스는 우리 도움을 받아 압도적인 해군력을 가질 수 있었을 것입니다. … 그들이 이렇게 했더라면 1940년 말에는 이탈리아를 전쟁에서 몰아낼 수 있었을 것이고, 프랑스는 연합국 협의와 승전국 회의실에서 국가로서 지위를 지켰을 것입니다. 하지만 프랑스 장군들은 프랑스를 잘못된 길로 이끌었습니다. 그들이 무엇을 하든 간에 영국은 홀로 계속 싸울 것이라고 경고했을 때 프랑스 장군들은 프랑스 총리와 분열된 내각에 "3주 후면 잉글랜드는 닭처럼 목이 비틀릴 것"이라고 말했습니다. 놀랄 만한 닭이고, 비범한 목이죠.

용맹하고 굳센 네덜란드 사람들의 행동과 그 얼마나 대조를 이룹니까! … 네덜란드는 끈질긴 용기와 불굴의 의지로 육해공에서 그들의 제국을 지켜내고 있습니다. … 대영제국과 미국은 네덜란드를 도울 것입니다. 우리는 일본에 대항해 이 새로운 전쟁을 함께 싸워낼 것입니다. 우리는 함께 고생했고 함께 정복할 것입니다.

하지만 보르도의 사람들, 비시 정권 사람들은 이런 일을 하지 않을 것입니다. 그들은 정복자의 발아래 엎드렸습니다. 정복자에게 알랑거렸습니다. 그렇게 해서 그들은 무엇을 얻었습니까? … 히틀러는 매일매일 이 고통받는 사람들과 쫓고 쫓기는 게임을 합니다.

윈스턴 처칠, 캐나다 의회 연설, 1941년 12월 30일

진주만 공격(12월 7일 참조)으로 이 전쟁이 진짜 세계대전으로 확대된 지 몇 주 뒤 처칠은 루스벨트 대통령과 윌리엄 매켄지 킹 캐나다 총리를 만나고자 북아메리카를 방문했다가 캐나다 의회 연설에서 그 유명한 '놀랄 만한 닭이고, 비범한 목'이라는 말을 했다. 이 연설은 프랑스를 좋아했던 처칠로서는 특히 침통했을 프랑스 비시 부역 정권에 대한 경멸과 함께 추축국에 도전하는 '앵글로-색슨' 대연합이라는 숙원을 이룬 대담한 자신감으로 가득 차 있다.

이날 일어난 다른 사건들
1066년 무슬림 폭도가 스페인 그라나다 거주 유대인 다수를 학살
1460년 장미 전쟁: 웨이크필드 전투에서 랭커스터 군대가 요크 군대 격파
2006년 전 이라크 독재자 사담 후세인 처형

12월 31일

전쟁으로 얼룩진 세기의 초라한 종말, 1999년

이번 세기 마지막 날인 오늘 저는 사임합니다.

… 러시아는 새로운 정치인, 새로운 얼굴, 똑똑하고 강하며 활기찬 새 인물들과 새로운 밀레니엄에 들어서야 합니다. 오랫동안 권력을 잡았던 우리 같은 사람들은 떠나야 합니다.

… 저에게 대단히 중요한 날인 오늘, 평소보다 좀 더 사사로운 말을 하고 싶습니다. 국민 여러분께 용서를 구하고 싶습니다. 우리가 꿈꿨던 많은 희망을 이루지 못했고 우리가 쉽게 생각했던 일들이 실은 너무나 어렵다는 사실이 드러났기 때문입니다.

우울하고 침체된 전체주의 과거에서 벗어나 밝고 풍요롭고 안락한 미래로 도약할 수 있다고 믿었던 사람들의 희망을 이루지 못한 저를 용서해 주십시오.

제 자신은 이렇게 할 수 있다고 믿었습니다. 하지만 단번에 이룰 수는 없었습니다. 어떤 측면에서 저는 너무 순진했습니다. 너무 복잡한 문제들도 있었습니다.

… 새로운 세대가 제 자리를 채우고 있습니다. 더 많은 일을 더 잘할 수 있는 세대입니다. … 저는 러시아 대통령의 직무를 블라디미르 블라디미로비치 푸틴 총리에게 위임하는 결정에 서명했습니다.

보리스 옐친, 사임 연설, 1999년 12월 31일

20세기 마지막 중대 정치 행위는 예상치 못했던 행위자의 겸손함을 드러냈을 뿐만 아니라 선동 정치가와 공론가들이 판치는 가운데 겸손을 찾아보기 힘들었던 전쟁으로 파괴된 세기의 끝에 반가운 분위기를 퍼트렸다.

20세기 마지막 10년이 시작될 무렵 보리스 옐친Boris Yeltsin은 러시아 소비에트 사회주의 공화국의 마지막 대통령으로서 개혁을 원하는 공산주의자 미하일 고르바초프와 소련을 유지하려는 강경파 양측의 공격에 맞섰다. 1991년부터 새로운 러시아 연방의 대통령으로서 옐친은 자본주의와 다당제 민주주의로 돌진하는 움직임을 지지했다. 하지만 그 10년이 끝나갈 무렵 그는 경제가 허우적거리는 가운데 국가 자산을 아무렇게나 매각하는 사태를 간과했고 익살과 보드카로 누그러진 전체주의로 되돌아갔다.

세간에서는 옐친이 대통령직을 끝까지 수행할 것으로 예상했으나 그는 1999년 마지막 날 정오 눈물을 머금고 즉시 사임하겠다고 발표해 모두를 놀라게 했다.

이날 일어난 다른 사건들
1909년 뉴욕 맨해튼 다리 개통
1923년 BBC 라디오에서 빅벤 차임벨을 처음으로 방송
1960년 영국에서 법정 화폐로 쓰던 파딩 동전 폐지

매일 매일의 역사

1판 1쇄 발행 2022년 3월 31일

지은이	피터 퍼타도
옮긴이	이은경
펴낸이	전길원
책임편집	김민희
디자인	최진규

펴낸곳	리얼부커스
출판신고	2015년 7월 20일 제2015-000128호
주소	04593 서울시 중구 동호로 10길 30, 106동 505호(신당동 약수하이츠)
전화	070-4794-0843
팩스	02-2179-9435
이메일	realbookers21@gmail.com
블로그	http://realbookers.tistory.com
페이스북	www.facebook.com/realbookers

ISBN 979-11-86749-12-8 03900